第 2 改訂版

韓國民主憲法論 II

－ 統治構造大改革論 －

李寬熙著

博英社

제 2 개정판 서문

　세월이 빠르다. 제 1 개정판을 낸 지 벌써 6년여의 시간이 지났다.
지금 대한민국의 상황은 진정한 선진국 진입 일보 직전에서 혼돈이다.

　종북세력이던 통합진보당이 작년 12월 헌법재판소 판결에 의하여 해산
되었다. 현행 헌법 제 8 조 제 4 항에 의하여 정당의 목적과 활동이 자유민주
적 기본질서에 위배된다는 소위 '방어적 민주주의' 결론이다. 새누리당과 새
정치민주연합 및 진보정당 등은 새로운 생산적인 정책정당 질서를 마련해
야 한다. 이와 관련하여 작년 10월 30일 헌법재판소가 현행 3 : 1 인구편차
를 위헌결정하고 2 : 1로 주문한 바 있어 현재의 선거구 246개 가운데 62개
의 재조정이 불가피하다. 이참에 지역구와 비례대표 의원정수 조정, 중 · 대
선거구나 독일식 정당명부제 등 선거제도 자체의 큰 변화를 요구하는 목소
리도 높다. 현행 공직선거법상 2016년 4월 총선 6개월 전까지 확정해야 한
다면 금년 10월까지인데 일정이 빠듯하다. 우선 국회의장이 교섭단체 대표
와 협의해 학계 · 법조계 · 언론계 · 시민단체 및 선거관리위원회가 추천한 사
람 중에서 11인 이내로 '선거구획정위원회'를 구성하게 돼 있다. 제발 법규
정대로 진행되기 바란다. 또한 이번에는 대대적인 선거구 조정이라 이해 당
사자들의 집합인 국회가 아니라 중앙선거관리위원회에서 주도적으로 객관적
이고 공정하게 해야 한다는 의견도 강하다.
　선거제도 개편 연장선상에서 개헌도 마무리되어야 할 사안이라는 것이
정치권의 중론이다. 그런데 이번 2월 임시국회 중에 정개특위를 구성키로
하면서도 선거구 조정과 함께 최대 정치개혁 과제인 개헌에 대해서는 어정
쩡한 합의에 머물렀다. '야당은 권력구조 개편 등을 위해 개헌특위 구성을
요구했고, 여당은 개헌 필요성 공감하나 어려운 경제사정을 감안해 추후 논
의하기로 했다'가 그것이다. 여당이 개헌 필요성에 공감하면서도 '추후 논

의'를 고집한 배경은 뻔하다. '어려운 경제사정을 감안해'라는 표현으로 박 대통령의 '경제 블랙홀' 주장을 거의 그대로 담았다.

사실 박 대통령의 잇단 '경제 블랙홀' 주장 자체가 확증이 있는 것은 아니다. 그러나 그렇다고 대통령이 명시적으로 반대하는데 개헌논의가 제대로 진행되기 어려운 것 또한 현실이다. 이런 상황에서 개헌논의는 어쩔 수 없이 차기 대통령후보의 대선공약으로 내놓고 국민적 지지를 받은 당선자가 생각하는 절차와 내용에 따라 취임 즉시 진행하는 것이 바람직하다고 본다. 어차피 권력구조 개편을 중심으로 하는 개헌논의는 정답이 없다. 현행 대통령 5년 단임제, 대통령 4년 1차중임제, 이원정부제, 독일식 의원내각제 모두 저마다 장단점을 갖고 있기 때문이다. '제왕적 대통령제' 표현 자체도 뜬금없는 것이지만 우리의 현실은 대통령보다도 국회가 더 국민의 의사와는 동떨어져 있음("제왕적 국회")도 상기해야 한다.

사법개혁도 시급한 과제다. 그 단적인 징표가 대법원에 일년 상고 건수가 꾸준히 증가해서 2009년에 3만 건이 넘었고 드디어 2012년부터는 3만 6천 건이 넘었다는 것이다. 대법관 1인당 일년에 3천건 정도 해결해야 하니 합의제는 원시적불능인 셈이다. 최소 3천만 원 든다는 대법관 출신 변호사 선임을 하지 않고는 하나마나하다는데 얼마나 하급심 판결에 대한 불만이 많으면 이 지경에 이르렀으랴! 따라서 최근 논의되고 있는 상고사건 중 중요사건은 대법관으로 구성된 대법관이 맡고, 일반사건은 고등법원 부장판사급으로 구성된 신설의 상고법원이 맡아야 한다는 제안은 보다 근본적인 사법개혁 차원에서 재검토되어야 한다. 즉 사법개혁의 핵심은 국민이 신뢰할 수 있는 하급심 재판을 만드는 것이다. 2014년 8월 서울지방변호사회에서 회원을 상대로 여론조사를 실시하였는데 "전관예우가 존재하느냐"는 문항에 80% 이상이 "그렇다"는 답변이 있었다는 것에서 알 수 있듯이 법조 스스로도 재판을 신뢰하지 못하고 있는 것이다. 그것은 법관의 평균 재임 기간이 10년도 채 안 된다는 통계로도 뒷받침되는데, 대부분의 법관들이 조만간 퇴직하여 변호사를 할 것을 전제로 재판업무에 임하고 있는 매우 후진적인 시스템인 것이다. 대법관조차도 6년 임기를 마치면 극히 예외를 제외하고 어느 로펌 갈까 고민하는 상황에서 재판이 제대로 될 리가 없는 것이다.

사법개혁의 전제가 되는 법학교육정상화는 민주주의 국가운영에 있어서 절대명제인 법치주의 실현에 기반을 이루는 것이기 때문에 아무리 강조해도 지나침이 없겠다. 그런데 2007년 7월 로스쿨법 제정 이후 우리나라의 법학교육은 중심을 잡지 못하고 무너져 내리고 있는데 그것은 로스쿨 도입의 취지를 제대로 살리지 못하고 3년으로 대충 법학교육을 해보겠다는 원천적으로 무리한 시도를 하고 있기 때문이다. 여기에서 2014년 10월 저자가 초대회장으로 법과대학 모임인 대한법학교수회와 서울지방변호사회가 공동으로 제안한 로스쿨법과 변호사시험법 개정청원안이 로스쿨과 법과대학이 상생하며 법학교육의 질을 담보할 수 있는 가장 효과적인 방법임을 강조하지 않을 수 없다. 즉 로스쿨을 법학사, 비법학사 3년, 4년으로 구분교육(대신 현재의 변호사시험 합격 후 6개월 연수제도 폐지)하고, 예비시험 도입 대신에 사법시험 500명 정원을 존치하고 로스쿨 정원을 1,500명으로 줄인다는 것이다. 사시 500명 존치는 사회적 약자에 대한 배려와 전통 법학교육을 발전시키는 방법으로 강조되고, 구분교육이 어렵거나 구조조정되는 로스쿨이 법과대학으로 회귀할 때를 대비하는 뜻도 있다.

　　이상이 제 2 개정판을 내는 기본방향이다. 저자는 지난 34년간의 경찰대학 교수직을 정년퇴임하고 2015년 3월 자랑스런 명예교수가 되었다. 앞으로 한층 더 자유스러운 입장에서 헌법학 발전에 기여할 것을 약속한다. 개정판을 내게 해준 박영사에 감사를 표한다.

2015년 2월
경찰대학 법화산 자락의 잔설을 바라보며
南汀書齋에서

저자 이 관 희(李寬熙) 씀

민주주의 완성을 기원하며……

모란이 피기까지는(김영랑)

모란이 피기까지는
나는 아직 나의 봄을 기다리고 있을테요
모란이 뚝뚝 떨어져버린 날
나는 비로소 봄을 여읜 설움에 잠길테요
5월 어느날 그 하루 무덥던 날
떨어져 누운 꽃잎마저 시들어 버리고는
천지에 모란은 자취도 없어지고
뻗쳐오르던 내 보람 서운케 무너졌느니
모란이 지고 말면 그뿐 내 한해는 다 가고 말아
삼백예순날 하냥 섭섭해 우옵네다

모란이 피기까지는
나는 아직 기다리고 있을테요
찬란한 슬픔의 봄을

改訂版 序文

초판을 낸 지 벌써 4년, 세월의 빠름을 실감한다. 그간 2006년 5·31 지방선거, 2007년 12월에는 대통령선거, 2008년 4월에는 제18대 국회의원 선거가 있었다. 그 과정에서 공직선거법·정치자금법·정당법 등 정치관계법과 정부조직법·주민소환법·형사소송법·로스쿨법 등 많은 법들이 제·개정되어 통치구조운영에 적지 않은 변화를 가져왔다. 그 중 가장 주목해야 할 변화는 제17대 국회 여·야 의원들이 담합하여 기초자치단체 의회의원에게까지 정당공천을 확대한 개악이다. 상향식 공천의 전통이 약한 우리의 정당현실에서는 사실상의 공천권을 갖는 국회의원의 권한이 크게 강화되고 그만큼 지방자치가 왜곡됨은 물론 이에 따른 매관매직 등 부작용이 심각하다. 한시바삐 기초자치단체장까지 정당공천을 폐지해야 한다(제3부 제1장 제2절 Ⅵ 참조).

2008년 5·6·7월은 우리 헌정사에서 똑바로 기억되어야 할 나날이었다. 미 쇠고기 수입개방에 대하여, 미국인 한 명도 걸리지 않았고 세계 어느 나라에서도 찾아볼 수 없었던 오직 우리 사회에만 있었던 광우병 광란이다. 정부의 수입협상이 잘 되었건 아니건 간에 촛불시위에 이어서 도심 한복판을 폭력시위 해방구로 만들고 심지어 경찰관을 린치하고 두들겨 패는 작태를 수도 없이 목도하였다. 곧 선진국 진입을 바라보는 경제규모 세계 13위의 나라에서 있을 수 없는 현상이다. 한심한 것은 야당의원들은 제18대 원구성 협상에는 응하지 않고 거리로 나가 불법시위를 부추기고 결국은 역대 국회 중에 원구성이 가장 늦게 이루어진 결과가 되었다(제4부 제1장 제1절 Ⅲ 참조). 한마디로 공권력의 권위는 실추되고 선진국으로 나아가는 기본요체인 법질서 법치주의가 무너져 버린 것이다. 국회의원은 반성하고 민주시민은 분개해야 한다.

과연 이러한 상황에서 개헌으로 모든 것이 해결될까? 어림도 없는 얘기다. 민주적 시민윤리인 질서의식·준법정신·공공심·관용과 타협·인간애, 멸사봉공·무사공평의 민주적 공직윤리(제1부 제1장 제1절 Ⅱ 참조) 등이 없으면 헌법은 말장난이요, 휴지조각에 불과하다. 그러한 덕목들이 헌법의 기본전제요, 사실 기본정신이다. 그러한 전제하에서 우리는 개헌논의를 조용히 착실하게 진전시켜 2010년 상반기, 지방선거 전에 마무리짓는 것이 현명하다고 본다.

개헌논의의 핵심은 역시 현 5년 단임 대통령제라는 특수한 형태를 20년이나 해 왔는데 그대로 둘 것이냐, 미국식 4년 1차 중임으로 변경할 것이냐 아니면 아예 이원정부제나 의원내각제로 할 것이냐이다. 제도상의 장·단점은 이미 충분하게 정리되어 있고 실제 지도자의 리더십에 그 성공여부가 크게 좌우되기 때문에 국회정파간에 합의가 무엇보다 중요하다고 본다(제2부 제2장 참조). 다만 나는 4년 1차 중임으로 하는 것이 큰 무리가 없고 국민적 공감대라 본다. 그리고 나서 그것에 따른 부대조항(예, 결선투표 등)과 시대의 변화에 따른 기본권 규정을 면밀히 살펴보고, 통일·경제·지방자치 등의 조항에 대하여 각 정파의 입장을 조율해야 한다.

그런데 나는 이번 개헌논의 과정에서 반드시 바로잡아야 할 조항으로 첫째 국회의 국정감사·조사권(제61조), 둘째 검사의 영장신청 독점권(제12조 제3항)을 꼽는다. 첫째의 국정감사제도는 세계에서 우리나라에만 있는 잘못된 제도로서 그 중요한 정기국회 기간중 20일간의 국회파행과 그 준비 등으로 인한 행정부 마비 등 국정운영의 총체적 파국을 초래하는 원흉이라는 것이다. 국회는 각 상임위원회를 통하여 행정부를 일년내내 감시하고 통제하는 기관이지 20일간 날짜를 정해 놓고 감사하는 기관이 아니다. 감사라는 용어 자체가 3권 분립의 원칙에 어긋난다. 따라서 국정감사제도는 폐지하고 선진외국처럼 국정조사를 활성화시켜야 한다. 독일에서와 같이 의원 1/4 이상 요구가 있으면 자동적으로 발동되도록 하고, 그 결과보고에 대한 수용여부는 본회의 의결을 거치도록 하는 방안을 고려해 봄직하다(제4부 여는 글 및 제4장 제2절 참조).

둘째는 검사의 영장신청권 독점에 관한 문제인데, 그것은 각 나라의 사정에 따라 형사소송법에 규정될 사항이지 헌법사항이 아니라는 것이다. 영장에 관한 헌법상의 원칙은 피의자의 신체의 자유를 보장하기 위하여 수사관이 임의대로 발부하는 것이 아니라 객관적인 판사가 발부해야 한다는 것이다. 따라서 제12조 제3항에 '검사의 신청에 의하여'라는 표현은 세계 헌법 중 우리나라에만 있는 것으로서 반드시 삭제되어야 한다. 실제 이 규정이 있음으로 해서 1997년 일본식 체포장 제도를 도입할 때에도 그것이 일본에서는 주로 경찰이 법원에 신청하는 제도임에도 우리는 그것이 영장이라는 이유로 경찰은 검찰에 신청하고 결국 검찰이 법원에 청구하게 되어 제도 자체의 효율성을 제대로 기하지 못하고 있다는 것이다. 경찰의 수사권 독립과 관련된 의미 있는 내용이다(제3부 제2장 제3절 참조).

　이상 두 가지 내용과 앞서 말한 기초자치단체 정당공천 배제는 우리나라 법치주의·민주주의 국정운영의 정상화에 기본이 되는 제도정비라는 점을 강조하고 싶다. 이것이 실현되기 어려운 이유는 현재 힘을 갖고 있는 국회의원과 검찰이 그들의 불필요한 권한을 스스로 도려내야 하는 용단을 내려야 하기 때문이다. 그러나 우리 사회가 불합리한 권위주의를 탈피해서 합리적 민주주의로 나아가기 위해서는 불가피한 선택임을 직시해야 한다. 따지고 보면 언제나 국회가 우리의 경제발전에 발목을 잡는 현상은 국회의원들이 그러한 불필요한 권한 때문에 제자리를 못 찾고 들떠 있기 때문인 것이다.

　이번 개정판에서도 초판의 초심 그대로 기존 헌법학의 고리타분한 해석론에서 벗어나 역동적인 정치현실과 미래 비전을 담아내려 했다. 그러나 저자의 능력부족과 게으른 탓에 기대한 만큼 이루어내지 못했고 또다시 다음을 기약하는 수밖에 없다. 개정판을 내게 해준 박영사와 치밀한 편집에 수고를 아끼지 않은 노 현 부장께 감사를 표한다.

2008년 8월 15일　광복절을 기념하며

저자 이 관 희(李寬熙) 씀

우리들의 8월로 돌아가자(김기림) 중에서

들과 거리와 바다와 기업도
모두 다 바치어 새나라 세워 가리라
한낱 벌거숭이로 돌아가 이 나라 지줏돌 고이는
다만 조약돌이고자 맹세하던, 오 ! 우리들의 8월로 돌아가자

명예도 지위도 호사스런 살림 다 버리고
구름같이 휘날리던 조국의 깃발아래
다만 헐벗고 정성스런 종이고자 맹세하던
오 ! 우리들의 8월로 돌아가자

부리는 이 부리우는 이 하나 없이
지혜와 의리와 착한 마음이 꽃처럼 피어
천사들 모두 부러워 귀순 하느니라
내 8월의 꿈은 영롱한 보석바구니

오 ! 우리들의 8월로 돌아가자

序　文

　　민주주의국가 운영의 기본원칙규범으로서의 헌법은 모든 국민의 인간의 존엄성이라는 기본권을 보장하고, 이를 위하여 국가의 통치구조를 민주적으로 운영할 것을 요구한다. 따라서 우리 헌법상 130개의 조문 중 제2장 국민의 권리와 의무(제10조 내지 제39조)를 제외하고는 대부분이 통치구조운영에 관한 규정이다. 공무원·정당·국회·행정부·법원·헌법재판소·선거제도·지방자치 등이 그것이다. 본서 「한국민주헌법론 Ⅱ」는 한국사회에서 그러한 헌법상의 통치기구가 어떤 모습으로 운영되어야 하는가 하는 기본틀을 제시하고자 하는 담론이다. 그 담론에는 현재의 해석론만이 아니라 당연히 우리 사회의 민주주의 발전방향으로서의 개혁론이 담겨 있어야 한다고 보고, 그러한 노력을 많이 하였기에 "― 통치구조대개혁론 ―"이라는 부제를 달아 보았다. 헌법은 결코 사법법 내지 재판법으로만 머무를 수는 없는 것이고, 민주주의 이념법·정치법·정책법·입법법으로서 우리 사회를 보다 민주적으로 발전시켜 나가야 하는 임무를 띠고 있다고 보기 때문이다. 헌법학은 우리 사회의 민주주의가 나아가야 할 방향을 분명히 제시해야 하고, 민주주의에 대한 시민교육이 헌법학의 중차대한 과제라고 본다. 그리하여 학제간의 연구로서 정치학의 담론을 대폭 수용하고, 비교법적으로 외국의 제도를 고려하면서 그 골간이 되는 내용을 민주적 개혁론의 주된 내용으로 삼았다.

　　특기할 점으로 각 '부'·'장'·'절'에는 가능한 【여 는 글】을 넣어 참고가 될 만한 내용과 저자의 주장을 분명히 하고, 독자의 관심을 불러일으키고 이해를 돕고자 하였다. 헌법적 담론의 대중화를 위한 저자의 특별한 노력이라는 평가를 받았으면 하는 바램이다.

　　21세기 고도로 다원화된 사회에서 분출하는 사회적 갈등은 필연적 현상이며, 이제 한국의 헌법학은 정치·경제·사회·문화 등 모든 면에서 그

해결의 전위에 적극적으로 나서야 한다. 이를 위하여 사회적 갈등이 법적
분쟁으로 비화되기 전에 그 해결의 방향과 절차를 민주주의 원칙론으로서
의 헌법학이 담아 내야 하는 것이다. 과거 권위주의시절 암울했던 그리고
학문적 축적이 일천했던 형식적 헌법학의 구각을 과감히 벗어 던지고, 새로
운 시대를 호흡하고 선도할 수 있는 풍부한 내용의 실질적 헌법학의 새로
운 장을 열어야 한다. 그리하여 본서는 재판법에 치중된 기존의 헌법학을
극복하고, 민주주의 이념·정치·정책·입법법으로서의 풍부한 내용을 수용
하는 한국헌법학의 새로운 지평을 열어 나가고자 하였다. 이를 실현하기 위
하여 정치학·경제학·행정학·사회학 등과 폭넓은 학제간의 연구교류가 이
루어져야 하는데, 이제 그 여건이 어느 정도 성숙되었다고 본다. 그리하여
민주법치사회에서 모든 사회적 갈등해결은 헌법학에서 시작해서 헌법학으로
끝내야 한다는 사명의식이 헌법학도의 기본자세이자 자부심으로 되어야 한
다고 생각한다.

　헌법학의 최대장점은 그 넓은 학문적 스펙트럼에 있다. 따라서 헌법학
은 개별학문에서 나타날 수 있는 이론적 편협성과 정치권의 인기영합적이
고 선동적인 주장 및 언론의 과대한 부풀림 등으로부터 민주국가 전체적
시각에서 균형감 있는 이론으로 여론을 선도하여 국민으로부터 사랑과 신
뢰를 받아야 한다. 우리가 이제까지의 헌법학을 반성하고, 이른바 수험(受驗)
헌법학을 하루빨리 벗어나야 하는 이유이다. 본서는 제 7 부로 구성되어 있
으며, 다음과 같은 특징적 내용을 갖는다.

　제 1 부 민주적 통치구조를 위한 기본제도개혁론에서는 공무원·정당·
선거·정치자금제도를 통치구조를 구성하는 기본 인프라(Infra)로 보고, 그
제도들의 현실적 문제점을 분석하고 개혁방향을 제시하였다. 우선 공무원이
야말로 실제적으로 통치구조를 민주적으로 운영하여 나가야 하는 헌법상의
핵심제도라고 하겠다. 또 최근(2004년 3월 12일) 정당법·선거법·정치자금법
등 정치관계 기본 3 법이 개정·통과되기까지 우리 사회가 겪었던 극심한
진통을 기억한다면, 그 법들이 헌법론의 중요 부분임은 췌언을 요하지 않는
다 할 것이다. 이에 관련부분을 보다 면밀하게 고찰하려 하였다.

　제 2 부 권력분립론과 정부형태론은 통치구조의 큰 틀을 분석하고 있다.
제 1 장 권력분립론의 핵심은 고전적인 몽테스키외의 형식적·구조적 3권분

립론을 극복하고, 오늘날 정당제민주주의하에서 정당을 중심으로 하는 동태적·기능적 권력통제론을 이해하는 일이다. 제 2 장 정부형태론은 의원내각제·대통령제·이원정부제의 기본 틀을 이해하고, 미국의 대통령제의 성공조건을 분석함으로써 간접적으로 우리 대통령제의 문제점과 나아갈 방향을 제시하였다. 특히 제 3 장에서는 우리 정부형태의 '제왕적 대통령제'의 문제점·원인·대책을 분석하면서, 그 해결의 실마리로 우리 대통령의 리더십의 내용 여하에 따라서는 우리 대통령제가 여소야대정국에서 분점정부의 모델을 실현시킬 수 있고, 나아가 개헌 없이도 프랑스식 이원정부제와 유사형태로 접근하여 갈 수 있는 가능성을 타진하여 보았다.

　　제 3 부 제 1 장 지방자치개혁론은 중앙정부의 정부형태론에 이어서 지방정부의 문제를 다루고자 하였다. 이로써 행정부 전체의 구체적 모습과 행정발전전략을 이해하여 민주화와 국가 전체의 생산력을 배가시킬 수 있는 방법을 모색하고자 하는 것이다. 한편 제 2 장 검·경의 정치적 중립과 수사권의 합리적 배분은 우리 나라 법치주의의 골격으로서 검찰과 경찰이 독립된 기관으로 대등한 입장에서 상호 경쟁·견제하는 민주적 사정기관으로서의 위상을 바로 세우고자 함이며, 그로서 민주적 통치구조의 양 받침대 역할을 하여야 한다고 본다. 최근 고위공직자비리조사처의 신설에 대한 논의는 검찰과 경찰이 제 기능을 한다면 전혀 불필요하고, 결국 경찰에 '수사권 독립'을 부여하여 검찰과 경찰을 제대로 만드는 것만이 선진법치주의로 가는 첩경임을 강조한다(제 2 절 Ⅲ. 8. 참조). 결론적으로 공권력의 상징이요 법치주의의 초석인 경찰을 바로 세워서 국민이 경찰을 믿고 따르지 않는다면, 법치국가건설은 기대하기 어렵다는 점을 특히 정치권에서 인식하여 줄 것을 다시 한번 강조한다.

　　제 4 부 국회개혁론에서는 국회가 진정으로 국민을 위한 정치의 장이 되기 위하여 우선 120조에 가까운 국민의 혈세를 바로 쓰게 하는 예산심의제도의 확립이 시급한 과제임을 주장하였으며, 국회운영의 정상화를 위하여 세계에 유례 없는 국정감사제도 폐지와 그 대안으로 국정조사제도의 활성화방안을 제시하였다. 그리고 국회는 차기대통령선거를 향해 돌진하는 싸움터가 아니고 국민을 위한 정책대결의 장이 되어야 한다. 그 정책대결의 결과로 정권이 자연스럽게 맡겨져야 하는 만큼 국회의원들은 불필요하게 패

거리짓지 말고, 각자 관심 있는 분야를 연구하여 단 한 건이라도 법안을 제안해야 한다. 최소 6인 이상의 보좌관을 거느리는 의원의 신분상 당연한 요청이다. 비록 정무직공무원이라고 해도 국회의원은 재선을 위한 몸부림이 아니라, 국민의 대표로서 명예롭게 임기 4년을 오로지 국민을 위한 봉사의 자세로 임해야 한다. 한편 국회의원의 전문성과 직능대표성을 위하여 비례대표 수를 지역구의 2분의 1까지 확대해야 한다는 것을 특히 강조하였다.

제 5 부 행정부개혁론에서는 우선 행정권의 비대현상 등으로 나타날 수 있는 '제왕적 대통령제'를 극복하기 위하여 대통령의 '민주적 리더십'을 강조한다. 대통령은 국가최고권력자가 아닌 국가최고경영자(CEO)이며 대한민국 오케스트라의 총 지휘자로서 국무총리·각부장관 등을 멋지게 지휘하여 국가의 생산력을 높여야 하고, 국회와 국민을 설득해야 한다. 소위 '책임총리제'의 논의는 대통령에 대한 견제차원이 아니라 '국정운영의 효율성증진'의 방향에서 이루어져야 하고, 각부장관도 대통령의 눈치를 볼 것이 아니라 오로지 국리민복을 위하여 소신껏 직무를 수행해야 한다. 감사원은 소득 2만불 시대를 열어 가는 선도적 감사로써 국정시스템을 총체적으로 평가하고 대안을 제시하면서 국정컨설턴트의 역할을 수행해야 한다. 부패방지위원회는 우리 사회 전체에 만연할 수 있는 부패구조를 척결하고자 하는 국민의식개혁 운동을 주도하여 나가야 한다. 덧붙여 21세기 인터넷정보화시대를 맞이하여 전자정부의 실현이 행정개혁에 중요한 과제가 된다는 것을 강조하였다.

제 6 부 사법개혁론에서는 '유전무죄 무전유죄'·'전관예우'의 법조계 분위기를 타파하고, '그들만의 사법'을 '우리의 사법'으로 만들기 위하여 법률가양성제도와 사법부구조에 대한 대개혁을 시도해야 함을 서술하였다. 사법시험은 '순간승부'에 의한 선발방식에서 벗어나 개혁된 법학교육을 통한 자격시험으로 전환하여야 한다는 것을 주장하며, 법조일원화 등에 의한 법관임용방식 개혁과 배심제·참심제 등 국민의 사법참여방안에 대하여도 검토한다. 한편 우리 나라 인구 10만 명당 변호사 수는 10.65명으로 일본의 약 3분의 1 수준에 불과하므로 그 수를 대폭 확충하여 일반국민이 '사법주권자'로서 법률서비스의 선택권을 쉽고 다양하게 행사할 수 있도록 하여야 한다. 그러한 면에서 변리사·세무사 등의 전문자격사와 법학교수의 경우, 그

들의 전문분야에 한정하여 소송법연수 등 일정한 조건을 전제로 소송대리
권을 부여하는 방안을 검토하여 일반국민이 저비용으로 고품질의 법률서비
스를 받을 수 있는 방안을 강구해 보았다.

　　제 7 부 헌법재판개혁론에서는 헌법재판을 통하여(하루 평균 2건) 헌법이
국민의 생활규범으로 된 것과 위헌법률심사·헌법소원 등을 통하여 우리
사회의 민주화와 법치주의심화에 기여한 것을 평가하면서, 다음 두 가지를
개혁의 큰 방향으로 잡고자 하였다. 첫째는 법원의 재판을 헌법소원심판의
대상에 포함시키는 것이다. 이론적으로나 독일의 예를 볼 때 법원판결 제외
는 우리 헌법재판소의 기능을 반감시키고 있다고 해도 과언이 아닌 것이다.
둘째는 검사의 불기소처분을 헌법소원심판 대상에서 제외시켜야 한다는 것
이다. 검사의 불기소처분에 대한 판결이 헌법해석 최고기관의 재판에 반 이
상을 차지한다는 것은 어불성설이며, 국가적 낭비인 것이 명백하기 때문이
다. 이는 또한 검사의 불기소처분에 대한 통제제도를 시급히 마련해야 하는
이유이다.

　　지난 2월 제Ⅰ권을 출간하면서 약속한 대로 제Ⅱ권을 출간하게 되어 참
으로 다행스럽다. 그러나 여러 가지 새로운 시도를 하다 보니 어설픈 면이
많이 있다고 느껴진다. 앞으로 독자제현의 질책을 받아 가면서 보다 알차고
짜임새 있는 내용의 한국헌법학을 일구어 가고자 한다. 제Ⅰ권 서문에서 언
급한 대로 본서 역시 24년간 나의 헌법학강의를 경청하여 준 경찰대학생의
뜨거운 관심과 성원덕분이었다고 생각해서 그 군들과 함께 이 책의 출간을
기뻐하고자 한다. 공리공론을 배제하고 현장감 있는 이론을 요구하는 경찰
대학강단의 분위기가 오늘날 나의 헌법학의 칼러를 결정지어 주었다고 보기
때문이다. 오랫동안 가슴 속에 품어 왔고 머릿 속을 맴돌던 나의 민주주의
에 대한 정열과 헌법이론을 이제야 어느 정도 풀어 놓으니, 학자로서 우리
사회에 대한 책무를 조금이나마 한 것 같아 몸과 마음이 가볍고 후련하다.

　　그간 학문적 둔재의 늦깎이를 기다리고 격려하여 준 공법학회와 헌법학
회의 선배·동료·후배님들과 나에게 풍부한 이론적 시사점을 제공하여 준
정치학회회원 여러분께도 감사의 마음을 전한다. 또한 나에게 자유·정의·
진리의 석탑정신을 심어 준 모교 고려대학교의 100주년 기념제(2005년 5월)
와 아울러 현재의 경찰대학을 21세기 고도의 법치주의사회에 걸맞는 세계

적인 경찰교육기관으로 발전시키기 위하여 불철주야 고심하고 있는 이상업 학장님 이하 교직원 여러분께 이 책을 바치고자 한다. 본서의 출판을 다시 맡아 준 박영사에 감사하고 이구만 부장, 이일성 편집위원께도 고마움을 전한다. 특히 나의 한국헌법학의 이론에 공감하여 제Ⅰ권에 이어 헌신적으로 원고를 정리하여 준 고려대학교 박사과정의 조한상 군에게 고마움을 전함과 동시에 앞으로 새로운 한국헌법학의 발전에 선봉장이 되어 줄 것을 기대한다. 끝으로 이미 작고하신 부모님과 사위의 대성을 기원하시는 장인·장모님께 감사드리고, 언제나 따뜻한 격려를 보내 주는 친구와 같은 사랑하는 나의 아내와 재은·재민에게 고마움을 전한다. 나아가 주위의 형제·친척들과 나에게 관심을 갖고 계신 모든 분들께 머리숙여 감사드린다.

2004년 甲申年 八月

경찰대학 법화산 綠陰 속에 매미소리 들으며

南汀書齋에서

저자 이 관 희(李寬熙) 씀

目　　次

제 2 장 政黨制度改革論

제 3 장　選擧制度改革論

제 4 장　政治資金制度改革論

제 2 부　權力分立論과 政府形態論

제 1 장　權力分立論

제 2 장　政府形態論

제 3 장　우리나라 政府形態의 特徵과 改革方向

제 3 부　地方自治改革論 및 檢·警의 政治的 中立과 捜査權의 合理的 配分

제 1 장　地方自治改革論

제2장 檢·警의 政治的 中立과 搜査權의 合理的 配分

제 4 부　國會改革論

제 1 장　國會制度의 意味

제 2 장　國會의 立法에 관한 權限

제 3 장　國會의 財政에 관한 權限

제 4 장 國會의 國政統制에 관한 權限

제 5 부　行政府改革論

제 1 장　바람직한 大統領制 構想下의 大統領의 地位

제 2 장　大統領의　權限

제 3 장　國務總理와 國務會議

xxxii 目　次

제 5 장　電子政府

제6부 司法改革論

제1장 司法權의 意味와 司法府의 構成

제2장 司法權의 獨立과 司法府의 權限

제 3 장　司法改革의 問題

제 7 부　憲法裁判改革論

제 1 장　憲法裁判所의 地位와 構成

제 2 장　憲法裁判所의 具體的 權限

제 3 장　憲法裁判의 改革方向

일러두기

[국내교과서 참고문헌 약어]

강경근 ··· 강경근, 헌법(신판), 법문사, 2004

계희열(상) ························· 계희열, 헌법학(상)(신정 2 판), 박영사, 2005

계희열(중) ························· 계희열, 헌법학(중)(신정 2 판), 박영사, 2007

김철수 ···························· 김철수, 헌법학개론(제18전정신판), 박영사, 2006

성낙인 ···························· 성낙인, 헌법학(제 7 판), 법문사, 2007

윤명선 ···························· 윤명선, 헌법학, 대명출판사, 2004

이관희(Ⅰ) ························· 이관희, 한국민주헌법론 Ⅰ(개정판), 박영사, 2008

장영수(Ⅰ) ··················· 장영수, 헌법총론 ― 헌법학 Ⅰ(제 2 판), 홍문사, 2004

장영수(Ⅱ) ···················· 장영수, 기본권론 ― 헌법학 Ⅱ, 홍문사, 2004

전광석 ···························· 전광석, 한국헌법론(제 4 판), 법문사, 2007

정종섭 ···························· 정종섭, 헌법학원론, 박영사, 2006

정종섭(소) ······················ 정종섭, 헌법소송법(제 4 판), 박영사, 2006

최대권 ···························· 최대권, 헌법학강의(증보판), 박영사, 2001

허영 ····························· 허영, 한국헌법론(전정 3 판), 박영사, 2007

허영(이) ························· 허영, 헌법이론과 헌법(신판), 박영사, 2007

홍성방 ···························· 홍성방, 헌법학(개정 1 판), 현암사, 2004

제 1 부 ▶ 民主的 統治構造를 위한 基本制度改革論

제1장 公務員制度改革論

【여는 글】

　　민주주의 헌법상 통치구조가 국민의 기본권을 실현시키기 위한 수단적 기능구조라면 공무원은 그 기능구조를 실제로 운영해 가는 역할을 수행하게 된다. 다시 말하면 공무원제도는 국민의 기본권실현과 통치구조를 연결해 주는 고리의 역할을 하면서 민주주의 통치질서에서 필수 불가결한 제도로써 평가되며 칼 슈미트가 말하는 민주주의 헌법상 제도적 보장에 해당된다.[1] 따라서 모든 국민의 인간의 존엄성과 기본권을 보장하는 민주주의 국가운영에 있어서 공무원의 직무능력과 자세는 한 나라의 민주주의 실현에 사활이 걸린 중대한 문제이다. 특히 공무원의 민주적 공직윤리(공인의식)를 강조하는 이유이다. 만약 우리 공무원 모두가 공인의식으로 철저히 무장되어 적어도 근무시간만큼은 오로지 국리민복만을 생각한다면 우리 사회가 진정한 민주주의 사회로 발전해 나가는 데 결정적인 역할을 할 수 있으리라 본다.

　　우리 국민 모두는 '능력 있는 공무원'을 희망한다. 그러나 무작정 바란다고 해서 만들어지는 것은 아니다. 왜 우리의 공무원들은 '철밥통'이고 아무도 원하지 않는 '정부미(米)'로 회자되는지를 꼼꼼히 따져보아야 한다. 공무원들이 국민의 신뢰를 받지 못하는 가장 큰 이유는 '경제성장의 동력'이었다는 과거의 영광에 젖어 급변하는 시대적 요구에 부응하지 못하는 '각주구검(刻舟求劍)'의 잘못을 범하고 있기 때문이다. 그런가 하면 비록 일부 공무원에 국한된 경우일지라도 각종 규칙과 규정의 오·남용을 통해 국민 위에 군림하는 자세를 버리지 못하고 있으며, 신분보장의 틀 속에서 복지부동과 현실안주에 급급하다는 비난도 받고 있다. 그러다 보니 오늘날의 공무원은 변화의 '주체'가 아니라 변화의 '대상'으로 지목될 수밖에 없다.

---

1) C. Schmitt, *Verfassungslehre*, 1954(Neudruck), S. 170f.; F. Klein, *Institutionelle Garantien und Rechtsinstitutsgarantie*, 1934, 51ff.

　　한편 공무원들은 "열악한 업무 환경에 처해 있다"고 항변한다. 권한은 주어지지 않으면서 잘못된 일에는 책임을 져야 한다. 민간 기업에 취업한 친구들에 비해 급여 수준이 떨어지지만 공무원으로써의 품위는 지켜야 한다. 잘못되기만 하면 모두 '공무원 탓'이라는 비난도 감수해야 한다. 따라서 국가를 위해 헌신하는 공무원이 되려면 자신의 능력발휘를 저해하는 기존의 제도와 관행을 과감히 바꾸는 노력이 필요하다.

　　첫째 공무에 관한 권한의 범위와 책임의 한계를 명확히 하여야 한다. 책임행정제의 개념이 활용되고 하의상달(下意上達)의 문화가 관행으로 정착될 때 정책과정을 효율적으로 관리할 수 있으며 정책결과에 대한 책임도 당연히 수용할 수 있을 것이다. 둘째 경쟁력을 갖출 수 있도록 자기계발교육에 좀 더 적극적으로 나서야 한다. 공무원 재교육 방식은 업무교육에서 자질교육으로 그 방향을 바꾸어야 한다. 임시방편적인 보충수업으로는 변화하는 환경을 주도적으로 끌어갈 실력을 갖출 수 없으며, 올바른 정신과 소양을 갖추지 못한 공무원은 유능한 공무원이 될 수 없기 때문이다. 출산 후 육아휴가를 갖는 것처럼 일정기간의 근무에 따른 안식기간을 활용하는 방안도 고려해 봄직하다. 셋째 공직사회의 사기진작을 위하여 임용과 승진 체계의 변화가 필요하다. 특수직에 대한 개방임용제나 고위공직자 부처간 교류제의 확대는 변화하는 환경에 대한 신속하고 효과적인 대응을 가능하게 할 것이다. 신규공무원 임용방식으로 인턴식 예비공무원제를 도입하면 시험위주가 아닌 적성 위주로 공무원을 뽑을 수 있을 것이다. 한시적이고 특별한 경우에 국한해야 할 것이지만, 파격적인 승진 방안도 시간만 차면 윗자리로 옮긴다는 인식을 바꾸는 데 도움이 될 것이다. 마지막으로 공무원들이 '철밥통'을 스스로 포기할 수 있도록 보상의 체계와 수준도 바꿔야 한다. 능력에 걸맞도록 보상체계의 차등화를 시도해 설령 같은 직급일지라도 능력에 따라 보상의 차이가 있도록 해야 한다. 충분하고 정당하며 특별한 보상이 있을 때 신바람 나게 일할 수 있다. 진정으로 책임도 물을 수 있고 희생을 요구할 수 있다. 공무원으로서의 체면과 자존심을 세울 수 있을 때 '검은 손'의 유혹도 뿌리칠 수 있다.

제 1 절   統治構造 運營의 主體로서 公務員

I. 公務員의 意義 · 種類 · 憲法規定

공무원이란 직접 또는 간접적으로 국민에 의하여 선출 또는 임용되어 국가나 공공단체와 공법상의 근무관계를 맺고 공공적 업무를 담당하고 있는 사람들을 의미한다.2) 따라서 선거에 의하여 선출된 대통령이나 국회의원, 국회의 동의를 얻어 임명되는 국무총리, 대법원장 등을 비롯하여 고용직 · 계약직 공무원에 이르기까지 일단 넓은 의미의 공무원 개념에 포섭된다.

그러나 모든 공무원이 동일한 성격의 역할을 담당하는 것이 아니며, 동일한 법적 지위를 갖는 것도 아니다. 따라서 구체적으로 공무원제도에 관한 논의를 하기 위해서는 공무원 개념을 세분화할 필요가 있다.

앞서 본 광의의 공무원과는 달리 협의의 공무원은 국가 또는 지방자치단체와 공법상 근로관계에 있는 모든 사람을 말한다. 광의의 공무원이 선거에 의하여 취임하거나 국회의 동의를 얻어 임명하는 정치직 공무원뿐만 아니라 고용직 · 임시직 등 계약에 의하여 공무를 담당하는 자를 모두 포함하는 데 대하여 협의의 공무원은 국가공무원법과 지방공무원법 등 각종 공무원법상의 공무원으로서 대체로 경력직공무원을 말한다.

공무원은 또 국가에 의하여 임용되어 국가기관에서 근무하고 국가로부터 보수를 받으며 일반적으로 국가공무원법의 적용을 받는 국가공무원과 지방자치단체에 의하여 임용되어 지방자치단체에 근무하며 그로부터 보수를 받고 일반적으로 지방공무원법의 적용을 받는 지방공무원으로 나누어진다. 그리고 공무원은 그 임용자격 · 신분보장 · 전문성 및 정치성 등을 기준으로 하여, 경력직공무원과 특수경력직공무원으로 분류된다. 국가공무원법과 지방공무원법에 의하면, 경력직공무원은 다시 일반직공무원 · 특정직공무원 및 기능직공무원으로 나누어지고, 특수경력직공무원은 정무직공무원 · 별정직공무원 · 전문

2) 헌재 1992. 4. 28. 90헌바27. 현재(2007. 11. 20) 공무원 총수는 97만 3859명(국가직 60만 4673명, 지방직 34만 7247명)인데, 노무현 정부 5년간 6만 6756명이 늘었고(철도청 공사화에 따른 감축인원 2만 9756명을 고려하면 사실상 8만 7962명) 특히 임기 마지막 해인 2007년에만 1만 6156명을 늘렸다(내일신문 2007. 11. 20).

직공무원 및 고용직공무원으로 세분된다(국가공무원법 제 2 조; 지방공무원법 제 2 조). 또 공무원은 국가·지방공무원법 등 공무원법에 의해 신분의 보장을 받는 정규공무원과 개별법에 의하여 공무원에 준한 신분보장을 받는 준공무원으로 나누기도 한다.

II. 公務員의 憲法上 地位에 대한 考察

1. 국민전체에 대한 봉사자로서의 공무원

(1) 국민전체에 대한 봉사자

전근대국가에 있어서 공무원은 군주나 봉건영주의 사복(私僕)으로써만 존재하였으나, 근대의 국민주권주의하에서 공무원은 국민전체의 공복으로써 일부 국민이 아닌 국민전체의 이익을 위하여 봉사하여야 한다. 그러므로 현대의 정당제 민주국가에 있어서는 공무원은 오로지 국민전체의 이익을 위하여 봉사해야 하고, 일당일파의 정파적 이익을 위해서 봉사하는 정당의 사병(私兵)이 되어서는 아니 된다는 것을 강조하고 있다.

(2) 민주적 공직윤리(공인의식: 公人意識)[3]의 제고

국민전체에 대한 봉사자로써의 공무원에게는 민주적 공직윤리의 제고가 절대 필요하다. 모든 공무원이 무사공평(無私公平)의 자세로 법집행을 하고 오로지 공공복리를 실현하겠다는 관직사명을 가지고 국민의 충직한 수임자로써 그 맡은 바 임무를 충실히 수행해 나갈 수 있을 때 비로소 민주주의 국가의 통치기능은 그 실효성이 나타나고 국민의 행복과 국가발전을 도모할 수 있는 것이다.

민주주의의 성공적인 국가운영에 있어서 두 개의 중요한 윤리 축이 있는 바, 하나는 민주적 시민윤리(시민의식: 공공심, 준법정신·질서의식, 관용과 타협, 인간애 등)이고, 다른 하나가 바로 민주적 공직윤리이다. 한 사회의 민주적 공직윤리수준은 그 사회의 민주적 시민윤리수준에 정확하게 비례하게 되어 있지만(그 시민 중에서 임명되는 공직자이기 때문에), 민주적 시민윤리가 성숙되지

---

3) 공인의식을 한국 전통의 선비정신에서 찾아야 한다는 설득력 있는 이론으로, 이동희, "한국 공직자의 전통사상과 공인의 가치관: 선비정신과 공직윤리를 중심으로," 교육훈련정보 제30호, 1995, 86-98쪽.

못한 사회일수록 민주적 공직윤리를 더욱 강조하게 되는 것은 하나의 아이러 니라 할 것이다.

또한 공무원의 민주적 공직윤리는 국가운영의 측면에서 필요할 뿐만 아 니라 공무원 스스로의 인격완성을 위하여도 절실한 것이다. 부정부패에 물들 지 않고 멸사봉공(滅私奉公)의 자세로 오로지 국리민복을 위하여 노력할 때 공무원 스스로의 인격은 높아지고 완성되는 것이다. 아마도 공직자의 길을 선호하는 이유는 다른 직업보다 돈과 권력이 아닌 명예와 인간의 삶의 궁극 적 목표인 인격의 완성에 보다 쉽게 접근할 수 있다는 장점에서 찾아야 하리 라고 본다.

2. 국민에 대하여 책임을 지는 공무원

국민주권 국가에서 공무원은 국민의 공복이므로 국민의 수임자로써 헌법 정신과 법률에 따라 정책을 집행하고 그 결과에 대하여 국민에게 책임을 져 야 함은 물론이다. 여기에서 책임의 성격이 문제된다. 이른바 헌법적 책임 설[4])에 의하면 공무원의 책임이 헌법에 규정되어 있으므로 헌법적 책임이라 하고, 이념적·정치적 책임설[5])에 의하면 국민과 공무원간에는 엄격한 의미에 서 법적 위임관계가 존재하지 않으므로 이념적·정치적 책임에 지나지 않는 다고 한다. 생각건대 공무원의 국민에 대한 책임의 성격은 공무원의 유형과 그 행위에 따라 다른 것으로 일률적으로 말할 수는 없는 것이라 하겠다. 즉 선거직 공무원은 선거에 의한 책임을 지지만, 국회에서 국무총리·국무위원 등에 대한 해임건의와 마찬가지로 일종의 정치적 책임이고, 탄핵소추에 의한 책임추궁(헌법 제65조, 제111조), 손해배상책임(헌법 제29조) 및 형사책임은 법적 책임일 수밖에 없다.

---

4) 김철수, 204쪽 참조.
5) 권영성, 221쪽 참조.

제 2 절 職業公務員制度

I. 職業公務員制度의 意義

우리 헌법은 "공무원의 신분과 정치적 중립성은 법률이 정하는 바에 의하여 보장된다"(헌법 제 7 조 제 2 항)라고 하여 직업공무원제를 규정하고 있다. 이 조항은 엽관제(Spoilssystem)·정실(情實)인사 등을 배제하고, 정권교체에 영향을 받지 아니하는 직업공무원제를 확립하려는 규정이다. 직업공무원제는 헌법상의 제도적 보장으로 민주주의 국가운영의 필수적인 제도임은 물론이다.

현대 민주주의 헌법에서 직업공무원제도는 우선 민주주의를 실현하는 기능을 한다. 공무원의 신분보장과 정치적 중립성 보장을 통해 공무원이 특정 정당, 특정집단의 봉사자가 아니라 국민전체의 봉사자로서 공무를 집행토록 함으로써 국민주권을 핵심으로 하는 민주주의를 실현하는 기능을 한다.

한편 공무원의 신분보장과 정치적 중립성 보장을 통해 법에 따른 행정행위를 가능하게 하므로 통치권 행사의 절차적 정당성을 확보할 수 있게 한다. 또 신분과 정치적 중립성이 보장되는 공무원은 그 직무수행을 통하여 정치집단을 견제할 수 있으므로, 현대적 의미의 기능적 권력분립을 실현하게 한다. 이러한 점에 비추어 직업공무원제도는 법치주의를 실현하는 데 기여한다.

아울러 전문적인 지식을 가진 공무원이 신분이 보장된 상태에서 정책을 집행함으로써 효율적이고 안정적인 정책집행이 가능하게 한다. 이것은 국가적 차원에서 정치적 안정의 유지에 기여할 수 있게 한다. 또 실적주의가 준수됨으로써 모든 국민이 공직취임의 균등한 기회가 보장되기 때문에 국민의 공무담임권 보장을 가능하게 한다.6)

---

6) "직업공무원제도는 민주주의와 법치주의의 이념에 따라 정책집행이 실현될 수 있는 바탕을 마련함으로써 사회공동체의 동화적 통합을 촉진시켜 줄 뿐 아니라 기능적 권력분립의 한 메커니즘으로 기능함으로써 헌정생활을 안정시키고, 공무원의 지위를 보호하고 국민의 헌법상의 권리를 실현시키기 위한 제도적 기초가 되는 등 여러 가지 중요한 기능을 나타낸다고 말할 수 있다"고 한다(허영, "직업공무원제도," 고시연구 159호, 1987, 90쪽).

II. 職業公務員制度의 內容

1. 공무원의 정치적 중립성 유지

공무원의 정치적 중립성은 정권교체에 따른 국정중단의 혼란을 방지하고 행정의 계속성을 유지하여 국가발전을 도모하자는 취지이다. 따라서 여기에서의 중립은 적극적 의미의 조정이 아니라 소극적으로 불가담·불간섭을 의미하는 정치활동의 금지를 말하며, 구체적으로는 정당에 가입하거나 어떤 정당을 위하여 활동함을 금지하는 것을 말한다.

대한민국 50여 년의 민주헌정 역사에서 수많은 난관과 좌절의 시대를 극복하며 나라를 지탱한 축은 민주주의와 자본주의 그리고 '관료사회'라고 할 수 있다. 때로는 배신과 질곡도 있었지만 이 세 축이 그래도 기본을 지켜 나왔기에 나라는 우여곡절을 겪으면서도 전진했던 것이다. 공무원도 물론 공무원이기 이전에 국민의 일원으로써 당연히 시민의 자유와 권리를 포괄적으로 향유할 수 있다. 그러나 이는 공무원이 시민 개인으로서 생각하고 행동하는 경우에만 그러하고, 집단이나 단체로 움직이면 전혀 다른 차원의 문제가 된다.[7] 그래서 헌법 제 7 조 제 2 항을 구체화한 국가공무원법 제65조는 "공무원은 특정정당, 특정인의 지지나 반대를 위한 행동을 해서는 안 된다"라고 규정하고 있는 것이다.[8]

[7) 이 점에서 전국교직원노동조합(전교조)과 공무원노동조합총연맹(공노련)이 노무현 대통령에 대한 탄핵소추(2004. 3. 12)에 반대 입장을 표명하고, 더 나아가 전국공무원노동조합(전공노)이 정부 의문사진상위원회의 탄핵 반대 시국성명이 정당하다고 하는 것은 물론 4·15총선에서 민주노동당을 지지하기로 선언한 것 등이 공무원의 정치적 중립에 정면으로 배치된다. 이들은 과거 독재정권 시절에 공무원의 정치적 중립이란 명분으로 정권의 하수인 노릇한 부끄러운 과오를 반성하고 특정정당 소속의 자치단체장이나 고위공무원들이 당리당략에 치우친 행정을 펼칠 때 공무원이 내부 견제세력으로 진정한 '정치적 중립'을 지킬 수 있고 공정한 행정서비스를 제공할 수 있기 위하여 공무원들에게 정당가입을 허용하고 자신의 정치적 입장을 자유롭게 표현할 수 있는 자유를 달라고 하나, 지금은 과거 군사 독재정권 시절도 아니고 정당한 절차에 의하여 선출되거나 임명된 자의 행정에는 공무원은 집행의 의무가 있으며 입법정책적으로는 검토될 수 있겠으나 현행법상으로는 개인적으로나 집단적으로 정치적 입장 표명은 불가하다고 본다.

8) 이 밖에 지방공무원법 제57조, 법원조직법 제49조, 검찰청법 제43조 등에서 정치운동의 금지를 정하고 있고, 정당법 제 6 조 제 1 호에서도 국가공무원법 제 2 조 및 지방공무원법 제 2 조에서 규정된 공무원에 대해서 정당의 발기인 및 당원의 자격보유를 금지하고 있다. 또한 공직선거법 제 9 조 제 1 항에서도 "공무원 기타 정치적 중립을 지켜야 하는 자(기관단체를 포함한다)는 선거에 대한 부당한 영향력 행사 기타 선거 결과에 영향을 미치는 행]

공무원이 특정 정치이념이나 정당에 매몰되면 국민 전체에 대해 책임지고 봉사하는 것이 불가능해진다. 이런 사고를 바탕으로 정치와 행정이 분리됐고, 직업공무원 제도가 탄생한 것이다. 직업공무원 제도에는 '평생 동안'이라는 개념과 '할 만한 가치가 있는'이라는 철학이 배어 있다. 즉 공무원 스스로는 물론 국민 일반으로부터 평생 동안 할 만한 가치가 있는 직업으로 인정받아야 직업공무원 제도가 정착되는 것이다. 공무원이 특정 집단이나 정파에 경도된다는 인식을 줄 경우 그 집단이나 정파에 반대하는 국민은 공무원을 신뢰하지 않을 것이 자명한 이치이다. 그 때문에 직업공무원은 정치적 풍랑에 좌우되지 않고 국민 전체에 무한봉사하고 책임을 져야 한다. 그러한 의미에서 관료사회가 지난 세월 나라를 지탱해 온 세 축의 하나였던 것이다.

2. 공무원의 신분보장

국가공무원법은 공무원은 형의 선고·징계처분 또는 국가공무원법이 정하는 사유에 의하지 않고는 그 의사에 반하여 휴직·강임(降任) 또는 면직을 당하지 않는다고 하여 헌법 제 7 조 제 2 항의 공무원의 신분보장을 구체화하고 있다. 공무원이 정권교체에 영향을 받지 아니하고 또 동일한 정권하에서도 정당한 이유 없이 불이익을 당하지 않는다는 공무원의 신분보장이 직업공무원제의 핵심이며, 그로써 국민전체의 봉사자로써의 역할을 충실히 수행에 나갈 수 있다 할 것이다.

관련 법조문을 자세히 살펴보면 다음과 같다. 국가공무원법 제68조와 지방공무원법 제60조 등은 "공무원은 형의 선고·징계처분 또는 이 법에 정하는 사유에 의하지 아니하고는 그 의사에 반하여 휴직·강임 또는 면직을 당하지 아니한다"라고 규정함으로써 공무원의 신분보장을 천명하고 있다. 또 국가공무원법 제70조는 직권에 의한 면직사유를 제한적으로 열거하여 "3. 직제와 정원의 개폐 또는 예산의 감소 등에 의하여 폐직 또는 과원이 되었을 때, 4. 휴직기간의 만료 또는 휴직사유가 소멸된 후에도 직무에 복귀하지 아니하거나 직무를 감당할 수 없을 때, 5. … 대기명령을 받은 자가 그 기간 중 능력 또는 근무성적의 향상을 기대하기 어렵다고 인정된 때, 6. 전직시험에서 3회 이상 불합격한 자로서 직무수행능력이 부족하다고 인정된 때, 7.
_____
위를 하여서는 아니 된다"고 규정하고 있다.

징병검사·입영 또는 소집의 명령을 받고 정당한 이유 없이 이를 기피하거나 군복무를 위하여 휴직중에 있는 자가 재영중 군무를 이탈하였을 때, 8. 당해 직급에서 직무를 수행하는 데 필요한 자격증의 효력이 상실되거나 면허가 취소되어 담당 직무를 수행할 수 없게 된 때" 등의 경우를 제외하고는 귀책사유 없이 인사상 불이익을 받는 일이 없도록 하고 있다.

Ⅲ. 職業公務員의 基本姿勢

21세기 오늘에 사는 직업공무원의 기본자세는 어떠해야 할까. 상술9)한 민주적 공직윤리(공인의식)의 구체적인 모습은 어떤 것일까. 우리 국민 모두의 소망이자 이명박 정부가 내건 국민소득 4만불 달성을 위하여는 무엇보다 공무원은 변화와 혁신의 자세를 가지고 필연적으로 창의적이고 생산적이지 않으면 안 된다고 본다.

예를 들어 지금 우리 정부가 직면하고 있는 행정환경은 어렵기 그지 없는데 우선 기업의 투자의욕을 되살릴 수 있도록 글로벌 스탠더드(global standard)에 맞는 원만한 노사환경 조성에서부터 각종 규제도 조속히 풀어나가야 한다. 그것도 정부가 마음만 먹으면 일사천리로 진행할 수 있었던 1970, 1980년대와는 달리 각종 이해단체, NGO들의 이해와 협조가 필연적으로 요구되는 부담까지 지면서 노련하게 추진하지 않으면 아니 된다. 바로 이러한 모든 과업들이 공무원들에게 창의적이고 생산적인 자세를 요구하는 것이다.

따라서 무엇보다 우리 공무원 사회를 세계일류로 업그레이드시키는 것이 중요하다. 그리하여 예컨대 공항 출입시간이 싱가포르보다 더 걸리면 공항 출입과 관련된 모든 공무원들이 업무혁신을 통해 단축할 수 있도록 해야 한다. 공장허가가 중국보다 어려우면 허가업무를 담당하는 모든 공무원들이 업무를 분석하고 개선해서 세계에서 가장 편한 시스템을 개발해야 한다.

또한 앞으로 공무원을 뽑는 데서부터 퇴직할 때까지의 공무원 인사제도 전반에 걸쳐 강력한 인사혁신을 추진해 나감으로써 우수한 인재가 정부에 들어와 가진 능력을 최대한 발휘할 수 있도록 제도적으로 뒷받침해 나아가야 한다. 예컨대 충원제도에서는 고시제도에만 천편일률적으로 얽매이지 않고

---

9) "제 1 절 Ⅱ. 1. (2) 민주적 공직윤리의 제고."

대학에서 정규과정을 열심히 공부하고 공직에 적성이 있는 인재를 과감히 발탁하는 제도에서부터 이공계 인력을 전문 분야에 적절히 유입시키는 방안까지 폭넓게 연구해야 하고 또한 공직에 들어온 뒤에는 한 분야에서 전문가가 되도록 보직관리와 성과관리를 철저히 할 수 있는 제도를 아울러 개발해 나아가야 한다. 광화문 정부중앙청사에 가면 35년 전 박정희 대통령이 쓴 글한 편이 걸려 있다. "우리의 후손이 오늘에 사는 우리 세대가 그들을 위해 무엇을 했느냐고 물을 때 우리는 서슴지 않고 조국 근대화의 신앙을 가지고 일하고 또 일했다고 떳떳하게 대답할 수 있게 합시다"인데, 직업공무원에게 오늘날에도 요구되는 기본자세라면 지나친 표현일까.

제 3 절 公務員의 勤勞 3 權

I. 公務員勞組法의 成立과 主要內容

1. 노사정위원회 합의

1998년 2월 경제위기 극복을 위한 사회협약에서는 공무원의 노동기본권을 단계적으로 보장하기로 하였다. 사회협약은 개별적 근로관계법부문은 유연화 방향으로 나아가되, 집단적 노사관계부문은 국제적 기준을 참조하여 기본권을 보장하기로 개정방향을 설정하였는데, 우선 공무원 직장협의회 설치를 위한 관련법안을 마련하고, 공무원의 노조결성권은 국민적 여론수렴과 관련법규의 정비 등을 고려하여 추진하기로 하였다.

보다 구체적으로 보면 제 1 단계로 공무원에 대하여 직장협의회를 먼저 허용(1999년부터 시행)하고 제 2 단계로 노동조합을 허용하기로 하였다. 그리고 공무원 노동조합의 구성을 국가공무원은 전국단위, 지방공무원은 광역시ㆍ도 단위로 하기로 하였고, 공무원 노동조합의 기능에 있어서는 보수 기타 근무조건에 관한 단체교섭은 허용하되 단체협약체결권 및 단체행동권은 인정하지 않기로 하였다. 그 후 ILO 등 국제기구의 시정권고와 공무원직장협의회의 논의 등을 배경으로 노사정위원회의 합의결과를 참조하여 국회에 법안을 제출하기에 이른다.

2. 입법의 성립과 주요내용

노동부가 2004년 8월 25일에 입법예고하고 10월 28일 국회에 제출한 「공무원의노동조합설립및운영등에관한법률(안)」은 국회에서의 논의를 거쳐 2005년 1월 성립되었다. 2005년 1월 27일 제정(법률 제7380호)된 「공무원의노동조합설립및운영등에관한법률」(이하 '공무원노조법'이라고 함)은 2006년 1월 28일부터 시행되었다.

법률의 주요내용을 보면, 먼저 입법형식에 대하여 공무원노조법은 노조법 제5조 단서에 근거하여 공무원노조의 설립, 가입범위, 교섭구조, 분쟁조정기구 등에 대해 별도로 규정하되, 동법에서 정하지 않은 사항은 노조법을 적용하도록 하였고, 정당한 조합활동의 범위를 넘어서 공무원의 신분에 위배되는 행위를 할 경우에는 국가공무원법 및 지방공무원법에 따라 규율하도록 하였다. 노동기본권의 보장범위에 관하여, 노동기본권 중 단결권 및 단체교섭권(협약체결권 포함)은 보장하되 쟁의행위는 금지하고, 다만 법령·조례 및 예산과 관련된 합의사항의 경우에는 단체협약의 효력을 인정하지 않고 정부에 성실이행노력의무만을 부여하였다.

조직형태에 대하여는 헌법기관인 국회, 법원, 헌법재판소, 선거관리위원회, 행정부 및 자치단체인 특별시·광역시·도·시·군·구 및 시·도교육청을 최소 설립단위로 규정하여 공무원의 근무조건 결정단위에 상응하도록 최소 설립단위만을 규제하였다. 가입범위에 대해서는 가입대상을 6급 이하 일반직 및 이에 상당하는 별정직·계약직 공무원, 기능직·고용직 공무원으로 정하되, 다만 ① 특정직 및 정무직 공무원, 사실상 노무에 종사하는 공무원,[10] 교원,[11] ② 지휘·감독직, 인사·보수 등 공무원노조와의 관계에서 행정기관의 입장에서 업무를 수행하는 공무원, ③ 교정·수사 및 이와 유사한 업무에 종사하는 공무원, ④ 업무의 주된 내용이 노동관계의 조정·감독 등 노동조합원으로서의 지위를 가지고 수행하기에 적절하지 않은 업무에 종사하는 공무원은 가입을 제한하였다.[12]

---

10) 일반 노동법 적용.
11) 초중등교원의 노조설립 및 단체교섭권 보장(쟁의행위 금지): 교원의노동조합설립및운영등에관한법률 제정('99).
12) 2005. 11. 현재 전체 공무원 92만명 중 적용제외 54만명: 현업 공무원, 교원 등 타법률

교섭당사자에 관하여는 노동조합은 공무원노조 대표자가 교섭당사자가 되며, 정부는 국회사무총장·법원행정처장 등 헌법기관의 행정책임자(행정부는 행정안전부장관), 각 자치단체장이 교섭당사자(담당자)가 되도록 하고, 정부 대표는 법령 등에 의해 관리·결정할 권한을 가진 사항에 대하여 교섭의무가 있으며, 연대하여 공동교섭하거나 다른 정부대표에게 교섭권을 위임할 수 있도록 하였다.

정부대표에게 교섭을 요구하는 노조가 복수인 경우에는 교섭창구를 단일화하도록 요구하고, 단일화하지 않을 경우에는 교섭을 거부할 수 있도록 하였다. 그리고 단체교섭대상과 관련해서는, 교섭사항은 보수, 복지 그 밖의 근무조건에 관한 사항으로 명시하고 있으며, 근무조건과 관련 없는 정책결정사항, 인사권 행사 등 행정기관의 관리·운영사항은 교섭대상이 아님을 명시하였다.

정당한 노동조합 활동의 보장에 대하여 노조활동은 근무시간 외에 함을 원칙으로 하지만 임용권자의 동의를 얻어 노조 업무에 전임할 수 있으며, 노조전임자는 무급휴직으로 하되, 전임자임을 이유로 승급 그 밖의 불이익을 받지 않도록 하였다. 그리고 노조법상의 부당노동행위규정을 적용하여, 정당한 조합활동 등을 이유로 한 불이익취급 등에 대하여는 노동위원회에 구제신청이 인정되지만, 행위자에 대해서는 형사처벌은 적용하지 않았다. 분쟁조정기구에 관하여 노동관계의 전문성과 공무원의 특수성을 감안하여 중앙노동위원회에 '공무원노동관계조정위원회'를 별도로 설치하며, 공무원 관계를 전담하는 위원을 별도로 위촉하여 위원회를 구성하도록 하였다.

II. 外國의 立法例

나라별로 공무원의 범위나 신분보장 등 관련제도가 다르므로 평면적인

적용: (36만여 명), 경찰·소방 등 특정직(14만여 명), 정무직·5급 이상(4만여 명), 가입제한 6급 지휘감독자 4만(?), 인사노무 3만(?), 교정·수사 등 2만 등 9만, 따라서 노조가입이 허용되는 공무원은 29-30만 여명이 될 것으로 봄. 이로서 현업기관, 교원 등 기 노동기본권이 보장되는 공무원(36만)을 포함하며 전체공무원 92만명 중 65만여 명(70%)의 공무원이 노동기본권을 보장받게 됨(미국은 65% 수준). 2008년 7월 현재, 전국공무원노동조합(2007. 10. 합법화) 회원 4만 8천명, 전국민주공무원노조 회원 5만 천명, 공무원노동조합총연맹 11만명 정도이다.

비교는 어려우나 주요국의 공무원노동기본권 보장내용을 개괄해 보면[13] 다음
과 같다.

1. 일본의 경우

공무원법에서 일반 공무원의 직원단체 결성을 허용하고 있으나 직원단체
는 당국과 교섭할 권한만 인정될 뿐 단체협약을 체결하거나 쟁의행위를 할
권한은 인정되지 않고 있다.

2. 독일의 경우

공무원을 대표하는 단체는 공무원의 근무조건을 규율하는 법령 등의 입
안과정에 참여하여 의견을 반영시킬 수 있으나, 민간기업과는 달리 단체협약
체결과 쟁의행위가 인정되지 않고 있다.

3. 미국의 경우

연방정부와 40여 개 주정부에서 공무원의 단체 결성, 단체교섭을 인정하
고 있으며, 쟁의행위는 그 중 10여 개 주에서만 허용하고 있다.

4. 영국 · 프랑스의 경우

공무원에게 단결권과 파업권을 인정하고 있으나, 파업을 인정하는 경우
에도 직종과 절차를 제한하거나 행정관청이 파업중지 명령을 할 수 있으며
단체협약의 법적 구속력은 인정 안 된다.

5. 기타 북유럽의 경우

민간부문과 구별하지 않고 공무원에게도 노동 3 권을 인정하고 있는 반
면, 해고나 급여결정 등에 있어서도 민간부문과 다른 특별한 보장규정을 두
지 않고 있다.

---

13) 노동부, 공무원노조법령 주요내용 및 쟁점 해설(2006. 1) 참조.

Ⅲ. 公務員勞使關係의 發展 方向

1. 공무원 노사관계의 순기능과 역기능

순기능으로는 첫째, 공무원의 경제적·사회적 지위향상을 통한 기본생활의 보장으로 공무원의 사기 향상과 함께 부정부패방지, 둘째, 공무원노조가 관리층과의 대화와 협상을 통해 상호이해의 증진과 관리층의 권위주의적 태도를 견제함으로써 대내 행정의 민주화와 행정발전에 기여, 셋째, 일선공무원들에게 기관운영에 대한 소외감을 해소하고 나아가 조직에 대한 일체감과 참여제고를 통한 업무효율 증진, 넷째, 공무원들의 직업윤리확립과 자질향상에의 기여 등이다.

한편 역기능으로는 첫째, 공무원노동조합의 우월한 조직력으로 인해 관리층의 권한이 약화되고 행정조직의 지휘체계의 혼란 발생, 둘째, 조직 전체의 목표달성보다는 해당 조합원의 권익보호에 치중함으로써 다양한 제도(개방형 충원제도, 발탁인사, 기구축소 또는 개편) 등 혁신과 개혁에 걸림돌로 작용할 우려, 셋째, 불법집단행동의 빈발로 인한 사회적 혼란 등이다.

2. 공무원 노사관계의 바람직한 역할 정립

공무원노사관계에 내재된 핵심적인 갈등의 원천은 노사관계 양 당사자간의 신뢰 및 믿음의 결여에 있다고 보는 견해가 많은데, 즉 노동조합은 사용자인 관리자에 대해 믿음과 신뢰를 보이지 않는 경향이 있으며, 그간의 억눌림을 한꺼번에 보상하려는 심리가 지배적이고, 정부측 사용자 역시 공무원노조를 대등한 파트너로 인정하지 않고 평소 공무원 사회 관행에 따라 '공직사회 기강, 지시·명령 - 복종 관계'를 암묵적으로 전제한 상태로 대화에 임하는 경향이다.

따라서, 단체교섭과정에서 정부측 교섭대표는 자기 역할을 분명히 자각하고 노동조합의 무리한 요구나 불법행위에 대하여는 법과 원칙에 따라 엄정대응하여야 할 것이나, 노조의 합리적 요구에 대하여는 대등한 파트너라는 자세로 적극적으로 임하여야 할 것이며, 체결된 단협을 성실히 이행하는 관행을 형성하고, 평소 직원들의 불만사항 등을 파악, 대안을 마련하는 노력이 선행되어야 할 것이며, 각급 노조간부와의 간담회·교육 등 대화를 활성화하는 등 참여적이고 협력적 노사관계를 형성해 나가야 할 것이다.

한편, 공무원노조 역시 공무원의 신분 및 업무 특수성을 고려하여 대립과 투쟁 중심의 노동운동은 지양하여야 하며, 합법적 테두리 내에서 민간부문과는 구별되는 합리적 노동운동을 모색해 나감으로써 국민의 신뢰를 얻을 수 있도록 노력하여야 할 것이다.

제 2 장   政黨制度改革論

【여 는 글】

　　오늘날과 같은 대중민주주의 사회에서는 대중의 다양한 이익을 조직적·체계적으로 대변해 주는 정당의 존재를 그 필수적인 요건으로 하고 있다.[1] 이를 정당제 대중민주주의라고 일컫는다. 정당제 대중민주주의사회에서 정당은 정치활동의 중심이므로 정당이 민주화되지 아니하고는 민주주의 실현은 그야말로 연목구어(緣木求魚)이다. 아직까지도 우리나라 정당은 개인 중심의 사당, 붕당의 범주를 벗어나지 못하고 있다. 우리의 민주주의가 한 차원 높게 성숙하기 위해서는 정당이 정권쟁취에만 몰두할 것이 아니라 정책정당화하고 당내 민주주의를 실현하여 국민 각계각층의 지지를 받아야 한다. 그러할 때에만 국민의 공당(公黨)으로써 제 기능을 수행하게 되는 것이다.

　　정당민주화의 핵심은 정당이 국민 속에 뿌리를 내려서 국민이 정당활동에 참여하게 하는 데 있는 것이고, 이를 위해서는 각종 선거의 공직후보자 추천과정을 민주적으로 정비하는 것이 가장 중요한 과제라고 본다. 제17대 국회의원총선거(2004. 4. 15)에서 각 당에서 상향식 공천과정을 마련하였지만 제도적 미비로 큰 효과를 보지 못했고, 제18대(2008. 4. 9)에서는 시간부족 등을 이유로 전혀 시행해 보지도 못했고, 제19대(2012. 4. 11)에서도 마찬가지로 미흡한 점이 많았다. 따라서 그에 대한 근본적인 대비책이 요청되고 있다.

　　고비용 저효율이 아닌 저비용 고효율의 정당활동을 보장하기 위하여 중앙당의 슬림화, 원내정당화 및 지구당 폐지가 논의되어 왔다. 정당법의 개정과 정치권의 합의로 중앙당의 슬림화와 지구당 폐지가 어느 정도 이루어져 가는 상황에서 다시 지역구의 의견 수렴 차원에서 지구당 부활 논의는 경계돼야 한다. 지역구의 의견수렴은 인터넷으로 충분하며 과거 '돈 먹는 하마'로써의 지

---

1) G. Leibholz, *Die Repräsentation in der Demokratie*, 1973, 3. Aufl., 225f.

구당을 항시 상기하여야 한다. 남은 문제는 중앙당의 슬림화와 맞물려 의원총회 중심의 원내정당화를 어떻게 이룰 것이냐가 과제이다.

정책정당화와 진성당원 확보와 관련하여 정당에 대한 국고보조금의 개혁이 이루어져야 한다. 국고보조금 지급의 원칙은 국민을 위한 정당활동의 정당한 대가이어야 하는바 국회의 의석수가 아닌 각종 선거의 득표수가 기준이 되어야 하고, 또 하나 정당 스스로 노력한 당원의 당비나 후원금 총액에 비례하여야 한다(Matching Fund). 정당은 정책을 개발하여 국민의 지지를 받아야 하며, 국고보조금의 상당부분은 정책개발비로 책정되어야 한다.

이상의 논의가 우리나라 정당의 발전방향인바 제 4 절 정당개혁의 구체적 실천방안에서 다룬다.

제 1 절   政黨制 大衆民主主義와 憲法規定

I. 現代 政黨制 大衆民主主義의 特徵

민주정치는 국민의 의사에 의한 정치로써 의회를 중심으로 한 대의민주주의를 원칙으로 한다. 18 · 19세기 근대 시민사회를 배경으로 하는 대의민주주의는 의회에서 명망가 중심의 명사(名士)민주주의였음에 반하여, 20세기 이후 다원적 사회를 배경으로 하는 현대 대중민주주의 사회는 정당이 사회의 상호 대립된 제 이익을 조직적 · 체계적으로 대변하며 정치의 중심이 되는 정당제 대중민주주의 사회가 출현된다. 따라서 한 나라의 민주정치의 발전은 정당이 진정으로 국민 속에 뿌리를 내려서 진성당원을 중심으로 그 운영이 민주적으로 되는 것부터 시작되어야 한다. 오늘날 정당제 대중민주주의의 특징은 다음과 같다.

첫째 정당을 통한 국가권력의 통합현상이다. 대통령제에 있어서는 대통령이 속한 정당이 의회의 다수당이 되는 경우에 입법부와 행정부가 정당이라는 지하도를 통하여 그 권력이 융합되고 의원내각제에 있어서는 그 구조 자체가 의회의 다수당이 행정권을 장악하는 통치체제이기 때문에 오늘날 정당을 통한 입법권과 행정권의 통합현상은 거의 일상적이라 해도 과언이 아니다. 여기에 몽테스큐의 고전적 삼권분립을 극복하고 정당에 대한 효과적인 통제를 기반으로 하는 새로운 권력분립론을 시도해야 할 이유가 있다.

둘째 대의민주주의에 있어서 국회의원은 전국민의 대표로써 누구의 지시에도 구속되지 아니하는 무기속 자유위임이 원칙인데, 정당제 민주주의 하에서는 사실상 국회의원이 정당에 예속되는 경우가 많으므로 이를 어떻게 조화시킬 것인가가 문제된다. 교차투표제(Cross Voting)·예비 선거제(Primary Election) 등이 그에 대비한 방안들이다.

셋째 각종 선거가 후보자의 인물도 중요하지만 정당을 보고 지지하는 정당에 대한 국민투표적인 성격을 띠면서 오늘날의 정당제 민주주의는 가히 국민에 의한 지배가 아니라 정당에 의한 지배라고 일컬어지기도 한다.2)

II. 憲法規定

1. 독일의 경우

제 2 차대전 이후 많은 나라에서 정당제도를 헌법에서 규정하게 되었는데 그 대표적인 나라가 독일이다. 독일은 바이마르 공화국(1919-1932)하에서 나치당이 집권하게 되는데(1933년) 그 후 1당 독재체제로써 민주주의가 말살되는 것을 경험하여 그것을 교훈삼아 독일 Bonn 기본법 제21조에 정당에 관한 조항을 두게 되었다. 그 조항은 우선 정당에게 자유민주적 기본질서를 존중할 의무를 부과하면서 "자유·평등·정의에 기본가치를 둔 자유민주주의를 파괴하려는 민주주의의 적에게는 민주주의적 관용을 베풀지 말자"는 것을 분명히 하여 정당에 대한 위헌심판해산권을 헌법재판소에 부여하고 있다. 따라서 바이마르 시대를 다수결을 중심으로 하는 상대적·가치중립적 민주주의라 한다면 Bonn 기본법 이후 오늘날은 방어적·투쟁적 민주주의 시대라고 한다. 특히 동·서 냉전 이후 방어적·투쟁적 민주주의론은 반공산주의적 성격을 띠게 되어 실제로 연방헌법재판소는 1952년에 신나치당인 사회주의국가당(SRP)을, 1956년에는 독일공산당(KPD)을 위헌정당이라 하여 해산시킨 바 있다.

---

2) 권영성, 189면; K. Hesse, "Die Verfassungsrechtliche Stellung der Politischen Parteien im modernen Staat," in; *VVDStRL.*, Heft 17, 1959, S. 20f.

2. 우리나라의 경우

한국헌법에 정당조항은 1960년 제2공화국 헌법에서 비롯된다. 동 헌법은 제13조에 제2항을 신설하여 정당의 보호규정을 두었다. 1962년 제3공화국 헌법은 대통령선거와 국회의원선거에 입후보할 경우 정당의 추천을 필수요건으로 하고, 탈당이나 소속정당이 해산되는 경우에는 의원직을 상실하게 하는 등 철저한 정당국가적 경향을 띠고 있었다. 이에 비하여 1972년 제4공화국 유신헌법은 통일주체국민회의를 부각시키며 정당국가적 경향을 약화시켰다. 1980년 제5공화국 헌법은 정당조항에 국고보조규정을 신설하여 정당의 지위를 상당히 강화하였다.

1987년 제6공화국 현행헌법도 제5공화국헌법과 동일한 조항을 두어 정당의 헌법상의 지위를 공고히 하고 있다. 즉 현행헌법 제8조는 "① 정당의 설립은 자유이며, 복수정당제는 보장된다. ② 정당은 그 목적·조직과 활동이 민주적이어야 하며, 국민의 정치적 의사형성에 참여하는 데 필요한 조직을 가져야 한다. ③ 정당은 법률이 정하는 바에 의하여 국가의 보호를 받으며, 국가는 법률이 정하는 바에 의하여 정당운영에 필요한 자금을 보조할 수 있다. ④ 정당의 목적이나 활동이 민주적 기본질서에 위배될 때에는 정부는 헌법재판소에 그 해산을 제소할 수 있고, 정당은 헌법재판소의 심판에 의하여 해산된다"라고 규정하고 있다.

제 2 절 政黨의 憲法上 地位와 法的 性格

I. 政黨의 槪念

1. 정당의 정의

정당법 제2조는 "정당이라 함은 국민의 이익을 위하여 책임 있는 정치적 주장이나 정책을 추진하고, 공직선거의 후보자를 추천 또는 지지함으로써 국민의 정치적 의사형성에 참여함을 목적으로 하는 국민의 자발적 조직을 말한다"라고 정의하고 있다.

2. 정당의 개념적 특징

1) 정당은 헌법질서인 민주적 기본질서를 존중해야 한다(헌법 제8조 제4항).

2) 정당은 국민을 위하여 책임 있는 정치적 주장이나 정책을 추진하기 위하여 정강(政綱)을 가져야 한다.

3) 정당은 각종 대의기관 선거에 후보자의 추천 또는 지지를 통해 적극적으로 참가함으로써 정권획득 내지 정치적 영향력 행사를 목적으로 하는 국민의 정치단체이다.

정당은 '국민'의 정치단체이기 때문에 '외국인'이 정당에 가입하는 것까지 금지하고 있다(정당법 제22조). 또한 각종 '선거'에 적극적 참여함으로써 정권획득을 목적으로 하는 정치단체이기 때문에, 현행 정당법(제44조 제 2 호)도 최근 4년간 국회의원총선거 또는 임기만료에 의한 지방자치단체의 장의 선거나 시·도의회의원의 선거에 참여하지 아니한 정당은 그 등록을 취소하도록 했다.[3] 더 나아가 우리 정당법(제44조 제 3 호)은 국회의원총선거에서 의석을 얻지 못하고 유효투표총수의 100분의 2 이상을 얻지 못한 정당은 등록 취소하도록 되어 있는데 이는 불필요한 정당의 난립을 막자는 취지로 이해되나 정당의 설립과 활동의 자유라는 헌법정신에 비추어 문제가 있다고 할 것이다.[4]

4) 정당은 국민의 정치적 의사형성에 참여함으로써 '상향적인 국가의 의사결정'을 가능케 하는 자발적인 제도이다. 따라서 '하향식으로 결정되는 국가의사'를 관철하려는 '강제 조직된 정치단체'는 정당이 아니다.

---

3) 독일 정당법(제 2 조 제 2 항)은 6년간 계속해서 선거에 참여하지 않은 정당을 등록 취소토록 하고 있다.

4) 헌재는 드디어 2014. 1. 28. 위헌선언했다. 2012헌마431. "정당등록의 취소는 정당의 존속자체를 박탈하여 모든 형태의 정당활동을 불가능하게 하므로 그에 대한 입법은 필요최소한의 범위에서 엄격한 기준에 따라 이루어져야 하는 바, 일정 기간 동안 공직선거에 참여할 기회를 수 회 부여하고 그 결과에 따라 등록취소여부를 결정하는 등 덜 기본권 제한적인 방법을 상정할 수 있고, 정당법에서 법정의 등록요건을 갖추지 못하게 된 정당이나 일정기간 국회의원 선거 등에 참여하지 아니한 정당의 등록을 취소하도록 하는 등 입법목적을 실현할 수 있는 다른 법적 장치도 마련되어 있으므로, 정당등록 취소조항은 침해의 최소성 요건을 갖추지 못하였다"고 설시하고 있다.

5) 정당은 국민의 정치적 의사형성을 위하여 다소 항구성과 계속성을 가져야 한다. 따라서 정당은 일정한 법적 기준에 따른 조직과 고정당원을 가져야 한다(헌법 제8조 제2항; 정당법 제17조 내지 제18조 참조).[5]

II. 政黨의 憲法上 地位와 그 機能

1. 정당의 헌법상의 지위

정당은 국가작용의 전제가 되는 국가의사의 결정과정에 국민의 의사를 반영시키기 위한 국민의 공적인 정치결사이다. 즉 정당은 사회 내의 비집결 상태인 국민의 정치적 의사를 집결시키고 이를 예비적으로 형성시킴으로써 상향적인 국가의 의사결정을 가능케 하는 '사회'와 '국가'의 의사적인 중개자이다(중개적 권력체설).[6] 따라서 정당이 그 구성원이 공무원이 아닐진대 헌법재판소·선거관리위원회 등과 같이 헌법(국가)기관이 아님은 물론 헌법생활에 참여하는 모습을 봐서 순수한 사법적 결사가 아님은 명백하다.

2. 정당의 기능

정당은 오늘날 대의민주주의가 기능하기 위한 불가결의 요소로써 크게 두 가지 기능을 수행한다고 본다.[7]

(1) 사회와 국가의 중개자적 기능

정당은 국민의 정치적 의사형성에 참여해서 상향식(上向式)국가의사형성의 중개자로 기능함은 물론, 민주주의가 필요로 하는 권력행사의 정당성을 언제나 국민과 이어지게 하는 교량적 역할을 담당하고 있다. 정당의 이와 같은 중개적·교량적 기능은 대의민주주의 수단으로 간주되는 일반선거제도에서 두드러지게 나타난다. 왜냐하면 오늘과 같은 다원적 대중사회에서 비집결

---

5) 김철수, 161쪽.
6) 허영(이), 264쪽; "정당은 자발적 조직이기는 하지만 다른 집단과는 달리 그 자유로운 지도력을 통하여 무정형적(無定型的)이고 무질서적인 개개인의 정치적 의사를 집약하여 정리하고 구체적인 진로와 방향을 제시하며 국정을 책임지는 공권력으로까지 매개하는 중요한 공적기능을 수행하기 때문에 헌법도 정당의 기능에 상응하는 지위와 권한을 보장함과 동시에 그 헌법질서를 존중해 줄 것을 요구하고 있는 것이다"(헌재 1991. 3. 11. 91헌마21; 헌재 2003. 10. 30. 2002헌라1).
7) 허영(이), 264-270쪽 참조.

상태로 부동하는 국민의 정치적 의사가 정당에 의해서 일단 예비적 형태로나마 집결되고 정리되지 아니하고는 선거가 맡은 바 그 기능을 다하지 못하기 때문이다. 바로 이곳에 복수정당제가 요구되는 이유가 있고, 또 바로 이곳에 정당제도와 선거제도의 밀접한 함수관계가 있다. 민주주의의 성패는 정당제도에 달려 있고 정당제도의 성패는 또 선거제도에 달려 있다고 민주주의-복수정당제도-선거제도의 3각적인 함수관계가 자주 지적되고 있는 이유도 그 때문이다.

(2) 지도급정치인을 발굴·훈련·양성하는 기능

오늘날과 같은 대중민주국가에서 국민 누구나 그의 피선거권에 의해서 국가의 통치계층에까지 이를 수가 있는 것인데, 정당은 바로 그 다리(橋)역할을 하여 통치계층의 상향적 신진대사를 가능케 하는 민주주의의 중요한 기능을 수행한다. 또한 각종 선거에서 입후보자추천·선발을 통하여 정당은 정치적 엘리트를 양성하는 기능을 수행하게 된다. 정당은 이처럼 그의 넓은 조직과 인선(人選)기능을 통해서 대중의 정치적인 감각을 계발시키고 대중을 정치적인 경쟁과정에 끌어들임으로써 동시에 사회의 동화적 통합효과를 촉진시키는 기능을 맡게 된다. 복수정당제 아래에서 '정당'의 지도급정치인 인선기능은 동시에 내일의 국가통치기구에 대한 골격을 짜는 기능이라고 볼 수 있기 때문에 바로 '국가'의 인선기능을 의미하게 된다. 정당 내부조직과 정당입후보자 공천제도가 민주적이어야 하는 이유가 바로 여기에 있다 할 것이다.

Ⅲ. 政黨의 法的 性格과 特權·義務

1. 정당의 법적 성격

정당의 법적 성격의 문제는 정당과 정당 사이에 또는 정당 내부에서 분쟁이 발생한 경우 그 분쟁의 해결방법과 관련하여 중요한 의미를 갖는다. 이에 대하여 학설8)과 판례9)는 '등록된 사법상의 법인격(권리능력) 없는 사단'이

---

8) 권영성, 194쪽; 허영(이), 261쪽; 홍성방, 112쪽.
9) "정당의 법적 지위는 적어도 그 소유재산의 귀속관계에 있어서는 법인격 없는 사단으로 보아야 하고, 중앙당이나 지구당과의 복합적 구조에 비추어 정당의 지구당은 단순한 중앙당의 하부조직이 아니라 어느 정도의 독자성을 가진 단체로써 역시 법인격 없는 사단에 해당한다고 보아야 할 것이다"(헌재 1993. 7. 29. 92헌마262).

라는 데 대체로 견해가 일치하고 있다. 그러나 정당은 특별한 헌법적 과제와 헌법상의 지위 때문에 다른 사법상의 사단과는 다른 특권을 누리고 특별한 의무를 지게 된다.

2. 정당의 특권

(1) 설립과 해산상의 특권

정당은 결성과 등록에 있어 특권을 누린다(정당법 제 8 조 제 2 항, 제16조). 정당은 헌법재판소의 심판에 의하지 아니하고는 강제 해산되지 아니한다.

(2) 공직선거시의 특권

정당은 각종 선거에 후보자를 추천하고 그들에 대한 선거운동의 특권을 누린다. 그러나 그 추천은 정당의 대의기관의 의사가 반영되어야 하며, 그 구체적 절차는 당헌으로 정한다.

(3) 재정·경제상의 특권

정당은 법률이 정하는 바에 의하여 그 운영에 필요한 자금을 국가로부터 보조받을 수 있다(국고보조금; 헌법 제 8 조 제 3 항). 또한 정당은 선거공영제에 따라 선거에 관한 경비를 원칙적으로 부담하지 아니할 권리(헌법 제116조 제 2 항)와 정당이 수령하는 기부나 찬조 기타 재산상의 출연에 대한 면세특혜를 받는다.

3. 정당의 의무

(1) 민주적 기본질서 존중의무

정당은 국가존립은 물론 그 민주적 기본질서를 존중해야 한다(헌법 제 8 조 제 4 항).

(2) 당내(黨內)민주주의 의무

정당의 목적·조직과 활동은 민주적이어야 한다(헌법 제 8 조 제 2 항 전단). 당내민주주의라는 것은 당의 정치적 주장, 당 기구의 구성, 당의 운영, 당의사의 결정, 공직선거후보자의 추천, 당 활동 등이 민주주의 원칙에 따라 이루어져야 한다는 뜻이다.

(3) 재원(財源)의 공개의무

정치자금법은 "정치자금은 국민의 의혹을 사는 일이 없도록 공명정대하게 운용되어야 하고, 그 회계는 공개되어야 한다"(정치자금법 제 2 조)라고 하여 회계의 공개를 천명하고 있다.

(4) 정책의 보고

정당의 중앙당은 당해 연도의 정책추진내용 및 추진결과와 다음 연도의 주요정책추진계획을 중앙선거관리위원회에 보고해야 한다(정당법 제35조).

제 3 절   違憲政黨의 解散

정당의 해산에는 자진해산과 강제해산이 있다. 우리 정당법은 그 대의기관의 의결로써 자유롭게 해산할 수 있게 하고 있다. 다만 자진해산을 결의한 경우 그 대표자는 지체 없이 그 뜻을 당해 선거관리위원회에 신고하지 않으면 안 된다(정당법 제45조). 정당의 설립이 자유인 이상 그 해산도 자유인 것은 당연한 일이라 하겠다. 그러나 정당은 오늘날 대의민주주의에 핵심적인 역할을 수행하기 때문에 함부로 강제 해산될 수 없고, 위헌정당일 때에만 엄격한 절차에 의하여 해산되는 것이다.

I. 違憲政黨 解散의 意義

헌법은 제 8 조 제 4 항에서 "정당의 목적이나 활동이 민주적 기본질서에 위배될 때에는 정부는 헌법재판소에 그 해산을 제소할 수 있고, 정당은 헌법재판소의 심판에 의하여 해산된다"라고 규정하고 있다. 이는 정당이 국가와 민주적 기본질서를 긍정해야 한다는 의무규정인 동시에 일반결사와는 달리 행정처분에 의하여 해산될 수 없다는 정당보호의 직접적 특권규정이다. 민주주의가 가치상대주의에 기초하여 정치적 평등을 가치기반으로 하고 있지만, 이때 민주주의를 부인하는 정치적 가치를 관용하는 것이 아니다. 이른바 방어적·투쟁적 민주주의(Streitbare Demokratie)개념으로[10] 그것이 우리 헌법에 위헌정당해산제도로 법제화된 것이다.

Ⅱ. 要 件

1. 실질적 요건

헌법 제 8 조 제 4 항의 규정에 의하여 정당의 활동이나 목적이 민주적 기본질서에 위배될 때이다. 여기서의 요건을 분석해 보면 다음과 같다. 먼저 정당은 기성정당을 의미하며 설립중인 미등록정당은 해당 없는 것으로 보는 견해가 지배적이다. 정당의 방계조직이나 위장조직 등은 정당에 포함되지 아니하지만 청년부, 여성부, 지구당 등은 정당에 포함된다. 그리고 정당의 목적은 정당의 강령, 기본정책, 당헌, 당 대표와 당 간부의 연설 또는 발언, 기관지, 출판물, 선전자료 등에 의하여 파악할 수 있다.정당의 활동은 당의 총재 및 수뇌부의 활동뿐만 아니라, 당의 명령에 따른 평당원의 활동도 해당한다.

가장 중요한 실질적 요건은 '민주적 기본질서'가 무엇이냐이다. 특히 우리 헌법은 민주적 기본질서와 자유민주적 기본질서를 혼용하고 있어서 더욱 문제가 된다.[11] 우선 양자의 의미가 같은 것인지 다른 것인지 관련하여 논란이 있다.

우선 양자를 다른 것으로 보는 입장은 민주적 기본질서의 이념을 평등과 자유, 복지의 셋으로 보고 있다. 그리고 민주적 기본질서는 자유민주주의와 사회민주주의 등을 내포하는 개념이며 그 공통개념이라고 한다.[12] 이 견해는 헌법 제 8 조의 민주적 기본질서는 자유민주적 기본질서뿐만 아니라 사회민주적 질서까지 포함하는 것이라고 한다. 한편 양자를 상이한 것으로 보면서도

---

10) 방어적·투쟁적 민주주의 개념은 독일 바이마르공화국(1919-1932)에서 나치당에 의하여 민주주의가 말살되는 경험을 하였기 때문에 그에 대한 반성으로 독일 현행헌법(Bonn 기본법. 1949)에서 법제화되었다. 독일헌법은 위헌정당해산(제21조 제 2 항) 외에 단체해산제도(제 9 조 제 2 항), 기본권실효제도(제18조)를 방어적 민주주의 수단으로 제도화하였다. 이에 대하여는 장영수, 헌법총론, 2004, 243쪽 이하 참조.

11) 헌법 전문에는 "자유민주적 기본질서를 더욱 확고히 하여"라는 말이 있고, 제 4 조에는 "자유민주적 기본질서에 입각한 평화적 통일정책을 수립하고 이를 추진한다"는 말이 있다. 반면 제 8 조 제 4 항은 "정당의 목적이나 활동이 민주적 기본질서에 위배될 때에는"이라는 말을 사용하고 있는 것이다. 이에 대한 논의는 제Ⅰ권 제 1 부 제 1 장 제 1 절 Ⅲ. 3. 참조.

12) 김철수, 141쪽 이하.

예외를 인정하자는 견해가 있다. 이 입장은 민주적 기본질서는 헌법질서의 하나로서 사회민주주의와 자유민주주의를 비롯하여 모든 민주주의를 그 내용으로 포괄하는 공통분모적 상위개념이며 사회민주주의는 자유민주주의를 전제로 하여 실질적 평등을 지향하는 민주주의의 한 유형이라고 한다. 그러나 이 견해는 제 8 조 제 4 항의 민주적 기본질서는 자유민주적 기본질서로 해석해야 한다고 한다. 그 이유는 주로 정당의 존립과 활동의 자유를 최대한 보장한다는 취지에서 정당해산의 요건을 제한적으로 해석해야 하기 때문이라고 한다.13)

　　그러나 이상의 문제는 자유민주적 기본질서(freiheitliche demokratische Grund-ordnung)라는 개념이 어떠한 이유로 발생하였는지를 살펴보면 해결의 실마리를 찾을 수 있다고 생각한다. 자유민주적 기본질서는 민주주의가 개념 내재적으로 포괄하고 있는 가치상대주의 및 다원주의의 문제와 밀접한 연관이 있다. 즉 무제한한 다원주의가 민주주의 그 자체를 파괴하는 가치까지도 용인한 역사적 경험(예컨대 나치의 경험)에 대한 반성적 고려에서 발생한 개념이다. 따라서 아무리 다원주의적 민주주의라고 하더라도 절대로 물러설 수 없는 민주주의의 핵심가치(인간의 존엄, 자유, 평등, 정의 등)가 자유민주적 기본질서이다. 특히 헌법 제 8 조에 규정된 민주적 기본질서는 발생사 내지 계수사적으로 볼 때 자유민주적 기본질서와 동일한 것을 규정한 것이 분명하다.

　　한편 민주적 기본질서를 자유민주적 기본질서와 사회민주적 기본질서로 구분하여 이해하는 견해에 기본적으로 동의할 수 없다. 일단 다원주의적 민주주의에서 용인 내지 관용되지 못할 가치는 매우 제한적인 것이어야 한다. 오직 다원주의적 민주주의 자체를 파괴하는 것이 아닌 한 민주적 정치과정에서 경쟁하여 궁극적으로 국민에 의하여 판단되어야 하는 것이 원칙이다. 따라서 경제체제에 대한 선택문제는 민주주의의 기본적 질서에 단지 부수적인 것에 지나지 않는다. 즉 자유민주적 기본질서만이 민주적 기본질서의 내용이 되는 것이고, 사회민주적 기본질서라는 것은 우리 헌법이 기본원리로 채택하고 있는 사회국가원리와 크게 다르지 않은 내용이라는 것이다.

　　같은 결론이기는 하지만 일부 견해는 이전에 사회민주주의의 내용으로 주장되거나 추구되던 사항들은 이제는 자유민주주의의 내용이 되었으며, 이제는 더 이상 양자를 구별할 필요가 없기 때문에 민주적 기본질서와 자유민

---

13) 권영성, 196쪽 이하.

주적 기본질서가 동의어라고 주장하기도 한다.[14]

2. 형식적 요건

정당의 활동이나 목적이 민주적 기본질서에 위배될 때에는 정부(대통령)는 헌법재판소에 제소할 수 있으며, 사전에 헌법 제89조 제14호 규정에 의하여 국무회의의 심의를 거쳐야 한다.[15] 이때 국무회의의 결정은 구속력이 있다. 위헌정당이 존재하는 경우 정부는 반드시 정당해산을 제소해야 할 의무가 있는 것인지에 관하여 논란이 있다. 헌법질서를 수호하기 위한 정부의 임무로서 제소의무가 있다고 볼 수 있겠지만, 위헌정당해산제도가 정부에 의하여 남용될 여지도 적지 않을 뿐만 아니라, 위헌적 정당이 국민의 선택에 의해 걸러지는 것이 더욱 바람직하다고 할 수 있다. 따라서 헌법조문과 마찬가지로 '제소할 수' 있는 것이라고 보는 것이 옳다.

이러한 제소에 따라 헌법재판소 재판관 9인 중에서 6인 이상의 찬성이 있으며 헌법 제113조 제1항의 규정에 의해서 당해 정당은 해산된다. 정당해산의 심판은 헌법재판소에 특별한 규정이 있는 경우를 제외하고는 헌법재판소법 제40조 규정에 의하여 민사소송법에 관한 규정을 준용한다. 심판의 절차는 구두변론주의와 공개주의를 원칙으로 한다.[16]

Ⅲ. 政黨解散의 效果

헌법재판소의 위헌정당해산 선고결정시부터 당해 정당은 위헌정당으로 되어 헌법재판소법 제59조에 의해서 해산된다. 헌법재판소의 결정은 창설적인 효력을 가진다. 헌법재판소의 심판이 있으면 헌법재판소는 그 결정서의 등본을 국회, 정부, 당해 정당의 대표자, 중앙선거관리위원회에 통지해야 한다. 이 경우에 중앙선거관리위원회는 당해 정당의 등록을 말소하고 그 뜻을 공고해야 한다. 중앙선거관리위원회의 공고는 확인적 행위에 해당한다.

---

14) 홍성방, 98쪽.

15) 정부는 2013년 11월 5일 국무회의에서 통합진보당에 대하여 정당해산심판(2013헌다1)과 정당활동정지가처분신청(2013헌사907)을 헌법재판소에 신청할 것을 의결했다. 황도수, 민주주의와 정당해산, 대한변협신문(2013. 12. 23. 판례평석) 참조.

16) 자세한 내용은 "제 7 부 제 2 장 제 3 절 Ⅰ. 정당해산심판" 참조.

해산된 정당의 국회의원 자격은 다수설에 의할 때 의원직이 당연히 상실 되는 것으로 보는 것이 타당하다. 우리나라의 헌법과 개별 법에는 명문의 규 정이 없으나 독일에는 의원직이 상실된다는 명문의 규정을 두고 있다. 헌법 재판소의 결정에 의하여 해산된 정당과 동일한 명칭은 다시 사용하지 못한 다. 헌법재판소에서 해산결정된 정당의 재산은 국고에 귀속된다. 헌법재판소 에서 해산결정을 받은 정당은 해산결정 선고시부터 불법결사가 되는 것이다.

Ⅳ. 政黨解散의 독일 事例[17]와 통합진보당 해산심판 청구

1. 1952년 사회주의제국당(SRP)에 대한 해산결정

SRP는 1949년 창당됐는데 당간부의 대부분이 나치스 당원이었다. 연방 정부가 헌법재판소에 정당해산심판 청구이유는 두 가지였다. 첫째, SRP의 내 부질서가 민주주의 원칙에 합치하지 않는다는 것이고, 둘째, 나치당의 후계정 당으로서 자유민주적 기본질서를 무너뜨릴 의도가 있다는 내용이었다. 연방 재판소는 해산결정을 내렸는데 당시 독일 국민들은 나치즘 부활을 예방하기 위하여 당연한 것으로 받아들였다.

2. 1956년 독일공산당에 대한 해산결정

독일공산당은 나치당 집권(1933년) 이후 해산됐는데 1945년 다시 재건되 어서 마르크스주의를 기반으로 노동자계급 정당을 자처하며 서독의 재군비반 대, 소련을 비롯한 동구제국과의 평화조약체결, 독일의 재통일 등을 주장하면 서 활발한 정치활동을 전개했다. 연방헌법재판소는 공산당 기본강령·당헌 등을 검토해서 자유민주적 기본질서를 파괴하려는 조직으로 해산결정을 내렸 다. 당시 독일 헌재는 민주적 기본 질서에 대한 현실적 위험성이 없더라도 정당 해산이 가능하다고 결정했다. 애초부터 민주적 기본 질서 침해를 목적 으로 하는 정당은 국가가 보호하거나 지원할 필요가 없다는 것이다. 다만 해 산여부에 대한 각계의 격론이 있었기 때문에 청구된 지 5년 만에 내린 결정 이었다.

---

17) 이에 대하여는 헌법재판소, 정당해산심판제도에 관한 연구(2004년) 참조.

3. 우리나라 통합진보당 해산심판 청구

정부는 2013년 11월 5일 국무회의에서 통합진보당에 대하여 정당해산심판(2013헌다1)과 정당활동정지가처분신청(2013헌사907)을 헌법재판소에 신청할 것을 의결했다. 법무부는 해산제소 사유로 "통합진보당의 목적이 북한의 인민민주주의, 공산주의 연방제 통일, 자유시장경제 부정, 계급투쟁 등을 추종해 민주적 기본질서에 위배되며, 그 활동이 무력폭동, 한미군사협정 폐기, 국가보안법 폐기, 해군기지 건설 반대 등 적을 이롭게 하여 민주적 기본질서를 침해한다"는 것을 들고 있다. 통합진보당 이석기 의원 기소[18]에 이은 정당해산심판 청구로 우리 사회의 자유민주주의체제를 근본적으로 부정하는 종북세력의 척결을 기대한다.[19]

1956년 독일 헌재는 독일 공산당 해산 결정을 내릴 때 민주적 기본질서에 대한 현실적 위험성이 없더라도 정당(政黨) 해산이 가능하다고 결정했다. 애초부터 민주적 기본질서 침해를 목적으로 하는 정당은 국가가 보호하거나 지원할 필요가 없다는 것이었다. 민주주의의 적(敵)에 대한 투쟁적·방어적 민주주의 이론이다. 통합진보당의 강령과 행동을 보면 보편적 인권, 합리적

18) 수원지검 공안부는 2013. 9. 26. 수원지법에 이 의원에 대한 공소장을 제출했다. 이 의원에게 적용된 혐의는 형법상 내란음모 및 선동, 국가보안법상 찬양고무(이적동조) 등이다. 이 의원은 지난 5월 이른바 'RO(Revolution Organization)' 조직원 130여명과 가진 비밀회합에서 국가기간시설 파괴를 모의하고 인명살상 방안을 협의한 혐의를 받고 있다. 1심에서 내란선동·음모 및 국가보안법 위반죄로 징역 12년 자격정지 7년을 선고받았는데, 2014. 8. 11. 항소심판결에서 내란음모죄는 인정되지 않아 징역 9년으로 선고됐다. 2015년 1월 22일 대법원 전원합의체는 항소심과 같은 취지로 징역 9년 자격정지 7년을 확정했다(내란선동 10 : 3, 음모 4 : 9).

19) 헌재 판단의 중요한 논점은 첫째, 자유민주적 기본질서를 위태롭게 하는 '구체적 위험'이 존재하는가, 둘째, 정당해산 결정 이후 소속 의원의 의원직상실 여부인데(정만희, 정당해산심판의 헌법적 쟁점, 공법연구 2014. 2., 105쪽 참조), 김철수 교수는 2014. 9. 6. 동아일보의 인터뷰에서 첫째 문제는 "독일 판례에서 보듯 '구체적 위험'이 없더라도 정당 해산이 가능하다고 해야 한다. 애초부터 민주적 기본 질서 침해를 목적으로 하는 정당은 국가가 보호하거나 지원할 필요가 없다는 것이다. 만약 현실적 위험성이 없다고 해산 안 시키면 반국가 활동, 종북 활동을 하는 정당에도 보조금 주고 선거 참여를 인정해야 한다. 민주주의의 적(敵)까지 지켜줄 이유가 없다. 민주주의를 방어하기 위해서다." 둘째 문제는 "헌법이나 선거법, 정당법 등에 명시적 규정은 없지만 비례대표·지역구 의원 모두 국회가 자율적으로 제명 조치해야 한다. 비례대표는 후순위자가 승계해서도 안 된다. 비례대표 의원은 정당 자체를 기반으로 당선된 사람이고, 지역구 의원은 정당에 지급된 선거 보조금을 활용해 당선된 사람이다. 정당 자체가 위헌으로 해산되면 의원들도 모두 자격 상실돼야 한다"라고 했다.

이성을 존중하는 건전한 좌파와는 거리가 먼 좌파세력에 기생하는 암 덩어리일 뿐이다. 노동해방운동, 계급투쟁적 민중민주주의, 주한미군 철수, 국보법 폐지, 북한 3대 세습체제 용인, 국가정보원 해체 등이 그것이다.[20][21]

V. '이석기 방지법' 제정 서둘러야

정부는 2013년 11월 5일 통합진보당에 대하여 정당해산심판(2013헌다1)과 함께 정당활동정지가처분신청(2013헌사907)을 헌법재판소에 신청했음에도 가처분결정이 기각되었다. 이와 관련하여 2013년 11월 3일 전병헌 민주당 원내대표는 내란음모 및 직무상 뇌물수수로 인한 구속 의원에 대해서는 법원의 판결 때까지 보좌진과 의원에 대한 모든 지원을 중단하는 법안을 추진하겠다고 밝혔다.

이석기 의원의 경우, 매월 세비(歲費)와 보좌관 월급으로 4,300여만 원 정도를 국민의 혈세(血稅)로 지급받고 있다. 세비 1,150만 원, 차량유지비·유류비 145만 원, 보좌관·비서관 월급 3,000만 원이 지급된다는 것이다. 그가 내란음모 혐의로 구치소에 있지만 법적 신분은 여전히 국회의원이기 때문에 대법원에서 확정 판결이 날 때까지는 이러한 혜택이 계속 주어진다. 국민 정서에 맞지 않는 지원이므로 이를 중단하는 것은 적절하다.

하지만 이는 종북(從北) 성향 의원에 대한 최소한의 사후 조치에 불과하다. 종북 또는 반국가 세력이 의정 단상을 오르내리는 '헌법적 참화'를 원천적으로 근절하는 '이석기 방지법'이 필요한 이유다. 그것은 '자유의 적(敵)'은 용납하지 않는다는 방어적 민주주의를 구현한 우리 헌법의 기본정신에도 부합한다.

이 의원은 2003년 반국가단체 구성으로 2년 6개월을 선고받으면서 국회의원이 될 수 있는 자격을 상실했다. 그럼에도 노무현 정부가 두 차례나 비

---

20) 이관희, '從北 단죄' 필요성 일깨운 大法 판결(문화일보, 2014. 10. 14) 참조.

21) 이관희, '헌법 파괴세력의 실체 제대로 봐야'(문화일보, 2014. 11. 26) 참조. 헌법재판소는 2014년 12월 19일 통합진보당 위헌정당 해산 심판 선고에서 재판관 8 대 1 의견으로 통합진보당 해산과 소속 의원 5명의 의원직 상실을 결정했다. 헌법재판소의 이날 선고 효력은 "즉시 발생한다"며 '통합진보당 해산에 '찬성표'를 던진 재판관은 박한철 소장과 이번 청구 소송의 주심을 맡은 이정미 재판관 등 8명이었고, '반대표'를 던진 재판관은 김이수 재판관 한 명이었다.

정상적인 방법을 통해 사면·복권해 줌으로써 피선거권을 회복했다. 이어 2012년 4월 제19대 총선에서 제1 야당인 민주당이 통진당과 야권연대를 통해 정치적 보증 및 후원을 해준 덕분에 통진당은 제 실력보다 훨씬 많은 득표를 했다. 그리고 이 의원은 당내 비례대표 순위를 정하는 경선에서 1등을 했는데, 나중에 모바일 부정선거 때문인 것으로 드러났다. 따라서 '이석기 방지법'은 종북 및 반(反)국가 세력의 국회 진출을 억제하는 한편, 선거·정당 활동과 관련된 문제의 관행과 지원을 근절하는 것이어야 한다.

첫째, 국가보안법 위반이나 형법상의 내란음모 등으로 기소된 자의 경우 가석방은 말할 것도 없고 사면·복권도 금지해야 한다. 나아가 이러한 사람은 일정 기간 피선거권 및 공직 취임을 제한해야 한다.

둘째, 헌법 질서 내지 민주적 기본 질서를 부정하는 정당은 헌법재판소에 대한 위헌(違憲)정당 해산심판 청구를 통해 정당정치에서 배제시켜야 한다. 이것이야말로 종북세력과의 무책임한 선거 연대를 원천적으로 방지하는 길이다. 더불어 가칭 '결사법(結社法)'을 제정해 건전한 시민단체는 보호·지원하되, 위헌적·반국가적 결사(이적단체)에 대해서는 해산절차 제도화 및 기부금품 모집 금지 등 철저한 규제 장치를 마련해야 한다.

셋째, 공직선거법을 개정해 정당 내에서 행해지는 비례대표 경선도 보통·평등·직접·비밀의 원칙에 따라 실시되도록 하고, 위반 행위를 엄벌해야 한다. 그럼으로써 모바일 선거 부정을 사전에 봉쇄토록 해야 한다.

넷째, 이석기와 같은 종북 성향의 의원은 비례대표 승계를 금지하도록 해야 한다. 비례대표 승계를 인정해 제2의 이석기가 국회에 진출할 경우, 제19대 국회에서는 위의 여러 안전 장치가 무의미해지기 때문이다.

이 밖에 내란음모 등 중대한 안보 사범으로 기소된 의원은 대정부 자료 요구권, 비밀 열람권 등을 제한하는 방안도 적극 고려해야 한다.

국회의원의 제1 책무는 헌법 수호와 국체 보존이다. 따라서 헌법을 부정·파괴할 위험이 있는 자의 원내 진출을 방지하고 적절하게 규제하는 것은 헌법 수호를 위한 마땅한 조치다.[22]

22) 제성호, 국회, '이석기 방지법' 처리 서둘러야(문화일보, 2013. 11. 7) 참조. 한편 법무부는 2015년 1월 21일 대통령업무보고에서 반국가·이적단체에 대한 해산의 법적 근거를 마련하고 공안수사 역량을 키우겠다는 방침을 밝혔다. 즉 이적단체의 해산을 명령하거나, 해산명령을 이행하지 않을 경우 이행강제금을 부과하는 내용으로 국가보안법 개정을 추진할

제 4 절 政黨改革의 具體的 實踐方案

Ⅰ. 改正 政黨法의 主要內容과 그 評價

1. 개정 정당법(2004. 3. 12)의 주요내용

개정 정당법은 고비용 저효율의 정당구조를 개선하고 저비용 고효율의 정당구조를 지향하기 위하여 지구당제도를 완전폐지하고 정당에 대한 국고보조금의 사용처를 구체화하였으며 정당조직의 경량화를 기하고 있다. 이에 따라 정당의 설립요건이 변경되었고 정당의 입·탈당 등과 관련하여 전자문서의 사용을 가능하게 하였다. 그리고 많은 여성들의 국회진출이 가능하도록 제도개선을 시도하였다. 그 내용들을 구체적으로 살펴보면 다음과 같다.

(1) 정당의 조직과 운영 등

a. 그동안 정당조직의 최하위 단위였던 국회의원 지역선거구단위의 법정 지구당제도를 폐지하고 정당의 구성을 중앙당과 시·도당으로만 하도록 하였다(제 3 조).

b. 정당의 성립요건과 관련하여 정당이 5개 이상의 시·도당을 가져야 하며(제17조), 1,000명 이상의 당원을 확보하여야 한다(제18조).

c. 정당의 유급사무원 수를 중앙당은 100인 이내로, 시·도당은 총 100인 이내에서 각 시·도당별로 중앙당이 정한다(제30조 제 1 항; 2005. 8. 4. 개정).

d. 현행 서면에 의한 정당의 입·탈당 방법 이외에 전자서명이 있는 전자문서를 통하여 할 수 있도록 하고(제23조, 제25조), 정당내 대의기관의 결의도 전자서명을 통하여 할 수 있도록 하였다(제32조 제 2 항).

e. 정당에 대한 국고보조금의 배분대상으로 인정되는 정당은 중앙당에 정책연구소를 별도의 법인으로 설립하도록 하였으며(제38조), 중앙당 유급사무원의 총수제한범위(100명)에서 제외하였다(제30조 제 1 항).

f. 중앙당은 정당의 예산과 결산 그리고 회계검사를 확인·검사하기 위

방침이다. 친북 인터넷 누리집 모니터링도 강화하겠다고 밝혔다. 법무부는 또 교육부와 협조해 초등학교 교과서를 이용한 헌법 교육을 강화하고, 특히 공직자들이 헌법적 가치관을 가질 수 있도록 공무원을 대상으로 한 헌법교육도 실시하겠다고 밝혔다.

하여 예산결산위원회를 의무적으로 설치하도록 규정하였다(제29조 제2항).

(2) 여성의 정치참여확대 등

정당이 비례대표국회의원선거 및 비례대표지방의회의원선거에 후보자를 추천하는 때에는 그 후보자 중 100분의 50 이상을 여성으로 추천하되, 그 후보자명부의 순위의 매 홀수에는 여성을 추천하여야 하고(공직선거법 제47조 제3항), 정당이 임기만료에 따른 지역구국회의원선거 및 지역구지방의회의원선거에 후보자를 추천하는 때에는 각각 전국지역구총수의 100분의 30 이상을 여성으로 추천하도록 노력하여야 한다(공직선거법 제47조 제4항).

2. 개정 정당법의 평가

첫째 저비용 고효율의 정당운영을 위하여 지구당 폐지와 중앙당 조직의 경량화를 통한 인건비 절약 등을 도모한 것, 둘째 국고보조금을 받는 정당의 경우 정책의 개발과 연구활동을 촉진하기 위하여 중앙당에 별도의 법인형식으로 정책연구소를 설치하여 운영하고, 개정 정치자금법(제28조 제2항)에서 국고보조금의 30%를 정책연구소에 할당하도록 한 것,23) 셋째 정당의 회계검사를 확실히 하기 위하여 중앙당에 예산결산위원회를 둔 것, 넷째 세계수준의 인터넷 사용인구와 인프라 구축상황을 볼 때 공인전자서명을 이용한 전자문서로 정당의 입당과 탈당 그리고 대의기관의 의결이 가능하도록 한 것, 다섯째 세계적 수준과 비교하여 열악한 상황인 우리나라 여성의 정치참여를 확대하고 정치문화 개선을 위해 여성후보의 공천비중을 높인 것 등이 긍정적인 평가를 받는다 할 것이다.

3. 2005. 8. 이후 개정내용

시·도당의 유급사무직원 수를 5인 이내로 하던 것을 100인 이내에서 각 시·도당별로 중앙당이 정하도록 하였다(법 제30조). 폐지된 지구당 대신 국회의원 지역구 및 자치구·시·군, 읍·면·동 별로 당원협의회를 둘 수 있도록 하되, 시·도당 하부조직의 운영을 위하여 당원협의회 등의 사무소를 둘 수 없도록 하였다(법 제37조). 개정정당법은 당원협의회를 정당의 공식적인

---

23) 2002년의 경우 한나라당은 전체지출의 6.5%인 58억여 원, 민주당의 경우는 3.6%인 32억여 원을 정책개발비로 사용하였다(중앙선관위 2002년 정당의 활동 개황 및 회계보고서).

조직이 아닌 당원의 자발적인 임의결사체로 보고 있다. 당원협의회 설치규정이 정당의 구성과 관련된 정당법 제 3 조가 아닌, 정당의 활동의 자유와 관련된 제37조에 규정된 것이 그것이다. 그리고 임의규정으로 존재하던 당내경선 규정은 폐지하고, 여성후보자 공천 장려제도는 정치자금법으로 이관하였다.

Ⅱ. 公職選擧候補者 推薦(公薦)制度 改革

1. 개정 정당법(2004. 3. 12)상의 공천제도

2002년 대통령선거를 계기로 정당의 공직후보자 추천은 상향식으로 이루어져야 한다는 것이 대세였다. 이는 그동안 한국 정당을 지배해 왔던 사당적·비민주적 운영을 바꾸는 중요한 방식의 하나로 간주되었기 때문이다. 그리하여 개정 정당법 제31조 제 2 항에서는 공천제도와 관련하여 당내경선이라는 적극적 표현을 사용하며 임의규정으로 그 내용을 당헌에 위임하고 있었다(현행법에서는 폐지). 그 당시 제17대 국회의원총선거에서 주요정당의 지역구 국회의원후보 공천방식은 원칙적으로는 상향식이었지만, 실제로는 경선대상 후보의 선정권을 심사위원회에 부여하고 경선결과에 대하여도 재심위원회를 통과하거나 중앙당 기구의 거부권을 명문화하는 등으로 해서 전체적으로 약 20% 정도 실현되었다. 그리고 국민참여경선은 대선 때와는 달리 총선마당에서는 현실적으로 어렵다는 것이 확인되었다. 자칫 예비선거에 유권자가 동원되거나, 참여율이 낮고, 50-60대에 편중되는 등 대표성의 왜곡이 발생할 개연성이 높은 것이었다.24) 제18대 국회의원 선거에서도 거의 비슷한 과정을 거쳐 별다른 변화가 없었다.

2. 제19대 국회의원선거 공천방식과 그 결과

(1) 공천 방식

제19대 총선에서 주요 정당들은 당원 및 유권자의 참여를 전제로 하는 상향식 공천제를 원칙으로 내세웠다. 새누리당의 경우 중앙당 공천위원회에

---

24) 실제로 국민참여 경선, 즉 예비선거제는 미국에서만 작동하는 독특한 메커니즘이다. 최근 일부 국가에서 미국식 예비선거제를 실험해 보았지만 대부분 실패하였다고 한다. 1990년대 중반 프랑스, 영국 등에서도 도입을 검토해 보았으나 모두 취소되거나 실패하였다. 따라서 상향식 공천방식으로 전면적인 국민참여경선 제도 도입에는 신중을 기할 필요가 있다.

서 심사를 통해 복수의 후보를 추천하면 지역구 당원과 국민이 함께하는 국민참여선거인단대회를 통해 후보자를 선출하는 것을 원칙으로 하되 필요시 여론조사 경선을 실시할 수 있도록 했다. 하지만 전략지역의 경우 경선방식이 아니라 국민공천배심원단의 적격여부 심사만으로 후보를 선출하며, 단수 후보를 선출할 경우 별도의 경선절차 없이 후보자를 공천할 수 있도록 하는 등 실제로는 중앙당에서 후보를 선출할 수 있는 길을 열어 놓았다.

민주통합당의 경우 국민경선을 원칙으로 하고 있으며, 당원을 별도로 구분하지 않고 지역구 유권자를 대상으로 선거인단투표, 모바일투표, 여론조사, 혹은 인터넷투표의 방식으로 지역구 후보자를 선출할 수 있도록 하였다. 하지만 필요하다고 인정될 경우 전체 지역구의 30% 이내에서 전략공천이 가능하다고 당헌에 명기하고 있다. 또한 공직후보자추천심사위원회에서 단수 후보를 추천할 경우 별도의 경선절차 없이 최고위원회의 의결 및 당무위원회의 인준으로 후보자가 결정된다. 따라서 국민경선을 원칙으로는 하고 있지만 전략공천이나 단수공천의 방식으로 중앙당에 의한 하향식 공천이 얼마든지 가능하다. 실제 공천결과를 보면 국민경선이 실시된 지역은 새누리당이 19%, 민주통합당이 33% 정도에 불과했다.

새누리당이나 민주통합당이 일반 유권자의 참여를 허용한 것과 달리 통합진보당의 경우 당원투표를 통해 지역구 국회의원 후보자를 선출하였는데, 현장투표 외에 모바일 투표와 인터넷투표를 실시하였으며, 부득이한 사정으로 투표참여가 어려운 부재자의 경우 우편투표도 가능했다.

(2) 공천 결과

공천 방식에서도 지적했듯이 새누리당이나 민주통합당의 경우 공천 방식으로 국민경선 및 국민참여선거인단선거제를 도입했음에도 불구하고 실제 공천 결과는 국민참여경선 등 상향식 공천 비율보다는 공심위에서 후보를 추천하였거나 전략 공천 등 당지도부에 의한 공천비율이 높았다.

새누리당의 경우 경선을 통해 선출된 지역은 전체 246개 지역구 가운데 47곳(19.1%)에 불과하고 나머지 지역구는 전략공천이나 공심위 심사 등을 통해 무경선으로 후보를 선출했다. 민주통합당의 경우 새누리당보다 경선으로 후보를 선출한 비율이 다소 높다. 전체 246개 지역구 가운데 33.3%인 82개 지역구에서 경선방식으로 후보가 선출되었다. 이처럼 공천방식만을 놓고 볼때 새누리당에 비해 민주통합당이 다양한 공천방식을 도입하면서 상향식 공천비율이 높았다는 점에서 민주성 측면에서는 앞서 있다고 할 수 있다. 하지만 유권자들의 인식은 이와 반대로 민주통합당의 공천결과에 대한 부정적인 평가가 더 많았다. 한국 사회과학데이터센터에서 유권자 1,000명을 대상으로 한 설문조사 결과에 따르면 새누리당의 공천결과에 대해 44.9%의 응답자가 잘했다고 답한 반면, 민주통합당의 경우에는 24.4%의 응답자만이 잘했다고 답했다.[25] 한편 공천과정에서의 비리 및 공천헌금 논란은 제19대 총선에서도 되풀이되었다.[26]

3. 공천제도 개혁방향

정당제 대중민주주의 체제하에서 상향식 공천제도는 다음 두 가지 이유에서 정당 민주화(당내민주주의)의 핵심으로 반드시 이루어져야 한다고 본다. 첫째 가장 중요한 민의수렴절차이다. 만약 이 절차를 생략한다면 정당 지도부가 민의에 관계없이 임의로 공직후보자를 결정할 것이고 그것은 바로 민의를 무시하는 정치의 출발점이 될 것이기 때문이다. 둘째 중앙당 조직으로서의 정당보다는 국회 내의 원내정당이 강화되는 추세 속에서, 원내정당화를 위한 핵심적 조건의 하나인 개별의원의 자율성의 폭의 확대는 바로 이 상향식 공천제도에서 비롯된다는 점이다. 따라서 공직후보자의 추천을 당내 경선으로 할 수 있다는 임의적 규정보다 강제적 규정을 두는 것이 바람직할 수도 있다.[27] 그러한 면에서 볼 때 2011년 4월 중앙선관위에서 내놓은 후보자선출

25) 한편 새누리당이 공천을 잘 못했다고 응답한 비율은 34.2%, 민주당이 공천을 잘 못했다고 응답한 비율은 51%에 달한다. 이는 민주통합당의 경우 여성가산점제 및 청년비례대표제, 모바일투표제 도입 등으로 공천개혁을 꾀했음에도 실제 공천과정에서 조직동원이나 당지도부의 영향력이 강하게 표출되는 등 당원과 유권자의 견해를 적절히 반영치 못했다는 점, 특히 공천 마지막 단계에서 김용민 후보의 거취가 문제되었을 때 당 지도부가 보여준 우유부단함이 큰 실망을 안겨주었기 때문으로 분석된다. 이정진, 19대 총선 공천과정의 쟁점과 평가, 「제19대 국회의원선거 외부평가」(한국정치학회, 중앙선관위 후원, 2012. 6. 8.), 62쪽.
26) 민주통합당의 경우 한명숙 대표 측근 등 당직자들이 공천헌금 비리로 검찰의 수사를 받았고, 정통 민주당 관련 4명은 비례대표 공천관련 헌금 수수로 검찰에 소환되었다.
27) 독일정당법은 공천시 후보자를 비밀투표로써만 정하도록 명시하고 있고(제17조), 이를 실제로 관철하기 위하여 연방선거법 제21조 제 6 항에 후보자 선출을 위한 집회가 어디에서 언제 이루어졌는지, 참가자는 어떠한 형식으로 소집했는지, 실제 참가한 당원들은 몇 명인

과정의 민주성확보를 위한 경선제도 개선방안을 주목할 필요가 있다. 즉 국고보조금 배분대상 정당의 당내경선을 개방형을 원칙으로 하면서 동시경선을 국가의 부담으로 선거관리위원회가 실시한다는 것이다.[28] 우리나라는 당비를 내는 진성당원이 부족하고 공무원, 교원 등도 정당원이 될 수 없는 상황에서 아예 동시경선을 법으로 정하는 것이 정당의 민주화와 경선의 공정성에 큰 기여를 하리라 본다. 국고보조금은 국민의 혈세이므로 그에 상응하는 정당의 민주화 노력은 당연한 것이기에 법적 강제를 해도 별 문제가 없을 것이다.

Ⅲ. 政黨 構造改革의 方向

1. 개정 정당법상 지구당 폐지의 문제

1962년 정당법 제정 이후 처음으로 지구당이 폐지되어 정당구성의 광역화(중앙당과 5개 이상의 시·도당)가 이루어졌다. 이에 따라 정당은 선거에 관한 정당관련 사무를 처리하기 위하여 선거일 전 120일부터 선거일 후 30일까지 구·시·군마다 1개소의 정당선거사무소를 설치할 수 있을 뿐이고(공선법 제61조의2), 선거가 없는 경우에는 국회의원지역선거구단위의 정당대표사무소(지구당)는 존재하지 않고 해당지역 국회의원이 운영하는 개인사무실이 설

지, 투표결과는 어떠했는지를 기재한 서면을 추천장과 함께 제출하도록 요구하고 있을 뿐만 아니라, 비밀투표를 보다 확실히 보장하기 위하여 후보자선출집회 의장과 그가 지명한 2인의 참가자가 해당 선거관리위원장에 대해서 후보자 선출이 비밀투표에 의한 것임을 선서하에 확인하도록 하고 있다. 나아가 독일 연방선거법 제26조 제1항은 선거관리위원회로 하여금 연방선거법규정을 준수하지 않은 후보자추천을 수리하지 말도록 규정하고 있다. 김선택, "정당민주화를 위한 법적방안," 정당과 헌법질서(深泉 계희열박사화갑논문집, 1995), 296-297쪽 참조.

28) 이관희, 오픈 프라이머리를 도입하자(중앙일보 2011. 4. 15). 서로 다른 날 선거할 경우 지지하지 않는 정당의 경선에 참여해 약한 후보에게 투표하는 '역(逆)선택'을 방지하기 위해서다. 모든 유권자가 투표해 후보를 정하기 때문에 부정의 가능성이 낮다. 유권자 숫자가 많아 매수가 불가능하다. 당원들끼리 투표해 후보를 정하는 폐쇄형 경선의 경우 문제가 되어온 직업정치꾼들, 지역토호, 유지 등의 부당한 영향력 발휘를 원천적으로 제거할 수 있다. 그리고 지역구에서 선거형식의 공천행사를 함으로써 정당에 대한 지지확산을 유도하며, 당선자의 지명도와 지지도를 함께 고양시키는 효과를 가져올 수 있다. 국민이 참여하는 진정한 정당정치의 발전이다. 또 정당별 지지가 지역별로 현저하게 차이가 나는 우리의 현실을 감안할 때 정당등록이나 당원가입이 필요하지 않은 공개적 예비선거야말로 가장 많은 유권자가 참여하기에 적절한 유형이라고 본다. 미국은 하원의원 임기가 2년임에도 많은 선거구에서 이러한 과정을 매번 거친다. 우리는 4년마다 한 번 정도 충분히 할 수 있다. 정당과 국민 간 거리를 좁히기 위해서라도 꼭 필요하다. 이에 드는 비용은 부패하고 반개혁적인 정치를 극복하기 위한 '민주화 비용'이다.

치될 수 있을 뿐이다. 이에 대해 지구당 폐지로 결국 현역 의원만 유리하게 하는 결과가 되었다고 지적하기도 한다.29) 어떻든 그간 지구당 제도는 '돈 먹는 하마'로써 고비용 저효율의 주범으로 인식되어 저비용 고효율의 정치를 위해서 폐지되었다.30) 그러나 정당의 지구당은 개별 국회의원 지역선거구단위에서 지역구민과 정당의 상호작용을 위한 말단조직의 역할을 수행해 온 것이 사실이기 때문에 그 폐지가 대의민주주의 성공적인 운영에 역행할 가능성도 있는 것이다. 그리하여 사무소를 두지 않는 당원협의회를 지역구에 둘 수 있도록 하고 있는데(정당법 제37조 제 3 항)이에 대하여도 개정하자는 의견이 적지 않다.31) 따라서 기존의 지구당제도를 대의민주주의 기초단위로서 민주적이고 효율적으로 기능하도록 하는 방안을 모색하자는 논의가 다시 나오고 있는 것이다.32) 여기에서 이제까지의 지구당제도의 조직과 그 운영을 살펴볼 필요가 있다.

통상 국회의원지역선거구단위로 구성된 지구당은 최고의결기구로써 지구당 당원대회를 두고 있으며 그 수임기구를 가지고 있다. 집행기관으로 1인의 위원장과 수인의 부위원장이 있으며 사무국을 두고 있다. 위원장 산하의 계

___

29) 그러나 이들 사무소의 운영방안에 대한 명확한 규정을 두고 있지 않아 문제된다. 중앙선관위가 사무소 운영에 필요한 제한된 범위 안에서 유급 사무직원을 둘 수 있다고 유권해석을 내렸지만(2004. 6. 18), 그 구체적 범위와 기준이 없기는 마찬가지다. 사무소 기능도 논란거리다. 이에 대해 중앙선관위 관계자는 의원사무소에서 민원처리 등 정치활동을 할 수 있으나, 조직관리나 사전선거운동은 할 수 없다고 밝혔다.
30) 민주노동당은 정당법 어디에도 지구당을 폐지해야 한다는 규정은 없으므로 자신들은 앞으로도 지구당을 모범적으로 운영하겠다고 밝혔다. 이에 대하여 중앙선관위 관계자는 "정당이 하부조직을 운영하는 것은 자율에 맡길 일로, 법적 대상이 아니다"라며 "다만 사전선거운동을 하는 등 선거법을 위반할 경우 유사조직이나 기부행위 금지 등으로 단속 대상이 된다"고 말했다 한다(한겨레신문 2004. 4. 28). 한편 민노당은 2004. 6. 3. 정당법 개정에 따른 지구당 폐지가 국민의 정치참여를 가로막고 정당활동의 자유를 침해, 위헌의 소지가 있다며 헌법재판소에 헌법소원을 청구했다.
31) 당원협의회는 독립적인 법인격을 갖지 못해서 발생하는 현실적 문제는 회계의 주체가 될 수 없기 때문에 비용처리를 해야 되는 활동이 불가능하고 그래서 결국 낙선한 정치신인들이 정치활동을 하기 위하여는 연구소나 모임, 재단 등의 명칭으로 편법적인 조직을 만들게 함으로써 비용을 더 들게 만든다는 것이다(2009년 9월 24일 제284회 국회, 제 3 차 정개특위 회의록 12쪽 강기정, 정진섭 의견 참조).
32) 지구당 폐지 이후 기대했던 고비용 저효율정치의 개선이 이루어지지 않았다고 보는 대표적인 연구는 지구당의 부활의 필요성을 제기한다. 전진영, 지구당 폐지의 문제점과 부활을 둘러싼 쟁점 검토,「현대정치연구」(제 2 권 2호, 2009), 한편 지구당이 폐지되면서 실질적으로 토호세력으로 일컬어지는 사람들이 내내 선거운동하고, 실질적으로 이런 사람들만 지방의원이 된다고 비판하는 의견도 있다(권영길 의원, 상계 회의록, 25쪽 참조).

선조직으로는 읍·면·동 단위의 당무협의회를 두고 협의회마다 청년회, 여
성회, 총무 등을 두고 있다. 또한 경우에 따라서는 당무협의회장 밑에 리·통
단위별 투표구책임자인 관리장을 두고 그 아래 반책을 두는 등 방대한 계선
조직을 두고 있다. 이러한 계선조직 중에서 선거동원에 가장 핵심적인 역할
을 하는 곳이 당무협의회이고 선거시에는 여기에서 예상득표수를 계산할 정
도로 정교한 조직관리체계를 운영한다. 한편 지구당에는 직능별 분과위원회
를 두거나 사무국에 직능, 여성, 청년, 지방자치 등을 담당하는 특별위원회나
상설위원회를 두기도 한다. 이들은 지역조직이 담당하지 못하는 직능단위 득
표활동을 담당하고, 그들의 민원을 수렴하여 지구당위원장의 정책 및 의정활
동에 반영하기도 한다.

이상과 같은 방대한 지구당 조직이 민주적으로 순기능하기 위해서는 ‘돈
먹는 하마’가 아니라 정치자금을 스스로 모금할 정도로 당원의 의식이 성숙
되어야 하는 이외에 지구당 위원장의 사조직화를 방지하고 그 민주적 운영이
선행되어야 한다.33) 즉 현재로서는 지구당 부활은 시기상조이며 지구당 폐지
이후, 그 제도적 효과에 대한 좀더 엄밀한 평가가 선행되어야 한다고 본다.
제도적 보완책으로 시도당의 역할과 기능을 강화하는 방법과 당원협의회를
활성화하는 방법을 생각해 볼 수 있다. 좀더 구체적으로는 현재 5명인 시도
당의 유급사무직원을 좀 늘리는 방안, 당원협의회 사무실의 유급사무원을 허
용하는 방안 등이 있다. 특히 사무실 운영비에 대한 철저한 감시가 가장 중
요한데 동시에 새로운 재원 마련 방안을 마련해야 할 것이다.34) 부활반대론
자들이 주장하는 바와 같이, 만일 과거와 같이 개인이 사무실 운영비용을 마
련하는 구조라면 과거의 지구당 폐해가 다시 재현될 것이기 때문이다.35)

2. 중앙당의 슬림화와 원내정당화 문제

저비용 고효율의 정치를 달성하기 위해서는 우선 현재와 같은 중앙당 조
직을 축소하는 것이 필요하다. 이것을 중앙당의 슬림화라는 이름으로 부르고

33) 박명호, “개정 정당법의 검토,” 정치관계법 개정과 정치개혁의 과제, 한국헌법학회 제30
회 학술대회 자료집, 2004, 40-42쪽; 이현출, “지구당제도와 정당개혁,” 17대 총선과 정치개
혁, 한국정치학회 2004춘계학술대회 자료집 II, 2004, 71-73쪽.
34) 이정진, 지구당 폐지 이후 지역에서의 정당활동, 국회입법조사처 창간호(2008), 22쪽.
35) 윤종빈, 지구당 폐지와 한국정당의 민주성, 한국정당학회보, 제10권 제 2 호(2011), 90쪽.

있다. 개정 정당법에서 중앙당의 유급 사무원수를 150인에서 100인으로 축소한 것은 바로 그 이유이다. 이처럼 경량화된 중앙당의 주요 기능은 대통령 후보선출을 위한 경선을 관리하며, 대통령선거 및 그 이외 주요 선거에서의 선거운동을 기획·조정하고 지원하는 업무와 정당의 자금을 모금하고 정책을 홍보하며 당원을 관리하는 평상시의 업무 등으로 한정되어야 할 것이다. 그 이외의 정책개발, 입법 등 나머지 정당의 기능은 정당의 원내조직 또는 원내 정당에서 다루어져야 될 것이다.

이와 같이 원내정당화를 지향해야 한다는 목소리가 큰데,36) 이 경우 정당의 의원총회를 의사결정 기구화할 필요가 있다. 즉 정당의 의원총회를 정당 내 대의기관의 전속적 권한 이외의 사항에 대하여 최종 결정권을 갖는 심의·의결기관화하는 것이다. 그리하여 정당의 교섭단체 대표의원 선출, 법률 제정 및 개정에 관한 당론 결정, 정치자금의 수입·지출에 관한 사항 그리고 기타 국가 주요정책에 대한 당의 입장을 심의하여 결정하는 최종적 권한을 갖도록 하는 것이 바람직하다.37) 이러한 원내정당의 지도부는 사실상의 당대표로써 정당의 입법활동과 정책활동을 통합하게 될 원내 당대표, 국회대책 및 원내전략의 결정과 의원들의 상임위원회 배정 등을 다루는 운영위원회의 위원장, 정책을 개발하고 국회제출 법안 및 의안의 심의·의결을 다루는 정책위원회의 위원장, 그리고 상임위원장 또는 간사위원과 같은 상임위원회내 각 정당의 대표 의원 등으로 구성될 수 있을 것이다. 이들 원내지도부 구성원들은 2년 단위로 의원총회에서 선출될 수 있을 것이다.

현재 우리 정치권에서는 당직을 국회직보다 선호하는 경향이 있다. 대표 최고위원 사무총장 등 당직을 우선시하고 국회 상임위원장 자리는 당직을 갖

---

36) 이는 중앙당 중심의 기존 정치구조에 대한 반성에서 비롯된다. 즉 기존구조란 요약하자면 대선에 나설 유력 정치인이 거대한 중앙당을 이끌며 대선을 위해 모든 것을 쏟아 넣는 시스템이다. 의원들은 원내의 본업보다 중앙당에 매몰된 부속물이었다. 비대한 중앙당 조직은 진성당원을 확보하지 못한 채 유권자를 돈으로 동원했고, 결국 불법자금 모금 등 구태를 낳았다.

37) 하지만 현재 정치권에서 원내정당화는 아직 구두선(口頭禪)일 뿐이다. 지금까지 각 당이 원내정당화를 위하여 한 일은 원내총무의 명칭을 원내대표로 바꾼 것밖에 없다. 여야 공히 중앙당을 무력화할 경우 대선 등 선거에 취약해질 수밖에 없다는 고민에 빠져서 결국 중앙당-원내정당의 이중구조로 조직이 재편되고 있는 양상이다. 정치권에서는 국회가 권력의 중심이 아닌데 원내로만 들어가겠다는 것은 '팬티만 입고 찬바람 부는 광야'로 가겠다는 발상으로, 원내정당화는 정당이 추진한다고 될 일이 아니라 권력구조 전반에 대한 변화가 전제되어야 한다고 반박한다.

지 못한 중진을 달래기 위한 방편으로 여기는 분위기가 있는 것이다. 영향력 있는 중진들이 중앙당에 포진한 채 주요정책과 방향을 결정하기 때문에 의원들은 그 결정에 따르지 않을 수 없는 것이다. 그러므로 국회의원은 가능하면 중앙당 당직을 맡지 말고 주로 원외인사가 맡아야 할 것이다.[38)]

원내정당에 있어 중요한 것은 원내지도부가 막강한 영향력을 행사하는데 있는 것이 아니라 의원들의 자율성을 최대한 보장하고 조정하는 역할을 함으로써 우리 정당들이 정책정당으로 발전되어 나가도록 하는 데 있다. 따라서 의원들의 자율성 보장을 위해서는 상향식 공천제도정착이 필수적이며, 정책정당으로 나아가기 위해서는 정책개발을 담당하게 될 정책위원회는 대폭 강화될 필요가 있으며 정책위원회 산하에 설치될 정책 분야별 소위원회에 전문인력을 중점 배치하고 정당에 대한 국고보조금의 집중적인 배정이 이루어져야 할 것이다. 이와 병행하여 국회 상임위원회 내에도 의원들의 정책개발을 지원할 수 있는 전문인력을 대폭 확충하고, 의원들의 전문성 제고를 위하여 상임위원회 최소 복무연한 규정 및 상임위원장 선출시 해당 상임위원회 복무 기간을 우선적으로 반영하는 방안도 고려해 볼 수 있을 것이다. 또한 앞으로 본회의뿐 아니라 모든 상임위원회 및 소위원회 회의와 표결의 공개를 통하여 의원들은 유권자를 대표하여 표결하고 이에 대해 책임을 지는 의원 실명정치를 실현시켜 나가야 할 것이다. 또한 새 행정부가 출범할 때 핵심 국정과제를 제시하듯이 새로운 국회가 개원할 때 국회 내 정당들이 핵심 입법과제를 발표하고 임기내 이를 실현시키는 데 주력하는 방안도 생각해 볼수 있다.[39)]

3. 누가 정당의 주체가 될 것인가?

지금까지 우리의 고비용 저효율 정당현실을 감안할 때 지구당 폐지와 중

---

38) 이 점과 관련하여 민주노동당은 제17대 총선에서 당선된 10명의 의원 전원이 당직에서 사퇴하고 원외인사를 새로이 당직에 임명한 점은 주목할 만하다.

39) 그러나 이러한 원내정당화에 대하여도 다소 비판적인 지적이 없지 않다. 원내정당화는 우리의 현실을 세밀하게 논의하기 전에 성급하게 외국의 모델을 도입한 것이라는 지적이다. 유럽의 경우에는 대중정당 성격을 띠고 있어 당비를 납부하는 자발적 당원을 바탕으로한 지구당 중심으로 정당이 운영되는 반면, 선거전문 정당 형태를 갖춘 미국의 경우 지구당은 평상시에는 연락기능만을 하다가 선거 때 본격적으로 활동하므로 원내정당화가 가능해진다는 것이다.

앙당 슬림화, 그리고 원내정당화 모두 획기적인 개혁방안이 아닐 수 없다. 우리의 현실에 비추어 이러저러한 이유를 대면서 이러한 개혁방안에 제동을 걸고, 개혁을 저지하려고 하는 논의는 절대적으로 경계되어야 한다는 것은 이미 서두에서 밝힌 바와 같다.

다만 이러한 개혁방안들이 우리가 흔히 말하는 정당의 중개체적 기능에 오히려 저해요소가 될 수 있다는 지적에는 주의를 기울일 필요가 있다. 즉 다수의 국민들이 당원으로 입당하여 흔히 말하는 진성당원이 되고, 정당의 의사형성 과정에서 적극적인 역할을 하며, 그렇게 형성된 당의 의사에 따라 의원들이 활동하는 이른바 대중정당의 모습과는 모순되는 형태라는 것이다. 아무래도 진성당원의 수가 많아지면 일사불란한 조직관리 시스템이 필요해질 것이기 때문이다.

물론 각종 시민단체가 매우 역동적인 활동을 하고 있는 우리 현실에서 국민이 정당의 당원으로 정치참여를 하는 것이 아닌, 정당 이외의 시민사회단체에 참여하고, 정당은 정책개발을 위한 전문가 집단으로서 국고보조금 등의 지원을 받아 운영된다는 모델이 전혀 불가능한 것은 아니다. 그러나 정당을 민주주의의 핵심요소로 간주하는 이유는 당원에 의한 상향식 의사형성 기능 때문이라고 말할 수 있다. 따라서 이른바 진성당원이 정당의 실질적 주체가 되는 대중정당[40] 모델은 여전히 우리 정당개혁에 있어 하나의 커다란 방향성이라고 말할 수 있다.

다만 진성당원 확보를 통한 대중정당화와 지구당 폐지·원내정당화의 개혁방안이 반드시 모순되는 것은 아니라는 것을 유념하여야 할 것이다. 대중정당화라는 목표가 지금까지의 기형적이고 문제만 일으키는 정당조직을 그대로 유지해야 하는 근거가 될 수는 없다. 오히려 지금의 정당구조를 대폭 축소·개편하는 과정에서 진성당원을 확보하는 각 정당의 노력을 장려하고, 인터넷 등의 뉴미디어를 사용하여 당원간의 의사형성과정을 역동화하며, 필요한 경우 최소한의 경제적이고 효율적인 정당 지역조직을 설치하도록 하는 방

---

40) 중앙선관위가 이날 공개한 ‘2012년도 정당활동 개황 및 회계보고’에 따르면 새누리당과 민주당의 전체당원은 각각 247만4,026명, 213만2,510명이었고, 이 중 당비를 내는 당원은 새누리당이 전체 당원의 8.2%인 20만2,722명이었고 민주당은 5.5%인 11만7,634명이었다. 반면 정의당은 당원 6,750명 중 56%인 3,783명이 통합진보당은 당원 10만4,692명 중 39.6%인 4만1,444명이 작년에 당비를 냈다.

안을 모색해야 한다.

물론 정당개혁과정에서 각 정당에 대한 일정한 강제수단이 필요한 것이 사실이다. 그러나 지나치게 획일적인 규제는 오히려 부작용을 야기할 수도 있으므로 주의를 기해야 한다. 따라서 정당법 등의 법률은 개혁방향의 밑그림 정도를 그려 주고 정당개혁 방향의 세부적이고 구체적인 부분은 일단 각 정당이 스스로 마련하여 실천하도록 강제하고, 그 개혁의 성과에 따라 국민에 의하여 심판받을 수 있도록 유도함이 적절한 대안이라고 생각한다.

Ⅳ. 정당에 대한 국고보조금 개혁

정당에 대한 국고보조금은 정당이 민주화되어 국민의 의견을 잘 수렴하고 국민을 위한 훌륭한 정책을 제시하는 데 도움이 될 수 있도록 지급되어야 하는데 우리의 제도는 아직도 많은 문제점을 가지고 있다. 즉 현행 정치자금법에서도 원내 교섭단체·의석수 중심으로 되어 있는데, 이는 의석수를 이중으로 중시하여 국민의 실제 의사와는 상당한 거리가 있는 것이므로 앞으로는 득표수를 중심으로 하여야 한다. 또한 정당 스스로 당원이나 지지자들로부터 당비나 후원금 등 많은 정치자금을 모아야 하므로 그것에 비례하여 국고보조금이 지급되어야 한다(Matching Fund). 이에 대하여는 제 4 장 정치자금제도개혁론에서 상세히 논한다.

제3장 選擧制度改革論

【여 는 글】

　국민주권원리에 기초한 대의제민주주의에 있어서 국민의 대표를 선출하는 선거제도는 통치구조의 골격적인 핵심으로 민주주의 헌법의 본질적인 부분에 해당된다. 다시 말하면 사실상 주권자인 국민의 의사는 선거를 통해서 구체화·현실화되는 것이기 때문에 국민의 의사가 굴절 없이 통치기관의 구성에 반영되고, 모든 통치권의 민주적 정당성이 확보될 수 있는 선거제도를 마련하는 것이 헌법상 민주주의 통치구조의 가장 기본적인 요청이라 할 것이다.

　우리 현행헌법은 국민주권의 원리를 실현하고 통치권의 민주적 정당성을 확보하기 위하여 모든 국민에게 참정권을 보장했을 뿐만 아니라(제24조, 제25조) 민주적 선거법의 기본원칙을 명문으로 규정하면서(제41조 제1항, 제67조 제1항) 대통령선거제도(제67조)·국회의원선거제도(제41조)·지방자치를 위한 선거제도(제118조) 등을 마련해 놓고 있다. 그에 대한 통합적 선거법이 현행 공직선거법이다.

　먼저 대통령선거제도를 보면 지난 제16대 대선(2002. 12. 19) 이후 양대 정당(민주당과 한나라당)에 일반국민이 참여하는 상향식 후보공천제도가 정착되고, 선거운동방법 면에서는 과거 세 과시용 청중동원(정당·후보자연설회)은 급격히 사라지고(주민들이 모인 장소를 찾아가는 소규모의 거리연설로 바뀜) 그 대신 방송중심의 미디어와 인터넷을 이용한 선거운동이 급부상하였다. 그리하여 과거 천문학적 선거비용의 문제(소위 금권선거)는 획기적으로 해결되었으나 그래도 불법선거자금 모금관행이 남아 있어 오히려 역대 대선 중 가장 많은 선거관련자가 형사처벌되었다.[1] 이외에도 대통령의 민주적 정당성의 확보차원

---

[1] 2003년 8월 SK 비자금 수사를 시작으로 불법대선자금 경찰수사가 2004년 5월 21일 마무리되었는데 그 결과 한나라당 823억, 노무현 캠프 119억이 불법모금으로 밝혀지고, 그에 따라 국회의원 9명을 포함한 노 대통령 측근 등 13명이 구속 기소되고 국회의원과 대기업

에서 절대다수 선거제를 위한 결선투표제 도입이 거론된다.

다음 국회의원선거제도를 보면 지난 제17대 총선(2004. 4. 15)은 통합선거법의 획기적 개정(2004. 3. 12)으로 그 양상이 크게 발전하였다. 의원 정수가 26명늘어 299명으로 IMF 이전 15대 국회와 같게 되었으며, 1인 2표제가 도입되어 1표는 지역후보자에게 또 1표는 지지정당에 투표하여 그 득표율에 따라서 전국구비례대표의원수(56명, 2008. 4. 9. 제18대에서는 54명)를 결정하게 되었다. 선거운동은 거리·운동장 중심에서 방송·인터넷 등 미디어 중심으로 큰 틀이 바뀌었고, 기회균등 차원에서 현역의원의 기득권을 줄이고 신진 정치인의 활동영역을 넓혀 주었으며, 공개하는 후보자의 신상자료범위를 확대했고, 돈의 흐름을 투명하게 하고 돈 선거·돈 정치를 막기 위해 청중동원의 폐해가 컸던 합동연설회나 정당연설회를 폐지하였고, 이른바 '돈 먹는 하마'라는 지구당도 없애고 중앙당의 유급사무원 수도 대폭 줄였다. 또한 금품 등을 제공받은 자는 50배의 과태료를 물게 되고 이를 신고한 자는 50배의 포상금을 받는 등 큰 효과를 거두어 선진 선거문화의 기틀을 마련하였다고 평가된다.

한편 2008. 4. 9. 제18대 총선 투표율 하락(46.1%)의 의미를 보면 2002년 지방선거 48.9%보다 낮아 역대 최저다. 직전 대선의 투표율 63%도 낮은 편이라고 생각했는데 가히 충격적이다. 대의 민주주의는 건전한 시민의 참여를 전제로 한다. 만약 절반 이하의 투표율로 당선된다면 대표성에 심각한 문제가 제기된다. 그리고 투표 불참을 유권자의 정치적 의사표현의 한 방식으로 봐서 정당·후보자, 나아가서 정치체제에 대한 불만을 우회적으로 표시한 것이다. 따라서 선거제도와 정당체제 그리고 투표율과의 관계도 중요하다. 우리와 같은 소선거구·단순 다수제 선거제도인 미국의 경우 대체로 50% 전후이다. 반면 국회의원 선출을 위해 비례대표제를 주로 사용하며 이에 따라 다양한 정당이 존재하는 유럽의 경우 대체로 72%에서 92%의 투표율을 기록했다. 유권자

회장 등 23명이 불구속 기소되었다. 이 수사는 현역 국회의원은 물론 대통령 등 실재하는 권력 핵심부에 칼끝을 정면으로 겨눴다는 측면에서 국민들의 절대적 지지와 성원 속에 진행되었고, 그러한 면에서 지난 92년부터 2년간 이탈리아에서 진행된 '마니폴리테'와 비교되곤 한다. 마니폴리테 캠페인은 이탈리아 수사기관(피에트로 검사 중심)이 정·재계를 망라한 부패고리에 종지부를 찍은 사건이다. 1년이 넘는 수사과정에서 국회의원 150여명을 포함한 3,000여명의 유력 정치인과 기업인이 수사대상이 되었고, 이 가운데 무려 1,400여명이 체포되어 1,000명 이상이 법원에서 유죄판결을 받았다. 2년여에 걸친 대대적인 부패 척결수사 결과 정치권의 개혁은 물론 경제에도 오히려 유리한 환경을 조성했다고 평가되었다.

들이 자신의 정치적 의사가 정치과정에 제대로 반영되며, 선거 때 유권자에게 제시된 정치적 선택의 폭이 넓다는 것도 중요하다. 또한 4·9총선에서는 당내 경선제가 실종되고 외부 인사와 함께 '공천심사위원회'가 일종의 '밀실공천'함으로써 유권자들이 흥미를 잃고 말았다. 물론 이렇다 할 '정책이슈'가 없었던 것도 큰 원인이었다. 그럼에도 4·9총선은 지난 10년 동안 집권해 온 '진보정권'을 직전 대선에 이어 다시 한번 심판하여 '두 번의 정권교체 테스트'를 완결시킴으로써 한국 민주주의 공고화를 가져왔다고 본다.

제19대 2012. 4. 11. 총선은 국민참여경선제, 여성가산점제, 청년비례대표, 모바일투표, 후보단일화 등 다양한 이슈를 중심으로 공천과정에서 많은 관심이 집중되었다. 특히 중요 정당의 경우 중앙당의 심사를 통해 후보가 결정됨으로써 상향식 공천과정이 제도적으로 봉쇄되었던 18대 총선과 비교하면 유권자들의 의사를 수렴하기 위한 다양한 시도들이 이루어졌다는 점에서 정당차원에서의 공천개혁에 대한 기대가 컸다. 하지만 실제 공천결과는 원칙적으로 경선을 표방했음에도 불구하고 전략공천이나 공천심사위원회에 의한 공천 등 하향식 공천이 주류를 이루었으며, 주요 정당의 후보 공천 파문과 자격 논란 등 비판의 목소리가 높았다.

한편 헌재는 2014년 10월 30일 헌법불합치 결정으로 지역선거구 인구편차를 현재의 3 : 1에서 2 : 1로 2015년 12월 31일까지 줄이라고 했다. 2016년 20대 총선에서 246개 지역구의 절반 이상이 조정대상이 되는 정치지형의 큰 변화가 예상된다.

다음 지방자치선거제도를 보면 제 4 회 전국동시지방선거(2006. 5. 30)를 앞두고 통합선거법이 개정되어(2005. 6. 30) 지방선거제도를 개악하였다. 즉 그 당시 집권여당이자 국회과반수 의석을 갖고 있었던 열린우리당은 애초 개혁당론이었던 기초자치단체장에 대한 정당공천제를 폐기하고 한나라당과 야합하여 오히려 기초의원에까지 확대하였던 것이다. 그 결과 정당공천과정에서 돈거래가 횡행했고 지방자치가 '지역 또는 생활밀착형'이 아닌 정당 또는 '중앙정치밀착형'으로 왜곡되는 것이다. 그 밖에 소선거구제를 중선거구제로 바꿔서 '지방자치 주민 근접성의 원칙'에 위반하여 문제점이 노정되고 있다.

제 6 회 전국동시지방선거(2014. 6. 4)에서 지난 대선후보자들의 공약으로 기초자치단체 정당공천폐지가 크게 논의되었으나 당리당략에 매몰되어 역시 결실을 보지 못했다.

　끝으로 대통령선거, 국회의원선거, 지방자치선거 기타 재·보궐 선거 등으로 거의 매년 선거가 실시되어 국력낭비가 심하므로 선거주기 검토 등의 대책이 마련되어야 한다.

제 1 절   選擧의 基本原則

　선거란 국민의 의사를 정치적으로 대표할 사람을 선출하는 과정이다. 다시 말하면 선거과정을 통해서 복수의 후보자들이 경쟁하면서 국민들에게 정책과 공약을 제시하며 평가를 받고 국민적 합의를 도출하는 것이다. 국가가 선거공영제를 확대하여 국민의 세금으로 선거비용을 지원하는 이유는 선거가 국민적 합의를 도출하는 공익적 과정이기 때문이다. 선거를 출세와 영달을 위한 등용문쯤으로 생각하는 사람은 국민의 대표가 되어서는 아니 되며 국가가 선거비용을 지원할 이유도 없다. 훌륭한 선거란 절차적으로 공정하고 투명한 선거를 말하며, 내용적으로는 정책대결이 활발하게 이루어지고 국민적 합의가 도출되는 선거를 말한다. 모든 정당과 후보자들이 미래에 대한 청사진을 제시하고 이를 중심으로 국민적 토론이 이루어져야 한다.

Ⅰ. 普通·直接·秘密·平等選擧의 原則

1. 보통선거

　보통선거란 원칙적으로 모든 국민에게 선거권을 인정하는 것을 의미한다. 제한선거에 대비되는 개념이다. 재산, 학력, 직업, 사회적 신분 등을 근거로 선거권을 한정하여서는 안 된다는 원칙이다. 선거연령은 미국, 영국, 독일, 프랑스에서는 만 18세 이상의 자에게 인정하는 데 비하여, 우리나라에서는 법률의 규정에 의해서 만 19세 이상의 자에게 선거권을 부여하고 있다. 1893년 뉴질랜드에서 보통선거를 최초로 인정하였다. 우리나라에서는 1948년 5월 10일에 실시된 국회의원 198명을 선출하는 5·10 총선거가 최초의 보통선거라고 할 수 있다.

　　보통선거의 원칙에 따라 여자에게 선거권을 부여하지 않거나 과도한 수의 추천인의 서명을 요구하는 것, 과도한 기탁금2) 예치를 요구하는 것은 보통선거를 위배하는 것이다.

2. 직접선거

　　직접선거란 간접선거에 대응하는 것으로 유권자가 직접 후보자를 선출하는 것을 말한다. 대리투표를 행하거나 선거가 끝난 후 전국구 후보의 순위나 인물을 교체하는 것은 직접선거에 정면으로 위배되는 것이다.

　　현재 시행중인 전국구 비례대표제 국회의원 선거가 과연 직접선거의 원칙에 합치하는지에는 의문이 제기될 수 있다. 이것은 유권자가 후보자를 직접 선출하는 것이 아니라, 정당이 추천한 후보자를 간접적으로 선출하는 것이기 때문이다. 특히 과거 1인 1표제에 의한 지역구 선거와 의석수에 따른 비례대표 국회의원 선출방식에는 직접선거 원칙과의 불합치 문제가 심각하였다. 그리하여 헌법재판소는 1인 2표제의 선거방식으로 개정할 것을 명령하였고,3) 앞으로 개방명부제 방식과 상향식 공천방식의 도입이 이루어진다면 이러한 문제점은 상당히 완화될 것이다.

3. 비밀선거

　　비밀선거란 누구에게 투표하였는지 등의 선거의 내용을 공개하는 것을 금지하는 제도이다. 비밀선거원칙은 투표 당시에만 타당한 원칙은 아니며 사인 상호간에도 당연히 적용되는 선거의 원칙이다. 비밀선거의 내용으로서는 무기명투표제, 관급용지투표제, 투표내용 증언거부제, 투표의 비밀유지와 그 침해에 대한 벌칙규정을 들 수 있다.

---

2) 기탁금이란 후보자의 난립을 방지하고 유권자가 무자격 후보자를 사전 검증할 수 있도록 마련한 제도이다. 현행법상 기탁금은 후보자 1인당 대통령 선거는 5억원, 국회의원 선거는 1천 5백만원, 자치구·시·군장의 선거는 1천만원, 시·도의원 선거는 300만원, 시·도지사 선거는 5천만원, 자치구·시·군 의원은 200만원으로 하고 있다(공직선거법 제56조). 이 기탁금은 후보자의 득표수가 유효투표 총수를 후보자수로 나눈 수 이하이거나 유효투표 총수의 100분의 15 이하인 경우에는 반환하지 않고 국고에 귀속시킨다(제57조 제 1 항). 국회의원 선거에 있어서 기탁금의 액수와 반환규정에 대하여 위헌 결정을 한 사례로는 헌재 2001. 7. 19. 2000헌마91등; 헌재 2001. 7. 19. 2000헌마91등 참조.
3) 헌재 2001. 7. 19. 2000헌마91.

4. 평등선거의 원칙

평등선거란 1인 1투표권을 부여하는 것을 말하는데, 오늘날에는 단순한 표의 산술적으로 균등한 배분에 그치지 않고 그 표의 실질적 성과가치 또한 동일할 것을 요구하고 있다. 따라서 평등선거에 위배되는 것은 현저하게 인구비례를 무시한 선거구 획정이나, 남녀를 차등하여 선거권을 부여하는 것을 들 수 있다.

(1) 선거구 획정

그런데 특히 문제가 되는 것은 인구에 비례하는 정확한 선거구 획정이 이루어지지 않아 결국 선거의 결과가치가 불평등한 경우이다. 이에 대하여 미국의 경우 먼저 1946년의 Colegrove v. Green 사건에서는 선거구 획정을 이른바 정치문제로 보아 사법심사의 대상성을 부인한 바 있으나, 1962년 Baker v. Carr 사건에서 미국의 연방대법원은 현저하게 인구비례를 무시한 획정은 위헌이므로 사법부 심사의 대상이 된다는 판례를 제시하였다. 한편 1963년 독일의 연방헌법재판소는 선거구인구의 평등이 실현되어야 한다고 강조하면서, 연방의회선거법에 선거구간 평균인구수를 기준으로 하여 33.33%를 초과할 수 없다고 판시하였다.[4]

우리나라에서는 헌법재판소는 공직선거법 [별표 1]의 국회의원지역선거구구역표에 관한 위헌여부 결정에서 당해 사건에서 문제된 선거구가 전국 선거구의 평균인구수로부터 57%의 편차를 보이고 있으므로 그 선거구의 획정은 국회의 재량의 범위를 일탈한 것으로서 청구인의 헌법상 보장된 선거권 및 평등권을 참해하는 것임이 분명하다고 보아 헌법불합치결정을 내렸다. 헌법재판소는 최소선거구와 최대선거구의 인구편차율이 3 : 1을 초과해서는 안 된다고 판시한 바 있다.[5] 2004년 17대 국회의원 선거를 위한 선거구 획정은

---

4) 독일의 경우에는 연방선거법 제3조 제2항 제2호에서 허용되는 최대 인구편차를 2 : 1로 정하고 있고, 영국에서는 25% 이내로 정기적으로 재조정하도록 하고 있으며, 미국에서는 1964년 인구편차가 3 : 1이 넘는 연방하원선거구에 대하여 위헌결정을 내린 바 있다. 또 일본의 경우 최고 재판소는 3 : 1이 넘으면 위헌으로 간주하고, 1994년에 중의원의원선거구 획정심의회설치법을 제정하여 지역구 선거인 중의원의원 선거에서 2 : 1을 기준으로 정하였다.

5) 헌법재판소는 선거제도의 중요한 요소인 선거구를 획정할 때 1인 1표와 투표가치 평등의 원칙을 고려한 선거구간의 인구균형뿐만 아니라, 그 나라의 행정구역, 지세, 교통사정, 생

선거구 인구편차 3 대 1 이내 조정, 선거구평균 인구의 상하 50%를 적용한 선거구 상하한선 결정 원칙과 본회의에서 결정한 인구하한선 10만 5천명 적용이라는 3가지 원칙에 가급적 부합되도록 이루어졌다. 그러나 공직선거법 제24조 제 6 항이 총선 전 1년까지 확정되어야 한다는 규정을 위반하여 선거를 불과 1달여를 남긴 상황에서 서둘러 이루어졌다는 점에서 문제를 남기고 말았다.

다시 헌법재판소는 2014년 10월 30일 국회의원 선거구별 인구편차를 3 대 1로 허용한 선거법조항에 대하여 헌법불합치 결정을 내리며 인구편차를 2 대 1 이하로 2015년 12월 31일까지 조정하라고 했다(공직선거법 제25조 2항 선거구구역표에 대한 헌법소원심판에서 재판관 6 : 3 결정).6) 이에 따라 정치권은 2016년 20대 총선에 맞춰 선거구를 재구성할 수밖에 없다. 중앙선관위 조사 결과 하한 인구수를 약 13만 9천명으로 잡고 선거구 인구편차 2 대 1을 적용할 때 인구상한 초과인구는 37개, 인구하한 미달 선거구는 25개로 나타났다. 선거구 조정과정에서 영향을 받게 될 인접 선거구까지 246개 지역구의 절반 이상이 조정대상이 되는 정치지형의 큰 변화가 예상된다.7)

(2) 선거운동에 있어서 기회균등의 강화

한편 평등선거 원칙은 선거운동과정에서의 기회균등을 의미하기도 한다. 특히 우리 선거법은 정당후보자와 무소속후보자, 현역 의원과 그렇지 않은 사람간의 선거운동에 있어서의 기회의 불균등이 심각한 문제가 되어 왔다. 이에 2004년 3월 개정된 공직선거및선거부정방지법(현 공직선거법)은 이러한 문제점을 해소하기 위하여 몇 가지 조치를 신설하였다.

활권 내지 역사적·전통적 일체감 등 여러 가지 정책적·기술적 요소가 고려될 수 있다고 하면서도, 선거구 획정에서 인구비례의 원칙을 가장 중요하고 기본적인 기준으로 삼아야 할 것이고, 여타의 조건들은 그 다음으로 고려되어야 할 것이라고 하였다(헌재 2001. 11. 25. 2000헌마92).

6) 2012헌마192(6개 병합). 헌재는 이 결정에서 "인구편차를 3 대 1 이하로 하는 기준을 적용하면 지나친 투표가치의 불평등이 발생할 수 있다" 하면서 "투표가치의 평등은 국민주권주의의 출발점으로 국회의원의 지역대표성보다 우선해야 한다"고 강조했다. 그러면서 "인구편차의 허용기준을 엄격하게 하는 것이 외국의 판례와 입법추세"라고 덧붙였다.

7) 2013년 충청지역 인구가 건국 이후 처음으로 호남 인구를 추월하면서 20대 총선을 치르는 2016년에는 충청 인구가 호남 인구보다 30만명 가량 더 많아질 것이라는 예상이다. 그런데도 현재 충청지역의 국회의원 수가 25석으로 호남의 30석보다 5석 적은 것은 문제가 있다.

가장 중요한 것은 바로 예비후보자등록제도이다. 이에 따르면 선거일 전 120일부터 예비후보자로 등록한 자는 선거사무소 설치, 선거사무소에 간판·현판·현수막 각 1개 이내 설치, 지하철 역구내 기타 중앙선거관리위원회 규칙으로 정하는 다수인이 왕래하거나 집합한 공개된 장소 이외의 장소에서의 명함형인쇄물 직접 배부, 이메일 발송, 선거관리위원회의 규칙에 따라 인쇄물 발송의 방법으로 선거운동을 할 수 있다(제60조의2, 제60조의3, 제61조의2 신설).

이외에도 편법적인 사전선거운동을 막기 위해 출판기념회는 선거일 전 90일부터 선거일까지 금지된다(제103조 제4항 신설)는 조항을 두고 있다. 그동안 논란의 대상이 되었던 의정활동보고회도 선거일 전 90일부터 선거일까지 금지된다(제111조 제1항).

II. 自由選擧의 原則

1. 선거의 자유와 규제

공직선거법 제58조 제2항에 "누구든지 자유롭게 선거운동을 할 수 있다"라고 규정하여 선거운동의 자유를 원칙으로 하고 있으나, 그 단서조항에 "그러나 이 법 또는 다른 법률의 규정에 의하여 금지 또는 제한되는 경우에는 그러하지 아니하다"라고 규정하고 있으며, 이에 따라 공직선거법상 선거운동의 기간·주체·방법 등에 관한 엄격한 제한이 있다. 그 구체적 내용으로는 선거운동기간이 법정되어 사전선거운동이 금지되며(제59조), 선거운동의 방법으로써 선전벽보, 소형인쇄물, 신문·방송광고, 방송연설, 공개장소에서의 연설·대담 등은 이 법이 정하는 방법 이외에는 허용되지 아니하며(제64조-제79조), 그 밖에 호별방문금지(제106조), 일정기간 정당에 대한 지지도나 당선인을 예상하게 하는 여론조사결과 공표금지(제108조 제1항), 단체의 선거운동 등이 제한되고 있다(제87조).

이에 대하여는 원칙과 예외가 뒤바뀐 정도의 지나친 제한이라는 견해가 있다. 즉 우리의 선거규제는 일본의 영향을 받아 영미 등에서 주로 선거자금 규제에 치중하는 것과 크게 다른 것으로 호별방문금지,[8] 여론조사결과 공표

---

8) 합헌. 헌재 1995. 7. 21. 92헌마177등.

금지, 단체의 선거운동금지9) 등은 시급히 개선되어야 한다는 것이다.10) 나아가 독일법에서와 같이 아무런 제한을 두지 말고 선거운동기간(대통령 23일, 국회의원 등 14일) 포함 모든 것을 자유롭게 하자고 주장한다.11) 즉 공직자의 선거개입 금지(제86조), 기부행위 등에 대한 규제(제112조 - 제118조) 등은 공무원의 정치적 중립성이나 금권선거 등 혼탁한 선거문화를 방지하기 위하여 필요한 규정이라고 볼 수 있으나 나머지의 대부분은 선거의 자유ㆍ표현의 자유 등 헌법적 가치를 지나치게 제한함으로써 오히려 헌법상의 기본권과 자유민주주의 원리를 침해할 여지가 많다는 것이다.

2. 헌법재판소 판례(2011. 12. 29. 2007헌마1001)

선거운동의 자유와 관련하여 헌재는 2011년 의미있는 판결을 내렸다. 즉 "정당 또는 후보자를 지지ㆍ추천하거나 반대하는 내용이 포함되어 있거나 정당의 명칭 또는 후보자를 내는 광고, 인사장, 벽보, 사진, 문서ㆍ도화 인쇄물이나 녹음녹화테이프 그 밖에 이와 유사한 것을 배부ㆍ첨부ㆍ살포ㆍ상영 또는 게시할 수 없도록 한 규정(공선법 제93조 제 1 항)에서 '기타 이와 유사한 것'에 '정보통신망을 이용하여 인터넷 홈페이지 또는 그 게시판ㆍ대화방 등에 글이나 동영상 등 정보를 게시하거나 전자우편을 전송하는 방법'이 포함되는 것으로 해석하여 이를 금지하고 처벌하는 것은 과잉금지원칙에 위배하여 청구인들의 선거운동의 자유 내지 표현의 자유를 침해한다"고 결정한 것이다. 이는 불과 몇 년 전 합헌 판결(2007. 1. 17. 2004헌바82)을 변경하여 큰 진전이기는 하지만 그것은 인터넷이나 SNS 등에 의한 선거운동만을 허용하였을 뿐 기본적으로는 문서ㆍ도서 인쇄물 등은 여전히 규제대상으로 보고 있다는 점에서 한계가 있는 것이고 그것은 역시 과잉규제라고 보여진다. 왜냐하면 헌재가 인터넷 등을 허용하는 데에는 특히 저비용 측면을 주목한 듯한데 선거비용의 규제 자체는 바람직하지만 이를 인터넷과 문서나 도화 인쇄물과 차별하는 것은 설득력이 없다 할 것이다. 비용규제는 별도로 하면 되는 것이지 이를 온라인이냐 아니냐를 구별할 필요는 없다 할 것이다.

---

9) 합헌. 헌재 1995. 5. 25. 95헌마105; 헌재 1997. 10. 30. 96헌마94; 헌재 1999. 11. 25. 98헌마141.

10) 정만희, 헌법과 통치구조, 2003, 455쪽.

11) 도회근, 독일 선거제도에서 무엇을 배울 것인가?, 공법연구 (2012. 2), 126쪽 참조.

Ⅲ. 選擧費用規制와 選擧公營制

1. 선거비용규제의 철저화

이제까지 우리나라 선거제도의 가장 큰 문제점은 선거법상으로는 선거비용제한에 관한 일련의 규정들을 두고 있으나 막대한 선거자금이 소요되는 고비용 선거구조로 말미암아 그것이 지켜지기 어려웠다는 데 있었다. 다행히 정치관계법(선거법·정당법·정치자금법)의 전면개정(2004. 3. 12)으로 고비용 선거구조가 혁파되고[12] 그것이 제17대 국회의원 총선에서 어느 정도 실현되어 선진선거문화의 기틀이 마련되었다고 평가된다. 따라서 앞으로 정부와 선거관리기관은 강력한 법집행 의지를 갖고 선거단속을 강화해야 하고 사법부는 선거사범에 대한 엄격한 법집행을 통하여 공명선거문화 정착에 확고한 신념을 보여 주어야 한다.

2. 선거공영제의 확대

현행헌법은 선거운동에 있어서 기회균등과 선거공영제를 기본원칙으로 하고 있으나(제116조), 공직선거법상 선거공영제는 제한적으로 시행되고 있으며 오히려 선거비용의 상당부분을 후보자가 부담하고 있는 실정이다. 현행법상 국가 또는 지방자치단체가 부담하는 선거운동비용은 선전벽보의 첨부 및 철거비용, 선거공보의 발송비용 및 우편요금, 소형인쇄물 발송비용 및 우편요금, 방송연설비용 등으로 제한되어 있으며, 위의 선전벽보·선거공보·소형인쇄물의 작성비용과 신문광고 등은 후보자가 기탁금을 반환받는 경우(제57조 제1항)[13]에 한하여 국가 또는 지방자치단체가 선거일 후 보전하도록 규정하

---

12) 예컨대 선거법상 합동연설회·정당연설회 폐지, 정당법상 지구당 폐지, 정치자금법상 법인·단체 기부금지, 후원금의 법정상한액 하향조정, 선거법·정치자금법상 후보자와 정당은 선거기간중 규제받는 선거비용의 경우와 마찬가지로 일상적인 정치자금의 수입과 지출도 선거관리위원회에 미리 신고된 예금계좌를 통해서만 하도록 하고, 선관위의 회계보고에 있어서도 수입과 지출의 내역뿐만 아니라 일정액 이상 기부자의 인적 사항도 공개함으로써 실질적인 정치자금 실명제의 도입 등이 그것이다.
13) 공직선거법 제57조 제항: 선거구선거관리위원회는 다음 각호의 구분에 따른 해당 금액 중에서 제56조(기탁금) 제3항의 규정에 의하여 기탁금에서 부담하는 비용을 뺀 나머지 금액을 선거일후 30일 이내에 기탁자에게 반환한다. 1. 대통령선거, 지역구국회의원선거, 지역구지방의회의원선거 및 지방자치단체의 장선거, 가. 후보자가 당선되거나 사망한 경우와

고 있다(제122조의2). 따라서 선거비용이 많이 드는 항목은 후보자가 먼저 지출하고 선거결과 일정수의 득표를 한 후보자에 한하여 선거 후 그 비용을 국가가 보전하도록 함으로써 사실상 선거공영제가 부분적으로 운영되고 있는 것이다.

이상과 같은 선거비용의 당사자부담의 현실에서 선거공영제의 확대가 요구됨은 당연한 일이라 하겠다. 더욱이 현행 선거공영제는 선거 후 선거비용을 보전하는 경우에 있어서도 후보자가 일정수의 득표를 해야 하므로 이는 대정당 후보와 기성정치인에게 유리하고 신인정치인에게 훨씬 불리한 제도가 되고 있다. 선거비용 보전 요건을 엄격하게 하는 것이 후보자의 난립을 막기 위한 취지로 이해될 수 있지만, 다른 한편 기득권을 가진 특정 정치인에게 유리하고 정치신인에게 불리하다면 선거공영제의 본래의 정신인 선거의 기회균등보장에 반하게 되므로 입후보난립방지는 후보자의 기탁금제도로 해결하고 국고에 의한 선거비용보전은 모든 후보자에게 평등하게 적용하는 것이 타당하다고 할 것이다.[14]

Ⅳ. 選擧에 관한 訴請과 訴訟

1. 선거에 관한 소청

먼저 지방자치단체의 의회의원 선거 및 자치구·시·군의 장의 선거에 있어서 선거의 효력 또는 당선의 효력에 관하여 이의가 있는 선거인·정당 또는 후보자는 선거일부터 14일 이내에 당해 선거구 선거관리위원회 위원장을 피소청인으로 하여 시·도 선거관리위원회에, 그리고 시·도지사선거에 있어서는 중앙선거관리위원회에 소청을 할 수 있다(공직선거법 제219조 제 1 항·제 2 항). 위의 소청을 접수한 중앙 또는 시·도 선거관리위원회는 소청을 접수한 날부터 60일 이내에 그 소청에 대한 결정을 해야 한다(제220조 제 1 항).

유효투표총수의 100분의 15 이상을 득표한 경우에는 기탁금 전액, 나. 후보자가 유효투표총수의 100분의 10 이상 100분의 15 미만을 득표한 경우에는 기탁금의 100분의 50에 해당하는 금액, 2. 비례대표국회의원선거 및 비례대표지방의회의원선거, 당해 후보자명부에 올라 있는 후보자중 당선인이 있는 때에는 기탁금 전액.

14) 정만희, 헌법과 통치구조, 2003, 476쪽.

2. 선거에 관한 소송

선거에 관한 소송은 선거효력을 다투는 선거소송과 당선효력을 다투는 당선소송으로 구별된다. 먼저 선거소송은[15) 대통령선거와 국회의원선거의 경우, 선거의 전부 또는 일부의 무효를 주장하는 것으로, 선거의 효력에 관하여 이의가 있는 자(선거인·정당·후보자)는 선거일로부터 30일 이내에 관할 선거구 선거관리위원회위원장(대통령선거는 중앙선관위위원장)을 피고로 하여 대법원에 소를 제기할 수 있다(제222조 제1항). 선거에 관한 소청이나 소송은 다른 소송에 우선하여 신속히 결정 또는 재판해야 하며, 소송에 있어서 수소법원은 소송이 제기된 날로부터 180일 이내에 처리해야 한다(제225조). 지방자치단체의 의회의원 및 장의 선거의 경우, 선거의 효력에 관하여 이의가 있는 소청인도 소청에 대한 결정서를 받은 날로부터 10일 이내에, 그 기간 내에 결정하지 아니한 때에는 그 기간이 종료된 날로부터 10일 이내에, 비례대표 시·도의원선거 및 시·도지사선거에 있어서는 대법원에 소를 제기할 수 있으며, 지방의회의원 및 자치구·시·군의 장 선거의 경우에는 선거구를 관할하는 고등법원에 소를 제기할 수 있다(제222조 제2항).

한편 당선소송은 선거 자체는 유효하고 당선인의 결정만을 위법이라고 주장하는 것으로서, 일정한 자(후보자 또는 정당)만이 제소할 수 있다. 당선의 효력에 관하여 이의가 있는 정당 또는 후보자는 당선 결정일로부터 30일 이내에(지방의회의원선거 및 자치구·시·군의 장 선거의 경우는 10일 이내) 당선인을 피고로 하여 대법원 또는 관할 고등법원에 소를 제기할 수 있다(제223조).

그리고 유권자 및 후보자의 매수·이해유도죄 또는 공무원의 직권남용에 의한 선거범죄, 허위사실공표죄, 부정선거운동죄 등에 대하여 고소·고발한 후보자와 정당의 중앙당은 검사로부터 그 범죄에 대해 공소를 제기하지 아니한다는 통지를 받은 날로부터 10일 이내에, 그 검사 소속의 고등검찰청에 대응하는 고등법원에 그 불기소처분의 당부에 관한 재정신청을 할 수 있도록 하고 있다. 선거관리위원회도 선거관리위원회가 고발한 선거범죄에 대하여

---

15) 선거인과 후보자 등의 권리보호를 목적으로 하는 것이지만, 선거의 적법·공정한 실시를 목적으로 하는 일종의 민중소송으로서 특수한 헌법소송의 범주에 속한다고 본다(권영성, 218-215쪽 참조).

고발을 한 날로부터 3월까지 검사가 공소를 제기하지 아니한 때에는 3월이 경과한 때에 재정신청을 할 수 있다(제273조).

3. 개정 선거법상 선거범죄 및 소송

개정 선거법상 선거에 관한 소송은 원칙적으로 유지되고 있다. 그러나 선거범죄의 처벌과 관련된 조항을 강화하고 있는 모습을 보인다. 먼저 선거 범죄에 있어서 행위자 이외에 정당 도는 단체에 대하여도 양벌규정을 확대 적용한다(제260조). 둘째 형사소송법에 의한 현행범 및 준현행범이 선거범죄 의 조사와 관련한 동행요구에 정당한 사유 없이 불응하는 경우 300만원 이 하의 과태료를 부과할 수 있다(제261조 제 1 항 제 2 호). 셋째 경미한 금품수수 등에 있어서 기부받은 자에 대하여는 현행 형벌을 부과하던 것을 받은 가액 의 50배의 과태료도 부과할 수 있게 하였다(제261조 제 4 항). 넷째 선거범죄 신고자 등의 신상보호를 위해 조사과정에 인적사항 기재를 생략하는 등 특정 범죄신고자보호법의 제 규정을 준용하도록 하고 있다(제262조의2).

한편 개정 선거법은 선거범죄로 인한 당선무효의 규정을 강화하고 있다. 먼저 선거비용 제한액의 200분의 1 이상을 초과 지출한 이유로 선거사무 장·선거사무소의 회계책임자 또는 예비후보자의 회계책임자가 징역형 또는 300만원 이상의 벌금형의 선고를 받은 경우와 선거사무소의 회계책임자가 회 계보고서를 허위 기재하거나 고의로 누락하여 같은 형을 선고받은 경우 그 후보자의 당선을 무효로 한다(제263조). 또 당선인이 당해 선거에 있어 공직 선거법에 규정된 죄를 범함으로 인하여 징역 또는 100만원 이상의 벌금형의 선고를 받은 때에는 그 당선은 무효로 한다(제263조). 선거사무장·선거사무 소의 회계담당자 또는 후보자의 직계 존·비속 및 배우자가 당해 선거에 있 어서 이해유도죄(제230조), 당선무효유도죄(제234조), 기부행위를 한 죄(제237조 제 1 항), 정치자금부정수수죄(정치자금에관한법률 제30조) 등을 범함으로 인하여 징역형 또는 300만원 이상의 벌금형의 선고를 받은 때에는 그 후보자의 당 선을 무효로 한다. 또 연대책임대상에 회계책임자로 신고되지 아니하였으나 후보자와 통모하여 선거비용 제한액이 3분의 1 이상 지출한 자를 포함하여, 선거사무장·회계책임자의 경우 선임·신고되기 전의 행위로 인하여 형의 선 고를 받은 경우도 포함한다(제265조).

이외에도 개정 선거법은 선거범죄로 당선무효된 자에 대하여는 반환 또는 보전받은 기탁금 및 선거비용을 반환하도록 한다(제265조의2). 선거범죄로 인하여 당선무효에 이르는 형의 확정판결 전 사직한 자는 당해 보궐선거 등의 후보자가 되지 못한다(제266조 제2항). 선거일 후 행하여진 선거범죄의 공소시효는 행위시로부터 6월로 하되, 범인이 도피한 때나 범인이 공범 또는 범죄의 증명에 필요한 참고인을 도피시킨 때에는 선거일 후 3년으로 한다(제268조 제1항). 선거범에 관한 재판에서 피고인이 2회 이상 정당한 사유 없이 불출석하는 경우 궐석재판을 할 수 있다(제270조의2). 선거관리위원회 위원·직원은 종전에는 금품·향응 제공 선거범죄의 경우에만 증거물품 수거·동행 및 출석요구를 할 수 있던 것을 모든 선거범죄의 경우에 가능하도록 하되, 후보자에 대하여는 선거일 후에만 출석 또는 동행요구를 할 수 있다(제272조의2). 선거관리위원회는 소재지를 관할하는 고등법원의 수석부장판사의 승인을 받아 선거법위반 혐의가 있는 자의 통신자료 제출을 요청할 수 있도록 하고 있다(제272조의3).

V. 재·보궐선거 폐지, 차점자 승계 등 검토

우리나라는 대통령 임기 5년, 국회의원 임기 4년, 지방자치단체 장·의원 임기 4년 등으로 임기가 교차되고 그 사이사이 국회의원과 지방자치단체의 재·보궐 선거가 있으므로(2000년 공직선거법 개정으로<제35조> 매년 상·하반기 두 차례로 정례화됐다) 거의 매년 사생결단식 선거로 인한 국력을 소모하고 있다. 즉 1997년 12월 제15대 대통령선거, 1998년 6월 제2기 지방자치동시선거, 2000년 4월 제15대 국회의원총선, 2002년 6월 제3기 지방자치동시선거, 동년 8월 국회의원 재·보궐선거(12개 지역), 동년 12월 제16대 대통령선거, 2004년 4월 제17대 국회의원총선, 동년 6월 지방자치 재·보궐선거(부산·경남·전남·제주 등 광역자치단체장 포함 115명·103개 지역) 등이다.16) 그 과정을 보면 가히 선거공화국이라 할 정도로 국정은 마비되었다.17)

---

16) 17대 국회의원 당선자 가운데 81명이 선거법 위반 혐의로 입건되어 검찰의 조사를 받고 있는 것으로 확인됐고, 검찰은 이 중 2명을 구속하고 11명을 기소했다. 더구나 선거관리위원회의 실사가 끝나면(5. 30) 기소자가 더 늘어날 것이고 그리하여 정치권에서는 2005년 4월과 10월에 미니총선을 예측하고 있다(내일신문 2004. 5. 28).

17) 미국의 경우 대통령 임기 4년 하원의원(435명) 2년 상원의원(50개주 각 2명 100명) 6년

여기에서 2004년 4월 15일 제17대 국회의원 총선에 이은 동년 6월 5일의 지방자치 재·보궐선거의 예를 들어보면 다음과 같다. 재·보궐선거의 실시사유로는 사망(9)이나 퇴직(9)도 있지만 사직(59)과 당선무효(26)가 주류를 이루고 있다. 사직의 주된 원인은 광역단체장이나 기초자치단체장·광역의원들이 국회의원 출마를 위해 현직을 사퇴한 경우가 대부분이다. 문제는 현역 기초단체장이나 광역의원이 사퇴한 경우에 그 빈자리를 노리는 또 다른 광역의원·기초의원들의 사퇴가 도미노 현상으로 이루어져 결국 전국적으로 선거홍수에 휩쓸리게 된다는 것이다. 더욱이 재·보궐선거의 관리비용이 광역자치단체장의 경우는 약 100억원, 기초자치단체장의 경우는 적어도 10억원은 소요되는데, 이는 전적으로 해당 지방자치단체 재정으로 부담하게 되어 있다. 대부분 개인의 정치적 포부나 소속 정당의 당리당략에 의하여 유권자와의 일종의 계약기간을 일방적으로 파기하였음에도 불구하고 그 뒤처리는 완전히 지역 유권자가 떠안은 셈이다. 예정에도 없던 선거를 치르는 과정에서 혈세의 낭비와 주민생활의 불편은 이만저만이 아니다.18)

특히 자치단체장의 중도 사퇴는 행정의 일관성이라는 측면에서 큰 손실이고, 선거과정에서 나타나는 공직사회의 동요와 행정의 낭비는 아직도 불완전한 지방자치를 후퇴시키는 결과를 가져올 수 있어 유권자의 입장에서 중도 사퇴란 결코 있어서는 안 될 일이다. 물론 지방자치단체장의 출마를 제한하는 규정이 헌법재판소에 의해 "보통선거의 원칙 위반 및 피선거권 침해에 해당한다"고 위헌결정을 내린 바 있어19) 법적으로 출마를 제한할 수 없다고 하

(매 2년마다 1/3씩 선출)으로 2002년 11월 상원의원 34명과 하원의원 435명 전원 및 50개 주 가운데 36개 주지사를 선출하였고(중간선거: midterm election), 2004년 11월 대통령선거와 상원의원 33명 하원의원 435명 전원 및 14개 주지사 선거(총선거: general election)가 있었다. 상원의원의 결원이 생길 때에는 차기 선거에서 보궐선거를 하고 그 때까지 임시 상원의원을 주지사가 임명한다. 지방자치단체장이 결원이 생기는 경우 지방자치의회에서 선출한다.

18) 경기도 안산시 주민들은 제18대 국회의원 총선(2008. 4. 9)에 출마하기 위해 사퇴한 도의원 2명과 시의원 2명에 대하여, 서울 강동구 시민단체와 주민들은 역시 총선 출마를 위해 중도 사퇴한 구청장과 시의원을 상대로 손해배상 청구소송을 냈다. 2008. 6. 4. 재·보궐선거에는 시장·군수·구청장 9명 포함 광역·기초의원 등 총 52명을 선출하고 비용은 약 150억원으로 추산됐다.

19) "지방자치단체의 장이 임기 중에 공직선거에 입후보할 수 있는 경우 어느 정도로 지방행정의 혼란이 우려되는가를 살펴보면, 지방자치단체의 장이 임기 중에 사퇴함으로써 발생하는 행정의 혼란은 그 정도에 있어서 심각하다고 할 수 없고, 직무대리나 보궐선거의 방법으로 대처할 수 있다고 판단된다"(헌재 1999. 5. 27. 98헌마214).

지만, 이는 아주 잘못된 판결로써 다시 변경되어야 한다고 본다.[20] 왜냐하면 개인적인 정치적 기본권을 지키기 위해서 그러한 정치적 혼란과 사회적비용을 용인한다는 것은 비례의 원칙상 있을 수 없는 일이기 때문이다. 그리고 선출직 공직자가 임기를 채워 봉사하는 것은 주민과의 약속이다. 그 약속을 더 나은 자리를 찾겠다고 헌신짝 버리듯 하는 것은 공직에 대한 책임감과 정치윤리 면에서 비난받아 마땅하다. 지역주민과의 약속을 못 지키는 사람이 국회의원이 된 들 국민과의 약속을 지킬 수 있겠는가.

2011년 4월 27일에 실시하는 재·보궐선거 지역은 국회의원 3곳, 광역단체장 1곳, 기초단체장 6곳, 광역의원 5곳, 기초의원 23곳 등 총 38개 지역이었다. 중앙선거관리위원회는 그 재·보궐 선거가 실시되는 강원지사와 국회의원 선거구 3곳의 선거관리비용이 총 150억2천600만 원에 달하는 것으로 집계했다. 강원지사 보궐선거의 선거관리비용은 후보들에게 지급되는 선거운동 보전비용과 투·개표 관리비용, 위법행위 예방활동비용 등을 포함해 113억4천700만 원이고, 성남 분당을과 경남 김해을, 전남 순천 등 국회의원 선거구 3곳의 보궐 선거비용은 총 36억7천900만원이다. 국회의원선거는 국고에서, 지방선거는 해당 자치단체에서 비용을 부담한다. 그 당시 국회의원 보궐선거의 당선자는 임기도 일 년 정도밖에 남지 않았는데 강원지사와 함께 대선 전초전과 같은 선거를 치를 필요가 있었던 것인가.

기초단체장, 광역의원, 기초의원도 마찬가지다. 2005년부터 2010년 6·2 지방선거까지 군수 선거를 5차례나 치른 경북 청도군 주민은 선거 얘기만 나오면 고개를 돌린다. 당선자 3명이 불법선거와 비리혐의 등으로 중도 하차해 두 차례 지방선거 이외에 재·보궐선거를 3차례나 치렀다. 2007년 12월 재선거 때는 금품수수 혐의를 받은 주민 2명이 스스로 목숨을 끊고 1,400여 명이 사법 처리되는 홍역을 겪었다. 재정자립도가 10%에 불과한 청도군은 재·보선에서 매번 약 5억 원의 선거비용을 지출했는데 작지 않은 부담이다. 돈도 돈이지만 잦은 선거로 인한 주민들의 피로감은 돈으로 환산할 수도 없다. 도

20) 정치권은 선출직 공무원의 임기 중 사퇴를 방지하기 위한 제도적 장치를 시급히 마련해야 한다. 앞으로 정치권은 공직자 선거법에 '당선자의 임기 중 성실의무 및 책임정치 구현'이라는 조항을 신설해 행정 공백과 국민의 혈세 낭비를 막는 데 앞장서야 한다. 이런 실천적 노력이 없다면 한국의 정치문화는 선진화로 나아가는 데 커다란 장애 요인이 될 것이다.

대체 누구를 위해 이런 재·보선을 계속해야 하는가 재·보선 투표율은 보통 20-30%대다. 이런 마당에 재·보선 결과를 정권에 대한 중간평가의 잣대로 삼는 것은 심한 과대포장이다. 우리도 이제 재·보선의 폐해와 낭비적 요소를 최소화할 수 있도록 제도를 재정비할 때가 됐다.

과거 일본에서는 중선거구제하에서 중·참의원의 의원직을 상실하면 유효 투표의 6분의 1 이상 득표한 2위 후보가 승계하도록 되어 있었다. 프랑스는 지방의원 선거 때 보충후보를 러닝메이트로 출마하도록 해서 빈자리가 생기면 그 자리를 잇게 한다. 결론적으로 우리나라와 같이 일 년에 두 번씩 시도 때도 없이 재·보궐선거를 치르는 나라는 지구상에 없다. 선거는 5년마다 대통령 선거, 그 사이 4년마다 지금과 같이 교차적으로 국회의원·지방자치 선거로써 충분하기 때문에 재·보선은 폐지하고 차점자 승계로 대체해야 한다.

Ⅵ. 選擧管理委員會의 地位와 役割

선거관리 기능은 원칙적으로 행정기능에 속하는 것이며, 선거관리위원회를 헌법상 기관으로 삼는 예는 흔치 않다고 한다.21) 그러나 우리 헌법사에 있어 부정선거라는 불미스러운 경험으로 인하여 선거관리위원회는 헌법상의 기관으로 인정되어 있는 것이다. 물론 선거관리위원회는 헌법상 기관이긴 하지만 헌법상 최고기관은 아닌 것이다.

1. 선거관리위원회의 의의

선거관리위원회는 공정한 선거관리와 국민투표관리, 정당에 관한 사무를 처리하는 헌법상의 필수적 합의제독립기관이다. 중앙선거관리위원회를 헌법에 최초로 설치한 것은 제 3 차 개헌이지만 각급 선거관리위원회를 최초로 규정한 것은 제 5 차 개헌이다. 중앙선거관리위원회는 9인의 위원으로 구성되며 대통령이 3인을 임명, 국회에서 3인을 선출, 대법원장이 3인을 지명한다. 중

---

21) 외국에서는 오히려 선거관리 그 자체는 전국적 조직을 갖고 있는 행정관청이나 지방자치단체가 관리하고, 선거비용이나 정치자금 등과 관련된 정치활동 투명성확보를 위한 국가기관을 설치하는 것이 일반적이라고 한다(성낙인, 895쪽 참조).

앙선거관리위원회의 임기는 6년으로 하며, 헌법상 연임에 관한 제한은 없다. 위원장은 위원 중에서 호선된다. 위원은 정당가입이 금지되고 정치활동도 금지된다. 위원은 탄핵·금고 이상의 형의 선고에 의하지 아니하고는 파면되지 아니한다.

2. 중앙선거관리위원회의 조직과 권한

선거관리위원회는 중앙선거관리위원회 아래 서울특별시·광역시·도 선거관리위원회, 구·시·군 선거관리위원회, 투표구 선거관리위원회로 구성된다. 특히 중앙선거관리위원회는 대통령이 임명하는 3인, 국회에서 선출하는 3인과 대법원장이 지명하는 3인의 위원으로 구성한다(헌법 제114조 제 2 항). 중앙선거관리위원장은 위원 중에서 호선하게 되어 있다. 위원의 임기는 6년(상임위원 3년)으로 하고 있으며 위원은 정당에 가입하거나 정치에 관여할 수 없도록 하고 있다. 또 위원은 탄핵 또는 금고 이상의 형의 선고에 의하지 않고는 파면되지 않는다.

중앙선거관리위원회 및 각급 선거관리위원회는 위원 과반수의 출석으로 개회하고 출석위원 과반수의 찬성으로 의결하며, 찬성과 반대가 같은 경우, 즉 가부 동수일 경우에는 의장이 결정권을 행사한다.

중앙선거관리위원회는 첫째 선거와 국민투표의 공정한 관리를 한다. 각급 선거관리위원회는 선거인 명부의 작성 등 선거사무와 국민투표 사무에 관하여 관계행정기관에 필요한 지시를 할 수 있다. 이러한 지시를 받게 되는 기관은 그에 응해야 한다(헌법 제115조). 두 번째로 선거관리위원회는 선거운동을 관리한다. 선거운동은 각급 선거관리위원회의 관리하에 법률이 정하는 범위 안에서 하되, 균등한 기회가 보장되도록 하고 있다(헌법 제116조). 세 번째 중앙선거관리위원회는 정당에 관한 사무를 처리한다. 정당의 창당등록, 등록의 취소 등과 같은 사무가 그러한 것이다. 네 번째로 정치자금의 배분사무를 행하는 권한을 가진다. 정치자금의 기탁과 기탁된 정치자금 및 국고보조금을 각 정당에 배분하는 역할을 하는 것이다. 다섯 번째로 중앙선거관리위원회는 헌법 제114조 제 6 항에 의해서 법령의 범위 안에서 선거관리·국민투표관리 또는 정당의 사무에 관한 규칙을 제정할 수 있으며, 법률에 저촉되지 않는 범위 안에서 내부규율에 관한 규칙을 제정할 수 있다. 즉 법규명령과 행정규칙을 제정할 수 있는 권한을 가진다. 여섯 번째로 중앙선거관리위원회는 선거사범을 조사하여 검찰에 고발할 수 있는 권한이 있다.[22]

제 2 절 個別選擧制度

I. 大統領選擧制度

1. 대통령선거의 의미

대통령의 선출방식은 권력구조에 따라서 상이하다. 대통령제 정부형태에서는 대통령이 행정부의 실질적인 수반일 뿐만 아니라 임기 동안 의회에 대하여 정치적 책임을 지지 아니하고 선거시에 국민에 대해서만 직접 정치적 책임을 지므로 직선제를 채택하나, 의원내각제 정부형태에서는 의회에서 선출하는 간선제를 채택하는 것이 일반적인 모습이다. 각국의 대통령 선출방식을 살펴보면 프랑스, 필리핀, 아일랜드, 우리나라 등은 직선제를 채택하고 있으나, 미국, 독일, 이탈리아 등은 간선제를 채택하고 있다.

현행헌법은 제67조 제 1 항에 의해서 대통령은 국민의 보통·평등·직접·비밀선거에 의해서 선출한다. 여타의 선거와 마찬가지로 대통령 선거에 있어서도 상대다수대표제를 취하고 있으며, 대통령선거에 있어서 최고득표자가 2인 이상일 때에는 국회재적의원 과반수가 출석한 공개회의에서 다수표를 얻은 자를 당선자로 한다. 이 경우 국회의장은 중앙선거관리위원회에 통고하고 당선자를 공고해야 한다. 대통령후보자가 1인일 때에는 그 득표수가 선거권자 총수의 3분의 1 이상이 아니면 대통령으로 당선될 수 없다(헌법 제67조 제 3 항).

---

22) 2004년 3월 개정된 공직선거법부터 선관위의 권한을 대폭 강화하고 있다. 대표적으로 인터넷선거보도심의위원회를 설치하도록 하고 있으며(제 8 조의5 및 제 8 조의6), 금융거래자료 요구권을 강화하였고(제134조 제 2 항), 선거범죄신고자 포상금 지급권(제262조의3)을 신설하고, 선거범죄조사권을 강화하였으며(제272조의2), 통신자료제출요구권을 신설하였다(제272조의3).

2. 대통령선거의 구체적 절차

(1) 대통령의 선거권과 피선거권

대통령으로 선출될 수 있는 자는 헌법 제67조 제4항에 의해서 국회의원 피선거권이 있고 선거일 현재 40세에 달하여야 한다. 현행 공직선거법 제16조 제1항에서는 대통령의 피선거권의 요건으로 선거일 현재 5년 이상 국내에 거주하여야 함을 명시하고 있다. 한편 공선법 제19조[23])에 규정된 자는 대통령피선거권이 없다.

만 19세 이상의 국민은 대통령선거권을 가진다. 공선법 제18조에 해당하는 자는 대통령선거에 참여할 수 없다.

(2) 후 보 자

대통령선거에는 정당의 추천을 받거나[24) 무소속으로 입후보할 수 있으며, 정당은 복수추천할 수 없다. 무소속후보자인 경우에는 5개 이상의 시·도에서 각 500인 이상의 총 2,500인 이상 5,000인 이하의 추천장을 첨부하여야 한다. 후보자는 기탁금으로 5억원을 기탁하여야 한다. 기탁금은 유효투표 총수의 100분의 15 이상을 얻지 못한 경우에는 공직선거법 제56조 규정에 의해서 국고에 귀속된다.

(3) 선거일과 선거소송

대통령의 임기가 만료되는 때에는 헌법 제68조 제1항에 의해서 임기만

---

23) 공직선거법 제19조: 선거일 현재 다음 각호의 1에 해당하는 자는 피선거권이 없다. 1. 제18조(선거권이 없는 자) 제1항 제1호·제3호 또는 제4호에 해당하는 자, 2. 금고 이상의 형의 선고를 받고 그 형이 실효되지 아니한 자, 3. 법원의 판결 또는 다른 법률에 의하여 피선거권이 정지되거나 상실된 자.

24) 역대 대통령 선거과정에서 정당의 대통령 후보 선출방식이 이전 당대표에 의한 하향식 지명방식이었다면, 2002년 제16대 대통령 선거에서부터는 이른바 국민경선제라는 상향식 공천과정이 현실화되었다. 2002년 새천년 민주당의 국민경선제는 일종의 혼합된 유형으로 총 7만 명의 선거인단 가운데 20%는 전국대의원대회 대의원으로, 30%는 일반당원으로 그리고 나머지 50%는 공모를 통하여 일반유권자(당원으로 가입 후 선거인단이 됨)로 구성되도록 하였다. 이 경우는 기존의 1만명 이내의 당연직, 선출직 대의원으로 구성된 선출된 당 기구의 수준보다는 크게 개방된 것이다(이현출, "대통령선거와 총선의 후보선출과정," 의정연구 제15호, 2003, 34쪽). 한편 2007년 제17대 대선 한나라당 경선을 보면 국민참여 선거인단은 전체 유권자수의 0.5% 이상으로 하면서, 전당대회 대의원 2/8, 일반당원 3/8, 전화면접방식에 의해 공모된 일반국민 선거인 3/8으로 하고, 당선자 결정은 선거인단의 유효투표 결과 80%, 일반 여론조사 결과를 20% 비율로 반영 산정하였다(이동윤, "정당의 후보선출제도와 정당정치의 문제점," 한국정당학회보 2008, 제7권 1호, 12쪽).

료 70일 내지 40일 전에 후임자를 선거한다. 대통령의 선거요일은 임기만료 전 70일 이후 첫번째 수요일에 실시해야 한다. 대통령이 궐위된 때 또는 대통령당선자가 사망하거나 판결 기타의 사유로 그 자격을 상실한 때에는 60일 이내에 후임자를 선거해야 한다(헌법 제68조 제 2 항).

당선소송시 당선인이 임기개시 전에 사망·사퇴한 경우에는 법무부장관이 피고적격이 된다. 그러나, 국회간선인 경우에는 중앙선거관리위원회 위원장 또는 국회의장이 예외적으로 피고가 된다(공직선거법 제222조, 제223조).

대통령의 임기는 헌법 제70조 규정에 의해서 5년이며, 중임할 수 없다. 여기에서의 중임금지란 두 번 임명될 수 없다는 것을 말한다. 대통령임기의 중임금지규정은 장기집권을 예방하고 평화적인 정권교체를 위한 것으로서 과거의 독재의 폐해에 대한 반성에서 비롯된 것이다. 그러나 민주적 정당성의 관점에서 기존의 정부에 대한 평가가 불가능해진다는 점에서 그 문제점이 지적되기도 하며, 대통령의 중임을 허용해야 한다는 견해가 조심스럽게 제기되고 있다.

3. 현행제도의 문제점과 개선점

(1) 민주적 정당성의 확보와 결선투표제

비록 권위주의적 제왕적 대통령제에서 벗어난다고 하더라도 대통령은 여전히 상징적이나마 국가원수요, 국가의 가장 강력한 권력자이다. 권력의 집중이란 언제나 위험한 것이지만, 대통령에의 어느 정도의 권력집중은 불가피한 면이 있다. 그런데 헌법이 이렇게 강력한 대통령의 지위를 정당화할 수 있으려면 반드시 대통령은 강력한 민주적 정당성을 확보할 수 있어야 한다. 대통령 선출을 직접선거로 규정하고 있는 이유도 바로 이것이다.

그런데 현행 대통령선거는 이러한 강력한 민주적 정당성 확보 요청에 부합하고 있지 못한 면이 있다. 상대다수대표제를 취하고 있기 때문이다. 대통령 선거에 여러 명의 후보가 출마하므로 이에 의하면 상당히 소수의 찬성만으로 강력한 권력이 형성되게 된다. 실제로 30% 정도의 득표만으로 대통령이 된 예가 우리 헌정사에 존재한다.[25] 만약 이러하다면 그를 지지한 30%

___
25) 2012년 5월 프랑수아 올랑드 사회당 대통령을 탄생시킨 대선 1차투표율은 무려 79.47%였다. 우리나라에선 15년전 15대 대선 때나 기록했던 수치다. 2007년 대선의 경우 프랑스

국민 이외에 70%는 대통령을 지지하지 않는 것이며, 이후의 국가의 통합과정과 국정운영은 매우 곤란해지게 된다.

프랑스의 경우 결선투표제를 운영하고 있어 이러한 문제점을 해소하고 있다. 결선투표제는 전체의 과반수를 득표해야 대통령이 될 수 있도록 고안된 방안이다. 프랑스의 경우 우선 10여 명의 후보를 대상으로 1차 투표를 한다. 이 과정에서 짝짓기나 공조는 거의 없다. 이들 중 1, 2등만을 대상으로 2주 후에 결선투표를 해 최종 당선자를 결정한다. 1, 2차 선거 모두 일요일에 한다. 2명만을 대상으로 한 투표이므로 당선자는 당연히 과반수 득표를 차지하게 된다. 이 방식은 대통령의 강력한 민주적 정당성 확보 수단이라는 점 외에도 여러 가지 이점이 있는 것으로 알려져 있다. 우선 1차 투표에서 다양한 정치세력이 등장할 수 있다는 것이다. 여기에는 극좌에서 극우의 진영까지 평등하게 경쟁을 한다. 이것이 자칫 혼란함으로 비춰질 수 있지만 다원주의를 기반으로 하는 민주주의하에서 바람직한 면이 있다. 특히 다소 실험적인 정치세력이 등장해서 국민의 의외의 지지를 받는 경우에는 실험적인 정치세력이 좀더 구체적이고 현실적인 방향으로 발전하는 계기가 될 수도 있다. 두 번째로 결선투표는 이러한 다양한 정치세력 중 진정으로 국민에게 필요한 정치가 무엇인가를 국민들 스스로가 선택할 수 있는 기회를 제공해 준다. 일종의 대 국민 정치교육으로서의 기능도 하는 것이다. 또 결선투표를 통해 분열되어 있던 국민들은 스스로 통합되는 과정을 경험하게 될 것이다.

결선투표제도를 도입하자는 주장에 대하여 엄청난 비용이 소모될 것이라는 우려가 제시될 것이다. 전국단위의 선거를 연이어 두 번이나 실시한다는 것이 엄청난 국가경제적 부담일 수 있는 것은 사실이다. 그러나 이러한 우려를 하게 되는 더 큰 이유는 우리의 열악한 정치현실 그 자체이다. 만약 헌법의 취지에 맞추어 선거공영제가 실시되고, 정당은 당비에 의하여 운영되는 등 정치자금이 투명화되며, 선거운동은 미디어를 중심으로 이루어진다면 결선투표제를 도입해도 큰 문제는 없을 것이다. 좀 더 소요되는 선거관련 비용은 국부의 낭비가 아닌 민주주의를 위한 의미 있는 투자가 될 것이다.

1차 83.77%, 2차 83.97%였고, 한국은 63.0%였다. 결국 우리는 전체 유권자의 30% 남짓 지지로 대통령에 당선돼 1-2년만에 국정의 안정성이 흔들릴 수 있는 것이다. 결선투표제의 도입은 투표율도 올리고 연립과 공동정권을 유도함으로써 독선과 독주를 견제할 수 있다.

(2) 과거 정치사의 교훈

돌이켜보면 한국 정치사는 1963년과 1967년 박정희 후보에 맞서기 위해 윤보선 후보로의 단일화가 이루어진 이후, 1980년과 1987년 양김(兩金) 단일화 협상, 1997년 DJP 연합, 2002년 노무현·정몽준 단일화 협상, 2007년 정동영·문국현 단일화 협상 등에서 보여지듯 대선 후보 단일화를 위한 물밑협상과 이벤트에 너무 많은 시간과 비용을 지불해왔다. 교육감이나 국회의원 선거에서도 후보 단일화를 위한 탈선과 불법이 끊이질 않았다.

1980년대 양김의 후보 단일화를 압박할 수 있었던 것은 '민주 대 독재'라는 이분법적 구도가 있었기 때문이었다. 그러나 후보 단일화가 좌절되고, 소수파에 기반을 둔 대통령들이 탄생했다. 이제 더 이상 여론조사 수치로 후보 단일화를 압박하는 것은 용납되기 어렵다. 이제는 보다 진보적인 자세로 다양한 후보자들의 출마를 보장하되 궁극적으로 통합의 리더십을 가능하게 해주는 결선투표제를 도입할 필요가 있다. 이것은 굳이 말 많고 탈 많을 개헌을 하지 않더라도 여야가 합심하여 공직선거법만 개정하면 되는 일이다.

II. 國會議員選擧制度

1. 현행제도

국회의원은 국민의 보통·평등·직접·비밀선거에 의하여 선출되는 지역구 국회의원과 비례대표제에 의하여 선출되는 전국구 국회의원으로 구성되어 있다. 국회의원 선거는 다시 의원의 임기 만료시에 국회의원 전원을 개선하는 선거인 총선거, 당해 지역구의 후보자가 없거나 당선인이 없는 경우 등에 실시하는 재선거, 지역구 국회의원이 궐원된 경우 실시하는 보궐선거로 나뉜다.

국회의원의 의원정수는 15대 국회까지 299명이었으나 IMF 경제위기에 따라 16대 국회에서 273명으로 감소된 바 있다. 그러나 17대 국회에서는 299명으로 다시 환원되었다. 이에 따라 16인의 지역선거구 국회의원이 증원되고, 비례대표의원도 10인이 증원되었다.26) 이에 따라 과거 제17대에는 지역구

---

26) 또한 지역 선거구의 선거구획정의 기준이 3:1로 축소됨에 따라 제주도에서는 2인의 국회의원으로 감축됨에 따른 반발을 고려하여 제주도에 3개 지역구를 배정하기 위하여 단서조항을 신설하였다.

243개, 전국구 56인이었고 제18대에는 245개의 지역구에서 소선거구 상대 다
수대표제에 의한 국회의원 선출이 이루어지고, 전국구에서 54인의 비례대표 였
는데 제19대에는 지역구 1석이 늘어 246석으로 의원정수가 300명이 되었다.

특히 전국구 국회의원의석 배분에 관하여 중앙선거관리위원회는 비례대
표국회의원선거에서 유효투표총수의 100분의 3 이상을 득표하였거나 지역구
국회의원총선거에서 5석 이상의 의석을 차지한 각 정당(의석할당정당)에 대하
여 당해 의석할당정당이 비례대표국회의원선거에서 얻은 득표비율에 따라 비
례대표국회의원의석을 배분하는 것으로 하고 있다(공직선거법 제189조 제 1 항).

국회의원 선거의 선거권은 19세 이상의 대한민국 국민이면 원칙적으로
부여되고, 금치산자와 형사범죄자 등은 선거권이 부여되지 않음이 규정되어
있다(공직선거법 제15조 제 1 항). 피선거권은 25세 이상의 국민이면 원칙적으로
부여된다. 역시 선거권이 없는 자 중 일부와 금고 이상의 형을 받고 그 형이
실효되지 않은 자, 법원의 판결 또는 다른 법률에 의하여 피선거권이 정지되
거나 상실된 자의 경우 피선거권이 제한된다. 국회의원 총선거는 임기만료일
전 50일 이후 첫째 목요일에, 보궐선거는 90일 이내에 실시되도록 법정하고
있다.

2. 선거구 획정 문제와 비례대표 증원 문제

우리 국회의원 선거제도의 문제점으로는 매우 다양한 것들이 제기될 수
있다. 그러나 여기서는 국회의원 선거구 획정의 문제와 비례대표제 국회의원
증원의 문제만 간략하게 언급하기로 하겠다.

먼저 선거구 획정의 문제가 심각하다. 특히 우리 현실이 이른바 지역주
의에 기반을 둔 기형적인 행태를 보여주고 있어서, 선거구의 증가 내지 감소
는 정당간 판세에 직접적인 영향을 미친다. 그리고 지역구 국회의원들이 자
신의 지역구를 유지하기 위한 이른바 '밥그릇 싸움'이나 자신에게 유리한 지
역구를 인위적으로 만들기 위한 '게리멘더링'이 횡행하고 있다. 이러한 정쟁
으로 얼룩진 선거구 획정작업은 지지부진해질 수밖에 없고, 언제나 선거를
코앞에 둔 채 졸속으로 행해지는 것이 보통이다. 게다가 선거구 획정을 둘러
싼 정쟁 가운데 진정으로 중요하고 시급한 정치개혁 과제는 묻혀 버리는 것
이 일반이었던 것이다.

이 문제가 해결되기 위해서는 여러 가지 방안이 모색되고 실천되어야 하겠지만, 가장 우선적으로 개선해야 할 것은 선거구획정위원회 제도라고 생각한다. 이를 위해서 첫째 중립적 절차와 중립적 기준을 가지고 지역간·정당간 공정한 대표성의 결과를 산출할 수 있도록 독립된 선거구획정위원회를 설치하는 것, 따라서 위원장은 통계청장이나 헌법재판관·대법관 등 독립적이고 중립적인 관련전문가로 위촉하며 둘째 획정위원회를 상설위원회로 두고 획정안의 효력도 강화하여 국회에서의 정쟁의 대상이 되지 않도록 하는 것, 셋째 획정위원회의 권한을 확대하고 절차의 합리성과 민주성을 확보하는 것 등의 개선방안이 제시되고 있다.[27]

둘째로 중요한 문제는 바로 비례대표제 국회의원의 증원 문제이다. 오늘날 국회의원의 지역대표성은 그 의미가 크게 상실되고 있다고 평가된다. 지방자치가 활성화됨에 따라 지역의 이해관계는 자치단체장과 지방의회 의원들이 챙겨야 되지 국회의원이 자꾸 개입하다 보면 이권개입의 소지만 늘릴 뿐이다. 따라서 국회의원은 그 지역을 대표하는 인물로 국가적인 일에 몰두해야 하며 지역 구민에 대한 봉사와 헌신만 내걸고 오로지 그 기준에 의해서만 평가돼서는 안 된다는 것이다. 또한 비례대표는 국회의원의 전문성을 살리고 노동자·여성 등 사회 내의 소외세력의 원내 진출 가능성을 크게 해 국회의 국민대표성에 기여할 수 있다는 점이다. 실제로 2004년 범국민정치개혁협의회, 2005년 정치개혁협의회, 학계 등에서 꾸준히 100명 이상으로 확대 건의한 바 있다.[28]

그런데 비례대표 국회의원을 증원하는 데에는 특히 현역 지역구 국회의원들의 반발이 만만치 않다. 국회의원들이 지역구 의석수를 줄지 않게 하여 자신들의 의원신분을 유지하겠다는 것이 주된 이유라고 보인다. 그러나 이러한 발상 자체가 국민정서에 크게 어긋나고 어리석은 일이다. 국회의원은 직업공무원이 아닌 정무직으로 4년간 국민대표로서 국민에게 봉사한 것을 큰 영광으로 생각해 마음을 비우고 그 이상은 국민의 판단에 맡겨야 하는 자세를 갖도록 하여야 할 것이다.

---

27) 강휘원, "영국과 한국의 선거구획정위원회," 한국정치학회보 제36집 제 4 호, 2002, 358쪽 이하.

28) 음선필, "의회민주주의와 국회의원선거체제의 개혁," 공법연구(2013. 10), 178쪽.

Ⅲ. 地方自治選擧制度 改革方案

1. 기초자치단체 정당공천 배제해야 한다

기초자치단체는 각 지역의 특성을 살려서 일자리를 창출하고 아름다운 삶의 터전을 마련하면서 세계로 뻗어 나가야 하는데 여기에 중앙정치의 논리는 전혀 필요 없고 부작용만 있다는 데 있다. 그 이유는 첫째 이번 정당공천 과정에서 검은 돈 거래가 성행했고 따라서 그것을 보상받기 위하여 부정부패가 극심할 우려이다. 지난 4년 자치단체장들 중 무려 31.5%가 비리 등으로 사법처리가 된 통계를 보면 쉽게 예상할 수 있는 것이다. 둘째 국회의원들이 자치단체장이나 의원들을 통제하고 이권개입 등 제왕적 권한남용이 극심할 것인데 자치단체측에서는 다음 선거에 공천을 받기 위해서는 어쩔 수 없이 받아들여야 한다는 것이다. 이로써 '지역 또는 생활밀착형'으로 가야 할 지방정치가 '정당 또는 중앙정치 밀착형'으로 왜곡되는 것이다.[29]

2. 중선거구제를 다시 소선거구제로 환원시켜야

2006. 5. 31. 지방선거에서 처음 도입된 중선거구제는 '지방자치 주민 근접성의 원칙'에 반하므로 과거와 같이 소선거구제로 환원시켜야 한다. 그 선거에서 보듯이 선거구가 과거에 비해 두세 배 넓어지면서 후보와 유권자의 접촉기회는 줄어들었고 유권자가 후보들을 파악하기가 어려워지고 그 결과 선거에 관심을 잃게 되거나 무조건 정당을 보고 찍게 된 것이다. 유급제 때문에 지방의원 숫자를 줄이기 위하여 불가피한 선택이었다고 하지만 유급제를 합리적으로 운영하면 과거 소선거구제로의 복귀는 가능하다고 보여진다. 또한 기초의원을 중선거구에서 뽑으면 인접한 읍·면·동에서 선출된 기초의원들간에 서로 싸움을 붙이게 되고, 선거비용이 몇 배나 더 든다. 주민들간에 "우리 읍, 우리 면 사람을 뽑아야 한다"는 소지역주의를 심화시켜 이웃 읍·면·동민들간에 반목을 부추기고 감정의 골을 깊게 할 것이다.

---

29) 졸고, "기초자치단체 정당공천제 폐지를 위한 법개정방향," 경찰대학 논문집(2006년).

3. 현행 비례대표제 폐지— 다만 여성의 기초지방의회에 진출의 폭을 넓히는 방안을 강구해야 한다

현행 제도는 지방의원에 대한 유급제와 함께 이루어진 중선거구제와 비례대표제이다. 즉 지역구 별로 2인 내지 4인을 선출하는 중선거구제와 기초의원 정수의 10%를 비례대표로 선출하는 비례대표제이다. 비례대표 후보의 50%는 여성이어야 하며 특히 여성이 홀수번호를 부여받는다. 이미 광역의회의 경우 비례대표의 50%를 여성으로 공천하는 제도가 도입되면서부터 여성의원의 비율이 급격하게 상승하였다.

그러나 기초의회의 규모가 작아 비례대표제의 취지를 제대로 살리기 어렵다는 점이다. 이미 1998년 의원정수의 감축으로 10명 내외의 소규모 의회가 전체의 60%를 상회하였으며 현행 2005년의 16% 감축으로 소규모 의회의 수는 더욱 증가했다. 그리하여 비례대표는 결국 1명 내지 2명이 되는데 이들이 제도의 기본취지대로 전체이익이나 직능의 대표성을 적절히 대변할 수 있을지 의문이 된다. 비례대표의 기본취지를 적절히 살리기 위해서는 비례대표의 비율이 최소한 30%는 되어야 할 것이다. 이렇게 되어야 소규모 지방의회의 단점을 보완하고 직능 내지 성별대표성을 제고하는 데 크게 기여할 것으로 보인다. 영국 런던광역시의 경우 25명의 의원 가운데 11명이 비례대표로 충원되고 있음은 좋은 참고가 된다.[30]

어떻든 여성의 정치참여가 확대될 수 있는 제도적 장치를 가지고 있었던 정당공천제를 폐지하게 된다면, 여성의 정치참여를 확대할 수 있는 또 다른 효과적인 방안이 모색되어야 할 필요가 있다. 프랑스의 경우 10여년 전부터 남녀동수제를 통해(2001년 남녀동수법 제정) 지방의회에 여성의원 숫자를 늘려온 결과 △주민들은 여성의원을 남성의원보다 더 접촉하기가 용이하다고 인식하고 있으며 △의회 내에서 평등정책이 발전했고 △지방의회가 더욱 진지해지고 끊임없이 일한다는 등 "지방의회의 여성참여가 가져온 사회적 변화"가 주요하게 평가되고 있다고 한다.[31] 따라서 프랑스 식으로 가칭 '남녀동반

---

30) 김순은, "정당정치 정착될 때까지 정당공천 유보하라," 공공정책 21(2005. 12), 43쪽.
31) 남윤인순, 기초의회·단체장 정당공천제 폐지 관련 긴급토론(2013. 5. 9. 국회) 발제문, 15쪽. 프랑스 여성 국회의원 71명 가운데 59명이 지방의회 경험을 가지고 있었고(2003), 스웨덴 여성 국회의원의 경우 79%의 여성 국회의원이 지방의회의 경험을 가졌고 영국 여성

선출투표제'를 도입하여 현재와 같은 기초의원 2인 중선거구제에서 여성 1명과 남성 1명에게 각각 투표하여 최다득표자를 각각 선출하는 일종의 여성 50% 할당제를 적극 검토할 필요가 있다.[32]

또 다른 방법은 기존의 비례대표 정당명부제를 여성명부제로 대체하자는 주장도 있다. 즉 무소속 출마자가 후보자 등록을 위하여 유권자의 추천을 받듯이 여성명부에 등록하기 위한 비례대표 출마를 희망하는 여성후보자들은 일정수(500명 이상 1000명 이하)의 유권자 추천을 받아 선관위에 등록하면 선관위가 이들을 모아 여성명부를 개방형으로 작성하고, 유권자는 한 표는 지역구 후보자에게 다른 한 표는 여성명부에 오른 후보자에게 투표해서 당선자는 여성명부 중 다수득표자 순으로 결정하되 전체 기초의원에 30% 정도로 하면 된다는 것이다.[33]

4. 기초자치단체장과 의원 정당가입 자체를 금지해야

5. 무소속후보자의 정당표방과 당원경력 표시 및 정당의 무소속후보자 지지·지원 금지해야

6. 기초자치단체선거 분리실시해야

미국의 대부분의 주에서 지방자치개혁론자들의 주장에 따라 지방자치단체 선거를 11월에 실시하는 주정부나 연방정부의 선거와 분리하여 봄에 실시하고 있다. 우리의 경우도 비용이 조금 들더라도 정당공천이 배제되는 기초자치단체선거는 정당공천이 되는 광역자치단체와는 별도로 치러서 중앙의 정치논리에 간섭받지 않는 생활자치로서의 특성을 살리도록 해야 할 것이다.

7. 기초지방선거 정당공천폐지 위헌론에 대하여

헌법 제 8 조에서 정당활동의 자유가 보장된다 하더라도 헌법 제37조 제

하원의원 경우는 노동당이 65%, 보수당이 50%였다. 결국 서구 민주주의 국가의 여성국회의원의 대부분은 일찍 정당에 가입하여 활동하다가 지방의회를 거쳐서 중앙으로 진출하는 것이 하나의 경력 패턴으로 되고 있다.

32) 이연주, 정치쇄신의 첫걸음— 기초지방선거 정당공천제 폐지, 박주홍 의원 주관 토론회 (2013. 5. 28. 국회).

33) 이현출, 기초의회 여성대표성과 여성명부제(한겨레신문 시론, 2013. 5. 15) 참조. 이러한 여성명부제를 황주홍 의원은 기초선거 정당공천 폐지 선거법 개정안(5. 20 발의)에서 도입하고 있다.

2 항으로 그 폐해를 방지하기 위하여 자유의 본질을 침해하지 않는 범위내에서 법률로써 제한할 수 있는 바(법률유보원칙), 기초지방선거 정당공천폐지에 대한 위헌론은 국회의원의 기득권을 유지하고 정당공천 폐해의 초점을 흐리게 하는 말장난에 불과하다고 본다. 더구나 기초지방자치 활성화라는 헌법적 가치를 보장하는 입법은 우리나라 정당의 수준에서는 아무리 강조해도 지나침이 없을 것이다.

제4장 政治資金制度改革論

【여 는 글】

　소위 정치자금은 민주주의를 실천하는 대가 내지는 비용(Cost of Democracy)으로 간주되며, 따라서 참다운 민주주의 실현을 위하여는 건전한 정치자금이 필요불가결한 것은 사실이다. 민주정치에서 정치자금제도의 원칙은 국민개개인이 자기가 원하는 정당이나, 정치인에게 깨끗한 정치자금을 떳떳하게 기부하고, 정당이나 정치인은 그 정치자금으로 선거 등 민주주의에 필요한 비용을 지불하면서, 국리민복(國利民福)을 위하여 헌신·봉사하는 것이다.

　그런데 우리의 정치현실은 민주주의의 역사가 일천하고, 국민의 정치 불신 등으로 일반 국민이 정치자금을 기부하는 데 익숙하지 못하고, 대부분의 정치자금은 이권과 대가를 바라는 기업인 등 소수의 재력가에 의하여 조성되었으며,[1] 따라서 정당이나 정치인은 그에 대한 일종의 보답을 하기 위하여 일반 국민을 무시하고, 정책개발 등 국리민복(國利民福)이 아닌 궁극적으로 이권개입을 위한 정권의 쟁취 또는 특정 선거에서 당선을 위하여 수단·방법을 가리지 않으며 불필요한 소모적인 정쟁을 일삼게 되는 것이다.

　따라서 깨끗한 정치, 국민의 의사를 존중하는 정치를 실현하기 위해서는 이권과 대가를 바라는 부정한 정치자금·정경유착의 고리를 끊고, 소액이지만 많은 국민들이 자발적으로 참여하여(소액다수주의) 깨끗한 정치자금을 조성하는 분위기를 만들어야 할 것이다.[2] 다시 말하면 합리적인 정치자금제도의 정착 없이는 참다운 민주정치는 불가능하다고 해도 과언이 아니라고 본다.

---

1) 이제까지의 정치자금제도에서는 그러한 음성적 정치자금의 만연으로 정치가 타락하고, 우리 사회의 부패 구조를 조장하며, 기업에 부담을 주어 국제화 사회에서 기업의 국제 신인도와 경쟁력을 떨어뜨리고, 우리 경제에 큰 부담을 주고 있다는 것이 검찰의 16대 대선 자금 수사(2003. 8. - 2004. 5. 21)에서 극명하게 드러난 것이다.

2) 이관희, "현행정치자금법의 문제점과 개선방안," 공법연구 제25집 제3호, 1997, 11쪽; 정치자금제도 전반에 관하여는 김민배, 정치자금과 법제도, 2004 참조.

여러 우여곡절3) 끝에 어렵게 개정된 정치자금법(2004. 3. 12)은 상술한 바와 같은 정치자금제도의 일반원칙을 획기적으로 반영하고 있어 다행스러우면서도 앞으로 현실적 적용과 그 실천과정에 큰 관심을 갖게 된다. 제245회 국회(임시회) 제 3 차 정치개혁특별위원회(2004. 2. 9)는 제1-10차 정치자금법소위원회(2004. 1. 15. - 2. 5)의 심사결과를 받아들여 개정법안 제출의 제안 이유를 다음과 같이 정리하고 있다. 즉 "소액다수 후원의 활성화를 통하여 정치자금 조달을 원활히 할 수 있도록 후원회제도를 개선하고, 정치자금의 조달과 수입·지출 과정이 투명하게 드러나도록 하여 음성적 정치자금을 원천적으로 차단하며, 정당에 대한 보조금 배분을 합리적으로 개선하고, 정치자금에의 부정사용 등에 대한 처벌을 강화하여 그 실효성을 담보함으로써 깨끗한 정치문화를 정착시키고자 하려는 것"이다. 이하에서는 그러한 개정취지가 어떻게 구체적으로 규정되었나를 살펴보고 그에 대한 평가를 하고자 한다.

제 1 절   改正 政治資金法의 特徵的 內容

I. 少額多數主義

정치자금은 소액으로 다수 국민이 참여하여 조성되어야 건전한 것이고, 그러할 때에만 참다운 민의에 의한 정치가 가능하게 된다. 즉 정당이나 국회의원 등 정치인은 가능한 많은 시민으로부터 성금을 받아 그들이 원하는 정책을 개발하고 실현해 주어야 하고, 이 경우 특정인에게 정치자금을 편중시켜서는 안 된다는 것이다. 이러한 소액다수주의 원칙을 개정 정치자금법(이하 '개정법'이라 함)에서는 다음과 같이 실현하였다.

---

3) 국회 정치개혁특별위원회가 2002년 11월부터 2003년 12월 말까지 제 1 차 활동을 종료하였지만 별 성과가 없었는데, 2003년 11월 5일 박관용 국회의장이 각계 대표 12명을 위촉하여 구성한 범국민정치개혁협의회와 중앙선거관리위원회가 개혁 가이드라인을 제시하고 2004년 1월 8일 새롭게 구성된 정치개혁특별위원회가 불법 대선자금 수사에서 동료의원들이 대거 구속되는 사태 등에 영향을 받아 획기적으로 개혁적인 정치자금법안에 합의한 것이다. 특히 당시 한나라당 오세훈 의원(간사)이 주도했다 하여 '오세훈 법'이라 함.

1. 후원인의 연간기부한도 대폭 축소

구법상 후원회에 대한 개인 기부 한도인 연 1억 2천만원을 2천만원으로 대폭 하향 조정하였고, 2억 5천만원의 기부가 가능했던 법인이나 단체의 경우는 아예 그 조항을 삭제하여(법 제11조 제1항) 기부 자체를 금지시키고 있다. 또한 후원인이 하나의 후원회에 납입·기부할 수 있는 금액도 대폭 하향 조정하여 대통령선거경선후보자의 경우는 1천만원(구법 1억원), 시·도 당의 경우는 500만원(구법 1억원), 국회의원·국회의원후보자 등 및 당대표경선후보자 각각 500만원(구법 2천 5백만원) 이하로 하고 있다(법 제11조 제2항).

2. 후원회의 연간 모금·기부한도 축소

공직선거 출마를 위한 후보자 개인 후원회의 경우 1억5천만원(구법 3억원)으로 대폭 축소하였다(단 선거가 있는 연도에는 2배; 법 제12조 제1항, 제13조). 나아가 정당의 중앙당 및 시·도 당의 후원회를 아예 2006년부터는 폐지하는 것으로 되었다(구법 부칙 제5조 2008. 2. 29. 폐지).

그 대신 대통령후보자 등 후원회·대통령선거경선후보자 후원회는 각각 선거비용제한액의 100분의 5에 해당하는 금액, 시·도지사후보자 후원회는 선거비용제한액의 100분의 50에 해당하는 금액으로 하고 있다.

3. 법인·단체 기부금지(법 제11조)와 소액 기부금 세액공제(법 제59조)[4]

법인·단체는 정치자금을 기부할 수 없도록 하면서 10만원 이하 기부금액은 세액공제하고, 10만원을 초과하는 금액에 대하여는 소득금액에서 공제한다.

---

4) 미 연방의회는 2002년 '소프트 머니'(기업이나 단체가 정당에 제공하는 후원금)를 금지하는 매케인-파인골드 법을 통과시켰다. 자본가들이 직접 정치권에 돈을 기부하는 것을 제한하고 일반 시민이 개별 정치인에게 기부할 수 있는 2,600달러 이하 '하드 머니'만 남겨두었다. 대신에 비영리 비정부기구(NGO)의 창구를 거쳐 무제한으로 기금을 모아 특정 후보자에게 제공할 수 있다. 그리하여 2008년 미국 민주당 대선후보 경선 당시 버락 오바마 후보는 인터넷을 통해 150만 명으로부터 2억6,500만 달러를 모금했다. 이 중 무려 47%가 200달러 미만의 소액 후원금이었다.

한편 우리는 '오세훈 법'의 특장인 10만원 이하 기부금에 대한 세액공제가 악용되어 위법사례가 발생하고 있다. 2009년도에 노동부 산하 6개 기관 노조가 2,313명의 조합원을 동원해 30여 명의 국회의원에게 10만 원씩 모두 2억3,000여만 원의 후원금을 조직적으로 제

Ⅱ. 後援會制度의 改善

1. 후원회 주체 범위 확대

구법상 지구당(국회의원 또는 국회의원후보자)에 국한되었던 것을 지역구 국회의원예비후보자, 대통령선거당내경선예비후보자 및 당대표경선후보자까지 확대하였고(시·도지사후보포함), 대통령선거 후보자와 예비후보자 및 기초자치단체장까지도 확대하였다(법 제 6 조, 2010. 1. 25. 개정).

2. 예비후보자의 후원회를 통한 모금

현역 국회의원과의 형평성 제고와 정치자금의 실소요액을 조달지원하기 위하여 지역구국회의원예비후보자도 관할선관위에 예비후보자등록 후 후원회에 의한 모금 가능하다(법 제 6 조).

공하도록 한 사실이 선거관리위원회에 적발됐다. 정치자금법상 후원금 모금이 금지돼 있는 노조가 대상자를 선정해 후원금을 몰아준 셈이다. 소액후원금 장려 제도를 악용하고 법인·단체의 후원금 금지 규정 취지를 무색하게 만드는 편법이다. 국회 의원회관에는 연말이면 "직원들의 성의를 좀 모았다"며 10만원 단위의 임직원들 명의로 된 후원금 뭉치를 싸들고 오는 기업 간부들이 많다. 또한 한국수자원공사가 간부들을 상대로 3명의 여당 의원에게 10만 원씩 정치후원금을 내라는 e메일을 보낸 것으로 드러나 논란을 빚었다. 2006년에는 한 기업체가 직원들로부터 1인당 10만원씩 5,000여만 원을 당시 여당인 열린우리당 의원에게 몰아주었다가 기소된 사건도 있었다. 정치자금의 투명성을 높여 정치 발전에 기여하게 하자는 소액후원금제가 기업 또는 정부 산하기관들의 로비성 자금의 우회 전달 통로로 변질되고 있다. 드디어 2011년 1월 11일 서울북부지검 형사6부는 전국청원경찰친목협의회(청목회)로부터 청원경찰법 개정과 관련해 불법후원금을 받은 혐의(정치자금법 위반)로 여야 국회의원 6명을 불구속 기소했다. 검찰에 따르면 최 의원은 2009년 2월 청목회장 최모(55)씨의 부탁을 받고 같은 해 4월 청원경찰의 처우개선 내용을 담은 법 개정안을 발의한 뒤 7월~11월 청목회에서 불법 후원금 5천만원을 후원회 계좌로 수수한 혐의를 받고 있다. 그러한 방식으로 국회의원 38명에게 3억 830만원의 불법후원금을 제공한 사건이다. 이에 대해 정치권에서는 국회의원 후원금에 대해서는 뇌물성 여부를 아예 따지지 않도록 하는 내용의 '후원금 불법법(不罰法)'이 추진되었다. 개정안은 단체의 정치자금 기부를 전면 허용했다. 단체로 하여금 연간 3억 원 한도 내에서 의원 한 명당 연 1,000만 원을 후원할 수 있도록 한 것이다. 또 기부 주체와 목적과 관계없이 후원금을 건넨 쪽이나 받은 쪽은 뇌물죄 등으로 처벌할 수 없도록 했다. 그리고 정치자금 범죄는 중앙선거관리위원회의 고발이 없는 한 검찰이 기소를 할 수 없도록 해 불법정치자금에 대한 형사처벌을 사실상 봉쇄했다. 공무원과 교사의 후원금 기부도 허용해 '공무원의 정치적 중립'을 명시하고 있는 헌법 위반 논란도 예상된다. 이에 대해 여론은 "국회의원의 '돈'은 치외법권 지대로 설정하겠다는 의도로밖에는 해석하기 어렵다"고 지적돼서 입법되지 못했다. 결국 10월 5일 최 의원(벌금 500만원)을 비롯한 6인의 의원이 1심에서 유죄선고를 받았다.

3. 집회에 의한 금품모집 금지(법 제14조)

사전선거운동으로 이용되거나 선거의 조기과열 우려가 있는 파티식 집회에 의한 모집방법을 폐지하고 예금계좌 신용카드 등에 의한 모금을 허용하면서 이에 의한 고지방법을 확대하였다.

Ⅲ. 政治資金의 透明性 確保

1. 실명에 의한 정치자금 지출

1회 120만원 이상의 정치자금을 기부하거나 1회 50만원 이상의 정치자금을 지출하는 경우에는 수표나 신용카드·예금계좌 입금 기타 실명이 확인되는 방법으로 하여야 한다.[5] 다만, 1회 50만원 미만의 지출은 현금으로 할수 있되, 연간 지출 총액의 100분의 20을 초과할 수 없다(법 제 2 조 제 4 항). 누구든지 타인의 명의나 가명으로 정치자금을 기부할 수 없다(동 제 5 항).

2. 고액기부자의 인적사항 공개

후원회는 1회 30만원 초과 또는 연간 300만원(중앙당 후원회 및 대통령선거경선예비후보자 후원회에 있어서는 500만원)을 초과하여 제공한 자의 인적 사항·납부일자 및 금액을 관할 선거관리위원회에 보고하여야 하고, 그 이하의 금액을 제공한 자의 경우에는 일별로 그 건수와 총 금액만을 보고한다(법 제40조).

관할 선거관리위원회는 회계보고 마감일로부터 7일 이내에 그 사실과 열람·사본 교부기간 등을 공고하여야 하고, 그 공고일로부터 3월간 누구든지볼 수 있게 하되(제42조 제 1 항·제 2 항), 후원회에 연간 300만원(중앙당후원회및 대통령선거 경선 예비후보자 후원회의 경우 500만원) 이하를 기부한 자의 인적

---

[5] 미국은 50달러 이상은 반드시 실명기부를 하고, 100달러 이상은 수표나 머니오더로 한다. 200달러 이상의 기부자 명단은 공개하고, 회계보고서는 보고 후 48시간 이내에 인터넷에 공개한다(2 USC 434, (3)(A)). 영국은 후보자라도 100파운드 이상은 회계책임자를 거쳐서 지출하도록 되어 있다. 후보자는 선거 후 35일 이내에 50파운드 이상 선거자금을 지원한 자의 성명과 금액을 공개하도록 하고 있다. 프랑스는 1000프랑 이상은 반드시 수표로, 일본은 5만엔 이상은 명단공개 하도록 되어 있다; 김호열, "정치자금제도의 문제점과 투명화 방안," 국회보 2003년 8월, 65-66쪽.

사항과 금액은 공개하지 아니한다(동조 제 3 항). 다만 공개된 정치자금의 기부 내역을 인터넷에 게시하여 정치적 목적으로 이용할 수 없다(동조 제 5 항).

3. 정치자금영수증 제도개선(법 제17조)

정치자금영수증은 무정액영수증과 6종(1만원·5만원·10만원·50만원·100만원·500만원)으로 되어 있는 정액영수증으로 구분되는데, 후원회가 후원인으로부터 금품을 기부받은 때에는 연도 말일까지 정치자금영수증을 후원인에게 교부하여야 한다. 다만, 10만원 이하의 후원금품이나 10만원을 초과하여 기부한 후원금품의 경우라도 만원 단위 이하의 후원금품에 대하여는 무정액영수증을 교부할 수 있다. 그리고 연간 10만원 이하의 후원금을 기부한 후원인이 그 정치자금영수증의 수령을 원하지 않으면 교부하지 않을 수 있다.

후원회는 선거관리위원회로부터 발급받은 정치자금영수증의 12월 31일 현재 잔여매수 등 사용실태를 다음 해 1월 14일까지 관할 선거관리위원회에 보고하여야 한다.

4. 신고된 회계책임자·예금계좌에 의한 정치자금의 수입·지출

정당·후원회·후원회를 둔 국회의원·공직선거후보자 등의 정치자금 수입·지출은 그 회계책임자만이 할 수 있으나, 회계책임자는 지출의 목적과 금액의 범위를 정하여 서면으로 위임하여 회계사무보조자로 하여금 지출하게 할 수 있다(법 제34조, 제36조 제 1 항). 공직선거후보자 등이 정치자금을 지출함에 있어 자신의 재산으로 지출하는 경우에도 그 회계책임자를 통하여 지출하여야 하며, 후원회를 둔 국회의원이 당해 국회의원 선거에 예비후보자로 신고하지 아니한 경우라도 선거일 전 120일부터 자신의 재산으로 정치자금을 지출하는 경우에는 그 회계책임자를 통하여 지출하여야 한다 (제36조 제 3 항).

회계책임자가 정치자금을 수입·지출하는 때에는 관할선거관리위원회에 신고된 예금계좌를 통해서 하여야 하며, 정치자금의 지출용 예금계좌는 1개만 사용(수입용 예금계좌는 복수 사용 가능)하여야 하고, 수입용예금계좌에 입금된 정치자금을 지출하고자 하는 경우에는 지출용 예금계좌를 통해서만 하여야 한다(제36조 제 2 항).

5. 정당회계에 대한 내부 통제 강화(법 제38조)

정당은 정치자금의 지출을 공개적·민주적으로 처리하기 위하여 회계처리에 관한 절차 등을 당헌·당규로 정하여야 한다.

중앙당의 예산결산위원회(시·도 당의 경우 대표자)는 매분기마다 정치자금의 수입·지출 금액 및 그 내역 등을 확인 검사하여야 하며, 그 결과를 지체 없이 당원에게 공고하여야 한다. 정당의 중앙당은 지출결의서 및 구입(지급)품의서에 의한 회계처리를 하여야 한다.

6. 불법자금거래 효과적 차단

특정금융거래 정보의 보고 및 이용에 관한 법률에 의하여 자금세탁행위 등이 규제되고 있다.

(1) 고액현금거래 보고제도 도입(법 제 4 조의2 신설)

금융기관 등으로 하여금 5천만원 이하의 범위 안에서 대통령령이 정하는 금액 이상의 현금 등을 지급하거나 영수한 경우에 그 사실을 금융정보분석원장에게 보고하도록 한다.

(2) 금융기관 등의 고객 주의의무(법 제 5 조의2 신설)

금융거래를 이용한 자금세탁행위를 방지하기 위하여 금융기관 등으로 하여금 거래 상대방의 인적 사항을 확인하고, 자금세탁의 혐의가 있는 경우 실제 당사자 여부 및 금융거래의 목적을 확인하도록 하는 등 합당한 주의를 기울이도록 한다.

(3) 검찰총장·국세청장 등에 대한 금융거래정보 제공(법 제 7 조 제 1 항)

정치자금에관한법률 위반 혐의가 있는 금융거래정보를 중앙선거관리위원회에만 제공하던 것을 검찰총장·국세청장 등 관계기관에도 동일하게 제공할 수 있도록 한다.

(4) 관계행정기관의 장에 대한 자료제공 요청(법 제10조 제 1 항)

금융정보분석원장은 특정금융거래정보 외에 고액현금거래정보 또는 외국환거래정보를 분석하기 위하여 필요한 경우에도 관계행정기관의 장에게 자료의 제공을 요청할 수 있도록 한다.

Ⅳ. 政治資金法의 實效性 强化

1. 선거관리위원회의 조사권 강화(법 제43조)

각급 선거관리위원회의 위원·직원은 범죄혐의가 있는 장소에 출입하여 범죄와 관련 있는 관계인에 대하여 질문·조사하거나 관계서류 그 밖의 자료의 제출을 요구할 수 있고, 금융기관의 장에게는 혐의가 있다고 인정되는 상당한 이유가 있는 자의 금융거래자료의 제출을 요구할 수 있다.

또한 정치자금법에 규정된 범죄에 사용된 증거물품으로써 증거인멸의 우려가 있다고 인정되는 경우 조사에 필요한 범위 안에서 현장에서 이를 수거할 수 있고, 조사관련 관계자에 대하여 동행 또는 출석을 요구할 수 있다.

2. 정치자금범죄로 인한 공무담임 등의 제한(법 제57조)

정치자금부정수수죄(법 제45조)를 범한 자로써 징역형의 선고를 받은 자는 그 집행을 받지 아니하기로 확정된 후 또는 그 형의 집행이 종료되거나 면제된 후 10년간, 형의 집행유예의 선고를 받은 자는 그 형이 확정된 후 10년간, 100만원 이상의 벌금형을 받은 자는 그 형이 확정된 후 5년간, 공직선거의 선거권 및 피선거권이 제한된다.

3. 양벌(兩罰)규정(법 제50조)

정당·후원회의 회계책임자와 그 회계사무보조자 및 법인·단체의 임원이나 구성원이 그 업무에 관하여 법 위반행위를 한 때에는, 행위자를 벌하는 외에 당해 정당이나 후원회 또는 법인·단체가 한 것으로 보아 그 정당이나 후원회 또는 법인·단체에 대하여도 벌금형을 과한다.

4. 정치자금범죄 신고자의 보호와 포상금 지급(법 제53조, 제54조)

정치자금범죄 신고자가 신고 등과 관련하여 피해를 입거나 입을 우려가 있다고 인정할 만한 상당한 이유가 있는 경우에는, 그 형사절차 및 선거관리위원회의 조사과정에 있어서는 불이익 처우를 금지하고 형을 감면한다.

또한 정치자금범죄에 대하여 선거관리위원회 또는 수사기관이 인지하기 전에 그 범죄행위의 신고를 한 자는 최고 3,000만원 이내에서 포상금을 받을 수 있다.

5. 궐석재판제도 도입(법 제55조)

정치자금범죄에 관한 재판에서 피고인이 적법한 소환을 받고서도 공판기일에 출석하지 아니한 때에는 다시 기일을 정하고, 정당한 사유 없이 다시 정한 기일 또는 그 후에 열린 공판기일에 출석하지 아니한 때에는 피고인의 출석 없이 공판절차를 진행할 수 있게 하여 재판지연을 방지하려 하고 있다.

V. 國庫補助金制度의 改善

1. 전국 소비자물가변동률과 연계(법 제25조)

국가는 정당에 대한 보조금으로 국회의원 선거권자 총수에 보조금계상단가(2007년 800원)를 곱한 금액을 매년 지급하고(경상보조금), 또 각 선거가 있을 시 각 선거마다 보조금계상단가를 추가한 금액(선거보조금)을 지급한다. 이 경우 「통계법」 제 3 조에 따라 통계청장이 매년 고시하는 전년도 전국소비자물가변동률을 적용한다(2008. 2. 29. 개정).

2. 공직후보자여성추천보조금 지급(법 제26조, 2006. 4. 28. 개정)

(1) 여성추천보조금의 지급 범위 확대(법 제26조 제 1 항)

지역구국회의원선거와 지역구시·도의회의원선거뿐만 아니라 지역구자치구·시·군의회의원선거의 경우에도 여성후보자를 추천하는 정당에 여성추천보조금(국회의원 선거권자에 100원을 곱한 금액)을 지급하도록 한다.

(2) 여성추천보조금의 용도 외 사용에 대한 보조금 감액(법 제29조 제 4 호 신설)

국가가 정당에 지급한 여성추천보조금이 여성후보자의 선거경비로 사용되지 아니하고 그 외의 용도에 쓰일 경우 중앙선거관리위원회는 용도를 위반한 보조금의 2배에 상당하는 금액을 회수하고 회수가 어려운 때에는 그 이후 당해 정당에 지급할 보조금에서 감액하여 지급할 수 있도록 한다.

(3) 여성추천보조금의 용도 외 사용에 대한 벌칙(법 제47조 제 1 항 제 4 호)

여성추천보조금의 용도를 위반하여 사용한 자에 대하여는 2년 이하의 징역 또는 400만원 이하의 벌금에 처하도록 한다.

3. 보조금의 지급방식 변경

구법상 중앙당에 100% 지급되던 것을 중앙당 50%, 정책연구소(정당법 제29조의3에 의하여 설립)에 30%, 시·도 당 10%, 여성정치발전 10%6) 지급하도록 한다(법 제28조 제 2 항). 중앙당에 지급되는 보조금도 추상적 표현인 '기타 정당활동에 소요되는 경비'(제 9 호)를 삭제하고, 구체적으로 열거된 인건비·사무용비품 및 소모품비·사무소 설치 운영비·공공요금·정책개발비·당원 교육훈련비·조직활동비·선전비·선거관계비용 등에만 사용하도록 한다(법 제28조 제 1 항).

제 2 절   改正 政治資金法의 特徵的 內容에 대한 評價

Ⅰ. 少額多數主義에 대한 評價

개정법에서 소액다수주의를 실현하는 요점은 법인·단체를 기부주체에서 제외시키고 개인에 국한하되 연간 2천만원으로 대폭 축소시키면서, 10만원 이하의 기부금에 대하여는 세액공제를 한다는 점이다.

1. 법인·단체 기부 금지에 대한 평가

자본주의 사회에서 법인의 중심은 기업이다. 기업이 정치자금을 기부하는 것은 이윤극대화의 동기가 있는 것이고, 이러한 정치자금 기부행위는 시

---

6) 2013년도에 지급된 정당 국고보조금의 10%(약 40억)가 여야를 불문하고 진정한 여성정치발전을 위하여 쓰여지지 않았다고 해서 문제라고 한다. 여성당직자의 설 상여금, 여름휴가 지원비 등 여성정치발전비를 여성당직자 수당 정도로 인식한 결과라고 비판한다(동아일보 2014. 4. 7).

장경쟁에서 불공정한 방식으로 다른 기업보다 우위를 차지하고자 하는 정치·
경제적 동기를 감추고 있는 것으로서 국가로부터 일정한 반대급부를 목표로
하는 로비형 정치자금 기부로 전락할 가능성이 농후한 것이다. 이처럼 법인
인 기업이 자신의 경제적 목적을 위하여 자금이 필요한 정치인이나 정당에
정치자금을 기부하고 정치자금을 기부받은 정치인이나 정당은 이에 대한 대
가로 특혜를 줌으로써 정경유착이 이루어진다.

그리고 법인이나 단체의 재산은 법인이나 단체에 속한 특정 개인의 것이
아니라 법인이나 단체의 구성원 전체가 형성한 것이므로 특정인이 사용할 수
없다. 그런데 정치자금을 기부하는 행위는 정치적 기본권에 속하고, 이것은
선거권자나 피선거권자의 정치참여 권리에서 도출되는 것이며, 이러한 개인
의 정치적 기본권의 행사는 특정인의 의사나 다수결에 의하여 정해질 수 없
다. 따라서 법인이나 단체 구성원의 의사가 전원 일치하지 않는 한 법인이나
단체의 재산을 정치자금으로 기부하는 것은 그 구성원의 정치적 기본권을 침
해하는 것이 된다. 그리고 법인이나 단체가 정치적 기본권의 주체로 등장하
여 개인의 정치적 기본권행사에 대항하는 것도 정치적 기본권의 법리상 인정
되기 어렵다. 따라서 법인의 정치자금기부행위는 법인과 의견이 다른 구성원
이나 기타 다른 개인의 정치적 기본권에 중대한 위협이 된다.

게다가 법인·단체에게 정치자금의 기부를 인정하게 되면 결국 법인이나
단체가 정치활동의 장에서 국가기관을 구성하고 국가기관의 활동과 기능을
유지하는 활동에서 주권자인 개인과 경쟁을 하는 것이 되어 법인이나 단체가
주권자의 지위를 차지하게 된다. 그리고 법인인 기업의 정치자금 기부는 자
금능력상 개인의 정치자금 기부보다 양적으로 거액일 수밖에 없어 개인보다
더 많은 주권을 행사하고 정책수립이나 정치결정에서 더 강한 영향력을 행사
할 개연성이 크다. 이러한 것은 국민주권원리의 본질에 위배되는 것이다.[7]

따라서 이런 정경유착의 고리를 끊기 위하여, 그리고 개인의 정치적 기
본권에 대한 중대한 위협을 제거하고, 국민주권원리를 보호하기 위하여 법인
이나 단체의 기부행위를 금지시키는 것이 바람직하다고 본다.[8] 우리의 현실

---

7) 정종섭, "기업의 정치자금기부의 문제점과 위헌여부," 헌법연구 2, 2001, 163-165쪽.
8) 미국의 경우 법인은 정치인 개인에게 직접 정치자금을 기부할 수 없도록 되어 있고,
   2002년 11월 6일부터 시행된 Campaign Finance Reform Law(일명 McCain-Feingold Law)
   에 의하여 기업이 정당에 무제한으로 제공할 수 있었던 소프트머니도 금지시켰다. 일본의

에서 기업에 부담을 덜어주면서 국민경제의 정상적인 발전에도 많은 기여를 하리라고 본다.

2. 10만원 이하 세액공제와 개인 기부한도 연간 2천만원에 대한 평가

개정법에서는 법인·단체를 기부금지시키면서 그 대안으로 10만원 이하 소액 기부에 대하여는 세액공제 혜택을 줌으로써 많은 국민이 세금[9]을 내는 대신 정치인에게 기부하도록 함으로써 기부문화를 정착시키고 민의에 의한 정치가 가능하도록 획기적인 조치를 취한 것이다. 미국의 '3달러 Check Off' 제도[10]를 보다 발전시킨 것으로써 이번 법개정의 성패를 가름할 정도의 중요성을 갖으며 일반국민에게 많은 홍보가 필요하다. 정치인은 훌륭한 정책을 많이 개발하여 그 소액기부자를 많이 확보하도록 노력하여야 할 것이다.

개인의 연간 총 기부한도 2천만원으로 축소하고 중앙당 등에게는 1천만원 이하, 시·도 당의 경우에는 5백만원, 국회의원 등에게는 500만원 이하로 제한하는 것은 기부하는 자나 받는 자나 간에 큰 부담을 주지 않는다는 점에서 합리적이라 본다.[11]

3. 중앙당, 시·도 당 후원회 2006년 폐지에 대한 논란

개정된 정치자금법은 선거에서의 정당의 기능을 약화시키고 대신 후보자 개개인을 선거의 전면에 부각시키고 있다. 왜냐하면 정당후원회를 2006년부터 폐지하도록 규정하면서 선거운동을 정당중심 선거에서 후보자 중심으로

경우 법인은 1999년 정치자금규정법의 개정으로 정치인 개인에게는 기부를 금지시키면서 정당에게는 기업의 규모에 따라 750만엔에서 1억엔까지 기부할 수 있도록 하였다. 프랑스의 경우 2002년 1월부터 법인의 정치자금기부를 전면금지하였다. 영국의 경우는 기부한도액을 정하지 않으면서 주주의 사전동의를 받도록 되어 있다.

9) 국세청 통계에 의하면 2002년 개인 소득세 납세의무자가 416만명 그 중 실제 10만원 이상 납세자가 약 200만명으로 추산되므로 약 2,000억 정도가 정치자금으로 동원될 수 있다.

10) 미국에서 연말정산시 납세자에게 "3달러를 정치자금으로 기부하시겠습니까"라고 동의를 구하는 제도를 두고 있다.

11) 참고로 미국 연방대법원은 2014년 4월 2일 개인이 연방선거 후보 개인이나 정당에 낼 수 있는 정치기부금을 2년 동안 12만 3,200달러(약 1억3천만원)로 제한한 연방선거법 조항에 대해 위헌 5명 합헌 4명으로 폐지결정을 내렸는데 이유는 표현의 자유보장이었다. 2010년 후보 또는 당과는 독자적으로 선거운동을 하는 슈퍼정치행동위원회(슈퍼팩)가 무제한으로 자금을 모금할 수 있도록 한 판결에 이은 것으로서 미국정치의 금권화추세를 가속화할 것이리는 우려가 있다. 그러나 대법원은 한 개인이 후보자 1명에게 기부할 수 있는 정치자금 한도는 선거당 2,600달러를 넘지 못하도록 한 현행규정을 유지했다(동아일보 4. 4).

전환시키고 있는 것이다. 이러한 제도변화는 정치자금 모금과 관련하여 현직과 비현직 그리고 후보자 개인 재산의 차이 등으로 선거에서 비경쟁적 구도를 심화시킬 우려가 있고, 현직 후보자에 비해 다수의 소액기부자들에게서 자금을 모금하는 것이 상대적으로 어려운 비현직 도전자의 경우 선거에서 경쟁력을 갖기 위하여는 그가 속한 정당에서 자금 등을 지원해 주어야 하는데 그것이 어렵다는 지적이 있다.

그리하여 정당의 후원회를 폐지할 것이 아니라 보다 활성화시켜서 후보자들이 자금모금활동보다 정책개발에 치중케하고 부패방지의 효과도 기대해 볼 수도 있다는 것이다.[12]

생각컨대 개정법은 집회에 의한 후원회 모금을 금지하고 있으므로 정당 후원회 자체가 어색하다는 측면이 있고, 선거공영제의 확대 등으로 돈 선거를 탈피하여 개인 후원회로도 문제가 없다고 본다. 또한 정당의 자금지원은 당비를 모아서도 가능할 것이다.

II. 後援會制度의 改善에 대한 評價

후원회 주체 범위를 확대해서 지역구 국회의원예비후보자도 관할선관위에 예비후보자등록 후 후원회에 의한 모금을 가능(법 제 6 조)하게 하여 정치자금 조달 면에서 현역 국회의원과 형평성을 기하고, 대통령선거 당내 경선 예비후보자와 당대표 경선 후보자 및 대통령선거 예비후보자까지도 정치자금 실소요액을 조달할 수 있도록 한 것이다.

또한 파티식 집회에 의한 모집방법을 폐지한 것은 불필요한 선거구민 동원 음식물 접대 등 저질 정치문화 청산에 쐐기를 박은 것이고, 예금계좌 신용카드 등에 의한 모금을 허용하면서 이에 의한 고지방법을 확대한 것 등은 획기적인 것이라 평가된다(법 제14조).

다만 지방자치단체장 이외에 지방의회의원 그리고 이들 공직에 입후보하는 사람들에 대해 후원회 구성의 기회를 부여하지 않고 있다는 점은 우리나라 후원회제도의 문제점으로 검토되어야 한다. 지역사업자 등과의 유착이 우

12) 전용주, "정치자금 모금방식의 개선방안," 17대 총선과 정치개혁, 한국정치학회 춘계학술대회 자료집, 2004, 109-110쪽 참조.

려되기는 하고 이들이 비록 지역사회에 봉사하고자 하는 비전문 정치인으로
서의 성격을 지닌다고 하더라도 선거의 메커니즘은 중앙정치 무대나 지역사
회나 하등 다를 바가 없다. 더욱이 현행 후원회제도는 선거가 있는 해에는
기부금 상한액을 2배로 늘려줌으로써 선거가 정치자금을 필요로 하는 주요
정치행사임을 스스로 인정하고 있음에도 불구하고 지방의회의원선거 출마자
들만 후원회 구성을 못하도록 한 것은 지역정치의 활성화를 두려워하는 국회
의원들의 기득권 유지 전략이라는 의구심을 갖게 한다.13) 따라서 정당 추천
지방자치의회 의원 후보자의 경우도 후원회를 인정하여 합리적인 정치자금을
모금할 수 있어야 오히려 부패를 막을 수 있다고 본다.

Ⅲ. 政治資金의 透明性 確保에 대한 評價

정치자금의 투명성확보는 궁극적으로 정치인의 음성적 정치자금 수수
동기를 최소화하자는 데 그 근본적 취지가 있다 할 것이다. 다시 말하면 정
치자금 모금과 지출 내역에 대한 완전한 '공개'(Disclosure)는 정치인이 문제
가 될 만한 자금원으로부터 돈을 수수하고자 하는 동기를 약화시키는 동시
에 유권자나 정치자금기부자에 의한 '감시'(Monitoring)를 가능케 함으로써
정치인들의 '책임성'(Accountability)을 보다 강화시키는 효과를 가져올 수 있을
것이다.

정치자금의 모금과 지출내역의 공개라는 수단이 효과적이기 위해서는 몇
가지 전제조건이 필요하다. 첫째 자료에 대한 유권자와 언론에 의한 용이한
접근, 둘째 감독기관의 기능 강화, 셋째 적발과 처벌의 강화 등이 바로 그것
이다. 특히 유권자와 언론에 의한 접근이 용이해야 실질적 감시와 통제가 가
능해질 것이다.

이러한 이유에서 볼 때 개정 정치자금법의 공개규정은 다소 미흡한 것이
사실이다. 물론 일정액수 이상의 기부자를 공개하기로 하는 수입 · 지출 내역
의 보고규정은 강화되었으나 일반인들이 그 자료에 접근할 수 있는 기간을 3
개월로 그대로 두고 있으며 그 공개방법에 대해서도 여전히 관할 선거관리위
원회에 서면으로만 신청할 수 있도록 하는 등 매우 제한적이라 할 수 있을

---

13) 이정희, "정치자금제도의 개선방향," 경실련주최 발제문, 1997, 12쪽.

것이다. 오히려 인터넷 등과 같이 접근이 용이한 매체를 통한 공개를 금지하는 규제 조항만이 있을 뿐이다.14)

생각컨대 완전공개가 이상적이긴 하지만 정치불신과 아직 기부문화가 정착되지 못한 우리의 현실에서는 개정법의 입장은 합리적이라 하겠다. 특히 영수증제도를 개선하고 신고된 회계책임자·예금계좌에 의한 정치자금의 수입과 지출을 하면서 정당회계에 대한 내부 통제를 강화하는 등 투명한 정치자금제도를 확립하였다고 하겠다.

Ⅳ. 政治資金法의 實效性 强化에 대한 評價

구법상으로는 선거관리위원회의 조사권이 미미하였으나 개정법에서는 대폭 강화되어 실질적인 조사권을 행사할 수 있고, 특히 공직선거법과 균형을 맞추어 정치자금범죄로 인하여 실형을 선고받거나 100만원 이상의 벌금형을 받은 사람은 10년간, 5년간 공무담임권을 제한하고 있어 법의 실효성을 강하게 담보하고 있다고 하겠다.

그 밖에 행위자 이외에 정당이나 후원회, 법인·단체를 함께 처벌하는 양벌규정,15) 범죄행위 신고자에 대한 보호와 포상, 궐석재판제도의 도입 등은 이 법의 실효성을 한층 강화하고 있다고 하겠다.16)

---

14) 전용주, 앞의 논문, 108-109쪽.
15) 다만 개정법에는 양벌규정에 대한 소급효가 없어 법원은 불법 대선자금 판결에서 개인이 유용하지 않고 당에 전달했다면 추징할 수 없다고 판결하고 있기 때문에(구법 제30조 제 1 항의 흠결), 국민정서상 그 추징이 가능하도록 특별법을 제정하거나 개정법을 재개정하여 소급적용하는 방안이 제시되고 있다.
16) 한편 헌법재판소 전원재판부는 후원금·기탁금·당비 등 정치자금법이 정하고 있는 방법 이외에 음성적으로 정치자금을 수수하는 행위를 포괄적으로 금지하고(제 2 조) 처벌하는 정치자금법 제30조 제 1 항에 대해 죄형법정주의에 반하지 아니하고, 그 법정형이 정치자금법에서 구체적·개별적으로 정하고 있는 구성요건에 대한 법정형보다 무겁다고 하더라도 이는 평등원칙에 반하지 아니하므로 헌법에 위반되지 아니한다는 결정을 선고하였다(헌재 2004. 6. 24. 2004헌바16).

V. 國庫補助金制度의 改善에 대한 評價

1. 보조금액수의 절대적·상대적 상한설정

정당에 대한 국고보조금제도가 처음 도입된 것은 1965년에 제정된 정치
자금법 제 3 차 개정(1980. 12. 31)에서였다. 그 후 국회의원 스스로 기회 있을
때마다 무원칙하게 증액하여 2002년도에는 유권자 1인당 800원씩 경상보조
비·대통령선거보조·각 268억원, 그리고 지방선거보조 603억원(3개 정당 추천
지방동시선거 유권자 1인당 600원)으로 도합 1,139억원이 국고보조로 지급되어
도입 당시보다 100배 이상이 증가한 것이다.

따라서 보조금 총액의 절대적 상한을 설정하여 보조금의 무분별한 증액
을 방지해야 할 것이다. 보조금 총액을 정하는 방법은 법률로 정하되 실제
필요한 금액의 확정은 매년 조정하도록 하고, 그 조정은 이해당사자인 국회
의원들에게만 맡길 것이 아니라, 독일의 경우[17]와 같이 독립적인 '전문가위
원회'를 구성하여 그 위원회가 검토한 내용을 바탕으로 의회가 결정하도록
하는 것이 바람직할 것이다.

또한 개별 정당이 받을 수 있는 보조금 액수에 상대적 상한을 규정하여
재정자립을 위한 정당 자체의 노력을 유도해야 할 것이다.[18] 이를 위해 당
비납부액의 일정비율과 연계하여 보조금을 지급하는 방식을 고려해 볼 수
있다. 즉 일단은 독일의 경우와 같이(정당법 제18조) 정당 스스로 당비 모집
에 적극성을 띠도록 자체 조달 당비·후원금 합계액의 50% 지원하도록 한
다(Matching Fund).[19] 이것은 정당들로 하여금 국민의 광범위한 정치참여를 적

---

17) 독일의 경우 1992년 연방헌법재판소 판결(BVerfGE 85, 264)에 따라 개정된 1994년 정당
    법(제18조 - 제22조)에서 정당에 지급되는 연간 국고보조금 총액은 2억 3천만 마르크(약
    1,610억원: 1989년부터 1992년까지의 각 정당이 국고로부터 보조받은 금액의 평균치)에 물
    가지수를 곱한 금액을 '절대적 상한'으로 하고 있다; 허영(이), 274쪽; 신기현, "정책정당실
    현을 위한 국고보조금의 합리적 운영방안," 정당발전토론회발표논문집, 2000, 306쪽.
18) 2012년 정당 수입은 새누리당과 민주당이 각각 1,570억, 1,143억이었고, 통진당 248억, 정
    의당 8억 정도였는데, 이 중 국고보조금은 새누리당 504억, 민주당 432억, 통진당 75억, 정
    의당 5억 정도였고, 당비수입은 새누리당 229억, 민주당 171억, 통진당 86억, 정의당 1억7
    천만원이었다. 이 밖에 정당수입은 차입금(빚)과 개인들이 선관위에 내는 기탁금 등이었다.
19) 심지연·김민전, "정치자금제도와 정당정치: 미·영·독·일 비교," 한국정당학회보 제 2
    권 제 1 호, 2003, 161쪽.

극적으로 유도하게 하고, 당내 민주주의를 도모할 수 있게 하기 때문이다.

2. 득표율기준 중심의 배분방식이 되어야 한다

현재의 정당보조금의 배분방식을 보면, 크게 보아 기본비율·의석비율· 득표비율 등의 3가지 계산법을 사용하고 있다. 기본비율에는 전체보조금의 절반을 원내교섭단체에게 균등하게 배분하는 것과 의석수가 20석 미만에서 5석 이상인 정당에게 5/100씩 주어지는 것, 그리고 의석이 5석 미만이지만 국회의원 선거와 지방선거에서 특정한[20] 비율 이상의 득표를 한 정당에게 2/100씩 주어지는 것이 있다. 그리고 의석비율은 기본비율을 제외한 잔여분 중 50/100은 국회의석을 가진 정당에 그 의석수 비율에 따라 배분하고 있으며, 득표수 비율은 기본비율과 의석비율을 제외한 최종 잔여분을 최근 실시한 국회의원 선거에서 득표한 정당의 득표비율에 따라 배분하고 있다. 이러한 계산법은 국고보조금의 배분에 있어서 가장 중요한 것이 원내교섭단체의 구성여부임을 의미한다. 이에 따라 원내교섭단체 구성을 위해 '의원임대'라는 기상천외한 방법이 동원되기도 하였다.

현재와 같이 정당 경상보조비 및 선거보조비에 있어서 원내교섭단체를 우대하는 것은 국회관련 예산에서 원내총무실, 교섭단체 소속 정책위원, 상임위원장에 대해 많은 지원을 하고 있는 것을 감안하면 이중적인 특혜라는 지적이 가능하다. 국고보조금의 배분에 있어서 두 번째의 고려요인이 의석수비율이고 세 번째의 고려요인은 득표수비율인데, 이미 원내교섭단체의 비율[21]에서 의석수를 고려했음에도 불구하고 또 의석수를 고려하는 것은 의석수를 과다하게 고려한다는 문제점을 안고 있다. 나아가 의석수 중심의 배분은 국

---

20) 최근에 실시된 국회의원총선거에 참여한 정당의 경우에는 국회의원득표수 비율이 2/100 이상, 최근에 실시된 국회의원총선거에 참여한 정당 중 국회의원총선거에서 2/100 미만을 득표한 정당으로서 의석을 가진 경우에는 최근에 전국적으로 실시된 후보추천이 허용되는 비례대표 및 지역구 시·도의원선거, 시·도지사선거 또는 자치구·시·군의 장 선거에서 당해 정당이 득표한 득표수 비율이 0.5%/100 이상, 최근에 실시된 국회의원총선거에 참여하지 아니한 정당의 경우에는 최근에 전국적으로 실시된 후보추천이 허용되는 비례대표 및 지역구시·도의원선거, 시·도지사선거 또는 자치구·시·군의장의 선거에서 당해 정당이 득표한 득표수 비율이 2/100 이상.

21) 국회법 제33조 제1항: 국회에 20인 이상의 소속의원을 가진 정당은 하나의 교섭단체가 된다. 그러나 다른 교섭단체에 속하지 아니하는 20인 이상의 의원으로 따로 교섭단체를 구성할 수 있다.

민의 의사를 무시한 정치인의 이합집산을 용이하게 한다는 문제점이 있다. 득표수를 고려하여 배분하는 경우에는 정당의 당명을 바꾸거나 합당 등의 이합집산을 할 경우 국고보조를 배분받을 수 있는 자격이 없어지지만, 의석수를 기준으로 할 경우에는 의원들 자신이 일정정도의 보조금을 가지고 움직이는 것이라 할 수 있다. 따라서 득표수를 기준으로 국고보조를 배분하게 될 경우 정당의 이합집산 가능성이 훨씬 낮아진다고 할 수 있다.

따라서 보조금의 배분기준은 현재 해당 정당의 원내의석수에서 득표율로 바뀌어야 할 것이다. 참고로 독일의 경우, 유효득표 1표당 1마르크(500만표까지는 1.5마르크)로 하고 있는데 우리의 경우도 일정 기준22)에 달한 정당에 대해서 유효투표 1표당 800원씩으로 정할 필요가 있다고 본다. 그럼으로써 의석이 없는 신생정당 또는 군소정당이 보조금의 혜택을 받을 수 있을 뿐만 아니라 선거를 앞두고 보조금을 둘러싼 정당 내 분열이나 정당간의 이합집산을 방지할 수 있기 때문이다. 더 나아가서 정당들로 하여금 유권자들의 선거참여를 북돋우고 지지율을 더 높이기 위해 노력하는 결과를 얻게 될 것이다. 이것은 결국 각 정당들간에 유능한 인재발굴과 정책개발을 위한 경쟁을 조성하는 길이다.

3. 보조금 사용에 대한 실질적인 감사강화

참여연대의 한 조사에 의하면, 2000년에 정당들에게 지급된 국고보조금 516억원(한나라당 211억원, 민주당 184억원, 자민련 96억원, 민국당 24억원, 한국신당 1억원)23) 가운데 어디에 썼는지 제대로 밝히지 못하는 돈이 거의 3/4이나 되며, 지출증빙서류가 정상적인 가운데에도 당 원로의 휘호·달력·화첩 제작비 등 정당활동과는 전혀 무관한 사적인 용도로 쓰인 돈들이 있는 것으로 나타나고 있으며,24) 정당 사무원들의 봉급을 정책개발비로 분식한 것도 나타나고 있다. 또한 국고보조금제도가 실시된 지 무려 20여 년이 지나도록 각 정당의 보조금 사용에 대한 감사가 단 한 번도 제대로 이루어지지 않았

---

22) 독일의 경우와 같이 전체유효투표의 0.5 - 1.0%정도 득표.
23) 2012년에는 1029억(새누리당 518억원, 민주당 432억원, 통진당 75억원 정의당 5억원 정도 등)정도로 총수입 2974억여원의 34.6%로 집계됐다..
24) 구법상으로는 '기타 정당활동에 소요되는 경비(제19조 제 1 항 제 9 호)로 애매한 표현이 있었으나, 개정법에서는 그것이 삭제되고 국고보조금의 사용용도를 확실히 하고 있다.

다는 것은 문제가 아닐 수 없다. 현행법상 정당의 국고보조금에 대한 감사권은 감사원에 속한다. 따라서 감사원은 정당의 보조금 사용에 관한 감사를 현행과 같이 중앙선거관리위원회 감사를 통한 간접적인 방식이 아닌 정당에 대한 직접적인 감사를 통해 감사가 실질적으로 이루어지도록 해야 할 것이다. 아울러 정치권에서도 정당의 국고보조금 사용에 대한 감사를 당연히 여기고 이를 수용함으로써 국고보조금 사용내역에 대한 투명성을 보장해야 할 것이다.

VI. 結 語

민의를 제대로 수렴하지 못한 노무현 대통령 탄핵소추 의결로 제16대 국회는 사실상 파국을 맞았다. 그동안 국민의 의사를 무시하고 당리당략에 의한 오로지 정권쟁취를 위한 국회운영의 결정판이라고도 볼 수 있다. 그러나 이러한 결과는 결코 우연이 아니고 필연이었다고 보여지는데 그 결정적인 이유가 바로 정치자금제도의 미비·결함에 있었다고 해도 과언이 아니다. 그만큼 정치자금제도는 민주주의 정치운영에 핵심적인 제도인 것이다.

구 정치자금법상으로 보면 민의에 기반을 둔 소액다수주의가 아닌 몇 사람의 재력가에 의한 다액소수주의, 정치자금의 수입과 지출의 불투명성, 정치자금범죄에 대한 처벌규정 미약 등 법이 있으나마나 하여 민의를 존중하는 깨끗한 정치를 할 만한 제도가 마련되지 못하였던 것이다. 정치인 스스로 자기에게 불편한 족쇄를 채우는 제도를 기피한 결과이다. 그리하여 검찰의 대선자금 수사에서 본 바와 같이 많은 국회의원들이 감옥에 갔고, 검은 정치자금의 소용돌이 속에서 전전긍긍하고 있는 것이다. 제15대 국회 임기 말 사계 전문가·시민단체 등이 그렇게도 요구했던 정치자금제도 개혁을 철저히 외면한 결과로써 자업자득이라고 본다.

그런데 이번 개정 정치자금법은 국고보조금을 제외하고는 거의 완벽에 가까운 세계 어디에 내놓아도 손색이 없는 이상적인 제도를 마련하였다. 법인·단체의 기부금지, 10만원 이하는 아예 세액공제를 하는 철저한 소액다수주의, 1회 100만 이상의 기부·50만원 이상의 지출에 대한 철저한 실명제, 연간 300만원 이상 제공자에 대한 금액과 인적 사항 공개, 신고된 회계책임자·예금계좌에 의한 수입·지출, 선거관리위원회의 조사권 강화, 정치자금범죄로 인한 공무담임 등의 제한, 궐석재판제도 도입 등이 그것이다. 이제 남은 문제는 어떻게 모든 국민이 개정법의 취지를 잘 이해하여 실천할 것인가에 있다. 법 집행자의 철저한 실천의지도 대단히 중요하다.

특히 정치 불신과 정치자금 기부문화가 척박한 현실에서 정치인과 모든 시민이 적극 나서야 한다고 본다. 정치인은 국민을 감동시키는 정책개발 등의 정치를 하고 그러한 정치인에게 시민은 자기에게 큰 부담 안 가는 범위 내에서 아낌 없는 기부를 하면서 정치문화를 바꿔가야 하는 것이다. 그것이 바로 정치개혁의 요체라고 본다.

사실 개정법이 이번 대선자금 수사 정국에서 국민적 비난이라는 외부적 압력과 부패정치 청산이라는 시대적 당위에 정치인들이 즉흥적으로 대응하여 우리의 현실을 제대로 반영하지 못한 제도를 만들어 내지 않았나 하는 우려가 없지 않다. 그러나 분명한 것은 이제는 과거로 되돌아갈 수는 없다는 점이다. 모처럼 정치권에서 합의해 준 소중한 기회를 잘 살려 나가야 하고 우리 국민의 민주적 윤리의식의 수준은 이를 충분히 소화할 수 있으리라고 본다.

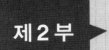

權力分立論과 政府形態論

제1장 權力分立論

【여는글】

　흔히 권력분립이라 하면 입법-행정-사법의 3권 분립과 '견제와 균형'이라는 말을 떠올린다. 이러한 고전적 권력분립은 위정자를 불신하는 회의적 인간관을 전제로 권력을 배분하여 견제하고 시민적 자유를 확보하려는 정치적 이념을 위해 고안된 것이다. 일찍이 로크, 몽테스키외 등에 의하여 전개된 권력분립론은 공통적으로 이러한 사상적 배경에 기초하고 있다. 고전적 권력분립은 국가활동의 능률을 증진시키기 위한 것이 아니라 권력의 남용과 전제정치를 방지하기 위한 소극적·정태적·구조적 원리이며, 효율성의 제고·증진을 추구하는 적극적 원리가 아닌 것으로 이해된 것이다.

　그러나 오늘날의 현실은 고전적 권력분립이 생각했던 현실과는 매우 동떨어져 있다. 우리 현실에서 정부와 국회, 법원은 상호간의 힘의 균형이 이루어져 있지도 않고, 생각보다 훨씬 밀접한 관련을 맺고 활동하고 있다. 그러한 밀접한 관련이 때로는 부정적인 결과를 야기하기도 하지만, 상당 부분은 효율적인 국가운영을 위해서 불가피하게 요청되는 경우도 많다. 따라서 고전적 권력분립의 키워드인 견제와 균형(check and balance)은 오늘날 예전 같은 큰 의미를 갖지 못한다. 새로운 권력분립이론에서는 어떻게 하면 권력구조의 조직적인 세력균형을 이룰 것인가를 고민하는 것이 아니라, 오히려 적극적·동태적·기능적 입장에서 어떻게 하면 국가기능이 효율적으로 수행될 수 있는가가 더 큰 과제가 된다.

　그런데 이러한 권력분립의 변화에 있어 핵심적인 요인이 바로 정당이라는 점에 주목할 필요가 있다. 일반적으로 대통령은 행정부를 장악하고, 그가 소속되어 있는 때로는 당수가 되는 여당이 국회를 주도한다. 그리고 국회와 행정부의 합동행위로 사법부 수뇌부를 구성하게 되므로 고전적 권력분립에서의 삼권은 정당이라는 매개 고리로 융합되고 있는 것이다. 따라서 이제 새로운 권력분립론을 기술함에 있어 국회 내의 정당관계, 즉 여야관계는 빼놓을 수 없는 테마가 된 것이다.

물론 현대 민주주의 국가에서의 권력융합현상에 직면하였다고 하여 권력간의 견제와 균형의 요청이 전혀 무의미하다는 것은 아니다. "모든 권력은 부패하기 마련이다. 절대 권력은 절대 부패한다"는 말이 암시하듯이 아무리 상황이 바뀌었다고 하여도 권력의 견제 내지는 통제, 그것을 위한 권력기관간의 균형은 여전히 요청되어진다. 그러나 이미 융합되고 힘의 균형도 이루고 있지 못한 입법-사법-행정간의 견제는 매우 제한적일 수밖에 없다. 따라서 새로운 권력분립에 있어서 견제와 균형장치도 국회 내의 정당관계를 통한 견제가 핵심적일 수밖에 없는 것이다.

어떻든 전제군주가 사라지고 민주주의 원리가 보편화되어 있는 오늘날 입법·행정·사법이라는 몽테스큐적 나이브(naive)한 3권분립론은 극복되어야 한다. 동태적·기능적으로 볼 때 정당제민주국가에 있어서는 정당이 차지하는 힘의 역학관계를 고려할 때 모든 사회제세력을 수용하고 있는 정당을 효과적으로 통제하지 아니하고서는 국가의 발전과 국민의 기본권보장을 기대할 수 없게 되었고, 따라서 행정부와 의회와의 권력분립은 정부여당과 야당의 권력분립으로 실질적으로 이해해야 한다. 여기에 헌법상 야당의 지위를 재발견해야 할 이유가 있고, 여당과 야당이 정치권에서 국민을 위하여 공정히 경쟁할 수 있도록 국회법·정당법·각종 선거법·정치자금법 등을 정비해야 할 이유가 있는 것이다. 이 밖에 지방자치제도·직업공무원제도 등도 권력분립적인 시각에서 보아야 한다.

제 1 절 權力分立의 意味와 古典的 權力分立論

I. 權力分立의 意義

권력분립은 원래 국가권력을 여러 국가기관에 분산시킴으로써 권력상호

간의 견제와 균형을 통하여 국민의 자유와 권리를 보호하려는 통치기관의 구
성원리를 지칭하는 말이다. 즉 국가권력을 입법기관·집행기관·사법기관 등
으로 분산시킴으로써 특정의 개인이나 집단에게 국가권력이 집중되지 아니하
도록 함은 물론 권력 상호간에 권력적 균형관계가 유지되도록 하는 원리로
만들어졌다.

그러나 오늘날에는 이러한 권력분립의 본래 의미가 상당부분 퇴색되거나
변경되어 있다. 이하에서는 먼저 고전적인 권력분립의 의미와 고전적 권력분
립이 변경된 원인에 대하여 설명하고, 현대적 권력분립은 무엇을 의미하는지
에 대해 차례대로 기술하기로 한다.

Ⅱ. 古典的 權力分立論

1. 고전적 권력분립의 의미

고전적 권력분립은 폭력화되기 쉬운 국가권력을 배분하여 시민적 자유의
확보라는 정치적 이념에 봉사하도록 고안된 국가적 조직의 원리이다. 이 원
리는 권력 자체뿐만 아니라 권력을 장악하고 행사하는 인간까지도 불신하는
회의적 인간관을 사상적 배경으로 삼고 있다. 이러한 이유로 권력분립의 원
리는 원래 국가활동의 능률을 증진시키기 위한 것이 아니라 권력의 남용과
전제정치를 방지하기 위한 소극적 원리이며, 효율성의 제고·증진을 추구하
는 적극적 원리가 아닌 것으로 이해되어 왔다.

고전적 권력분립은 자유주의의 요청에 따라 국가권력의 절대성을 부정하
려 하였고 따라서 권력을 중화시키기 위한 중립성의 원리였다. 특히 몽테스
키외(Montesquieu)의 권력분립은 극단의 전제정과 극단의 민주정과의 중화를
위한 입장에서 출발하였기 때문에 본질적으로 중립적 원리를 의미하는 것이
었다. 따라서 권력분립은 예컨대 국민주권이론과는 달리 군주제와 공화제 양
자 모두와도 결부될 수 있는 중립성을 가지고 있었던 것이다.

요컨대 고전적 권력분립은 정치적 집단간에 세력을 유지하기 위한 소극
적이고 중립적인 세력균형의 원리(권력균형의 원리)만을 뜻했던 것으로 정리
된다.[1]

---

1) 오늘날에도 이러한 고전적 의미의 권력분립론을 그대로 수용하여 권력분립을 소개하는 견

2. 고전적 권력분립론의 전개

권력분립을 이론화한 학자로서 우선 로크(J. Locke)를 들 수 있다.2) 로크는 우선 국가작용을 입법, 집행, 동맹, 대권으로 4분하였다. 입법권은 국민의 생명·재산 등을 보호하기 위한 법률제정권을 의미하고, 집행권은 법률집행권을 의미하며, 동맹권(연합권)은 전쟁·강화·동맹 등 외교권을 의미하는 것이었다. 입법은 국회에, 집행권과 동맹권은 다른 국가기관에 맡기기 어려우므로 행정부에 귀속시켜 기능상 4권 분립, 조직상 2권 분립을 주장하였다. 그런데 로크는 입법권을 집행권보다 우위에 있는 권한으로서 국민으로부터 위임받은 최고의 권력으로 보았다. 또한 법률의 자의적 집행을 방지하기 위하여 권력의 분리를 주장하였으나, 권력의 균형과 견제를 뚜렷하게 주장하지는 않았다. 입법부는 비상설기관이므로 상설기관인 집행부가 회기와 소집여부를 정한다. 특기할 점으로 로크는 사법권의 독립을 주장하지는 않았다는 것이다. 아마도 그 이유는 당시 영국에 있어 사법권의 독립은 이미 확립되어 있는 것이어서 특별히 이를 주장할 필요가 없었던 것으로 보인다. 로크의 권력분립론은 영국의 의원내각제에 영향을 미쳤다고 평가된다.

고전적 권력분립의 가장 인상적인 이론화를 시도한 학자는 누구보다 몽테스키외이다.3) 그는 권력을 가진 인간은 이를 남용하는 것이 영원한 경험법칙이므로, 이러한 권력을 남용하지 못하도록 하기 위해서는 권력이 권력을 제한하는 장치가 필요하다는 인식에서 출발한다. 그는 저서인 「법의 정신」에서 개인의 자유를 보장하고 정부의 횡포를 억제하기 위한 수단적 원리로서 권력분립론을 전개하였다. 그는 권력의 분리, 권력간의 상호균형과 견제를 통해 권력남용을 방지하여 시민의 자유를 보장하려 했다. 국가작용을 입법, 집행, 사법으로 나누고 입법권은 의회가, 집행권은 1인이, 사법권은 국민에 의해 선출된 비상설의 법원이 행사해야 한다고 보았다. 로크와는 달리 몽테스큐는 사법권의 독립을 인정하지만, 여전히 입법권과 집행권과의 균형과 견제를 중시하였다는 점에서 결과적으로 로크의 견해와 유사하다.4) 또 3권이 대

해가 많다. 예컨대 한충록, "권력분립론의 원리," 조선대 사회과학연구 제23집, 1999, 3쪽.

2) J. Locke, *Two Treatises of Government*, 1690.

3) Montesquieu, *De l'esprit des lois*, 1748.

4) 사법권은 법의 적용작용이며 정치적 작용이 아닌 비정치적 권력이므로 사법권의 적극적

등한 입장에서 상호 통제하면서 권력적 균형을 유지하여야 한다는 점에서 로크의 입법부우위의 권력분립론과 차이가 있을 뿐, 시민적 자유보장을 목적으로 한 기본정신에는 차이가 없다. 몽테스키외의 이론은 미국의 헌정에 영향을 미쳐, 대통령제이론으로 발전하였다.

Ⅲ. 古典的 權力分立論의 類型 — 消極的·情態的·構造的 權力統制理論

1. 입법부와 집행부의 관계를 기준으로 한 분류

앞서 로크와 몽테스키외의 견해를 살펴보았듯이 고전적 권력분립론도 다양한 유형으로 발전해 왔다. 이를 우선 입법부와 집행부의 관계를 기준으로 분류해 볼 수 있다. 먼저 입법부우위형은 집행부가 입법부에 종속된 유형이다. 프랑스혁명 당시 국민공회제와 스위스의 의회정부제가 이에 해당된다고 하겠다. 반면 집행부우위형은 국가원수가 입법부와 집행부를 장악하여 입법부의 존재의미가 미약한 경우이다. 이 형태에서 국가원수는 의회해산권을 가지는 데 반해 입법부는 내각불신임권을 가지지 않게 된다. 이른바 제한군주제, 신대통령제 등이 이에 해당되는 것으로 볼 수 있다.

엄격한 분리형은 입법부와 행정부가 비교적 명확하게 독립되어 서로 영향을 미치지 않는 유형이다. 1791년 프랑스헌법, 미연방헌법 등이 그 예라고 하겠다. 한편 균형형은 입법부와 행정부가 법적으로 분리되어 있으나, 일정한 한도 내에서 상호간에 상호협조, 공화관계를 유지하는 형태이다. 의원내각제를 채택하는 국가에서 대체로 나타나는 유형이라고 하겠다.

2. 사법부와 입법부의 관계를 기준으로 한 분류

고전적 권력분립론은 또 사법부와 입법부의 관계를 기준으로 유형화할 수도 있다. 먼저 입법부우위형은 사법부가 구체적인 법적 분쟁을 해결하는 데 있어서 법률의 위헌여부를 심사할 수 없는 유형이다. 위헌법률심사를 채택하지 않는 영국의 경우가 이에 해당한다. 반면 사법부우위형은 사법부가 추상적 규범통제를 통하여 법률의 위헌여부를 심사하여 위헌인 법률 자체를 무효화시킬 수 있는 유형을 의미한다. 대체로 별도의 헌법재판소를 두는 경

통제기능을 무시하여 실질적으로는 2권분립에 불과하였다는 평가를 받기도 한다.

우가 이에 해당하며, 오스트리아헌법, 1948년 이탈리아헌법, 독일기본법이 그 예라고 하겠다. 한편 균형형은 사법부가 법률의 위헌여부를 심사할 수 있으나 위헌으로 판단된 법률이 무효가 되는 것이 아니고 구체적인 사건에만 적용할 수 없는 유형이다. 미국의 경우가 이에 해당된다.

Ⅳ. 古典的 權力分立論의 再檢討 必要性과 그 背景

1. 국가현실의 변화와 권력분립론 수정 필요성

그러나 권력분립이라는 개념이 어떠한 특정된 형태로 고정되어 있는 것은 아니다. 역사적 상황이나 필요에 따라 그 형태가 달라질 수 있으므로, 고전적 의미의 권력분립과 오늘날의 권력분립의 개념이 정확히 일치한다고 할 수는 없다.

고전적 권력분립의 재검토를 요구하게 되는 구체적 원인으로는 ① 냉전체제로 인한 국제긴장관계에서 비롯된 비상사태의 만성화와 그에 수반되는 방위기구의 강화·확대, 군사독재 등의 현대적 독재제로부터의 도전, ② 정당정치의 활성화와 이로 인한 정당국가화 경향 및 정당을 통한 권력통합현상, ③ 사회국가 내지 복지국가원리 등을 실현하기 위한 집행부 작용의 질적·양적 증가, 이에 따른 행정입법의 증대 및 처분적 법률의 증가, ④ 헌법재판제도의 강화로 인한 사법국가화 경향 등 다양하게 제시되고 있다.[5]

그런데 고전적 권력분립이 수정되어야 하는 가장 큰 이유는 민주주의 확립에 따른 국가관, 헌법관의 변화이다. 고전적 권력분립론은 근대 초 절대적 권한을 확보하고 있던 군주와 귀족세력의 권한을 견제 내지 통제하기 위하여 이미 존재하고 있는 국가권력의 일부를 군주의 손에서 빼앗아 다른 국가기관이 담당하도록 하는 것을 주된 목적으로 삼고 있었다. 따라서 세력균형의 이론 내지 이들 세력을 대표하는 기관간의 분립론이었던 것이다.[6] 당시 국가는 늘 기본권 침해자로서 이해되었고 국민의 기본권을 보장하기 위해서는 국가권력을 분할해 놓고, 약화시키는 것이 지상의 과제이었을 것이다.

그런데 오늘날 민주주의국가에서 이러한 이론은 더 이상 유지되기 어렵

---

5) 자세한 내용은 허영(이), 919-927쪽 참조.
6) 장영수, "현행헌법상 권력분립의 기본체계," 고려대법학논집, 1995, 27쪽.

다. 더 이상 국가를 사유하고 있는 군주는 존재하지 않으며, 행정, 입법, 사법부를 비롯한 모든 국가기관은 국민의 기본권 보장이라는 목적을 수행하기 위해서만 존재하고 활동할 수 있다. 특정 국가기능을 세습적으로 담당하는 특권계급이 존재하지 않으므로 국가기관간의 기계적 균형을 추구할 필요가 없다. 국민의 기본권 보장을 위해서는 국가권력의 집중과 통합도 요구되는 경우가 있으며, 기존의 입법 · 집행 · 사법기관에 속하지 않지만 헌법체계상 중요한 비중을 갖는 정당이나 각종 시민사회단체들이 속속 출현하고 있다.

물론 권력의 통합과 집중은 권력남용의 위험성을 늘 수반하게 된다. 오늘날에도 권력의 분리와 권력 상호간의 견제와 균형은 의미가 있다. 그러나 민주주의 국가를 배경으로 하는 경우에는 국가권력간의 견제와 균형의 원리는 그 의미가 축소될 수밖에 없으며, 국민의 기본권을 더 충실히 보장할 수 있는 효율적인 국가기관 구성이 권력분립원리의 가장 우선적인 의미라고 보아야 한다.

2. 권력분립론의 탈도그마화

새로운 권력분립의 대두를 설명하기 위해 캐기(W. Kägi)는 이른바 권력분립론의 탈도그마화(Entdogmatisierung)를 주장한다.[7] 캐기는 고전적 권력분립의 대표격인 몽테스키외의 이론이 순수하고 포괄적인 인간적 휴머니즘에 기초하고 있다고 본다. 인간의 존엄은 단지 자유하에서만 유지되고 전개될 수 있는데 이러한 자유의 개념이 몽테스키외에 있어서는 가장 중요한 것이었다는 사실은 주지하는 바와 같다. 캐기는 몽테스키외가 자유로운 사회의 유지와 전개를 위해 불가피한 권력이 책임 있게 운영될 수 있도록 헌법질서를 형성하는 문제는 언제나 헌법정책의 문제라고 보았다는 것을 강조한다.[8]

그런데 사회과학의 발전에 따라 고전을 직접 학습하기보다는 오히려 이차문헌의 요약, 그것을 기초로 한 개별적인 이론이나 핵심문장에 매달리는 경향이 있다는 사실을 폭로한다. 권력분립론도 이와 유사한 과정을 거쳤다고

---

7) W. Kägi, "Von der klassischen Dreiteilung zur umfassennden Gewaltenteilung," *F. S. für H. Huber zum 60. Geburtstag*, 1961, S. 151-173.
8) 몽테스키외는 시대와 장소를 초월하여 타당한 자유의 원리로서 권력분립원리는 존재하지 않는다고 말했다. 따라서 상황의 변화에 따라 권력분립원리는 새로운 내용을 갖게 된다는 것은 이미 몽테스키외도 예정하고 있었던 것이다(전광석, 74쪽).

캐기는 말하고 있다. 캐기는 몽테스키외의 이론이 그가 살던 시대의 역사적 사정에 기반을 둔 이론이라고 평가한다. 그런데 권력분립에 있어서 후세에 전승된 것은 그의 저작인 「법의 정신」이 아니라 다양한 구분과 전제와 유보의 틀이다. 몽테스키외의 이론은 그의 시대에 있어서는 이상이었으며, 동시에 미래를 위한 프로그램이었지만, 이후에는 (부정적인 의미의) 도그마로 전락해 버린 것이다.

캐기는 권력분립론을 설명할 때 그 이론이 처음 만들어지게 된 기본사상으로부터 새롭게 시작해야 한다고 주장한다. 즉 권력분립적·권력구속적 질서는 자유로운 인간의 자유로운 사회에 봉사하는 것이어야 한다는 사상이다. 이러한 기본사상을 염두에 둔다면 삼권분립이나 견제와 균형이라는 권력분립의 도그마는 오늘날 현실에 맞게 매우 다양하게 변경될 수 있다. 그리고 이것이 바로 새로운 권력분립이론의 등장 배경인 것이다.

제 2 절   現代的 權力分立論의 登場
─ 積極的·動態的·機能的 權力統制理論

Ⅰ. 現代的 權力分立論의 內容

1. 뢰벤슈타인의 견해

뢰벤슈타인(K. Loewenstein)은 국가기관간의 분립의 한계를 인정하고 국가기관에 분산되어 있는 국가권력을 그 기능을 중심으로 하여 구분하였다. 즉 국가권력의 분립이라는 개념 대신에 국가기능의 분할이라는 개념을 사용하여, 국가기능을 정치적 기본결정기능, 정치적 결정의 집행기능, 정치적 통제기능으로 3분하였다. 뢰벤슈타인은 정책통제를 가장 핵심적인 기능으로 보고 헌법은 권력통제를 위한 제도적 장치로 본다.

구체적으로 보면 정책결정기능은 정치적 공동체의 종류와 기본적인 의사를 결정하는 권한을 뜻한다. 정부형태, 경제질서, 외교문제 등이 그 내용으로 포함되며, 정책결정은 국회, 정부뿐만 아니라 국민의 참여로도 이루어진다.

정책집행기능은 결정된 정책을 구체적으로 집행하는 기능을 뜻한다. 입법부의 입법작용, 행정부의 행정입법과 법적용작용, 사법부의 사법작용에 의하여 행사되는 것이다. 정책통제기능은 권력기관이 정책결정과 집행을 상호간에 통제하는 기능이다. 뢰벤슈타인에 의하면 헌법은 정치적 통제를 위한 제도적 장치이며, 그 통제는 수직적 통제9)와 기관 상호간의 수평적 통제10)로 나누어진다고 한다.11)

2. 캐기의 견해

현대의 기능적 권력통제이론의 특징으로는 "① 권력기관을 중심으로 한 획일적인 권력분립을 지양하고, 국가기능의 실질적인 측면을 중심으로 한 유동적인 기능분리를 지향한다. ② 고전적 권력분립은 수평적 권력통제에만 중점을 두었으나, 현대의 권력분립은 수직적 권력통제도 중시하고 있다.12) ③ 권력의 엄격한 분할로 기관상호간의 단절을 초래하지 않도록, 권력상호간에 공화와 협조를 중시한다. ④ 고전적 권력분립은 국가의 선재성을 인정하고 국가권력을 제한하려는 원리인 반면 현대적 권력분립은 국가권력을 분리하고 그 한계를 설정하며, 그 권력간의 견제와 협동관계를 정하는 국가창설의 원리이다. ⑤ 나아가 현대적 의미의 권력분립은 단지 국가기관 또는 기능간의 견제뿐만이 아닌 국가기능의 능률성 제고의 관점에서도 고찰될 수 있다"는 점이 제시된다.

캐기는 국가기능에 의한 권력분립을 전제로 하면서, 다원주의 입장에서 권력분립과 권력통합을 강조하였다. 그는 권력분립의 내용으로서 헌법입법

---

9) 중앙과 지방간의 통제, 여론에 의한 통제 등.

10) 정부, 의회 등 각 국가기관간의 통제.

11) K. Loewenstein(김기범 역), 현대헌법론, 1976, 53쪽 이하.

12) 현대의 실질적·기능적 권력통제제도로는 연방국가제도 또는 지방자치제도, 직업공무원제, 복수정당제, 헌법재판제도 등의 권력분립적 역할과 사회세력에 의한 권력통제 등의 유용성을 인정하는 것 등은 현대적·기능적 권력분립제도의 실질적인 요소가 되고 있다. 현행 우리나라 헌법 역시 수평적·수직적 권력분립을 가능하게 하는 여러 요소들을 포함하고 있다. 이러한 기준에 따라 현행헌법상의 권력분립의 요소를 살펴보면 ① 수평적 권력분립요소로서 현행헌법상 수평적 권력분립은 입법권은 국회에, 집행권은 정부에, 사법권은 법원에 속한다는 규정(제40조, 제66조 제4항, 제101조 제1항)과 국회의원과 대통령의 겸직을 금지하고 있는 규정(제43조, 제83조)에 의하여 실현되고 있다. ② 수직적 권력분립은 ㉠ 지방자치제도의 채택, ㉡ 행정기관 내부에서의 권한의 배분, ㉢ 국회의원, 대통령, 법관 등 국가기관의 구성원의 임기보장 등을 통하여 실현되고 있다.

권과 일반입법권의 이원화, 의회의 양원제, 집행부의 내부적 권력분립, 임기
제도, 복수정당제, 여당과 야당의 권력통제, 연방제 또는 지방자치제에 의한
권력분립, 민간권력과 군사권력의 분리, 국가와 교회의 이원화 등을 거론하
였다.13)

Ⅱ. 構成的·積極的 權力分立

앞서 본 바와 같이 캐기는 현대적 권력분립론을 주장하면서 권력분립과
민주주의의 관련성, 헌법제정권력과 일상적 입법권의 구별, 양원제의 의미,
내부적 권력분립 연방제 등을 권력분립의 요소로 제시하고 있다. 이것을 이
른바 포괄적 권력분립 이론이라고 부른다. 슈테른(K. Stern)도 이른바 다차원
적 권력분립론을 주장하여 기존에 우리가 권력분립의 요소라고 생각하지 못
했던 여러 가지 사항을 권력분립의 내용에 포함시키려 시도하고 있다.14) 이
를 다차원적 권력분립 이론이라고 부르기도 한다.

그러나 이러한 이론들은 여전히 고전적 권력분립론과 마찬가지로 국가기
관간의 견제와 균형에만 주목하고 있다는 비판을 받을 여지가 있다. 이들은
전통적인 권력분립론의 입법, 사법, 행정간의 권력통제 외의 다른 통제수단을
추가하는 방식의 서술태도를 견지하고 있기 때문이다. 이에 대하여 "본래의
권력균형이 더 이상 입법, 행정 및 사법의 담당자 사이에서 행하여지고 있지
않다는 올바른 통찰이 이루어지고 있지만 하나의 헌법원리로서의 권력분립의
윤곽이 희미해질 우려가 있으며, 권력의 구성과 정서라는 결정적 문제가 소
홀히 된다"15)는 비판이 가해지기도 한다.

---

13) W. Kägi, "Von der klassischen Dreiteilung zur umfassennden Gewaltenteilung," *F. S. für
H. Huber zum 60. Geburtstag*, 1961, S. 164ff.

14) K. Stern, *Das Staatsrecht der Bundesrepublik Deutschland*, Bd. Ⅱ 1980, S. 549ff.; 슈테른
은 고전적인 수평적 권력분립론을 보완할 필요성을 강조하면서 권력분립을 다차원적으로
구성할 것을 강조한다. 예컨대 국가와 사회의 구별에 기초하여 정치적 참여권과 정당, 단
체들, 여론, 공직에서의 이용자들의 공동결정 등의 권력분립적 기능을 강조하고 있으며 나
아가 수직적 권력분립으로서의 연방국가적 질서, 자치행정과 분권적 행정구조, 정치적 지
도와 관료제적 행정의 구별 등을 권력분립의 틀 안에서 파악하고자 한다. 그 밖에도 국제
적 및 초국가적 조직에 의한 권력의 제한이라는 요소, 그리고 결정적인 수평적 통제요소로
서의 헌법재판제도도 역시 권력분립의 중요한 요소로 이해하고 있다.

15) K. Hesse, Grundzüge des Verfassungsrechts, 1995, Rn. 483; 물론 앞선 캐기와 슈테른이
권력분립의 구성적 기능을 완전히 무시한 것은 아니다. 예컨대 슈테른의 앞의 책 제 1 권

앞서 현대적 권력분립의 등장배경과 그 취지에 비추어 헌법상 기본원리로서의 권력분립의 의미는 단순히 사후적인 권력관계의 분할에만 머무를 수 없다는 것을 강조해야 한다. 국가권력 정서라는 권력분립의 과제가 소극적·사후적 제한에만 그칠 수는 없기 때문이다. "권력분립의 대상은 오히려 적극적으로 개개의 권력을 구성하고 그 권한을 확정·한정하며, 그 협력을 규율하고 이 같은 방식으로 국가권력의 통일로 이끌어가야 하는 인간의 협동작용의 질서"16)라고 이해해야 한다. 이는 결국 구성적이고 적극적인 권력분립론인 것이다.

Ⅲ. 政黨을 중심으로 한 機能的 權力分立

1. 이론적인 틀

오늘날 몽테스큐의 고전적권력분립론이 수정되어야 할 가장 중요한 변화는 정당제 대중민주주의 출현이다. 정당은 20세기 이후 현대 민주주의 국가운영에 중심적인 역할을 수행하고 있기 때문이다. 다양한 이익집단이 혼재해 있는 현대 대중사회에서는 정당이 각 이익집단의 이해관계를 조직적 체계적으로 대변해야하므로 필수적일 수밖에 없는데, 그 정당이 바로 입법부와 행정부를 연결시켜 주는 매개체 역할을 수행하고 있는 것이다.

그러기에 의원내각제에서는 물론이고 대통령제에서도 입법부와 행정부가 정당이라는 지하도를 통해서 융합되어 운영되는 것이 보통의 현상이 되어버린 것이다. 그러므로 몽테스큐의 고전적인 형식적·구조적·조직적·정태적 권력분립론은 정당을 중심으로 실질적·기능적·동태적으로 볼 때 현실과는 맞지 않는 현상이 나타나게 된 것이다. 즉 자유주의 이념을 실현하기 위하여 몽테스큐적 권력분립견제론은 맞지만 입법부, 행정부, 사법부가 조직적으로 분립되어 있다고 해서 기능적으로도 반드시 견제균형을 이루는 것이 아니라는 것이다. 그것은 바로 정당을 통해서 입법부, 행정부가 함께 입법을 하고 시행하고 사법부도 그 수뇌부 구성을 위한 국회동의 과정에서도 정당이 큰

(1984, S. 794)에서는 헌법의 조직적 기본원리로서의 권력분립을 인정하고 있다.

16) E. Schmidt-Aßmann, "Der Rechtsstaat," in: Isensee/Krichhof, *Handbuch des Staatsrechts*, 2. Aufl., 1995, Rn. 46.

역할을 미치고 있기 때문인 것이다.

따라서 다수 여당에 대한 소수 야당의 효과적인 통제를 전제로 하지 않는 권력분립론은 실효성을 거두기 어려운 것이기에 오늘날의 권력분립론은 여당, 야당 및 사법권과의 기능적 권력분립론의 시각으로 보아야 할 것이다. 물론 기능적·동태적으로 볼 때 직업공무원제도도 정치권에 대한 견제적 역할을 수행하고, 지방자치제도 중앙에 대한 권력의 수직적 통제라는 권력분립론의 중요한 내용을 갖는 것이지만 그것은 그 본래의 취지가 다른 것에 있느니 만큼 여기에서는 사회제세력을 대변하여 정치적 힘의 원천이 되고 있는 정당의 효과적 통제를 중심으로 논하는 것이다.

2. 야당의 의미와 기능 및 과제

야당이라 함은 정권을 획득한 정당인 여당과 정부에 대하여 비판하고 통제하며 또한 정치적 대안을 형성하여 차기 선거에서 정권을 획득하기 위하여 노력하는 정당이라고 할 수 있다. 의원내각제의 경우 다수 의석을 차지한 정당이 정부를 구성할 권한을 가지게 되기 때문에 원내 여당은 곧 정부가 된다고 할 수 있다. 대통령제하에서도 역시 대통령선거에서 승리한 정당은 정권을 획득하게 되며, 이러한 정당이 원내에서도 다수의석을 점한 경우에는 정부와 의회를 같은 정당이 모두 지배하게 된다. 이러한 경우 야당은 정부 여당에 대한 유일한 또는 가장 비중 있는 비판자로 등장하는 것이 보통이다. 정당민주주의 국가에서 행정부와 의회와의 권력분립은 결국 정부여당과 야당의 권력분립으로 이해해야 한다. 즉 권력에 대한 실효성 있는 통제를 위해서는 야당의 기능이 활성화하여야 한다는 것은 앞서 밝힌 바와 같다.17)

야당의 개념정의에서 볼 수 있듯이 야당은 정부 여당에 대하여 비판과 통제, 보다 나은 정책대안 개발, 차기 선거에서 정권 등을 과제로 삼고 있다. 이러한 과제와 기능은 야당의 헌법상 권리인 동시에 헌법상의 의무에 속한다고 하겠다.

우선 야당은 비판기능을 갖는다. 야당은 정부정책에 대하여 끊임없이 비판을 하여야 할 과제를 가지는데, 여기서 비판이라는 것은 단순한 거부가 아니라, 일정한 사항에 대하여 판단가능하게 하기 위한 목적으로 평가하는 일

---

17) 방승주, "권력구조의 민주화와 정당," 헌법학연구 제8집 제2호, 2002, 10-11쪽.

련의 행위를 말하는 것이다. 두 번째로 통제기능을 갖는다. 야당의 과제는 정부가 정책을 원칙적으로 그리고 개별적으로 헌법과 법의 테두리 내에서 수행하고 있는지, 그리고 정부여당이 유권자의 위임사항 내지는 공약을 제대로 이행하고 있는지, 다시 말해 정부여당이 자신들의 정책을 구체적으로 어떻게 실현하고 있는지에 대하여 통제하는 것을 말한다. 세 번째 야당은 정부여당에 대하여 자신의 독자적인 인물과 정책적 대안을 개발하고, 구상하며 실현하는 기능을 갖는다. 야당은 정부여당이 추진하고 있던 정책에 대하여 반대만 할 것이 아니라, 지금까지 알려지지 않은 여러 가지 문제점들을 탐지해내고 정부가 계획하거나 실행한 것과는 완전히 다른 독자적이고 고유한 독창적 프로그램을 개발하여 제시하는 것이 중요하다.

즉 야당은 국가의 의사형성 과정에 있어 핵심적인 기능을 발휘하는 조직이며, 이를 통해 헌법상 정치과정과 국민의 참정권은 비로소 현실화되고 실질화되는 것이다. 따라서 여당과 야당이 공정경쟁이 가능한 정치활동을 할수 있는 정당제도·선거제도·정치자금제도 등이 절실한 이유이다.

3. 기능적 권력분립론의 암시적인 헌법규정

우리 헌법은 야당이라는 개념을 두고 있지는 않다. 그러나 간접적으로 야당의 헌법적 근거로 기능하는 규정들은 산재해 있다. 우선 헌법 제 8 조 제 1 항은 정당설립의 자유와 복수정당제를 두고 있다. 이것은 야당의 설립과 활동의 자유의 헌법적 근거가 되는 규정이다. 또 우리 헌법의 기본원리라고 할수 있는 민주주의원칙, 민주주의에서 도출되는 소수자 보호의 이념 등도 야당의 존재근거에 대한 헌법적 명령이라고 볼 수 있다. 대통령과 국회의원의 임기를 규정하고 민주적 선거에 의하여 새로이 책임을 묻게 하는 제도 등도 정기적인 정권교체의 가능성을 보장함으로써 야당의 활동근거를 제시하고 있다.

이러한 근거를 통하여 야당은 구체적으로 헌법개정에 대한 저지소수(제130조), 국정감사조사권(제61조), 국무총리·국무위원·행정각부의 장 등에 대한 탄핵발의권(제65조), 국무총리·국무위원 해임건의 발의권(제63조), 임시국회소집요구권(제47조) 등의 권리를 갖게 된다. 또 국회법상 국정조사요구권, 법률안제출권, 위원회개회요구권, 전원위원회개회요구권, 공청회요구권, 법률안 심사를 위한 청문회요구권, 위원회에서 폐기된 의안의 본회의부의권, 국무

위원 등의 출석요구발의권, 대정부질문요구권 등의 권리를 갖게 되며, 국정감
사및조사에관한법률과 정치자금법, 헌법재판소법상의 권리를 보유하게 된다.

　　독일의 경우를 보면 기능적 권력분립론을 실현하는 가장 확실한 야당의
정부여당에 대한 통제제도는 국정조사권의 발동(제44조)과 헌법재판소의 추상
적 규범통제(제93조)이다. 국정조사권 발동은 연방하원 재적의원 4분의 1 이
상이 요구하면 하원 본회의에서 조사대상이 불명확하거나 헌법정신에 위배되
지 않는 한 의결로써 승인하도록 되어 있다.[18] 헌법재판소의 추상적 규범통
제는 의회통과 법률에 대하여 연방하원 재적의원 3분 1 이상이 동의하면 그
위헌여부를 헌법재판소에 시행 전에 제소할 수 있다. 독일은 우리나라 헌재
에서 하는 구체적 사건을 전제로 하는 구체적 규범통제 이외에 하나의 제도
가 더 있는 것이다. 우리나라 국회운영을 정상화하고 민주정치를 한 단계 보
다 성숙시키려면 독일제도 도입을 진지하게 검토해야 할 것이다.

---

18) 이관희, 독일의 국정조사권에 관한 연구, 헌법학연구(제 6 집 제 4 호, 2000. 12) 참조.

제 2 장　政府形態論

【여 는 글】

　　권력분립의 구성양태에 대한 논의가 정부형태론인데 대체로 의원내각제·대통령제·이원정부제 등으로 유형화하고, 각 나라의 제도를 구체적으로 이해하는 데 편의를 도모하고 있다.

　　의원내각제는 영국헌정사와 함께 발달되어 온 것으로 국민이 국회의원을 선출하고 의회 다수당을 중심으로 내각을 구성하여 효율적인 국정운영을 수행하다가 문제가 생기면 국회는 내각을 불신임하고 이에 맞서 내각은 국회를 해산시켜 국회의원 임기에 관계없이 언제라도 국민의 의사를 물어서 다시 내각을 구성할 수 있는 국민에 대한 책임정치 실현을 이상으로 하는 제도로써 그 성공을 위하여는 정당제도의 안정과 성숙이라는 상당한 정도의 국민의 정치수준을 요구한다.

　　대통령제는 미국에서 발달한 제도로써 유럽에서의 의원내각제의 불안정성을 반면교사로 하여 직선대통령 중심으로 임기 동안 안정적인 국정운영을 하며, 몽테스키외의 3권분립론을 엄격히 제도화하여 의회와 법원으로부터 강력한 견제를 받아 국민의 자유를 보장하겠다는 정부형태이다. 그런데 대통령제는 미국 이외에 국가에서는 성공한 예가 거의 없기 때문에 미국에서의 성공조건을 심층적으로 분석하여 보는 것이 중요하다. 그것은 바로 우리나라 대통령제의 발전방향이기도 하기 때문이다.

　　이원정부제는 프랑스 드골헌법(1958) 이후 독특하게 발전된 제도로써 일반적으로 알려진 바와는 달리 외교·국방은 대통령이 내정은 총리가 담당하는 것이 아니라, 대통령과 하원의원 선거를 통하여 국민의 선택에 따라 강력한 영도적 대통령제 및 의원내각제와 유사한 동거정부 형태를 띠게 되는 정부형태이다. 즉 의회는 행정부에 대한 불신임권이 있기 때문에, 대통령이 속한 정당이 의회의 다수의석을 차지할 때에는 대통령은 수상을 자기사람으로 임명하여 대통령 중심의 강력한 영도적 대통령제로써 기능하게 되고, 반대로 대통령이 속한 정당이 의회의 소수당일 경우에는 대통령은 다수당의 지도자를 임명할 수 밖에 없고 그것은 수상 중심의 의원내각제 유사한 정부형태로써 코아비타시옹(동거정부)이라고 한다.

제 1 절 政府形態의 意味와 類型分類

I. 權力分立의 具體化로서 政府形態

정부형태가 무엇인가에 관하여는 여러 가지 개념정의가 있을 수 있다. 즉 광의의 개념으로는 국가권력구조에 있어서 권력분립의 원리가 어떻게 반영되고 있는가라는 권력분립의 구조적 실현형태를 말하며, 협의로는 국가기본정책을 결정하는 입법부와 이 결정을 집행하는 집행부의 관계가 어떠한가 하는 것을 의미한다. 최협의로는 집행부의 구조·기능·권한행사방식 등이 어떠한지를 결정하는 집행부의 구조형태를 의미하기도 한다. 일반적으로는 광의의 개념으로 정부형태를 이해하고 있다.[1]

그런데 위에서 언급된 어떠한 개념정의에 따르더라도 정부형태 논의는 권력분립과 밀접한 관련이 있다. 특히 광의의 개념에 따를 때는 정부형태 논의는 권력분립이 구체적으로 어떠한 형태로 구조화되어 있느냐의 문제와 다름 아니다. 즉 정부형태란 권력분립의 기술(記述)을 의미하는 것이다.

특히 권력분립의 의미가 소극적 의미에서 적극적·구성적 의미로 변경된 것으로 이해하는 앞선 논의에 따르면 권력분립과 정부형태의 관계는 더욱 분명해진다. 국민의 기본권 보장을 위한 민주적인 국가권력구성(현대적 권력분립)을 어떤 국가에서는 의회를 중심으로 디자인하며(의원내각제), 어떤 국가에서는 의회와 행정부를 독립하여 디자인하기도 한다(대통령제).

---

1) 홍성방, 701쪽.

II. 區別槪念으로서 國家形態

국가형태란 국가의 전체적 성격을 나타내는 전반적인 조직과 구성에 관한 유형을 말한다. 전통적인 국가형태론은 고대 그리스 시대이래 주장되어온 이른바 혼합정부형태론을 들 수 있다. 아리스토텔레스가 군주제·귀족제·민주제로 나눈 것이 바로 대표적인 예이다. 근대적 이론으로는 옐리네크가 군주국·공화국으로 나눈 것이나, 렘(H. Rehm)이 군주국·귀족국·계급국·민주국으로 나눈 것이 대표적이다.

종래 우리 헌법학 교과서에는 이른바 국체와 정체를 나누어 전자는 주권의 소재에 따라 구분되고 후자는 국가권력의 행사방법에 따라 구분된다는 이론이 일반적으로 소개되어 왔다. 특히 우리 헌법 제 1 조의 민주공화국이라는 문언을 두고 "민주는 국체를, 공화국은 정체를 말한다"거나 "민주와 공화국 모두 정체를 말한다"는 등의 다양한 해석론이 개진되었다. 현대적 국가형태 모델로 자유민주주의 모델과 권위주의 모델이 있고, 또 연방국가와 단일국가로 분류될 수 있다는 견해도 주장되고 있다.[2]

그렇다면 정부형태 논의와 국가형태 논의는 어떠한 관계가 있을까. 일부 견해는 헌법상 국가형태와 정부형태는 상호간의 불가분의 관계에 있고, 헌법상 국가형태와 정부형태를 체계적으로 이해할 것을 주장하고 있다.[3]

그러나 오늘날 대부분의 국가가 명목상이나마 민주주의를 주장하고 특권계급을 부인하고 있는 현실에서 국가형태의 구분이 얼마나 실효성이 있는지는 의문이 아닐 수 없다. 정치학적으로 각 국가의 현실을 분석할 경우 민주국과 권위주의 국가가 어느 정도는 구분이 가능하겠지만, 그 의미는 과거에 비해 훨씬 감소했다는 것을 부인하기 어렵다. 오늘날 국가형태의 논의는 그 의미가 대폭 감소한 반면, 각국마다의 독특한 권력분립 체계를 나타내는 정부형태 논의는 비중이 대폭 증가하였다는 것으로 이해할 수 있다.

---

2) 성낙인, 95쪽.
3) 성낙인, "헌법상 국가형태·정부형태와 정부조직에 관한 연구," 저스티스 제30권 제 4 호, 1997, 7쪽; 한편 성낙인 교수는 국가형태는 보다 거시적인 한 국가의 헌정체제 전반을 의미한다면, 정부형태란 국가형태보다는 좁은 의미로서 주어진 헌정체제에서 권력분립원리의 실천방식이라고 구분하고 있다(성낙인, 92쪽).

Ⅲ. 政府形態의 分類

정부형태는 전통적으로 대통령제·의원내각제·회의정부제로 구분되고 있다. 대통령제는 절대적·경성적 분립관계를 형성하는 경우라면 의원내각제는 상대적·연성적 분립관계를 형성하는 경우라고 하겠다. 반면 회의정부제는 융합적·위계적 분립관계로 나타나는 경우라고 설명하는 것이 보통이다.

이러한 전통적 정부형태론에 대하여 근래에는 현대적 정부형태분류론도 주장되고 있다. 그 예로는 뢰벤슈타인(Loewenstein)의 분류와 파이너(Finer)의 분류를 들 수 있다. 먼저 뢰벤슈타인은 ① 국가권력이 특정인, 특정계층 또는 하나의 정당에 집중되고 집권자가 구속이나 제한 없이 자의적으로 권력을 행사하는 통치체제로 전제주의적 정부형태를 들고 있는데, 이는 다시 ㉠ 부분 또는 개인에 대한 전체의 우위성이 강조되는 전체주의와 ㉡ 국민에 대하여 정통성 없이 군림하고 국민대중의 복종이 용이하게 확보·승인되는 형태인 권위주의로 분류한다. 또 ② 국민의 자유와 권리를 보장하기 위하여 국가권력이 분립되고 권력 상호간의 견제와 균형이 유지되는 정부형태로 입헌주의적 정부형태를 들고 있는데, 이는 국가의사결정에 있어서의 국가기관 협조방식에 따라 ㉠ 직접민주제(스위스) ㉡ 의회정부제(구소련) ㉢ 의원내각제(영국 등) ㉣ 대통령제(미국) ㉤ 집정부제(스위스)로 분류한다.

한편 파이너는 ① 선거로 구성된 대의기관과 대의기관의 결정을 집행하는 집행부가 존재하며, 양자간에 정치적 견제와 균형이 유지되고 있는 형태의 정부를 의미하는 자유민주주의국가 정부형태와 ② 사회전체가 정치화되어 있으며 사회를 정치화하는 관점이 일 개인에게 환원되는 정부를 의미하는 전체주의 국가 정부형태, ③ 마지막으로 제 3 세계국가 정부형태를 들고 있다. 이에는 여러 가지 형태가 있으며, 이는 사이비민주주의 정부형태, 준민주주의 정부형태, 군사정부형태로 세분된다고 한다.

그런데 기존 정부형태론은 각 국가의 정부형태를 유형화하고, 각 형태의 장·단점을 논의하는 것에 집중하였다. 그러나 정부형태에 따른 장·단점은 결국 상대적인 것에 불과하다는 것이 밝혀짐에 따라 이러한 획일적 비교는 다소 진부한 것이 되었다. 따라서 여기에서는 대표적인 정부형태로서 의원내각제, 대통령제를 들고 그 혼합형태로서 이원정부제를 설명하면서, 각 형태에서 권력분립이 어떻게 체계화되고 있는지, 구체적인 운영은 어떻게 되고 있는지, 그리고 그러한 정부형태가 각국에서 정착되고 성공하기 위한 전제조건은 무엇이었는지에 집중하여 논의를 전개하도록 한다.

제 2 절 議員內閣制 政府形態

I. 議員內閣制의 意義

1. 의원내각제의 개념과 유래

의원내각제란 정부형태의 대표적인 유형의 하나로서, 의회에서 선출되고 의회에 대하여 책임을 지는 내각 중심으로 국정이 운영되는 권력분립 시스템을 말한다. 매우 많은 수의 민주주의를 표방하는 국가가 의원내각제 정부형태를 가지고 있는 것이 현실이다. 이러한 이유로 의원내각제라는 정부형태는 각국의 현실에 맞게 수정되기도 하고 변형되기도 했다. 따라서 이미 의원내각제를 몇 마디의 개념규정으로는 설명하기 곤란한 것도 사실이다. 현재 대부분의 견해는 행정부의 이원적 구성, 의회에 대한 정부의 책임, 정부의 의회해산권을 의원내각제의 핵심 징표로 파악하고 있다. 이러한 징표가 실현되고 있는 국가의 정부형태가 의원내각제라고 일응 파악할 수 있겠다.

의원내각제는 영국의 찰스 1세의 장기의회에 기원을 두고 있다고 알려져 있다. 의원내각제는 영국에서 18세기 군주와 시민간의 항쟁과정에서 만들어진 타협의 산물이었지만, 오늘날에는 세계 각국에 널리 보급된 지배적인 정부형태로 발전하였다. 모든 정치제도가 그렇듯이 의원내각제도 영국의 독특한 역사와 정치풍토 속에서 형성·발전된 정치제도이기 때문에 이것 역시 영국의 특수성이라는 한계를 벗어나기 어려운 제도이다. 따라서 어떤 나라에서 영국의 의원내각제를 그대로 채택한다고 하더라도 그것이 곧 영국에서처럼 같은 기능을 발휘할 수는 없는 것이고, 그것을 그 국가의 고유한 사회사상과 정치풍토에 적합하도록 부단히 수정하고 보완해 나가지 않으면 그 정치적 기능은 기대하기 어려울 것이다.

2. 의원내각제의 유형

다양한 국가에서 시행되고 있는 의원내각제는 일의적·획일적으로 개념 정의하기 어렵다고 앞서 말하였다. 이러한 이해의 혼란을 제거하기 위하여 개략적으로 각국의 의원내각제를 몇 가지로 유형화해 보는 시도가 있어 왔다.

먼저 고전적 의원내각제가 있다. 이는 강한 의회·약한 정부의 의원내각제로서 프랑스 제 3·4 공화국이 이에 해당한다. 의회가 정부를 불신임하였으나, 정부는 의회를 해산하지 않는 것이 관례가 됨으로써 고전적 의원내각제가 성립되게 된다.4) 두 번째로 통제된 의원내각제라는 것이 말해진다. 이는 강한 정부·약한 의회의 의원내각제로 독일이 이에 속한다고 한다. 독일은 연방의회가 이른바 건설적 불신임에 의하지 않고는 정부를 불신임할 수 없게 만들어 놓고 있다. 세 번째로 내각책임제가 제시된다. 내각이 의회에 대하여 우위를 점하고 있는 의원내각제를 말하며 현재 영국이 대표적이라고 본다. 영국의 정부는 하원의 다수당으로 구성된 하나의 위원회로 비춰지며, 총 선거는 원래 의회를 구성하는 선거였으나 지금은 수상을 선출하는 선거로 변질되었다고 평가된다. 수상의 각료인선권 독점과 실질적인 의회해산권의 확립으로 인한 수상권한의 강화 등이 내각우위의 내각책임제, 심지어 수상정부제로 변화되었다고 한다.

Ⅱ. 議員內閣制의 운영시스템

1. 의회중심주의

의원내각제는 의회를 중심으로 민주주의가 확립되어 온 영국의 의회주권 전통을 배경으로 생성되었다. 의원내각제 국가에서 국민이 직접 정부에 영향을 미칠 수 있는 유일한 통로는 국회의 구성에 관한 총선에서의 의사표시이다. 의회는 부여받은 민주적 정당성을 기초로 그 밖의 정부기관을 직접 구성하도록 만들어져 있다. 의원내각제 국가에서 의회는 권력분립 구조의 최상위에 위치하는 최고로 중요한 기관이 된다.

---

4) 한편 내각이 의회를 해산할 수 있는 경우를 진정한 의원내각제라고 하고, 의회해산권이 없거나 있더라도 유명무실한 경우를 부진정한 의원내각제라고 분류하는 견해도 있다.

그런데 대부분의 의원내각제 국가는 국회를 양원제로 운영하고 있다는 것이 특징이다. 양원제를 채택한다고 해서 모두 의원내각제 국가는 아니다. 예컨대 대통령제를 채택하고 있으면서도 양원제를 운영하는 미국과 같은 나라가 있다. 그리고 양원제로 의회가 분리되는 경우 의회의 권력이 반감되고 의회의 운영절차가 복잡해진다는 커다란 단점도 있다. 하지만 의원내각제 국가의 경우에는 의회에 권력이 지나치게 집중되는 경향이 나타날 위험이 있을 수 있다. 즉 의회의 다수당의 지도부에 의하여 국가의 전체운영이 좌지우지될 우려가 있는 것이다. 따라서 의회 내에서 일정한 견제 시스템, 일정한 역할분담이 다른 정부형태보다 상대적으로 더 많이 요청된다고 생각한다. 의원내각제를 채택하고 있는 영국은 상원과 하원을 귀족원과 서민원으로 구성하고 있으며,5) 독일은 각 주의 이해관계를 대변하는 상원과 일반적인 국회의원이 구성하는 하원으로 나뉘어져 있다.6) 일본의 경우에는 상·하원 모두 국민이 선출하는 의원이 구성하고 있어 특이점을 보이고 있다.

---

5) 영국의 상원의원은 선거에 의하여 선출되는 의원이 아니라 귀족의 신분을 가진 사람이면 원칙적으로 모두 상원의원이 될 수 있어서 임기도 없고 정원도 없으며 보수도 없는 명예직이다. 영국의 전통적인 귀족은 성직귀족(26명), 법률귀족(20명), 세속귀족(약 1,150여 명) 등이 있으나, 1960년대 노동당집권 당시 많은 노조지도자들을 상원의원으로 임명하여, 현재는 상원도 단순히 귀족원으로만 머물러 있지 않다. 특이한 것은 상원의장은 상원에서 의원들이 선출하는 것이 아니라, 내각구성원 중에서 수상이 임명하는 사람이 겸직하게 되어 있고, 상원이 대법원으로서의 기능도 수행하고 있으므로 의장은 동시에 대법원장도 겸임하게 되어 있다. 현재 상원의원의 수는 약 1,200여 명이나 정상적으로 상원회의에 참석하는 의원은 약 280여 명 정도이다. 상원에는 하원통과 법률안에 대한 수정권이나 폐지권은 인정되지 아니하고, 심의연기권만 부여함으로써 하원이 우위를 차지하는 것으로 되어 있다. 형식적으로는 양원이 각각 독자적인 법률안제출권과 법률안심의권을 갖고 있는 것으로 되어 있으나 실질적으로는 상원은 초당파적인 입장에서 하원통과법안을 지연시키는 기능을 하고 있음에 불과하다. 하원의 임기는 5년이며 650명의 의원이 소선거구에서 선출된다. 의장은 새로운 의회구성 후에 여·야 합의로 선출되는데, 당적을 이탈하는 것이 관례로 되어 있다. 토론과 표결에는 참여하지 않고 가부동수의 경우에만 캐스팅보트를 행사한다. 다른 나라와 마찬가지로 의회가 통법부화하는 경향이 있어 행정부의 행위에 대한 통제기능이 상대적으로 강조되고 있다. 의회코미셔너제도(의원이 아닌 자로 임명되어 스웨덴의 옴부즈만과 같은 역할을 한다)가 활발하게 작용하고 있는 것이 그 좋은 예이다. 하원은 내각불신임권을 갖고 있으나 정당제도의 발달과 수상의 하원에 대한 주도권강화로 인하여 그 실효성이 점차 감소되고 있다(장석권, "영국의원내각제의 특징," 토지공법연구 제 3 집, 1996, 278쪽).

6) 독일의 의회제도는 연방국가적 구조에 크게 영향을 받고 있다. 국민의 직접선거에 의해 구성되는 연방의회가 중심적 입법기관으로 기능하는 반면 연방참사원은 연방의 입법에 각 주가 관여하는 창구의 기능을 담당하고 있을 뿐이어서 제한적인 양원제라는 평가를 받기도 한다. 하지만 이러한 양원제적 입법구조는 독일의 국가조직을 특징짓는 중요한 요소의 하나임에 틀림없다(장영수, "독일식 의원내각제의 한국적 적용," 헌법학연구 제 5 집 제 1 호, 1999, 45쪽).

2. 행정부 구성의 이원성

의원내각제 국가에서는 집행부가 이원적 구조를 갖는다는 것이 또 하나의 징표가 된다. 즉 상징적이고 명목적인 국가원수와 실질적인 집행부 수장의 권한을 갖는 수상이 병존하는 구조를 갖는다. 국가의 통합의 상징으로 국가원수가 존재한다는 것은 장점이 있다. 다만 국가원수가 실질적 권한을 갖게 된다면 그것은 군주국 또는 왕정과 다르지 않을 것이다. 의원내각제 국가는 국가원수를 두는 경우의 이익은 취하고 위험성은 제거하기 위해 상징적인 국가원수를 두는 방법을 선택하였다. 영국7)과 일본의 경우에는 세습되는 국왕이 상징적인 국가원수의 임무를 담당하며, 독일8)에서는 대통령이 이를 담당하고 있다.

한편 실질적인 행정권을 담당하는 행정부의 구성은 상징적인 국가원수와는 독립적으로 구성된다.9) 수상은 의회의 다수세력을 장악한 당의 당수가 되

---

7) 영국의 국왕은 형식적으로는 행정부의 수반이며 입법부의 불가분의 구성부분이고, 사법부의 총수이며, 군 통수권자이고, 영국국교회의 수장의 지위를 가지고 있으나 모두 명목상의 의례적인 권한에 불과하다. 실질적인 통치행위는 수상을 수반으로 하는 국왕전하의 정부(His Majesty's Government)가 국왕의 이름으로 수행한다. 다만 하원에 다수당이 없는 경우 국왕은 조각위촉문제나 의회해산 등 중대한 국사에 관하여 정당지도자들에게 조정의 장을 마련해 주고 직접 중개자로서의 역할을 하는 경우가 있다. 국왕의 재가사항으로는 비록 형식적·의례적이기는 하지만 수상 및 각료임명권과 의회통과법률승인권, 의회의 소집·해산권, 외교·전쟁에 관한 권한, 문무관·법관·총독 및 작위·훈장수여권 등이 있다.

8) 독일은 과거 바이마르 공화국의 실패를 거울삼아 연방대통령에게 강력한 권한을 부여하는 것을 피하고 형식적 국가원수로서의 지위를 인정하는 것으로 방향이 바뀌었다. 이를 위하여 연방대통령이 국민에 의하여 직접 선출되는 대신에 의회를 통한 간접선거의 방식이 선택되었고 연방 대통령의 수상임명도 연방의회에서 지명된 후보자를 임명하는 형식적 행위로 변화되었다.

9) 영국의 행정부는 크게 추밀원과 내각으로 구성된다. 추밀원은 형식상으로는 행정부의 최고기관이지만, 실질적으로는 국왕의 국무에 관한 고문관의 집합체로서 자문기관이다. 추밀원고문관은 현재 약 380여 명인데, 각료는 추밀원의 당연직 고문관이 되며, 추밀원의 의장은 각료가 겸직하도록 되어 있다. 그리고 나머지 고문관은 영연방국가의 저명인사 중에서 수상의 추천으로 국왕이 임명한다. 또 추밀원사법위원회는 법원의 판결에 대한 상소사건을 다루는 최종상소법원으로 할 수 있다. 한편 내각은 수상과 각료로 구성되어 있으며 실질적으로 행정권을 담당하고 있는 최고합의제기관이다. 수상은 국왕이 임명하되 하원의 다수당의 당수를 임명하는 것이 관례로 되어 있다. 누가 수상에 될 것인가는 총선거의 결과에 의해서 거의 자동적으로 결정되기 때문에 국왕이 수상후보자를 지명할 수 있는 재량의 여지는 거의 없게 된다. 그러나 하원에 과반수를 차지하는 정당이 없는 경우에는 상대적 다수당의 당수가 연립내각을 구성하게 되며, 이때에는 일반적으로 연립협약을 체결한다. 수상은 국왕으로부터 임명을 받으면 의회로부터 불신임을 받거나 스스로 내각을 사임하지 않는 한 다음 총선거까지의 5년간은 임기가 보장된다.

는 것이 보통이며, 행정부를 통합하는 역할을 한다.10) 내각의 각료도 국회의
원이 임명되는 것이 일반이다. 수상과 내각의 정국운영은 총선거에서 직접적
으로 심판을 받게 되므로, 의원내각제가 책임정치 구현에 적합한 제도라는 평
가를 받는 것이다. 그러나 국회의원이 아닌 자가 각료가 되는 것이 완전히 부
정되는 것은 아니다. 다만 국회의원이 아닌 자가 각료가 되면 의원내각제의
장점이라고 할 수 있는 책임정치 실현이 불가능하게 된다. 이를 정치적 책임
으로부터 초연하다고 하여 초연내각이라고 표현한다. 일본의 경우 각료 중 반
이상이 국회의원이어야 한다는 조항을 두어서 이 문제를 해결하고 있다.

3. 의회와 행정부의 관계

그런데 의원내각제의 핵심적 징표는 바로 의회와 정부, 특히 내각과의
관계에서 가장 명확하게 나타난다. 먼저 의회의 다수파에 의하여 정부가 구
성된다. 이를 의존성의 원리라고 표현한다. 뿐만 아니라 의회는 내각 불신임
권을 갖는다. 행정부의 구성과 존립이 의회의 의사에 절대적으로 종속하고
있는 것이다. 다만 정부도 의회해산권을 갖고 있어서 정부와 의회의 세력이
균형을 이루게 된다.11) 따라서 의회가 내각을 불신임할 경우 동시에 정부는

---

10) 영국에서의 수상의 공식명칭은 제 1 대장경(First Lord of Treasury)이다. 수상은 집행권을
실질적으로 담당하고 있는 집행부의 장인 동시에 내각의 의장이며 집권당의 당수이고, 하
원의 지도자이다. 수상은 이러한 지위에 근거하여 국정전반을 총괄하는 권한과 국군통수
권·국가긴급권 및 외교에 관한 권한을 가지고 있을 뿐만 아니라 재량적인 각료해임권, 각
료합의문절정권, 내각위원회설치구성권, 하원의 의사일정작성조정권 등을 가짐으로써, 이제
는 마치 대통령제에 있어서의 대통령에 못지 않은 권한을 행사하고 있다. 이렇게 수상의
지위와 권한이 강화된 것을 가리켜 영국의 의원내각제는 의회와 내각 사이에 권력이 균형
을 이루던 고전적인 의원내각제로부터 시작하여 권력이 내각으로 편중되어 운영되는 내각
책임제로 발전하였고, 오늘날에는 다시 권력이 수상에게로 집중되어 운영되는 수상정부제
로 변모하였다고 한다. 따라서 영국의 수상은 이제 각료 중의 제 1 인자가 아니라 국가구조
의 초석이며, 유성들이 회전하는 축인 태양과 같은 정도로 그 지위가 강화되었다. 따라서
수상이 각료의 의장이라는 것은 단순히 1인 1표라는 합의체의 구성원으로서의 중립적인
사회자가 아니라 각의의 구성원을 임면하고 궁극적으로 각의에서 토의하여 결정하는 정책
에 조정자적 역할을 한다. 그리고 오늘날에 와서 더욱 수상의 지위를 강화시켜 주는 것 중
의 하나는 총선거의 양상이 변화하여 선거민은 개개의 의원을 선출하는 것이 아니라 정당
의 선택, 다시 말해서 수상후보자를 직접 선택하는 것이므로 수상은 각료들보다 우월적 지
위를 갖는 것은 물론 각의보다도 우월적인 지위에 있는 것이다. 뿐만 아니라 수상의 하원
해산에 대한 결정도 1981년 이래로부터는 각의에서 논의하여 결정하는 것이 아니라 수상
이 재량으로 결정할 수 있게 됨으로써 각의는 사실상 공동화되지 않을 수 없게 되었다.
11) 영국에 있어서도 내각은 원칙적으로 하원의 신임에 의하여 성립하고 존속하며 하원의 불
신임결의가 있으면 총사퇴하거나 이에 대응하여 하원을 해산할 수 있는 하원해산권을 가

의회를 해산하여 총선거를 치루게 된다. 총선에서 나타나는 의회의 세력분포를 통해 정부와 의회의 세력관계는 조정이 된다. 국민이 내각의 손을 들어준다면 내각이 소속하고 있는 정당이 다수당으로 다시 확인될 것이며, 의회의 손을 들어준다면 의회의 다수당이 바뀌고 그에 의하여 수상이 새롭게 선출되게 될 것이다.

이상을 볼 때 의원내각제는 정부와 의회간 극한의 권력투쟁을 예정하고 있는 것으로 보일 수 있다. 그러나 실제로 의원내각제에서 입법부와 정부는 실질적으로 공화와 협조관계에 서게 된다. 만약 그렇지 않다면 국정의 불안 때문에 국가의 존립 자체가 위태로워지기 때문이다. 의원의 각료겸직, 정부의 법률안제출권, 각료의 의회출석 발언권과 의회의 각료에 대한 의회출석 발언요구권 등은 이러한 공화와 협조관계의 증거라고 하겠다.[12]

그럼에도 의회 군소정당의 이합집산과 무분별하고 신중하지 못한 내각불신임 등은 의원내각제의 안정적 운영을 위협하는 요소로 남아 있다. 이에 대하여 독일 기본법은 이른바 건설적 불신임제도를 마련하고 있다. 즉 의회의 다수로써 후임자를 선출하지 않은 상태로는 현 수상에 대한 불신임을 의결할 수 없도록 한 것이다(독일기본법 제67조). 물론 이러한 의회의 불신임에 대응하여 연방수상의 제청에 따라 연방대통령이 3주 이내에 의회를 해산할 수 있도록 규정하고 있다. 그러나 연방의회가 다수결로써 새로운 연방수상을 선출하면 해산권이 소멸된다(같은 법 제68조). 또 불신임의결이나 의회해산의 결정은 발의 후 48시간 이후에 내려져야 한다. 이러한 절차들을 통하여 내각불신임권이나 의회해산권이 남용되는 것을 막고 신중한 결정을 요구함으로써 정국의 불안정을 예방하고 있는 것이다.

지고 있다. 그런데 수상은 행정권을 실질적으로 담당하는 행정부의 장이고 각의의 의장이며 집권당의 당수인 동시에 하원의 지도자이다. 따라서 하원의 다수당이 과반수를 확보하고 있는 이상 하원의 내각불신임권 행사는 거의 불가능에 가깝다. 실제 정치에 있어서도 여당의원들은 자기당 내각의 패배를 원하지 않기 때문에 내각이 제출한 법률안이나 예산안은 무조건 통과시키는 통법부로서의 역할을 하고 있다. 왜냐하면 영국의 경우 내각이 제출한 법률안에 대하여 하원이 이를 부결하게 되면 그것은 곧 하원의 내각에 대한 불신임으로 간주하게 되는 경우가 허다하므로 내각이 제출하는 법률안 등에 대한 여당의원들의 반대는 대단히 어렵게 된다. 따라서 하원은 내각에 의하여 주도되는 기관으로 변질하여 내각의 기능발휘에 보조하는 역할을 수행하는 보조기관에 불과하게 되었다고 하여 이를 가리켜 이른바 '하원의 협찬회의화'라고 하기도 한다.

12) 홍성방, 708쪽.

4. 정당구조의 안정화 장치

의원내각제가 의회의 민주적이고 안정적인 활동에 절대적으로 의지하고 있다는 것은 앞선 내용을 볼 때 당연히 추론된다. 의회 내에서의 권력투쟁이 극단화될 경우 내각은 안정적인 국정운영을 하기는커녕 제대로 구성되고 존립될 수도 없게 된다. 의회는 정권을 잡기 위한 음모와 결탁이 난무하게 될 것이다. 여러 정치세력이 집권을 위하여 결탁하여 연립내각을 구성하는 경우에는 내각은 일관되고 소신 있는 활동을 애초에 하지 못하게 된다.

따라서 의회세력의 안정 없이는 성공적인 의원내각제는 존재할 수 없다. 의원내각제가 성공적으로 운영되고 있는 나라들은 대부분 전통적으로 정당정치가 고도로 발달된 나라인 것이 보통이다. 영국과 같은 경우 안정적인 양당제가 확립되어 있다.13) 특히 이념정당의 전통이 있어서 양당간의 정략적인 결탁이나 의원들의 임의적인 당적변경은 이루어질 수 없다.

독일은 영국과 같은 양당제의 전통이 있지는 않다.14) 바이마르 공화국 시절 독일은 다수당의 난립과 무분별한 연립정권의 탄생으로 인해 엄청난 혼란을 겪은 경험이 있다. 따라서 독일에서는 복수정당제의 원칙을 존중하면서 극단적인 군소정당의 난립을 막기 위한 시도를 하고 있다. 이것이 바로 비례대표제에 있어서의 저지조항15)과 같은 제도16)이다.

---

13) 영국 정당제도는 보수당과 노동당 그리고 자유당과 사회민주당 등이 있으나 자유당과 사회민주당은 영세소당으로 사실상 보수당과 노동당의 양당제도가 확립되어 있다. 그러나 자유당과 사회민주당에서는 대륙국가들처럼 다당제도를 도입하여 국민들의 선택의 폭을 넓혀주어야 한다고 주장하고 있다.

14) 독일에서는 의회의 실질적인 주체는 자유로운 개인으로서의 의원들이 아니라 그 의원들이 소속되어 있는 정당이라고 인식되고 있다. 이른바 정당국가화 경향은 독일의 의회주의에도 심각한 영향을 미쳤다고 평가된다.

15) 독일은 656명의 연방의원 중에서 328명이 지역구이고 나머지 328명은 전국구인데, 선거권자는 한 표는 지역구후보에게 다른 한 표는 주단위로 전국구후보자명단을 제시해 놓은 정당 중에서 한 정당을 골라 투표한다. 이 경우 유효한 제2투표의 5% 이상을 획득했거나 지역선거구에서 최소한 3명 이상의 당선자를 낸 정당만이 비례대표의 의석배분에 참가할 수 있다.

16) 참고로 우리나라는 공직선거법 제189조 제1항에서 "중앙선거관리위원회는 비례대표국회의원선거에서 유효투표총수의 100분의 3 이상을 득표하였거나 지역구국회의원총선거에서 5석 이상의 의석을 차지한 각 정당(이하 이 조에서 "의석할당정당"이라 한다)에 대하여 당해의석 할당정당이 비례대표국회의원선거에서 얻은 득표비율에 따라 비례대표국회의원의석을 배분한다"라고 규정하여 이와 같은 규정을 두고 있다.

Ⅲ. 議員內閣制의 長短點과 成功의 條件

1. 장 · 단점

의원내각제의 장점으로는 첫째 내각의 존속과 진퇴가 의회의 의사에 의존하기 때문에 민주주의 원리에 더 잘 부합한다는 점, 둘째 내각이 의회에 대하여 직접 정치적 책임을 지므로 책임정치 실현에 유리하다는 점, 셋째 내각의 의회해산권과 의회의 내각불신임권 행사로 정치적 대립을 해결하는 데 용이할 뿐만 아니라 중립적인 국가원수가 정치적 대립을 조정할 수 있다는 점 등이 제시된다.

반면 단점으로는 군소정당이 난립할 경우 입법부가 정쟁의 장소로 전락하고 결국에는 전체적인 정국이 불안해진다는 점, 내각의 존속이 입법부에 달려 있기 때문에 강력하고 일관된 정책추진을 할 수 없다는 점, 다수당이 의회를 장악하면 자칫 국가조직 전반을 장악하여 다수결의 횡포가 발생한다는 점 등이 있다.

2. 성공의 조건

그러나 이러한 장 · 단점의 구분은 큰 의미가 없다. 어느 나라에서는 장점으로 인식되는 것이 어느 나라에서는 부작용만을 발생시키고 오히려 단점으로 나타나기도 한다. 오히려 의원내각제를 잘 운영하고 있는 나라들이 그것을 성공할 수 있었던 조건은 무엇이었는지를 살피는 것이 의미가 크다.

보통 의원내각제의 성공조건으로는 복수정당제의 확립, 국민의 동질성과 화합, 언론의 자유와 정치적 자유의 완전한 보장, 문민정부의 전통과 군부의 중립성, 직업공무원제의 확립, 지방자치제의 확립, 정치인과 국민의 정치의식 수준의 성숙 등을 들고 있다.[17]

이렇게 열거된 조건들은 의원내각제가 성공하기 위한 조건이라고 하기보다는 (정부형태를 불문하고) 모든 민주주의 국가가 성공하기 위한 조건을 열거한 것이라고 말할 수 있다. 하지만 의원내각제는 확실히 대통령제나 기타의 정부형태보다는 유동적이고 복잡한 구조를 가지고 있음에 틀림없다. 따라서

---

17) 홍성방, 708쪽.

상당부분 헌법적 관습에 의하여 운영의 묘를 살리는 것이 관건이 된다고도
할 수 있다. 만약 그렇게 되지 못할 경우 국정이 혼란해지고 파탄이 나거나,
아니면 영구적인 사실상의 독재가 되는 예가 심심찮게 존재한다. 따라서 국
민의 공동체 의식과 성숙한 정치문화가 의원내각제의 성공조건으로서 절실히
요구된다고 생각한다.

제 3 절 大統領制

I. 大統領制의 槪念과 由來

1. 대통령제의 의미

대통령제라 함은 권력분립이 엄격히 행해지고 권력기관 상호간의 독립과
견제와 균형이 보장되며 국민에 의하여 선출된 대통령이 행정권을 행사하는
정부형태를 말한다. 오늘의 민주주의적 정치질서에 있어서 대통령제는 의원
내각제와 함께 그 양대 산맥을 형성하고 있다. 의원내각제가 영국에 있어서
의 오랜 역사적 정치적 관습과 경험의 산물인 것과는 달리, 대통령제는 세계
에서 가장 오래된 미국의 성문헌법을 기초로 하여 채택된 사변의 산물을 의
미하고 있다.[18]

대통령제는 미국연방헌법에 의하여 만들어졌으며, 미국에서 가장 성공적으
로 운영되고 있다. 미국의 연방헌법은 영국의 경우와는 달리 소수의 헌법 기초
자들에 의해 새로이 만들어진 문서이다. 그들은 미국정치사회에 있어 폭군의
횡포와 무정부상태를 함께 방지하기 위하여 정부조직에 있어 권력의 분립과 견
제와 균형의 원칙을 추구하려 하였다. 미국 대통령제의 권력구조의 내용과 특
징은 간단하게 말하면 전형적인 대통령제 권력구조의 내용과 특징인 3권분립의
원칙, 즉 삼권간의 견제와 균형, 그리고 미국은 연방제이기 때문에 연방정부와
주정부들 사이의 지역적인 권력분배의 원리를 그 내용으로 하고 있다.[19]

---

18) 한충록, "대통령제 소고," 공법연구 제27집 제 3 호, 1999, 120쪽; 임종훈, "미국대통령제
   의 현실과 전망," 헌법학연구 제 4 집 제 2 호, 1998, 127쪽.
19) 미국의 대통령제 성립 과정에서 나타난 세 가지의 주된 모델을 보면 다음과 같다. 먼저
   Hamilton형은 의회에 대한 집행부 우위의 대통령제이다. 비상사태의 극복이나 급속한 경

2. 미국의 대통령제 채택의 근거

미국에서 대통령제를 채택하게 된 근거는 대체로 세 가지 정도가 제시된다. 첫째 미국에서는 유럽에서 볼 수 있었던 봉건적·절대적 정치세력이 존재하지 않았기 때문에 미국은 영국에 비하여 근대국가의 형성도 용이하게 성취하였으며 시민계급과 무산계급과의 모순·대립도 일찍 해소되었던 것이다. 그러므로 군주의 일원적 권력체제가 아닌 근대적 자유정신에 입각한 대표원리를 전개해 나갈 수 있었던 사회구조가 마련되어 있었다는 점이다. 이러한 근거 하에 미국의 상하원이 대등한 입장에서 같은 국민의사를 대표하고 의회와는 독립적 지위를 가지면서 국민의사를 대표하는 대통령에게 행정권을 집중시킬 수 있었다.

둘째 헌법 제정 당시만 해도 선거권에는 재산적 조건과 자격에 의한 엄격한 제한이 있었기 때문에 엄격한 의미에서 의회를 통하여 무산계급의 의사와 이익을 보장할 수는 없었다. 전제에 대한 공포심리는 대륙에서 본 바와 같은 전제적 집행부에 대해서뿐만 아니라 인민 대중과 가장 직접적으로 연결할 수 있는 입법부, 특히 하원에 대해서도 품고 있었다. 더욱이 당시 엄격한 재산조건을 선거권·피선거권의 자격조건으로 삼았던 제한선거에 의하여 당선되는 국회의원은 모두 부유한 자본가 출신임에 틀림없고 이들에 대한 계급전제도 억제할 필요가 있었다.[20]

셋째 미국 헌법의 제정자들이 영국식의 의원내각제와 상이한 대통령제를 채용한 것은 의원내각제가 영국의 특수사정을 반영한 것과 마찬가지로 미국의 특수성을 참작한 결과라고 하겠다. 당시 그들이 3권분립의 대통령제를 채택한 이유로서 영국과 같이 의원내각제를 시행할 조건을 갖추지 못하였고 또

제개발의 필요성이 제기되는 경우에 볼 수 있는 유형으로서, 정통성보다 능률성을 강조하는 입장이다. 다음 Madison형은 집행부에 대한 의회 우위의 대통령제이다. 평상시에 무능한 대통령이 집권하는 경우의 유형으로서, 능률성보다 정통성을 중시한다. 한편 Jefferson 형은 집행부와 의회가 대등한 지위에 있는 대통령제이다. 평상시에 원내다수당의 지지를 배경으로 하여 정치가 안정되는 경우의 유형으로서 능률성과 정통성이 동일하게 강조되는 유형이다.

20) 특히 1787년 메디슨은 입법부는 어디에서든지 그 활동의 범위를 확대하고 있으며 모든 권한을 자기의 맹렬한 소용돌이 속에 집어넣으려고 한다고 말하였으며, 자본주의의 발전에 따라 증가하는 버림받은 사람들, 즉 노동자계층의 이익을 대변해 주는 기능을 민선대통령에게 기대할 수 있겠다고 예견하였다.

연방제도를 배경으로 한 당시의 특수한 정치정세가 강력한 집행기능을 요구
했기 때문이라고 말할 수 있다.[21]

II. 大統領制의 本質的 徵表

1. 집행부의 일원적 구조

의원내각제와 대통령제를 구분하는 데 있어 가장 근본적인 징표는 집행
권의 구조에 있어서의 일원주의와 이원주의라고 하겠다. 대통령제에 있어서
집행권은 일원적 구조에 입각하고 있다. 서구 유럽과 같이 절대군주제의 전
통이 없는 미국에서는 대통령이 국민의 선거에 의하여 선출되는 한 그는 부
정을 저지르지 않을 것이며, 그 행위에 대하여 당연히 국민에게 정치적 책임
을 지게 될 것이라는 믿음을 가지고 있었다. 따라서 대통령에 대신하여 따로
책임을 져야 할 기구도 있을 까닭이 없고 부서제도와 같은 것도 존재할 필요
가 없게 된다.

대통령제에 있어서 대통령은 국가원수로서의 권한과 함께 집행권의 모든
권한을 그 자체의 책임에 의하여 수행하고 있는데 이것을 집행부의 일원적
구조라고 말하는 것이다. 대통령에 있어서 내각[22]에 있어서의 결정은 대통령
에 대한 하등의 기속력을 갖는 것이 아니며, 대통령은 행정부의 수장으로서
철두철미 각부 장관을 통할하여 직접적으로 행정을 지휘하는 것이다. 물론 최
근에는 미국을 비롯한 대통령제 정부형태를 취하고 있는 국가에서도 내각은
국가의 거시적 운영에 있어서 불가결한 기관으로 정착되어 가고 있다고 한다.

2. 대통령의 직선제와 임기제

대통령제에 있어서 대통령이 국민에 의하여 선출되고 그 임기 동안 재직
하며 정치적 책임을 지지 아니하는 것을 본질적 요소로 한다. 대통령제에 있
어서 대통령의 직선제[23]는 집행권에 대한 의회의 영향을 배제하여 집행권의

---

21) 윤용희, "미국 대통령제에 관한 연구," 한국동북아논총 제 4 집, 1997, 3쪽.

22) 미국에서의 내각은 1793년 대통령이 3명의 장관 및 검찰총장과 함께 협의를 거듭한 선
  례에서 비롯된 것이라고 한다. 법률에서 내각이란 용어가 사용된 것은 1907년 이후의 일이
  라고 한다.

23) 미국의 대통령 선거는 오랜 시간과 긴 과정을 거쳐 결정하는 매우 복잡한 선거절차를 갖

독립을 보장하는 것을 의미한다. 그러한 의미에서 대통령의 국민에 의한 직접 선출은 권력분립의 엄격한 적용을 의미하는 것이다.

이에 따라 대통령이 의회와 더불어 국민을 대표하게 됨으로써 대통령제에 있어서의 이른바 이중적 대표(double representation)의 문제가 제기된다. 의원내각제에 있어서는 의회만이 유일한 국민의 대표이기 때문에 대통령제와 같은 문제점은 발생하지 않는다.

대통령은 국민에 의한 직선을 통해 국민주권에 근거한 강력한 권력의 정당성 기초를 확보하게 된다. 따라서 자칫하면 대통령은 강력한 그의 권한을 바탕으로 자의적인 권력행사를 하거나 독재를 시도하여 마치 군주국가의 군주와 비슷해질 우려가 있다. 대통령의 임기제는 대통령의 집권이 영구화되지 않고 반드시 일정기간 후에 국민에 의하여 직접 정치적 책임을 묻게 하기 위한 핵심적인 제도이다.

한편 임기제는 임기 동안의 대통령의 정치적 무책임성을 보장하고 있는 것이기도 하다. 특히 의회에 대하여 정치적 책임을 지지 않게 되므로, 임기제는 대통령제의 최대 장점인 정부의 안정성과 권위성을 보장하는 핵심적인 요인으로 평가되기도 한다.

3. 권력의 분립과 권력의 독립

입법권과 집행권의 상호독립이야말로 대통령제와 의원내각제 내지 의회정부제를 구별할 수 있는 결정적 요인이다. 따라서 대통령제의 본질적 징표로서 입법권과 집행권의 상호 독립이 유지되는 한, 집행권이 이원적 구조를 취하거나 집행권이 의회에 의하여 선출되는 경우일지라도, 그 정부형태는 일

고 있다. 각 정당이 전당대회에 파견할 대의원을 선정하는 예비선거(primary election)와 당원집회(caucus). 예비선거는 당원들이 직접선거하는 것이고, 당원집회는 사전에 선출된 유력당원이 모여 협의와 투표로 선출함. 전당대회와 대통령 후보지명과정, 주민의 직접적인 선거인단 선거(11월 첫 월요일 다음에 오는 화요일에 실시. 선거인은 자신이 어느 후보를 지지하는가를 미리 밝히기 때문에, 이 날이 사실상 직선 대통령 선거이다. 선거인선거는 각주 단위로 개표하며 한 주에서 1표라도 더 많이 얻은 후보가 그 주의 선거인단표를 독점한다. 단, 네브라스카주와 메인주는 예외. 현재 선거인단 총수는 워싱톤 DC의 콜럼비아 특별구 3인과 상하 양원수를 합한538인. 그 과반수인 270인 이상을 확보), 선거인단의 간접적인 대통령선거(12월 둘째 수요일의 다음 월요일에 형식상 각 州都에서), 선거의 결과는 다음 해 1월 6일 상하원합동회의에서 개표하고 상원의장이 발표한다. 선거인단의 과반수 이상의 득표자가 없을 때, 하원이 대통령을 선출하고 상원이 부통령을 선출한다. 자세한 것은 권영성, 759쪽 참조.

단 대통령제라고 할 수 있다.

대통령제가 이러한 철저한 권력분립 형태를 취하게 된 것은 미국 헌법이 몽테스키외의 권력분립사상을 도입한 것이기 때문이다. 그는 국가권력의 분리·독립에 의한 균형정부를 지향하였다. 따라서 미국 헌법에 있어서의 권력분립원리는 권력의 집중과 남용을 배제함으로써 개인의 정치적 자유를 확보하는 것을 이념으로 하는 자유주의적 통치기구의 구성원리를 의미하고 있다.

대통령의 의회에 대한 정치적 무책임, 즉 의회의 내각 불신임권을 인정하지 않는 것은 대통령이 의회에 종속되는 것을 방지하는 안전판이 된다. 또 대통령이 이에 상응하여 의회해산권을 갖지 못하는데 이것은 서로 분립된 두 권력의 평화적 공존을 추구하기 위함이다. 이러한 이유로 의회의 의원과 정부의 각료의 겸직이 원칙적으로 금지되고 있으며, 정부의 법률안제출권, 집행부 구성원의 의회에서의 출석과 발언이 금지되고 있다.[24]

그러나 대통령제에 있어서 엄격한 권력분립에 기반한 권력간의 고립과 상호봉쇄는 궁극에 있어서 국가기구의 불구성과 혼란을 가져오는 요인이 되기도 한다. 특히 미국에 있어는 엄격한 당규율의 결여와 권력의 분산으로 말미암아 정치과정에 있어서의 긴장과 대립이 심화되고 있다고 한다. 다만 오늘날과 같이 정당국가적 상황이 도래한 상황에서 입법권과 행정권을 가교조정하는 영향을 정당이 담당하고 있다. 국가권력의 통일적인 작용을 위한 현실적인 돌파구가 정당의 가교역할에 의하여 마련되는 것이다.

Ⅲ. 大統領制의 長·短點

흔히 대통령제의 장점으로는 다음과 같은 것을 들고 있다.

첫째 강력한 책임정치가 가능하다고 한다. 국민의 직선에 의하여 대통령이 선출되기 때문이다. 둘째 정치의 안정을 도모할 수 있다. 의회와 정부간의 불신임이나 해산권이 인정되지 않으므로 임기 내에는 정치적 갈등이 표면화되지 않는 것이 보통이기 때문이다. 셋째 행정의 안정성이 확보된다. 대통령

---

24) 다만 대통령의 법률안거부건과 법률안 서명 공포권, 부통령의 상원의장 겸임, 의회의 조약 체결 비준 동의권, 고위공무원 임명에 대한 동의, 국정조사권, 탄핵소추권, 예산안 및 재정지출에 대한 심의권 등은 양 권력이 적절하게 간여하는 길을 열어두고 있다.

은 특별한 사유가 없다면 임기 동안 책임 있는 행정과 정책을 추진해 갈 수 있기 때문이다. 넷째 국회의 졸속입법을 방지할 수 있다고 한다. 대통령은 법률안거부권 행사를 통해 소수자의 이익을 방지하고 의회의 경솔한 행동을 방지할 수 있기 때문이다.

반면 단점으로 제기되는 것은 다음과 같다.

첫째 대통령의 독재화가 우려된다. 국민직선에 의한 민주적 정당성을 기반으로 한 강력한 권력을 사실상 통제하기 곤란하기 때문이다. 둘째 3권간의 대립과 갈등을 들 수 있다. 임기 동안 권력갈등이 표면화되지 않는 장점은 있으나 이것을 해소할 절차도 마련하고 있지 않기 때문에 충돌이 발생한 경우 이를 극복하기 곤란한 것이 보통이다. 셋째 대통령제의 경직성을 들 수 있다. 대통령 개인에게 지나치게 많은 권한이 부여되기 때문에 대통령의 갑작스런 유고나 사고가 있을 경우 정국이 극심한 혼란으로 치달을 가능성이 높다. 넷째 대통령의 선거방법상의 문제가 있다. 일단 국민의 지지를 얻어야 대통령으로 선출되게 되므로 인기에만 치중할 뿐 신념과 능력을 가지고 있는 대통령 후보자가 반드시 선출되지는 못한다는 것은 커다란 문제이다.

그러나 이러한 장·단점은 서로 전혀 다른 별개가 아니다. 같은 제도가 잘 운용되면 장점이고, 잘못 운용되면 단점이 되는 관계이다. 따라서 이러한 장단점의 형식적 비교보다는 제도가 어떠한 조건을 갖출 때 잘 운용되게 될 것인지를 살피는 것이 훨씬 유용하다. 특히 미국 이외의 나라에서는 거의 성공의 예를 찾을 수 없는 대통령제에 있어서는 더욱 그러하다.

Ⅳ. 美國 大統領制의 成功條件과 發展의 土臺

미국의 대통령제는 중남미, 아시아·아프리카 등 그 제도 채택의 용이성으로 많은 나라에 수용되었지만 거의 모두 실패하여 대통령 독재화의 경향을 띠게 되는데 이를 신대통령제(Neopresidentialism)라고 부른다.25) 그렇다면 대통령제가 유독 미국에서 국가의 번영과 국민의 자유를 동시에 보장할 수 있었

---

25) 뢰벤슈타인 교수는 대통령제는 미국 이외의 나라에서는 민주주의 '죽음의 키쓰'를 의미하고, 결국 폭력적 지배를 은폐하는 사이비(似而非)민주주의로 전락하고 말았다고 간파했다. 최대권, 333쪽 참조.

던 고유한 토대는 무엇이었을까?

첫째로 연방제와 지방자치제의 성공적 수행을 들 수 있다. 연방제는 중앙정부의 권한이 제한되어 있고 연방정부 자체가 국민의 기본권에 직접 관계하는 분야가 비교적 좁은 범위에 국한되어 있기 때문이다. 이 제도를 통해 중앙정부의 강력한 권한은 억제되고 주의 고유한 권한을 우선시킴으로써 강력한 대통령이 독재로 흐르는 것을 방지하였다고 하겠다. 한편 주지사를 비롯하여 시(city), 군(county), 구(bourough) 등 지방자치단체 장이나 지방의회 의원을 모두 직선함으로써 중앙정부에 대한 권력의 수평적·수직적 통제가 잘 이루어지고 있음은 잘 알려진 사실이다.

둘째 의회가 대통령의 권한행사에 강력한 제동을 걸고 있다는 점을 들 수 있다. 대통령의 고유권한영역으로 되어 있는 정책결정과 정책집행도 이를 위해서 입법의 형성과 재원의 승인이 필요하기 때문에 대통령과 연방의회가 공동으로 수행하지 않으면 안 되는 경우가 많다. 따라서 대통령의 임기 4년 중 하원의원(435명) 임기 2년 상원의원(50개주 각 2명 100명) 임기 6년(매 2년마다 1/3씩 선출)으로 중간선거26)가 있어 대통령의 권한행사에 대한 간접적인 평가가 이루어진다.

셋째 공명선거의 확립이다. 대통령, 주지사, 상·하의원, 각종 지방자치단체의 장이나 의원 등이 모두 선거로 선출되는데, 그 과정이 공정하다는 것이다. 물론 선거에 많은 돈이 드는 것은 사실이나 정치자금법의 엄격한 집행으로 소액다수주의 원칙과 그 수입·지출을 투명하게 하는 등 국민 스스로 참여하여 주권을 행사하는 민주주의 축제로 승화시켜 나가고 있는 것이다. 다시 말하면 민주적 시민의식의 성숙이다.

넷째 헌법의 수호자로서 법원의 권위가 확고하다는 점도 들 수 있다. 일반 법관의 신분상·직무상의 권위가 인정되어 법치주의 최후의 보루로써 역할을 다하고 있다. 나아가 사법부는 행정부와 입법부에 의한 일체의 간섭 없이 독자적으로 위헌심판까지 행사하고 있다. 즉 대법원의 9명의 대법관은 종신직으로써 연방의회와 대통령에 의하여 취해진 정치적 판단(정책입법)에 대

---

26) Midterm Election이라 하며, 2002년 11월 상원의원 34명과 하원의원 435명 전원 및 50개 주 가운데 36개 주지사를 선출하였고, 2004년 11월 총선거(General Election)로써 대통령선거와 상원의원 33명 하원의원 435명 전원 및 14개 주지사 선거가 있게 된다.

한 통제의 기능까지 담당하고 있는 것이다.

다섯째 검찰과 경찰이 정치적 중립을 지키며 엄격한 법집행을 통하여 민주주의의 기반이 되는 법치주의를 잘 실현하고 있다. 많은 경우에 검찰이나 경찰서장 등은 선거로 선출되는 경우가 있는데, 어떻든 미국에서 검·경이 권력편향적 법집행으로 문제되는 것을 듣지 못했다.

여섯째 미국은 어느 국가보다도 언론의 자유가 잘 보장되고 있다는 점을 들 수 있다. 모든 시민은 행정 등에 대하여 정보를 공개할 것을 요구하고 자유롭게 비판할 수 있다. 또한 어느 정치인이든 뇌물이나 여성 편력 등 도덕적 추문으로 언론에 추적을 받게 되면 그것으로 정치생명이 끝난다고 할 정도로 언론은 막강한 힘을 갖고 정부의 제4부로써 군림하고 있는 것이다. 대통령의 독재 야욕은 이러한 분위기에서 감히 엄두도 못내게 되는 것이다.[27]

마지막으로 미국에는 자유주의와 자본주의에 대한 정치적 동질성이 존재할 뿐만 아니라 정치 이념적인 양극화 현상이 존재하지 않는다는 점도 성공 조건이 된다. 미국의 풍부한 경제력을 바탕으로 타협과 합의라는 현상이 일반화될 수 있다는 강점을 무시할 수 없다. 나아가 미국 시민사회의 자유와 정의에 대한 강한 신념(헌법에의 의지)은 독재가 성립되지 못하도록 강력한 저항을 수행해 왔다는 점도 높이 평가된다.

이상의 모든 조건들이 미국 대통령제의 성공 토대이며, 따라서 우리나라의 대통령제가 제왕적 대통령제가 아닌 민주적 대통령제로 기능하기 위하여는, 우리도 그러한 여건을 만들어가야 한다는 것이다.

제4절 二元政府制

I. 二元政府制의 意味와 由來

1. 이원정부제의 의미

이원정부제는 대통령제와 의원내각제의 장점을 취하고자 만들어진 제3의 정부형태라고 말할 수 있다. 이원정부제는 의원내각제에서 나타날 수 있

---

27) 윤용희, "미국 대통령제에 관한 연구," 한국동북아논총, 1997, 18쪽.

는 정당의 이합집산에 따른 정국의 불안정을 대통령에게 강력한 영도적 권한 (국가긴급권 또는 비상대권·의회해산권·국민투표부의권)을 부여하여 극복하려는 시도였다고 이해된다.

이원정부제에 있어서는 대통령과 국회가 모두 국민에 의하여 직접 구성 되는 것이 일반이며, 행정권이 대통령에 의하여 일원적으로 관장되지 않고 대통령과 더불어 수상이 행정권을 담당하는 특징을 보인다.[28] 즉 이원정부제 하에서 집행권에는 적어도 제도적으로는 대통령으로부터 독립된 지위를 갖고 행정부를 이끌 수 있는 수상이 존재한다(우리나라의 국무총리는 대통령의 명을 받아 행정 각부를 통할하는 단순 보좌기관이다). 국회는 수상을 불신임할 수 있다는 것은 의원내각제와 유사하나, 수상은 국회를 해산할 수 없고 대통령이 국회해산권을 갖는다는 것은 특이한 점이다.

2. 바이마르 공화국의 이원정부제와 그 실패

독일은 시민혁명에 성공하지 못했고 1871년에야 철혈재상 비스마르크에 의하여 국가적 통일(입헌군주국)을 이루었기 때문에 주변국들 특히 영국이나 프랑스에 비해 정치적으로 상당히 낙후된 후진국으로 인식되고 있었다. 결국 독일은 제1차대전 후 입헌군주국에서 민주주의입헌공화국으로 이행하면서 채택한 것이 바로 1919년 바이마르 공화국체제(1932년까지)였다. 여기에서 새로이 고안해 낸 정부형태가 바로 이원정부제로써 그것은 민주화로 가는 이행기에 과거 입헌군주와 같은 권한을 대통령에게 인정하여 주고[29] 그 당시 흔히 유럽에서 볼 수 있었던 의원내각제의 불안정한 요소를 그 대통령의 영도적 권한으로 극복해 보려는 의원내각제와 대통령제의 묘한 절충의 정부형태였던 것이다.

대통령은 임기 7년에 중임제한 없이 국민직선에 의해 선출되며, 수상의 임명권을 갖는다. 수상은 각료회의 의장이 되며 내각통할권을 갖고 하원에 대하여 책임을 진다(불신임의 대상). 대통령은 바이마르 헌법 제48조에 근거하

---

[28] 일반적으로 이원정부제에서는 대통령은 국가원수로서 국방 외교 등의 사안을 수상은 일반적인 국정업무를 담당한다고 이해되고 있으나 이러한 내용이 헌법에 명시된 예는 없다고 한다(전광석, 373쪽).
[29] 그리하여 뢰벤슈타인 교수는 바이마르체제를 입헌군주국을 민주공화국으로 각색한 정부형태라고 평가했다.

여 공공의 안녕질서에 중대한 장애가 발생되거나 또는 발생될 우려가 있는 경우에는 대통령이 헌법 전체에 영향을 미치는 국가긴급권(긴급조치 등)을 행사할 수 있도록 규정되어 있다는 점에서 전통적인 의원내각제와는 커다란 차이를 보여 주는 정부형태이기도 하다.

이러한 이원정부제는 평화시에는 의원내각제의 기본구조에 따른 국가운영을 통하여 민주적 정치과정을 보장하되, 위기시에는 대통령의 강력한 지도력을 통하여 위기상황을 극복하고자 하는 의도를 담고 있었다. 그러나 바이마르 공화국의 역사는 오히려 그 반대의 상황을 보여 주었다. 평화시에는 의원내각제하에서 내각불신임과 새로운 내각구성의 실패로 인한 정치적 혼란을 계속하였고, 위기시에는 대통령이 과도하고 부적절한 개입으로 인하여(1933년 수권법 통과) 나치 독재로의 길을 열게 되었던 것이다.[30]

3. 프랑스의 이원정부제 성립

1789년 프랑스 혁명 이후 근대 입헌주의 헌법체제를 구축한 바 있는 프랑스는 헌법상 정부형태에 관한 한 근대사에 있어서 인류가 체험하고 있는 모든 종류의 헌법체제를 실제로 체험한 바 있는 유일한 국가일 것이다. 프랑스는 영국과 미국과는 달리 혁명이라는 유혈극을 통하여 국민주권의 시대를 열어 간 당사국임에도 불구하고 혁명 이후에 진보와 반동의 갈등 양상은 제 3 공화국이 열리기까지 지속되었다. 혁명 이후 제 1 공화국의 탄생은 급진적인 회의체로 이어졌으며 그것은 다시 나폴레옹의 반동으로 이어졌고 급기야 단두대로 종언을 고한 루이 왕가의 부활로 이어졌으나 또다시 루이 나폴레옹의 황제체제로의 전락을 체험하기에 이르렀다.[31] 제 3 공화국에 이르러서는 프랑스식 의원내각제 혹은 고전적 의원내각제라는 이름으로 불리는 다당제 하의 강한 의회·약한 정부라는 헌법현실이 나타나게 된다.

제 3 공화국(1875-1940) 헌정체제의 연장선상에서 이해될 수 있는 제 4 공화국(1946-1958) 헌법체제는 정부의 불안정이 극도에 달하기에 이르렀고 이에 드골 장군의 강력한 정부를 향한 열망이 제 5 공화국 헌법체제를 만들어 내었

---

30) 장영수, "독일식 의원내각제의 한국적 적용," 헌법학연구 제 5 집 제 1 호, 1999, 41쪽.
31) 이러한 헌법체제의 갈등현상을 모리스 오류는 이른바 경기순환적인 사이클이론으로 설명하기도 하고 모리스 뒤베르제는 헌법의 왈츠 시대로 명명하기도 하였다.

다.32) 그런 의미에서 1958년 제 5 공화국 헌법은 일명 드골 헌법으로 지칭되고 있고, 그것은 곧 강력한 대통령제 헌법의 한 전형으로 이해되어 왔다.

동일한 헌법체제하에서 드골이나 퐁피두 대통령 시대의 강력한 영도적대통령에서부터 미테랑 대통령(1986-88, 1993-95)과 시락 대통령(1997-2002)하에서 체험하고 있는 의원내각제에 가까운 동거정부에 이르기까지 다양한 헌법현실에서의 권력구조의 변용은 프랑스 특유의 헌정사적인 체험이라 하지 않을 수 없다. 이러한 특이한 헌법규범과 헌법현실을 두고서 이제 프랑스 제 5 공화국은 대통령제나 의원내각제라는 이분법적인 사고의 틀로 이해하는 데 한계에 이르게 되었고, 이를 단순히 대통령제와 의원내각제의 혼합형이라고 치부하기보다는 차라리 반대통령제라 지칭하기도 하고 혹은 이원적 의원내각제라고도 지칭되고 있다. 현존하는 이원정부제는 프랑스의 정부형태가 가장 대표적이므로 이하에서는 프랑스식 이원정부제를 중심으로 논의하겠다.

II. 프랑스식 二元政府制의 權力構造

1. 대통령의 선출과 임기

1958년 간선 대통령이었던(8만여명의 선거인단) 드골은 1962년 대통령 직선제 헌법개정을 단행하였다. 프랑스 대통령선거의 특징으로는 먼저 절대적 다수대표제를 채택하고 있다는 점을 들 수 있다. 1차 투표에서 유효투표의 절대과반수를 획득한 후보자가 없는 경우에는 다음 두 번째 일요일에 2차 결선투표를 실시한다. 그런 점에서 결선투표를 통하여 국민의 과반수 이상의 지지를 확보한 자를 대통령으로 당선시키는 것은 민주적 정당성의 원리에 합치하는 제도라고 평가할 수 있다.33) 대통령선거는 현 대통령의 임기만료 20

---

32) 프랑스는 제 3 공화국에서 100번 이상의 개각, 제 4 공화국에서 25번의 개각으로 의원내각제의 불안정성을 충분히 경험하였고, 특히 2차대전 레지스탕스의 영웅이던 드골은 1946년 초대 수상직을 9개월 만에 내던지고 새로운 정부형태 도입을 위한 정치운동을 시작한다. 1958년 아프리카 알제리 독립사태를 계기로 다시 국민적 영웅으로 추앙받으며 드골이 바이마르헌법을 참고하여(특히 대통령의 권한) 새헌법을 제정하였다.

33) 프랑스는 전통적으로 다당제국가이다. 따라서 1차 투표에는 극좌 공산당에서부터 극우 인민전선당에 이르기까지 다수의 대통령후보자가 난립하고, 특히 프랑스에서는 동일한 정당에서 2명의 후보자가 나오는 경우도 있다. 이러한 환경에서는 결선투표제도는 유용한 것이라고 하겠다(성낙인, "프랑스 이원정부제의 현실과 전망," 헌법학연구 제 4 집 제 2 호, 1998, 154쪽).

일 내지 35일 전에 실시하며 그것은 대통령이 궐위된 경우에도 마찬가지이다. 특히 대통령 유고시 권한대행의 제 1 순위자는 상원의장이라는 점에서 그것은 상원의 국가원로원적인 성격을 반영한 것으로 판단된다.

프랑스 헌법상 대통령은 임기 7년에 중임제한이 없었다. 대통령의 임기가 지나치게 장기이고 중임제한까지 없다는 점에서 직선대통령으로서는 지나치다는 비판을 받아왔다. 그런데 2000년 헌법개정으로 대통령의 임기는 5년으로 단축되었으며, 2008년 제24차 헌법개정[34])에서는 제 1 차에 한하여 연임할 수 있도록 하였다.

2. 대통령의 권한[35])

프랑스 제 5 공화국의 대통령은 전통적 의원내각제하에서 형식적 권한만을 소유하는 이른바 명목상의 국가원수가 아니라 실질적 권한을 행사하는 진정한 의미의 국가원수로서의 권한을 향유한다. 먼저 대통령 자신의 독자적 결정과 판단에 따라 별다른 제약 없이 그의 권한을 행사할 수 있는 권한인 고유권한을 살펴보면 다음과 같다.

첫째 대통령은 수상을 임명한다(헌법 제 8 조 제 1 항). 대통령의 수상임명은 대통령의 재량사항이다. 또 국가원수인 대통령은 수상을 국회의원이 아닌 자 중에서 임명할 수 있다는 점에서 전통적인 의원내각제와 분명히 구별된다. 수상은 원칙적으로 대통령의 통제하에 놓이게 되며 대통령에 종속되는 것이다.

대통령의 수상임명의 재량적 성격에도 불구하고, 전통적으로 이미 강한 의원내각제의 관습이 남아 있어서, 동거정부하에서 대통령의 수상임명권은 사실상 명목적인 권한에 머무르는 현상이 나타나고 있다. 즉 대통령이 속한 정당과 다른 정당이 국회의 다수당이 되는 경우 의원내각제하의 국가원수의 수상임명권과 유사해지는 현상이 나타난다.

---

34) 사르코지 대통령이 제안한 헌법개정안은 상하원 합동회의에서 재적 3/5 이상의 지지를 받아(539 : 357 가까스로 한 표차) 확정되었는데(원래 헌법상 국민투표가 필요 없음), 그 골자는 정부의 고위 공직자 임명에 의회의 동의절차를 받는 대신에 정치현안과 관련해 대통령이 의회에서 연설하는 권한을 보장하는 등의 내용인데, 의회 비례대표제 도입, 대통령의 사면권 제한, 의원 15명 이상이나 유권자 1/10 이상으로 국민투표안 발의 등이 포함되어 있다.

35) 프랑스 대통령 권한 중에는 의회해산권, 비상대권, 국민투표부의권 등 미국식 대통령제에 없는 특별한 것이 있는데, 이를 저자는 대통령의 '영도적 권한'으로 부른다.

둘째 대통령은 국민투표에 회부하는 권한을 가지고 있다(제11조). 대통령의 이 권한은 정부나 양원의 제안에 의해서만 행사할 수 있는데, 그렇다고 이 제안에 반드시 구속되는 것은 아니다. 국민투표의 제안은 국회의 회기중에만 할 수 있다. 그런데 이러한 제한에도 불구하고 그동안 프랑스에서 국민투표의 현실적 발의는 대통령에 의하여 주도되었다.

국민투표에 부의할 수 있는 대상은 헌법 제11조에 규정된 바와 같이 '모든 법률안'이다. 그러나 과거 드골 대통령은 법률안이 아닌 헌법개정안을 통상의 헌법개정절차가 아닌 제11조의 국민투표 절차를 이용하여 관철시켰다. 1962년 헌법개정안과 1969년 헌법개정안이 그 예인데, 1962년 헌법개정 성공은 대통령선거제도의 변혁을 가져왔으며, 1969년의 국민투표 부결은 드골의 하야를 야기하였다.36) 따라서 국민투표를 통한 헌법개정이라는 절차는 반대견해에도 불구하고 하나의 헌법적 관습을 형성하였다고 볼 수 있다.37)

셋째 국회해산권을 갖는다(제12조). 국회해산권은 의원내각제에서 실질적으로 내각의 권한이며, 다만 명목상 국가원수의 권한으로 인정되는 것이다. 그러나 프랑스 제 5 공화국 헌법상의 국가원수인 대통령의 국회해산권은 연이은 해산간에 1년의 기간이 지켜져야 한다는 제약 이외에는 순전히 대통령의 개인적 특권이다. 수상과 양원의장의 의견을 사전에 듣도록 되어 있으나 대통령은 그들의 의견에 구속될 필요도 없는 것이다. 실제로 대통령의 국회해산권은 정국의 주도권을 잡아 나가는 대통령의 훌륭한 무기였으며, 제 5 공화

---

36) 상원과 지방자치개혁을 내걸었으나 간만의 차로 부결되었다. 58년 화려한 재등장 후 10년이 지나고 국민이 시큰둥해지자 콧대 높은 드골이 자리를 미련 없이 버리고 향리로 내려가 그의 유명한 자서전을 집필하게 되고, 프랑스의 영광을 위해 몸바친 위대한 지도자로 오늘날까지 세계인으로부터 추앙받게 될 것이다. 권불십년(權不十年)에 정치지도자의 진퇴가 얼마나 중요한 것인지를 보여주는 좋은 예라 하겠다. 미국의 초대대통령 조지 와싱톤은 임기 4년 중임제한이 없는데도 불구하고 1차중임 만하고 사임하였다. 한번 더해서 남기는 업적보다 양보하는 선례가 더 큰 업적이라는 이유였다. 미국 워싱톤 D.C.에서 버지니아쪽으로 포트맥강을 따라 가다보면 Mt. Vernon이라는 약 600만평의 워싱톤 생가 산장이 관광지로 되어 있는데, 그의 서재 책상 위에 "대통령하는 것보다 여기에서 친구와 담소하는 것이 얼마나 좋으냐" 하는 글귀가 인상적이고 헌법적이다. 그 후 상당기간 그 전통은 계속됐고 2차대전중 루즈벨트 대통령의 4선으로 깨져서 1952년 1차 중임으로 개헌되었다. 우리나라의 이승만·박정희 대통령이 10년 정도만 하고 멋지게 사임했다면 우리의 헌정사는 어떠했을까. 우리의 현실이 그분들을 차마 못 떠나게 했을까.

37) 한편 1984년 미테랑 대통령은 제 9 장의 통상적 헌법개정절차에 따른 헌법개정을 시도하였으나 상원의 저지로 답보상태에 그치고 말았다고 한다.

국에서 총 5번의 국회해산이 있었는데 그 중 네 번의 해산은 대통령이 의도한 대로의 결과를 야기하였다고 한다.

넷째 대통령은 비상대권을 갖는다(제16조). 대통령은 공화국의 제도, 국가의 존립, 영토의 보전 또는 국제협약의 집행이 중대하고 직접적으로 위협을 받으며 헌법상 공권력의 정상적인 기능이 중단되는 경우에는 상황에 따라 필요한 조치를 취할 수 있다. 이러한 대통령의 비상대권은 현대국가의 헌법에서 그 예가 드물 정도의 포괄적인 대권임에 틀림없으며, 그것은 곧 잠정적 독재의 행사를 대통령에게 부여한 것이라고 할 수 있다. 대통령은 비상대권을 행사하기에 앞서 수상, 양원의장, 헌법위원회의 의무적 자문을 거쳐야 하지만 결정은 대통령의 고유한 권한이다. 하지만 대통령의 비상대권은 역사상 1961년 알제리 군부반란사건시 단 한 번 발동되었을 뿐이다.

다섯째 대통령은 교서권(droit de message)을 갖는다. 제 5 공화국 헌법상의 대통령의 교서권은 정부와의 합의를 요구하지도 않고 정부의 책임을 걸지도 않는 순수한 대통령의 고유권한이다. 이는 미국식 대통령의 연두교서의 의미를 갖는 권한이라고 하겠다.

여섯째 대통령은 사법에 관한 권한으로서 헌법위원회의 구성에 개입하며 헌법위원회에 부의할 권한을 갖는다. 또 헌법 제64조는 사법권 독립의 보장자로서 대통령을 설정하고 있으며, 제17조는 대통령의 특별사면권을 규정하였다. 그러나 프랑스에 있어서의 사법권의 의미는 미국식 3권분립 체계하의 사법권의 의미와는 다르다는 측면에서 그다지 중요한 권한은 아니라고 평가된다.38)

3. 대통령과 의회 사이의 정부

정부는 대통령과 함께 집행권의 제 2 의 요소이며, 제21조에서는 "수상은 정부의 행위를 이끌어간다"는 조항을 두고 있다. 그런데 정부의 수반인 수상은 대통령의 사람으로서 대통령 개인의 독자적 결정에 의하여 선택되고 있는 것이 보통이다. 제23조는 정부 각료와 의원의 겸직금지를 규정하여 의회와

---

38) 성낙인, "프랑스 이원정부제의 현실과 전망," 헌법학연구 제 4 집 제 2 호, 1998, 161쪽; 참고로 대통령의 고유권한이 아닌 대통령과 정부의 공유권한이 있다. 여기에는 국회 통과 법률에 대한 재의요구권의 행사(제10조 제 2 항), 국회 임시회의 소집(제29조, 제30조), 헌법 개정의 발안, 고급공직자의 임명 등의 권한이 해당한다.

일정한 거리를 유지하도록 하고 있으나 헌정의 실제상 별다른 힘을 발휘하고 있지는 못하다.

그런데 정부의 지위와 권한은 대통령과 국회와의 관계정립 여하에 따라 달라지는 것이 프랑스 권력구조의 특징이다. 즉 대통령과 의회의 다수파가 정파를 달리하는 동거정부하에서 정부는 대통령의 정부가 아니라 의회의 지지에 기초한 정부가 된다. 즉 이러한 경우 대통령의 지지를 받는 정부가 아닌 의회의 지지를 받는 정부로 변용되는 것이다.

프랑스 제 5 공화국 헌법은 국회의 권한에 본질적인 제약을 가하고 있다. 국회입법사항의 열기주의의 채택(제31조), 국회 회기제한, 국회제정법률에 대한 헌법위원회에 의한 규범통제 등을 두고 있어서 그 지위와 권한의 본질적 제약과 축소를 헌법화한 것이다. 그럼에도 불구하고 정부의 존립의 뿌리를 국회에 두고 있는데, 헌법 제49조에 불신임동의권을 제도화하여 의회 다수파의 지지 없이는 정부는 존속할 수 없기 때문이다.

대통령·정부·의회의 일치하에서 대통령과 정부 사이의 갈등은 대통령에 의한 정부의 사직강요로 결말지어지는 것이 보통이다. 대통령이 수상이 이끄는 정부를 지지하고 있음에도 의회로부터 불신임을 받는 경우에는 대통령은 의회를 해산하여 대통령·정부·의회의 일치를 회복한다. 하지만 대통령과 의회의 절대다수가 분리되는 경우에는 대통령은 제49조에 의하여 의회와 유리된 자기의 정부를 구성할 수 없다. 따라서 대통령에 반대하는 의회와 정부의 일치가 나타나게 되며, 여기에서 동거정부하의 대통령과 정부 사이의 갈등은 필연적으로 현실화될 수밖에 없다.

요컨대 정부와 국회의 관계는 국민이 직접 선출한 의회에 대해 정부가 어떠한 형태로든 책임을 진다는 것이다. 그리하여 프랑스 제 5 공화국 헌법에서 정부는 직접적으로 대통령에 대한 책임을 지는 것은 물론 전통적 의원내각제에서 볼 수 있는 국회 앞의 책임을 동시에 규정하고 있다. 즉 정부는 이원적인 정치적 책임을 지는 것이다.

Ⅲ. 프랑스식 二元政府制의 實相

프랑스형 이원집정부제는 흔히 대통령은 국가원수로서 외교·국방 등 외치(外治)를 총리는 정부수반으로 사회·경제 등 내치(內治)를 맡아 권력을 분담하는 정부 형태로 알려져 있다. 하지만 이는 잘못된 정의다. 대선과 총선결과에 따라 권력의 무게중심이 대통령 또는 총리 어느 한쪽으로 쏠릴 뿐 권력이 분산되는 경우는 거의 없는 게 현실이다. 권력의 이동은 좌파건 우파건 대통령이 속한 진영이 의회 다수의석을 차지하는가 못하는가에 따라 달라지게 된다.

1. 대통령 진영이 다수 의석일 때(강력한 영도적 대통령제 —잠재적 이원 정부제)

대통령은 총리 제청에 의한 정부 각료의 실질적 임면권은 물론 중앙 행정부처의 국장까지 임명하는 등 외교·국방뿐 아니라 행정전반에 폭넓게 개입한다. 자크 시라크 대통령이 2002년 대선에서 승리한 뒤 지명도가 낮았던 장피에스 라파랭 상원의원을 총리로 임명한 것도 자신의 정책을 충실히 수행해 주길 기대해서였다. 이를 위해 비정치권에서 총리를 발탁하는 예도 적지 않다. 결국 이 경우는 대통령 중심의 강력한 영도적 대통령제에 해당하고, 정부의 이원성이 잠재되는 잠재적 이원정부제(潛在的 二元政府制)가 된다.

대통령과 총리가 충돌하는 경우도 종종 있다. 하지만 상대적으로 약한 총리가 사임하는 것 외에는 방법이 없다. 시라크 대통령도 1976년 총리 시절에 같은 우파의 발레리 지스카르 데스탱 대통령에 대한 불만을 공개적으로 피력하며 떠들썩하게 총리 자리를 내던진 전력이 있다. 그는 나중에 지스카르 대통령과 좌파의 프랑수아 미테랑 대통령 둘 중 누구 밑에서 총리하기가 편했느냐는 질문에 미테랑 대통령을 꼽아, '얼굴마담 총리'의 애환을 간접적으로 털어놓기도 했다.

2. 대통령 진영이 다수 의석 확보에 실패했을 때(동거정부 —현재적 이원 정부제)

대통령은 헌법에 보장된 권한을 행사하는 데 커다란 제한을 받게 된다. 총리에 다수파 지도자를 임명할 의무는 없지만 원활한 정부활동을 위해 도리가 없다. 그것은 프랑스의 오랜 의원내각제 전통의 결과이며, 수상 중심의 의원내각제 유사한 정부형태로써 이른바 코아비타시옹(동거정부)의 시작이다. 이

때 총리는 정부활동지휘, 정부법안의 국회 제출, 행정명령제정 등 헌법상 권한을 모두 행사하며 명실상부한 정부수반으로서 독자적인 역할을 수행한다. 반면 대통령은 일종의 판관으로서 중재 및 견제 기능만 담당할 뿐이다. 결국 이 경우는 정부의 이원성이 두드러지는 현재적 이원정부제(顯在的 二元政府制)로 의원내각제와 유사한 정부형태로 된다.

국무회의의 경우도 대통령이 주재하는 국무회의의 중요성이 줄어드는 대신 헌법상 기관이 아닌 총리 주재의 각료회의가 정례화하는 경향이 생기게 된다. 미테랑 전대통령은 1986-1988년 코아비타시옹 당시 극무회의에 참석한 우파 총리 장관들로부터 소외된 나머지 전통적인 내각 기념촬영까지 거부한 일화를 남겼다.

대통령의 외교·국방 권한도 총리의 도전을 받는다. 실제 프랑스 헌법의 어느 조항도 외교·국방을 대통령의 고유 권한으로 인정하고 있지 않다. 따라서 코아비타시옹 아래의 총리들은 외무 국방장관을 지휘·감독하는 총리로서 외교·국방에 관한 권한을 끊임없이 요구해 왔다. 실제로 전 정부 아래서 유럽연합(EU)정상회담이 열릴 경우 프랑스는 시라크 대통령과 리오넬 조스팽 전 총리 등 2명의 정상이 늘 함께 참석해 왔다. 2003년에는 프랑스 독일 정상회담에 참석한 게르하르트 슈뢰더 독일총리 앞에서 시라크 대통령과 조스팽총리가 설전을 벌이는 촌극이 벌어지기도 했다.

이 때문에 일부 전문가들은 "코아비타시옹은 권력의 상호견제 효과보다 대통령과 총리 사이의 잦은 충돌로 국력을 낭비하는 역효과도 크다"고 비판하기도 한다. 프랑스가 7년이던 대통령 임기를 줄인 것도 대통령과 의원 임기를 같게 해 비효율적인 코아비타시옹을 방지하기 위해서였다. 그러나 그간 대통령과 국회의원 선거 결과를 정확히 반영하여 정부형태가 강력한 영도적 대통령제에서 의원내각제 유사한 동거정부 형태로 몇 차례 바뀐 것은 그 자체가 민의를 정확히 반영하는 민주적 정부형태임을 증명하는 것이라 하겠다.

IV. 프랑스 憲法上 同居政府의 敎訓

프랑스 헌법상 이원정부제 정부형태가 우리에게 많은 제도적 시사점을 주는 것은 사실이다. 그러나 그에 못지않게, 아니 그보다 더 큰 교훈을 주는 것은 이른바 동거정부라는 헌법현실[39]이라고 생각한다.

얼마 전 자크 시라크 프랑스 대통령과 리오넬 조스팽 총리가 동거정부를 이루어 국정을 운영한 경험이 있다. 1997년 5월 총선에서 좌파연합이 승리를 거두면서 프랑스 제 5 공화국 들어 세 번째 동거정부가 탄생한 것이다. 좌파로 기운 민심을 확인한 시라크는 사회당 당수인 조스팽을 총리로 지명했고 조스팽은 사회·공산·녹색당 등 좌파연합 일색으로 새 내각을 출범시켰다. 우파 대통령과 좌파총리가 동거정부를 이루게 된 것이다.

그런데 이러한 동거정부하에서 실업률은 떨어지고, 경제성장·경상수지·재정수지·인플레 등 각종 경제지표가 좋아지게 되었다. 이에 총리인 조스팽은 높은 여론의 지지를 받으면서 국정을 운영할 수 있었다. 게다가 시라크의 인기도 동거정부의 출범 이후 함께 상승세로 돌아섰다는 것은 다소 의아하기까지 하다. 동거정부 아래에서 시라크와 조스팽이 보여 주고 있는 것은 바로 상생의 정치라고 하겠다. 시라크와 조스팽은 가끔 마찰을 보일 때도 있었지만, 판을 깰 정도는 아니었다. 이것은 둘 다 손해라는 것을 너무 잘 알고 있었기 때문이다. 여당과 야당간의 극한 대립이 빈번하게 일어나는 우리 현실에서 이러한 프랑스의 동거정부라는 현실은 많은 교훈을 준다. 독점적·배타적 권력욕을 포기하고, 상대를 인정하는 믿음이 전제되지 않는다면 상생은커녕 공멸의 정치가 될 뿐이다. 전부 아니면 전무라는 파멸적 독선과 아집에서 벗어나 공존과 공유의 철학을 받아들일 때 정치도 살고 나라도 살 수 있게 된다는 교훈을 프랑스의 헌법현실은 보여 주고 있다.

---

39) 프랑스 제 5 공화국(1958 드골 대통령 이후 현재까지)에서 세 번의 동거정부(코아비타시옹)가 있었는데 1차는 미테랑 대통령(좌파)과 자크 시라크 총리(우파): 1986-1988, 2차는 미테랑 대통령(좌파)과 발라뒤르 총리(우파): 1993-1995, 3차는 자크 시라크 대통령(우파)과 리오넬 조스팽 총리(좌파): 1997-2002이다.

제3장 우리나라 政府形態의 特徵과 改革方向

【여 는 글】

　　우리 헌법은 미국식 대통령제를 기본으로 하면서 국무총리의 국회임명동의·국무총리의 국무위원 임명제청 및 해임건의권·국무총리 이하 국무위원에 대한 국회의 해임건의권·국회의원의 장관겸직가능 등 다수의 이질적인 의원내각제적 요소를 내포하여 대통령권한을 가능한 분산·견제하려는 '변형된 대통령제'라고 평가된다.

　　그럼에도 우리 대통령제 정부형태에서 자주 회자되는 것이 이른바 '제왕적 대통령제'의 문제라고 하겠다. 즉 대통령으로의 과도한 권력집중현상이다. 그러나 그것은 과거와 같이 대통령이 여당총재를 겸하지 않음에도 현대국가의 행정권의 비대화 현상으로 불가피한 상황이다. 따라서 바로 그러한 이유로 의원내각제나 이원정부제로의 개헌이 주장되기도 한다. 그러나 정부형태에 관한 개헌 논의는 신중에 신중을 기해야 한다. 우리나라는 제헌헌법 이후 줄곧 대통령제를 해 왔고, 정부형태는 그 나라의 역사·경제·사회·문화적 전통과 깊은 함수관계가 있기 때문이다.

　　사실 우리 대통령제의 문제점은 우리 헌법제도가 필연적으로 내포하고 있는 부작용이라고 하기보다는 오히려 제도를 구체적으로 운영하는 사람들의 잘못으로 야기되는 것이라고 본다. 특히 대통령의 역할이 매우 중요한데, 대통령이 이른바 '민주적 리더십'을 발휘한다면 제왕적 대통령제의 폐단은 사라질 것이다. 특히 정당의 관계를 적절히 고려하고, 국무총리 제도를 융통성 있게 운영한다면 이른바 '분점정부(Divided Government)'모델을 실현시킬 수 있고 마치 프랑스식 이원정부제 유사형태로서의 장점도 나타낼 수 있는 것이 우리 헌법상 대통령제의 특징이라고 볼 수 있다.

　　또한 미국 대통령제의 성공조건에서 알 수 있듯이 대통령제를 떠받치고 있는 기본적 제도, 즉 지방자치·정당·선거·정치자금 등의 제도가 합리적으로 운영되고, 검찰·경찰·국정원·국세청·금감원 등이 정치적 중립을 지키며, 언론이 감시하며 공무원과 국민 모두가 공인의식과 시민의식으로 헌법정신을 지키려 할 때 우리의 대통령제도 참다운 민주주의 정부형태로 다시 태어날 수 있을 것이다.

제 1 절 우리나라 政府形態의 特徵과 評價

I. 우리나라 政府形態의 略史와 評價

우리 헌법이 현재와 같은 정부형태를 갖게 되기까지는 많은 변화가 있어 왔다. 먼저 1948년 건국헌법의 정부형태는 헌법제정 당시의 대립된 정치세력 간의 정치적 타협으로 말미암아 대통령제에 의원내각제적 요소가 가미된 것이었다. 기본적으로는 대통령제라 할 수 있지만 엄격한 의미에서는 변형된 대통령제 내지 대통령제와 의원내각제의 혼합형에 해당하는 것이었다.

1960년 헌법의 정부형태는 의원내각제의 이념형으로 간주되는 고전적 또는 영국형 의원내각제에 해당하는 것이었다. 이때의 의원내각제는 국회에 대한 내각의 연대책임과 내각의 국회해산권으로 말미암아 입법부와 집행부간에 권력적 균형관계가 유지되었기 때문이다.

5·16 군사쿠데타로 정권을 장악한 군사정부는 국가재건비상조치법에 따라 국가재건최고회의를 설치하고 여기에 모든 국가권력을 집중시켰다. 국가재건최고회의는 국회의 권한을 대행하며, 이 회의에 의하여 구성되는 내각은 국가재건최고회의에 연대책임을 지고 대법원장과 대법원판사까지도 국가재건최고회의의 제청으로 대통령이 임명하였다. 따라서 군사정부는 군부쿠데타의 필연적 결과이기는 하지만 우리나라에서 일찍이 볼 수 없었던 회의정부제에 해당하는 것이라고 평가하기도 한다.[1]

1962년 헌법의 정부형태는 집행부의 국회해산권과 국회의 정부불신임권

---

1) 권영성, 736쪽.

이 인정되지 아니하고, 4년의 임기이고 국민에 의하여 직접 선거되는 대통령이 집행부의 수반이었다는 점에서 기본적으로 대통령제에 해당하는 것이었다. 그러나 의원내각제적 요소가 가미되고 철저한 정당국가적 경향을 반영한 것이었기 때문에, 결코 미국형 대통령제는 아니었다. 그것은 일종의 혼합형 정부형태 내지 변형된 대통령제라 할 수 있는 것이다.

1972년 헌법의 정부형태는 유신(維新)체제로써 극심한 남북대치 상황 극복과 치열한 국제경쟁 사회에서 생존과 지속적인 경제발전의 명분 아래 박정희 대통령이 결단한 정부형태로써, 소위 '국력의 조직화' '능률의 극대화' '한국적민주주의의 토착화'라는 구호 아래 입법·행정·사법 3권을 대통령권력에로 종속시키고, 대통령을 국민의 직접선거가 아닌 통일주체국민회의에서 간접선거하고 임기도 6년으로 중임제한 없는 1인 지배가 가능한 권위주의적 독재체제이었다. 즉 입법권에 대하여는 국회의원의 1/3의 추천권을 가지고(통일주체국민회의에서 선임) 사실상 임명하는 권한을 가졌고(유정회 국회의원), 사법권에 대하여는 일반법관의 임명권까지 갖고 징계처분에 의하여 파면까지 시킬 수 있게 함으로써 사법권까지 장악할 수 있게 하는 '유신적' 체제이었다. 따라서 민주주의 3권분립의 원칙을 무시한 민주적 정부형태로써 분류할 수 없는 절대적 대통령제로써 과거 '대만식 총통제'와 유사하다(국민대회에 의하여 국회의원 일부 및 총통을 선출하였음).[2]

1980년 헌법의 정부형태는 영도적·권위주의적 대통령제로써 국민의 민주화 요구에 부응하여 상술한 유신적 요소를 없앴으나, 대통령을 선거인단(5,000명 정도)에 의하여 간선한다든지 대통령에게 여전히 비상조치권·의회해산권·국가 중요정책에 대한 국민투표부의권 등 권위주의적 요소를 남기고 있어 1958-1962년 당시(간선) 프랑스 제5공화국 정부형태와 외형상 유사한 것으로 평가되는 것이 보통인데, 실제 내용을 볼 때 많이 다른 것으로 본다.[3]

---

2) 이관희, "유신헌법 평가 토론문," 공법연구 제31집 제2호(제103회 학술대회, 2002. 12); 동, 한국민주헌법론 I, 59-60쪽 참조.

3) 기본적으로 프랑스 제5공화국 드골의 정부형태는 영도적 대통령제와 동거정부가 국민의 선택에 의하여 결정되는 이원정부제이다(제2장 제4절 참조).

Ⅱ. 現行憲法上 大統領制의 特徵과 評價

1. 특징—변형된 대통령제

1987년 6월항쟁에 의해 개정된 현행헌법은 대통령의 선거방법을 간접선거에서 직접선거로 바꾼 것을 비롯하여 1980년 헌법에 규정되었던 대통령의 비상조치권·국회해산권 등을 삭제하는 대신 국정감사권을 부활하는 등 국회의 권한을 확대하고 사법권의 독립을 강화함은 물론 헌법재판소를 설치하는 등 권력의 분산과 권력상호간의 억제 및 균형장치를 재조정함으로써 권력구조의 합리화를 도모하고 있다. 권력구조합리화의 결과, 정부형태도 과거 권위주의적 영도적 대통령제에서 입헌주의적 권력분산을 기초로 하는 미국형 대통령제에 좀더 접근한 정부형태가 되었다. 하지만 현행헌법의 정부형태는 의원내각제의 요소가 다양하게 가미되어 있으므로 미국형 대통령제와 많은 차이가 있음을 인정해야 한다.

대통령제를 처음 채택했을 뿐만 아니라 그것을 성공적으로 운영한 나라는 미국이 거의 유일하다. 따라서 현재 미국의 대통령제 현실은 대통령제의 전형적인 형태를 보여 주게 된다. 우리의 대통령제의 특수성을 파악하기 위해서도 미국의 대통령제와 비교해 보는 작업이 필요한 이유는 바로 그 때문이다.4)

우리나라 헌법의 규정상 대통령이 행정부의 수반이고 국민에 의해 직접 선출되어 국회에 대해 정치적으로 책임을 지지 아니하는 점과 국회 입법의 법률안에 대해 거부권을 가지는 점 그리고 입법부와 행정부의 조직활동 기능에 있어 서로 간에 독립성의 원리가 지배한다는 점 등을 볼 때 우리의 정부형태는 기본적으로 대통령제의 정부형태를 취하고 있다.

그러나 우리 헌법에는 대통령제와는 법리적으로 부합할 수 없는 이질적인 요소가 많이 있다. 부통령을 두지 않고 대통령의 보좌기관으로 국무총리를 두어 국회의 사전 동의를 얻어 임명하게 하고, 대통령의 국법상 행위에 대한 국무총리와 관계국무위원의 부서제도, 국무총리로 하여금 국무위원의

---

4) "제 2 장 제 3 절 Ⅳ. 미국대통령제의 성공조건과 발전의 토대" 참조; 정종섭, "한국 헌법상 대통령제의 과제," 헌법학 연구 제 5 집 제 1 호, 1999, 19쪽.

임명제청과 해임을 건의할 수 있게 하는 것과 심의기관으로서 국무회의를 두
어 집행부의 구조를 이원화하고, 국회의원이 국무위원 또는 행정각부의 장의
겸직을 가능하게 하며, 국회의 국무총리와 국무위원에 대한 해임건의권, 행정
부도 법률안을 제출할 수 있게 하는 것과, 국무총리 국무위원 정부위원이 국
회에 출석하여 발언할 수 있고 국회도 이들을 출석시켜 답변을 요구할 수 있
게 하고 있는 것 등이 그것이다. 이상을 종합해 볼 때 우리의 정부형태는 대
통령제에 의원내각제 요소가 가미된 '변형된 대통령제'라고 부를 수 있을 것
이다.5)

2. 변형된 대통령제에 대한 평가

우리나라의 변형된 대통령제에 대하여 종래 많은 견해가 긍정적으로 바
라보았다. 즉 대통령제의 독재화의 위험을 방지하기 위하여 의원내각제 요소
를 가미한 것이고 이것이 권력의 견제를 가능하게 하며, 탄력적이고 개방적
인 정부형태 운용을 가능하게 한다고 해석하는 견해가 다수 존재하였다. 그
러나 이러한 의원내각제 요소들이 권력을 견제하기보다는 권력의 집중을 야
기한 측면도 있다. 예컨대 국무총리제도는 대통령의 책임을 회피하기 위한
수단으로 사용되었으며, 법률안제출권은 입법부의 행정부에 대한 예속을 조
장하는 면이 있었다.

게다가 헌법은 대통령의 지위와 권한에 있어서 입법부나 사법부에 대해
우월적인 지위를 가지는 것으로 정하고 있다. 대통령이 헌법기관인 헌법재판
소장 및 헌법재판소 재판관을 임명하고 대법원장과 대법관을 임명하는 것,6)
영전수여권을 가지는 것, 사면권을 가지는 것, 헌법개정안제안권을 가지는
것, 국가긴급권을 가지는 것, 법률안을 직접 제출할 수 있는 권한을 가지는
것 등이 이를 말해 준다.

---

5) 동지: 허영(이), 1063쪽.
6) 헌법재판소의 장을 헌법재판소 재판관회의에서 호선하거나 대법원장과 대법관을 사법부
   내에서 선출하거나 대법원장을 대법관회의에서 호선하여 결정할 수 있음에도 대통령이 이
   들을 임명하는 것은 이들 기관에 대해 우월한 지위를 가지게 만든다. 특히 이러한 임명권
   이 대통령의 강한 의사에 따라 행사되어 사실상 대통령이 헌법재판소장, 헌법재판소 재판
   관, 대법원장, 대법관을 고르는 것이 될 경우에는 헌법재판소와 대법원은 사실상 대통령에
   종속될 위험이 크다. 대통령이 행정부 공무원 이외에 다른 국가공무원에 대한 임명권까지
   보유하고 있는 것도 대통령에게 우월적인 지위를 부여하는 것이다.

이렇듯 우리 헌법이 채택하고 있는 대통령제에서는 입법부와 사법부와 비교하여 대통령이 우월적인 지위에 있고, 대통령제와는 법리상 부합되기 어려운 이질적인 요소를 많이 지니고 있기 때문에 변형된 형태의 대통령제라고 할 것이다. 이러한 변형된 형태의 대통령제는 정부형태를 일관되고 통일성 있게 실현하는 데 모순을 보이게 할 뿐만 아니라, 대통령 우월적인 대통령제라는 변형된 형태로 나타났으며 이러한 점은 지금까지 우리나라의 민주주의에 부정적인 요인으로 작용하고 있었다고 평가된다.

3. 현행 대통령제의 효율적 운영방향[7)]

현행 헌법상 대통령제는 미국적인 순수대통령제와는 다른 의원내각제 요소가 많이 가미된 절충형의 대통령제다. 즉 부통령 대신에 국무총리를 두어 대통령이 국회의 동의를 얻어 임명하고, 국무총리는 국무위원 임명제청과 해임건의권을 행사하며 국회는 국무총리 이하 국무위원에 대한 해임건의권을 갖고 있는 것이다. 바로 의원내각제 요소인 국무총리를 대통령제에 접목시킨 형태이다. 노무현 참여정부 하에서부터 자주 거론되는 소위 '분권형 대통령제' 일명 '책임총리제'란 우리나라 특유의 표현으로 헌법에 걸맞는 실질적 권한을 국무총리에게 주겠다는 체제이다. 즉 일정부분 각료구성권도 주면서 일반적인 행정통할권은 국무총리에게 맡기고 대통령은 남북관계 등 국가 중요 현안과 장기발전전략에 주력하겠다는 뜻이다. 그런데 여기서 한 가지 유의할 것은 헌법상 국무총리는 대통령의 보좌기관으로 대통령의 명을 받아 행정 각부를 통할한다(제86조)라고 되어 있기 때문에 역시 행정에 관한 최종적 책임자는 대통령이라는 것이다. 프랑스 이원정부제 하에서 국무총리가 헌법상 대통령과 별개의 독립적 의사결정자라는 점에서 결정적으로 구분된다. 따라서 우리나라에서 분권형 대통령제의 의미는 대통령의 집중된 권한의 견제차원이 아니라 국정운영의 효율성증진 차원에서 대통령의 리더십의 성격 여하에 따라 나타나는 비제도적인 것에 불과하게 되는 것이다. 다시 말하면 '분권'의 내용을 대통령이 마음대로 정할 수 있다는 것이다.

그리고 현행 헌법상 대통령은 국회의 임명동의를 받는 국무총리를 고리로 야당과의 현실적인 정치적 협상도 물론 가능하다. 즉 여소야대 국회에서

---

7) 이관희, 효율적인 분권형대통령제를 위해, 문화일보(2005. 5. 19) 참조.

야당 대표를 국무총리로 임명하거나 장관 몇 명을 야당에서 영입하여 프랑스 이원정부제 하에서 동거정부와 유사한 '분점정부'로 운영할 수도 있다. 그러나 이 경우에도 행정권의 최종적 책임자는 대통령이라는 헌법상의 한계를 벗어날 수는 없기 때문에 프랑스 동거정부 하에서 의회 다수의석을 대표하는 총리가 주도권을 갖는 경우와는 구별되는 것이다. 이상과 같이 우리나라 특유의 절충형 대통령제는 미국의 대통령제보다 대통령의 운신의 폭을 넓게 인정하고 있는 유연하고 개방적인 정부형태로서 전형적인 의원내각제 이외에는 어떠한 형태로도 운영될 수 있는 장점을 갖고 있는 것이므로 이를 부정적인 시각으로만 볼 필요는 없는 것이다. 다시 말하면 대통령이 필요에 따라 분권과 집중을 임의대로 할 수 있는 것이지만, 우리 대통령제의 효율적인 운영을 위하여는 가능한 총리에게 많은 권한을 주는 분권형 대통령제의 운영이 바람직한 방향인 것이다. 그리하여 앞으로는 미국식으로 각부 장관에게 폭 넓은 권한과 최소 2년 이상의 임기가 보장(미국의 경우는 특별한 경우가 아니면 대통령과 임기를 같이 한다)되는 진정한 의미의 분권형 대통령제로 발전되는 관례를 남겨야 할 것이다.

  물론 과거 대통령이 집권당 총재로서 국회의원의 정당후보 공천권까지를 행사했던 '제왕적 대통령제'는 아니지만, 현재의 대통령제도 행정권의 비대화라는 일반적 현상 때문에 대통령의 권력집중 현상은 불가피한 것이다. 그것이 우려스럽고 우리의 현실에서 폐해가 심하다면 개헌문제에 있어서 남북관계나 이합집산의 정당 현실 등에 비추어 볼 때 국민의 동의를 얻기가 쉽지는 않겠지만 권력분점을 장점으로 하는 의원내각제로의 선택은 의연히 남아 있다고 보아야 할 것이다.

제 2 절   大統領의 리더십 問題

I. 大統領의 리더십의 意味

  정치지도자들은 정책의 결정, 집행을 통해 국가의 목표를 달성시키며, 국민참여를 동원할 수 있는 중요한 역할을 수행한다. 정책을 통한 정치지도자들의 이러한 역할 수행은 정치지도자들의 리더십과 긴밀한 연관이 있다. 정치지도자의 리더십(leadership)은 관리자의 관리능력을 행하는 데 절대적이며 필수적인 요건이다. 또 발전목표를 달성하기 위해 의도적인 변화를 가져오는 과정에서 집중적이고 효율적인 내외관리가 필요하기 때문에 리더십의 발휘는 정치지도자의 중요한 직능이라고 하겠다.8)

대통령제 정부형태를 취하고 있는 우리 헌법에서 대통령이 갖는 의미는 당연히 매우 클 수밖에 없다. 그럼에도 사실상 대통령이 어느 시점에서 어떤 역할을 해야 하며, 어떠한 자질이 중요한 것인지에 관하여 적극적으로 논의되어 오지 못한 것이 현실이다. 역대 대통령이 나름의 국정 운영의 기조를 제시하고 나름대로 방식과 방향성을 가지고 성공적인 국정운영을 위해 노력해 왔다. 그럼에도 불구하고 성공적인 대통령이 과연 존재하는지 의심스러운 현실이다.9)

리더십이라는 용어를 헌법학에서 다룬 예는 거의 발견할 수 없다. 분명 헌법에는 이 용어가 사용되고 있지 않으며, 대통령의 개인적 자질이나 국정운영의 구체적인 방법론은 헌법 외적 사실의 문제로 치부하는 것이 전통적인 헌법학의 입장이었던 것 같다. 그러나 현실과 유리된 헌법학만의 담론만으로는 헌법학 내부의 문제조차도 해결할 수 없다. 특히 대통령제 정부형태를 헌법적으로 기술함에 있어서 현실에서 대통령이 어떻게 활동하고, 어떻게 활동해야 하는지를 도외시한다는 것은 너무나 핵심적인 문제를 놓치고 있는 것이다.

Ⅱ. 大統領 리더십의 類型

대통령의 리더십의 구체적인 방향성을 모색하기 위해서 대통령이 현재까지 발휘해 왔고, 또 발휘할 수 있는 리더십의 유형이 어떤 것이 있는지 나누어 보는 것이 필요하다.

첫번째, 역대 대통령들이 가장 흔하게 보여 주었던 유형은 바로 권위주의적 리더십이다. 권위주의적 리더십은 대통령의 권력의 집중과 독단적인 의사결정에 의해 특징지어진다. 대통령은 모든 정책을 결정하며 정부조직 구성

---

8) 김병문, 정책결정방식에 있어서 대통령의 리더십 유형, 118쪽.
9) 곽진영, "대통령리더십의 성공조건 탐색," 한국정당학회보 2003년 제 2 권 제 2 호, 62쪽.

원의 의견을 들으려 하지 않는다. 조직 구성원의 참여를 배제한 채, 정부의 목표와 운영방침 및 상벌을 대통령이 독단적으로 결정한다. 대통령은 정부의 목표 성취를 위해 정부 구성원들이 그의 지휘에 따라오도록 규정하고 강요하며 구성원들의 활동과 업무 등을 명령하고 조직의 기능을 독점한다. 인사관리는 업적이나 객관적 자료에 의하지 않고 대통령 자신의 평가에 의해 독단적으로 수행한다.

두 번째, 방임적 리더십 유형이다. 역대 대통령들이 대부분 권위주의적 리더십을 보여 주었지만, 임기 말 심각한 레임덕 현상에 시달렸던 일부 대통령[10]들은 방임적 리더십으로 극단적으로 전락한 예도 있다. 방임적 리더십 유형에서 대통령은 정부의 목표 달성을 오직 구성원의 자율에만 의존하게 된다. 대통령은 정부의 계획이나 운영상의 결정에 최소한의 참여만 하고, 국외자(outsider)와 같은 수동적 입장에서 행동하며 구성원들에게 모든 일을 방임해 버리게 된다.

세 번째 민주적 리더십의 유형이다. 이 유형에서 대통령은 조직구성원의 의사결정의 참여를 조장한다. 조직의 계획과 운영방침을 대통령의 조언에 따라 집단구성원의 토의를 거쳐 결정한다. 대통령은 정부의 목표를 달성하기 위해 조직구성원의 동기를 유발하고 여러 가지 대안을 제시한다. 업적이나 상벌은 객관적 자료에 의해 평가하고 수여한다.

Ⅲ. 合理的인 大統領 리더십 모델

이상의 유형 중에 가장 바람직한 모델은 당연히 민주적 리더십 모델이다. 그러나 앞서 본 바와 같이 지금까지 우리나라의 역대 대통령은 카리스마를 바탕으로 한 권위주의적 리더십을 발휘하려 하였다. 행정각부의 전문성과 인사의 안정성을 보장해 주기는커녕 국정운영의 전반을 장악하기 위해 낙하산 인사와 국면전환용 개각 등에만 전념해 왔다.

그러나 대통령은 만물처리상이 될 수도 없고 되어서도 안 된다. 대통령은 국가적 중점사업에 주력하면서 전문가로 구성된 정책개발팀의 장으로서

---

10) IMF외환위기를 초래하고, 아들의 비리사건이 불거졌던 김영삼 대통령의 임기 말이나, 역시 아들 및 측근들의 비리사건으로 몸살을 앓았던 김대중 대통령의 임기 말이 그 예이다.

조정의 역할을 수행하여야 하며, 구체적인 업무를 담당하는 총리를 비롯한 내각, 행정각부의 전문성과 자율성을 충분히 존중해야 한다. 요컨대 대통령의 민주적 리더십은 전문적으로 활동하는 국가조직의 각 구성부문이 궁극적으로 나아가야 하는 방향성을 밝히고 독려하며, 행여 조직간의 갈등이 일어날 경우 그것을 적절히 조정하는 데에서 발휘되는 것이라고 생각한다. 다시 말하면 대통령의 민주적 리더십이라고 하면 대통령은 국가최고권력자가 아니라 국가최고경영자(CEO)로써 다시 태어남을 의미한다고 본다.

제 3 절 우리나라 大統領制의 改革方向

Ⅰ. 이른바 帝王的 大統領制의 改革

1. 제왕적 대통령제 현실에 대한 비판

언제부터인가 제왕적 대통령제라는 용어가 사용되고 있다. 그간 우리 헌정사에서 나타난 변형된 대통령제는 대통령이 다른 국가기관에 비하여 우월한 지위를 가지고 있었다는 점이다. 이러한 제도는 라틴아메리카, 아시아, 아프리카 등의 제 3 세계 국가의 헌법 등의 현실과 유사한 것이었다. 우리나라는 전체적인 민주화로 인하여 독재 또는 권위주의적 통치를 상당부분 벗어난 것으로 보이나 대통령과 관련된 권력집중현상은 기본적으로 반민주주의적인 것으로 평가된다.[11]

나아가 우리는 제도적으로 대통령의 우월한 지위가 뒷받침되어 있을 뿐만 아니라 현실에서도 대통령은 이른바 선거군주로 군림하고 제왕에 버금가는 영향력을 행사한다. 헌법에는 권력분립이 규정되어 있으나 실제에서는 대통령 1인에게 권력의 집중과 권력의 통합이 이루어져 있다고 한다. 이러한 제왕적 대통령제의 현실하에서는 국민은 대통령을 군주와 같은 지위에 있는 것으로 오신하게 되고 이러한 잘못된 인식구조하에서 민중주의(populism)로 전락될 위험이 있다고 한다. 여기에서 선전과 인격화를 통해 카리스마를 가진 영도자를 만들고, 합법성보다는 영도자의 카리스마를 가지고 권력을 유지

---

11) 정종섭, "한국헌법상 대통령제의 과제," 헌법학연구 제 5 집 제 1 호, 1999, 24쪽.

한다. 이러한 민중주의에 대한 비판세력에 대해서는 민중에 대한 대중적인
호소력을 이용하여 반개혁이라는 이름으로 억압하고 이러한 반대세력에 대한
탄압에는 직접적으로 국가기구를 동원하거나 자신의 추종세력을 동원한다.

　　물론 우리나라에서 제왕적 대통령제라는 용어는 저널리즘에서 나온 말이
라고 보여진다.[12] 특히 제왕적 대통령제라는 용어가 극심한 권위주의 군사정
권에서가 아닌 1990년대 후반 국민의 정부 말기 심각한 권력누수현상이 일
어나고 있을 당시에 본격적으로 대두되었고, 포퓰리즘이라는 용어는 대통령
의 권위주의적 통치형태가 상당히 완화된 2000년대 초반 참여정부에서 유행
되었다는 점에서 다분히 정치적 배경을 담고 있는 것이라고 하겠다. 다만 우
리의 헌정사에서 대통령이 제도적으로나 사실적으로 막강한 권한을 행사해
왔고 그것이 심각한 문제를 야기해 왔으므로 이를 성찰적으로 살펴보아야 한
다는 문제제기로서 의미는 크다.

2. 원인의 분석과 대책

　　우리 헌법상 정부형태가 제왕적 대통령제로 변질된 원인은 여러 곳에서
살필 수가 있다. 대통령의 우월적 지위가 헌법상 발견되는 점이 있고, 앞서
살핀 것처럼 국무총리제도나 행정부의 법률안제출권 등 이른바 의원내각제적
요소가 대통령의 권한강화에 일조한 측면이 있다. 지방자치제도의 확립이 늦
었다는 점, 국회의 국정조사권 발동이 쉽지 않다는 점 등도 이러한 제도적
원인 중 하나로 이해되고 있다.[13]

---

12) 미국에서 제왕적 대통령의 문제점을 인식하고 보완작업에 나선 것은 1970년대부터다. 원
　　래 이 용어를 처음 사용한 미국 역사학자 Arthur Schlezinger, Jr.는 「Imperial Presidency」
　　(1973)에서 "국제적 위기가 첨예화하면서 대통령이 헌법을 초월한 무소불위의 권력을 행사
　　해 왔다"고 비판했다. 1972년 워터게이트 사건에서 대통령의 불법적 행위(도청)에 대하여
　　의회 우위를 확인했고, 그 후 73년 전쟁권한법, 74년 예산통제법 등으로 대통령의 권한은
　　위축되었다. 이때 여야는 의회예산처(CBO)를 신설하여 행정부 예산편성에 대한 통제력을
　　강화했다. 1978년에는 특별검사법을 통과시켰다. 한편 미국헌법 제정 200주년인 1987년에
　　는 '헌법제도위원회'라는 연구단체에서 여소야대 정치의 문제점으로 '무력한 대통령'에 대
　　한 논의가 있었고, 제왕적 대통령과 무력한 대통령 사이의 갈등은 90년대 클린턴 시대에
　　들어 비로소 균형점을 찾기 시작했다.
13) 이 밖에도 권력기관 장악이라는 문제가 있다. 국정원장·검찰총장·국세청장·경찰청
　　장·금감위원장 등 소위 '빅5'의 중립성을 어느 정도 확보하느냐이다. 다행히 금감위원장
　　을 제외하고 전부 인사청문회 대상이 되었다(한국은 대통령이 임명에 영향을 미치는 3,000
　　개 자리 중 27개, 미국은 5천개 자리 중 600여 개가 인사청문회 대상이다). 미국은 통화금
　　융정책을 총괄하는 연방준비제도이사회(FRB), 정보사정기관인 중앙정보국(CIA)과 연방수사

그러나 이러한 제도적 원인보다 더 중요한 원인은 사실상의 문제들, 즉 대통령의 권위주의적 리더십에 있었다고 생각한다. 대통령의 리더십의 문제가 헌법상의 여러 규정들이 함께 상승작용을 일으켜 이른바 제왕적 대통령제를 만들고 있다고 파악할 수 있다. 특히 대통령이 집권여당의 총재를 겸임하여 국회를 사실상 장악하고 있었다. 정당민주주의가 아직 확립되지 못한 우리 현실 상황에서 총재는 무제한적인 공천권 등을 행사하여 국회의원들을 완전히 장악하였고, 합당 또는 야당의원 빼오기 등으로 국회의 세력구도를 바꾸어 놓는 일도 서슴지 않았다. 행정부 내에서는 대통령 비서실을 이용하여 행정부의 세세한 일까지 간섭하며, 대통령의 정치적 입지에 따라 행정부 구성원들을 자의적으로 임명하고 해임시켰다. 현행헌법상 국무총리는 대통령의 행정부 장악과 무책임한 운영을 부채질하는 제도로 악용되어 왔다.

닭이 먼저인지 달걀이 먼저인지의 문제일지 모르겠지만, 대통령의 권위주의적 리더십이 나름의 의미를 갖는 헌법상 제도들을 오히려 변질시켰다고 이해할 수 있다. 제왕적 대통령제로 인식되었던 헌법상 제도들은 대통령의 민주적 리더십이 확립되는 순간 다양한 방식으로 각각의 효용을 발휘할 수 있는 우리 헌법의 독특한 제도가 될 수도 있다. 따라서 우리의 현실을 고려하지 않은 채 의원내각제 또는 이원정부제로의 개헌 논의는 상당부분 무의미하다고 생각한다. 현실이 개선되지 않은 상태로는 어떠한 제도가 도입되어도 부작용이 발생할 것이고, 그러한 부작용을 감내하는 것은 헌법질서와 국민 모두에게 너무나 커다란 모험이 될 것이기 때문이다.

II. 與小野大 政局과 이른바 分占政府(Divided Government) 모델

1. 전제조건 ─ 대통령의 민주적 리더십의 확립

이상의 검토에서 볼 수 있는 것처럼 헌법이 예정하고 있는 시스템들이 모두 정상적으로 기능하기 위해서는 기존 정권의 권위주의적 문화가 모두 척결되어야 한다. 그리고 그러한 권위주의적 문화가 척결되기 위해서는 국가

국(FBI), 국세청(IRS) 등이 정치적 중립이다. FRB 이사 임기는 아예 14년이고, 현 앨런 그린스펀 회장은 임기는 4년이지만 1987년 레이건 대통령으로부터 4명의 대통령과 함께 17년째 그 자리를 지키고 있고, FBI 국장 임기는 10년, 국세청장은 5년이며, CIA 국장은 임기가 없는 정무직이다.

최고권력자가 아닌 최고경영자(CEO)로서 대통령이 민주적 리더십을 발휘할수 있어야 한다.

첫번째로, 대통령은 우선 행정부의 견제기관으로서 기능하는 국회의 권한을 존중하여야 한다.14) 그러기 위해서는 지금까지 존재해 왔던 대통령의여당 지배의 관행을 없애야 한다.15) 다행히 군사정권 시절 민주화운동을 추진하며 카리스마적 정치력을 바탕으로 각 정파를 장악해 오던 정치인들이 속속 은퇴를 하고 있어서 이 문제는 차츰 줄어들 것이라고 생각한다.16) 그러나자의에 의해서건 타의에 의해서건 대통령 개인의 정당에 대한 장악력 약화만으로 모든 문제가 해결되지는 않는다. 상향식 의사결정과정이 확립되는 등정당민주주의가 정착되는 과정에서 대통령의 정당에 대한 장악력이 제도적으로 약화되어야 할 것이다.

두 번째로 대통령은 행정부 내 공무원과 기관의 권한을 존중해야 한다.사실 대통령은 행정부의 수반이므로 임면권을 행사하고 실질적인 업무 지휘및 감독을 할 수 있다. 따라서 대통령이 행정부를 장악하지 못한다는 것은오히려 커다란 문제일 수도 있다. 그러나 앞서 보았듯이 대통령은 모든 행정권한에 시시콜콜하게 개입할 수도 없고 개입해서도 안 된다.17) 나름의 전문성과 업무체계를 갖춘 행정부의 권한을 충분히 존중해야 할 필요는 있다. 국회와 행정부를 비롯한 국가의 각 기관들의 권한을 존중하는 가운데 진정한통합·조정자로서 대통령은 자리매김하여야 한다.

세 번째로 대통령이 핵심 현안에 대하여는 국민 설득에 직접 나서야 한다. 그러려면 주요 정책에 대해서는 입안단계에서부터 대통령이 직접 참여해야 한다. 일상업무에 얽매여서는 안 되고 총리에게 권한을 대폭 이양하고 대

---

14) 대통령이 직접 자주 국회에 나가 국민을 상대로 연설을 통해 국정의 비전을 제시하고 동참을 설득하여야 한다. 당정 협의 대신 각 부처가 평소 상임위를 통하여 직접 법안을 설명하고 협의하는 것이 옳다.

15) 과거 대통령이 여당총재였던 시절, 대통령은 공천권을 이용해 당을 장악했고, 당을 이용해 국회를 장악했다.

16) 우리나라 정당의 영향력약화 현상을 실증적으로 보여주는 예로는 김정기, "정당공천제도와 정당약화," 한국정당학회보 2004년 제 3 권 제 1 호, 95쪽 이하 참조.

17) 조직의 책임자가 완전 의사소통을 통해 구성원의 능력을 최대로 이끌어 낼 수 있는 '통솔의 범위(span of control)'가 7-8명선이라는 것은 경영학의 확립된 원칙이다. 대통령도 예외는 아니어서 약 30명에 달하는 장관(급)들을 직접 또는 청와대 수석들을 통해 일일이 조정·통제하기 시작하면, 장관들은 무소신·무능력 상태로 떨어지게 마련이고 각 부처는 그러한 분위기가 확대 재생산되게 된다.

통령은 국가비전과 발전전략이라는 굵직한 과제에 전념하여야 한다. 아래에서 일하는 사람은 대통령의 속마음 읽기를 원한다. 장관 뒤에 '숨어 있는 대통령이 아닌 국민 앞에 나서는 대통령'이 되어야 한다. 가장 좋은 방법은 대통령이 국회에 직접 가서 연설을 통해 설득하는 방법이다. 시정연설·예산안 제출 때에는 반드시 직접 나서야 한다.[18] 과거와 같이 국회를 장악하겠다는 생각은 버려야 한다. 대통령의 연설은 마음에서 우러나오는 호소력이 있어야 한다. 그러한 의미에서 미국 대통령이 행하는 주례 라디오 연설(매주 토요일 오전 3분)을 우리도 적극 활용하기를 권한다. 수많은 국민들이 귀를 기울일 것이다.

미국 대통령의 주례 연설은 방송 전에 녹취록사본이 야당으로 전달되는 것이 오랜 전통인데, 이를 검토해 반박할 내용이 있으면 역시 생방송으로 국민에게 알릴 수 있다. 대통령이 국민의 대의기구인 국회를 대화의 중심무대로 활용하면 국회와의 대립관계를 미래지향적인 상생(相生)의 관계로 전환할 수 있다. 결단은 전적으로 대통령의 몫이다.

현행헌법하에서 대통령의 민주적 리더십이 확립되는 경우 헌법상 지위가 가장 급격하게 변화할 수 있는 사람은 바로 국무총리이다.[19] 국무총리는 대통령을 보좌해서 행정권을 통할하는 역할을 하지만 동시에 국회에 의한 동의를 얻어 임명되기도 한다. 대통령이 권위주의적 리더십을 발휘하여 행정부와 국회를 완전히 장악하고 있을 때에는 국무총리는 대통령을 신격화하기 위한 꼭두각시에 불과하였다. 그러나 대통령의 민주적 리더십이 확립된다면 대통령 권한의 성격과 활동범위는 국무총리의 그것과 구분될 가능성이 있다. 국무총리는 행정과 보다 근접한 거리에서 구체적인 감독업무를 수행하게 되고, 대통령은 그보다 거시적이고 전체적인 조정업무를 수행하거나, 대통령 자신만의 프로젝트를 수행할 수 있게 될 것이다.

---

18) YS는 10차례, DJ는 13차례 국회연설 중 '대독'이 아닌 것은 각각 세 차례, 한 차례 뿐이었다. 영국의 대처 전 총리, 싱가포르의 리콴유 전 총리, 미국의 레이건 전 대통령 이들의 공통점은 국민 설득을 잘 했다는 데 있다. 리콴유는 몇 시간이고 의원들과 토론했다. 레이건은 뛰어난 설득자였고, 대처는 명연설가였다.
19) "제 5 부 행정부개혁론 제 3 장 제 1 절 Ⅲ. 2. 책임총리제의 논의" 참조.

2. 정당관계에 따른 정국운영 모델

대통령제의 최대의 난제라고 할 수 있는 대통령과 국회의 갈등양상이 우리나라에서도 자주 나타나고 있다. 그에 따라 국정마비가 일어날 위험성에 많은 사람들은 불안해 하고 있다. 특히 이러한 상황은 과거에는 우리에게 친숙하지 않은 현상이기 때문에 불안함은 더욱 가중되고 있는 것이다. 대통령제에 있어서 대통령과 국회의 긴장관계는 예정되어 있는 것이며, 이를 통해 양자가 견제와 균형을 이루는 것은 구조적으로 불가피한 것이라고 할 수도 있다. 결국 이 긴장관계를 어떻게 발전적으로 해소시키고 조화시켜 나아가느냐가 우리에겐 또 하나의 중요한 과제라고 할 수 있다.

이러한 긴장관계를 해소하는 방법으로는 먼저 대통령의 권한을 극대화하여 의회를 통제하는 방법이 있다. 그러나 이것은 우리가 이미 경험했던 바와 같이 대통령 개인에게 모든 힘이 집중되는 권위주의 정부를 의미한다. 다른 하나는 대통령의 권한을 최소화하여 의회에게 모든 힘을 실어주는 방안이다. 그러나 이 경우 대통령의 존재는 유명무실하게 되며 이는 사실상 대통령제라고 부르기 어려우며, 의원내각제에 가깝다고 할 수 있겠다. 이러한 극단적인 해결방안 외에 가장 좋은 방법은 정당제도를 강화하여 제도적으로 해소하는 것이다.[20]

대통령과 국회가 극단적으로 갈등하는 경우는 이른바 여소야대 정국이다. 국회의 다수를 점하고 있는 정당과 대통령이 소속하고 있는 정당이 다른 경우 갈등은 발생하는 것이다. 이 경우 갈등을 해소하는 방안은 앞서 본 바와 같이 어느 일방이 타방에 완전히 굴복하는 것이 될 수 없다. 결국 국회의 다수세력과 대통령이 적절한 타협점을 찾고 국회의 다수당에게 일정정도의 정부운영의 주도권을 분할하는 것이 가장 합리적인 극복방안이라고 할 수 있다.

다만 현재와 같은 정당구조로는 이 방안은 쉽게 관철되기 어렵다는 것을 강조해야 한다. 진성당원이 없고 따라서 상향식 의사결정이 애초에 불가능한 것이 우리의 정당현실이다. 많이 좋아지기는 했지만 당 운영의 주도권을 가진 몇몇 사람들의 (공당이 아닌) 사당처럼 운영되기도 한다. 따라서 야당이 국회의 다수를 점한다고 하더라도 대통령이 다수당에게 권력을 나누어 주어야

20) 김욱, "대통령-의회 관계와 정당의 역할," 의정연구 제14호, 2002, 22쪽.

할 아무런 정당성이 존재하지 않는다. 따라서 이러한 정국운영모델이 확립되기 위해서는 무엇보다 각 정당들의 당내민주주의가 확립되어야 하며, 이를 통해 진정한 정당제도의 강화가 이루어져야 할 것이다.

3. 분점정부의 문제

대통령과 국회가 여소야대 정국에서 충돌하는 경우 원칙적으로 국회 다수당이 국정운영에 일정부분 자연스럽게 참여할 수 있는 방안을 만들어 갈등을 최소화해야 한다는 점은 앞서 말한 바와 같다. 이와 관련하여 최근 대두되고 있는 이른바 분점정부의 문제를 살펴볼 필요가 있다.

분점정부(divided government)란 대통령의 소속정당이 의회에서 다수당을 구성하지 못하는 상황, 입법부와 행정부에서 동일정당에 의한 동시적 다수 형성이 이루어지지 못한 경우를 지칭하는 것으로 되어 있다.[21] 과거에는 이러한 상황에서 국정운영에 있어 교착과 국정마비를 가져올 것이라는 정당화의 논리로 포장되어 대통령 소속 당에 의한 의도적 정당통합, 의원영입 등과 같은 방식으로 단점정부를 구성하게 되는 비정상적 결과를 반복해 왔다.

그런데 이러한 분점정부 현상을 더 이상 비정상적인 방법으로 조정하는 것은 바람직하지 않다. 분점정부를 정상적인 정치과정의 일부로 평가하고 이를 오히려 일상화하는 노력이 필요하다. 분점정부의 출현을 위기로 인식하기보다는 언제든지 나타나는 현상으로 보면서 사실상의 다수를 구성할 수 있는 지속적인 지지연합을 구성한다든지 구체적인 정책분야에 따른 지지를 구축하거나 이슈에 따른 지지연합을 형성함으로써 효과적으로 분점정부를 운영해 나갈 수 있어야 할 필요가 있다.

만약 이러한 노력이 성공한다면 분점정부라는 말은 보다 확대되어 각각 다른 정당이 다른 정부 부처를 통제하는 상황을 지칭하게 될 것이다. 그리고 분점정부의 현실을 가능하게 해 줄 수 있는 열쇠는 바로 국무총리제도에 있다고 생각한다. 국무총리의 임명동의는 국회의 다수당의 의사에 달려 있기 때문에 대통령의 소속정당과 국회 다수당이 일치하는 시기에는 대통령을 보좌하여 행정부를 통할하는 작용에 충실하되, 분점정부 상황에서는 야당의 입지를 받아들여 일정 부분 내각을 구성하거나 국정 운영방향을 조정하는 작용

---

21) 곽진영, "국회-행정부-정당 관계의 재정립," 의정연구 제16호, 2003, 162쪽.

을 하도록 하는 것이다. 물론 이러한 상황은 대통령의 민주적 리더십이 확립
되고 정당의 구조강화가 이루어져야 한다는 전제조건이 갖추어져야 한다. 만
약 이러한 분점정부 모델이 성공하게 된다면 우리 정부형태는 헌법개정 없이
도 사실상 프랑스식 이원정부제 유사형태로서의 장점도 발휘할 수도 있다고
본다.

Ⅲ. 大統領의 職務遂行과 關聯된 改革

1. 대통령직 인수의 문제

새 대통령이 취임하게 되면 취임과 함께 새 국무총리와 내각이 구성되어
야 한다. 또 향후 국정운영방안에 대한 밑그림이 그려지고 그것을 위한 구체
적이고 면밀한 실현계획의 비전이 나타나야 한다. 그러나 이전에는 우리의
현행법상 대통령직인수에 관한 법규정이 없어서 많은 문제점을 야기한 바가
있다. 특히 국무총리 임명동의나 인사청문회 등의 제도가 있는 현재의 실정
에서 새 대통령의 취임 이전에 내각이 구성되고 필요한 준비가 이루어지기는
매우 곤란하였다.22)

의원내각제 국가에서는 선거 전에 이미 섀도 캐비닛(shadow cabinet)이 구
성되어 있고 총선 후 국회에서 곧 총리를 선출하기 때문에 문제가 없으나,
우리나라에서는 인사청문회를 오래 끌거나 총리임명동의가 거부될 경우 문제
가 발생한다. 헌법상 관례처럼 되어 있는 국무총리서리제도는 위헌이라고 보
아야 하기 때문에 이를 이용할 수는 없다. 더구나 대통령 당선자가 취임 전
에 총리후보에 대한 임명동의를 요청하는 것도 실정법에 위반된다고 하겠다.

1997년 말 당시 대통령 당선자는 물러나게 되는 대통령에게 대통령직
인수인계에 관한 영을 만들게 해 대통령직 인수위원회와 정부조직개편 심의
위원회 등의 근거를 마련한 뒤 예산을 배정받은 바 있다. 이 관례에 따라 편

---

22) 1998년 대통령직이 인수인계되었을 때도 편법을 써서 논란이 되었다. 대통령 취임 당일
   국무총리와 감사원장에 대한 임명동의안을 제출하였으나 국회가 이를 즉시 처리하지 않음
   으로써 문제가 발생했던 것이다. 당시 대통령은 국무총리 서리를 임명했으나 국무총리 서
   리는 국무위원 제청권을 행사할 수 없다고 하여, 퇴임할 총리가 새 국무위원들을 제청하는
   편법을 써서 새 내각을 구성한 것이다. 이것은 곧바로 국무총리서리 제도의 위헌 논란을
   불러일으킨 것이다.

법으로 대통령 당선자가 현직 대통령의 이름을 빌려 새 국무총리에 대한 임명동의안을 국회에 제출하면 인사청문회 준비를 사전에 할 수 있을 것이다. 그러나 물러나는 대통령이 이를 거부할 경우 문제가 생길 수 있다.

이에 2003년 2월에는 드디어 대통령직인수에관한법률이 제정되어 이러한 문제점을 상당히 제거하였다. 특히 이 법은 제 5 조에서 국무총리 임명에 관한 규정을 두고 있으며, 제 6 조 이하에서 대통령직 인수위원회의 설치 및 운영에 관한 규정을 두고 있다.

이러한 법제정에도 불구하고 여전히 물러날 대통령이나 정부로서는 새로 취임할 대통령과 정부를 적극적으로 도와 대통령직 인수인계를 순조롭게 하는 데 기여해야 하는 것은 필요하다. 국정운영의 실무경험이 없거나 부족할 수밖에 없는 새로운 대통령과 내각은 이전 대통령과 내각의 충실한 인수인계가 없으면 국정운영 초기에 어려움을 겪지 않을 수밖에 없다. 이전 정권과 이후 정권의 알력이나 자존심 싸움 때문에 중대한 국정운영을 위기에 빠뜨리게 된다는 것은 말이 되지 않는다. 요컨대 이전 대통령과 정부의 협조하에 새로운 대통령이 계승해야 하는 정책은 무엇인지, 개선하거나 방향을 바꾸어야 하는 정책은 무엇인지를 파악하게 해야 한다.

2. 대통령의 임기의 문제

대통령의 임기를 규정하고 있는 것은 이중적인 의미를 갖는다. 하나는 대통령의 권력욕을 억제하는 기능이다. 장기집권 내지 영구집권을 하기 위하여 국가를 파탄시키는 행동을 하지 못하도록 하는 것이다. 다른 하나는 대통령의 임기중 안정된 국정운영을 가능하게 하는 역할을 한다. 대통령은 임기 중에는 안정적으로 강력한 권력을 보유하게 되고 이를 통해 적극적인 정책운영을 할 수 있다.

우리나라는 과거 대통령들의 장기 집권 또는 영구 집권의 야욕 때문에 시련을 겪은 경험이 많다. 이에 따라 우리 헌법은 대통령의 임기를 5년 단임으로 못 박아 놓고 있다. 그러나 5년 단임제는 장기집권을 막기 위한 고육책이라고 하겠으며, 그 자체로 합리적인 제도라고 보기는 어렵다. 현행 5년 단임제는 몇 가지 커다란 문제점이 있다. 첫째 너무 일찍 다가오는 권력누수현상(레임덕 현상)과 그와 관련한 정책집행의 졸속성이다. 좋은 취지를 지닌 개혁정책들이 많은 경우 좌초하고 마는 주된 이유는 정책추진의 졸속함 때문이고 그 제도적 요인의 하나가 5년 단임제에 있음을 부인하기 어렵다. 둘째 대통령 임기와 국회의원 임기가 엇갈리는 데서 오는 폐해이다. 중추적 권력기관의 임기의 엇갈림은 효과적인 권력통제장치가 될 수도 있지만, 의욕적인 정책집행을 위한 안정 다수세력의 확보를 저해하고, 흔히 말해지는 인위적 정계 개편이나 대통령 발목잡기의 현상을 야기하기도 한다.

이에 4년 중임제를 주장하는 견해가 종종 제기되고 있다. 대통령의 장기집권의 야욕을 억제하는` 것도 중요하지만 대통령의 좀더 장기적인 정책집행을 가능하게 하고 그것을 선거를 통해 평가받게 하는 메커니즘도 중요하다는 것이다.[23] 그러나 1차 중임 이후의 레임덕 현상은 마찬가지이며, 재선되기 위한 인기영합적 불필요한 노력 등 그 부작용을 생각하면 아직도 5년 단임이 갖는 장점 즉 임기중 사심 없는 국리민복을 위한 정책추진과 장기집권의 가능성 차단 등을 무시할 수 없는 상황이다. 다만 대통령과 국회의원의 임기의 엇갈림에서 오는 폐해를 생각하면 개헌도 고려해 볼 만하다.

3. 대통령의 무당적(無黨籍) 문제와 대통령의 공정성(公正性)

우리 헌정사상 대통령은 대부분 국회 다수당의 대표를 겸임했다는 사실은 앞서 본 바와 같다. 그런데 최근 대통령이 여당에서 탈당해 무당적 상태로 남아 있는 사례가 등장하고 있어서 문제가 제기되기도 한다.

대부분의 견해는 대통령에게 이미 상당한 정책결정 권한이 주어진 우리 상황에서 대통령이 당파적 이해를 무시하고 일종의 중개자의 입장을 취하는 것은 가능하지도 않고 바람직하지도 않다고 본다. 대통령이 거부권 등 상당한 실질적 권한을 가지고 있는데, 과연 의원들이나 그 밖에 다른 정치적 행위자들이 그를 초당파적 중개자로 인식할 수 있는지 의문이 제기된다. 설사 그것이 가능하다고 하더라도 정당을 대표하여 당선된 대통령이 자신의 당적을 포기하는 것은 유권자에 대한 일종의 배신행위라고도 한다. 보다 발전적인 대통령-국회 관계의 발전을 위해서는 대통령이 자신의 당적 및 당총재직을 보유한 채 보다 많은 협상력과 설득력을 발휘하는 것이 바람직하다고 말한다.[24]

---

23) 허영(이), 1064쪽.
24) 김욱, 앞의 논문, 25쪽.

물론 대통령이 당적을 갖는 것은 책임정치를 실현한다는 측면에서 유리한 것은 사실이다. 그러나 우리의 특수한 헌법적 환경은 이 논리를 정확하게 대입시키는 것을 어렵게 한다. 즉 우리나라 대통령은 집권한 후 다시 정치적 책임을 물을 기회가 존재하지 않는다. 임기가 5년 단임이기 때문이다. 이러한 상황이라면 차라리 대통령이 당적을 탈퇴하여 혼란한 정쟁에서 탈출하고 초당파적 차원에서 의회의 협력을 구하는 것이 유리할 가능성도 배제할 수 없으며, 그것이 헌법이 대통령제를 5년 단임으로 규정한 취지에 부합되는 것이 아닌가 하는 의문이 제기될 수 있다.

앞서 보았듯이 과연 5년 단임제가 가장 타당한 제도인지는 더 깊이 고려해 보아야 한다. 주지하다시피 이것은 빈번한 대통령의 독재화를 막기 위해 규정한 것이고 나름의 효용은 현재까지 인정되는 것이라고 하겠다. 향후 우리나라의 정치적 분위기가 충분히 민주화되는 경우 헌법을 어떻게 개정할지는 좀더 고민해 보아야 하겠으나, 현재의 5년 단임제하에서 대통령의 무당적 문제를 무조건 잘못된 것으로 볼 문제는 아닌 것 같다. 특히 대통령의 직무수행에 있어서 공정성 확보라는 측면에서 보면 더욱 그러하다.

"대통령을 왜 국민이 직접 뽑아야 하는가"라는 질문에 프랑스 전 대통령인 드골은 이렇게 대답했다. "내각제는 분열된 국민 위에 정치가 방황해 국정을 잘 운영할 수 없는 단점을 보였다. 정치인들은 도덕·능력·애국심에 부족함이 없었다. 그럼에도 그들은 당파이익을 국민의 전체이익과 혼동했다. 대통령을 직선하는 까닭이 여기에 있다." 드골은 대통령이 당파성을 극복해야 국민의 전체이익을 보장하며, 이것이 직선제의 목적이라고 밝혔다. 직선제는 당파·지역·학연 등의 족쇄에서 벗어난 '국민의 대통령'을 뽑는 효과적인 선거제도라는 얘기다.

우리의 직선제는 집권당과 지역이익을 보장하는 요식행위로 변질된 것 같은 느낌이다. 5년간 한시적으로 나라를 관리·경영할 국가원수를 국민이 선택하는 뜻보다 당파나 지역대통령을 뽑는 행사의 측면이 두드러진다. 과거 당권과 대권이 분리되지 못하여 청와대가 집권당의 당무 집행장이 되고 대통령이 집권당 경선장에서 자당 후보를 지지할 때 대통령의 공정한 이미지는 무너지게 된다. 여기서 당파이익과 국민이익을 혼동하는 역대 대통령의 정치관행과 협소한 정치비전을 읽게 된다.

당파성·편파성·이기주의·지역성 등이 체질화된 인물은 원래 대통령 자격이 없다고 하겠다. 정당이나 지역 등의 이익에 매몰되어 국민의 전체이익을 무시하기 때문이다. 그래서 확고부동한 민주정신과 도덕성·청렴성 등이 기본자질로 대통령에게 강조되는 것이다. 여기서 국가원수의 공정성이 나오며, 이것이 분수넘치는 '제왕적 대통령'이나 '지역맹주'로 전락하는 정치파행을 예방하게 한다.

우리의 역대 대통령들보다 프랑스 대통령들은 공정성을 극대화한 모범을 보였다. 그들은 국제사회로부터 사후(死後)에도 존경을 받는다. 직선제의 뜻을 헤아려 국민의 전체의사를 국정에 잘 반영했기 때문이다. 이들은 대통령에 당선되는 날 당수직을 사임한다. 당파와 지역성을 벗어나 국민이익을 위해 국가에 봉사한다는 결의를 다지는 것이다. 또 "나를 지지한 유권자와 똑같이 반대표를 던진 국민의 이익도 지킬 것"이라고 천명한다. 집권당만의 대통령이 아니라 '국민의 대통령'이 될 것을 확약해 공정한 국가경영을 국민에게 보증하는 것이다.

드골은 선거때 드골파의 지원 요청을 받고 "국민이 대통령에게 부과한 임무는 당무에서 떠나라는 것이다. 대통령의 공정성이 정당이나 어떤 후보도 지원할 수 없게 한다"면서 거절했다. 그는 당수직은 물론이고 당적까지도 포기했다. 미테랑은 "나는 프랑스 국민 전체의 대통령이므로 정당문제와 무관하다"고 밝히고, 각료들에게 "정당대표가 아니라 국민의 대표로 일해 달라"고 당부해 국민봉사를 고취시켰다. 대통령의 공정성이 만민의 칭송을 받는 큰 정치를 만든 사례라 하겠다.

대통령의 공정성은 국가의 중심과 균형을 잡기 때문에 지도자가 반드시 갖춰야 할 덕목이다. 이것은 권력싸움을 조정해 정책대결로 진정시키고, 사회갈등을 완화해 국민통합의 길을 열며, 인재를 골고루 등용해 행정부의 독립성을 보장한다. 또 공정성은 공명선거를 보장하는 열쇠가 된다. 선진국선거에 후유증이 전혀 없는 까닭이 여기에 있다.

제 3 부

地方自治改革論 및 檢·警의 政治的 中立과
搜查權의 合理的 配分

한/국/민/주/헌/법/론

제 1 장   地方自治改革論

【여 는 글】

풀뿌리 지방자치는 선진복지국가의 요체다. 그러나 지난 95년 첫 통합선거를 치른 지방자치가 당초 목표했던 '지역주민에 의한, 지역주민을 위한, 지역주민의 지방자치'로 뿌리내리지 못하고 있다. 주민들의 무관심, 중앙 정당의 과도한 개입 속에 '그들만의 정치 게임'으로 전락하고 있다. 헌법이 지방자치제도를 보장하고 있고 그와 관련된 법제가 완비되었다고 하여 실질적으로 지방자치제도가 확립된 것은 아니다. 실질적인 권력의 분산 즉 지방분권이 이루어져야 지방자치제도를 운영하고자 했던 소기의 목적이 비로소 달성될 수 있다.

지금은 국경 없는 무한경쟁 시대다. 국가간 경쟁이 아니라 지역·도시간 경쟁으로 글로벌 경쟁의 패러다임이 바뀌고 있다. 와인을 놓고 보르도와 나파밸리가 경쟁하고 관광객 유치를 위해 하이난(海南)섬과 제주도가 다투는 식이다. 지역 경쟁력이 바로 국가의 경쟁력을 좌우하는 세상이다. 이런 상황은 국가 경영체제를 관(官) 주도에서 민간 주도로, 중앙 중심에서 지방 중심으로 전환할 것을 요구한다. 실제 그렇게 바뀌고 있는 게 세계적 추세다.

그러나 대한민국의 국가경영 체제는 아직 중앙집권적 체제에 머물고 있다. 1988년 지방자치법 개정 이후 역대 정권이 분권을 추진하긴 했지만 지방정부나 지역 주민이 체감하기엔 역부족이다. 지방사무(27%)에 비해 국가사무(73%)가 여전히 압도적이다. 국가 전체 세출에서 지방이 쓰는 돈이 60%나 되지만 지방세 비율은 전체 세입의 20%에 그친다. 지방정부가 재정을 중앙에 의존하는 구조인 것이다. 이래선 지역 경쟁력을 바탕으로 한 국가 발전을 기대하기 어렵다. 지방의 자율성과 독립성을 최대한 보장하는 실질적인 지방분권 강화를 위한 논의가 시급한 이유다.

지방분권 강화를 위해선 헌법적 동의가 필요하다. 현행헌법의 지방자치

관련 조항(제117조, 제118조)은 선언적 성격에 불과하다. '결정권 없는 지방자치' '반쪽짜리 지방자치'라는 자조가 나오는 것도 그래서다. 국회가 헌법 개정을 통해 실질적 지방자치를 보장하는 근거를 마련하고, 지방분권형 국가에 대한 비전을 제시하는 일에 적극 나서야 한다.

개헌의 골자는 헌법전문과 제 1 조의 개정을 통하여 자치와 분권의 헌법정신을 천명하고 그 기조 위에서 헌법 제 8 장 지방자치의 전면개정을 통하여 분권국가의 체제를 명실상부하게 갖추는 것이다. 이제까지의 개헌논의가 중앙권력개편 중심이었는데 보다 근본적인 것은 바로 지방자치를 획기적으로 강화하는 개헌이 국가대혁신의 정도임을 강조한다. 중앙의 정부형태에 대한 논의는 필요하지만 근본적인 해결책이 되지 못한다. 풀뿌리민주정치에서 출발하여 지역들간의 공정한 경쟁과 협력의 틀을 갖추고 지역이 할 수 없는 일을 중앙이 담당하는 효율적인 국가체제를 갖추지 않으면 대한민국의 진정한 선진화는 달성할 수 없다. 자유민주적 기본질서를 전제로 분단구조를 혁파하고 통일조국의 비전을 구체화하기 위해서도 다원성과 다층성에 기초한 분단국가체제를 먼저 수립하는 결단이 필요하다. '지방분권형 원포인트 개헌'이 주장될 수 있는 이유이다. 그 내용에는 우선 지방자치단체의 종류와 계층, 민주적 자치의회의 필수성 등을 헌법에 규정하되 지방자치단체의 조직구조를 주민 스스로가 선택할 수 있는 권리가 보장되어야 한다. 보충성의 원칙은 국가와 지방의 역할배분에 지방의 우선성을, 자치행정에 있어서 풀뿌리 자치의 우선성을 전면에 부각시키는 방식으로 헌법 제 8 장 내에 반드시 명시되어야 하며 주민참여 및 직접 민주주의를 활성화하기 위한 방안도 함께 마련되어야 한다. 중앙과 지방정부간 합리적 재원배분을 위해 국세와 지방세의 이원구조가 헌법에 명시되어야 하고, 어느 지역에서나 인간답게 살 최소한의 권리를 충족시키기 위해 연대주의에 입각하여 지역간 재정조정제도의 헌법적 근거가 규정되어야 한다. 지방자치단체가 국가법률을 집행하거나 중앙정부의 위임사무를 처리하는 데 소요되는 비용은 전액 국가가 부담하고 국가사무가 지방자치단체로 이양될 경우에는 재원까지 함께 이양하도록 규정되어야 한다. 사법분권, 자치경찰제, 검사장 직선제 등 분권국가를 실현할 다양한 실험법률을 제정할 수 있는 헌법적 근거와 함께 이를 위하여 선도지방자치단체를 지정하고 지원할 수 있는 조항도 마련되어야 한다.

제1절 地方自治制度의 意義와 內容

I. 地方自治制度의 意義

1. 지방자치제도의 개념과 기능, 법적 성격

지방자치제도란 일정한 지역을 단위로 일정한 지역의 주민이 그 지방에 관한 여러 사무를 그들 자신의 책임하에 자신들이 선출한 기관을 통하여 직접 처리하게 함으로써 지방자치행정의 민주성과 능률성을 제고하고 지방의 균형 있는 발전과 아울러 국가의 민주적 발전을 도모하는 제도이다.[1]

지방자치의 제도적 기능으로는 지역민의 권익보장, 민주정치와 권력분립의 이념실현, 기능적 권력통제의 실현, 지방자치행정의 민주성·능률성, 정책의 지역적 실험장소기능, 지역실정에 부응하는 행정을 실현하는 기능 등을 들 수 있다.

지방자치의 법적인 성격과 관련하여 몇 가지 견해가 대두되고 있다. 첫째 지방자치가 개인이 국가에 대하여 가지는 기본권의 하나라고 보는 입장, 둘째 지방자치는 제도의 하나로 역사적·전통적으로 형성된 제도의 하나로서 그 본질적 내용을 입법에 의하여 폐지하거나 유명무실하게 해서는 안 된다는 제도적 보장이라는 입장이 그것이다. 제도적 보장이라는 개념은 슈미트에 의해 주장되었으며,[2] 지방자치제도가 일종의 제도적 보장이라고 보는 것이 우리나라의 일반적인 학설이다.[3]

이와 같은 연장선상에서 지방자치권의 본질에 관해서 국가성립 이전부터 지역주민이 보유하여 온 고유권능이라는 자치고유권설과, 국가가 승인하는 한도 내에서만 행사할 수 있는 위임된 권능이라는 자치권위임설이 대두되고

---

1) 헌재 1996. 6. 26. 96헌마200.
2) C. Schmitt, *Verfassungslehre*, 1954(Neudruck), S. 170f.; F. Klein, *Institutionelle Garantien und Rechtsinstitutsgarantie*, 1934, 51ff.
3) 학설은 "지방자치제는 역사적·전통적으로 형성된 제도의 일종으로서 그 본질적 내용을 입법에 의하여 폐지하거나 유명무실한 것이 되게 하여서는 아니 된다"는 의미라고 하여 당연히 제도적 보장설이 타당하다는 논증을 하고 있다(예컨대 권영성, 231쪽). 그러나 우리 현실에 있어서 지방자치제가 과연 역사적·전통적 제도인지, 그리고 그 본질적 내용은 어디까지인지 불명확하다는 점에서 충실한 논증이라고 보기 어렵다.

있다. 현행헌법은 제117조와 제118조에서 지방자치단체의 종류와 그 조직·
운영 등을 법률에 유보하고 있기 때문에 자치권위임설에 기초되어 있다고 해
석해야 하겠다.[4]

2. 지방자치의 연혁

역대 우리나라 헌법에서는 지방자치를 계속적으로 규정하였지만 그 실시
에 대하여는 일관적이지 못하였다. 제헌 헌법에서부터 지방자치에 관한 규정
을 두었고, 1949년 지방자치법을 제정하였으며, 지방의회는 1952년에 구성되
기도 하였다. 1960년 6월 제 3 차 개헌에서는 지방자치의 확대를 위해 제97조
제 2 항에서 "지방자치단체의 장의 선임방법은 법률로써 정하되 적어도 시·
읍·면장은 그 주민이 직접 이를 선거한다"고 규정하였다.

그러나 1962년 제 5 차 개헌에서 지방의회 구성시기에 관하여 법률유보
사항으로 명시했으나, 여당이 다수인 국회에서 법률을 제정하지 않음으로써
실현되지는 못하였다. 1972년 제 7 차 개헌에서 지방의회는 통일이 될 때까지
는 구성하지 아니한다고 규정함으로써 지방자치에 관한 규정이 사문화되기에
이른다. 1980년 제 8 차 개헌에서 지방의회는 지방의 재정자립도를 고려하여
순차적으로 구성하고, 그 구성시기는 법률로 정한다고 규정하였다. 그러나 역

---

4) 한편 지방자치의 본질이라는 설명이 일반화되어 있다(예컨대 김철수, 1207쪽). 지방자치
   는 주민자치와 단체자치를 요소로 성립된다고 한다. 먼저 주민자치는 지방행정에의 주민의
   참여를 중시하는 지방자치로 지방주민 스스로 정책을 결정·집행하는 지방자치이며, 그 기
   원은 영국과 미국이다. 주민자치는 주민 자신의 의사에 의해서 주민 자신의 책임하에서 지
   방행정을 집행·결정하는 지방자치를 말한다. 주민자치의 특징으로는 자치권의 성질은 국
   가 이전의 자연법상의 천부적 권리이며, 기본원리는 민주주의 원리라는 점, 자치기관의
   성격은 국가의 지방행정청이며 지방정부의 구성형태는 의결기관과 집행기관이 통합된 기
   관통합주의 형태이고, 고유사무와 위임사무가 일치된 형태라는 점, 국가의 감독은 소극적
   으로 입법적·사법적 감독을 행하며, 자치사무의 범위결정에 있어서는 개별적 수권주의를
   취하고 있다는 점, 지방세제에 있어서 독립세주의를 채택하여 지방자치단체에 지방세의 부
   과·징수권을 부여한다는 점이 제시된다.
    다른 한편 단체자치는 자치단체로서의 자치권을 중심으로 하는 것이다. 국가 법인격 아
   래에서 형성되는 지방자치, 즉 중앙정부의 권한위임에 의해서 지방자치단체가 스스로 정책
   을 결정·집행하는 형태이다. 그 기원은 대륙법계 국가인 프랑스, 독일 등을 들 수 있다.
   단체자치의 특징으로는 자치권의 성질은 실정법의 권리이며 기본원리는 지방분권주의이고
   자치기관의 성격은 국가로부터 독립된 기관이다. 주민의 참여에 의한 민주적 자치가 아니
   라 법인인 자치단체에 의한 행정이라는 점, 지방정부의 구성형태는 의결기관과 집행기관이
   분리된 기관대립주의이며, 고유사무와 위임사무가 분리된 형태라는 점, 국가의 감독은 적
   극적인 행정적 감독이며, 자치사무의 범위결정은 포괄적 수권주의라는 점, 지방세제는 부
   가세주의를 채택하여 국세에 대한 부가세를 인정한다는 점이 특징으로 제시된다.

시 법률이 제정되지는 못하였다.

결국 현행헌법에 와서 지방의회구성에 관한 유예규정이 철폐되고 지방자치법이 전면 개정되면서 지방자치제가 부활하게 되었다. 각급 지방의회가 구성되었으며(1991), 지방자치단체의 장 선거가 실시되기에 이른 것이다(1995).

3. 지방자치제도의 내용과 기본구조

지방자치제도를 제도적 보장으로 보는 경우 그것이 구체적으로 보장하고 있는 제도의 내용은 전권능성과 자기책임성 원칙이라고 한다. 여기서 전권능성이란 헌법이나 법률이 국가나 그 밖의 공공단체의 사무로서 유보하고 있는 것이 아니면, 지방자치단체의 모든 사무를 지방자치단체가 임의로 처리하고 규율할 수 있는 권한을 가진다는 원칙이다. 자기책임성이란 지방자치단체가 그 권한에 속하는 자치사무를 국가의 개별적·구체적 지시나 후견적 감독을 받지 않고 법에 따라 스스로 합목적적이라고 판단하는 바에 따라 처리하고 그에 대해 책임을 진다는 원칙이다.[5]

지방자치의 기본구조로는 '구역', '주민', '권한'이라는 세 가지 요소가 열거될 수 있다. '구역'이란 지방자치단체의 자치권이 행해지는 지역적인 범위를 의미한다. 구체적으로 보면 특별시·광역시가 아닌 50만 이상의 시에는 자치구가 아닌 구를 둘 수 있다. 군에는 읍, 면을 두고, 시와 구에는 동을 두고, 읍·면에는 리를 둘 수 있다(지방자치법 제2조, 제3조 참조). 지방자치단체의 구역변경이나 폐치·분합이 있는 때에는 새로 그 지역을 관할하게 된 지방자치단체가 그 사무와 재산을 승계하도록 하고 있다(법 제5조). 현행법에서는 지방자치단체의 명칭과 구역은 종전에 의하고 이를 변경하거나 지방자치단체를 폐치·분합 할 때에는 법률로써 정하되, 시·군 및 자치구의 관할구역의 경계변경은 대통령령으로 정하고 있다(법 제4조).

'주민'은 지방자치단체의 구역 안에 주민등록이 등재된 자를 의미하며, 지방자치단체의 구역 안에 주소를 가진 자는 모두 지방자치단체의 주민이 된다(법 제12조). 이때의 주민은 성별, 연령 등을 불문하고 주소가 주민등록지에 있는 자를 의미한다. 주민은 소속지방자치단체의 재산 이용권 및 공공시설이용권을 가지고, 지방행정의 행정수혜권을 가지며, 지방의회 및 지방자치단체

5) 권영성, 232쪽.

장에 대하여 선거권 및 피선거권을 가진다. 그 외에 지방자치단체에 대한 청
원권과 정보공개청구권, 주민투표권 등을 가진다(법 제13조 - 제16조 참조). 반
면 지방자치단체의 주민들은 지방세 납부의무, 사용료 납부의무, 수수료 납부
의무 등을 부담한다(제21조 참조).

　　지방자치단체의 '권한'에는 조례·규칙을 제정할 수 있는 자치입법권, 자
치행정권, 자치사무에 필요한 경비를 관리하는 자치재정권, 자치조직권 등이
있으며, 자치구의 자치권의 범위는 법령이 정하는 바에 의하여 시·군과 다
르게 할 수 있게 하고 있다.

4. 한　계

　　지방자치단체는 국가와는 별개의 법인격을 가지며 자율적으로 지방행정
을 처리한다. 그러므로 지방자치의 본질상 자치행정에 대한 국가의 관여는
가능한 한 배제하는 것이 바람직하다. 그러나 지방자치도 국가의 법질서의
테두리 안에서만 인정되는 것이고, 지방행정도 중앙행정과 마찬가지로 국가
행정의 일부이므로, 지방자치단체가 어느 정도 국가적 감독·통제를 받는
것은 불가피하다. 특히 민주국가에서는 중앙정부와 지방자치단체는 서로 행
정기능과 행정책임을 분담하면서 중앙행정의 효율성과 지방행정의 자주성을
조화시켜 국민(주민)의 복리증진이라는 공동목표를 향해 협력하는 협력관계
에 있어야 하기 때문이다. 이에 따라 여러 가지 지방자치에 대한 국가의 감
독·통제 수단이 마련되어 있다. 이에 대하여는 아래에서 구체적으로 살펴
본다.

Ⅱ. 現行法上 地方自治制度

1. 지방자치단체의 유형

　　헌법 제117조 제 2 항의 규정에 의하여 지방자치단체의 종류는 법률로써
정하도록 되어 있다. 지방자치법에 의하면 일반지방자치단체로는 특별시와
광역시 및 도(광역지방자치단체), 시와 군 및 구(자치구, 기초지방자치단체)의 두
종류가 있다. 이 중 특별시와 광역시 및 도는 정부의 직할하에 두고, 시와
군은 도의 관할구역 안에 두며, 자치구는 특별시와 광역시의 관할구역 안에

둔다(지방자치법 제 3 조 제 2 항).

현행의 시와 군을 통합한 지역(통합 시)이나 인구 5만 이상의 도시형태를 갖춘 지역이 있는 군 등은 도·농복합형태의 시로 할 수 있으며, 이러한 시에는 읍·면·동을 둔다(법 제 7 조 제 2 항). 그러나 상급지방자치단체와 하급 지방자치단체는 모두 대등한 법인이고 상명·하복 관계에 있는 것이 아니다. 위의 지방자치단체 외에 별도의 특별지방자치단체를 설치할 수 있는데, 하나 또는는 둘 이상의 사무를 공동으로 처리할 필요가 있을 때에 구성되는 지방자치단체조합이 그것이다(법 제 2 조 제 3 항, 제159조 참조).

2. 지방자치단체의 기관

(1) 지방의회

헌법 제118조 제 1 항 규정에 의해서 지방자치단체에 의회를 둔다. 지방의회는 헌법상의 필수기구이므로 주민투표로서도 폐치할 수 없다. 지방의회의원은 법률의 규정에 따라 주민의 보통·평등·직접·비밀선거와 법률의 규정은 없지만 자유선거에 의해 선출하며, 피선거권은 선거일 현재 계속하여 60일 이상 그 지방자치단체의 관할구역 안에 주민등록이 되어 있는 자이어야 한다. 지방의회의원 선거에 출마하려는 공무원은 60일 전에 그 직을 사직해야 한다. 지방의회의원은 명예직으로 하되 다음의 비용을 지급한다. 의정자료의 수집·연구와 이를 위한 보조활동에 소요되는 비용을 보전하기 위하여 매월 지급하는 의정활동비. 다만 의정자료의 수집·연구를 위한 보조활동의 비용은 시·도의회의원에 한한다. 본회의 또는 위원회의 의결이나 의장의 명에 의하여 공무로 여행할 때 지급하는 여비 및 회기중에 지급하는 회의수당 등을 지급하며 비용의 지급기준은 대통령령이 정하는 범위 안에서 당해 지방자치단체의 조례로 정한다.

지방의회는 의원 중에서 시·도의 경우 의장 1인과 부의장 2인을, 시·군 및 자치구의 경우 의장과 부의장 각 1인을 무기명투표로 선거하여야 한다(법 제48조 참조). 의장과 부의장의 임기는 2년으로 하며, 의장은 의회를 대표하고 의사를 정리하고 회의장 내의 질서를 유지하고 의회의 사무를 감독한다. 부의장은 의장의 사고가 있을 때에는 그 직무를 대리한다.

지방의회는 의결기관으로서 의결권은 지방의회의 가장 고유한 권한이며,

의결사항은 다음과 같다.6) 조례의 제정 및 개폐, 조례에 의하여 의결사항으로 정하여진 사항, 예산의 심의·확정, 결산의 승인, 사용료·수수료·지방세·분담금·가입금의 부과와 징수, 기금의 설치·운영, 중요재산의 취득처분, 공공시설의 설치·관리 및 처분, 예산외의 의무부담 또는 권리포기에 관한 사항, 청원의 수리·처리 기타 법령에 의하여 그 권한에 속하는 사항을 지방의회는 의결한다(제39조).

그 밖에도 서류제출요구권, 행정사무감사 및 조사권(재적의원 3분의 1 이상의 연서를 요한다), 검사권(출납과 회계검사를 실시할 수 있다), 의장·부의장 등의 선출권, 공무원 등의 출석·답변 요구권(지방자치단체의 장이나 관계 공무원에 대하여 의회에 출석하여 답변할 것을 요구할 수 있다), 청원심사·처리권, 의회규칙 제정권, 자율권(의원의 자격심사 및 징계권 등을 자율적으로 행사할 수 있는 권리를 지방의회는 가진다) 등의 권한을 가지고 있다.

(2) 지방자치단체의 장

지방자치단체의 장은 지방자치단체의 의사를 집행하는 기관으로서 지방자치단체를 대표하는 지위와 국가사무를 수임하여 처리하는 범위 안에서는 국가기관으로서의 지위를 동시에 가진다(법 제101조, 제102조 참조).

지방자치단체의 장의 선임방법은 법률에 정하며, 법률의 규정에 의할 때 주민들의 보통·평등·직접·비밀선거에 의해서 선출된다. 임기는 4년으로 하며, 계속 재임은 3기에 한한다(법 제94조, 제95조). 지방자치단체의 부 단체장은 임명직으로 하며, 그 수는 특별시의 부시장 3인, 광역시와 도의 부 단체장 2인으로 한다.

지방자치단체의 장은 크게 보아 다음의 권한을 갖는다.

첫째 지방자치단체의 장은 지방자치단체의 대표권, 자치사무의 관리·집행권, 자치사무의 감시·감독권, 소속직원의 임면 및 지휘·감독권, 규칙제정권 및 조례공포권을 가진다(법 제101조-제106조).

둘째 선결처리권을 가진다. 지방자치단체장은 긴급히 처리할 사무, 즉 주민의 생명·재산보호를 위하여 긴급하게 필요한 사항이나 지방의회가 성립되지 않은 경우이거나 지방의회 소집의 시간적 여유가 없을 때 또는 지방의회

---

6) 지방의회 운영의 원칙으로는 공개의 원칙, 회기계속의 원칙, 일사부재의의 원칙, 의장 또는 의원 제척의 원칙 등이 제시되고 있다.

의 의결이 지체되어 의결되지 않은 때에는 지방의회의 의결 없이 선결처리하고 사후에 지방의회의 승인을 받아야 한다. 선결처분을 행한 후 승인을 얻지 못하면 그 때부터 선결처분은 그 효력을 상실한다.

셋째 지방의회의 의결에 대한 재의요구권을 갖는다(법 제107조). 지방자치단체의 장은 지방의회의 의결이 월권 또는 법령에 위반하거나 공익을 현저히 해한다고 인정되는 때에는 그 의결사항을 이송받은 날로부터 20일 이내에 이유를 붙여 재의를 요구할 수 있다. 재의결은 재적의원 과반수의 출석과 출석의원 3분의 2 이상의 찬성을 얻은 때에는 그 의결사항이 확정된다.

3. 지방자치단체의 권한

(1) 자치입법권

지방자치법 제22조 규정에 의해서 지방자치의회는 법령의 범위 안에서 그 사무에 관하여 조례를 제정할 수 있다. 다만 주민의 권리제한 또는 의무부과에 관한 사항이나 벌칙을 정할 때에는 법률의 위임이 있어야 한다. 조례의 제정근거는 원칙적으로 법령의 개별적·구체적 위임이 필요 없다. 단 주민의 권리제한 또는 의무부과에 관한 사항이나 벌칙을 정할 때에는 개별적 법령위임이 필요하다.

조례안의 제안권자는 당해 지방자치단체의 장, 재적의원 5분의 1 이상, 지방의원 10인 이상의 연서로 제안할 수 있으며(법 제66조), 조례안이 지방의회에서 의결된 때에는 의장은 의결된 날로부터 5일 이내에 그 지방자치단체의 장에게 이송하여야 한다(법 제66조). 지방자치단체의 장이 조례안을 이송받은 때에는 20일 이내에 이를 공포하여야 하고 지방자치단체의 장은 이송받은 조례안에 대하여 이의가 있는 때에는 20일 이내의 기간 내에 이유를 붙여 지방의회로 환부하고 그 재의를 요구할 수 있다. 이 경우 지방자치단체의 장은 조례안의 일부에 대하여 또는 조례안을 수정하여 재의를 요구할 수 없다. 재의의 요구가 있을 때에는 지방의회는 재의에 붙여 재적의원 과반수의 출석과 출석의원 3분의 2 이상의 찬성으로 전과 같은 의결을 하면 그 조례안은 조례로서 확정된다. 지방자치단체의 장이 공포나 재의의 요구를 하지 아니한 때에도 그 조례안은 조례로서 확정된다.

지방자치단체는 조례로써 조례위반행위자에 대하여 1천만원 이하의 과태료를 정할 수 있다(법 제27조). 조례에 의한 과태료는 당해 지방자치단체의 조례가 정하는 바에 따라 당해 지방자치단체의 장 또는 그 관할구역 안의 지방자치단체의 장이 부과·징수한다. 과태료처분에 불복이 있는 자는 그 처분의 고지를 받은 날로부터 30일 이내에 당해 지방자치단체의 장에게 이의를 제기할 수 있다. 이의를 제기한 때에는 당해 지방자치단체의 장은 지체 없이 관할법원에 그 사실을 통보하여야 하며, 통보를 받은 관할법원은 비송사건절차법에 의한 과태료의 재판을 한다. 조례에 의해서 벌칙인 징역·금고·벌금 등은 부과할 수 없다. 단 법률에서 위임하면 부과할 수 있다. 조례에 의해서 주민의 권리를 제한하거나 의무 등을 부과하는 경우에는 법률의 위임이 필요 없다.

첫째, 조례규정사항의 주요 내용은 지방자치단체의 자치사무이다. 한편 국가사무에 해당하는 기관위임사무에 대해서는 조례로써 규정할 수 없으나, 단체위임사무는 지방자치단체에 의한 자율적 처리가 어느 정도 인정되는 것이기 때문에 자치사무와 마찬가지로 조례의 제정에 특별한 법률상의 근거를 요하지 아니한다.

둘째, 조례는 법령의 범위 내에서 제정되는 것이다. 법률이 일정한 기준·유형을 제시하는 경우에는 이보다 가중된 기준을 초과하거나 법률이 위임한 한계를 초과하는 경우에 그 조례는 법률에 위반되는 것이다.

셋째, 법률이 국가사무로 유보하고 있지 아니한 경우에도 전국에 걸쳐 획일적으로 규율해야 할 사항과 그 영향이 미치는 범위가 전국적이라고 생각되는 사항에 관하여는 지방자치단체가 그것을 규제할 권능을 가지지 않는다고 본다.

규칙은 법령에 위반되지 않는 범위 내에서 지방자치단체의 장 또는 교육감은 법령 또는 조례가 위임한 사항에 관한 자치법규를 제정할 수 있다. 법체계상 규칙은 법률·명령·조례보다 하위의 법규이며, 기초자치단체의 규칙은 광역자치단체의 규칙을 위배해서는 아니 된다. 규칙은 지방자치법 제23조 규정에 의한 위임규칙과 지방자치단체의 장이 자기 고유권한에 속하는 사항을 제정한 행정규칙이 있다.

(2) 자치행정권

자치행정권이란 지방자치단체가 공권력을 행사하는 권력행정과 주민들의 공공복리를 위한 비권력적 행정을 행사할 수 있는 권한을 말한다. 자치행정권은 다음의 세 가지 사무를 포함한다.

먼저 자치사무가 있다. 지방자치단체가 자기의 의사와 책임하에 처리하는 사무로서, 주민의 복리증진에 관한 사무가 고유사무의 핵심을 이루며 조례의 내용이 된다. 이에 대한 국가적 감독은 소극적 감독만이 허용되며 따라서 국정감사의 대상이 될 수 없다.

두 번째 단체위임사무가 있다. 법령에 의하여 국가 또는 상급 지방자치단체로부터 위임된 사무를 말한다. 지방자치법 제 9 조 제 1 항의 사무가 이에 해당되며, 역시 조례의 대상이 된다. 단체위임사무에 대하여는 국가의 소극적 감독 외에 합목적성의 감독까지 허용되며, 단체위임사무의 소요경비는 국가와 당해 지방자치단체가 분담한다.

세 번째 기관위임사무가 있다. 전국적으로 이해관계가 있는 사무로서 국가 또는 광역자치단체로부터 지방자치단체의 집행기관에 위임된 사무를 의미한다. 이 경우 위임받은 집행기관은 국가의 하급기관과 동일한 지위에서 사무를 처리하며, 경비는 전액 국가에서 부담한다. 기관위임사무에 대하여는 국정감사와 사전적 감독까지 가능하지만, 조례제정의 대상은 아니라고 본다.

(3) 자치재정권 · 자치조직권

자치재정권이란 지방자치단체가 자치사무의 수행에 필요한 경비와 위임된 사무에 관한 경비를 충당하기 위해서 세입을 확보하고 지출하는 권한을 가지는 것을 말한다. 특히 지방자치단체가 세입을 확보하는 권한을 과세자주권이라고 한다. 과세자주권이란 "지방자치단체가 지방세를 부과 · 징수함에 있어 세목과 과세표준, 세율 등을 자율적으로 결정할 수 있는 권리"로써 자치재정권 중 과세 등에 의해 재원을 조달하는 권리인 수입권에 속한다.[7]

한편 자치조직권이란 지방자치단체가 자치입법권, 조례, 규칙 등에 근거하여 지방자치단체의 조직을 스스로 결정할 수 있는 권한을 가지는 것을 말

---

7) 차상붕, "지방자치단체의 자주과세권 확대를 위한 법리적 고찰," 지방자치법연구 제 1 권 제 1 호, 2001, 139쪽.

한다.8)

4. 지방자치단체에 대한 국가의 감독

지방자치단체에 대한 국가의 지도는 임의적·비권력적 성질을 내재한 국
가의 지방자치단체에 대한 행정지도를 통하여 사무의 효율성과 행정체계를
확보할 수 있다. 지방자치단체에 대한 감독의 유형은 입법적·행정적·사법
적인 감독이 있다. 국회에서 지방자치단체와 관련된 법률제정과 국정조사나
국정감사를 통해서 감독할 수 있는 입법적 감독과 중앙행정기관이나 상급
기관에서 사전적·사후적 감독을 행사할 수 있는 행정적 감독, 법원에서 자
치단체에 대한 쟁송을 재판할 수 있는 사법적 감독이 있다. 헌법 제107조
제 2 항에서 명령규칙 또는 처분이 헌법이나 법률에 위반되는지의 여부가
재판의 전제가 되는 경우에는 대법원은 이를 최종적으로 심사할 권한을 가
진다.

그런데 지방자치단체와 국가의 관계에서 분쟁이 야기되기도 한다. 지방
자치제도의 시행에 따른 중앙과 지방간의 수직적 권력분립으로 말미암아 중

---

8) 헌재 2001. 11. 29. 2000헌바78(지방자치의 본질적 내용의 범위): 지방자치단체의 존재
자체를 부인하거나 각종 권한을 말살하는 것과 같이 그 본질적 내용을 침해하지 않는 한
법률에 의한 통제는 가능한 것인바, 이 사건 법률조항에 의하여 지방자치단체는 총량을 초
과하는 경우의 허가권 행사가 제한될 뿐 그 밖에는 여전히 주민의 복리에 관한 사무를 처
리할 수 있는 것이므로, 이 사건 법률조항이 지방자치의 본질적 내용을 침해하여 지방자치
에 관한 헌법 제117조 제 1 항에 위반된다고 할 수 없다.
　헌재 2001. 6. 28. 2000헌마735(입법부작위위헌확인) [각하]: 1. 헌법 제117조 및 제118조
가 보장하고 있는 본질적인 내용은 자치단체의 보장, 자치기능의 보장 및 자치사무의 보장
으로 어디까지나 지방자치단체의 자치권으로 헌법은 지역 주민들이 자신들이 선출한 자치
단체의 장과 지방의회를 통하여 자치사무를 처리할 수 있는 대의제 또는 대표제 지방자치
를 보장하고 있을 뿐이지 주민투표에 대하여는 어떠한 규정도 두고 있지 않다. 따라서 우
리의 지방자치법이 비록 주민에게 주민투표권(제13조의2)과 조례의 제정 및 개폐청구권(제
13조의3) 및 감사청구권(제13조의4)을 부여함으로써 주민이 지방자치사무에 직접 참여할
수 있는 길을 열어 놓고 있다 하더라도 이러한 제도는 어디까지나 입법자의 결단에 의하
여 채택된 것일 뿐, 헌법이 이러한 제도의 도입을 보장하고 있는 것은 아니다. 그러므로
지방자치법 제13조의2가 주민투표의 법률적 근거를 마련하면서, 주민투표에 관련된 구체적
절차와 사항에 관하여는 따로 법률로 정하도록 하였다고 하더라도 주민투표에 관련된 구
체적인 절차와 사항에 대하여 입법하여야 할 헌법상 의무가 국회에게 발생하였다고 할 수
는 없다. 2. 우리 헌법은 법률이 정하는 바에 따른 '선거권'과 '공무담임권' 및 국가안위에
관한 중요정책과 헌법개정에 대한 '국민투표권'만을 헌법상의 참정권으로 보장하고 있으므
로, 지방자치법 제13조의2에서 규정한 주민투표권은 그 성질상 선거권, 공무담임권, 국민
투표권과 전혀 다른 것이어서 이를 법률이 보장하는 참정권이라고 할 수 있을지언정 헌법
이 보장하는 참정권이라고 할 수는 없다.

앙과 지방 또는 지방 상호간의 권한분쟁이 발생하게 되는 것이다.[9] 이러한 사태에 대비하기 위하여 헌법 제111조 제 1 항 제 4 호는 헌법재판소의 관장 사항으로서 "국가기관 상호간, 국가기관과 지방자치단체간 및 지방자치단체 상호간의 권한쟁의에 관한 심판"을 규정하고 있다. 한편 행정소송법 제 3 조 제 4 호는 기관소송을 "국가 또는 공공단체의 기관상호간에 있어서의 권한의 존부 또는 그 권한의 행사에 관한 다툼이 있을 때에 이에 대하여 제기하는 소송"이라고 규정하고 있다. 이러한 기관소송은 권한분쟁해결제도라는 점에서 권한쟁의와 공통점이 있으나 분쟁의 주체에 따라 분쟁을 해결하는 기관이 헌법재판소와 법원으로 이원화되어 있다는 점에서 큰 차이가 있다.

Ⅲ. 地方自治의 現實과 問題解決의 실마리

1990년대 이후 지방자치제도가 완비되면서 이제 명실공히 이른바 지방자치시대를 맞이하는 듯하였다. 그러나 아직 지방자치의 정상화는 이루어지고 있지 않다. 지방자치의 이익만큼이나 부작용도 크게 나타나고 있으며, 진정한 의미의 분권화와 국토의 균형발전이라는 이상은 아직 요원한 것 같다. 진정한 의미의 지방자치시대에 다다르기 위해서는 제도 운영의 배경이 되는 사실적 문제, 즉 중앙 집중과 지방피폐라는 문제를 함께 해결해 나아가야 한다.

우리 속담에 "사람이 태어나면 서울로 보내고 말이 태어나면 제주도로 보내라"는 말이 있다. 이는 예로부터 우리나라가 전통적으로 중앙집권적 통치구조로 되어 있어 서울에 가야 사람구실을 할 수 있다는 국민잠재의식의 표현이라고 하겠다. 그리고 이런 뿌리 깊은 중앙 동경의식은 지금도 잔존하여 서울로 가는 것은 방향에 관계없이 모두 올라가는 상경이고 지방에 가는 것은 내려가는 하향이다. 또한 중앙방송을 위해 지방방송은 꺼져야 되는 것이 상식이었으며, 따라서 지방사람들은 자식만이라도 이런 대접받지 않게 하려고 기를 쓰고 서울로 올라가려 하고 그것이 오늘의 수도권 과밀과 지방피폐의 근본적 원인이다.

국가의 일관된 법질서와 제도는 반드시 필요하다. 그러나 현재 우리나라

---

9) 김남철, "국가와 지방자치단체간의 분쟁해결수단," 지방자치법연구 제 2 권 제 2 호, 2002, 71쪽.

의 중앙집중은 세계에서 유래를 찾기 어려울 정도로 심각하며 그만큼 많은
문제점을 야기하고 있다. 중앙정부에 의한 적절한 통제와 함께 지방자치단체
에 대한 힘의 분산이 반드시 필요하다.10) 이하에서는 지방자치의 제도적 문
제뿐만 아니라 현실적·사실적 문제까지 포괄하여 지방자치제도의 개혁방안
을 모색해 보기로 한다.

제 2 절 地方自治制度의 改革方案

Ⅰ. 地方自治團體 構造의 自律性 地方事務의 區分等 問題

1. 구조의 자율성

우리의 지방자치가 효율적이고 성숙한 선진국형 지방자치제도로 거듭 태
어나려면 무엇보다 자치구조(governance)의 개편이 절실하다. 개선의 초점은
행정의 능률을 높임으로써 고비용 구조를 획기적으로 낮추고 주민편의를 향
상시키는 데 맞춰야 한다.

가장 시급한 과제는 지자체 구조의 다원화다. 현재의 구조는 직선제를
기반으로 '강(强) 지자체 단체장, 약(弱) 지방의회'라는 전국 공통의 단일 모
델이다. 이는 인구 이동은 물론 지역별 경제·사회적 차이를 제대로 반영하
지 못하는 단점이 있다. 지방정부 유형을 몇 가지 개발해 주민들 스스로 정
부 모델을 선택하도록 해야 한다. 이 경우 주민참여를 높이고 지역정서에 부
합하는 제도를 가질 수 있다.

구체적으로는 지역주민의 선택에 따라 지금처럼 단체장 중심의 지방자치
를 실시하는 곳이 있는가 하면, 지방의회가 입법과 집행기능을 주도하는 체
제도 가능해야 한다. 대부분의 선진국들은 지방의회가 지방자치를 주도하고
있다. 지방의회 의원도 지역의 선호와 실정에 따라 일정 비율(1/3 또는 1/2)을

---

10) 2003년 국회는 국가균형발전특별법·지방분권특별법·신행정수도건설특별법 등 3대 특별
법을 제정하고, 지방분권을 통한 국가균형발전, 그리고 지방자치단체의 확립을 위한 시도
를 본격화한 바 있다. 구체적인 방법론이나 진행속도에는 많은 이견이 있다. 그럼에도 지
방분권과 지방자치 확립 그리고 국토의 균형발전이라는 목표에 이의를 제기하는 사람은
아무도 없을 것이다.

각기 연도를 달리해 뽑는 게 바람직하다. 이렇게 하면 지방의원이 일괄 퇴임함으로써 생기는 임기 말 누수현상을 막고 지방행정의 연속성을 보장할 수 있다.

마지막으로 주민이 지방자치에 참여할 수 있는 통로를 대폭 확대해야 한다. 주민이 관련 법률을 직접 제안하거나 개정·거부할 수 있는 주민발안제도를 자치단체별로 선택·도입하도록 허용해야 한다.

지방자치의 최대 장점은 효율성과 창의성 향상에 있다. 이런 취지를 살리려면 지방의 다양성과 유연성 보장이 우선되어야 한다. 우리나라의 지방자치가 지금과 같은 획일성과 전국 공통만을 고집한다면 세계적 표준에서 멀어질 수밖에 없다.

2. 지방사무 분배의 문제

지방자치가 실질적으로 보장되기 위해서는 지방자치단체의 업무에 중심이 위임사무가 아닌 자치사무에 놓여져야 할 것이다. 그러나 지금까지 우리의 현실은 그렇지 못하였다는 비판이 제기되어 왔다. 이에 따라 진정한 지방분권을 이루기 위하여 지방분권촉진에 관한 특별법[2008. 2. 29. 법률, 시행일 2008. 6. 1. <한시법: 2013. 5. 31>]이 제정되었다.

이 법은 지방분권의 기본이념과 국가와 지방자치단체의 책무를 명확히 함과 동시에 지방분권의 추진에 관한 기본원칙·추진과제·추진체제 등을 규정함으로써 지방분권의 추진과제를 종합적·체계적·계획적으로 추진하여 지방분권을 촉진하고 지방의 발전과 국가의 경쟁력 향상을 도모하며 궁극적으로는 국민의 삶의 질을 제고하는 것을 목적으로 한다(제 1 조). 그리고 제 7 조(지방분권 추진일정)에서 국가 및 지방자치단체는 제10조(권한이양 및 사무구분체계의 정비 등), 제11조(특별지방행정기관의 정비 등), 제12조(지방재정의 확충 및 건전성 강화), 제13조(지방의회의 활성화와 지방선거제도의 개선), 제14조(주민참여의 확대), 제15조(자치행정역량의 강화), 제16조(국가와 지방자치단체의 협력체제 정립) 등의 지방분권의 추진과제를 수행하기 위하여 추진일정, 추진방법, 추진절차 등에 관한 정책을 수립하고, 추진실적을 연 2 회 이상 공표하여야 하며, 이 법의 유효기간 내에 정책의 시행을 완료하도록 노력하여야 한다고 규정하고 있다.

한편 현행 교육자치제가 광역자치단체에 한해 적용되어 지역의 특수한 교육 수요를 반영하기 어렵다는 비판이 제기되고 있다. 교육청과 자치단체의 행정구역이 일치하지 않아 유기적 협조도 미흡한 실정이라고 한다. 또 교육·학예에 관한 사무는 시·도 교육감이 관장하고 있으며 단체장은 완전히 배제되어 있다. 이 때문에 학교부지 확보나 학교급식제공 기타 교육환경 개선 등에 필요한 예산을 자치단체가 적극적으로 책정하기 어렵다. 아울러 교육위원회와 광역의회가 교육행정기관·학교 사무에 대한 의결 감사권을 별도로 갖고 있어 업무 중복에 따른 행정력 낭비가 초래된다. 이에 교육위원회를 지방의회 내 하나의 상임위원회로 운영하였고(지방교육자치에관한법률 제4조),[11] 집행부인 교육청을 총괄하는 교육감은 주민투표에 의해 직접 선출하도록 하고 있다(법 제22조).

지방경찰청은 경찰법상 시·도 지사에 소속돼 있으나 실제로는 지방경찰청장이 모든 지휘·감독권을 행사하고 있다. 따라서 주요 단속업무에 대해 자치단체와 경찰의 원활한 협조가 이뤄지지 않는 문제점을 안고 있다. 이에 대한 구체적인 내용은 아래 제2장에서 살피기로 하겠다.

3. 광역자치단체의 문제와 광역행정 효율성 제고방안

시·군과 달리 대도시에서는 잦은 이사나 경계가 불분명한 생활권으로 인해 자치구 단위의 애향심이나 공동체 의식이 희박하다. 또 여러 자치구가 관련된 도시계획이나 교통망 확충사업 등이 구청장들의 비협조와 무관심으로 지연되어 행정비용이 과다하게 발생하기도 한다. 이에 따라 비효율적인 광역행정시스템을 새롭게 구축해 보자는 목소리가 커지고 있다. 일본은 문화·환경·복지분야 사업을 자치단체별로 추진하는 데 따른 재정부담을 최소화하기 위해 광역연합제를 1994년 도입했다. 이 제도에 따르면 광역연합은 소속 자치단체로부터 일정 수준의 독립성을 유지하며 행정 업무를 추진·조정할 수 있는 법적 지위를 갖는다. 광역연합이 세운 도시계획 등을 자치단체들이 지키지 않을 경우 강제이행을 권고할 수도 있다. 우리도 지금의 획일적인 광역자치단체제도에서 벗어나 보다 탄력적이고 효과적인 방안을 생각해 볼 필요

---

11) 참고로 영국의 교육위원회는 지방의회의 상임위원회이며 일본의 교육위원회는 단체장이 임명하고 있다.

가 있다.12)

II. 地方選擧의 民主性 提高方案

1. 사전선거운동금지 및 공직사퇴기간 문제

현직 자치단체장들은 다음 지방선거를 앞두고 현직의 프리미엄을 최대한 활용해 사실상 사전 선거운동을 벌인다. 업무는 제쳐둔 채 동창회와 체육행사 등 각종 모임에 참석해 생색을 내는가 하면 자치단체의 소식지와 인터넷 홈페이지 등을 통해 자신을 적극 홍보하기도 한다. 이로 인해 결재나 행정보고 등이 제때 안 되어 자치단체의 업무에 차질을 빚는 사태가 비일비재하다. 이러한 사태를 막기 위한 적절한 사전선거운동 금지수단을 마련하는 것이 타당하다.

한편 자치단체장은 후보자 등록 전 120일 전까지 공직을 사퇴하도록 규정되어 있는 공선법 제53조 제 3 항을 폐지해야 한다는 견해가 있다. 자치단체장의 120일 전 공직사퇴시한은 장기간의 행정공백으로 인한 주민불편을 가중시키고 자치단체장의 평등권과 직무 전념성을 현저히 해칠 우려가 있으므로 본 조항을 폐지하고 일반공무원의 공직사퇴시한은 60일 전 사퇴시한으로 일치시키는 것이 바람직하다는 것이다.13)

---

12) 여러 시·군이 동일한 시설을 각기 건설하는 '솔로(solo)' 방식은 이제 지자체 경영에서 기피하는 추세다. 대신 여러 지역이 공동으로 건설해 함께 이용하는 '그룹' 방식이 선진국에서 인기를 끌고 있다. 프랑스에서는 지자체간 협동에 의한 행정을 추진하기 위해 디스트릭트(district)를 운영하고 있다. 이는 하나하나의 작은 시·군이 독자적으로 감당하기 어려운 사업을 여러 소도시가 힘을 합쳐 공동으로 시행할 목적으로 운영하는 일종의 광역행정단위다. 프랑스에서는 현재 300여 개의 디스트릭트가 운영되고 있다. 이 제도로 인해, 산업단지 같은 시설은 몇 개의 마을이 공동 건설한다. 그 덕에 경제 효율성이 높아지고 중앙정부로부터의 정치적 홀로서기도 가능해진다. 독일의 경우, 지역간에 공동계획 수립이 관례화되어 있다. 통독 후 베를린이 급속히 커지자 베를린과 인근 브란덴부르크주는 '공동계획협의회'를 구성, 주택·산업·철도 등의 사업을 협력해서 추진해 왔다. 초기 2년 동안 양지역간에 2000건 이상의 사업 추진 합의가 도출됐다. 미국에서는 지자체간 협력을 통한 지역발전을 유도하기 위해 '지방간 협력법'이 텍사스를 비롯한 여러 주에서 시행된다. 이 법률을 통해 지자체간에 공동의 복지시설·공원·환경시설 등을 협력할 경우 보조금 지원 프로그램이 추진된다.

13) 참고로 헌법재판소는 "공직선거및거부정방지법 제53조 제 1 항 제 4 호는 정부투자기관의 임·직원이 지방의회의원선거에 입후보하기 위해서는 후보자등록 전에 그 직에서 물러나야 하도록 입후보를 제한한 내용인 점에서 본질적으로 구 지방의회의원선거법 제35조 제 1 항 제 6 호의 규정과 유사하므로 위 구법규정에 대한 헌법재판소 1995. 5. 25. 선고 91헌마

2. 금권선거 등 부정선거 방지대책

지방선거와 관련하여 특히 문제되는 것은 금전과 관련된 것이다. 특히 문제되는 것은 이른바 공천헌금의 문제이다. 지방선거에 출마하는 후보자들이 정당의 공천권을 쥐고 있는 당의 실력자나 지구당 위원장 등에게 내는 공천헌금이 자치단체장 비리와 부정의 핵심고리가 되고 있다. 특정 정당의 공천이 곧바로 당선으로 연결되는 영호남 지역에서는 공천에 따른 뒷돈거래가 특히 심한 것으로 알려져 있다.

이것은 조선후기의 매관매직과 다를 바 없는 것으로 돈이 들어간 만큼 뽑아내야 하고 돈을 주지 않고 유력 정치인에게 매달려 공천을 땄다면 그의 부정한 청탁 등을 들어줄 수밖에 없는 구조적 문제를 야기한다.

현행 정치자금법에는 공천헌금을 주거나 받으면 3년 이하의 징역 또는 500만원 이하의 벌금에 처하게 돼 있으나 공천헌금 수수가 워낙 은밀하게 이뤄져 근절되지 않고 있다고 한다. 지역감정과 정당의 공천독점권을 극복하는 것이 공천헌금 수수와 부정부패를 막는 첩경이라고 하겠다. 지역감정에 편승해 공천을 마음대로 하는 풍토를 바로잡기 위해서는 정책 및 인물중심의 선거가 되도록 해야 하며 이를 위해 유권자들의 의식이 개선되고 낙선운동 등도 지속적으로 추진돼야 한다.

특히 정당공천의 경우 중앙당이나 지구당 위원장의 일방적인 낙점이 아니라 지구당에서 민주적 절차에 따라 당원들이 선출하도록 제도화하는 것이 필요하다고 지적했다.

아울러 지방자치단체 선거의 선거공영제를 확대할 필요가 있다. 선거공영제를 통해 돈 안 드는 선거풍토를 조성함으로써 기존의 막대한 선거비용으로 인해 발생되는 각종 선거범죄를 사전에 예방하고 유능한 신진 인사의 지방정치 진출을 촉진시키기 위하여 공선법 제122조 및 동법시행령 제51조 개정을 병행하는 것이 필요하다고 본다.

---

67 결정의 판시이유는 이 사건에서도 그대로 타당하고 위 결정선고 이후 이를 달리 판단하여야 할 특별한 사정변경이 있다고 할 수도 없으므로, 위 심판대상 법률규정을 정부투자기관의 경영에 관한 결정이나 집행에 상당한 영향력을 행사할 수 있는 지위에 있다고 볼 수 없는 직원을 임원이나 집행간부들과 마찬가지로 취급하여 지방의회의원선거에 적용하는 것은 헌법에 위반된다"라고 판단한 바 있다(헌재 1995. 6. 12. 95헌마172).

Ⅲ. 地方議會의 改善方案

지방의회의 주요 기능은 자치단체가 주민을 위한 정책과 사업을 펼치면서 예산을 효율적이고 투명하게 쓰는지를 감시하는 일이다. 하지만 아직도 지방의회가 제 역할을 다하지 못하고 있다는 지적이 많다. 이는 제도적 장치가 미흡한 데다 지방의원들의 의정활동이 부실하기 때문이다. 이에 따라 전문성·청렴성 등의 자질을 갖춘 후보들이 지방의회에 진출하여 일할 수 있는 여건을 만드는 데 노력을 기울이는 것이 전제가 된다.[14]

1. 상임위원회 활성화

행정의 전문화 추세에 맞춰 지방의회도 전문성을 살린 상임위 중심의 활동을 하는 것이 효율적이다. 그러나 현행 지방자치법 시행령에는 의원수 13명 이상의 시·군·구 의회에서만 상임위를 설치할 수 있도록 되어 있어 전국 2백 32개 기초의회 중 1백여 곳이 의원 부족으로 상임위를 운영하지 못하고 있는 실정이다.

상임위가 설치된 의회 가운데서도 1백여 곳은 상임위원회 숫자가 3개씩에 불과하다. 그나마 운영위원회를 제외하면 실질적으로 활동하는 위원회는 2개에 그치는 셈이다. 이에 관계 법령을 고쳐 상임위 설치기준을 11명 이상으로 완화하고 1의원 1상임위 원칙도 융통성 있게 운영해야 한다는 제안이 있다.[15]

2. 조례제정권 강화

지방의회에서 제정할 수 있는 조례의 범위가 좁아 자치입법기관으로서의 제 역할을 못하고 있다. 행정자치부 등 중앙정부가 지방자치법 제15조의 지자체는 법령의 범위 안에서 조례를 제정할 수 있다는 규정 중 법령의 범위 안에서를 "법령에 명확한 근거가 있을 때에 한해"로 축소해석하고 있기

---

14) 지방자치제 초기 단계인 우리나라의 경우 지방의원들이 지방자치 선진국을 방문해 벤치마킹할 필요도 있다. 목적이 불분명한 연수를 막을 수 있는 법 제도적 장치 또한 마련해야 한다.

15) 미국 애리조나주 피닉스시의 경우 시의원은 모두 8명이지만 8개의 상임위를 두고 한 위원회에 의원 3명씩이 소속해 활동하고 있다고 한다.

때문이다. 이에 지자체가 상황에 능동적으로 대처하기 위해서는 법령의 범위 안에서를 "법령에 위반하지 않는 한"으로 적극적으로 해석해야 할 필요가 있다.

또 현행 지방자치법은 조례 위반시 과태료만 부과할 수 있도록 되어 있어 조례의 실효성을 떨어뜨리고 있으므로 조례 위반에 따른 처벌 규정에 벌금·과료·구류 등을 포함시키는 방안도 생각해 볼 필요도 있다.16)

Ⅳ. 地方自治行政의 改善方案

1. 지방재정의 문제

출범 12년째를 맞은 우리의 지방자치제는 비정상적인 재정구조와 운영으로 아직 제 궤도에 오르지 못하고 있다. 지자체의 재정 자립도는 해마다 낮아지는 추세다. 2002년 전국 2백 48개 지자체의 평균 자립도는 54.6%에 불과하다. 지역정책 수행에 필요한 재원을 스스로 조달하는 것이 지방자치의 기본원리인데도 예산의 절반정도만 지방세 등으로 충당하고 나머지는 중앙정부에 의존한다는 얘기다.

더욱이 지방자치제 실시 이후 지자체마다 각종 수익사업에 뛰어 들었으나 주먹구구식 경영으로 적자를 내는 경우가 많아 도리어 재정 운영에 부담을 주고 있다. 따라서 지방자치의 고비용 저효율 구조를 개선해서 재정난을 타개할 수 있는 방안을 강구해야 한다.

(1) 재원확보

지자체가 업무 수행에 필요한 재원을 확보하기 위한 대책으로 조세제도 개선을 첫째로 꼽을 수 있다. 예컨대 현행 법규상 지방에 기업이 새로 생긴다 하더라도 액수가 큰 법인세나 부가가치세 등이 국세로 들어가기 때문에 지방정부에 떨어지는 돈은 얼마 되지 않는다고 한다.

따라서 몇몇 국세 항목을 지방세로 전환하고 세율 조정권이나 세목 결정권 등을 지방정부에 일정부분 허용해야 한다는 것이다. 또 지방교부세, 국고보조금, 지방양여금 등의 형태로 각 지자체에 주는 중앙정부 보조금의 지급

---

16) 일본은 조례 위반자에 대해 2년 이하 징역 또는 금고, 10만원 이내의 벌금 등을 부과할 수 있도록 하고 있다.

기준을 명확하게 하여야 한다. 정치적 논리에 따라 지급하거나 모호하고 복잡한 지급 기준 등은 각 지자체가 정확한 예산을 세우고 사업을 추진하는 데 걸림돌이 되기 때문이다.[17]

(2) 투명한 지출

주민들은 자신이 낸 세금을 어떤 용도와 규모로 쓰는지 알 권리가 있다. 행정자치부는 2001년부터 전국 각 지자체의 재정현황을 인터넷 홈페이지에 공개하고 있다. 하지만 예산 내역이 보조사업, 자체사업 등으로 분류돼 있어 구체적인 용도를 알 수 없는 실정이다. 공개하는 정보에 정확한 지출 결과도 반드시 포함시켜야 한다.

또 지방의회나 상급 기관의 감사를 통해 지적받은 사항은 무엇이며 이를 지자체가 어떻게 처리했는지에 대한 결과 보고서 역시 필요하다. 전문가나 시민단체의 평가 보고서 등을 공개하는 것도 일반 시민의 이해를 돕기 위한 한 방법이다. 이러한 감시를 통해 낭비된 예산이 드러나면 환수 조치할 수 있도록 납세자소송법 도입도 검토해야 한다.

이 밖에 단체장이 선심성 행정을 펴는 도구로 전락한 임의단체 보조금에 대해서는 심의위원회를 구성, 지급기준 대상 금액 등을 심사해야 한다. 그래야 예비군 훈련장의 시설 보수나 해당 지자체의 발전 방안 마련을 위한 심포지엄 등에 보조금을 지급하는 등 원래 취지에 맞지 않는 지원을 막을 수 있다. 보조금 지급 후 정산서 제출을 의무화하거나 현장 실사 등도 병행해야 한다.

(3) 내실 있는 수익사업

잘못된 수익사업 때문에 혈세가 낭비되는 사례가 많다. 2000년 전국 3백 7개 지방공기업의 결산결과 2천 9백 92억여 원의 적자를 기록했다.

지방공기업은 비효율적인 구조, 부실경영 및 타당성조사 결여, 과도한 복리후생 등의 문제점을 안고 있다.[18] 이것은 정치적 간섭에서 자유롭지 못하고 이윤 추구에 제약이 가해지는 등 공기업의 구조적 한계에서 연유한다고 보여진다. 이를 막기 위해 공기업에 전문경영인을 채용하고 독립채산제를 도

---

17) 옥무석, "지방세제의 현황과 개선방향," 지방자치법연구 제 2 권 제 1 호, 2002, 33쪽 이하.
18) 예를 들어 속초시는 1999년 속초시 시설관리공단을 설립하면서 임직원 19명 중 18명을 속초시의 구조조정으로 감축된 인력을 특별 채용하였다.

입해 경영의 자율성을 보장해 줘야 한다. 또 사업별 실적 공개를 의무화해야 하고 주민 감사청구제 등 견제 감시장치를 강화할 필요가 있다. 공기업을 설립할 때는 심의위원회를 구성하여 사업 타당성을 철저하게 검토하는 것도 필수 과제다.

2. 인사시스템 개선방안

지방자치가 성공하기 위해선 자치단체의 권한이 지금보다 확대될 필요가 있다. 특히 단체장이 지역실정에 맞는 조직을 구성하고 인력을 운용할 수 있도록 뒷받침해 주는 것이 필요하다.

단체장의 인사권은 지역 특성에 걸맞은 행정을 펼치는 데 있어 핵심적인 수단이다. 그러나 현행 지방자치 관련 법령 규칙은 자치단체의 주민 숫자와 면적 예산 등을 기준으로 공무원의 직급 및 정원을 상세히 규정하고 있어 단체장의 자율적인 인사권 행사를 제약하고 있다.

이에 대해 단체장의 인사권을 제한하는 규제를 폐지, 자치단체별로 다양한 행정 수요를 인사에 반영할 수 있도록 해야 한다. 단체장은 조직·재정 진단을 통해 필요 인력을 산정하고 직원을 적재적소에 배치할 수 있는 권한을 가져야 한다. 단체장이 인기위주로 공무원 정원을 늘리거나 직급을 올릴 경우 주민과 지방의회가 이를 통제하는 제도를 마련하는 것이 바람직하다. 중앙정부는 자치단체에 대한 재정교부금을 제한함으로써 단체장의 무분별한 증원 등을 막는 간접적 수단을 이용하는 것이 좋을 것이다.

3. 특별지방행정기관의 문제

우리나라의 특별 지방행정기관은 대략 6,477개가 설치되어 있다고 한다. 이렇게 많은 특별지방행정기관은 지방자치단체의 종합적이고 효율적인 지방행정운영을 저해하고 있으며 중복적인 기능수행으로 인한 인력과 예산의 낭비와 기관간 갈등을 조장하고 있는 실정이라고 한다.

2002년을 기준으로 보면 이러한 특별지방행정기관의 구성현황은 노동행정기관 46개, 세무행정기관 173개, 공안행정기관 3,438개, 현업행정기관 2,456개, 기타 행정기관 364개인 것으로 조사된 바 있다.

이러한 특별지방행정기관의 난립현상은 다음과 같은 문제를 야기한다.

먼저 국가 부처별로 지방에 특별행정기관을 설치하게 되면 설치 및 운영에 따른 막대한 예산이 소요된다. 둘째 지역에서 처리되는 행정사무는 행정기관간 유기적인 협조를 필요로 하나 별도로 설치되는 경우에는 지방정부 및 국가의 특별행정기관간에도 원만한 협조가 이루어지지 않는 경우가 많다. 셋째 여러 개의 특별지방행정기관은 주민들의 업무불편을 가중시킨다. 넷째 특별지방행정기관은 중앙의 지도・감독을 받기 때문에 주민의 행정서비스에 대한 고려가 미약하고 지역의 다양한 실정을 반영하는 데 어려움이 많다.

이러한 문제를 해결하기 위해서는 다음과 같은 해결방안이 필요하다.

우선 지방자치단체와 유사한 중복적인 기능을 수행하는 특별지방행정기관의 사무를 지방자치단체에 이관하되 보충성의 원칙을 적용해 집행기능의 사무는 기초자치단체에 우선적으로 이관해야 한다. 둘째 특별지방행정기관의 사무 중 국가가 불가피하게 직접 처리할 필요가 있는 경우에 한에서만 국가가 지방에 특별지방행정기관을 설치하도록 하는 것이 바람직하다. 셋째 국가가 지방에 특별지방행정기관을 설치하는 경우에도 부처별로 특별지방행정기관을 설치해 업무를 분산처리할 것이 아니라 주민의 편익을 증진시키기 위해서 장소와 건물을 공유 또는 인접하도록 하여 주민불편을 해소하는 것이 바람직하다. 결론적으로 특별지방행정기관을 일반지방행정기관과 통・폐합함으로써 업무의 효율성을 높이고 주민 만족도를 제고시킬 수 있는 방향으로 조속한 시일 내에 제도개선이 이루어지기를 기대한다.

V. 中央政府의 統制와 關聯된 改善方案

현재 기초자치단체들은 기초의회에 의한 감사 외에 행정자치부, 주무부처 및 광역단체의 감사를 받으며, 국회의 국정감사, 감사원 감사, 심지어 국무총리 국무조정실의 감사까지 받고 있다.

1년에 1백 80일 동안 감사를 받은 곳도 있어 사무처리에 지장을 주고 있다. 이런 무원칙한 중복감사로 인해 기초자치단체는 그 본래의 직분인 주민의 복리증진 및 생활의 질 향상을 위해 일하지 못하여 행정서비스 수준이 낮아질 가능성이 높다.

또한 중복되는 감사로 인하여 지방공무원의 사기가 떨어지고 주민을 위한 적극적 행정을 하기보다는 감사에 대비하기 위한 서류와 요식행위를 갖추는데 더 관심을 쏟는 추세를 보이기도 한다.

이러한 고질적 중복감사를 폐지하려면 자체감사체제를 갖추고 자체감사기관이 자치단체에 대한 감사를 전담하도록 해야 한다. 자체감사체제를 갖추려면 자치단체장으로부터 독립적 지위를 가진 자치단체의 감사기관을 설립해 집행기관에 대한 회계검사 및 직무감찰을 담당하도록 하고 지방의회에 의한 감사권을 강화해야 한다.

자체감사기관의 유형으로는 자치단체장이 독립적 지위와 권한을 가진 감사위원을 지방의회의 동의를 얻어 임명하는 안, 지방의회가 의회소속인 감사관을 의결로써 임명하고 의회의 신임을 배경으로 집행기관을 감사하게 하는 안, 자치단체 감사관을 자치단체장과 동시에 주민이 직선하는 안, 지방회계검사원이 자치단체에 대한 감사를 하도록 하는 안이 있는데 그 중 감사관 직선제가 가장 바람직하다고 생각된다.

민선감사관이 회계검사와 감사를 전담하고 지방의회가 강화된 감사권에 의하여 행정사무감사를 실시하게 하고 전술한 상급기관 및 중앙 각 부처에 의한 중복감사를 모두 폐지해야 할 것이다.[19]

VI. 地方自治의 直接民主制와 政黨參與의 問題

1. 주민투표제와 주민소환제

(1) 주민투표제

지방자치단체들은 민선 단체장 등장 이후 주민만족과 효율행정이라는 두 마리 토끼를 잡기 위해 다양한 실험을 펼쳐 왔다. 서비스 헌장을 제정하고 주민감사청구 행정정보공개제 등을 도입해 주민들에게 다가가는 행정을 꾀하는 한편 개방형 직위제나 업무의 민간위탁 등을 통해 행정의 능률을 높이는데 힘썼다. 그러나 지역 내 현안을 주민들이 스스로 결정하는 주민투표법제정이나 기초자치단체들의 밥그릇싸움으로 말미암은 광역행정 시스템의 결여 등 지방자치의 기본이 되는 부분은 아직도 미흡하다는 지적이 많았다. 그리

---

19) 자세한 내용은 김용환, "지방자치단체의 행정사무에 대한 감사체계," 지방자치법연구 제 1 권 제 2 호, 2001, 66쪽 이하 참조.

하여 지방자치법 제14조에 근거하여 주민투표법이 2004. 1. 29. 제정되었다.

이 법은 주민에게 과도한 부담을 주거나 중대한 영향을 미치는 지방자치단체의 주요결정사항으로서 그 지방자치단체의 조례로 정하는 사항을 주민투표에 부칠 수 있도록 하면서(제 7 조 제 1 항), 다음 사항은 예외로 하고 있다(동 제 2 항). 1. 법령에 위반되거나 재판중인 사항, 2. 국가 또는 다른 지방자치단체의 권한 또는 사무에 속하는 사항, 3. 지방자치단체의 예산·회계·계약 및 재산관리에 관한 사항과 지방세·사용료·수수료·분담금 등 각종 공과금의 부과 또는 감면에 관한 사항 등이다. 한편 주민투표청구권자 총수의 20분의 1 이상 5분의 1 이하의 범위 안에서 지방자치단체의 조례로 정하는 수 이상의 서명으로 그 지방자치단체의 장에게 주민투표의 실시를 청구할 수 있고(법 제 9 조 제 2 항), 지방의회는 재적의원 과반수의 출석과 출석의원 3분의 2 이상의 찬성으로 그 지방자치단체의 장에게 주민투표의 실시를 청구할 수 있다(동 제 5 항).

(2) 주민소환제

'주민소환에관한법률'이 2007년 5월 25일부터 시행되자마자 지방자치단체장을 소환하려는 움직임이 전국 각지에서 일고 있다. 그러나 주민소환제가 '부정과 비리에 대한 문책장치'가 아니라 '소신 행정에 대한 발목 잡기의 수단'으로 남용될 것이란 우려도 현실로 나타나고 있다. 물론 주민소환제는 선거직 공무원이 잘못할 경우 임기중이라도 퇴출시킬 수 있는 민주적 제도로서, 미국 등 선진국에서는 이미 제도화되어 있다. 그러나 주민들이 선출한 대표를 바꾸는 문제는 주민투표·주민감사청구 등을 거친 후 최후 수단이 되어야지 지금과 같이 쉽게 발동될 일이 아니다. 대부분 국가에서는 주민소환 사유를 규정하지 않고 있다. 소환 사유를 법률로 정하면 결국 사법화되어 법원 통제를 받게 되고, 주민의 직접 결정을 존중하려는 취지가 손상된다는 이유 때문이다. 따라서 우리 주민소환제도가 제대로 되려면 다른 요건을 보완·강화해야 한다.[20]

첫째, 주민투표보다 요건을 어렵게 하여 많은 경우 주민투표로 해결하도록 유도하는 것이다. 현재 두 제도 모두 결정방법이 '유권자 3분의 1 이상

---

20) 이관희, '주민소환' 남용 막을 보완책 필요(중앙일보 2007. 9. 28).

투표에 과반수 찬성'으로 같다. 그러나 주민소환의 경우 결정요건을 '총 유권
자의 3분의 1 이상 찬성' 등으로 강화하는 방안을 고려할 수 있다. 일본의
경우 발의 요건 자체를 아예 유권자의 3분의 1 이상으로 하고 있다.

둘째, 정치적 악용을 막기 위해서는 소환청구인 대표자 등의 자격 제한
을 차기 선거 입후보 예정자만이 아니라 지난 선거에서 낙선한 경쟁 후보자,
정당원으로 확대해야 한다.

셋째, 투표 결과에 관계없이 소요 경비 전액을 가뜩이나 재정이 취약한
자치단체가 부담하는 것도 불합리하다. 부결되면 비용 일부를 서명한 사람들
이 공동 부담하도록 해야 책임 있는 소환운동이 전개될 것이다.

넷째, 주민소환투표안 공고부터 투표 결과 공고까지 20-30일 동안 소환
대상자의 권한행사를 정지시키는 것도 불합리하다. 파렴치범도 아닌 선출직
공직자를 투표 결과 해직이 확정되기도 전에 직무정지시키는 것은 엄청난 행
정 낭비이고 법 상식에 어긋나므로 당연히 폐지되어야 한다.

원래 주민소환제는 노무현 대통령 탄핵 소추 여파로 현 제17대 국회 총
선 당시 여·야 불문 공약으로 나온 것이었다. 원래는 국회의원에게도 해당
되어야 했는데, 지자체에만 적용되었다. 그런데 입법과정에서도 졸속 처리되
어 지자체장과 지방의원들의 정상적인 업무수행만 불안하게 하는 결과를 초
래했다. 따라서 이번 정기국회에서 반드시 개정·보완되어야 한다.

(3) 그 밖의 주민 참여방안

조례 제정 및 개폐 청구제는 주민들이 일정 수 이상 서명을 받아 조례의
제정이나 개정 폐지를 지방의회에 안건으로 상정할 수 있는 제도로 2000년
2월 지방자치법에 도입됐다.[21] 그러나 지방자치법이 규정한 서명 요건이 너
무 까다롭다고 하겠다. 조례 제정 및 개폐 청구권은 주민이 자치단체에 안건
을 올리는 권리에 불과하므로 서명자 수를 대폭 축소해도 무방하다. 또 주민
등록번호를 기재하고 서명 후 도장이나 인장을 받도록 해 개인정보 유출의
우려로 주민들이 참여를 꺼리기도 한다는 문제가 제기된다.

한편 행정의 효율성을 높인다며 1997년부터 읍·면·동 사무소를 주민자

---

21) 경기도 광명시에서는 2001년 5월 러브호텔과 같은 향락시설이 주거지역으로부터 30m만
    떨어지면 신·증축할 수 있다는 도시계획 조례가 공포되자 광명 경실련은 7천 5백여 명의
    서명을 받아 조례 개정 청원을 제출하여 시의 전횡을 막아냈다.

치센터로 대체해 온 사업에도 문제가 제기된다. 주민자치센터의 운영주체는 자치위원들이나 이들은 센터 운영에 소극적이고 사실상 동장 등의 자문기구 역할에 그치고 있다. 게다가 문화 여가 프로그램만 집중적으로 도입하여 민의수렴 창구로서의 역할은 기대만큼 수행하고 있지 못하다. 또 주민자치위원은 읍 면 동장의 직권 위촉을 받은 기존 관변단체 임원이나 동장자문위원 지방의원 등이 많아 사전선거운동 시비가 일고 있다. 따라서 주민자치위원의 자격과 투명한 선출방식을 지방자치법과 시행령에 구체적으로 명시해야 할 것이다.

또 '제5의 권력'으로 불리는 시민단체(NGO)가 우리나라 지방자치를 업그레이드시키는 세력 집단으로 떠오르고 있다. 시민단체가 시민중심적 입장에서 지방자치단체의 정책수립과 시행에 직·간접적으로 영향을 미치고 있는 것이다.22) 이에 더 나아가 시민단체들은 최근 지방정부에 대한 감시·견제 역할에서 나아가 정치권 진입을 꾀하고 있다.

영국·프랑스·독일 같은 유럽 국가에서는 시민단체의 적극적인 정치참여가 일상화돼 있다. 국내에도 NGO의 정치참여를 가로막는 법적·제도적 걸림돌을 없애고 유권자에게 최종심판을 맡기는 게 바람직하다고 하겠다. 하지만 시민단체가 사익(私益) 또는 특정집단의 이익을 추구하고, 지역 이기주의 성향을 보이며, 순수한 목적보다는 스스로 권력기관화 할 가능성이 높다는 것은 지방정치 참여과정에서 문제점으로 지적되고 있다.

이러한 문제점을 최소화시키며 시민단체와 지방자치단체의 창조적인 긴장관계를 유지하기 위해서는 공동 발전을 위해 '민관협력정보센터' 같은 종합전담창구를 만들거나 '민관 협력조례' 제정 등을 검토할 필요가 대두되고 있다.

2. 정당참여의 문제

지방자치와 관련하여 가장 민감한 문제 중 하나가 지방자치단체장 및 지방의회의원의 선거에 정당의 참여를 허용할 것인가의 문제라고 하겠다. 현행

---

22) 지방정부의 러브호텔 건립 추진과 초고층 주상(住商)복합 건물 신축을 저지한 경기 고양시 시민단체들, 5급 이상 지방 공무원들의 그린벨트 땅 소유 현황 공개를 이끌어낸 대전참여자치연대, '정보공개사업단'을 통해 행정감시운동을 벌이고 있는 참여자치전북연대 등이 그 대표적인 예이다.

공직선거법 제47조에 의하면 정당은 기초자치단체장 선거만이 아니라, 자치구·시·군 의원 선거에서도 공직후보자를 추천할 수 있도록 개정되어(2005. 6. 30) 문제되고 있다.

　　당내민주주의가 제대로 되지 않은 중앙집권적 정당의 경우 지역적 이해관계는 간과되고 결국 지구당이 중앙당에 예속됨으로 인하여 지방이 중앙에 종속되는 결과를 가져올 수 있으며, 중앙정치에 있어서의 여·야당간의 갈등 내지 정쟁이 지방자치단체에까지 확산될 수 있는 우려도 제시되고 있다. 그리고 기초단체장이나 의원들의 정당공천과정에서 매관매직이 크게 문제되고 있고, 결국 풀뿌리 지방 생활자치를 망치고 있기 때문에 기초자치단체에 대한 정당공천제는 한시바삐 폐지되어야 한다고 본다.

제2장 檢・警의 政治的 中立과 搜査權의 合理的 配分

【여 는 글】

　　모든 국민의 인간의 존엄성을 보장하고자 하는 민주주의 국가운영의 요체는 법치주의의 구현에 있고, 그 법치주의 실현을 위해서 검・경의 정치적 중립을 기반으로 하는 엄격한 법집행이 무엇보다 전제되어야 한다. 그간 검・경의 법집행은 권력에의 편향성 등으로 공정성을 잃어 법치주의 근간을 흔드는 경우가 있어 민주주의 국가운영에 대한 국민의 염원에 큰 실망을 안겨 주기도 했다. 물론 검・경의 정치적 중립은 법집행자의 의지가 중요한 것이지만 제도적 장치 또한 치밀하게 마련되어야 한다. 검・경의 정치적 중립과 민주화는 법치주의를 기반으로 하는 민주주의 국가운영에 사활이 걸린 중대한 문제이므로 그 제도적 장치를 헌법상 통치구조적 차원에서 다루려는 이유이다. 검・경의 정치적 중립과 민주화 없이는 법치주의도 민주주의도 존재할 수 없기 때문이다.

　　한편 집중된 권력은 남용되게 마련이므로 검경간에 수사권을 합리적으로 배분하여 상호 견제하고 경쟁할 수 있다면 결국에는 진정으로 국민을 위한 수사권 행사가 실현될 수 있을 것이다. 그러나 현재 수사권은 지나치게 검찰에 독점되어 있다. 그와 같은 검・경간의 상명하복식 종속구조는 양 기관의 정상적인 수사기능을 왜곡시키고 효율적인 수사행정을 저해하여 결국 수사단계에서 피해자・피의자 모두에게 엄청난 불편과 인권침해를 초래하고 있는 것이다. 특히 소수의 엘리트 검찰(약 2,000명)에 의한 거대조직 수사경찰(약 20,000명)에 대한 지배・조정은 민주적 권력분산의 원칙에도 반할 뿐만 아니라, 법치주의 초석인 경찰을 지나치게 취약하게 만드는 우를 범하고 있는 것이다. 이런 점에 비추어 볼 때 검・경간의 합리적인 수사권 배분문제(경찰 수사권의 독자성 확립문제)는 결코 기관간의 단순한 밥그릇 싸움이 아니라, 양 기관간에 관계를 수평적·균형적 관계로 바로잡음으로써, 권력기관 상호간에 견제와 균형을 통해 권력의 남용을 막고 사법정의를 실현하며 인권을 보호하는 법치국가적 형사사법의 기본이념을 실현하려는 진지한 시도임을 분명히 하고자 한다.

다시 말하면 경찰수사권의 독자성확립은 경찰의 조직과 기능을 정상화시킬 뿐만 아니라, 검찰의 민주화에도 필수적 조건이 된다. 현재와 같이 검찰이 수사와 기소를 독점하고 기소편의주의에 의하여 재량권을 자의적으로 행사한다면 검찰은 권위주의화할 수밖에 없고, 그것은 민주주의 국가운영의 기반이 되는 법치주의를 왜곡시키는 근본원인이 되는 것이다.[1] 법적인 문제를 떠나서 민주주의 선진국의 어느 나라를 보더라도 우리의 검찰과 같이 7천명에 가까운 수사보조요원을 거느리고 무소불위의 권한을 행사하는 나라는 찾아볼 수 없다. 그 이유를 심층적으로 살펴보면 선진국은 수사기능에 대하여 검·경간에 권한 분배의 합리적 관계인데 반하여, 우리의 경우는 검찰 일방적 독점관계라는 데 있다. 따라서 검찰 민주화의 제1의 조건은 경찰수사권의 독자성을 인정하여 검찰수사 기능을 정상화시키고 견제해 주는 것이다. 그로써 검찰은 법의 엄정성을 지키는 공소유지와 국가 중요범죄 수사라는 그 본래의 기능에 보다 충실할 수 있고, 그 결과 대형 정치·경제 사범·공직비리 수사도 보다 공정히 처리할 수 있는 분위기가 형성된다고 본다.[2] 그것이 바로 검찰의 존재이유이기 때문이다. 그런데 2011년 7월 형소법 제196조 개정으로 경찰의 수사개시·진행권이 인정되어(제2항) 경찰수사권의 독자성이 인정될 수 있는 여지가 생겼다고 보여진다. 즉 경찰인지사건의 경우 경찰수사결과의 요지를 정리하여 검찰에 송치하고 동시에 이해관계인에게 통보함으로써 '검찰에 송치 전 경찰의 독자적 수사'를 실현할 수 있다는 것이다. 이렇게 되면 이해관계인은 경찰수사에 대하여 이의있는 부분만 검찰에 가서 다투면 되므로 검찰의 일은 획기적으로 줄고 경찰의 책임수사도 발전하는 윈-윈이 되는 것이다. 경찰도 당연히 이

---

1) 헌법재판소 개소이래 오늘날까지(1988. 9. 1 - 2004. 6. 30), 공권력에 의하여 기본권 침해를 받은 자가 제기하는 헌법소원 사건은 총 8,456건이었고 그 중 검사의 불기소처분에 대한 것이 5,474건으로(약 65%) 그 심각성을 실증적(총 1,0179건의 약 54%)으로 보여 주고 있다. www.ccourt.go.kr 참조.

2) 일본이 전전의 검사독점 수사권체제에서 1948년 맥아더에 의한 형소법개정으로 제1차적 수사권을 경찰에게 넘겨준 후, 일본 검찰은 공소유지와 국가 중요범죄에 대한 수사, 특히 동경 특수부를 중심으로 한 정치범죄(다나까, 록히드 사건 등)수사를 공정히 하는 전통을 세워 국민의 신뢰를 받고 있음을 벤치마킹해야 할 것이다. 적어도 일본에서는 검찰의 정치적 중립이라는 용어는 찾아보기 어렵다.

해관계가 첨예하게 대립된 사건을 수사하여 시비를 확실하게 가려줄 수 있을 때 국민으로부터 진정한 신뢰를 받을 수 있음은 물론이다.

만약 검찰이 정치적 중립을 지키며 그 보조요원과 함께 공소유지와 국가 중요범죄 수사에 적극 나서며, 경찰에 송치 전 독자적 수사권을 주어 사기를 북돋아 일반범죄를 다스리게 하는 역할 분담이 제대로 이루어진다면 그 효과가 어떠할까를 상상해 보는 것도 이해에 도움이 될 것이다. 검찰과 경찰을 제대로 된 사정기구로 만드는 것이야말로 법치주의를 기반으로 하는 민주주의국가 운영에 핵심적 요체임을 다시 한번 강조하는 바이다. 검찰과 경찰의 정상화 없이는 법치주의도 민주주의도 존재할 수 없는 것이기 때문이다.

제 1 절   檢察의 政治的 中立과 民主化

I. 必要性과 檢察의 位相 再定立

검찰의 정치적 중립이란 검찰이 대통령이나 정치권의 눈치를 보지 않고 수사권과 공소권을 행사하여 공명정대하게 사회정의를 세우는 것으로 검찰개혁에 핵심이다. 검사는 형사절차의 모든 단계에 관여한다는 점에서 헌법에서 말하는 법관이 아니기는 하지만 그 직무권한 행사는 형사사법의 작용과 너무나 밀접한 관련을 맺고 있기에 준사법관이라고 할 수 있다. 법률은 검사에 관하여 일반 행정관과는 달리 직무의 독립성과 신분을 특별히 보장하고 있다. 특히 우리나라의 경우처럼 검사에 의한 기소독점주의 및 기소편의주의의 원칙이 취해지고 있는 경우에 검사의 직무수행이 입법부 또는 행정부의 부당한 간섭에 의하여 좌우된다면 형사사법의 공정 내지 사법적 정의는 실질적으로 유명무실해질 염려가 있다는 점에서 검찰의 중립성 확보가 필요하다.[3] 이를 위해 검찰인사와 업무의 독립에 관한 문제와 내부 비리에 대한 감찰의 강화 방안을 검토하기로 한다.

---

3) 김성호, "공직부패방지를 위한 제도개선에 관한 연구," 건국대 박사학위 논문, 2003, 184쪽.

　　검찰의 위상 재정립을 위해서는 먼저, 검찰은 정치권력의 개입을 대담하게 뿌리쳐야 한다.[4] 우리는 검찰이 군사독재 시대에서는 물론 민간정부 아래에서도 정치권력의 시녀라는 불명예스러운 꼬리표를 떼지 못하고 있음을 목도해 왔다. 준사법권이라는 검찰권은 법으로부터 한 발자국도 밖으로 나갈 수 없음을 명백히 하여야 한다. 이제 검찰총장은 인사청문회를 거치게 된 만큼 그 자리를 공직의 마지막으로 생각해야 하고 법무장관으로 승진하는 통로로 활용해서는 안 된다.

　　다음 검찰은 수직조직의 함정에서 하루속히 벗어나야 한다. 독립관청인 검사들로 이루어진 검찰은 분명 군대·경찰·정보기관과는 다르다. 그럼에도 불구하고 언제부터인가 검찰은 조직의 논리가 가장 강조되는 정부기관의 하나가 되었다. 공익의 대표자들로 이루어진 엘리트조직이라는 자부심보다는 일사불란, 상명하복의 검사동일체 원칙에서 조그마한 틈새도 허용치 않는 경직된 조직지상주의와 조직이기주의에 빠져 있는 것이 아닌가 의구심이 드는 경우가 있다. 검사의 이유 있는 항변권을 허용하여 검사동일체 원칙을 완화하여야 한다.

　　나아가 검찰은 수사독점의 집착을 과감하게 버려야 한다. 경찰의 독자적인 수사권 문제나 상설 특별검사제에 대해 보이는 극도의 과민한 반응에서 검찰이 족쇄를 자초하고 있다는 느낌을 지울 수 없다. 수사와 기소권이라는 거대 권한이 독점되어 있을 때 그 행사에서 균형이 담보되기 어렵다는 것을 불을 보듯 뻔하다. 경찰과의 합리적 역할 분담이나 그 정치적 부담 때문에 오히려 직무의 공정성을 해칠 우려가 있는 미묘 사안들에 대해서는 수사권을 나누는 데 인색해서는 안 될 것이다. 또한 일본과 같이 일반 시민들로 구성된 '검찰심사위원회'에서 검찰이 불기소한 사건의 심사를 통해 재수사 요구가 가능하도록 하여야 한다.

　　마지막으로, 검찰은 지역연고의 고리를 단호하게 끊어야 한다. 과거 검찰

---

4) 2009년 90세의 현직 뉴욕검사장(N.Y. County District Attorney)인 로버트 모겐쇼(Robert Morgenthau)가 35년간의 검사장 생활을 마감하고 은퇴를 선언하였다. 1975년 처음 뉴욕검사장으로 선출된 후 총 9회에 걸쳐 연임된 것이다. 지난 2005년 85세의 나이로 민주당 후보로 출마했을 당시 공화당 등 상대 후보가 있었음에도 불구하고 뉴욕카운티에 거주하는 투표자의 99%가 넘는 압도적인 지지로 당선된 것이다. 뉴욕 검찰청은 500여명의 지방검사(Assistant District Attorney)와 지원 인력 700여명으로 구성된 대형조직이다. 김형준, 뉴욕 시민의 신뢰와 사랑의 상징, 뉴욕검사장, 법률신문(2009. 8. 17).

위기의 가장 큰 원인 중의 하나도 바로 인사에서 지역연고를 극복하지 못한 데 있었다. 견제와 균형을 이뤄야 할 준사법권의 행사가 연고 위주의 패거리 인사에 의해 굴절될 수밖에 없었던 것이다. 인사의 투명성을 위해 검찰인사 위원회에 외부인사를 참여시켜야 하며, 나아가 그 위원회에 실질적인 검찰총장 추천권과 검사인사권을 주어야 한다.

그러나 검찰총장이 아무리 결연한 의지를 갖고 탈정치화, 탈조직화, 탈독점화, 탈연고화의 기치를 내건다고 해고 그것만으로는 결코 충분할 수 없다. 검찰의 정치적 중립성과 수사의 독립성을 보장하겠다고 대통령의 의지가 무엇보다 중요하다.

이것만으로 다 된 것일까. 감시받지 않는 권력은 타락하고 부패할 수밖에 없다. 국민이 눈을 부릅뜨고 정치권력을 감시하고 검찰을 지켜보지 않으면 권력은 다시 오랜 관성대로 검찰을 타락시키려 할 것이고, 검찰 또한 법의 파수꾼이라는 고된 짐보다는 권력의 향유자라는 달콤한 유혹을 택하게 될 것이다.

Ⅱ. 檢察人事의 獨立

1. 검찰총장 인사청문회 제도의 도입

현행법상 검찰총장은 법무부장관의 제청에 의하여 대통령이 임명하도록 하고 있다. 그러나 준사법적 기능을 행사하는 검찰의 성격상 그 총수에 해당하는 검찰총장의 임명에 대하여 대통령과 그에 의하여 정치적으로 임명되는 법무부장관의 재량적 판단에만 일임하도록 하는 것보다 인사청문회와 같은 검증절차를 거치도록 하는 방향으로 제도를 개선하자는 의견이 대두되었고, 국회는 2003. 1. 22. 검찰총장 등에 대한 인사청문회를 실시하도록 하는 내용의 국회법 및 인사청문회법 개정안을 통과시켰다. 미국의 경우 헌법과 법률의 규정에 의해 특정 고위관료에 대하여는 상원의 인준을 받도록 하고 있으며, 상원에서는 그 인준절차의 하나로서 인사청문회제도를 실시하고 있는데 법무부장관직을 겸임하는 연방 검찰총장도 여기에 포함된다.[5]

---

5) 미(美) 상원 의사규칙에 의하면 대통령은 자신이 임명하고자 하는 인물에 대한 신원조사를 30일 전에 연방범죄수사국(FBI)에 요청한다. 연방수사국은 임용대상자의 학력·경력·

검찰총장에 대한 인사청문회 제도가 도입됨에 따라 후보자의 소신과 자질을 공개적으로 평가할 수 있는 기회가 되므로 임명에 신중을 기할 수 있고, 어느 정도 국민이 참여할 수 있는 민주적 정당성도 확보할 수 있다고 본다. 다만 대통령이 검찰총장을 임명함에 있어서 국회의 동의절차 없이 단순히 인사청문만 거치도록 하여 이에 기속되지 않는 내용으로 인사청문회 제도를 도입하였다(검찰청법 제34조).6) 따라서 이러한 인사청문회 제도가 기속력이 없는 이상 검찰의 정치적 중립성 제고에 반드시 도움이 될 것이라고 속단하기 어렵고, 또한 그 과정에서 국회의원들이 당리당략적으로 검찰총장 임명과정에 개입할 경우 오히려 검찰의 정치적 중립과 국민의 신뢰에 부정적인 영향을 미칠 우려가 있다고 비판한다.7)

그러나 분명한 것은 불완전한 것이기는 하지만 인사청문회가 도입됨으로 해서 검찰총장의 임명이 밀실에서 인사권자 또는 정치권의 입맛에 맞는 인물로 정략적으로 이루어지는 것을 막을 수 있고, 공정하고 중립적인 검찰권의 행사를 바라는 국민의 기대에 어느 정도 부응할 수 있게 되었다고 본다.

2. 검찰총장 퇴임 후 공직취임 금지 문제

(1) 헌법재판소의 위헌결정

검찰청법 제12조 제 4 항과 제 5 항은 1997. 1. 13. 검찰총장의 정치적 중립성을 보장하기 위하여 "검찰총장은 퇴직일로부터 2년 이내에는 공직에 임명되거나, 정당의 발기인이나 당원이 될 수 없다"는 내용으로 신설 개정되었으나, 헌법재판소는 그 조항에 대하여 위헌결정8)을 하였다.

병력·납세·가정생활 등 개인에 관한 전반적인 사항을 조사하고 신원조사보고서를 작성하여 대통령에게 제출한다. 대통령은 임용대상자를 지명한 후 그 보고서와 인준안은 상원본회의에 보고된 후 해당 상임위원회에 회부하여 그 상임위별로 인사청문회를 실시하게 된다. 인사청문회는 공개를 원칙으로 하고 질문과 답변시간을 한정하여 진행하며, 위원회에서 가결된 인준안은 상원본회의에서 공개표결로 확정된다(민주사회를 위한 사법개혁: 대통령자문위원회보고서, 2000, 354쪽). 한편 대통령이 임명하고 상원이 인준하는 미국 연방수사국(FBI)국장은 정치적 영향을 최소화하기 위하여 임기가 10년이나 된다. 따라서 백악관이 연루됐을 가능성이 있는 수사에 대하여는 백악관에 보고하지 않는 것이 관례이다.
6) 이는 헌법이 국회의 동의를 요하는 공직자를 한정적으로 열거하고 있기 때문에 위헌론을 피하기 위한 불가피한 선택이었다.
7) 그리고 세계에서 인사청문회를 하고 있는 나라는 미국과 필리핀밖에는 없다고 한다(국회법제사법위원회 전문위원 김회선, 검찰청법중개정법률안[김용학 의원 외 132인] 검토보고).
8) 헌재 1997. 7. 16. 97헌마26.

즉 검찰청법 제12조 제 4 항은 검찰총장 퇴임 후 2년 이내에는 법무부장
관과 내무부장관직뿐만 아니라 모든 공직에의 임명을 금지하고 있으므로 심
지어 국·공립대학교 총·학장, 교수 등 학교의 경영과 학문 연구직에의 임
명도 받을 수 없게 되어 있으나, 그 입법목적에 비추어 보면 그 제한은 필
요 최소한의 범위를 크게 벗어나 직업선택의 자유와 공무담임권을 침해하는
것으로서 헌법상 허용될 수 없으며, 검찰총장 퇴직 후 일정기간 동안 정당의
발기인이나 당원이 될 수 없도록 하는 검찰청법 제12조 제 5 항, 부칙 제 2 항
은 과거의 특정신분만을 이유로 한 개별적 기본권 제한으로서 그 차별의 합
리성을 인정하기 어렵고, 검찰권 행사의 정치적 중립이라는 입법목적을 얼마
나 달성할 수 있는지 그 효과에 있어서도 의심스러우므로, 결국 검찰총장에
서 퇴직한 지 2년이 지나지 아니한 자의 정치적 결사의 자유와 참정권(선거
권과 피선거권) 등 우월적 지위를 갖는 기본권을 과잉금지원칙에 위반하여 침
해하고 있다고 판시하였다.

　헌법재판소의 위 결정으로 인하여 현재 검찰총장의 퇴임 후 법무부장관
등 공직 취임을 제한하는 규정은 실효되었다. 헌법재판소는 또한 검찰의 정
치적 중립은 검찰총장을 비롯한 모든 검사가 이에 대한 확고한 소신 아래 구
체적 사건의 처리에 있어 공정성을 잃지 않음으로써 확보될 수 있는 성질의
것이지 검찰총장 퇴직 후 일정기간 동안 공직 취임이나 정당 관계자가 될 수
없도록 하는 규정만으로 이루어지는 것은 아니라고 하였다.

(2) 위헌결정의 검토

　위 위헌결정은 검찰총장에게 법무부장관이나 다른 고위직으로 진출할 기
회를 보장함에 따라, 검찰총장의 정치적인 중립성에 대한 의혹과 자질의 문
제점을 낳고 있다. 지금까지 많은 검찰총장이 검찰의 중립성을 지키기 위하
여 노력하지 못했고, 검찰총장을 떠난 이후에 법무부장관, 국가정보원장 등으
로 영전해 온 것이 현실이다. 혹자는 위 조항에 대하여 위헌결정이 내려진
만큼 법적인 보완보다는 관례9)를 통하여 검찰총장이 퇴임 후 특정 공직에

---

9) 일본의 경우 검찰총장이 그만둔 경우 주로 민간교정단체 등에서 사회봉사 활동을 한다.
　일본의 검찰 출신자들은 퇴임 후 정계진출을 되도록 자제하는 편이다. 물론 삿뽀로 고검장
　출신인 사토 미치오(佐藤道夫) 참의원 같은 예외적인 사람도 있지만 대부분 정계진출을 꺼
　린다. 검찰 출신들이 정계에 진출해 세력을 형성할 경우, 아무래도 후배 검사들에게 영향
　을 미쳐 검찰의 생명인 중립성을 해칠 우려가 있기 때문이다.

취임하지 않는 제도를 형성할 필요가 있다고 주장하지만, 사정기관의 최고책임자인 검찰총장의 정치적 중립성은 부패척결이라는 공공의 이익을 위한 절대적인 명제라 할 것이므로 정치권의 눈치를 보지 않고 소신 있게 업무를 할 수 있도록 하는 법적·제도적 장치가 반드시 필요하다고 본다.

　　헌법재판소의 위헌결정을 유심히 살펴보면 검찰청법 제12조 제4항의 위헌사유로 '법무부장관과 내무부장관직'뿐만 아니라 '모든' 공직에의 임명을 금지하고 있기 때문에 제한이 필요 최소한의 범위를 벗어난 것이라고 하여, 그 문리해석상 모든 공직이 아닌 법무부장관·내무부장관 등 일정범위 내의 공직취임은 금지할 수 있는 길을 열어 놓고 있는 것으로 해석된다. 현재 위 조항은 위헌판결을 받았지만 폐지되거나 개정되지 아니한 채 존치되어 있는 상태이므로, 앞으로 위 조항을 개정하면서 검찰총장이 퇴임 후 유혹을 받을 만한 공직의 범위를 정하여 취임을 제한하는 등 정교하고 섬세한 입법장치를 한다면 입법목적이나 국민의 법감정에 비추어 최소한의 합리적 제한으로서 용인될 수 있을 것이다. 사견으로는 이러한 공직의 범위를 국무총리, 국무위원, 기타 임명공직 중 선거, 정보, 수사, 재판업무를 담당하는 중앙기관의 장으로 한정할 수 있을 것으로 본다.[10] 이것은 퇴직공직자의 취업제한을 규정한 미국의 1989년의 윤리개혁법(Ethics Reform Act of 1989)이나 우리나라 공직자윤리법의 입법정신에도 부합한다 할 것이다.

3. 검찰인사위원회의 설치

　　현행 검찰청법에서는 검사의 임용이나 승진 기타 인사에 필요한 사항에 관하여 법무부장관의 자문에 응하기 위하여 법무부에 검찰인사위원회를 두도록 규정하고 있다(검찰청법 제35조). 검찰인사위원회는 고등검사장 중에서 법무부장관이 지명하는 위원장 1명 등 7-9명으로 구성되는데, 그 중 2명 이상을 외부인사로 임명하고 있으며(검찰인사위원회 규정 제2조), 검찰인사행정에 관한 기본계획의 수립 및 검찰인사관련 법령의 개폐에 관한 사항, 검사 및 검찰청 직원의 임용 및 승진의 원칙과 기준에 관한 사항, 기타 법무부장관이

---

10) 같은 취지로는 김성호, 앞의 논문, 193쪽; 당시 헌법재판소 재판관 조승형은 위 결정의 반대 의견에서 임명금지의 공직의 범위를 위와 같이 한정하여 해석하는 한 합헌이라고 주장하였다.

요청하는 인사에 관한 사항을 심의하도록 규정하고 있다(검찰인사위원회 규정
제 7 조). 그러나 검찰인사위원회는 자문의견을 법무부장관에게 제시할 수 있
을 뿐, 구체적이고 개별적인 인사를 심의할 수는 없도록 되어 있다.

검찰 인사의 공정성·객관성 확보는 검사들이 소신 있는 수사와 사건결
정을 할 수 있는 검찰 분위기를 만들고, 나아가 검찰 조직의 독립성과 중립
성을 보장할 수 있는 관건이라는 점에서 대단히 중요하다. 이를 위하여 검찰
인사위원회의 기능과 권한을 실질화하여 심의된 사항을 실제 인사에 적극 반
영하도록 하여야 한다. 인사위원회는 일반검사와 검사장급 이상의 상위직을
구분하여 설치할 필요가 있다. 일반검사에 대한 인사위원회는 각 직급별 검
사 대표들로 구성함이 바람직하다고 본다. 그러나 상위직에 대한 인사위원회
는 그동안 밀실에 의한 인사운용이라는 세간의 비판을 불식시키기 위해서 내
부인사 외에 대법원, 변호사협회 등 책임 있는 기관의 추천을 받은 외부인사
를 일부 참여시키는 것이 불가피하다고 본다.[11]

또한 검사로서의 업무능력, 근무자세, 지휘능력 등을 객관적으로 평가할
수 있는 관할 고등검사장의 복무평가제도를 내실화하고 다원평가제를 도입하
는 등 복무평가의 주체를 다원화함으로써 인사의 객관성·구체적 타당성을
높여 나가는 한편, 지연·학연을 탈피시켜 능력과 적성, 주변 평판, 복무평가
등 객관적 자료에 의한 인사관행을 정착시켜 말없이 성실하게 일하는 검사가
우대 받는 풍토가 될 수 있도록 지속적으로 노력해 나가야 할 것이다.

4. 검사 인사제도의 개선

검찰청법 제34조는 "검사의 임명 및 보직은 법무부장관의 제청으로 대통
령이 행한다"고 규정하고 있다. 실무상 먼저 법무부에서 검찰인사위원회를
개최하여 인사원칙을 정하고 검찰총장의 의견을 참작하여 인사안을 확정한
다음 대통령의 재가를 받아 시행하는 절차를 거치게 된다.

이에 대하여 준사법기관인 검사의 성격상 검사에 대한 인사권을 대통령
에 대하여 부여하는 것은 바람직하지 않고, 이를 검찰총장에게 이관하는 것

---

11) 프랑스는 일반직급 사법관의 인사에 관한 법무부 인사위원회와 고위직급 사법관의 인사
에 관한 고등사법위원회가 설치되어 있다. 법무부인사위원회는 각 직급별 검사대표 20명으
로 구성되어 외부인사는 없으나, 고등사법위원회는 12명의 위원 중 대통령·상원의장·하
원의장이 각 1명씩의 외부인사를 지명하도록 되어 있다(김성호, 앞의 논문, 195쪽).

이 바람직하다는 주장이 있다. 검사는 범죄의 수사, 공소의 제기 및 유지 등 형사사법업무를 담당하는 기관으로서 정치적인 영향에서 벗어나 있어야 하는데, 대통령에 의해 정치적으로 임명되는 법무부장관이 검사에 대한 인사권을 행사하는 것은 검찰의 정치적 중립에 부정적 요인으로 작용할 가능성이 있다는 것이다.

생각컨대 검찰총장에게 검사인사권을 이관한다면 검찰총장에게 권한이 지나치게 집중되어 견제와 균형의 원리에 어긋날 뿐만 아니라 국회에 대한 책임문제로 오히려 검찰의 정치적 중립성에 역행할 수 있다는 점을 고려하여 현재로서는 현행 제도를 유지함이 불가피하다고 본다.12) 그러나 검찰의 정치적 중립성 제고를 위하여 검사인사과정에 검찰총장의 의견이 충분히 반영될 수 있도록 '인사사전협의제'를 제도화하고, 하위직급의 인사권 또는 인사제청권을 점차 검찰총장 또는 고등검사장으로 하향 조정함으로써 지휘권과 인사권이 일치하도록 함이 바람직한 방향이라고 할 것이다.

Ⅲ. 檢察 業務의 獨立

1. 법무부장관의 지휘권 제한 문제

검찰청법 제 8 조는 "법무부장관은 검찰사무의 최고책임자로서 일반적으로 검사를 지휘·감독한다. 구체적 사건에 대하여는 검찰총장만을 지휘·감독한다"고 규정하고 있다. 일반적으로 지휘·감독한다는 것은 검찰사무의 처리에 관하여 일반적인 방침이나 기준을 시달하거나 법령을 해석하여 회시하거나 개개사건에 관하여 보고를 받는 것 등이 이에 속한다. 이는 이른바 책임정치가 지배하는 영역으로 검찰권의 행사를 전국적으로 평준화하고 검찰행동의 일관성을 확보하기 위하여 최소한도로 필요하다는 전제 아래 법무부장관의 권한으로 유보된 것이다.

그러나 검사가 정치적 영향력을 배제하고 검찰권을 공정하게 행사하기 위해서는 검사에 대한 법무부 장관의 지휘·감독권을 제한할 필요가 있다. 즉 검사가 법무부 장관의 지휘·감독에 따를 경우에는 행정권의 수족으로서 정치적 합목적성에 지배될 위험이 있기 때문에 검사의 상명하복관계에 의한

---

12) 사법개혁추진위원회, "민주사회를 위한 사법개혁," 대통령자문위원회 보고서, 2000, 368쪽.

정치권력의 영향을 배제하기 위해서는 법무부장관에 대한 검사의 독립성이 보장되어야 한다.

검찰사무에 관하여 법무부장관으로 하여금 정치적 책임을 지게 함으로써 검찰총장이 정치권과 직접 상대하지 않게 한 것은 검찰의 중립성 보장에 도움이 되는 제도적 장치라고 평가할 수 있다. 따라서 법무부장관에게 지휘권을 부여한 것은 책임행정을 구현하기 위한 필요불가결한 조치로 볼 수밖에 없다. 다만 법무부장관의 지휘권 행사는 검찰의 정치적 중립성을 확보하여 검찰권의 적정한 행사를 담보하기 위한 것이라는 본래의 취지에 맞도록 가급적 억제함이 상당하고 필요한 경우에도 최소한에 그쳐야 한다. 물론 실제 운용과정에서 지휘권이 부당하게 행사되는 경우에는 임기가 보장되는 검찰총장이 어느 정도 방파제의 역할을 할 수 있겠지만, 지휘권의 부당한 행사를 보다 효율적으로 막기 위해서는 검찰총장에 대한 지휘권행사는 반드시 문서에 의하도록 함으로써 책임소재를 분명히 하고, 검찰총장이 아닌 검사에 대한 구체적 사건의 지휘 사실이 있는 경우에는 이를 보고하도록 함으로써 법무부 장관의 정치적 책임을 추궁할 수 있는 제도적 보완이 필요하다고 본다.

이에 대하여 검찰과 법무부 양자의 철저한 분리·독립이 검찰의 정치적 중립성과 검찰업무의 공정성·투명성 확보를 위하여 보다 더 타당한 정책방향이라는 전제하에, 법무부는 검찰사무 외의 행형, 인권옹호, 출입국 관리 등 사무만 담당하고, 검찰사무 즉 검찰청의 인사, 조직, 예산업무는 대검찰청을 모두 이관되어야 한다는 견해가 있으나,[13] 이러한 경우 검찰의 독주와 함께 검찰이 바로 정치적 영향에 직면하게 되어 오히려 공정성과 중립성을 해칠 염려가 있으므로 검찰과 법무부가 완전히 분리된 기관으로 태어나기 위해서는 검찰과 정치권이 상호 독자적인 관계를 설정하고, 검찰총장의 임명 등 검사인사가 공정하고 투명하게 이루어질 수 있는 제도적 장치가 선결되어야 한다.

2. 검찰총장의 국회 출석 등의 문제

국회법 제129조, 국정감사 및 조사에 관한 법률 제10조, 국회에서의증언·감정등에관한 법률 제 2 조는 국회는 본회의 또는 위원회의 의결로 안건

---

13) 유중원, "검찰개혁의 방향," 시민과 변호사 제95호, 2001, 22쪽.

의 심의 또는 국정감사와 국정조사를 위하여 검찰총장을 증인 또는 참고인으로 출석을 요구할 수 있고, 검찰사무에 관하여는 최고 감독자인 법무부장관이 국회에 출석, 답변할 수 있도록 규정하고 있다. 그런데 검찰청법에 준사법기관인 검찰의 대표자를 국회에서 출석, 답변할 수 있게 하도록 개정하자는 논의가 있다.

외국의 예를 살펴보면, 미국을 엄격한 삼권분립제도에 따라 행정부 공무원은 국회에 출석하여 의견을 개진할 수 없고, 다만 의회에 대한 공식적 의견표명은 오직 각 위원회의 청문회에 증인으로 소환되어 수동적으로 출석하여 발언하고, 프랑스에서는 검사도 판사와 같은 사법관의 지위를 갖고 있으므로 법무부장관만이 국회에 출석·답변할 수 있으며, 독일은 검찰총장의 국회출석을 규정한 법적 근거는 없으나 의회에서 출석요구를 의결한 때에는 예외적으로 출석하여 답변하고 있다. 일본의 경우는 검사총장의 출석 답변에 대한 법률규정은 없다. 다만 1954년 의회에서 조선의혹사건과 관련하여 검사총장을 증인으로 소환하였으나,

1954. 9. 6. 당시 검사총장이던 샤또우 도스케가 중의원 결산위원회에 증인으로 출석한 뒤 사건 개요만 설명하고 구체적인 증거내용 등에 관해서는 직무상 비밀에 관한 사항이라는 이유로 증언을 거부한 바 있다. 이 이후로 동경지점 검사정이 참의원 결산위원회에 참고인으로 소환되어 수사상황에 관하여 설명한 적은 있지만 검사총장이 위 사건 이후로 국회의 출석요구를 받은 사실이 없다.[14] 우리나라의 경우, 63년부터 71년까지 재직했던 신직수 검찰총장이 65년부터 68년 사이 국회에 9차례 출석했으며 69년 이후에는 단 한 차례도 출석한 전례가 없다.[15]

생각건대, 검찰조직의 기본법인 검찰청법에 준사법기관인 검찰의 대표자를 국회에서 출석·답변하도록 하는 것은 수사와 관련하여 정치권이 압력을 행사하는 것으로 비쳐질 수 있으므로 검찰의 정치적 중립이나 독립을 위하여

---

14) 이훈규, "검찰중립성 제고를 위한 검찰청법 등 개정방향에 대한 고찰," 법조 제45권 12호, 1996, 105쪽.

15) 신승남 검찰총장은 국회법사위 출석권고에 대하여 26일 국회에 보낸 불출석 사유서에서 "준사법기관인 검찰을 지휘·감독하는 검찰총장이 국회에 출석하여 보고를 하면 향후 검찰의 수사 및 소추권 행사가 직·간접적으로 정치적 영향을 받게 될 우려가 높다는 점에서 국회출석은 결코 바람직하지 못하다"고 밝혔다(법률신문 2001년 11월 29일자).

바람직하지 않다.

3. 검사동일체의 원칙 완화

검사동일체의 원칙은 모든 검사들은 검찰총장을 정점으로 피라미드형의 계층적 조직체를 형성하고, 일체불가분의 유기적 통일체로서 활동하는 것을 말한다. 검사동일체의 원칙에 의해 단독관청인 검사는 전체의 하나로서 검찰권을 통일적으로 행사할 수 있다. 검사동일체의 원칙을 통하여 범죄수사와 공소제기·유지 및 재판집행을 내용으로 하는 검찰권 행사가 전국적으로 균형을 이루도록 함으로써 검찰권 행사의 공정을 도모할 수 있다.[16]

한편 검사는 조직상으로는 행정부에 속하지만 고도의 객관성과 공정성을 요구하는 형사사법 기능을 담당한다는 점에서 준사법기관으로서의 지위에 있다. 이러한 점에서 개개의 검사를 계층적 관료조직으로 속박하는 검사동일체의 원칙은 검사의 성격과 직무에 비추어 적절하지 않다는 지적이 제기되었다.[17]

검사가 검찰사무에 관하여 상사의 명령에 복종한다는 규정은 국가공무원법 제57조의 규정에 의한 복종의무 규정을 재차 확인하는 규정에 지나지 않는다. 검사도 국가공무원법의 적용대상이 되는 이상 상명하복 규정을 삭제하더라도 특히 검찰조직의 특성상 수사권과 소추권을 균형적이고 신속하게 행사하여야 하는 만큼 광범위한 재량권을 가진 검사의 권한 남용에 대한 합리적 통제를 위하여 현행 규정은 그대로 유지하는 것이 바람직하다 할 것이다. 다만, 위 규정들이 검사의 소신 있는 결정을 방해하는 수단으로 악용될 소지가 있다는 점에서 단서 조항을 신설하여 "다만 검사는 상사의 부당한 명령에 대하여 그 이유의 개진을 요구할 수 있다"라고 규정하는 방안 등을 검토할 필요가 있다고 본다.[18]

---

16) 본래 독일에서 생긴 이론으로 예측가능하고 공정한 검찰권 행사를 위해 프랑스·일본 등 대륙법계 형사법 체계를 가진 국가는 모두 이 원칙을 채택하고 있다. 우리 검찰청법에는 상명하복(제 7 조 제 1 항)과 직무이전 및 승계(제 7 조 제 2 항·제 3 항)조항을 통해 명문화하고 있다.

17) 예컨대 법무부장관은 특정 사건에 대하여 검찰총장을 지휘할 수 있고(검찰청법 제 8 조), 총장은 이 원칙을 이용해 수사 검사의 소신을 가로막을 수 있다. 압력이 통하지 않으면 수사 검사를 교체하는 직무이전(재배당)을 해 버리면 그만이다.

18) 이에 대해 현실적으로 별 실효성이 없다고 보고, 근본적 대안으로 검찰 내 의사결정 과정의 투명성 확보를 제시하기도 한다. 재배당이나 구속여부를 둘러싼 의견 차이를 내부 문서로

현재 검찰에서는 수사·공소심의위원회를 설치하여 검사와 결재권자의 의견이 다를 경우 위원회의 의결을 거치도록 하고 있다.

4. 일본식 검찰심사위원회 제도 도입 검토

검찰의 정치적 중립을 위해서는 독립관청인 개개의 검사가 정치권력 등 외부의 간섭이나 압력에 좌우되지 않도록 업무수행의 독립성이 우선적으로 보장되어야 하나, 한편 검찰권이 중립성을 상실하고 부당하게 행사되었을 경우에는 이를 사후적으로 보정하거나 통제할 수 있는 제도 또한 마련되어야 한다. 검찰권 행사의 적정성 여부를 외부에서 판단·통제함으로써 공정성과 중립성을 확보하는 데 기여할 수 있기 때문이다.

현행법은 기소독점주의 및 기소편의주의를 채택하고 있어 검찰에게 막강한 공소권을 부여하고 있음에도 불구하고, 부당한 공소권 행사에 대하여 통제하거나 구제할 수 있는 수단은 제대로 마련되어 있지 못한 형편이다.19) 검찰의 공소권 행사에 대한 새로운 통제제도의 하나로서 일본식의 검찰심사회 제도를 도입하는 방안을 적극적으로 검토해볼 필요가 있다. 검찰심사회제도란 검찰관의 공소권 행사에 대하여 시민으로 구성된 심사회의 의견을 반영하는 제도이며,20) 1948년 7월 12일 제정된 검찰심사회법(법률 제147호)에 그 근거를 두고 있다. 검찰심사회는 각 지방재판소 및 지원 소재지에 설치되며, 중의원의원의 선거권을 가진 자 가운데에서 무작위 추첨을 통해 선정된 11인(임기 6개월)의 검찰심사원으로 조직된다. 주된 임무는 검찰관의 불기소처분에 대한 당부의 심사와 검찰사무의 개선에 관한 건의·권고이다. 불기소처분의 당부에 관한 심사는 고소인·고발인·청구인이나 피해자의 신청을 요건으로 하고 있으며, 그 의결에는 구속력이 부여되어 있지 않고 검찰이 기소할 것을 권고하는 의미를 가진다.21) 제도의 실효성을 높이기 위하여 검찰심사회의 의

남겨두면 문제가 해결될 것이라고 주장한다. 한편 외부 견제장치도 거론되어 공무원 독직사건 등 몇 가지로 한정된 재정신청 대상을 유신체제 이전처럼 전면 확대해야 한다는 것이다.

19) 현행법은 특히 검찰의 공소권 행사와 관련하여 부당한 불기소처분에 대한 구제수단으로서 검찰항고와 재항고, 재정신청 및 헌법소원 등을 허용하고 있으나, 판단주체의 객관성 결여나 대상범죄의 제한성, 결정의 구속력 부재 등으로 인하여 각각 그 실효성에 한계를 드러내고 있음은 주지의 사실이다.

20) 제2차 세계대전 패전 후 연합국군총사령부가 영미식의 형사절차인 대배심제도를 일본에 이식하는 과정에서 변형되어 수용된 제도이다.

21) 검찰심사회의 운용상황을 보면, 1949년부터 1998년까지 50년간 누계치 중 검찰관의 불

결에 법적 구속력을 부여하는 방안이 검토되고 있다.22)

이러한 일본식의 검찰심사회제도를 도입할 경우, 검찰의 공소권 행사의 적정성 여부를 외부에서 심사하고 권고함으로써 검찰권 행사의 공정성 및 중립성 확보에 간접적으로 기여할 수 있고, 또한 그 당부에 대한 판단을 국민에게 직접 맡김으로써 민의를 적극적으로 반영할 수 있다는 장점을 살릴 수 있을 것이다.

5. 기타 대배심·항고심사위원회·재정신청제도 검토

미국은 재판의 공정성을 높이기 위해 법률전문가가 아닌 일반인이 재판에 참여하는 배심제를 운용중인데, 여기에는 소배심(Petit Jury)과 대배심(Grand Jury)이 있다.

소배심은 재판에서 피고인의 유무죄를 결정하는 제도이며, 대배심은 검찰 기소에 대한 승인 여부를 결정하는 제도이다. 소배심제는 거의 모든 주에서 채택하고 있으며, 대배심제는 연방법원과 50개주 가운데 절반 정도가 채택하고 있다. 연방법원은 법정형이 징역형 이상인 중죄에 해당하는 사건은 피의자가 대배심 심리를 포기하지 않는 이상 모두 대배심에 회부하도록 하고 있으며, 무작위로 선정된 23명의 배심원 중 12명 이상의 동의를 얻어야 기소가 승인된다. 일반시민들로 구성된 대배심단은 검찰에서 제시한 증거가 공소를 제기하기에 충분한지를 조사하여 결정한다.

한편 우리나라에서는 2003. 7. 대구고검에서 시작되어 광주·대전·서울고검 등에서도 시행하고 있는 항고심사위원회는 고소·고발인이 검찰의 불기소처분에 불복해 상급 검찰청에 낸 항고사건 심사에 외부전문가들이 참여하는 제도이다. 2004. 5. 이 제도를 도입한 서울고검의 경우 변호사 19명, 형사법 전공 대학교수 19명 등 모두 38명이 항고심사위원으로 위촉되어 형사부 검사들과 함께 항고사건을 검토하고 있다.

또한 재정신청제도는 검찰이 불기소한 사건의 고소·고발인이 이 사건을

___

기소처분이 부당하다는 의결(기소상당·불기소부당)이 이루어진 비율은 전체 신청사건의 12.3%이며, 그 중 검찰관이 기소한 사건의 비율은 6.7%(약 1천건)이다.
22) 2001년 6월 12일자 일본 사법제도개혁심의회의 최종의견서는 검찰의 민주화와 국민의 사법참가라는 중요성에 비추어 검찰심사회의 의결에 법적 구속력을 부여하는 방안을 제안하고 있다.

재판에 회부해 달라고 상급법원에 신청하는 제도이다. 지난 1954년 형사소송법 제정 당시, 형법상 모든 범죄에 대한 검찰의 불기소 처분의 옳고 그름을 법원에 물었던 준기소 절차에서 유래한다. '준기소 절차'는 당시 검찰의 불기소처분이 정치적으로 남용될 가능성을 우려하여 검찰이 불기소처분한 모든 범죄에 적용되지만 1973년 유신체제에서 형사소송법이 개정되면서 재정신청의 범위는 크게 제한됐다. 그러나 2007년 6월 1일에 형사소송법 제260조 제1항23)이 개정되어 재정신청의 범위가 크게 확대되어 형법상 모든 범죄에 대한 검찰의 불기소 처분의 옳고 그름을 법원에 물을 수 있게 되었다.

6. 대검 중수부 폐지와 제도특검 및 특별감찰관제 도입

(1) 대검 중수부 폐지

대검찰청 중앙수사부 폐지론의 근거는 우선 전체 검찰조직의 행정적 운영과 정책기능을 수행하는 대검찰청이 직접 수사를 담당하는 것을 문제점으로 지적하고 있다. 현재 대통령령인 '검찰청사무기구에 관한 규정'에 모든 부서 중 유일하게 중수부 업무에 '검찰총장이 명하는 범죄사건을 수사한다'는 규정을 두고 있는데, 중수부는 이를 근거로 범죄수사를 담당하고 있다. 그러나 인권과 직결되는 사안인 대검의 수사기능을 검찰청법의 하위법규에 규정해 놓은 것은 편법이라는 논란이 꾸준히 제기되어 왔다. 실제로 현재 중수부는 자신의 수사사건에 대한 공소를 제기하거나 영장을 청구할 때 서울중앙지검의 명의를 빌리고 있어 그 논란을 뒷받침하고 있다. 그러나 중수부 폐지론의 핵심적 근거는 중수부가 검찰총장 직속으로 되어 있어 검찰총장의 정치적 편파성 시비 등의 문제가 제기되면 전체 검찰조직의 정치적 중립성의 문제로 비화될 수 있다는 점 때문이다. 실제 그동안 정권이 바뀔 때마다 중수부를 중심으로 대대적인 사정수사가 진행됐고, 그 때마다 중수부 수사가 정치보복 차원이라는 시비에 휘말려 온 것이 사실이다.

생각건대 중수부 수사가 검찰총장의 의지에 따라 이루어진다면 정치적 중립 문제로 끊임없이 시달릴 수밖에 없고, 대형비리 수사 등은 수사기구가

---

23) 형사소송법 제260조 제1항: 고소권자로서 고소를 한 자(「형법」 제123조부터 제125조까지의 죄에 대하여는 고발을 한 자를 포함한다. 이하 이 조에서 같다)는 검사로부터 공소를 제기하지 아니한다는 통지를 받은 때에는 그 검사 소속의 지방검찰청 소재지를 관할하는 고등법원(이하 "관할 고등법원"이라 한다)에 그 당부에 관한 재정을 신청할 수 있다.

제도적으로 독립해서 판단할 수 있어야 하기 때문에 중수부는 폐지되어야 한다고 보는데[24] 결국 긴 정치적 공방 끝에 중수부는 2013년 4월 23일 폐지되었다.

(2) 제도특검 도입

2014년 2월 국회를 통과해 6월 시행된 '특별검사 임명에 관한 법률'에 의한 제도특검은 기존에 여야 합의가 있어야만 도입되던 특검을 제도적으로 상설화해 일정 요건만 갖추면 실시하도록 한 제도다. 수사대상은 국회가 의결한 사항과 법무부장관이 필요하다고 판단한 사건이다. 제도특검은 상설조직을 만들어놓는 게 아니라 수사 대상과 절차를 미리 법으로 정하고 사건이 일어날 때마다 특검을 임명한다는 점에서 '상설(기구)특검'과 다르다. 법을 미리 만들어놓는다는 것을 빼면 현재의 특검과 크게 다르지 않다. 다만, 특검추천위를 상설화해 특검 수사를 시작하는 데 걸리는 시간을 줄이고, 특별감찰관과 특검추천위의 존재가 검찰에 일정한 견제기능을 할 수 있다는 점에 의미를 둘 수 있다. 법에서는 특검추천위를 법무부, 법원행정처, 대한변협, 여야가 추천하는 2인씩 모두 7명으로 구성해 국회 산하에 두도록 했다. 추천위가 2인을 추천하면 대통령이 이 가운데 1인을 특검으로 임명한다. 특검 발동 요건은 재적의원 과반 출석, 출석의원 과반 찬성으로 했다. 과반의석을 차지하고 있는 여당이 합의해 주지 않으면 도입이 어렵다는 점에서 기존 특검과 차이가 없다. 그러나 대통령의 거부권행사를 불가능하게 만들었고, 검찰 고위간부 비리사건 등에서 법무부장관이 요청하면 곧바로 특검이 도입되도록 해 현행 특검보다 강화된 점은 평가할 만하다.

(3) 특별감찰관제 도입

2014년 2월 국회를 통과해 6월 시행된 '특별감찰관 임명에 등에 관한 법률'에 의한 특별감찰관의 감찰대상은 대통령의 배우자와 4촌 이내의 친족, 대통령비서실의 수석비서관 이상의 공무원이다. 특별감찰관법에 따르면 국회

---

24) 이에 대해 검찰측에서는 "서울 지검 특수부를 비롯 일선의 수사능력은 훌륭하다"면서 "검찰은 권력형 비리사건일수록 압력이 다양하게 들어오기 마련인데 이를 막고 수사를 제대로 하기에는 일선 검사장으론 역부족으로, 예컨대 지난 대선자금 수사(2003. 8 - 2004. 5)도 총장이 일부 정치권과 기업의 반발에 맞섰기 때문에 가능했다고 하면서 국민적 여망과 역사성 등을 종합적으로 고려할 때 중수부는 존속되어야 한다"고 주장한다(내일신문 2004. 6. 16).

가 판·검사를 포함해 15년 이상의 법조경력을 가진 변호사 3명을 대통령에게 서면으로 추천한다. 대통령은 3일 내에 이들 중 한 명을 후보자로 지명하고, 국회 인사청문회를 거쳐 특별감찰관으로 임명하게 된다. 임기 3년 동안 30명 내외(파견공무원 포함)의 조사관을 채용할 수 있는데 대상자에 대한 감찰만 가능할 뿐 독자적 수사권은 없다. 대상자의 비위에 대한 예방·감시만 할 뿐 구체적 수사는 검찰에 고발해야 한다. 권력 주변의 권한남용과 비리를 제어할 수 있는 제도적 장치임에 틀림없지만 문제는 입법과정에서 국회의원, 국무위원 등이 빠져서 감찰 대상자의 범위가 100명도 안 되는데 30여명의 조사관으로 연간 수십억 원의 예산을 써야 하는 상황이 벌어지게 된 것이다.25)

(4) 검찰개혁, 검경 간에 수사권 합리적 조정만이 해법이다

사법개혁의 일환으로서 검찰개혁은 노무현 정부의 '고위공직자비리조사처(고비처)' 논의를 거쳐 이명박 정부와 현 박근혜 정부에까지 계속 논의되었는데 결국 대검 중수부 폐지와 제도특검 및 특별감찰관 도입으로 귀결된 것이다. 그러나 본질적인 검찰개혁과는 거리가 멀다 할 것이다. 본질적인 검찰개혁은 검찰이 그 본래의 임무를 잘하도록 해야 하는 것인데 그 임무라는 것은 법의 엄정성을 지키는 기소·공소유지와 대형 정치·경제 사건을 포함하는 고위공직자비리에 대한 수사인데 이를 위해서는 경찰과의 합리적 수사권 조정이 반드시 필요하다는 것이다.26)

전후 일본은 맥아더에 의하여 경찰수사권이 독립되었고, 그리하여 검찰은 제1차적 수사권을 경찰에 넘겨주고 제2차 보충적 수사기관으로서 동경특수부를 중심으로 고도의 정치범죄(다나까, 록히드 사건 등), 대형 경제사범을 포함하는 고위공직자비리 등의 수사에 올인하여 오늘날까지 국민의 절대적 신뢰를 받게 된 것을 벤치마킹해야 할 것이다. 그러므로 우리 검찰은 왜 이제까지 정치적 중립을 제대로 지키지 못하였으며, 경찰수사를 통제한다는 명분으로 일반민생침해범죄에 지나치게 관여하여 조직의 힘이 분산되고 그 본연의 중요한 임무가 소홀히 되지 않았는지 점검이 필요하다. 검찰의 경찰에

---

25) 이와 관련해 특별감찰관제 본래의 취지를 살려 공직기강을 확립하고 권력층의 비리를 척결해 국민의 신뢰를 회복하는 것이 최우선임을 주장하며 감찰대상에 국회의원, 국무위원 등 고위공무원, 판사 및 검사, 공기업의 임원을 추가하는 '특별감찰관법 일부개정법률안'이 발의된 바 있다.

26) 이에 대하여는 저자의 시론 "고비처 신설 재검토해야"(중앙일보 2004. 7. 14)를 참조.

대한 통제는 사건이 검찰에 송치되어 기소와 공소유지 과정에서 법적 통제로
도 충분한데, 공연히 처음부터 불필요한 간섭은 하지 않았는지 등이다.

검찰의 비리를 적발하고 검찰수사에 대한 제1의 견제는 경찰수사가 되
어야 하는 것은 선진국의 사정 시스템을 볼 때 명백하다. 현재 경찰의 비리
수사는 검찰에서 하고 있는데, 검찰의 비리수사를 위해서도 경찰의 수사권독
립이 필요한 것이다. 결국 경찰의 수사권독립은 경찰과 검찰 기능의 정상화
와 상호견제를 위하여 절대적으로 필요한 조건인 것이다.

그 밖에 고위공직자비리 사건은 경찰수사권을 독립시켜 검경이 경쟁적으
로 수사해야 효과적인 통제가 가능하고, 중수부나 제도특검 및 특별감찰관제
가 필요 없게 되는 것이다.

7. 특별검사제 무용론

그간 우리나라에서는 정치인들과 고위공직자들이 연관된 대형 비리사건
과 정치적으로 민감한 사건이 터질 때마다 특별검사제도의 도입이 강력하게
주장되었고, 김대중 정부에서 1999년 우리 사법사상 처음으로 조폐공사파업
유도사건, 옷로비사건, 벤처비리사건(이용호 게이트), 노무현 정부들어 대통령
측근비리사건에 특별검사제가 도입되었다.

원래 미국에서 채택·운용된 특별검사제도는 검찰의 기소독점주의에 대
한 예외를 인정하여 정치적 중립성과 독립성이 특별히 요청되는 사건에서 비
상설적으로 임명되는 검사가 수사와 공소제기를 맡도록 하는 제도이다. 정식
명칭이 독립변호사(Independent Counsel)인 미국의 특별검사제는 닉슨 대통령의
하야를 초래한 워터게이트 사건에서 비롯되어 78년 카터 대통령때 법적으로
제도화되었으며 이후 레이건 대통령 당시 '이란-콘트라 사건'의 조사를 위해,
최근에는 클린턴 대통령의 아칸소 주지사 시절의 의혹사건인 '화이트 워터
사건'의 비리를 캐내기 위해 특별검사가 임명되기도 하였다. 한때 미국에서
의 특별검사제도는 미국 검찰권의 완전한 독립을 보장해 주는 핵심제도로 평
가받았다.[27]

---

27) 전원배, "미국 특별검사제도의 내용과 문제점," 현안분석 제98호(1995); 김주원, "특별검
   사법의 필요성과 입법방안," 인권과 정의(제250호, 1997. 6), 10쪽 이하. 다만 미국의 특별
   검사제는 대통령이나 그의 측근들에 관한 범죄정보가 있을 경우 법무부장관(검찰총장)이
   30일 동안의 심사와 90일 동안의 예비조사를 한 후 추가 수사의 필요성이 확실한 경우에

그러나 미국 내에서도 이 특별검사제도에 대한 비판이 없었던 것은 아니다. 가장 큰 단점으로 특별검사는 일반검사와는 달리 예산상의 제한이나 수사·기소상의 의무도 없이 예산·시간 등에 관계없이 활동함으로써 통상 수사기간이 장기화되고 수사의 대상자에게는 지나치게 큰 부담을 안겨 준다는 점, 형사사법절차가 과도하게 정치화되어 정치적 인기영합이나 지나친 언론의 관심을 유발시키려 하기 때문에 정상적·직업적 검찰영역을 침해한다는 점 등이 지적되었다.[28)]

우리나라에서는 1999년 조폐공사 파업 유도 및 옷 로비 사건으로 최초 도입되었으며 최근 2012년 9월 21일 이명박 대통령의 내곡동 사저부지 매입 의혹 특검법이 통과되어 역대 11번째 특검팀이 출범되었으나 수사 결과의 대부분이 성과 없이 종결되어 여전히 특검무용론이 제기되고 있다.

Ⅳ. 內部非理에 대한 監察의 强化와 '檢事適格審査制' 導入

1. 감찰의 강화

검찰의 독자성은 외부의 정치적 압력으로부터의 독립이 중요한 것은 틀림없지만, 내부비리의 문제가 선결되지 않고서는 이루어질 수 없다. 검찰내부의 비리에는 검사 개개인의 적법절차 위배, 유력 인사와의 부적절한 유대관계, 직무관련자와의 유착뿐 아니라 상급자가 정치권 등 외부의 눈치를 살펴서 직권을 가장한 부당한 압력이나 청탁을 하고 담당자는 이에 따라 사건을 축소·은폐하거나 수사를 중단·왜곡시키는 사례가 있을 수 있다.

현재 검찰의 감찰기능은 대검찰청의 한 부서인 감찰부와 각급 검찰청의 감찰전담 검사가 담당하고 있으나, 조직의 일원에 의한 자체감찰은 제식구 감싸기 또는 특수한 사정에 따라 조사 및 처벌의 강도가 달라질 수 있다는 지적이 있는 점을 감안한다면 보다 독립적인 감찰기구의 설치가 바람직하다

만 특별검사를 연방항소법원에 임명제청하게 된다. 서영제, "특별검사법의 위헌여부 검토," 법률신문(2001. 11. 26).

28) 미국의회는 1978년 특별검사법을 5년 한시법으로 정하고 그 후 수 차례 개정하면서 명칭도 원래 특별검사(special prosecuter)에서 독립변호사로 개칭되었고, 연방검찰청의 수사지침을 지켜야 한다든지 법무부장관의 감독규정을 강화시키는 등 규제를 하였지만, 결국은 특별검사제도의 역작용과 그 실효성에 대한 문제제기로 특별검사법을 1999. 6. 30.에 폐지시켰다.

고 본다.[29]

이에 대해 법무부는 '감사위원회'를 신설하여 내·외부위원으로 구성된 법무부장관 자문기구로서 법무부 산하 감찰부서의 감찰업무 및 감찰정책에 대한 감독과 평가 기능을 담당하고, 아울러 법무부 감사관실도 '감찰실'로 확대·개편하여 감사 기능을 실질화하고 있다. 이러한 법무부의 감찰기능 신설은 '옥상옥'이라는 비판과 아울러 향후 운영과 관련한 우려의 목소리도 나오고 있다. 법무부를 통해 감찰권을 강화함으로써 검사들이 평생 검사제가 주는 신분보장에 안주하지 않도록 하겠다는 취지일 것이지만 법무부의 감찰권이 잘못 행사될 경우 검찰에 대한 과도한 견제 또는 수사간섭의 수단으로 악용되거나 두 감찰기관 사이에 업무충돌에 대한 우려도 있다는 것이다. 따라서 법무부의 검사 감찰권은 검사들의 수사권을 위축시키거나 완화시키기로 했던 '검사동일체 원칙'을 대체하는 수단으로 악용되어서도 안 될 것이다.

2. '검사적격심사제'의 도입

법무부는 검찰청법을 개정하여(2004. 1) '검사적격심사제'를 도입해 현재 임관 후 10년 단위로 실시하고 있는 법관 재임용심사제에 준하여 검사 임관 후 7년마다 검찰총장을 제외한 모든 검사에 대해 적격 여부를 재심사하도록 하였다.[30] 심사결과 검사로서의 직무수행이 어렵다고 인정하여 부적격 의결

---

29) 이에 대해 검찰총장 직속으로 하되 독립적인 위원회 형태의 감찰기구 검토, 감사관의 전문성 강화, 서울시와 같은 외부감사관제도의 도입, 기관장의 실적평가에 감찰실적 포함 등을 검토해야 한다고 한다(김성호, 앞의 논문, 208-209쪽 참조).

30) 일본 검찰청법(제23조)은 '검찰관적격심사회'에 대해 이례적으로 길게 규정하고 있다. 검찰관이 심신장해, 직무비능률, 기타 사유로 직무수행에 적합하지 않을 때 검사총장·차장검사·검사장은 심사회 의결 및 법무대신의 권고에 따라, 검사 혹은 그 이하 직급은 심사회 의결만으로 그만두게 된다. 심사도 모든 검찰관이 3년마다 받아야 하는 정기심사 외에 법무대신의 청구에 따른 임시심사, 심사회 직권에 의한 수시심사 등이 따로 있다. 심사회는 국회의원 6인·검찰관·법무성 관리·재판관·변호사 및 학사원회원 중에서 선임되는 위원 5인, 전부 11인으로 구성되어 검찰관에 대한 엄격한 심사를 하고 있다. 법무부는 '검사적격심사제'의 시행을 위해 구체적인 근거규정인 '검사적격심사위원회 규정 제정령안'을 입법예고 하였다(2004. 6. 9). 이에 따르면 검사적격 심사위원은 15년 이상 판사·검사·변호사 직에 종사한 법조인 또는 변호사 자격 있는 국가기관 종사자, 법과대학 조교수 이상의 법학자가 될 수 있다. 위원장은 법무부 장관이 위촉하거나 지명하며 9명으로 구성된 위원의 임기는 1년으로 연임이 가능하다. 위원회는 심사를 위해 필요한 경우 수사중인 사건과 관련된 사항을 제외하고 법무부장관에게 관련 자료를 제출하도록 요구할 수 있다. 심사에 회부된 검사는 변호사 또는 학식경험이 있는 사람을 특별 변호인으로 선임해 의견진술과 자료 제출을 하게 할 수 있다.

을 하는 경우, 위원회는 법무부장관에게 해당 검사의 해임을 권고하고 법무부장관은 대통령에게 면직 제청을 할 수 있도록 하는 것이다.

　이 같은 제도의 도입은 법무부가 최근 검찰총장을 제외한 나머지 검사들에 대해 단일 호봉체계를 도입키로 결정, 승진여부에 관계없이 근무연한에 따라 정해진 급여를 받도록 하는 한편 고검장, 검사장 등 검사의 직급을 보직 개념으로 바꾸도록 해 평생검사제의 기틀을 마련한 것에 따를 필수적인 보완조치로 풀이된다.

　따라서 이번 적격심사제도와 상술한 감찰강화는 검사의 신분을 보장하는 '당근'에 상응하는 조치로, 검사의 적격여부에 대해 주기적인 검증작업을 가능케 했다는 점에서 의의가 있다. 문제가 있다고 판단되는 검사를 걸러냄으로써 검사들이 평생 검사제도가 주는 신분보장에 안주하지 않도록 하겠다는 것이다. 이는 서울지검 피의자 구타사망사건과 청주지검 검사의 몰카 촬영 등 검사들의 잇따른 전횡31)과 관련, 대검 검찰부의 내부감찰만으로는 검찰권 행사에 대한 적절한 감시가 어렵다는 지적을 수용하는 동시에 법무부의 감찰 기능은 수사에는 개입하지 않되 인사 등을 통해 검찰 견제권한을 적법하고도 적극적으로 행사하겠다는 뜻을 담고 있다.

　그러나 몇 가지 우려되는 점도 있다. 우선 심사위원회의 구성 및 권한 등에 대한 치밀한 규정마련이 되지 않을 경우 적격심사는 오랫동안 유명무실하게 운영됐던 검사인사위원회처럼 '요식행위'가 될 수 있다는 점이다. 그동안 검사 적격심사제와 비슷한 방식으로 운영되고 있는 법관 재임용제도가 별다른 실효를 두지 못했다는 지적을 받아왔다. 지난 15년 동안 재임용에 탈락한 판사가 극소수에 불과할 뿐 아니라 과거 권위주의 정권 시절에는 정권에 거슬리는 판사들을 솎아내는 도구로 악용되는 사례가 적지 않았기 때문이다. 따라서 법무부는 사법부의 실패 사례를 타산지석으로 삼아 객관성을 갖춘 심사 기준을 마련해야 할 것이다.

　검사적격심사제도는 단일호봉제가 지향하는 평생검사제의 올바른 운영을 위해 필요하다고 생각되지만, 심사제도의 취지를 엄격히 살려 검찰의 준사법기관성 회복과 정치적 중립성 강화의 획기적인 전환점으로 삼아야 할 것이다.

---

31) 검사가 검찰직원을 통하여 피의자 심문 중 구타 등 고문으로 사망케 한 것(2002. 11)과 검사가 업자를 동원하여 수사에 필요한 사항을 몰래 카메라로 찍은 사건(2003. 8).

제 2 절 警察의 政治的 中立과 民主化

I. 警察의 位相再定立

경찰은 국가공권력의 상징이며 민주주의의 기본요소인 법치주의를 유지하는 국민과 가장 가까이에 있는 법집행기관으로, 경찰의 민주화는 곧 국민의 실질적인 기본권의 신장을 의미하게 된다. 다시 말하면 한 나라에 있어서 경찰의 위상(位相)은 곧 그 나라의 기본권보장의 수준을 나타내는 척도(尺度)라고 할 수 있다. 영국 등 선진국에서의 경찰의 위상을 바라볼 때 이를 쉽게 알 수 있는 것이다.

한나라의 경찰이 정치적 중립을 지키지 못하여 '권력의 시녀(侍女)'로 전락하고, 타 기관에 지시·조정 등에 주눅 들어 공권력의 구조 내에서 '하인(下人)'과 같은 위상으로 머물러 있을 때, 그 나라에는 결코 법치주의가 꽃피워질 수 없다. 왜냐하면 그러할 때에 경찰의 의식구조는 왜곡될 수밖에 없고, 국민은 그러한 경찰에게 올바른 법집행을 기대할 수 없기 때문이다.

따라서 우리 사회가 선진민주주의 국가로 발돋움하기 위하여는 지금부터라도 경찰의 위상을 바로 세우는 노력을 기울여야 할 것이다. 그러한 의미에서 경찰의 정치적 중립, 경찰 수사권 독자성 확립은 우리 경찰이 이루어 내야 할 민주화의 필수적 당면과제라고 본다.

정치적 중립을 통해서 경찰은 국민의 신뢰를 받으며 민생치안에 보다 전념할 수 있고, 독자적 수사권을 확립함으로써 수사의 능률과 수사를 책임진다는 긍지로써 수사의 과학화와 인권보장에 보다 많은 관심을 가질 수 있다. 그리하여 경찰이 오로지 국민에게 봉사하고 국가의 기둥 역할을 할 수 있을 때, 그 정부는 국민의 신뢰를 얻게 될 수 있을 것이며 그로써 참된 법치주의·민주주의가 실현되는 것이다. 이를 위하여는 정치권력이 솔선하여 경찰의 제도와 체질의 개선을 적극 돕고 나서는 자세가 요구되지만, 그러나 현재의 상황으로는 정치적 결단만을 기대하기도 어려우며 결국 사회 각계각층의 경찰에 대한 인식의 전환이 절실히 요망된다 할 것이다.

II. 警察의 政治的 中立性 保障 問題

현재와 같은 안행부 산하의 경찰청으로서 총경 이상의 인사에 있어 경찰 청장이 추천하고 안행부장관이 제청하여 국무총리를 거쳐 대통령이 임명하는 방식으로는(경찰공무원법 제 6 조) 제도적으로 경찰의 정치적 중립성을 보장하 기 어렵다는 것이다. 즉 경찰이 아무리 현실적으로 정치적 중립을 잘 지킨다 하더라도 국민이 보기에는 경찰이 정치권력에 편향성을 갖는 것이 아니냐 하 는 의구심을 가질 수밖에 없다는 것이다. 왜냐하면 안행부장관은 대통령이 가장 신임하는 자를 정치적으로 임명하고 그 장관이 바로 총경 이상의 인사 제청권자가 되기 때문이다.

한편 현행 경찰법상 경찰위원회는 경찰의 인사·예산 등의 주요정책에 대하여 심의·의결하게 되어 있지만(제 9 조), 위원장을 포함 7인의 위원이 모 두 안행부장관의 제청을 받아 대통령이 임명하는 상황에서(제 6 조) 경찰위원 회가 행자부장관의 인사제청권을 어느 정도 견제할 수 있을지 의심스럽다. 따라서 경찰위원회를 격상시켜 행자부로부터 독립하여 국무총리 소속으로 국 가경찰위원회라는 합의제 기관을 만들어 경찰청을 관리·감독해야 한다는 논 리가 바로 경찰의 중립성 보장을 위한 노력이다.

이에 대하여 일본의 국가공안위원회가 좋은 예가 되는데, 동 위원회는 총리대신의 관할하에 위원장과 5인의 위원으로 구성되며, 경시정(警視正: 우리 나라 총경) 이상을 각 지방공안위원회의 동의를 얻어 임명하는 권한을 갖고 (경찰청장관과 동경도 경시청장만은 총리대신의 승인을 얻어), 경찰행정전반을 관 리하는 민간우위의 경찰통제기구로써, 그 위원은 임기 5년으로 총리대신이 양원의 동의를 얻어 임명한다.[32]

따라서 우리나라도 경찰의 정치적 중립성 보장을 가시화하기 위하여는 자치경찰제 도입을 위한 경찰법 개정시, 중앙에는 일본식 가칭 '국가경찰위 원회'를 도입하고 이 위원회가 실질적으로 총경 이상의 인사제청권을 갖도록 검토하는 것이 바람직하다고 본다.[33]

---

32) 이관희, "한국경찰의 자치경찰제 도입방안," 한국공안행정학회보 제 9 호, 2000, 10쪽 참조.
33) 경찰청 경찰개혁위원회안(1999. 4. 대통령에게 보고) 제 5 조에 의하면 국가경찰위원회는
　　위원장 및 1인의 위원을 상임으로 하면서 7인으로 구성하되, 위원장과 상임위원 및 위원 1
　　인은 국무총리가 임명한 자를, 위원 중 2인은 국회의장이 추천한 자를, 또 2인은 대법원장

Ⅲ. 自治警察制 導入 問題

1. 민주주의, 지방자치, 자치경찰제

지방자치가 민주주의 국가 운영에 필수적인 제도이듯이, 자치경찰제 도입은 경찰의 민주적 운영에 불가피한 것이고 그 여건도 어느 정도 성숙되었다고 본다. 지난 1991년 지방의회 구성부터 시작된 지방자치가 2014년 6월 제6기 자치단체장과 지방의회 의원을 주민이 직선함으로써 적지 않은 부작용에도 불구하고 민주적인 긍정적 성과가 나타나고 있기 때문이다. 즉 지역실정에 맞는 친절한 행정서비스를 기반으로 하여 주민참여에 의한 창의적인 생존전략으로 지역의 생산성을 높이고 주민복지에 기여하고 있는 것이 그것이다. 이러한 지방자치의 분위기에 따라 치안서비스도 지역주민에게 보다 친절하고 지역 실정에 맞게 운영되기를 기대하는 것은 당연하다 할 것이다.

영국・미국・독일・프랑스・일본 등 서구 선진국 중 우리나라와 같은 중앙집권적인 일원적 국가경찰체제인 나라는 없다. 다만 가장 민주적이고 자치경찰의 전통이 강하다는 영국의 경우 범인 검거율이 30%대를 넘지 못하는 반면 중앙집권적 국가경찰체제인 우리나라는 범인 검거율이 80%대라는 점[34]은 주목할 필요가 있다. 어떻든 오늘날 범인 검거율은 민주경찰의 척도는 아닌 것은 분명하며 자치경찰제는 주민 근거리 치안행정으로서 보다 친절하고 봉사적인 지역 실정에 맞는 치안서비스에 역점을 두게 되는 것이 아닌가 생각된다. 즉 아무리 암수범죄를 감안하더라도 서구 선진국에 비해 우리나라가 범죄 검거율이 높은 것은 전국적으로 범인 검거를 독려할 수 있는 효율적인 중앙집권적 국가경찰체제에서 비롯되는 것이 아닌가 본다. 따라서 그러한 측면에서도 자치경찰제가 도입되는 경우 국가경찰체제와 조화를 이루어 치안생산성을 높일 수 있는 방안을 모색해야 할 것이다.

이 추천한 자를 국무총리를 거쳐 대통령이 임명. 위원은 임기 3년으로 1차에 한하여 연임가능으로 하고 있다. 그러나 생각건대 국가경찰위원 중 국무위원인 상임 위원장이 있으므로 예산절약 차원에서 상임위원은 필요 없고, 국가경찰위원회의 서무는 경찰청이 담당하므로 상임위원이 하는 일은 경찰청 차장이 수행하면 된다.

34) 경찰청, 2012년 국정감사 업무보고 자료, 9쪽 참조.

2. 자치경찰제 도입의 필요성

십수년을 두고 논의해 오던 자치경찰제 도입의 필요성을 다시 요약·정리하면 다음과 같다.

첫째, 중앙집권적 국가경찰체제에서 오는 권위주의적 비효율성을 극복하고 자치경찰의 민주적 효율성을 도모하자는 것이다. 중앙의 경찰청에서 모든 것을 지휘·통제하는 것이 아니라 경찰청은 원칙적으로 경찰의 발전 방향을 연구·조사·기획하고 일선의 치안책임은 지방경찰청과 경찰서가 담당하는 체제로써 각 지역 실정에 맞는 치안서비스를 제공하자는 것이다. 이로써 불필요한 상부보고·하부지시에 따른 경찰력의 낭비를 줄이고 궁극적으로 일선 경찰관 중심의 진정으로 국민에게 봉사하는 치안체계를 확립하자는 것이다.

둘째, 진정한 민생치안체제를 확보하자는 것이다. 경찰의 기본기능인 지방주민들의 생명·신체·재산의 안전을 위한 활동도 국가공무원이 아닌 지방공무원으로서의 경찰관이 자기가 근무하는 지역의 지방정부에 의하여 임명되고, 당해 지방정부에 대하여 근무의무를 지며, 또 그로부터 봉급을 받으므로 자기 봉급의 공급원인 주민들의 안전을 보호하기 위하여 헌신적으로 봉사하고자 노력하게 될 것이다. 아울러 중앙의 정치적 소용돌이 속에 휘말림이 없이 독자적인 지휘를 확보해 감으로써 그 지역의 특성에 맞는 주민의 안전보호와 민생치안에 전념하게 된다.

3. 우리나라 자치경찰제 도입의 기본모형

우리나라 자치경찰제 도입에 있어서 기본모형은 국가경찰제의 효율성과 자치경찰제의 민주성을 조화시키는 의미에서 일본식 절충적 통합형체제 (integrated system)를 채택하는 데 대체로 공감하고 있다.[35] 그 이유는 일본과 지방행정체제가 비슷한 점도 있으나 그것보다는 전전(戰前)의 우리와 같은 중앙집권적 국가경찰체제에서 맥아더에 의하여 공안위원회제와 자치경찰제가 도입됨으로써 일본 경찰이 정치적 중립성이 보장됨과 동시에 주민에 친근하여 국민의 전폭적인 신뢰를 받는 것에 성공하였다는 데 있다고 본다. 따라서

---

35) 이황우, "우리나라 실정에 맞는 자치경찰제도," 자치경찰제도 공청회 자료집(경찰대학 치안연구소, 1998. 12), 8쪽 참조.

일본식 절충형에 따른 경찰청 경찰개혁위원회안[36]을 중심으로 그 기본모형을 소개하면 다음과 같다.

1) 국가경찰위원회와 경찰청은 상술한 정치적 중립성 보장문제에서 언급되었다.

2) 지방경찰위원회

① 시·도지사 소속하에 '합의제 관청'으로서 지방경찰청을 관리함

② 위원장과 4인의 위원으로 구성하되 위원 중 1인은 상임으로 2급 정무직 지방공무원으로 한다.[37] 위원은 지방자치단체장이 임명한다.

3) 지방경찰청

① 지방경찰위원회의 관리하에 '독립된 행정관청'으로서의 지위

② 시·도 경찰청장은 경찰청장이 시·도 경찰위원회의 동의를 얻어 제청한 자를 국무총리를 거쳐 대통령이 임명한다. 경찰서장은 지방경찰청장의 제청으로 경찰청장이 임명한다.

4) 인사관리

① 경정 이상 및 경찰청 소속 경찰관은 국가직으로, 경감 이하는 지방공무원으로

② 국가 및 지방경찰위원회는 경찰관청으로서의 위상과 역할을 고려하여 적정한 인사권부여

---

36) 경찰개혁위원회안은 1998년 3월 31일 자치경찰제도 연구를 위하여 구성된 경찰청 「경찰제도개선기획단(11명)」이 그해 10월 1일 「경찰개혁위원회(30명)」로 확대 개편되어(저자는 처음부터 위원으로 활동하였음) 1999년 1월 18일 제 5차 개혁위원회 전체회의에서 그간 연구한 20개 과제를 최종 의결하고 1차 활동을 종료하였는데, 그 당시 자치경찰제 도입방안이 마련되었으며 그 안으로 동년 4월 27일 대통령께 보고 드리고 잠정안으로 확정, 당·정협의를 거쳐 정기국회에서 여당 공동 「의원입법」안으로 제출하여 2000년 1월 1일 또는 2000년 7월 1일부터 시행 예정이었으나, 수사권 현실화 문제가 불거져 모든 것이 2000년 4·13 총선 이후로 연기되어 오늘에 이르고 있다(경찰청 치안연구소, 경찰개혁위원회자료집 제 1 권(총괄·전체회의), 1999 참조).

37) 지방경찰위원의 숫자도 5인은 민의수렴 차원에서 너무 적고 따라서 7인 정도로 확대해서 그 중 1인은 국가경찰위원회가 추천하는 자로 하여 중앙과 연결고리로 만들고, 나머지 6인 중 3인은 지방의회가 추천하도록 하는 것이 바람직하다. 여기에서도 2급 상당의 정무직 상임위원은 예산관계상 필요 없고 지방경찰청 차장이 그 역할을 수행하면 된다. 한편 지방경찰위원회에 다음의 권한을 일본식으로 추가하여 지방경찰행정에 대한 실질적인 감독권을 행사하도록 한다. ① 지방경찰청 소속 경정 이상의 국가경찰관의 정치적 행위 및 직권남용에 대한 국가경찰위원회의 징계와 파면에 관한 건의권, ② 경감 이하 지방경찰관의 정치적 행위와 직권남용에 대한 당해 지방경찰청장에의 징계와 파면에 관한 건의권.

220 제 3 부　地方自治改革論 및 檢·警의 政治的 中立과 搜査權의 合理的 配分

③ 경찰청장·지방청장에게도 지휘·감독권이 확립될 수 있도록 일정한 범위 내에서 소속 직원에 대한 인사권 부여

5) 경찰관 신분문제에 있어서 국가직 경찰관을 일본과 같이 총경 이상으로 하여 자치경찰의 뿌리를 깊게 내리자는 주장도 있으나, 현재로는 중앙의 조정·통제력 유지의 필요성과 중앙과 지방의 교류를 통한 경찰 수준의 향상이라는 측면에서 경정급까지만 국가경찰로 하는 것이 불가피하다고 본다.

6) 지방경찰청장 임명 제청에 있어서 경찰청장이 직접 수행하는 것은 지방자치의 기본정신으로 보아 적절치 않고, 국가경찰위원회가 경찰청장의 추천을 받아 지방경찰위원회의 동의를 얻어 제청하는 것이 바람직하다 할 것이다. 지방자치와 자치경찰의 실효를 거두기 위하여는 시·도지사가 지방경찰청장을 지방의회의 동의를 얻어 임명하는 것이 원칙이라는 주장도 있으나, 우리의 현실이 정당정치의 폐해가 심각하고 지방자치 역사가 일천한 상황에서 시기상조로써 시·도지사의 영향력은 스스로 임명한 지방경찰위원을 통하여 간접적으로 행사되어야 한다고 본다.38)

Ⅳ. 結語(고려사항)39)

경찰의 조직과 운영에 대한 세계적 추세는 지방분권화를 통한 민주적 통제와 주민참여의 확대를 도모하는 동시에 조직적·광역적·국제적 범죄에 효율적으로 대처하고 경찰활동의 국가적 효율성을 제고하기 위해 중앙정부의 조정과 통제기능을 강화하는 방향으로 끊임없이 변화해 나가고 있다는 것이다.

우리나라의 경우에도 역시 국민과 시대가 요구하는 치안서비스를 제공하는 길은, 지역실정에 맞는 경찰정책과 경찰력의 운용을 가능하게 하는 분권화된 경찰조직과 지역주민이 직접 자기지역 치안에 대해 의견을 제시하고 참여하는 민주화된 경찰경영을 바탕으로 한 가운데 전국적 효율성과 국가적 치안기능 수행을 위한 효과적 중앙통제와 조정장치를 마련하는 것이라고 할 수 있다.

---

38) 경찰청, 자치경찰제도 공청회 결과보고서, 1998, 36-37쪽 참조.
39) 이관희, "자치경찰제 도입시 예상되는 쟁점 및 고려사항," 수사연구, 2003, 20쪽.

이러한 목적달성을 위하여 우리는 오랫동안 자치경찰제 도입을 염원하여 왔는데 여기에 다음과 같은 점이 특히 고려되어야 한다고 본다.

첫째 영·미의 자치경찰제나 이웃나라 일본의 절충형체제나 모두 그들 나라에 훌륭하게 정착되었다고 해서 그것이 우리에게도 적합한 이상형의 제도가 될 수 없다는 것이다. 우리의 현실적 여건은 그들과 판이하다. 남북대치의 긴장상태, 시국치안 수요의 상존, 불안한 체감치안 상태, 지나친 지역주의, 검찰위주의 수사구조 등을 종합적으로 고려하여 우리 실정에 맞는 자치경찰제를 꾸준히 정착·발전시켜 나가야 한다는 것이다.

둘째 자치경찰제 도입으로 국민의 생명·안전·재산을 지키는 치안서비스가 완성되는 것이 아니다. 공경찰이 해줄 수 있는 한계가 있는 것이다. 그리하여 오늘날 자치경찰제만큼이나 강조되는 것이 민간경비 또는 사경비(Private Security)이다. 자치성이라는 이념적 측면에서는 같은 것이며 따라서 우리나라도 민간경비를 더 많이 활용하도록 정책적인 배려가 필요하다 할 것이다.

第 3 절 檢·警間 搜査權의 合理的 配分(警察搜査權의 獨自性確立)

I. 民主主義에서 警察과 檢察

민주주의는 모든 국민 각자가 국가운영의 주인이 되어야 한다는 이데올로기로서, 궁극적으로 모든 국민의 인간의 존엄성 보장을 그 목표로 하고 있다(헌법 제 1 조, 제10조).

한편 민주주의는 법치주의를 기본으로 하고, 경찰은 국가 공권력의 상징으로 국민과 가장 가까이에 있는 법집행기관으로서 법치주의의 초석이다. 따라서 민주주의 실현의 출발점은 바로 경찰의 기능을 정상화시키고, 경찰의 위상을 바로 세우는 것으로부터 시작되어야 한다. 경찰기능 정상화의 가장 핵심적인 것이 경찰 기능의 대본인 수사권의 독자성 확립임은 췌언을 요하지 않는다.

모든 경찰의 수사는 검사의 지휘를 받아서 해야 한다(형소법 제196조)는 경찰 수사의 검찰에의 법적 예속은 법치주의·민주주의 관점에서 심각한 문제점을 안고 있음을 유의할 필요가 있다. 모든 국민 앞에 법집행기관으로서 당당히 서야 할 경찰관이 검사의 지휘 앞에 무력한 모습은 국민이 경찰에게 신뢰를 줄 수 없는 가장 근본적인 원인이며, 결과적으로 경찰과 법의 권위를 추락시키고 법치주의 기반을 취약하게 만드는 것이다.

상대적으로 수사권의 검찰에의 과도한 집중은 권위주의 수사 행정체제로서 국민의 불편과 효율적인 수사행정을 저해하며, 검찰은 국민으로부터 정부 내의 가장 강력한 권력기관으로 지탄받을 가능성을 갖게 되는 것이다.[40]

그러한 분위기는 공권력 행사의 전체적 분위기를 권위주의화할 수 있고, 우리 사회에서 사법시험에 과도한 경쟁은 그러한 권력기관에로의 지향성을 나타내는 것으로 민주사회의 균형적 발전을 왜곡시키는 한 원인이라고까지 말할 수 있겠다.

한편 민주주의는 국민 각자가 민주적 시민윤리(시민의식)에 입각한 주인 정신을 가지고 성실한 생활을 할 때 성숙되는 것이고, 그에 맞추어 민주주의 초석으로서 법치주의는 경찰관 각자가 민주적 공직윤리(공인의식)에 입각하여 공정한 법집행을 할 때 바로 설 수 있는 것이다. 경찰관 각자의 공정한 법집행은 어떻게 보장할 것인가. 그것은 그들에게 정당한 권한으로서의 수사권을 부여하고, 그에 상응하는 책임을 지게 함으로써 가능한 것이지 검사의 지휘로서는 불가능하다. 또한 민주주의 국가운영에 있어서 경찰관에게 인간의 존엄성 보장은 바로 그들에게 정당한 권한으로서의 수사권을 부여하는 것이다.

결국 경찰에게 정당한 독자적 수사권을 부여하는 것은 15만 경찰관 각자에게 인간의 존엄성을 보장해 주고 훌륭한 법집행관으로 만들어 경찰과 법의 권위를 세우고 법치주의·민주주의를 완성케 하는 지름길임을 명심할 필요가 있다. 이상과 같이 경찰수사권 독자성 확립의 과제는 오로지 민주주의 실현

---

40) 우리나라 검찰은 단순히 범죄수사권만 가지고 있는 것이 아니다. 공소제기 여부를 독자적으로 판단할 수 있는 기소재량권(기소편의주의)은 물론 이미 진행되고 있는 형사재판까지 중단할 수 있는 공소취소권 등을 가지고 있는 등 형사사법 전 분야에 걸쳐 막강한 권한을 견제 없이 행사할 수 있고, 실제 수사 면에서도 국가 중요범죄는 직접하고 있기 때문에 검찰 스스로가 우리 사회 흐름에 심대한 영향을 미칠 수 있는 거대한 권력집단으로 자리잡고 있어 '검찰공화국' '검찰팟쇼'라는 말이 나오고, 그러한 이유로 검찰은 정치권이 반드시 손아귀에 넣어야 하는 기관이 되어 버렸고 아울러 준사법기관으로서 오직 법과 양심에 따라 직무를 수행해야 할 검찰이 정치권의 '연장된 팔'로 전락하고 말았다(서보학, "수사권 중립을 위한 수사권의 합리적 배분," 한국헌법학회 제24회 학술대회 자료집, 2002, 69쪽).

이라는 관점에서 논의되어야 하는 것이지, 결코 검·경간의 권한 다툼으로
비춰져서는 안 될 것이다.

　　과거 김영삼·김대중 대통령은 야당시절 경찰의 수사권 독자성 확립의
필요성을 인식하였으면서도 문민정부·국민의 정부를 거치면서 그 제도화에
소홀함으로써 권위주의 정부로 머물 수밖에 없었고, 그 결과로 국민의 신뢰
를 얻지 못하고 정권 재창출에 실패하였다는 점을 타산지석으로 삼아야 할
것이다. 법치주의 초석으로서 경찰·검찰 개혁, 그 튼튼한 반석 위에 정치개
혁, 경제의 구조조정만이 여·야간 평화적 정권교체의 의미를 살리고 민주주
의를 완성케 하는 지름길로서 지난 18대 대선 공약으로 강조해 온 박근혜
대통령의 정치적 결단을 필요로 하는 이유이고, 그로써 국민으로부터 참다운
절대적 신뢰를 받을 수 있을 것이다.

Ⅱ. 現行 檢事 獨占 搜査權體制의 權威主義性과 그 問題點

1. 현행 형사소송법·검찰청법 등의 문제점

　　현행 우리나라 수사권 체제는 검사 독점 수사권 체제로서 전전의 일본의
군국주의·권위주의 수사권 체제를 그대로 답습하고 오히려 더 보강된 면이
있음을 지적하지 않을 수 없다. 즉, 형사소송법 제195조는 수사의 주체를 검
사로 규정하고, 제196조에서는 사법경찰관리는 검사의 지휘를 받아서 수사하
도록 못 박고 있다.[41]

　　이것은 우리나라가 1954년 형사소송법을 제정할 당시 구 일본 형사소송
법을 그대로 받아들인 것으로 그 취지는 경찰은 법적 소양이 부족하니 법률
지식이 많은 검사의 지휘를 받아 검사의 수족같이 행동하라는 뜻으로 경찰의
민주주의 형사소송법 운영의 경험이 일천한 그 당시로서는 일응 타당한 입법
이었다고 할 수 있겠다.

　　그러나 오늘날 그와 같은 형사소송법 규정은 적어도 선진국에서는 찾아
볼 수 없다. 수사는 경찰, 공소는 검찰이라는 영·미 수사권 체제에서는 물
론, 전후 일본은 '맥아더'에 의해 제 1 차 수사기관[42]은 경찰, 제 2 차 보충적

---

41) 다만 2011년 7월 형소법개정으로 제 3 항에 경찰의 수사개시·진행권을 인정하고 있다.
42) 일본 형사소송법 제189조 제 2 항은 "사법경찰직원은 범죄혐의가 있다고 사료될 때에는

수사기관43)은 검찰로서 개정한 것은 주지의 사실이다.44)

검사주재 수사권체제라는 독일의 경우도 형사소송법 제160조, 제161조 등에서 검사주재의 원칙을 천명하면서도, 제163조에서 "경찰임무를 담당하는 관청과 공무원은 범죄행위를 규명하여야 하고, 사건의 증거인멸을 방지하기 위하여 할 수 있는 모든 일을 지체 없이 하여야 한다. 경찰 등은 그 처리 결과를 지체 없이 검사에게 송치하여야 한다"라고 규정함으로써 검찰에의 송치 전에 경찰수사의 독자적 영역을 분명히 하고 있다.45)

다음으로 검찰청법 제 5 조, 제53조, 제54조의 검찰과 경찰의 상명하복관계에 관한 규정인데, 그것도 전전의 일본의 검찰청법과 똑같은 것으로 일본의 경우 형사소송법 개정과 함께 형사소송법에 포함되었다. 원래 검찰청법이라는 것은 검찰의 조직과 기능에 관한 것으로 수사상 검찰과 경찰의 관계는 형사소송법으로 단일화하는 것은 당연한 원칙이다.

또한 형사소송법 제198조의2의 검사의 구속장소감찰권도 마찬가지이다. 검찰이 피의자 신병에 관한 구속영장청구 지휘를 스스로 하면서(구속영장 청구 독점이 헌법사항인 것은 우리나라만이 그러하다) 다시 경찰의 유치장 감찰을 월 1회 이상 법규화한 예는 세계 어느 나라에도 없다. 문제는 그것으로 끝나

범인 및 증거를 수사하여야 한다"고 규정하여, 일반적으로 경찰을 일차적 수사기관이라 한다.

43) 일본 형사소송법 제191조 제 1 항은 "검찰관은 필요하다고 인정할 때에는 스스로 범죄를 수사할 수 있다"고 규정하여, 일반적으로 검찰을 보충적 수사기관이라 한다.

44) 나아가 일본 형사소송법(제192조)에는 양 기관의 협조의무가 명시되어 있을 뿐만 아니라 검찰에게는 경찰에 대한 일반적 지시권·지휘권이 주어져 있기 때문에 실제로는 양 기관이 대등한 입장에서 협조관계를 유지하고 있다(박승진·최석윤·이경재, 각국의 검찰제도, 형사정책연구원, 1998, 165-166쪽; 경찰개혁위원회, 자치경찰의 이해, 1999, 15쪽 참조).

45) 독일에서도 수사실무에서는 검경의 관계는 대등한 수평적 관계라고 한다. 그 이유는 독일 검찰은 '손·발 없는 머리(Kopf ohne Haende)'로서 자체 수사인력이 없기 때문에 검경 관계가 자연스레 협조적·수평적이 되지 않을 수 없다는 것이다(손동권, "경찰수사권 독립론의 비판적 고찰," 형사법과 세법, 학당 명형식 교수 화갑기념논문집, 1998, 300쪽; 임준태, 독일 형사사법론, 21세 기사, 2003, 361쪽 이하). 또한 독일에서는 현행범 내지 긴급체포된 자는 24시간 내에 영장실질심사를 받아야 하는데, 뮌헨 지방검찰청의 경우 경찰이 피의자 신병을 서류와 함께 검찰청에 직접 송치하는 것이 아니라(검사는 보조 인력이 없어 조사가 사실상 불가능함) 시간 절약을 위해 뮌헨 경찰청 내에 상시 근무하고 있는 수사판사(Ermittlungsrichter)실로 검사가 순번제로 출근하여 사건서류 심사 후 실질심사청구 여부를 결정하고 있다. 또한 유치장은 수사 판사실 복도 바로 맞은편에 위치하고 있다. 한편 법무연수원, 수사지휘론(2003, 49쪽)에 의하면 독일 범죄수사에 있어서 대부분의 경우 사법경찰관리가 사실상 독립적으로 수사권을 행사하고 있고, 검사는 이들 사건에 대하여 송치 후 사후 통제하고 있을 뿐이라고 한다.

지 않고 이 규정을 근거로 경찰서장의 고유권한인 진정 등 내사 종결사건, 즉결심판 처분, 교통사고 처리현황 등 경찰수사 전반을 감찰하고 있는 실정이다. 아마도 제196조의 검사의 지휘규정에 근거한 것이라고 해석할 수도 있겠으나, 어떻든 법집행자의 권위는 법이 인정한 재량을 그 범위 내에서 공정히 행사할 때 인정되는 것이라고 볼 때, 경찰수사의 경우 오로지 검사의 뜻에 따라서 한다면 그 재량의 범위 자체가 현실적으로 전혀 존재하지 않을 수 있다는 데 문제가 있다.

경찰의 불법수사·구속의 문제가 있다면 당연히 검찰에 고발될 것이기 때문에, 타부처의 법집행을 미리 불신하여 감찰할 필요가 없는 것이고 이는 부처간 상호존중의 민주적 행정원칙에도 어긋난다 할 것이다.

2. 수사 권한과 책임의 불일치

한편 이상과 같이 수사의 권한은 철저히 검찰측에 있는 데 반하여 수사의 책임면은 오로지 경찰측에 있는 모순된 현실이다. 즉 국민의 여론이나 관심에 집중된 사건은 여지 없이 그 비난과 책임은 경찰측이 지게 마련이다. 예컨대 교도소 탈주범인 신창원의 검거실패[46]에서 나타나듯이 언론의 보도를 보면 경찰의 위신과 체면은 사정 없이 추락되었다.

그러나 생각해 보면 그 자는 교도소를 탈출한 날고 기는 비상한 범죄인이고, 그에 대한 일차적 책임은 교정당국과 법적 책임은 형소법상 수사지휘권을 갖는 검찰에 있음을 지적하지 않을 수 없다. 그리고 선진제국의 범죄검거율은 50-60%를 넘지 못하고 있고, 그에 반하여 우리나라의 경찰의 범죄검거율은 거의 90%에 육박하여 적어도 통계상으로는 일본의 경찰과 함께 최고의 수준을 유지하고 있다.

그럼에도 신창원 사건 등으로 경찰은 여러 가지 면에서 아직도 멀었다고 매도되고 있는 현실인데, 도둑 하나를 열 사람의 경찰관이 잡을 수 없는 경우도 있을 수 있다는 점을 이해한다면 그러한 비합리적 접근방법은 지극히 경계해야 할 일이다. 어떻든 권한 있는 곳에 책임은 없고 책임 있는 곳에 권

---

46) 1997년 1월에 탈옥 2년 6개월에 걸친 도주와 130여 차례 강·절도 사건으로 전국에 신출귀몰(神出鬼沒)했던 사건. 그가 나타났다가 사라질 때마다 경찰이 줄줄이 징계를 받고 지휘선이 무너지는 바람에 '신출경몰(申出警沒)'이라는 우스갯말까지 생겨났다.

한이 없는 모순된 수사현실은 경찰발전에 결정적 장애가 되고 있는 것이 사실이다.[47]

3. 이중조사 등 국민불편

경찰수사권의 검찰에의 예속은 국민의 불편과 수사행정의 비효율성을 초래하고 있다. 즉 형소법 제312조 제1항에서 검찰작성 피의자 신문조서만을 증거능력을 인정하는 관계로의 모든 피의자·참고인 등이 본인들의 원·불원을 막론하고 검찰에 출두해 이중조사를 받아야 하고,[48] 이로써 참고인 등 연간 150만명 기준으로 약 230억원의 낭비가 있고(1997년 통계) 시간적·정신적 부담은 얼마인가 계산도 할 수 없으므로 효율적인 정부기능이 역행함이 명백하다.

또한 형사소송법 제222조의 검사의 변사체 검사에 대한 지휘권도 마찬가지이다. 변사체가 중요한 수사의 단서라 할지라도 가족 등의 이의가 없으면 전문 수사경찰이 검시할 수 있도록 함으로써 사체 인도를 지연시켜 국민의 원망을 살 필요가 없다 하겠다.

Ⅲ. 檢·警間 搜査權의 合理的 配分(警察搜査權 獨自性 確立 方案)

1. 경찰수사권의 독자성의 의미

경찰수사권의 독자성 확립이라 함은 검찰수사권과 완전히 별개로 하는

---

47) 일반적으로 경찰은 힘들고 어려우며 권한은 없고 책임만 지는 직업으로 인식되어 왔고, 이런 상태하에서 유능하고 정의감에 불타는 인재들이 경찰에 투신할 것을 기대할 수 는 없다. 독자적인 판단과 책임하에 소신껏 일할 수 있는 환경이 마련되었을 때 구성원의 사기가 진작되며 많은 인재들이 경찰에 몸을 담게 되어 결국 경찰 구성원 전체의 자질도 향상되는 결과를 가져올 것이다.

48) 경찰에게 독자적인 수사권이 인정되면 피의자·참고인 등이 검찰에서 재수사를 받아야 하는 불편이 사라지게 되고, 경찰작성 피의자 신문조서가 재판에서 사실관계를 가리는 중요한 증거자료가 될 것이다. 이를 위해서는 선진국에서와 같이 검찰작성이든 경찰작성이든 공판정에서 피고인 또는 변호인이 인정하는 경우에만 증거능력을 인정하는 쪽으로 형사소송법 개정이 이루어져야 한다고 본다. 피고인이 범행부인에도 불구하고 검찰작성 피의자신문조서에 증거능력을 인정하도록 한 형사소송법 제312조 제1항 단서는 현재 검찰에서 자백위주의 수사관행을 부추기는 주요한 요인이 되고 있는 것으로 지목되고 있다. 다만 피의자신문과정에 변호인의 참여가 제도적으로 보장된다면 그것을 장려하기 위하여 변호인 참여시의 수사기관 작성의 피의자신문조서에 대하여는 보다 강화된 증거능력을 인정하여도 무방할 것이다.

독립의 의미는 아니다. 수사에 대한 준칙을 정하는 일반적 지휘 및 지시, 공
소유지에 필요한 범위 내에서 수사보완지시, 검사 스스로 인지한 사건에 대
하여는 수사보조 지시 등을 인정하면서, 단지 경찰 본래의 기능인 수사기능
을 경찰 스스로의 권한과 책임으로 수행하여 민주주의적이면서도 효율적인
수사행정을 이룩해 보자는 의미이다.

　　결국 그러한 의미의 경찰 수사권의 독자성 확보의 요체는 경찰을 독립적
수사주체로 인정하고,[49] 경찰이 사건을 검찰에 송치하기 전까지 검찰로부터
일체의 간섭을 받아서는 아니 된다는 것이다. 그렇다 하더라도 검찰의 사건
개입은 검찰에 사건이 송치된 이후 공소제기 전까지 공소의 제기·유지를 위
하여 보완수사로서 얼마든지 가능하다. 또한 이 시기에 경찰 수사과정에서의
위법·부당한 행위는 엄중한 법적·행정적 책임을 물을 수 있겠지만, 보완수
사의 방법은 검찰과 경찰의 상명하복(上命下服)관계가 아니고, 상호간의 의견
을 조정하고 합의하는 협력관계가 되어야 한다.[50] 왜냐하면 검찰과 경찰이
이 사건에 대한 평가가 서로 다를 때 검사의 것이 항상 정당하다는 보장이
없기 때문이다.

2. 경찰수사의 독자성은 모든 사건에 인정되어야 한다

　　그리고 정치권이나 일부의 학자들이 현실론으로써 주장하는 바와 같이
단순 경미한 민생침해 범죄[51]만이 아니라, 모든 범죄에 대해 경찰의 독립된
수사권이 인정되어야 한다. 굳이 독립된 수사권을 인정해 주면서 그 범위를
제한할 합리적인 이유가 없기 때문이다. 그리고 이 경우 경찰의 수사권은 검
사와 검찰직원 및 법무부 소속 공무원의 범죄에 대하여도 당연히 미친다고

---

49) 검사와의 직급관계를 고려할 때 경정 이상의 사법경찰관을 수사의 주체로 하고, 그 이하
　　는 수사보조자로 한다. 이는 검사가 수사의 주체이고 검찰직원이 수사보조자인 것과 마찬
　　가지이다.
50) 검사와 사법경찰관은 독립된 수사주체로서 병렬적 상호 대등한 관계이고, 이를 주체적
　　수사구조라고도 부를 수 있다. 송강호, "수사권논의의 새로운 패러다임 모색," 경찰내부자
　　료(2004. 3).
51) 소위 '단순 경미한 민생침해범죄'는 그 정확한 근거와 범위가 불명확하고 유동적이다. 더
　　욱이 민생치안 대상범죄가 법으로 정해진다 해도 경합범의 경우 그리고 수사과정에서 대
　　상범죄가 아닌 다른 범죄의 혐의가 발견된 경우 등은 수사영역 한계에 논란의 소지가 충
　　분하다. 또한 경찰수사범위에 한계를 두는 것은 급격한 경제사회 변동에 따른 범죄대응 전
　　략상 적절하지 못하다. 즉 다양하고 새로운 범죄발생에 대하여 경찰의 효과적인 대응능력
　　을 떨어뜨릴 우려가 있다.

보아야 한다. 과거 법무부 예규(1958. 4. 23)는 검찰 스스로 수사하도록 규정하고 있었고, 그것이 폐지된 오늘날에도 검찰 스스로 수사하거나 대검감찰부에서 수사하는 것이 관행이다. 이는 비리 경찰관들을 검찰이 수사하여 사법처리하는 것과 비교할 때 불평등할 뿐만 아니라, 법무부 소속 공무원 등은 사법처리의 치외법권 지역에 놓아둔다는 비판을 면하기 어렵다. 양 기관간에 상호 'Cross Check'가 가능할 때에만 진정한 견제와 균형 그리고 높은 직무도덕성의 유지가 가능할 것이다. 이와 같이 경찰에게도 모든 수사권이 개방된다면 검·경간에 수사권은 자율적으로 조정되고 합리적으로 행사되리라 본다.

일본의 예를 보면, 일본 검찰은 주로 고도의 정치범죄(예: 록히드, 다나까 수뢰사건 등), 대형 경제사범, 사회의 구조적 조직범죄 등 국가운영의 근간을 흔들 수 있는 범죄에 집착·해결하여 국민의 신뢰를 얻고 있고, 그 밖의 범죄는 자연히 경찰이 전담하고 있는 것이다. 이는 결과적으로 우리나라의 검·경간의 범죄처리 현황(3% : 97%)[52]과 비슷한 것이다.

3. 일정 범위 내에서 경찰의 독자적 사건종결권도 인정되어야 한다

현재 경찰에 대해서는 즉결심판청구권이 인정되어 부분적인 사건종결권이 인정되고 있다. 여기에서 더 나아가 단순·경미 사안에 대한 사법처리의 지연을 방지하고 신속성을 기하기 위하여는 '혐의 없음' '죄가 안 됨' '공소권 없음' 등과 같은 사안에 대해 경찰에 독자적인 수사종결권을 주는 것이 바람직하다. 다만 이 경우 경찰수사결과에 대해 불복할 수 있는 검찰항고 제도 등이 마련되어야 한다. 이렇게 된다면 경찰의 수사결과에 불복하는 사람은 다시 검찰의 수사를 의뢰할 수 있기 때문에 부당한 권리침해의 발생을 방지할 수 있다. 그리고 그러한 검찰항고 제도는 현재의 검찰수사결과에 대한 항고보다도 그 견제적 실효성이 클 것으로 기대할 수 있다.[53]

---

52) 경찰청 2001년 범죄현황을 분석하면 총 1.860,687건 중 내란·외환의 죄 등 공안사범, 병역법위반 등 병역사범, 직권남용·체포감금 등 직무관련 공무원범죄 등 비 민생치안범죄는 총 58,711건으로 3.16%를 차지했고 이 중에서 공안사범 10,713건 0.55%, 병역사범 36,681건 1.97%, 공무원범죄 11.875건 0.64%로 나타났다. 따라서 나머지 약 97%는 개인적인 법익관련 민생치안 범죄로 분석되었다.

53) 동지: 서보학, 앞의 논문(주 65), 74쪽.

4. 경찰에게 직접 영장청구권도 인정되어야 한다

경찰에게 독립된 수사권을 인정하면서 강제수사를 위한 영장청구를 계속 검사를 경유해 하도록 한다면 사실상 경찰의 독자적인 수사가 이루어지기 어렵다. 영장발부는 결국 법관의 판단에 맡겨져 있는 것이기 때문에 경찰이 영장을 청구한다고 하여 인신구속이 남발될 것이라고 전망하는 것은 근거 없는 기우라고 본다.54) 우리나라 형사사법기관간의 현실적인 권력관계를 고려할 때 검찰에 의한 영장청구보다는 경찰에 의한 영장청구가 더 엄격한 심사에 부쳐지고 기각될 확률도 더 높은 것으로 판단되기 때문이다. 물론 경찰의 직접적 영장청구권이 인정되려면 헌법을 개정하여야 한다.55)

IV. 時機尙早論에 대하여

민주주의 원칙으로 보아서는 경찰수사권의 독자성은 인정해야 하지만, 현재 경찰의 법적 소양부족 등 여러 가지 수준을 보아서 아직 이르다는 시기상조론의 주장에 대하여는 꼭 해야 할 말이 있다. 이웃 일본은 '맥아더'에 의한 민주화 정책의 일환이었지만 1948년 일제경찰의 수준가지고도 수사권독립을 이루어내어 검·경이 제자리를 찾고 세계적 수준의 검·경으로 발전한 것을 벤치마킹해야 할 것이다.56)

우리의 경우 50여 년의 민주경찰의 경험으로 얼마든지 해 낼 수 있으며, 우리의 법치주의·민주주의 실현을 위해서는 반드시 이루어 내야 할 필수적 과제라고 본다. 부모의 입장에서는 자식이 장년 50세가 되어도 항시 불안하고 곁에 두고 싶지만, 자연의 순리가 독립인 것이고 그로써 성숙되고 발전할

---

54) 정식구속영장은 보다 신중을 기하기 위하여 검찰이 청구한다 하여도, 경찰이 피의자 신병을 간편하게 확보하기 위하여 1997. 1. 1.부터 실시된 일본식 체포영장만큼은 경찰이 직접 청구하도록 하여야 한다는 주장도 있다(손동권, 앞의 논문, 317쪽 참조).

55) 헌법개정이 어렵다면, 경찰이 영장청구를 신청하면 검찰은 의무적으로 영장을 청구하도록 하는 방안을 절충안으로 도입하자는 주장도 있다(김용세, 대전대 사회과학논문집 제19권 제 1 호 2005, 92쪽).

56) 전후 일본의 정치는 천황제도, 보스 파벌정치, 금권정치 등으로 민주적이지 못하였으나, 그 정부가 지탱되고 경제대국으로 성장할 수 있었던 것은 경찰수사권독립으로 검·경이 제자리를 찾아 국민의 절대적 신뢰를 받을 수 있는 법치주의에 기반을 두고 있었다는 점도 상기해야 할 것이다.

수 있는 것이다. 그간 우리 경찰은 환골탈태(換骨奪胎)의 정신으로 수많은 발전을 거듭해 왔다.

현재 경찰대학 출신 간부들이 경위 이상 3,600여 명이 배출되었고, 서울 등 6대 도시의 경찰서 수사과 조사계 간부로서 거의 완벽에 가까운 수사업무을 수행하는 것도 내세울 만하다. 또한 간부후보생 출신인 4천 명 이상의 정예 경찰간부와 1백여 명에 가까운 고시출신 간부들이 15만 경찰조직 발전에 앞장서고 있다. 특히 지난 86년부터 설립된 '경찰수사연구소'는 명실상부한 경찰수사요원 전문양성기관으로서 그간 약 1만여 명에 달하는 실무와 이론을 겸비한 요원을 배출, 경찰수사 독자성 확보에 토대를 마련해 놓고 있는 것이다.

결국 경찰수사권 독자성 확립의 논리는 검찰에 독점되어 있는 수사권을 검·경간에 합리적으로 배분해 수사의 효율성을 기함은 물론 양자 긴밀한 관계를 유지하면서도 상호 경쟁하고 견제와 균형을 이루자는 것이다. 검찰의 정치적 중립성 보장과 함께 민주화의 요구는 우리 시대가 요구하는 대세이며 그 민주화의 핵심내용 중의 하나인 경찰수사권 독자성 확립이야말로 검찰 민주화의 필요조건이라 믿는다.

한국 검찰과 경찰이 진정으로 민주화되고 그 위상을 재정립하기 위해서는 검·경간에 수사권이 합리적으로 분배되고 그로써 경찰수사권의 독자성 확립이 이루어져야 하며, 또 그것만이 경찰수사의 획기적 발전과 민생치안 확립을 기할 수 있고, 검찰은 국가의 근간이 되는 법집행을 성공적으로 수행할 수 있어 그것으로 우리 사회의 참다운 법치주의를 바탕으로 하는 민주주의가 실현될 수 있으리라고 본다.[57]

---

57) 이관희, "민주주의와 경찰수사권의 독자성 확보," 수사연구(1998. 6) 참조.

제 4 부 ▶ 國會改革論

한/국/민/주/헌/법/론

【여 는 글】

대의제 민주주의에 있어서 의회는 국민의 대표기관으로써 입법기관·국정통제기관·예산의결기관의 역할을 충실히 수행하여야 한다. 그런데 유감스럽게도 우리 국회는 국리민복과는 무관한 정파적 이해관계에 사로잡혀 차기 대통령선거를 향해 돌진하는 싸움터로 변하여 국민으로부터 철저히 외면당해 왔다. 국회는 특정한 계층·지역·정파·이익단체·기업·노조 등의 특수이익을 대변하는 것이 아니라 여러 이익과 의사들을 조정하고 수렴하여 국민 모두 잘 살고 상생하는 일반 의사를 실현하는 국민의 대표기관이다. 이를 위하여 국회는 과거와 같은 권력투쟁의 장에서 정책중심으로 그 기능을 회복하여야 하고, 의원 개개인이 그러한 일을 할 수 있을 만큼 식견과 자질을 갖추어야 한다. 이는 헌법상 민주정치의 기본원칙이지만 그 실현을 위해서는 국회의원 개개인이 정파나 자기의 이해관계를 떠나 국회와 자신의 좌표를 정확히 인식하고 멸사봉공(滅私奉公)의 자세로 의정활동에 임해 주어야 하기 때문에 그리 쉬운 일이 아니다. 이제 우리사회에서도 국회의원은 더 이상 출세하는 자리도 아니고, 한을 푸는 자리도 아니며, 금배지를 달고 거들먹거리는 자리도 아니다. 오로지 국리민복의 국회를 실현하기 위해 국회의원은 부지런히 연구하고 열심히 일하는 바른 자세를 갖는 것이 무엇보다 중요하다고 본다. 특히 다음과 같은 개혁이 국회정상화를 위하여 절실하다고 본다.

【예산심의제도 확립: 제 3 장 제 2 절 참조】

현재 우리 국회가 제 기능을 하기 위하여 시급한 것은 국민의 혈세를 국가발전을 위하여 바로 쓰게 하는 예산심의제도의 확립이다. 국회의 국정통제기능 중 실질적으로 가장 중요한 것이 예산심의 기능인데 현실은 다른 정치적 이슈에 밀려 356조(2014년)에 가까운 예산을 수박 겉핥기식으로 단 며칠 만에 해치우는 우를 범하고 있는 것이다. 문제는 예산안 심의의 중요성에 대한 의원들의 인식 부족에 있다. 그래서 예산안을 다른 정치적 쟁점과 결부시켜 처리를 지연하고 결과적으로 준비를 소홀히 하게 된다. 그리고 정치권의 정쟁이 실질적인 심사시간의 부족을 초래하고 있다. 때문에 정기국회에서 심의기간이 60일이지만 실제로는 한 달 남짓에 불과하고 그나마도 정쟁으로 소모된다. 예년의 경우 소관 상임위 예비심사는 평균 3일, 예결위 종합심사는 평균 8-10일, 예산안조정소위 심사는 평균 4-5일에 불과하다. 방대한 정부예산안을 심의하기에는 턱없이 부족한 시간이다.[1)]

또한 계수조정권을 행사하는 예산안조정소위 위원들의 권한남용이 심각하다. 정부안은 물론이고 상임위나 예결위에서 전혀 논의된 바가 없는 신규사업이 타당성과 지방비 확보 여부에 대한 검토도 이루어지지 않은 채 동료의원과 지역구를 위한 선심용 '끼워넣기', 정당간 담합을 통한 '나눠먹기' 등의 방법으로 자행되고 있다. 국회법 제57조 제 5 항의 단서조항, 즉 소위의결에 따라 회의를 공개하지 않을 수 있고, 회의록을 작성하지 않고 요지만 기록할 수 있다는 규정이 악용되어 제멋대로인 것이다. 그리고 예결위의 전문성 부족도 큰 문제다. 국회의원 3명 중 1명이 한 해에 3번이나 상임위를 변경하는 우리의 현실에서 예결위의 전문성을 기대하기 힘들다. 또한 임기를 1년으로 제한하고 대다수를 초·재선의원으로 배치하는 것도 전문성 부재의 원인이 되고 있다.

따라서 이상의 모든 상황을 종합해 볼 때 예결특위를 일반 상임위원회로 전환하든지 아니면 기획재정부를 예결위에 배속시키든지 하여 1년 내내 예산안에 대한 전문적 심의통제권을 부여하여 행정부의 감시·감독이라는 국회 본연의 기능을 살려 나가는 것이 바람직하다고 본다. 그 과정에서 공청회 등을 통한 다양한 국민의견 수렴의 노력을 기울여야 한다.

【국정감사폐지론: 제 4 장 제 2 절 참조】

전 세계에 우리나라와 같이 일년에 20일 기간을 정해 놓고 국회가 국정을 감사하는 나라는 없다. 우리의 국정감사제도는 1948년 제헌헌법 당시 영국 의회의 국정통제기능으로서의 국정조사제도를 국정감사로 오해하여 잘못 도입

---

1) 17대 국회에서 차기연도예산안 처리는 헌법에 정해진 시한인 12월 2일을 준수한 적이 없다. 4년 모두 12월 27일부터 31일까지의 기간에 통과되었다(헌법 제54조 제 2 항 위반). 정당간 대결과 의정파행의 결과인 것이다. 그리고 일반회계와 특별회계를 포함한 정부제출안 대비 삭감비율은 1%를 상회한 경우가 없다. 이러한 점들은 17대 이전의 예산심사에서도 동일하였다. 박찬욱, "새로운 국회 상 정립을 위한 정치개혁 과제," 새사회전략정책연구원 창립 1 주년 심포지엄(2008. 3. 14), 31쪽.

된 제도로 1953년 국정감사법이 제정되면서 오늘날과 같이 제도화된 것이다. 그 후 국정감사의 폐해가 심각해지면서 1972년 유신헌법에서 그 제도가 폐지되었는데 유신헌법의 비민주적인 성격상 국정감사제도가 마치 민주적인 국회의 상징으로 오해되어 1987년 현행헌법에서 부활된 것이다. 그러나 국정감사는 다음과 같은 이유에서 망국적인 제도로써 폐지되어야 한다.2)

첫째 20일 동안이라는 단기간에 국정전반을 감사한다는 것이 물리적으로 불가능하고 어불성설이다. 그러다 보니 의원들은 한탕주의적 자기 과시적 발언을 일삼게 된다. 구조적으로 정책국감 · 민생국감이 될 수 없는 이유이다. 피감기관인 행정 각 부처와 국영기업체 등은 태산같은 할 일은 제쳐놓고 의원들의 자료요구 등 국정감사를 준비하느라 1개월 이상 시간을 낭비하게 되며 결국 총체적으로 매년 2개월 정도 별 성과 없이 국정이 표류한다고 보아야 한다. 각 부처 장관 등이 국정감사를 대비하여 예상문제를 내놓고 리허설까지 한다는 것 자체가 일종의 코미디 아닌가.

원래 행정부와 국영기업체 등은 감사원의 감사를 받으면서 법의 테두리 내에서 정책 및 운영선택권을 갖는 것이다. 이에 대한 국회의 감시 · 비판은 국민의 대표기관으로써 각 상임위원회 활동을 통하여 상시적으로 하는 것이지 기간을 정해 놓고 비리를 들춰내듯 할 일이 아니다. 미국 상하양원의 상임위 활동을 벤치마킹할 필요가 있다. 법적으로 문제가 있다면 국정조사권을 발동하여 철저히 파헤쳐야지 대충 문제제기 수준에 그쳐서는 국민들은 혼란스러울 뿐이다.

둘째 국정감사는 제도적으로 불필요한 여야의 정쟁의 장(場)을 마련해 주고 있다. 100일간의 정기국회는 각종 민생법안 예산심의 등 할 일이 산적해 있는데 국정감사로 인해서 처음부터 싸움으로 시작하여 여야 감정의 골만 깊게 만드니 잘 될 일도 안 될 수가 있는 것이다.

한편 국회의원은 국정감사를 각종 이권에 개입하는 계기로 이용하고 결국 정치가 무질서하게 되는 중요한 원인인 것이다. 아마도 우리나라 국회의원의

---

2) 국회의 생산성을 높이기 위해 18대 국회부터 정기국회와 국정감사를 없애고 상시국회체제로 전환해 일하는 국회를 만드는 것을 검토해야 한다는 주장이 정치권에서 나오고 있다. 노동일, "국회부터 법치주의를," 대한변협신문(2008. 6. 2); 성낙인, "국정감사도 개혁해야 한다," 동아일보(2007. 11. 6); 임성호, "'벼락 국감'재고해야," 동아일보(제25885호); 이현우, "국정감사 그만하지요," 한국일보(2007. 10. 30); 이관희, "국감 폐지하고 국정조사 활성화를," 조선일보 시론(2007. 11. 6).

비정상적인 특권의식은 바로 국정감사권에서 비롯됐다고 해도 과언이 아닐 것이다. 국정감사제도의 폐지를 정치개혁의 핵심으로 거론하지 않을 수 없는 이유이다. 국정감사 때 부각되는 문제의 대부분은 여러 차례 반복되는 여야의 정치적 공방에 불과하다. 정치공방위주의 국정감사가 의원 스스로의 권위를 추락시키고 정치불신을 가중시킬 뿐이다.

국회의 감시 비판 기능은 본회의 대 정부 질문, 예결위 정책질의, 각 상임위원회를 통한 상시적·구체적 감시 등으로 충분하다. 법적으로 문제가 있다면 독일식으로 국정조사의 발동요건을 완화하여 쉽게 발동되도록 하여야 한다. 즉 우리나라는 국회 재적 4분의 1로써 요구할 수는 있으나 국정조사계획서가 본회의 일반의결 절차로 통과되어야 하기 때문에 실제적으로 발동이 어려운 반면, 독일은 본회의 불승인 절차를 헌법에 위반하는 때로 국한하고 그 이유를 명시케 함으로써 국정조사가 사실상 국회 재적 4분의 1의 찬성으로만 이루어지고 있어 국회의 국정통제가 효율적으로 된다.

국정감사의 즉각적인 폐지는 기대하기 어렵다. 이는 헌법개정 사항으로 전 국민의 합의가 필요하다고 생각하기 때문이다. 또한 국정조사권이 제대로 활용되지 못하고 있는 실정에서 국민은 국정감사가 국회의 거의 유일한 국정통제 수단이라고 오해하고 있는 게 현실이다. 따라서 국회의원들 스스로 합의해 국정감사를 자제하고 국정조사를 활성화하는 방안을 마련하고 국회의 각 상임위원회 활동을 강화함으로써 국정전반을 효율적으로 통제하여야 한다.

국정감사의 폐지는 국회의원들에게는 스스로의 기득권을 포기하는 결과가 되어 기대하기 어려우나 우리나라가 선진국으로 진입하기 위해서는 불가피한 선택임을 명심해야 한다.

【국회 법사위 '기능 축소'해야 한다: 제 1 장 제 2 절 참조】

국회법 제37조에 의해 법사위는 법무부·법제처·감사원 소관에 속하는 사항과 헌법재판소 사무·법원 및 군사법원의 사법행정·탄핵소추에 관한 사항, 법률안·국회규칙안의 체계·자구의 심사에 관한 사항 등을 관장한다. 이 법사위 소관 사항 중에서 문제되고 있는 것이 바로 법률안 체계·자구의 심사에 관한 사항이다. 물론 법사위의 다른 위원회 법안에 대한 체계·자구 심사권도 당해 위원회와 법사위의 유기적 협조하에 신속하고 원활하게 행사된다면 문제될 것이 없을 것이다. 그러나 법사위가 이처럼 방대한 소임을 맡고 있음에도 일부 몰지각한 의원들이 그 직분의 막중함을 잊은 채, 법사위 회의장을 점거하고 농성을 벌이는 등의 분별 없는 행위로 정상적인 입법활동을 할 수 없게 방해하는 것은 참으로 안타까운 일이다. 이로 말미암아 법안심사가 지체되거나 기약 없이 보류되고 때로는 의장 직권상정 등 비상수단을 통해 처리되는 경우가 허다하니 국회가 이를 수수방관하는 것은 국민을 무시하는 처사가 아닐 수 없다. 따라서 법사위에 주어진 문제의 체계·자구 심사권을 폐지하고 대신 그 기능을 국회 각 상임위원회 전문위원 등 전문가들이 참여하는 별도 기구에 일임하도록 하는 것이 바람직하다. 국회개혁의 중요한 과제다.

법사위 기능을 현실적이고 합리적으로 조정하는 것을 국회 입법권의 침해라고 강변하는 것은 옳지 않다. 제17대 국회 전반기에 여야 의원 공동(92명 서명)으로 법사위 기능 축소를 주요내용으로 하는 국회법 개정안이 제출된 바도 있는데, 법사위 권한의 오남용을 막고 법안심사의 전문성을 제고시킴으로써 국회의 입법기능이 업그레이드될 수 있다면 법 개정을 반대할 이유가 없다.

제1장   國會制度의 意味

제1절   國會制度의 意義와 改革의 基本方向

I. 議會制度의 意味와 基本原理

1. 의회제도의 의미

의회제도는 국민의 대표기관인 의회에서 총체적으로 국가가 운영되도록 하기 위해서 만들어진 제도이다. 의회제도의 원형은 중세의 등족회의, 영국의 모범의회 또는 프랑스의 근대적 의회 등에서 발견된다고 한다. 그러나 초기의 의회에서는 귀족과 시민이 그 정치적 자유와 권리의 신장을 위해 의회에 참여할 수 있었지만, 실제로는 군주제국가의 부속기관 내지 자문기관에 불과하였다. 그러다가 시민혁명을 통하여 입헌주의가 실현되면서, 자유주의·국민주권의 원리·대의제를 구현하는 헌법상의 독립된 국가정책결정기구로 변모하였다. 18세기에 이르러 보통선거가 채택되고 의회민주주의가 확립되면서, 의회제도 현대민주주의국가에서의 불가결한 통치구조 구성원리가 되었다.

국민이 선출한 의원들로 구성되는 의회가 입법 등의 방식으로 국가의 정책결정과정에 참여하는 정치원리·정치방식을 흔히 의회정치 또는 의회주의(Parlamentarismus)라고 지칭하는 것이 보통이다.

2. 민주적 대의제의 문제

의회를 흔히 국민의 대표기관 또는 대의기관이라고 지칭한다. 의회에 의하여 실현되는 현재의 민주주의 현상을 대의민주주의라고 말하기도 하며, 대의제의 원리가 민주주의의 핵심원리라고도 한다. 대표, 즉 Repräsentation[1]이

---

1) Repräsentation이라는 말은 여러 가지로 번역된다. 여기서 사용하고 있는 대표, 국민대표, 대표제, 대의제 등등의 용어는 모두 Repräsentation의 번역이라고 하겠다. 여기서는 가급적

라는 말은 어원적으로 "그 자리에서 또는 즉석에서 실현한다, 생기게 하다, 야기시키다, 얻게 하다, 사용 또는 적용하다"라는 의미를 담고 있는 말이다. 달리 표현하면 실제 현존하지 않는 어떤 것을 재현, 즉 실재하지만 구체적으로 볼 수 없는 존재를 볼 수 있는 존재를 통하여 현존하는 것으로 만드는 것을 의미한다.[2] 그러나 오늘날 민주주의에서 말하는 대표의 의미는 이렇게 형식적으로 이해되어서는 안 된다. 민주주의 국가운영에 있어 대의제가 적절한 기능을 수행할 수 있기 위하여 대의제는 다음과 같은 속성을 가져야만 하는 원리로서 적극적으로 이해되어야 한다.[3]

(1) 국민의사의 우월성

대표의 행위는 대표되어지는 자의 수권에 의한 것이고, 따라서 대표는 대표되어지는 자보다 더 많은 권한을 가질 수 없다는 것은 논리법칙상 당연하다. 결국 대표의 지위는 대표를 선출한 국민 각각으로부터 도출된 것이고, 대표의 행위는 국민에게 귀속된다는 것을 의미하게 되는 것이다. 대표의 지위가 국민의 지위를 완전히 대체한다는 생각은 성립될 수 없으며, 국민은 대표와 동시에 정치적인 영향력을 보유하고 대표의 의사는 항상 국민에 의하여 정서된다고 보는 것이 민주적 대의제의 기본적인 전제라고 할 수 있다.

이러한 논리에 의하여 대표는 국민이 복종해야 하는 여러 가지 법적 한계에 역시 복종해야 한다는 결론이 나온다. 특히 인간의 존엄과 가치(헌법 제10조), 자유민주적 기본질서(전문, 제8조 등) 등이 그러한 법적 한계의 내용으로 열거될 수 있을 것이다. 또 대표 이외의 다른 국가기관, 이를테면 연방국가의 각 지방의 권한도 대표가 전적으로 배제하거나 침훼할 수 없게 된다.

국민대표 또는 대표라는 용어를 사용하기로 하겠지만, 문맥에 따라 적합한 용어를 사용하기도 한다.

2) 여기서 대표의 개념을 넓게 이해하면 어떤 사람 또는 어떤 상징을 통하여 개인이나 단체 또는 어떤 사상을 눈 앞에 재현시키는 것이라고 하겠으며, 국가의 공적 생활분야에서의 대표개념은 일개인 또는 인간단체가 구속력을 갖고 다수인 또는 단체를 나타내는 것을 말하게 된다. 이와 같이 어의상 대표의 개념에는 사법상의 위임(Auftrag) 또는 대리(Vertretung)의 의미가 다분히 포함되어 있는 것이다. 즉 대표와 대리의 개념은 오늘날처럼 명확히 구별되는 것은 아니었다(계희열, "국민대표개념의 변천," 사법행정, 1971, 39쪽).

3) 이하의 내용에 대해서는 주로 C. Schmitt, *Verfassungslehre*, 1954, 3. Aufl., S. 208ff.; G. Leibholz, *Die Repräsentation in der Demokratie*, 1973, S. 26ff.; ders., Strukturprobleme der modernen Demokratie, 1967, 3. Aufl., S. 80ff.; E-W. Böckenförde, "Demokratische Willensbildung und Repäsentation," in: Isensee/Kirchhof(hrsg.), *Handbuch des Staatrechts*, Bd. I, 1988, Rn. 1ff.; 특히 Ch. Gusy, "Demokratische Repräsentation," *ZfP* 36(1989), S. 282ff. 참조.

국민과 대표 양자 모두에게 속하지 않는 권한에 있어서도 대표는 단지 헌법적으로 마련된 절차와 형식 안에서만 활동할 수 있게 된다.

(2) 민주적 선거

대표는 대표되어지는 자의 임명을 통하여 성립된다. 그런데 오늘날 민주적 대의제는 실제적으로 정당한 국민의사를 반영할 수 있는 임명의 기준을 요구하며 그러한 기준에 적합한 것이 바로 민주적 선거이다. 이러한 점에서 민주적 선거는 민주적 대의제의 결코 임의적일 수 없는 요소가 된다. 특히 대표가 되려고 하는 자의 선거운동과 대표되어지는 자의 투표행위는 상호적인 관련을 맺으며, 보통·자유·평등·직접·비밀원칙(헌법 제41조 제 1 항)에 근거한 선거법의 형성이 중요한 의미를 갖게 된다. 민주적 선거는 앞서 말한 국민의사 우월성의 기초로서 작용한다. 그런데 이러한 선거의 의미와 목적이 단지 국민으로부터 대표로의 수권 내지 귀속관계의 정립에만 국한되는 것이 아니다. 대표와 대표되어지는 자의 의사에 있어서 내용적 합치를 최대한 보장하는 기능도 하는 것이다. 다시 말해 의회의 의사형성에 있어 국민의 의사가 재발견되어야 한다는 요청을 충족시킨다고 할 수 있다.

물론 국민의 의사는 정치적으로 매우 이질적이고 다원적이며 심지어 동일 정당 추종자의 의사조차도 이질적이긴 마찬가지이다. 따라서 대표가 국민의 의사를 정확하게 반영하리라는 기대는 애당초 성립될 수 없다. 하지만 이러한 의사의 불일치는 민주적 대의제의 구조적 결함이 아니고 내부적으로 어느 정도 불가피하게 발생하는 것이다. 따라서 민주적 선거는 국민의 의사와 대표의 의사를 타협하고 조정하는 출발점으로서의 기능한다고 할 수 있다. 하지만 국민의 의사와 대표의 의사가 불일치한다는 것이 바람직하다고 볼 수는 없다. 특히 이러한 불일치가 심화된 경우 국민이 선거는 결국 아무 역할도 하지 못한다고 불신하는 것은 민주적 대의제 자체를 붕괴시키는 요인이 된다. 헌법이 대의제를 규정하고 있는 것만으로는 민주적 대의제를 유지시킬 수 없는 것이며, 민주적 선거에의 적극적 참여와 그를 통한 기능 강화가 대의제 시스템 자체를 강화시키는 역할을 한다.

(3) 자유위임과 책임정치

민주적 대의제는 무기속(자유)위임을 전제로 하고 있다. 자유위임의 원칙에 따르면 의원은 그의 양심에만 복종하게 되며, 의원의 의사형성이 어떠할 것이라는 특정적 예정은 불가능하게 된다. 헌법에서의 양심·양심의 자유는 높은 인격을 의미하는 것이 아니다. 따라서 양심에 대한 비난은 내용적 결정에 있어 영향을 주는 것이 못되며, 다만 결정의 형성과 정당성의 메커니즘만을 암시할 수 있을 뿐이다.

그렇다고 하여 자유위임이 의원에 대한 외부적 책임을 전적으로 배제하는 것은 아니다. 그 또한 유권자에 대한 정치적인 책임을 진다. 그러나 이러한 책임 또한 법적 책임이 아니고, 의원을 구속하는 법률행위나 법률관계는 무효가 된다. 사실상 의미 있는 것은 의원의 양심과 유권자에 대한 정치적 책임이다. 하지만 정치적 책임만으로는 자유위임이 자칫 무책임과 방종으로 전락할 수 있다는 문제가 있다. 결국 민주적 대의제는 의원의 활동이 자유위임에 따라 이루어진다고 하더라도 항상 국민의사의 우월성이 관철되도록 하는 것을 과제로 갖는다고 할 수 있다. 자유위임은 국가의 의사형성이 국민의 의사에 정향되도록 하는 책임정치의 원칙이 되어야 하는 것이다.

아울러 오늘날 자유위임은 또 다른 의미를 갖게 되었다. 정당은 대의제의 자유위임원리를 위태화시키는 요인으로 작용한다고 보는 것이 보통이다.[4] 오늘날 의원은 사실상 국민과 정당 양자를 대표하는 존재가 되어 버렸고, 정당은 의원을 사실상 기속하는 존재로 되어 버린 것이다. 이러한 상황에서 자유위임은 정당에의 기속으로 인한 정당국가화 경향의 폐해를 방지하는 수단으로서 의의를 갖게 된 것이다.[5]

(4) 민주적 통제

민주적 대의제에 있어 선거의 기능은 매우 중요한 의미를 갖는 것은 사실이나 민주적 대의제가 선거일에 있어 제한된 과정에 머물 수는 없다. 선거는 일회적·처분적으로 대표에게 수권해 버리는 과정이 아니며, 대표와 국가권력 행위의 정당성을 기초지우기만 하는 것이므로 별도로 대표에 대한 민주적 통제라는 것이 요구된다. 민주적 통제는 대표의 존재뿐만 아니라 대표의

---

4) 하지만 정당이 의회에서의 의견의 타협과 의사형성에 상당한 역할을 하고 있으며 정당에의 사실상의 기속이 자유위임에 반하는 것이 아니라는 견해도 제시되고 있다(Ch. Gusy, *a.a.O.*, S. 280ff.).

5) 장영수, 민주헌법과 국가질서, 1997, 108쪽.

정치적 작용을 국민에게 귀속시킴이 정당함을 입증하는 것이다. 결국 대표의 행위는 그것이 항상 통제되기 때문에 정당성을 갖게 되는 것이다.

이러한 민주적 통제에 있어 중요한 수단이 의회에 있어서의 공개의 원칙이다(헌법 제50조). 공개의 원칙을 통하여 의회에서 문제가 된 정부 또는 그 밖의 단체나 개인의 행위가 공개되고 통제될 뿐만 아니라, 의회 자신이 스스로 전형적인 통제의 목적이 되는 것이다. 공개의 원칙이 모든 대의제적 상황에 적용되어야 하는 것은 아니라고 할 수 있다. 하지만 적어도 민주적 통제를 전제로 하는 민주적 대의제에 있어서는 불가결하며 최대한 보장되어야 하는 것이라고 해야 한다.

다만 의회에 대한 통제가 의회의사의 국민의사에 대한 종속성을 의미하는 것은 아니며, 결국 그것이 법 위반이 아닌 한, 정치적 통제의 범위를 넘지 못하게 하는 것이 보통이다. 이것은 의회의사가 국민의사에 정향되어야 하는 것이지, 기속되는 것은 아니라는 민주적 대의제의 의미와 목적에 관련되는 것이라고 해야 한다.

3. 의회의 운영원리로서 다수결

의회가 다수결원리에 따라 운영되는 것은 의회가 합의체기관이라는 점에서 당연한 것이라고 볼 수도 있지만, 나아가 평등의 원리, 다수의사에 따르는 것이 합리적이라는 경험적 판단, 상대주의적 철학 등을 그 기반으로 삼고 있는 것이기도 하다. 의회에서의 다수결의 원리는 집단의사에의 권위와 정당성의 부여, 어느 쟁점에 대한 여러 가지 의사에 대한 균형점과 조화점의 모색 및 발견, 집단구성원들의 인격적 자율성 신장 등의 기능을 수행한다.

그런데 의회의 운영원리로서 다수결은 단순히 수적 힘의 원리만을 말하지 않는다는 점에 주의해야 한다. 특히 국민의 의사를 공정하고 정확하게 반영하려면 의회에서의 의사결정이 신중하고 합리적이어야 하기 때문에 다수결의 원리는 표결 전의 합리적 토론이 전제되어야 한다는 것이 강조된다. 이를 위하여 우선 의회에서의 토론 및 심의는 공개적이어야 한다. 공개성은 의사결정의 공정성을 확보하고 정치적인 야합과 부패를 방지 또는 시정하는 역할을 담당한다. 그리고 의회의 토론은 이성적 토론이어야 하며, 이는 소수의견의 존중과 반대의견에 대한 설득이 전제될 때 가능하게 된다.

다수결원리는 또한 다수자와 소수자의 교체가능성을 전제로 하고 있다. 이에 따를 때 의회제도 자체가 의회 내에서 다수세력의 교체가능성을 전제하고 있는 것이라고 이해할 수 있다. 이는 결국 다수당과 소수당의 교체가능성을 의미하는데, 특히 의원내각제 정부형태하에서는 곧바로 정권교체와 연결될 수 있다. 의회제도가 성공을 거두기 위해서는, 선거가 독재를 정당화하는 형식적 절차가 아니라 가변적 여론을 반영하여 평화적 방법으로 정권을 교체할 수 있는 계기가 되어야 한다. 이를 위해서는 공정하고 합리적인 선거제도의 정착과 복수정당제의 실질적 운용이 반드시 전제되어야 할 것이다.

Ⅱ. 議會制度의 危機原因과 克服方向

1. 의회제도의 위기원인

국가권력에 의한 인권침해를 방지하기 위하여 국가작용을 입법·집행·사법으로 나누어 각각 의회·정부·법원이라는 별도의 국가기관에 귀속시키는 고전적 권력분립의 원리는 근대헌법을 구성하는 중추적 원리의 하나로 인정되어 왔다. 그러나 20세기에 들어오면서 권력분립원리는 적극 국가화경향으로 인한 행정권의 비대화현상, 정당 국가화경향으로 인한 권력의 통합현상으로 말미암아 위기를 맞게 되었다.

자본주의의 발달로 인한 빈부격차 등 각종의 사회문제에 대하여 정부개입이 불가피하게 되어 정부의 기능이 계속해서 확대되어 왔다. 이러한 과정에서 행정부가 단지 의회에서 미리 결정한 국가의사를 집행하는 데 그치지 않고 실질적으로 국가의사의 형성과정 자체도 좌우할 정도로 결정적인 역할을 수행하는 행정국가라고 불리어지는 헌법상황이 출현하였다. 그것은 무엇보다도 입법과정에서 현저하게 나타났다. 헌법상 형식적으로는 입법권이 의회에 있으나 그 법률안에 대한 심리과정에 있어서도 정당제의 발달에 따라 정부가 여당의원과 일체가 되어 참여함으로써 입법과정전반에 걸쳐 주도적 역할을 하고 있다. 또 위임입법도 현저하게 증가하여 국회법률의 위임한도 내에서라고는 하지만 구체적·개별적 입법의 대다수가 실질적으로 행정부에 의해 이루어지고 있는 형편이다. 또한 행정부는 일반적으로 행정계획을 입법부의 결정적 참여 없이 책정하고 행정계획 자체가 법률에 강한 영향을 미치게 됨에 따라 종래의 법률에 의한 행정이 계획에 의한 행정으로 변모되는 모습까지 보이고 있는 것이 현실이다. 이와 같이 자유국가에서 사회국가·복지국가로의 이행은 정당제의 발달과 더불어 행정국가화 현상을 초래하게 되었고 권력분립은 행정부우위의 모습을 취하게 되어 의회의 기능은 상대적으로 약화되었다.6)

또 정당국가화 경향7)과 그로 인한 국가권력의 통합은 의원들이 정당적 기율에 복종하여 의원이 전국민의 대표라는 자유위임의 원칙을 변질시키고 의회가 정당수뇌부간의 사전합의를 단순히 추인하는 기관으로 전락하게 하였다. 따라서 전통적인 권력분립하의 의회 대 집행부간의 대립도 여당 대 야당의 대립으로 바뀌어 의회에 의한 집행부통제라는 의회의 기능도 약화되었다. 의회기능의 상대적 약화현상은 의회주의의 위기로 연결될 수밖에 없다.8)

이 외에도 국민적인 동질성 및 일체성 상실이 오늘날의 의회제도 위기를 가중시키는 면이 있다. 본래 국가의사의 합리적인 결정을 주목적으로 하는 민주적 의사형성과정으로서의 의회제도에 직업정치인들의 진출이 증가하게 되자, 의원과 선거인간의 직접적인 유대가 약화되는 현상이 나타나게 되었다. 또한 이들 직업정치인들은 집권을 위하여 갖은 방법을 동원하였고, 그 결과 심지어 국민간의 분열 및 계층간의 대립과 갈등까지도 야기하게 되었다. 예컨대 우리나라 선거에서 나타나는 지역주의 등이 그러한 것이다.9)

---

6) 실제로 참여연대의 조사에 따르면 제15대 국회개원 이후 1999년 3월 27일까지 정부제출 법안은 628건 중 79.0%인 496건이 통과된 반면, 의원들이 발의한 법안은 832건 중 39.8% 인 331건에 그쳤다(조선일보 1999년 5월 3일자). 한편 2008년 3월 7일 현재 17대 국회에 접수된 법률안은 의원발의 6,348건, 정부제출 1,101건을 합하여 모두 7,449건이다. 16대 국회의 2,507건에 비하여 제안건수는 괄목할 만한 증가를 보였고, 의원발의 건수가 전체의 85.2%를 차지하여 역대 최고치를 기록했다. 물론 의원발의안에는 행정부가 기초한 것도 포함되어 있다. 또한 가결률은 전체 제안건수의 25.1%(제16대 37.7% 보다 낮음)에 해당하는 1873건으로 정부제출안의 가결률(1,101건 중 557건, 50.6%)이 의원발의안의 가결률 (6,348건 중 1,316건, 20.7%)보다 높다. 한편 17대 국회에서 가결된 법안의 처리기간을 보면 법률안 1건당 평균 242.5일이 소요되었다. 14대 75.6일, 15대 100.6일, 16대 186.9일로 점점 심사가 지연됨을 나타낸다. 박찬욱, 앞의 논문, 31쪽 참조.
7) 정당국가화 경향에 대하여는 G. Leibholz, *Strukturprobleme der modernen Demokratie*, 1967, 3. Aufl. 참조.
8) 이관희, "국정감사제도의 문제점과 개선방향," 공법연구 제27집 제 3 호, 1999, 141쪽.
9) 권영성, 808쪽.

2. 의회제도의 위기극복방향

이러한 의회제도의 위기는 분명 초기 민주주의가 예상하지 못한 상황이긴 하다. 그러나 다른 한편으로는 변화된 현실에 따라 불가피한 변화라고 말할 수도 있다.[10] 그럼에도 불구하고 의회제도의 급격한 위상변화는 다양한 문제점을 야기하고 있기도 하므로, 이러한 문제점을 효과적으로 극복하는 동시에 변화된 상황을 잘 반영할 수 있는 의회제도의 보완이 반드시 요구된다. 의회제도의 개혁논의는 앞으로 해당부분에서 자세하게 논해질 것이므로, 여기서는 개략적인 방향에 대하여 간단히 언급한다.

첫 번째 국민의사의 우월성이 관철되지 않는 상황에 대처하기 위하여 직접민주정치 가미가 시도되고 있다. 국민투표제나 국민소환제 등 직접민주제의 방식을 도입하여 의회주의의 결함과 취약점을 보완하려고 하는 것이다. 그러나 이러한 시도는 장점과 함께 문제점도 적지 않으므로 도입에는 신중을 기해야 할 것이다. 한편 직접적으로 일정 직업계층의 의사를 반영하기 위해 직능대표제 도입이 시도되기도 한다. 직능대표제는 선거인을 직능별로 분할하고 직능을 단위로 하여 대표자를 선출하는 방식으로, 의회의 전문성을 확보하는데도 일정한 효과가 있을 것으로 보인다. 국민의사의 우월성을 관철하기 위해 무엇보다도 언론 및 출판의 자유 보장이 필요하다. 언론 및 출판의 자유는 민주적 의사형성과정에 대한 국민의 관심을 결집시켜서 의회가 제대로 기능할 수 있도록 감시하는 역할을 수행할 뿐만 아니라 선거에서 대표자를 선출함에 있어 합리적인 선택을 함에 기여한다.

두 번째 정당국가화 경향의 문제점에 대처할 필요가 있다. 그 중 특히 중요한 대책은 바로 당내민주화이다. 정당조직과 정당의사결정의 민주화를 통하여 정당기속의 민주적 정당성을 높이는 방법이 강구되어야 한다. 또한 정당의 의원기속을 완화할 필요성도 제기된다. 의원의 국익우선의 의무를 뒷받침하기 위하여 의원의 자유투표 내지 교차투표의 제도화가 주장되기도 하는 것이다.

세 번째 행정국가화 경향 등으로 인한 문제점에 대처해야 한다. 이를 위

10) P. Häberle, *Öffentlichkeit und Verfassung, Verfassung als öffentlicher Prozeß*, 1978, S. 239.

해서 먼저 국회의 권한을 존중하는 분위기가 요구된다. 현대적인 행정국가화 경향은 필연적으로 국회권한의 실질적인 약화를 초래하였다. 각 국가기관간의 기능 배분에 있어서는 국회의 민주적 의사형성과정으로서의 역할이 중시되어야 할 것이고, 특히 법률제정과정에서의 국회의 실질적 권한이 강화되어야 할 것이다. 이를 위하여 의회의 부설기관으로 전문위원회의 확대개편 역시 그 기능을 강화하는 방안으로서 제시되고 있다. 의회 의사절차의 능률화도 필요하다. 의회의 운영과 의사절차의 효율성제고를 위한 방안으로서 의회의 운영을 본회의중심에서 상임위원회중심으로 개편하고, 의원 각자에게 전문성이 뛰어난 보좌진을 배정하는 방법이 고려될 수 있을 것이다. 행정부에 대한 의회의 통제수단이 강화되어야 한다. 행정국가화 경향에서 비롯된 집행부의 일방적인 독주를 의회가 견제할 수 있어야 할 것이다. 또 비례대표제 확대도 주장되기도 하는데, 비례대표선거제의 경우 가변명부제와 개방명부제를 원칙으로 하는 것이 방안으로 논의되고 있다. 또한 비례대표제는 전문성제고를 위한 직능대표제와 결합될 수 있다는 점에서 의회 위기의 대책으로 효과적이다.

Ⅲ. 韓國 議會制度 改革의 基本方向

1. 국회를 정책전문가들의 무대로

국회가 제구실을 하기 위해서는 행정부 위주의 개발독재 체제 아래서 거세당한 정책수립 기능을 회복해야 한다. 국회는 그동안 정책 기능을 수행하지 못함에 따라 정쟁에만 몰두하는 파행을 빚어 왔다. 국회가 사회의 발전방향과 국가의 전망을 통찰해 정책을 세우고, 이 정책을 행정부가 집행한다는 기본적인 분립관계로 되돌아가야 한다. 영국·미국·독일 등 선진 민주주의 국가의 입법기관들은 이미 정책기업가(policy enterpreneur)라고 불리는 정책세력들이 장악하고 있다. 이를 위해 비례대표의 비율을 획기적으로 늘리는 동시에 국회 안에 정책보좌기능을 크게 확충하고 각종 공공 연구소의 국회 이관을 검토하는 것이 필요하다.

(1) 비례대표 의원 수 획기적 확대

제17대 국회 지역구의석과 비례대표의석 비율은 243 : 56이었고 제18대 국회(2008년)는 245 : 54인데, 결국 최종적으로는 1 : 1로 되어야 한다(대표적인 나라가 독일인데 현재 328 : 328이다). 현행 지역구 중심의 선거제도는 기성 정치인과 정당의 과점구조를 유지하는 데 기여할 뿐 아니라 지역 패권주의를 고착시켜 왔다. 이를 정책대결 구도로 바꾸기 위한 현실적 대안은 지역으로부터 자유롭고 정책능력과 전문성을 갖추는 것이 상대적으로 용이한 비례대표제 의원을 대폭 확충하는 것이다. 이를 통해 국회가 소모적인 권력투쟁의 장이 아니라 국가의 비전과 정책을 논의하는 생산적 기관으로 거듭날 수 있다.

그러나 이러한 비례제의 장점이 한국의 현실에서 제대로 나타나기 위해서는 정당의 민주적 공천과정이 전제되어야 한다. 과거 전국구 공천처럼 계파간 나눠먹기나 정치헌금을 대가로 밀실에서 이루어지는 것을 확실하게 방지하는 제도적 장치가 필요하다. 당내 인사와 중립적인 당외 인사로 후보공천위원회를 구성하고 합리적인 후보공천과 투명한 공천절차를 제도화해야 한다. 비례대표의원을 '정책세력'중심으로 채우기 위하여 하나의 방안으로 각 당이 비례대표 후보 공천을 국회 상임위원회별로 하고, 그 후보가 구체적으로 어떤 전문성을 갖고 있는지 공개하는 것이다. 그러한 방식이라면 공천 헌금자나 지역구 공천 탈락자, 당료출신 등을 비례대표 후보로 공천해 온 관행을 차단하고, 각 분야 정책세력이 골고루 국회에 들어 갈 수 있을 것이다.[11]

(2) 국회예산정책처(NABO)와 국회입법조사처(NARS) 설립

국민들은 국회의원들의 정책능력 부족을 늘 지적하지만, 선거를 통해 선출되는 국회의원들에게 전문성까지 갖추기를 기대하기는 어렵다. 특히 256조

---

11) 참고로 독일 정당의 비례대표 공천은 공개적인 대의원 회의에서 표결절차를 거쳐 확정하는 것이 기본인데 정당·지역별로 약간씩 차이가 있다. 독일 비례대표는 전국을 16개 구역(land)으로 나눠 배분되는데 한 구역마다 평균 20명 내외의 비례대표 의원이 선출된다. 각 정당의 해당 구역 지부는 선거 6개월 내지 1년 전 대의원 회의를 열어 비례대표 후보를 정한다. 당 지도부는 1번부터 20번까지 후보 순위에 따라 복수의 공천자 명단을 제시하고 대의원들은 이들을 상대로 투표해 번호마다 후보를 정한다. 뒷 번호를 부여받은 후보가 앞 번호 후보를 상대로 이의를 제기해 투표로 후보를 다시 조정하는 경우도 있다. 가령 자신은 18번이란 번호를 부여받았는데, 자신보다 앞 번호인 12번 후보가 자신보다 당 기여도가 못하다고 판단될 경우 도전할 수 있다. 대의원들이 12번, 18번 후보를 놓고 투표를 실시해서 이긴 후보에게 12번, 진 후보에게 18번을 부여하는 식이다.

원(2008년) 정도인 천문학적 예산안을 보고 그 숫자의 산더미 속에서 각 항목
의 의미를 파악하고 잘못된 것을 골라내는 일은 전문가에게도 힘든 일이다.
그런데 우리 국회는 그 엄청난 작업을 단 며칠 만에 해낸다. 결산은 예산보
다 더 빨리 해치운다. 이러한 결함을 보완하고자 국회예산정책처는 국회가
행정부에 대한 견제ㆍ감시기능을 효율적으로 수행하기 위하여, 재정 분야의
전문인력을 충원ㆍ확보하여 방대한 예산ㆍ결산을 심의함에 있어서 독자적ㆍ
중립적으로 전문적 연구ㆍ분석을 위해 설립된 기관이다(국회법 제22조의2,
2004. 3. 3. 개청).

미국의 경우 세계 최고의 예산 분석기관인 의회예산처(CBO: Congressional
Budget Office)에 230여 명의 직원들이 의회건물 한 층 전체를 쓰고 있다. 처
장을 비롯해 전문직 직원의 70% 이상이 경제학이나 공공정책 분야의 석사학
위 이상 소지자로, '경제학자들에 의해 지배되는 기관'으로 불리며 직원들은
의회 마크보다 CBO 마크에 더 자긍심을 가진다고 한다.

한편 국회의원의 입법 및 정책개발 역량 강화를 통한 의정활동의 내실화
를 도모하기 위하여, 입법 및 정책과 관련된 사항을 조사ㆍ연구하고 관련 정
보 및 자료를 국회의원에게 제공하는 등 의정활동 지원업무를 수행하는 국회
입법조사처가 설립됐다(국회법 제22조의3, 2007. 11. 6. 개청). 국회가 정부법안에
대해 거수기 역할만 한다는 소위 통법부(通法府)라는 오명에서 벗어나려면 입
법조사처의 활동이 강화돼야 한다는 것이다. 입법조사처는 현재 50여 명의 박
사급 연구 인력으로 구성됐다. 정치의회, 법제사법, 외교안보, 문화교육, 재정
금융, 사회건설, 과학환경, 복지노동 등 8개 전담 분야로 나뉘어져 있다.

세계적인 차원의 정보수집 능력으로 유명한 미국의 입법조사국(CRS:
Congressional Research Service)은 7백여 명의 연구인력이 의원들의 질문에 따라
입법활동을 지원하고 있는데, CRS 자료 중에는 미 중앙정보국(CIA)을 능가하
는 것도 적지 않을 정도라고 한다.

2. 대통령제에 부합하는 원내ㆍ외의 조직정비

바람직한 의회상(Ideal Type)의 출발점은 민주적 권력구조에 있다. 이는
권력의 안정과 불안, 집중과 분산 사이의 균형을 조화롭게 이루어 가는 과정
속에서 설정된다. 이러한 관점에서 진정한 국회개혁의 방향은 권력구조와 원

내/외의 권력배분 및 조직이 조화를 이룰 때 가능하다. 즉 대통령제를 취하고 있는 우리 정치상황에서는 대통령제에 부합하는 의회의 역할과 기능을 다할 수 있는 방향으로 원내·외 조직을 정비해 나가야만 진정한 국회개혁의 목표를 달성할 수 있을 것이다. 따라서 입법부로서의 국회는 정당의 경계를 넘어 대통령에 대한 정책적인 협조와 견제를 동시에 할 수 있도록 의원들에 대한 정당의 장악력을 약화시키고 의원 개인의 자율성을 강화하는 방향으로 나가야 한다. 이를 위하여 다음과 같은 방안을 고려할 수 있다.

(1) 보스 중심의 중앙집권적 정당구조 타파

보스 중심의 중앙집권적 정당구조에서 국회의원은 국민의 대표라기보다는 정당의 대표로 움직이고 있는 것이 현실이다. 그에 따른 부작용을 막기 위해서 위원들에 대한 당의 통제력을 약화시키는 것이 급선무이다. 무엇보다도 먼저 정당지도부에 의해 배분되던 정치자원을 의원들에게 직접 제공해야 한다. 정당에 대한 국고보조를 대폭 축소하고 선거공영제의 확대, 의원보좌직 증원, 국회 내 정책전문집단의 확충과 같은 것으로 자원을 전환하여 의원이 정치자원에 대한 의존으로 인해 정당의 대리인화되는 것을 막아야 한다.

한편으로는 예비선거제도를 도입하여 당 공천권을 민주화하고 의원의 자생력을 강화하는 것도 고려하는 대안이다. 의원들에 대한 직접적인 정치자원 제공은 원내정당화를 촉진하며, 원외에 있는 당 총재의 지시에 의하여 국회가 좌지우지되는 것을 막을 수 있다.

(2) 상임위원회 중심주의 재정비와 입법과정의 투명화

현 국회의 상임위원회제도는 위원의 자율성을 신장시키는 것이 아니라 오히려 의원에 대한 정당의 통제를 용이하게 하고 정당간에 국지전을 벌이는 장으로 전락했다. 위원회의 독립성과 자율성 및 전문성을 강화하기 위해서는 임기를 4년으로 보장하고, 위원장은 그 위원회에서 전문성을 쌓은 선임의원으로 현재와 같이 국회 본회의에서가 아니라 그 위원회 내에서 선출하여 본회의의 승인을 받도록 하여야 한다.

입법과정의 투명화는 의원들의 이해관계에 따라 법안이 변질될 위험을 막기 위한 필수적 장치이다. 법안이 제출되면 해당 상임위가 법안심사를 비공개 회의인 소위원회로 이관하는 것이 일반적인데, 소위 의원 몇몇이 담합해 법안을 변질시켜도 특별한 경우를 제외하고는 본회의까지 일사천리로 통과되는 것이 관례였다. 또 청문회·공청회를 거치도록 한 국회법 규정은 "위원회 결의로 생략할 수 있다"는 단서조항 때문에 유명무실해진지 오래됐다. 이에 따라 국회 내 모든 논의와 의결과정을 공개하고 시민 입법청원이나 공청회·청문회 등을 제도화해 시민사회의 참여를 확대해야 한다는 주장이 설득력을 얻고 있다.

(3) 본회의의 재정비

위원회의 역할은 전체 의회를 대신해서 정책결정을 내리는 것이 아니라 전체의회가 결정을 내리기 용이하도록 충실한 정책정보를 수집하는 것이다. 위원회의 심사보고서는 전체 의원이 그 안건의 심의에 필요한 최소한의 정보를 공유할 수 있도록 하여야 한다. 그리고 본회의에 심의되기 3일 전까지는 전체 의원들에게 배포되어 의원들이 심사보고서를 숙지하여 심의에 임하고 위원회에 재회부할 수 있도록 하여야 한다.

또한 본회의에서 수십건의 법안이 일괄 상정되어 나타나는 현 부작용을 막기 위하여는 전원위원회 제도를 도입하든지 아니면 본회의에서 의사정족수를 대폭 낮추고 독회제도(법안을 단계적으로 심의하는 제도)를 실시함으로써 전체의원이 참여한 심도 깊은 심의를 할 수 있도록 하여야 한다. 발의 및 수정동의권에 대한 제한규정(20인 이상 찬성에 의한 발의, 30인 이상 찬성에 의한 수정동의, 50인 이상 찬성에 의한 예산안수정동의)도 철폐함으로써 의원 개개인이 보다 활발한 발언과 토론을 해야 할 것이다.

(4) 의사운영에 대한 정당의 영향력 축소

총무회담에서의 결정에 좌우되는 현 국회운영은 의원들의 정당 예속화를 강화시킨다. 이에 따라 일반 평의원들은 지도부의 '심기'에 의해 끌려 다닐 소지가 있어 정당간 대결을 완충할 장치가 없게 된다. 따라서 의사일정 작성 및 운영에 관한 사항은 교섭단체가 아닌 운영위원회로 하여금 제안하도록 하고 이를 본회의에서 승인받는 형식을 취해야 한다. 특히 교섭단체 대표의원(원내 정당지도부)은 운영위원회에 참석하지 못하도록 하여야 한다.

3. 국민소환제와 국회 원 구성의 원칙 및 겸직금지 등

(1) 국민소환제 도입 검토

국민소환제는 국민의 손으로 뽑은 선출직 공직자를 국민의 손으로 파면하는 제도이다. 국회의원이나 지방자치단체장 등이 부패·비리를 저지르거나, 불법행위 등 유권자들의 뜻을 거스르는 행동을 할 경우 유권자들의 국민투표로 공직에서 물러나도록 하는 것이다.[12]

국민의 보통·직접·비밀·평등 선거로 선출된 국회의원은 다른 공직자와 마찬가지로 공직자로서의 책임과 의무를 져야 한다. 더구나 국민의 뜻을 대변하는 국회의원은 국민전체의 봉사자로서의 지위와 책임이 다른 공직자보다 한층 더 크다. 헌법 제46조 제 2 항에 "국회의원은 국가이익을 우선하여 양심에 따라 직무를 행한다"고 되어 있는데, 이는 국회의원이 국민의 뜻을 충실하게 국정에 반영해야 한다는 의미를 강조한 것이다. 국회의원의 청렴의무와 지위남용금지 의무를 헌법에 명문화시켜 놓고, 불체포특권과 면책특권을 보장하고 있는 것도 이 때문이다. 따라서 국회의원들은 자신의 행동에 대하여 정치적인 책임을 져야 한다. 주기적인 선거를 통해서 책임을 따지고 신임여부를 확인하는 것도 정치적 책임을 묻는 절차의 하나이다.

국민 소환제는 국민 스스로가 선거를 통해 선출한 공직자를 국민 일정수의 동의를 얻어 임기 만료 전에 해임을 청구할 수 있도록 한 제도이다. 선거는 주기적으로 치러진다. 따라서 국회가 제 구실을 못해도 다음 선거 때까지는 국회가 제 구실을 하도록 압력을 가하는 방법이 전혀 없다. 따라서 국회가 스스로 열심히 일하지 않으면 안 되겠다고 할 정도의 압력수단을 만들어야 한다. 그러한 방법 중 하나가 국민소환제이다.

이러한 국민소환제에 대하여는 위헌이라는 주장이 제기되고 있기도 하다. 직접민주제적 성격의 국민소환제가 대의민주주의를 바탕으로 한 우리 헌법의 기조와 맞지 않아 위헌의 소지가 있다는 주장이다. 그러나 우리 헌법은

---

12) 구체적인 성과는 얻지 못하고 여론의 반응도 크지 않았지만 국민소환제는 이미 1998년부터 도입주장이 있었다. YMCA가 주도했던 국민소환운동은 지지부진한 정치개혁과 국회의원들의 무기력에 분노한 민심의 표출이었다. 최근의 국민소환제 논의는 노무현 대통령에 대한 탄핵소추 이후 제17대 총선과정에서 열린우리당과 민주노동당의 주요 공약사항이었고, 한나라당도 정치적 오·남용의 최소화를 전제로 찬성 쪽으로 돌아섰다.

직접민주제적 성격의 제도를 무조건 부인하는 것이 아니며, 다만 그 부작용이 최소화될 수 있도록 필요한 경우에만 한정하여 인정하고 있는 것이다. 따라서 헌법을 침해하는 선거직 공직자에 대한 국민소환은 강력한 헌법보호 수단이 될 수 있기 때문에 무조건 위헌이라고 볼 것은 아니다.

외국에서 국민소환제를 시행하는 나라는 그리 많지 않은 편이다. 다만 우리보다 지방자치제도가 훨씬 발전한 미국·일본·스위스 등에서는 지방자치단체장이나 지방의회 의원 등을 대상으로 한 주민소환제가 활성화되어 있다. 미국에서는 오리건주 등 10여 개 주와 몇몇 카운티 단위에서 주민소환제를 실시하고 있다.[13] 일본에서도 지자체별로 시장, 시의원, 교육의원 등을 대상으로 한 주민소환제가 활성화되어 있다. 투표권자의 10-30%가 40-160일 안에 서명하면 소환이 이루어진다. 스위스도 각 칸톤 단위로 주민소환제를 실시하고 있다.[14]

국민소환제를 헌법으로 보장할 것인지, 국민소환에 관한 규정을 선거법에 둘 것인지, 아니면 지방자치법상 주민투표와 관련하여 국민소환 관련 규정을 할 것인지는 법체계에 적합하게 결정하면 될 문제이다. 다만 국민소환제도가 정치적으로 오남용 될 가능성을 완전히 불식할 수 있는 것은 아니다. 국민소환 대상이라는 것만으로도 정치적 타격이 크기 때문에 당사자의 해명권만으로는 부족하다. 따라서 소환의 경우를 매우 구체적으로 엄격하게 한정하고, 절차를 신중하게 진행할 수 있도록 고려함이 타당하다.

(2) 국회 원(院) 구성의 원칙 — 다수당의 운영원칙

국회법은 의원 임기개시 후 7일 이내에 첫 본회의를 열어 국회의장과 부의장을 선출하고(제15조), 첫 본회의 후 2일 이내에 상임위원 선임을 국회의장에게 요청해야 하고(제48조), 3일 이내에 상임위원장단을 선출하도록 규정하고 있다(제41조).

---

13) 2003년 10월 영화배우 아놀드 슈워제네거가 캘리포니아 주지사에 오른 것도, 주민들이 경제파탄의 책임을 물어 데이비스 주지사를 소환함에 따라 가능한 것이었다. 한편 1921년 노스다코타주 프레지어 주지사가 주민소환제에 따라 자리에서 밀려난 예도 있다.

14) 우리나라에서도 1948년 건국헌법 제27조에 "국민은 불법행위를 한 공무원의 파면을 청원할 권리가 있다"는 국민소환제와 주민소환제의 근거규정을 두었다. 이를 근거로 자유당 정권 말기인 60년 야권을 중심으로 국민소환제 추진논의가 있었으나, 이듬해 5·16 군사쿠데타로 박정희 전 대통령이 집권하면서 62년 제3공화국 헌법에서 근거조항마저 사라져 버렸다.

[국민소환제 절차]

```
┌─────────────────────────────────────────────────────────────┐
│                        소환준비위          *유권자대표 30인 이내로 구성 │
├─────────────────────────────────────────────────────────────┤
│ > 발의사유: 뇌물죄, 정치자금법 위반, 헌법과 국회 법상 의무 관련 규정 위반 │
│ > 발의제한: 임기중 소환횟수 제한(예: 1회)                        │
│             소환시기 제한(예: 임기 시작 후 1년, 만료 전 6개월 이내에는 소환금지)│
└─────────────────────────────────────────────────────────────┘
```

```
┌─────────────────────────────────────────────────────────────┐
│                            발의                                │
├─────────────────────────────────────────────────────────────┤
│ > 지역구 의원: 지역 유권자의 10~20% 서명                         │
│ > 비례대표 의원: 지역구 평균 선거인수의 50%에 해당하는 유권자 서명(지역불문)│
└─────────────────────────────────────────────────────────────┘
```

지역구 의원   비례대표 의원
(선관위 주관)   (국회윤리위 주관)

```
┌──────────────────────────┐   ┌──────────────────────────┐
│      해명서제출            │   │      국회윤리위회부          │
├──────────────────────────┤   ├──────────────────────────┤
│ 선관위의 소환절차 개시 통보에 따라 │   │ 발의서명 3일 이내, 회부와 동시에 │
│ 소환발의서명 접수 15일 이내     │   │ 의원권한 정지                │
└──────────────────────────┘   └──────────────────────────┘
```

```
┌──────────────────────────┐   ┌──────────────────────────┐
│      의원권한정지           │   │      윤리위 심의             │
├──────────────────────────┤   ├──────────────────────────┤
│ 해명서 접수 10일 이내에 투표일 결정,│   │ 회부 3일 이내에 소환대상자의 소명 등 │
│ 결정과 동시에 의원권한 정지, 투표는│   │ 심의 절차 완료, 윤리위원 과반수의 │
│ 투표일 결정시점부터 20일 이내    │   │ 찬성으로 본회의 상정          │
└──────────────────────────┘   └──────────────────────────┘
```

```
┌──────────────────────────┐   ┌──────────────────────────┐
│      소환투표              │   │      본회의 투표            │
├──────────────────────────┤   ├──────────────────────────┤
│ 유권자 50%의 투표와 투표자 50%의 │   │ 재적의원 3분의 2이상 찬성으로   │
│ 찬성으로 가결               │   │ 제명                       │
└──────────────────────────┘   └──────────────────────────┘
```

```
┌──────────────────────────┐   ┌──────────────────────────┐
│         재선거             │   │        의원승계            │
└──────────────────────────┘   └──────────────────────────┘
```

*기독교 청년회(YMCA)제안 기준

상생의 정치, 국회개혁을 내걸고 출범한 제17대 국회(2004. 5. 31. 임기시작) 역시 원 구성을 둘러싼 이견(예산결산특별위원회의 일반 상임위원회로 전환, 중요 상임위원장 배분 등을 둘러싼 자리싸움) 때문에 그 법 규정을 지키지 못하고 시작부터 위법과 파행으로 점철되어 여·야 감정의 골만 깊어졌다. 이는 제16대 국회 때에도 마찬가지였는데, 국민의 입장에서는 정당간 밥그릇 싸움에 불과하며 어떠한 이유로도 정당화될 수 없다. 2년마다 되풀이되는 원구성 협상 지연 행태는 이제 지겹다.[15) 의회 역사가 56년이 다 되어 가는데 원구성 원칙이나 상임위원장 선출 관례조차 확립되어 있지 않다는 것은 부끄러운 일이다. 법이나 관례는 제쳐둔 채 교섭단체의 협상에만 과도하게 내맡기는 관행을 고쳐야 한다.

미국의 예를 들어 보면 2년마다 실시되는 선거 결과에 따라 대통령 소속 정당과 상관없이 상하원에서 다수 의석을 차지한 정당이 의회를 지배한다. 다수의석을 차지한 정당은 하원의장은 물론 각 당의 상임위원장직도 독점하며 약 1,500여 명의 전문위원 등 스태프들도 자당 소속으로 교체한다. 우리나라처럼 원만한 국회의 운영을 위한다는 명분을 내세워 정당들이 의장단 상임위원장 등 국회 지도부의 직책을 나누어 갖지도 않으며, 소수당이 정책여당 등의 논리를 내세워 국회의장직과 운영위원장직을 요구하는 고집을 부리지도 않는다. 왜냐하면 국회 지도부를 나누어 갖는 것 자체가 의원들이 국민의 의사를 임의로 변경하는 것이 되기 때문이다. 2000년 11월 상원의원 선거에서 1881년이래 처음으로 공화당과 민주당의 의석수가 50 대 50으로 동수가 되자 양당 원내총무들은 공화당이 각 상임위원장을 맡되 각 상임위원회의 구성과 예산은 균등 배분키로 합의했다. 그러나 2001년 6월 제임스 제퍼즈 (버몬트 주) 상원의원이 조지 W. 부시 대통령의 보수적 교육, 환경 정책에 반기를 들고 공화당을 탈당하자 상원의 의석비율은 민주당 50석, 공화당 49석, 무소속 1석이 되었다. 두말할 필요가 없이 상원의 운영권은 물론 각 상임위원장직은 1석이 많은 민주당이 독차지하게 되었다.[16)

---

15) 2004년 7월 5일에서야 17개 상임위와 2개 상설특위 위원장까지 선출하여 원 구성을 마무리하였다. 2006년 5월 30일 후반기 원 구성도 6월 20일에야 이루어졌다. 제13대 이후 원 구성이 지연되지 않은 경우는 한 번도 없었고, 2008년 6월 23일 현재 제18대 국회도 미국 쇠고기 수입협상 파문으로 야당이 등원을 거부하고 있는 형편이다.

16) 한편 의석수 우세로 횡포를 부린 의회 다수당은 다음 대통령 선거나 총선거에서 미국 유

미국의 예를 볼 때 우리나라도 국회지도부를 애매한 기준을 가지고 각 정당들에 배분하지 말고 다수당이 국회운영을 맡아 책임정치하는 것을 검토해 봐야 한다. 이러할 때 국회는 불필요한 정쟁을 피하면서 제왕적 대통령이 이끄는 행정부를 견제할 수 있고 민주주의를 한 단계 발전시킬 수 있다고 본다.[17]

(3) 국회의원의 겸직금지

국회의원의 겸직과 관련하여 크게 두 가지 점이 문제된다. 먼저 국회의원이 임기중 변호사·공인회계사 등 전문자격증을 활용해 영리활동을 하는 것을 금지하는 방안을 정당들이 추진중에 있다. 공적업무와 사적 업무 사이의 이해충돌을 막는 문제는 우리 정치권에 있어서 오랜 숙제라고 할 수 있다. 현행 국회법은 '공정을 기할 수 없는 현저한 사유가 있다고 인정될 때'라는 단서가 달리기는 하지만 기업체나 단체의 임·직원을 겸하고 있는 의원을 해당 상임위 위원으로 선임하지 못하도록 하는 규정이 있다(국회법 제48조 제7항). 그러나 지난 16대 국회 때도 이해 당사자들이 관련 상임위에 대거 포진해 물의를 빚은 바 있다.

이러한 관행은 더 이상 용납될 수 없고, 국회의원의 겸직금지는 법에 앞서 윤리의 문제이며 시대적 당위라고 주장하는 견해가 설득력 있게 제기되고 있다. 의원들 스스로 공정한 의정활동과 깨끗한 정치실현을 위해 임기 동안에는 사익을 과감히 포기하겠다는 의지를 다져야 하며, 과잉규제니 위헌이니 하는 등의 논리를 앞세워 자신들의 권익보호에 열을 올리는 모습을 보여서는 안 될 것이다.

권자들의 심판을 받게 된다. 1994년 11월 총선에서 압승해 상하 양원의 다수당이 된 공화당은 뉴트 깅리치 하원의장의 지휘 아래 민주당 클린턴 행정부가 제출한 행정부 예산을 통과시키지 않은 것으로 행정부를 견제해 그 추운 겨울 많은 공무원들이 월급을 받지 못하고 출근도 못하는 사태를 유발시켰다. 그리고 1996년 11월 국민은 클린턴 대통령을 재선시켰다. 이는 1994년 총선 결과를 보아 도저히 기대할 수 없던 일이었다.

17) 한편 캐나다 의회도 과거 원구성에 실패하면서 모든 안건에 우선하여 국회의장을 선출하여야 하며, 의장 선출문제를 다루는 동안에는 휴회 동의를 포함해 어떤 동의도 제안될 수 없고, 통상적인 회의 종료시간이 경과하더라도 계속해서 국회의장 선출을 완료해야 산회할 수 있다고 의사규칙을 정비하였다 한다. 상임위원회위원장 선출문제도 일단 원이 구성되면 교섭단체 의석수의 비례에 따라 각 위원회에 교섭단체별 위원수를 기계적으로 배정하고, 그렇게 구성된 위원회 구성원이 선거를 통해 위원장을 선출하면 그만인 것이다. 우리 국회도 중립적인 관점에서 그러한 규칙안을 제시할 '범국민국회개혁위원회'같은 기구의 출범이 시급히 요청된다.

국회의원들에게 국민의 세금으로 막대한 세비를 주는 이유는 다른 데 신경 쓰지 말고 의정활동에 전념하라는 뜻도 포함되어 있다. 만약 본업에서 얻는 막대한 수익이 아깝다면 의원직을 선택하지 말았어야 한다. 특히 일부 의원이 이 회사 저 회사의 고문변호사로 이름을 걸어 놓는 관행은 사라져야 한다. 사회적 약자를 위한 무료변론 정도야 괜찮겠지만 그 이상은 곤란하다고 하겠다. 다른 개인 사업자의 경우도 영업활동을 금지하는 것이 바람직하다. 사업을 완전히 접는 게 어렵다면 최소한 관련 상임위에서 철저히 배제하고 업무와 관련된 투표나 발언에도 제한을 가하는 조치가 필요하다고 본다.

두 번째로 지역구 의원은 총리나 장관을 겸직하고 비례대표 의원은 의원직을 사임하는 그간의 관행에 대하여 비판적인 목소리가 있다. 국회의원이 총리나 장관을 겸직하려면 당연히 헌법에 근거가 있어야 하는데 현행헌법에는 국회의원이 총리나 장관을 겸할 수 있다는 명문의 규정이 없다는 것이다. 현행 제도는 국회법 제29조 제 1 항[18]과 국가공무원법 제 3 조 제 1 항 단서[19]에 의하여 정치활동이 허용되는 공무원은 국회의원이 겸직할 수 있다고 규정하여 총리나 장관의 겸직을 허용하고 있다.

이 견해는 현행헌법상의 정부형태가 기본적으로 대통령제이고 예외적으로 몇 가지 내각제적 요소에 대하여는 헌법 스스로 직접 규정하고 있다는 점, 따라서 국회의원의 국무총리, 장관 겸직은 내각제의 본질적 요소이니만큼 이 제도를 도입하기 위해서는 대통령제를 기본으로 하는 통치구조의 원리상 헌법에 직접 명문의 규정이 있어야 한다는 점, 헌법 제43조의 "국회의원은 법률이 정하는 직을 겸할 수 없다"는 규정은 국회의원의 겸직범위를 법률로 정함에 있어서 어디까지나 헌법의 기본원리인 대통령제 정부형태에 반하지 아니하는 범위에서 겸직 가능한 직을 정하라는 취지이지, 내각제의 핵심요소인 국회의원의 각료 겸직 여부까지도 법률에서 정하라는 취지는 아니라는 점

---

18) 국회법 제29조 제 1 항: 의원은 국무총리 또는 국무위원의 직 이외의 다른 직을 겸할 수 없다. 다만, 다음 각 호의 어느 하나에 해당하는 경우에는 그러하지 아니하다. 1. 공익 목적의 명예직, 2. 다른 법률에서 의원이 임명·위촉되도록 정한 직, 3. 「정당법」에 따른 정당의 직.

19) 국가공무원법 제 3 조 제 1 항: 이 법의 규정은 제33조, 제46조부터 제67조까지 및 제69조 외에는 이 법이나 그 밖의 법률에 특별한 규정이 없으면 특수경력직공무원에게 적용하지 아니한다. 다만, 제33조와 제69조는 제 2 조 제 3 항 제 1 호의 정무직공무원에게 적용하지 아니한다.

등을 논거로 삼고 있다.

물론 국회의원의 총리 등 겸직 가능성이 의원내각제적 요소인 것은 분명하나, 이것을 반드시 헌법에 규정해야만 하는 헌법사안이라고 보기는 곤란한 점에 있다. 따라서 헌법적 근거가 없다고 하여 곧바로 위헌이 되는 문제는 아니라고 생각한다. 그러나 국회의원의 각료겸직이 부정적인 측면이 있는 것이 사실이므로,[20] 이를 적절하게 제한하는 입법을 시도해 볼 필요가 있다.

(4) 자유투표 또는 교차투표(Cross Voting)의 활성화

국회법은 "의원은 국민의 대표자로서 소속 정당의 의사에 기속되지 아니하고 양심에 따라 투표한다"(제114조의2)고 규정하고 있다. 여야가 자유투표(미국에서는 교차투표라 함)를 활성화하자고 2002년 3월에 신설한 조항이다. 하지만 이제까지는 있으나마나 한 선언적 조항에 불과하다.

국회의원은 국민과 정당을 대표하지만 당연히 국민대표가 우선이다. 그런데도 정당 구성원으로서의 역할에 더 비중을 둬 온 것이 사실이다. 당론이 정해지면 자신의 신념과 괴리가 있다 해도 따라야 하는 경우가 대부분이었던 것이다. 헌법재판소에 의하여 기각됐지만 2004년 3월 국회를 통과한 노무현 대통령에 대한 탄핵소추안도 그랬다. 야당 지도부는 '공천 철회'까지 들먹이며 의원들을 압박했다. 그처럼 모든 사안에 대해 당론투표를 하도록 한다면 국회의원은 거수기에 불과하다. 의원 수도 그렇게 많을 필요가 없다. 당론은 하나인데 여론 수렴이 무엇에 필요한가.

자유투표가 많아지려면 국가의 존립이나 당의 정체성과 관련된 사안과 그렇지 않은 사안은 구별할 수 있어야 한다. 그래서 민생·인사·정책 등의 사안에는 의원들이 소신껏 투표할 수 있도록 해 줘야 한다. 당론도 강제적 당론과 권고적 당론으로 나눌 필요가 있다. 예컨대 국무총리 임명동의안은 청문회를 통해 철저히 검증한 다음 자유투표로 가는 것이 옳다고 본다. 물론 자유투표는 당의 결속력을 해칠 수 있다. 정치권 일각에서 자유투표를 일방적으로 허용해선 큰일 난다는 목소리가 나오는 것도 그 때문이다. 하지만 당 결속력이 국익이나 공익을 뛰어 넘을 수는 없다. 자유투표를 활성화하여 국회 표결 때 의원 개개인의 판단을 존중해야 정쟁도 줄고 토론과 합의라는 의

---

20) 대통령이 장관 자리를 고리로 하여 정당이나 의회에 부당한 영향력을 행사할 수 있어 대통령의 권한을 지나치게 강화해 주는 면이 있다.

회주의 정신도 뿌리내릴 수 있다고 본다.21)

자유투표는 꼭 국회만의 일이 아니다. 모든 국민이 선거에서 자유투표의 정신을 살려야 한다. 예컨대 이제 주변의 눈치를 살피지 말고 호남 사람도 한나라당 후보에게, 영남 사람도 열린우리당 후보에게 기꺼이 표를 던질 수 있어야 한다. 그러할 때 우리에게도 진정한 민주주의의 아름다운 꽃이 피게 될 것이다.

제 2 절   國會의 構成

I. 國會의 構成原理

1. 양 원 제

(1) 양원제의 개념과 의의

양원제는 조직·의결·의사일치의 원칙 등을 토대로 의회가 상·하원으로 구성된 형태를 말한다. 즉 2개의 합의체로 구성된 형태를 의미하며, 두 합의체가 각기 독립하여 결정한 의사가 일치하는 경우에 이것을 의회의 의사로 간주하는 제도이다. 양원제 채택시 하원을 국민이 직접 선출하고, 상원의 임기는 하원보다 장기인 것이 보통이다. 양원제는 몽테스키외와 브라이스가 주장하였다고 하는데, 현재 영국·미국·독일·프랑스·이탈리아·스페인·일본 등 많은 국가에서 채택되고 있다.

양원제도의 의의는 군주제 국가에서는 상원은 귀족으로 하원은 평민으로 구성함으로써, 두 정치세력간의 권력적 균형과 조화를 도모했다는 데에서 발

---

21) 이상과 같은 측면에서 보면 여·야가 좌우 양 날개처럼 앉아 있는 지금의 국회 의석도 문제가 있다. 마치 동서(東西)지역 구도를 보는 듯한 좌석배치는 다른 생각을 할 여지를 사전에 차단해 버리는 것 같은 느낌이다. 각 당 의석 맨 뒤에 앉아 전쟁을 치르듯 의원들을 지휘하는 당 지도부의 모습도 문제다. 여·야가 서로 마주보고 한 줄로 앉는 상임위원회도 마찬가지인데, 모두 일사불란(一絲不亂)을 강요하고 있는 것이다. 그러므로 의원들이 상임위원회별로 또는 지역구 순서에 따라 정당 구분 없이 서로 섞여 앉는 것도 생각해 볼 수 있다. 거기에 자유투표까지 많이 허용되면 그것은 여·야의 의사소통에 기여하고 국회를 국민 곁에 보다 더 가까이 다가가도록 할 수 있을 것이다. 매일 똑 같은 사람끼리 모여 앉아 똑 같은 얘기를 주고받으면서 다른 쪽과는 아예 담을 쌓는 일은 국민의 대표자로써 국민을 위하는 일은 아닐 것이므로 지양되어야 한다.

견된다. 한편 연방제 국가에서는 양원제가 연방제도의 특수성에 대응하며, 일반적으로 상원은 연방을 구성하는 각 주를 대표하고 하원은 국민 전체를 대표하는 것으로 간주된다. 그 밖의 국가에서는 양원제가 이론적인 이유에서보다는 단원제운영으로 인하여 야기되는 경솔·전제·부패 등을 방지한다는 실천적인 이유에 기인한다.

양원제에서 각 원은 그 구성원을 반드시 달리하여야 하고(독립조직의 원칙), 회의의 개최·의사진행과 의결도 독자적으로 이루어져야 하며(독립의결의 원칙: 단 대통령 선거 등의 경우 양원합동회의를 개최함), 양원의 의견이 일치하는 경우에만 의회의 의결로 간주한다(의사일치의 원칙). 양원은 집회·휴회·폐회를 동시에 한다(동시활동의 원칙).

양원제의 장점으로는 양원제는 보다 신중한 심의를 통하여 졸속입법 및 국회의 독단·독선, 즉 전제를 예방할 수 있다는 것, 조직을 달리함으로써 파행과 부패의 방지를 도모할 수 있다는 것, 양원제는 의회와 정부의 충돌시 해결이 용이하며 전체와 부분의 조화를 도모할 수 있다는 것, 하원의 지역대표제에 대하여 상원의 직능대표제 또는 주(州)대표로서 직능단체나 구성주의 특수이익을 대변하는 역할이 가능해진다는 점 등이 제시된다. 반면 양원제의 문제점으로는 중복된 절차로 인하여 의안의 심의가 지연되고 국비가 낭비된다는 점, 양원이 책임을 전가함으로써 의회의 책임소재가 불분명해진다는 점, 의회가 양원으로 분리되기 때문에 정부에 대한 의회의 지위가 상대적으로 약화된다는 점, 상·하원의 구성이 동일한 기반에 입각할 경우에는 상원은 무용한 존재가 되고, 상이한 기반을 두는 경우에는 상원이 보수·반동화가 될 위험이 있다는 점을 들 수 있다.

(2) 국가별 유형

이를 국가별로 살펴보면 다음과 같다. 미국에서는 상원만이 보유하는 권한으로는 공무원 임명동의권, 조약 비준동의권, 탄핵심판권, 부통령결정권 등이 있고, 하원만의 특수권한으로는 세입법안우선심의권, 탄핵소추권, 대통령 선출권 등이 있다. 미국에서는 상원의 권한이 하원에 비하여 강력하다고 할 수 있다. 영국에서는 상원은 장식적인 귀족원의 성질을 갖는 데 반해, 하원은 국가 최고기관으로서 입법·집행·사법의 모든 분야에서 광범위한 권한을 가진다.

한편 프랑스에서는 국민의회는 직접·보통선거에 의하여 선출된 의원으로 구성되며, 원로원은 간접선거로 선출된 대표로 구성되며 지방공공단체를 대표한다. 독일에서는 연방의회와 연방참사원으로 구성되며, 연방의회는 국민의 보통·평등선거로 구성된다. 한편 연방참사원은 독일연방공화국을 구성하는 각 주의 정부각료 또는 그들이 파견한 행정공무원으로 구성된다. 또 일본의 의회는 참의원과 중의원으로 구성된다. 예산안에 관하여 양원의 의견이 일치하지 아니하는 경우에는 중의원의 의결 후 30일이 경과한 후에 효력을 발생한다. 양원을 통과한 법률안은 자동적으로 법률로서 확정된다. 양원의 의결이 일치하지 않는 경우에는 중의원의 3분의 2의 찬성으로써 의안을 채택할 수 있다.

2. 단 원 제

단원제란 의회가 단수의 합의체로 구성되는 의회를 의미하며, 국민이 선출하는 것을 원칙으로 한다. 루소와 시이예스가 단원제를 주장하였다. 단원제는 동일사항에 관하여 국민의 총의가 둘이 있을 수 없으므로, 국민의 대의기관은 반드시 하나여야 한다는 데에서 이론적 근거를 구하고 있다. 단원제를 채택하는 국가로는 이스라엘, 뉴질랜드, 덴마크, 우리나라 등을 들 수 있다. 단원제에서는 의원들이 국민에 의하여 직접 선출되는 것이 원칙이지만, 의원 중 일부가 직접선거에 의하여 선출되지 아니하는 경우도 없지 않다.

단원제는 우선 신속하고 능률적인 의안심사를 통하여 국민의 권익옹호를 추구하게 되고, 정부에 대한 의회의 지위를 보다 강화할 수 있으며, 의회에서의 책임소재를 보다 명확하게 할 수 있다. 또 단원제로 구성함으로써 양원제 운영으로 야기되는 국비의 지출을 줄일 수 있다. 요컨대 단원제의 장점은 양원제의 단점으로 치환될 수 있고, 단원제의 단점 또한 양원제의 장점을 통하여 설명될 수 있을 것이다.

3. 우리나라의 경우

우리의 건국헌법에서 제헌국회는 의안의 신속한 처리를 위하여 단원제로 구성되었다. 그러나 제 1 차 개헌으로 민의원과 참의원의 양원제로 규정되었으나 실제로 구성되지는 않았다.

제 2 공화국에서는 양원제로 구성되었으며, 민의원은 1선거구 1대표의 원칙에 의해 4년의 임기로 선출되는 의원으로 구성되고 참의원은 도(道)단위의 대선거구에서 6년 임기로 선출되는 의원으로 구성되었다. 양원의 의결이 일치하지 않는 경우에는 민의원의 재의결을 국회의 의결로 하였다. 국무총리선출권·내각불신임의결권·법률안 등에 대한 우선심의권은 민의원의 전속적 권한이었으며, 따라서 민의원이 참의원에 비해 우월한 지위에 있었다고 할 수 있다.

제 3 공화국에서부터 단원제로 환원하였으며, 국회는 지역구출신의원과 전국구출신의원으로 구성되었다. 제 4 공화국 역시 단원제의회를 채택하였으나, 지역구 국회의원과 통일주체국민회의가 선출하는 의원(전체의 3분의 1)으로 구성되었다. 제 5 공화국헌법도 단원제를 유지하였고, 대표의 방법으로 비례대표제가 가미될 수 있음을 규정하였다.

현행헌법에서 국회는 단원제를 원칙으로 하며, 국민의 보통·평등·직접·비밀선거에 의하여 선출된 의원으로 구성된다. 국회는 지역구국회의원과 비례대표제에 의해 선출된 의원으로 구성된다고 규정하고 있다.

II. 現行憲法上 國會의 組織

1. 국회의장단

국회는 의장 1인과 부의장 2인으로 구성되며, 의장과 부의장은 국회에서 무기명투표로 선거하되 재적위원 과반수의 득표로 당선되고, 임기는 2년이며 연임 가능하다. 의장은 당적보유가 금지되나,22) 부의장은 당적보유가 가능하고 국무위원직을 겸직할 수는 없다. 다만 의장도 국회의원총선거에서 정당후보자로 추천받고자 하는 경우에는 의원임기만료일 전 90일부터 당적을 가질 수 있다(국회법 제20조의2).

국회의장은 국회대표권, 국회사무감독권, 원내 및 회의에 대한 질서유지권, 의사정리권, 위원회출석·발언권, 국회소집 공고권, 법률안의 예외적 공포

---

22) 참고로 미국의 하원의장은 당적을 유지할 수 있고 소속정당을 위하여 의원으로서 표결에 참가하는 경우도 있다. 그러나 영국의 하원의장은 당파를 초월하여 중재역을 담당한다. 우리 국회법은 1960년에는 의장의 당적보유를 금지하였으나, 이후 이에 관한 규정이 없었기 때문에 의장도 당적을 가질 수 있는 것으로 해석하였다. 그러나 2002년 개정 국회법에서는 의장으로 당선된 다음날부터 당적을 가질 수 없도록 하였다.

권, 폐회중 의원사직허가권, 의원에 대한 청가(請暇) 수리권, 방청허가권 등을 가진다.

의장이 사고가 있을 때에는 의장이 지정하는 부의장이 의장의 직무를 대리한다. 또 국회의원 총선거 후 최초의 임시회 집회공고에 관하여는 사무총장이 의장의 직무를 대행한다. 즉 국회의원총선거 후 최초의 임시회 회의의 소집은 임기가 개시된 날로부터 7일째 되는 날에 소집하는데, 이때 집회공고에 관하여는 사무총장이 의장의 직무를 대행하게 되는 것이다. 개원국회의 의장직무 및 의장·부의장의 유고시 임시의장을 선출할 때, 의장·부의장 궐위시 보궐선거를 실시할 때의 의장직무는 최다선의 연장자가 대행한다(국회법 제18조).

2. 교섭단체

교섭단체란 동일 정당 소속의 의원들로 구성되는 원내정파를 말한다. 교섭단체를 설치하는 것은 여러 정당들의 소속의원들로 구성되는 국회에서 의사를 능률적으로, 그리고 원활하게 운영하려는 목적에서이다. 현행법상 국회에 20인 이상의 소속의원을 가진 정당은 하나의 교섭단체가 된다. 그러나 다른 교섭단체에 속하지 아니하는 20인 이상의 의원으로 따로 교섭단체를 구성할 수 있다. 즉 다른 정당간에도 교섭단체구성을 인정한다.

교섭단체의 대표의원은 그 단체의 소속의원이 연서·날인한 명부를 의장에게 제출하여야 하며, 그 소속의원에 이동이 있거나 소속정당의 변경이 있을 때에는 그 사실을 지체 없이 의장에게 보고하여야 한다. 다만 특별한 사유가 있을 때에는 당해 의원이 관계서류를 첨부하여 이를 보고할 수 있다. 또 어느 교섭단체에도 속하지 아니하는 의원이 당적을 취득하거나 소속정당을 변경할 때에는 그 사실을 즉시 의장에게 보고하여야 한다. 교섭단체마다 의원총회를 두며, 교섭단체의 대표위원은 원내총무 또는 원내대표라 한다. 원내총무는 소속의원의 의견을 종합하여 국회에서의 의사진행과 의안에 대한 태도를 결정한다(국회법 제33조 참조).

3. 위 원 회

(1) 위원회의 의미

현행 국회법은 상임위원회중심주의와 본회의결정주의를 채택하고 있다. 국회의 위원회라 함은 본 회의에서의 의안심사를 원활하게 할 목적으로 일정한 사항에 관하여 전문적 지식을 가진 일단의 소수의원들로 하여금 의안을 예비적으로 심사·검토하게 하는 소회의제를 지칭한다.

위원회 제도의 장점으로는 의안심의의 능률성을 향상시킬 수 있고, 방대한 안건을 효율적으로 처리할 수 있으며, 전문적인 지식을 구비한 의원들이 의안을 보다 심도 있게 심사할 수 있고, 회의의 운영에 있어서 탄력성을 보장할 수 있다는 것이 제시된다. 반면 단점으로는 여·야간의 정쟁의 장소, 압력단체의 로비장소로 전락할 우려, 국정의 폭넓은 심의기회 박탈우려 등을 들 수 있다(본회의의 형식화). 또한 국회의 대정부 견제기능의 약화, 위원회와 행정각부의 밀착우려, 행정관청의 출장소화의 우려가 있다.

(2) 위원회의 유형

위원회는 다음의 몇 가지 종류로 나뉜다. 먼저 상임위원회는 그 소관사항에 관한 입법 기타의 의안을 예비적으로 심의하기 위하여 상설적으로 설치된 위원회이다. 상임위원회는 현재 16개가 있으며, 폐회중에도 최소한 월 2회의 정례회의 개최를 의무화하고 있다(국회법 제53조). 다만 정보위원회는 월 1회 개최하여야 한다. 그 위원은 임기 초에 각 교섭단체의 소속의원수의 비율에 따라 국회의장이 선임하고 2년간 재임한다. 국회의원은 2 이상의 상임위원회 위원이 된다. 위원장의 선출은 본회의에서 재적위원 과반수의 출석에 다수표를 얻은 자가 선출된다.

특별위원회는 수 개의 상임위원회소관사항과 관련되거나 특히 필요하다고 인정한 안건을 효율적으로 처리하기 위하여 본회의의 의결로 설치되는 임시적인 위원회이다. 특별위원회에는 일반특별위원회와 예산안과 결산을 심사하기 위한 예산결산위원회, 인사청문회를 관장하는 인사청문특별위원회,[23) 국

---

23) 헌법재판소장, 대법원장, 대법관, 감사원장, 국무총리, 국회에서 선출하는 중앙선거관리위원회 위원 3인과 헌법재판소 재판관 3인을 임명할 경우 인사청문회를 개최하여야 한다(국회법 제46조의3 참조).

회의원의 자격심사·윤리심사 및 징계에 관한 사항을 심사하기 위한 윤리위
원회, 여성의 복지와 권익향상을 위한 여성특별위원회 등이 있다. 예산결산특
별위원회는 설치목적이 법정되고 설치가 강제된다는 점에서, 윤리특별위원회
와 여성특별위위원회는 상설되어 운영된다는 점에서 일반특별위원회와 구별
된다.

한편 국회법 제63조의2의 규정에 따르면 위원회의 심사를 거치거나 위원
회가 제안한 의안 중 정부조직에 관한 법률안, 조세 및 국민에게 부담을 주
는 법률안 등 주요의안의 본회의상정 전이나 본회의상정 후에 재적의원 4분
의 1 이상의 요구가 있는 때에는 그 심사를 위하여 의원 전원으로 구성되는
전원위원회를 개회할 수 있다. 다만 의장은 주요의안의 심의 등 필요하다고
인정하는 경우 각 교섭단체대표의원의 동의를 얻어 전원위원회를 개회하지
아니할 수 있다. 전원위원회는 의안에 대한 수정안을 제출할 수 있다. 이 경
우 당해 수정안은 전원위원장이 제출자가 된다. 또 전원위원회에 위원장 1인
을 두되 의장이 지정하는 부의장으로 한다. 전원위원회는 재적위원 5분의 1
이상의 출석으로 개회하고, 재적위원 4분의 1 이상의 출석과 출석위원 과반
수의 찬성으로 의결한다. 전원위원회는 계속하여 2일 이내 1일 2시간의 범위
내에서 의안에 대한 심사를 할 수 있다. 이 경우 의원의 발언시간은 5분 이
내로 한다. 그리고 기타 전원위원회운영에 관한 필요한 사항은 국회규칙으로
정한다.

(3) 위원회의 운영

위원회는 본회의의 의결이 있거나 의장 또는 위원장이 필요하다고 인정
할 때, 재적의원 4분의 1 이상의 요구가 있을 때에 개회한다(국회법 제52조).
다만 상임위원회 등 일정한 위원회는 국회법에 의하여 정기적으로 소집되게
되어 있음은 앞서 본 바와 같다. 위원회는 재적의원 4분의 1 이상의 출석으
로 개회하고, 재적의원 과반수의 출석과 출석의원 과반수의 찬성으로 의결한
다(국회법 제54조). 한편 본회의의 의결이 있을 때, 의장 또는 위원장이 필요
하다고 인정할 때, 재적위원 4분의 1 이상의 요구가 있을 때 위원회는 공청
회나 청문회를 열 수 있다(국회법 제64조, 제65조).

4. 국회의원

국회의 조직상 핵심요소에는 무엇보다 개개인의 국회의원이 해당된다. 헌법에서는 국회의원 정수의 하한선을 200인 이상으로 규정하고 있고, 구체적인 의원 수와 선거구, 비례대표제 등에 관하여는 법률로 정하도록 하고 있다. 현행 선거법에 따르면 국회의 의원정수는 지역구국회의원과 비례대표국회의원을 합하여 299인으로 하되, 각 시·도의 지역구 국회의원 정수는 최소 3인으로 하도록 하고 있다. 지역구국회의원의 경우 하나의 선거구에서 1인을 선출하도록 하여 소선거구제를 채택하고 있다(공직선거법 제21조).24)

Ⅲ. 國會構成과 關聯된 改革方案

1. 상임위원회제도의 개혁

국회의 구성과 관련한 개혁방안으로 가장 핵심적인 것은 바로 위원회 제도와 관련된 문제들이다. 국회 본회의 중심주의를 벗어나 위원회 중심주의를 채택한 목적은 국회의 전문성 강화를 통해 법률제정과 행정부 통제에 충실을 기하고자 하는 것이다. 그런데 현재의 위원회, 특히 상임위원회제도는 전문성을 제대로 확보하고 있지 못하다는 문제가 제기되고 있다.25)

이러한 문제가 야기된 이유로는 우선 위원회의 행위주체인 의원 개인이 전문성을 가지고 있지 못하는 것이 제시된다. 일반적으로 전문성의 의미는 특정분야에 관한 높은 수준의 지식이나 기술로, 사전교육이나 연구를 통해 얻게 되는 것과 특정업무를 계속 수행하는 과정에서 경험을 통해 습득하는 것을 포함한다. 그런데 우리나라의 국회의원은 이전의 전문적 경력을 가진 경력주의자 유형(careerist) 의원보다는 공직경험이 전혀 없는 아마추어형(amateur)이나 다른 경력은 없고 의회경험이 전부인 의회주의자형(parlamen-tarian) 의원이 다수를 차지하고 있다는 것이 문제가 되고 있다.

또 상임위원회의 조직과 운영 자체에 문제가 있기도 하다. 상임위원회가

---

24) 자세한 내용은 앞의 "제 1 부 제 3 장 제 2 절 Ⅱ. 국회의원 선거제도" 참조.
25) 김형준, "상임위원회 전문성에 대한 비교고찰," 한국 의회정치와 제도개혁, 2004, 73쪽 이하 참조.

의원 개인의 전문성, 자율성, 책임성을 강화하는 방향으로 조직되고 운영되는 가는 궁극적으로 위원회 전문성과 밀접하게 연계되어 있다. 그런데 현재 상임위원회는 위원회가 주도적으로 또는 자율적으로 의제를 선정하고 입안하는 능동적 결정방식이 아니라, 행정부에서 입안한 안건을 심의하는 데에만 치중하는 수동적 의사결정방식을 취하고 있어 문제가 제기된다. 또 상임위원회 위원이 빈번히 교체되면서 위원의 전문성이 충족되기 곤란하기도 하다. 위원회 전문보좌기능의 약화도 상임위원의 전문성을 약화시키는 원인이 있다.

특히 지금과 같은 국회의원 정수를 기준으로 상임위원회를 구성하고 의원을 배정하는 경우 위원회별 위원수가 20명 내외를 넘지 않는다는 점이 문제로 지적되고 있다. 그 결과 위원회의 운영 결과나 회의 진행 방향을 예측하기가 매우 손쉽게 되어 있다. 국회의원 개개인의 정책 성향이나 인간관계가 쉽게 드러나기 때문이다. 그렇기 때문에 누구를 설득하고 협조를 구하면 안건의 통과가 가능할 것인지를 어렵지 않게 판단할 수 있다. 몇몇 위원을 로비의 대상으로 삼아 집중 공략하면 안건 통과를 낙관할 수 있게 된다. 안건 심의 과정에서의 부패 유발가능성이 매우 크다는 의미이다. 이러한 문제점을 개선하기 위해 이른바 복수상임위원회 제도를 도입하자는 의견이 대두되고 있다. 국회의원들이 복수의 상임위원회에서 활동하게 되는 경우 상임위 구성원 수가 배가되기 때문에 상대적으로 로비 대상자를 선정하기 어려워지고 로비해야 할 대상자의 수도 늘어나게 된다. 그만큼 부패의 소지가 줄어들 수 있게 될 것이다.

이 밖에도 상임위원회 제도를 활성화시키기 위한 방안은 여러 가지가 제시되고 있다. 최근에는 상임위원회의 의사절차를 TV로 생중계하여 회의의 질을 높이고, 상임위원회 절차 이전의 소위원회의 활동을 활성화시키고 개선하자는 개혁안이 대두되고 있다.

2. 국회 법사위 '기능 축소'해야 한다[26]

국회법 제37조에 의해 법사위는 법무부·법제처·감사원 소관에 속하는 사항과 헌법재판소 사무·법원 및 군사법원의 사법행정·탄핵소추에 관한 사항, 법률안·국회규칙안의 체계·자구의 심사에 관한 사항 등을 관장한다. 이

---

26) 제4부 국회제도개혁론【여 는 글】참조.

법사위 소관 사항 중에서 문제되고 있는 것이 바로 법률안 체계·자구의 심사에 관한 사항이다. 사실 법사위의 이 같은 다른 위원회 법안에 대한 심사권은 "옥상옥 구조로 인해 비효율의 원인이 되고 있다"는 비판을 받아 왔다. 정치권 일각과 학계 등에서는 '법사위 무용론'까지 등장했고, 제17대 국회 전반기에 여야 의원 공동(92명 서명)으로 법사위 기능 축소를 주요내용으로 하는 국회법 개정안이 제출된 바도 있다. 따라서 권한 남용 등으로 국회입법 기능수행을 현저히 저해하고 있는 법사위의 일부 기능은 폐지하여 입법기능을 활성화시켜야 한다.

일각에서는 헌법재판소 출범 이후 무려 200건이 넘는 법률이 위헌 내지 헌법불합치 결정을 받은 것은 입법기관으로써 수치스러운 일이므로 법사위 기능을 오히려 보강해야 한다고 주장하고 있으나 이는 권한에 대한 욕심만 앞세운 억지이다. 또 일각에서는 법사위 기능을 축소하는 것은 입법권의 포기라고 주장하지만, 체계·자구 심사기능 등은 상당 부분 기술적인 성격을 띠고 있어서 이는 전문가 그룹이 맡는 것이 오히려 합리적이다. 다만 이 별도 기구의 입법과정에서의 역할이 매우 중요하므로 그 구성원 인선에 신중을 기해야 할 것이다.

법사위 기능을 현실적이고 합리적으로 조정하는 것을 국회 입법권의 침해라고 강변하는 것은 옳지 않다. 법사위 권한의 오남용을 막고 법안심사의 전문성을 제고시킴으로써 국회의 입법기능이 업그레이드될 수 있다면 법 개정을 반대할 이유가 없다.

3. 교섭단체제도 개선

최근 국회의 구성과 관련한 개선사항이 많이 제기되고 있는 문제로는 원내 교섭단체의 문제가 있다. 원내정당화의 문제, 교섭단체 강제의 문제점 등은 주로 정당과 관련된 부분 등에서 자세히 살피기로 하고 여기서는 교섭단체의 구성요건을 완화할 것인가 문제를 집중적으로 고찰하겠다.[27]

우선 원내교섭단체 구성요건을 강화해야 한다거나 일정 하한선을 두어야 한다는 주장은, 첫째 소수 정당의 출현을 인위적으로 억제하여 정국의 혼란

---

27) 함성득·임동욱, "원내교섭단체 구성요건의 변화에 따른 정치역학," 한국 의회정치와 제도개혁, 2004, 132쪽 이하 참조.

을 막아야 한다는 것, 둘째 원내교섭단체 구성요건에 일정 하한선을 둠으로
써 국회 운영상의 효율성을 높일 수 있다는 것, 셋째 대통령 및 여당과 비교
하여 상대적으로 정치적 힘이 약한 야당의 입장에서 보면 교섭단체 구성요건
의 완화는 여당의 야당에 대한 분열 또는 와해공작으로 악용될 소지가 강하
다는 것 등을 이유로 들고 있다.28)

반면 구성요건의 완화를 강조하는 이론은 갈수록 다원화되어 가는 사회
현실을 고려하여 다양한 사회집단 대표들의 원내활동을 가능케 함으로써 의
회의 대표성을 높이는 동시에 사회적 갈등을 의회로 수렴한다는 긍정적 기능
을 강조한다. 물론 교섭단체 구성요건의 완화는 많은 소수 정당의 출현으로
정국의 혼란을 가중시킬 수 있으나 현재 소수의 패권 정당체제하에서도 정국
의 혼란이 심각함으로 고려할 때 큰 문제가 되지 않는다고 본다.

그런데 교섭단체 구성요건을 강화를 주장하는 이면에는 새로운 정치 세
력의 정치참여를 제한시켜 기존 정당의 패권을 확대 강화하고자 하는 의도도
숨어 있다는 견해가 있다.29) 결국 우리의 경우 교섭단체 구성요건과 관련된
기존정당의 입장이나 그간의 논의는 특정 철학이나 이론에 기초하여 정립된
것이 아니고 당시 정치적 상황이나 이해득실에 따라 결정된 측면이 있다. 다
원화되고 있는 사회여건이나 특히 진보정당 등이 새롭게 국회에 진입하고 있
는 현재의 상황을 보건대, 교섭단체 구성요건의 완화를 진지하게 고려해 볼
만하다고 생각한다.

---

28) 예컨대 과거 빈번히 발생했던 여당의 야당의원에 대한 정치적 압력 및 회유를 통한 의원
   빼오기가 빈번한 우리의 경우 교섭단체 구성요건의 완화는 이러한 공작정치의 부정적 환
   경으로 너무나 쉽게 악용될 것이라고 한다.
29) 1972년 유신헌법을 제정하면서 교섭단체 구성요건을 의원 10인 이상에서 의원 20인 이
   상으로 변경한 것을 보면 알 수 있다. 그러나 대통령제에서는 여당이 입법능력을 확보하려
   면 적어도 과반수에 육박하는 의석을 차지해야 하는데, 교섭단체 구성요건을 10명으로 하
   는 경우 주요정당에서 이탈하여 새로운 교섭단체를 만들려는 경우가 많아져서 입법에 어
   려움이 예상된다.

제 3 절 國會의 運營과 自律權

I. 國會의 類型

국회의 회의 유형을 살피기 전에 우선 입법기와 회기라는 말에 대하여 알아 둘 필요가 있다. 입법기란 국회가 동일의원들로 구성되는 때로부터 그 의원들의 임기가 만료되거나 국회가 해산되기까지의 시기를 말한다. 회기라는 말은 입법기 내에서 국회가 실제로 활동능력을 가지는 일정한 기간을 말한다. 국회의 회기는 소집일(집회일)로부터 기산하여 폐회일까지이다. 현행헌법은 "정기회의 회기는 100일을, 임시회의 회기는 30일을 초과할 수 없다"고 하고 있다(제47조 제 2 항).[30]

한편 국회는 회기중이라도 의결로써 일정한 기간을 정하여 활동을 중지할 수 있다. 이것을 휴회라고 하는데, 휴회일수도 회기에 산입한다. 국회가 휴회중이라도 대통령의 요구가 있을 때, 의장이 긴급한 필요가 있다고 인정할 때 또는 국회재적 의원 4분의 1 이상이 요구가 있을 때에는 회의를 재개한다(국회법 제 8 조 제 2 항).

국회의 회의는 크게 정기회와 임시회로 나뉜다. 먼저 정기회란 매년 1회 정기적으로 소집되는 국회 회의를 말한다. 현행법은 매년 9월 1일에 개회하는 것으로 되어 있다(헌법 제47조 제 1 항; 국회법 제 4 조 참조). 정기회에서는 보통 예산안을 심의·확정하고, 법률안 또는 그 밖의 의안을 심의·의결하며, 정부의 시정연설을 듣고 대정부질문을 한다.

임시회는 임시집회의 필요가 있을 때에 집회하는 회의를 말한다. 임시회의 소집 요구권자는 대통령 또는 국회재적의원 4분의 1 이상이 소집을 요구할 수 있으며, 대통령이 소집을 요구하는 경우에는 그 기간과 집회요구의 이유를 명시하여야 한다(헌법 제47조 제 1 항). 한편 국회법은 2월, 4월, 6월의 1일에 자동적으로 임시회를 집회함을 정하고 있다(국회법 제 5 조의2). 임시회의

---

[30] 과거 헌법에서는 연중에 열 수 있는 국회의 총 일수를 제한하는 규정을 두기도 하였다. 그러나 현행헌법은 총 회기일수 제한이 국회의 권한을 약화시키는 작용을 한다는 점에서 이러한 제한을 삭제하였다.

소집공고는 국회의장이 집회일 3일 전에 공고하여야 한다. 다만 2개 이상의 집회요구가 있을 때에는 먼저 제출된 것을 공고하고, 동시에 제출되었을 때에는 집회일이 빠른 것을 공고하여야 한다(국회법 제5조). 국회의원 총선거 후 최초의 임시회는 의원의 임기개시 후 7일에 집회하며, 처음 선출된 의장의 임기가 만료되는 때가 폐회중인 경우에는 늦어도 임기만료 전 5일 전에 집회한다. 그러나 그 날이 공휴일인 때에는 그 다음날에 집회한다(제5조 제3항).31)

II. 國會의 運營原則

1. 국회의 회의원칙

먼저 헌법 제50조는 의사공개의 원칙을 규정하고 있다. 이것은 의사진행을 일반인에게 공개하는 것을 의미하며, 예외적으로 출석의원 과반수의 찬성이 있거나 의장이 국가안보를 위하여 필요하다고 인정할 때에는 비공개로 한다. 의사공개의 원칙은 국회의 본회의에만 적용되는 것이 아니며, 위원회의 의사에도 원칙적으로 적용된다.32) 의사공개원칙은 방청의 자유, 의사록 배포의 자유, 보도의 자유, 중계방송의 자유 등을 그 내용으로 한다.

헌법 제51조는 회기계속의 원칙을 규정하고 있다. 회기계속의 원칙이란

---

31) 그런데 이러한 임시회와 정기회의 이원적 구성방식이 많은 문제점을 야기하고 있다는 비판이 제기되고 있다. 최근 여당을 중심으로 국회 운영을 개선해 연중 상시로 국회를 여는 방안을 모색하고 있다고 한다(동아일보 2004년 4월 20일자 참조). 이 의견은 정기 국회를 없애는 대신 휴가기간 외에는 일년 내내 국회를 여는 상시 개원제를 도입하자고 주장한다.
32) 한편 헌법재판소는 "소위원회의 회의도 가능한 한 국민에게 공개하는 것이 바람직하나, 전문성과 효율성을 위한 제도인 소위원회의 회의를 공개할 경우 우려되는 부정적 측면도 외면할 수 없고, 헌법은 국회회의의 공개여부에 관하여 회의 구성원의 자율적 판단을 허용하고 있으므로, 소위원회 회의의 공개여부 또한 소위원회 또는 소위원회가 속한 위원회에서 여러 가지 사정을 종합하여 합리적으로 결정할 수 있다 할 것인바, 예산결산특별위원회의 계수조정소위원회는 예산의 각 장·관·항의 조정과 예산액 등의 수치를 종합적으로 조정·정리하는 소위원회로서, 예산심의에 관하여 이해관계를 가질 수밖에 없는 많은 국가기관과 당사자들에게 계수조정 과정을 공개하기는 곤란하다는 점과, 계수조정소위원회를 비공개로 진행하는 것이 국회의 확립된 관행이라는 점을 들어 방청을 불허한 것이고, 한편 절차적으로도 계수조정소위원회를 비공개로 함에 관하여는 예산결산특별위원회 위원들의 실질적인 합의 내지 찬성이 있었다고 볼 수 있으므로, 이 사건 소위원회 방청불허행위를 헌법이 설정한 국회 의사자율권의 범위를 벗어난 위헌적인 공권력의 행사라고 할 수 없다"고 판시한 바 있다(헌재 2000. 6. 29. 98헌마443등). 그러나 이 판결은 의회공개원칙의 의미를 잘못 이해한 것으로서 문제가 있다는 비판이 유력하다.

한 회기중에 토의하지 못한 안건은 다음 회기로 계속 이어진다는 것을 의미한다. 단 국회의원의 임기 만료시에는 예외로 한다. 우리 헌법은 제3공화국에서 최초로 명문규정으로서 채택하였다. 이는 국회가 매 회기마다 독립된 별개의 국회가 아니라 임기중에는 일체성과 동일성을 가지는 국회로서 존재한다는 것을 의미한다. 회기계속의 원칙을 채택함으로써 우리 헌법은 보류거부를 인정하지 않는 결과를 낳게 된다.[33)]

한편 국회법 제92조는 일사부재의 원칙을 규정하고 있다. 이 원칙은 한 회기 내에서 부결된 안건은 같은 회기 내에 다시 발의하거나 심의할 수 없다는 것을 의미한다. 그 취지는 소수파의 의사진행방해(Filibuster)를 방지하기 위해서이다. 단 다음과 같이 동일한 의안일지라도 사정변경으로 인하여 목적·수단·방법이 변경되는 경우에는 예외적으로 재의가 가능하다. ① 일단 의제가 된 의안이더라도 철회되어 의결에 이르지 아니하는 경우에는 발의가 가능하다. ② 동일의안이더라도 전회기에 의결한 것은 다음회기에 다시 발의·심의할 수 있다. ③ 동일인물에 대한 해임건의안이더라도 그 후 새로운 사유가 발생하였다면 동일사안이라고 할 수 없다. ④ 위원회의 의결은 국회 자체의 결정이 아니므로 이를 본회의에서 다시 심의하여도 일사부재의원칙에 반하지 않는다. ⑤ 동일한 회기 내에서 의결된 의안을 다시 수정·발의할 수 있다.

2. 국회의 발언원칙

먼저 정부에 대한 질문 외의 의원의 발언시간은 15분을 초과하지 아니하는 범위 내에서 의장이 정한다. 다만 의사진행발언, 신상발언 및 보충발언은 5분을 초과할 수 없다. 교섭단체를 가진 정당을 대표하는 의원이나 교섭단체의 대표의원이 정당 또는 교섭단체를 대표하여 연설 기타 발언을 할 때에는 40분까지 발언할 수 있다. 의장은 각 교섭단체 대표의원과 협의하여 동일의제에 대한 총 발언시간을 정하여 이를 교섭단체별로 그 소속의원수의 비율에 따라 할당한다. 이 경우 각 교섭단체 대표의원은 할당된 시간 내에서 발언자수 및 발언자별 발언시간을 정하여 미리 의장에게 통보하여야 한다. 의장은 필요한 경우 각 교섭단체 대표의원과 협의하여 동일의제에 대하여 교섭단체

---

33) "제5부 행정부개혁론 제2장 제2절 Ⅱ.3.(2) 법률안거부권" 참조.

별로 그 소속의원수의 비율에 따라 발언자수를 정할 수 있다. 교섭단체에 속하지 아니하는 의원의 발언시간 및 발언자수는 의장이 각 교섭단체 대표의원과 협의하여 정한다. 의원이 시간제한으로 발언을 마치지 못한 부분에 대하여는 의장이 인정하는 범위 안에서 이를 회의록에 게재할 수 있다(국회법 제104조 참조).

의장은 본회의가 개의되는 경우 그 개의시부터 1시간을 초과하지 아니하는 범위 안에서 의원에게 국회가 심의중인 의안과 청원 기타 중요한 관심사안에 대한 의견을 발표할 수 있도록 하기 위하여 5분 이내의 발언을 허가할 수 있다. 5분 자유발언을 하고자 하는 의원은 늦어도 본회의 개의일 전일까지 그 발언취지를 간략히 기재하여 의장에게 신청하여야 한다. 5분 자유발언의 발언자수와 발언순서는 교섭단체별 소속의원수의 비율을 고려하여 의장이 각 교섭단체 대표의원과 협의하여 정한다(국회법 제105조).

3. 의결정족수

정족수란 다수인으로 구성되는 회의체에서 회의를 진행하고 의사를 결정하는 데 소요되는 출석자의 수를 말한다. 특히 의안을 심의하는 데 필요한 출석자의 수를 의사정족수라고 하며, 의결에 필요한 출석자의 수를 의결정족수라고 한다. 우리 헌법 제49조는 "… 헌법 또는 법률에 특별한 규정이 없는 한 재적의원 과반수의 출석과 출석의원 과반수의 찬성으로 의결한다. 가부동수인 경우에는 부결된 것으로 본다"라고 하고 있다. 이를 일반의결정족수라고 지칭한다.

한편 여러 가지 사안에는 특별의결정족수가 규정되어 있다. ① 재적의원 3분의 2 이상의 찬성을 요구하는 사안은 i) 대통령에 대한 탄핵소추 의결시, ii) 헌법개정안 의결시, iii) 국회의원의 제명처분시, iv) 의원의 자격심사 등이 있다. ② 재적의원 과반수의 찬성을 요구하는 사안으로는 i) 대통령에 대한 탄핵소추발의시, ii) 대통령 이외의 자에 대한 탄핵소추의결시, iii) 국무위원이나 국무총리에 대한 해임건의시, iv) 계엄해제요구시, v) 국회의장 선출시, vi) 국회부의장 선출시, vii) 헌법개정의 발의시 등이 있으며, ③ 재적의원 3분의 1 이상의 찬성을 요구하는 경우로는 i) 국무위원이나 국무총리 해임건의 발의시, ii) 대통령 이외의 자에 대한 탄핵소추발의시가 있다. ④ 재적의원

4분의 1 이상의 찬성을 요구하는 경우는 임시회소집요구, 국정조사요구시이
며, ⑤ 재적의원 과반수의 출석과 출석의원 3분의 2 이상의 찬성을 요구하는
경우는 법률안 재의결시이다. ⑥ 재적의원 과반수 출석과 의원 다수의 찬성
을 요구하는 경우로는 i) 국회에서 대통령 당선자 결정시, ii) 상임위원장 선
출시 등이 있다.

4. 보류함제도와 캐스팅보트

보류함제도(Pigeon Hole)란 상임위원회에서 의안을 폐기처분하는 것을 의
미하며, 우리나라에서도 인정된다(국회법 제87조). 반면 상임위원회에서 폐기된
의안을 본회의에 회부를 요구하는 것도 가능하며, 보고된 날로부터 7일 이내
에 국회의원 30인 이상의 요구가 있어야 한다. 이를 위원회의 해임(Discharge
of committee)이라고 한다. 캐스팅 보트(Casting Vote)란 가부동수인 경우에 의
장의 결정권을 말한다. 우리나라는 이를 인정하지 않으며, 가부동수인 경우에
는 의장의 중립적인 의사진행을 위해서 부결된 것으로 본다.

III. 國會의 自律權

1. 자율권의 의의와 내용

국회의 구체적 운영에 관한 문제는 헌법과 법률에 별도의 규정이 없는
한 국회가 자율적으로 결정하도록 되어 있다. 국회가 여타의 다른 국가기관
의 간섭을 받지 않고, 헌법과 법률 그리고 의회규칙에 따라 의사와 내부사항
을 독자적으로 결정할 수 있는 포괄적인 권한을 국회의 자율권이라고 한다.
국회의 자율권은 영국에서 의회의 자율성 확보를 위해서 인정된 제도에서 유
래한다고 한다.

국회의 자율권의 내용으로는 의사진행자율권·내부조직권·내부경찰권·
국회규칙의 제정권, 국회의원 신분보장에 대한 권한 등을 들 수 있다. 먼저
의사진행의 자율권에 의하여 국회는 의사일정의 작성과 의안의 발의·동의·
수정 등에 관하여 헌법과 국회법 및 국회규칙의 구속을 받는 것 외에는 스스
로 이를 행한다.

또 국회는 헌법과 법률에 따라 의장단의 선출·위원회의 구성·사무총장

과 직원의 임명 등을 자율적으로 행한다. 또한 국회 내에서의 질서유지를 위하여 의원·방청객은 물론 원내에 있는 모든 자에 대하여 일정한 사항을 명하거나 실력으로써 명령을 강제할 수 있는 내부경찰권을 가지며, 국회가 그 의사에 반하여 타인이 국회 내에 침입함을 금지하고 국회 내에 있는 모든 자로 하여금 질서를 유지하도록 하는 의원가택권을 가진다.

특히 중요한 자율권으로는 국회규칙제정권이 있다. 국회는 헌법과 법률에 저촉되지 아니하는 범위 내에서 의사와 내부사항에 관한 규칙을 정할 수 있다(제64조 제 1 항). 국회규칙은 법률의 하위적 효력을 지니며, 비교적 기술적·절차적 사항을 그 내용으로 하고 있다. 따라서 국회의 구성원에 대해서만 효력을 가진다고 볼 여지가 있다. 그러나 의사에 관한 국회규칙은 국회법의 시행령으로서 명령에 준한다고 볼 수 있기 때문에 국회구성원 이외의 제 3 자에 대하여도 구속력을 가진다고 보아야 할 것이다.[34] 따라서 국회에 출석한 정부위원이나 방청인, 증인, 감정인 등도 국회규칙의 구속력의 대상이 된다.

국회의원의 신분보장에 관한 권한도 의회의 자율권에 해당한다. 먼저 국회는 의원의 사직을 허가한다. 폐회중에는 의장이 이를 허가한다. 사직의 허가여부는 토론 없이 표결하게 되어 있다. 이를 의원에 대한 사직허가권이라고 할 수 있다. 또 의원의 자격심사권도 국회가 갖는다. 의원의 자격이란 헌법과 법률이 규정한 의원으로서의 신분을 유지하는 데 필요한 적격성을 의미하며, 국회는 의원의 자격을 심사할 수 있다. 의원이 다른 의원의 자격에 대하여 이의가 있으면, 30인 이상의 연서로 의장에게 자격심사를 청구할 수 있다. 자격심사는 윤리특별위원회의 예심을 거치게 되고, 본회의에서 재적의원의 3분의 2 이상의 찬성에 의해 자격 없음이 의결된다. 이에 대하여는 권력분립과 국회의 자율권 존중이라는 차원에서 법원에 대한 제소를 인정하지 않는다(제64조 제 4 항). 또 의원에 대한 징계권도 자율적 권한으로 국회 스스로가 갖는다.

2. 국회 자율권의 한계

국회가 자율권을 갖는다고 하더라도 그것이 무제한적인 것은 아니다. 특

---

34) 권영성, 876쪽.

히 국회의 자율권의 행사에 사법권이 어느 정도 개입할 수 있는지는 끊임없이 논란이 되고 있다. 먼저 국회의 그 소속의원에 대한 자격상실결정과 징계적 제명처분이 위법인 경우에 당해 의원은 그 취소를 법원에 제소할 수 있는가에 관하여 헌법은 이를 금지하고 있다(제64조 제4항).

그런데 특히 문제가 되고 있는 것은 법률제정 등에 관한 의사절차의 위법여부에 대한 헌법재판소에 의한 사법심사가 가능한가이다. 구체적으로 국회가 헌법과 국회법에 규정된 회의정족수나 의결정족수에 관한 규정 또는 의사진행절차에 관한 규정에 위반하여 법안 등을 의결한 경우 등이 문제된다.

국회가 이미 의결한 것이고 공포된 이상 헌법재판소가 지나치게 의사절차의 적법여부 판단에 개입하는 것은 국회의 자주성을 최대한 존중하고자 하는 헌법의 취지에 어긋나는 결과를 야기할 것이다. 따라서 대부분의 의사절차의 위법여부는 헌법재판소가 개입하여 판단할 대상은 아니라고 하겠다. 다만 입법절차상의 하자가 중대하고 명백한 경우, 특히 절차상의 하자가 국민의 기본권을 침해하는 내용을 결과짓는 데 중요한 작용을 한 경우라면 입법절차의 하자 여부가 헌법재판소에 의한 심판의 대상이 된다고 보는 것이 타당하다.35)

제 4 절 國會議員의 地位

I. 國會議員의 身分

1. 국회의원의 헌법상 지위

헌법 제41조 제1항은 "국회는 국회의원으로 구성한다"라고 하고 있으므로, 국회의원은 국회 구성원으로서의 지위를 갖는다. 그리고 국회의원은 개개인이 국민 전체를 대표하는 국민의 대표로서의 지위를 갖는다. 그런데 국회

---

35) "이 사건 법률안은 재적의원의 과반수인 국회의원 155인이 출석한 가운데 개의된 본회의에서 출석의원 전원의 찬성으로 의결처리되었고, 그 본회의에 관하여 일반국민의 방청이나 언론의 취재를 금지하는 조치가 취하여지지도 않았음이 분명한바, 그렇다면 이 사건 법률안의 가결선포행위는 입법절차에 관한 헌법의 규정을 명백히 위반한 흠이 있다고 볼 수 없으므로 이를 무효라고 할 수 없다"(헌재 1997. 7. 16. 96헌라2).

의원은 자유위임의 원칙에 기초하여 국민에게 법적 책임이 아닌 정치적 책임을 원칙적으로 지게 된다. 즉 국회의원은 국민 전체의 이익을 위하여 활동해야 하고 국민은 국회의원에 대해 선거나 여론 등의 방법으로 정치적 책임을 물을 수 있게 된다.

그런데 오늘날 정당국가화 경향에 따라 국회의원은 자신의 소속정당을 대표하는 지위도 갖게 된다. 오늘날 국회에서의 의사는 의사당 내에서 의원들간의 자유로운 토론과 표결에 의하여 이루어지는 것이 아니라, 각 정당대표들이 사전에 합의한 바에 따라 결정되고 소속 의원들은 그 의견에 사실상 기속되는 모습을 보이는 것이다.

결과적으로 국회의원은 국민의 대표이기도 하고 정당의 대표이기도 한 이중적 지위를 갖게 된다. 양자의 지위에 따른 결정이 일치하는 경우라면 문제가 되지 않겠으나, 현실적으로는 종종 상충한다. 그러한 경우 어떠한 지위를 우선할 것인지 판단하기는 쉽지 않다. 일단 대의제 민주주의는 언제나 국민의사의 우월성을 대전제로 삼고 있다는 점을 감안할 때 국회의원은 국민의 대표로서의 지위를 언제나 우선하기 위해 노력해야 한다. 나아가 정당의 의견과 자신이 판단한 국민의 이익이 상충할 경우 정당 내에서 자신의 뜻을 관철하기 위하여 적극적인 노력을 해야 한다. 국민의 의사를 벗어난 정당의 정략적인 강령만을 추종하는 의원은 결국 선거에서 국민에게 정치적 책임을 져야 할 것이다.

2. 의원자격의 발생과 소멸

공직선거법 제14조 제 2 항은 "국회의원의 임기는 총선거에 의한 전임의원의 임기만료일의 다음날로부터 개시된다"라고 정하고 있다. 의원의 자격은 바로 그의 임기가 개시되는 순간부터 부여되는 것이다.

의원 자격의 소멸은 그의 임기만료로서 이루어지는 것이 보통이다. 임기는 4년으로 정해져 있다(헌법 제42조). 그러나 선거소송에 관한 판결의 결과 선거무효 또는 당선무효가 되면 의원은 자격을 상실한다(공직선거법 제263조 이하 참조). 또 법률에 규정된 피선거권을 상실한 때(국회법 제136조 제 2 항), 헌법이나 법률에 의하여 겸직할 수 없는 직에 취임한 때, 임기개시일 이후에 해직된 직의 권한을 행사한 때에는 의원의 직에서 퇴직하도록 되어 있다(헌법 제43조; 국회법 제29조[36]). 의원 스스로 사직을 하는 경우도 있으며(국회법 제135조), 재적의원 3분의 2 이상의 찬성으로 의원을 제명할 수도 있다(헌법 제64조 제 3 항). 국회에 의한 자격심사에 의하여 무자격자로 판정되는 경우 의원자격을 상실하게 된다(헌법 제64조 제 2 항).

한편 전국구 국회의원인 공직선거법 제192조 제 4 항에 의하여 소속정당의 합당, 해산 또는 제명 이외의 사유로 당적을 이탈·변경하거나 둘 이상의 당적을 가지고 있을 때에는 그 당선을 무효로 하거나 퇴직한다고 규정하고 있다.[37] 그리고 헌법 제 8 조 제 4 항에 의한 위헌정당해산이 이루어진 경우 소속정당의 의원도 의원자격을 상실하는 것이라고 해석된다.[38]

Ⅱ. 國會議員의 特權

1. 불체포특권

불체포특권이란 행정부에 의한 부당한 체포·구금으로부터 자유로운 국회활동을 보장하는 기능을 수행하는 권한이다. 불체포특권이란 국회의원은

---

36) 제29조(겸직) ① 의원은 정치활동 또는 겸직을 금지하는 다른 법령의 규정에 불구하고 다음 각 호의 1에 해당하는 직을 제외한 다른 직을 겸할 수 있다.
  1. 국가공무원법 제 2 조에 규정된 국가공무원과 지방공무원법 제 2 조에 규정된 지방공무원. 다만, 국가공무원법 제 3 조 단서의 규정에 의하여 정치운동이 허용되는 공무원은 제외한다.
  2. 대통령·헌법재판소재판관·각급선거관리위원회위원·지방의회의원
  3. 다른 법령의 규정에 의하여 공무원의 신분을 가지는 직
  4. 정부투자기관관리기본법 제 2 조에 규정된 정부투자기관(한국은행을 포함한다)의 임·직원
  5. 농업협동조합·수산업협동조합의 임·직원
  6. 정당법 제 6 조 단서의 규정에 의하여 정당의 당원이 될 수 없는 교원
② 의원이 당선 전부터 제 1 항의 겸직이 금지된 직을 가진 경우에는 임기개시일에 그 직에서 해직된다.
③ 정당법 제 6 조의 규정에 의하여 정당의 당원이 될 수 있는 교원이 의원으로 당선된 때에는 임기중 그 교원의 직은 휴직된다.〈개정 1994. 6. 28〉
④ 의원이 당선 전부터 다른 직을 가진 경우에는 임기개시 후 1월 이내에, 임기중에 다른 직에 취임한 경우에는 취임 후 15일 이내에 의장에게 서면으로 신고하여야 한다.
⑤ 의장은 의원이 다른 직을 겸하는 것이 제25조의 규정에 위반된다고 인정될 때에는 그 겸한 직을 사임할 것을 권고할 수 있다.
  국회의원의 겸직과 관련된 최근의 논의와 관련해서는 앞의 "제 1 장 제 1 절 Ⅲ. 3. (3) 국회의원의 겸직금지" 참조.
37) 헌재 1994. 4. 28. 92헌마153 참조.
38) 이에 대한 내용은 "제 7 부" 참조.

헌법 제44조 규정에 의해서 현행범인인 경우를 제외하고는 국회의 동의 없이는 회기중에 체포 또는 구금되지 아니하는 권리를 의미한다. 국회의원의 불체포특권은 국회의원 개개인의 특권이 아니라 국회 자체의 특권이라는 것이 일반적인 견해이다. 그러므로 국회의원의 특권은 포기할 수 없다.

불체포특권은 16세기에 영국의 제임스 1세 때 법적으로 보장되었으며, 근대 헌법에서 국회의원의 불체포특권을 인정하는 것은 미국 연방헌법이다. 미국 연방헌법 제 1 조 제 6 항에 "상·하의원은 반역죄, 특별중죄, 평화교란죄를 제외하고는 어떠한 경우에도 체포되지 아니한다"라고 규정하고 있다. 독일과 이탈리아는 회기중에 한정하지 아니하고 임기중에는 불체포특권을 인정하고 있다. 불체포특권은 우리나라 헌법에서는 건국헌법 이래 계속적으로 인정하였다. 현행헌법 제44조에 "국회의원은 현행범인인 경우를 제외하고는 회기중에 국회의 동의 없이는 체포·구금되지 아니한다"고 규정하고 있다.

이 권한에 따라 회기중 국회의원의 체포·구금이 금지된다. 국회의원은 회기중에는 체포 또는 구금되지 아니한다. 여기에서의 회기중이라고 함은 집회일로부터 폐회일까지를 말하며, 임시회이든 정기회이든 불문하고 휴회기간 중도 포함한다. 체포나 구금은 형사소송법상의 강제처분뿐만 아니라 보호조치·감호조치와 같은 행정상의 강제처분도 포함한다는 것으로 이해해야 할 것이다. 불체포특권은 회기중에만 인정하므로 폐회중인 경우에는 국회의 동의 없이 국회의원을 체포·구금할 수 있다. 그러나 회기중이라도 체포를 하지 않는 공소제기나 불구속수사는 가능하다.

한편 회기 전에 체포·구금된 경우에는 국회법 제28조 규정에 의해서 국회의원 20인 이상이 연서를 첨부하여 요구서를 의장에게 제출하여야 한다. 국회의 석방요구의 의결정족수는 재적의원 과반수의 출석과 출석의원 과반수의 찬성으로 의결하며, 국회의 요구가 있으면 현행범인이 아닌 한 회기중에 석방된다. 현행범인인 경우에는 국회의 요구가 있어도 석방되지 아니한다. 석방은 회기중에 한하므로 회기가 끝난 후에는 다시 구금할 수 있다.[39]

다만 국회의원의 불체포특권은 ① 현행범인인 경우,[40] ② 국회의 체포동

---

39) 행정부로부터 체포동의의 요구가 있을 경우에 그 동의요구에 국회가 기속되는가에 대하여는 ① 동의여부는 국회의 자유재량이라고 보는 '재량설'과 ② 범죄행위가 농후하고 증거인멸의 우려가 있을 경우에는 동의를 하여야 한다는 '기속설'이 대립하고 있다.
40) 준현행범인 경우는 포함되지 않는 것으로 해석된다.

의가 있는 경우, ③ 회기 전에 체포·구금된 경우에 국회의 석방요구가 없는 경우에는 불체포특권을 인정하지 아니한다. 계엄이 선포된 경우에는 계엄법 제13조에 의해서 현행범이 아닌 한 회기 전후를 불문하고 불체포특권을 인정한다.

2. 면책특권

헌법 제45조 규정에 의해서 국회의원은 직무상 행한 발언과 표결에 관해서 국회 외에서 책임을 지지 아니한다. 국회의원의 면책특권은 국회의원의 자주적이고 원활한 직무수행을 위한 것으로, 헌법 제11조의 평등원칙을 위배한 것은 아니다. 국회의원의 면책특권은 권력분립정신의 충실성을 토대로 하며, 그 제도적 의의로는 국회의 자율성 확보, 행정부의 간섭배제 등을 들 수 있다. 특히 집행부를 비판하거나 반대하는 의원들에게 면책특권은 보다 현실적인 의미가 있다.

국회의원의 면책특권은 1689년 영국의 권리장전에서 최초로 성문화된 이래 1789년 미국헌법 제 6 조 제 1 항에 세계최초로 헌법상 명시되었다. 국회의원의 면책특권은 형벌권을 면제하는 인적 처벌조각사유인 책임면제로 보는 것이 일반적인 해석이다. 면책특권은 실체법상의 특권으로 임기만료 후에도 책임을 부과할 수 없는 영구적인 특권이라는 점에서 볼 때, 일시적 특권인 불체포특권과 비교된다.

면책특권의 주체는 국회의원이며, 국회의원이 아닌 자는 원내에서 발언한 내용은 면책특권이 인정되지 아니한다. 의원직을 겸직한 국무총리나 국무위원에게도 면책특권을 인정할 것인가에 대하여는 학설의 대립이 있으나, 인정된다고 보아야 하겠다.[41] 면책특권은 의원의 신분을 고려한 인적 처벌조각사유이므로, 이를 교사 또는 방조한 자는 처벌을 면할 수 없다.

면책의 대상은 국회의원이 국회에서 직무상 행한 발언과 표결이다. 여기에서의 국회란 국회본회의장에 국한되지 아니하며, 위원회를 포함한 의정활동을 행하는 모든 장소를 의미한다. 여기서 직무상의 행위는 직무집행 자체뿐만 아니라 직무와 부수되는 행위까지도 포함한다. 그러나 직무와 관계없는

---

41) 김철수, 967쪽; 홍성방, 805쪽; 반면 의원자격에 의하여 발언 등을 한 경우에만 인정된다고 보는 견해로는 권영성, 887쪽; 허영, 901쪽.

행위나 야유, 폭력행위, 사담, 비방행위 등은 면책대상이 되지 아니한다. 또 국회의원의 발언이란 의제와 관계되는 의사표시를 말하는 것으로, 토론·연설·질문·진술 등을 들 수 있다. 국회의원의 표결이란 의제에 관한 찬반의 사표시를 말한다. 면책대상이 되는 행위는 의사표현행위 자체에 국한하지 않고 이에 수반되는 행위까지를 포함한다.

국회의원의 면책특권은 국회 외에서 책임지지 아니함을 의미한다. 그러나 국회 내에서의 징계책임은 부과 가능한 것으로 보아야 할 것이다. 면책특권은 책임면제의 성격을 가지는 것이므로 형법상의 명예훼손죄나 민사상의 손해배상책임 등으로 소추받지 아니하는 것을 의미한다. 또한 면책의 기간은 임기중에 한하지 않고, 임기종료 후까지도 적용한다.

다만 면책특권을 인정하더라도 정치적 책임, 소속정당에 의한 징계처분이나 국회에서 국회법에 따라 징계하는 것은 가능하다. 국회 내에서 행한 발언을 다시 원외에서 발표하거나 출판하는 것은 면책되지 아니한다. 그러나 공개회의의 회의록을 공개하는 것은 보도의 자유의 일환으로서 인정된다. 다만 비밀을 요한다고 의결한 부분과 의장이 국가의 안전보장을 위하여 필요하다고 인정한 부분으로서 회의록에 게재하지 아니하기로 한 내용을 보도하는 경우에는 면책되지 않는다고 하겠다.

3. 국회의원의 특권의 문제점과 개정논의

이상 살펴본 바와 같이 국회의원의 면책특권과 불체포특권을 규정한 것은 행정부의 불법한 억압으로부터 국회의 자주적인 활동을 보장하는 데 목적이 있다. 즉 국회의원 개인의 특권이 아닌, 국민의 대표로서의 국회의원에 대한 직무수행상의 특권인 것이다. 그런데 최근에는 이러한 특권이 심각하게 남용되고 있어서 많은 물의를 빚고 있다. 즉 면책특권을 이용하여 무책임한 폭로를 일삼고 끊임없는 정쟁을 야기하며, 불체포특권을 이용하여 비리를 저지른 동료의원을 감싸는 행태를 보이고 있는 것이다. 이러한 행위들은 국회의원들이 법 위에 군림한다는 특권의식으로 가지고 있지 않은 이상 상식적으로 납득이 되지 않는 것이라고 비판받고 있다.42)

---

42) 지난 2003년 하반기에는 여·야의원 7명에 대한 체포동의안이 모조리 부결되는 사건이 있었다. 헌정사 전체를 통털어 그동안 16건의 의원 체포·구속 동의안이 제출되어 4건이

이러한 문제에 대하여 먼저 우리도 독일 기본법처럼 악의적 목적으로 허위사실을 공표한 경우 등은 면책특권에 의하여 보호되지 않는 것으로 해석하거나 관련 입법을 하는 것이 바람직하다는 견해가 설득력 있게 대두되고 있다. 면책특권의 취지는 의원의 효과적인 의정활동을 돕기 위한 것이지, 악의적 범죄행위를 조장하기 위한 것은 아니기 때문이다.

또 불체포특권과 관련하여 비리 의원을 보호하기 위한 목적으로 열리는 이른바 '방탄국회' 관행을 근절하는 여러 방안이 제시되고 있다. 또 체포동의제도와 관련하여 국회는 의원의 체포가 부당한 탄압인지 여부만 판단할 것이고, 의원을 불구속으로 재판해야 한다든가 하는 사항은 원칙적으로 법원이 영장 실질심사를 통해 판단하도록 해야 한다는 주장이 제기되고 있다.[43]

국회의원의 면책특권과 불체포 특권은 나름의 역사적 경험을 기반으로 만들어진 중요한 제도임에 틀림없다. 이것이 남용되는 것은 제도가 부족해서라고 하기보다는 오히려 우리나라 국회의원의 자질 부족에 기인하는 것이라고 할 것이다. 현재의 따라서 문제되는 행태 때문에 이 제도를 근본적으로 없애버리거나 형해화시키는 것은 바람직하지 않다. 다만 올바른 의회관행이 확립될 때까지, 국회의원의 특권을 조심스럽게 제한해서 제도 운영의 합리화를 도모하는 것은 타당하다고 본다.[44]

부결된 것과 비교해서 충격적인 결과가 아닐 수 없다. 이런 결과가 나온 것은 각 당이 대의에 입각해 당론을 정하지 않고 자유투표에 맡겨 부결을 방조한 때문이라고 분석된다. 국회 윤리위원회가 죄에 대한 판단 없이 본회의에 책임을 떠넘긴 것도 마찬가지로 문제되고 있다(한겨레신문 2003년 12월 30일자).

43) 대한변협은 2004년 2월 13일 국회의원의 불체포특권과 면책특권을 제한하는 입법청원을 한 바 있다. 이에 따르면 먼저 불체포특권의 한계를 명시하여, 의원에 대한 체포 또는 구금이 의정활동을 방해할 목적인 경우를 제외하고는 체포동의안을 부결하거나 석방요구안을 가결할 수 없도록 하고, 윤리특별위원회 등의 엄격한 처리절차를 명시하였으며, 국회가 체포동의서를 제출받은 때로부터 7일 이내에 본회의에서 표결하지 않은 경우에는 동의한 것으로 간주하는 규정을 두고 있다. 또 부결된 경우 판사는 회기가 종료된 후에 영장을 발부할 수 있고 판사가 회기중에 체포동의안이 부결되었다는 이유로 영장을 기각한 경우에는 검찰은 회기가 끝난 후 특별한 사정이 없는 한 구속영장을 재청구하도록 하고 있다. 또 석방요구안의 발의 정족수를 재적의원 4분의 1로 강화하고 있다. 한편 면책특권과 관련하여 의원이 국회에서 허위의 사실로 사람의 명예를 훼손하거나 사람을 모욕하는 행위는 직무범위에 속하지 않음을 명시하고 있다(대한변협신문 2004년 2월 16일자).

44) 덧붙여 국회의원은 이러한 직무상 특권 외에도 사실상의 많은 혜택을 누리고 있다. 의원들은 수당과 입법활동비, 특별활동비 등 한 달에 700만원에 가까운 세비에다 100-200%에 이르는 상여금이 더해진다. 25평의 의원실과 각종 집기 등도 일체 무료로 제공된다. 또한 보좌관 2명과 비서관 1명, 비서 3명 등 6명을 마음대로 채용할 수 있는 인사권이 있다. 이들은 별정직 국가공무원으로 급여는 국가가 지급한다. 열차를 무료로 이용할 수도 있고 공

Ⅲ. 國會議員의 權利와 義務

1. 국회의원의 권리

국회의원은 우선 발의권을 갖는다. 발의권이란 국회의원이 의제로 할 수 있는 의안을 제출할 수 있는 권리를 말하며, 국회의원은 20명 이상의 찬성으로 의안을 발의할 수 있다. 예산상 조치가 수반되는 경우에도 20인 이상의 찬성으로 개정된 국회법에서는 인정하고 있다. 예산상 조치가 수반되는 경우에는 국회법 제79조의 규정에 의해서 예산명세서를 첨부하여, 국회의원 20인 이상의 찬성으로 발의할 수 있다. 헌법개정, 해임건의, 탄핵소추 등의 경우에는 특별발의정족수를 필요로 하게 된다.

또 국회의원은 국무총리, 국무위원, 정부위원에 대하여 질문할 수 있는 권리를 가진다. 현재의 의제와 관계 없이도 할 수 있다는 점에서 질의권과 구별된다. 질문에는 서면으로 행하는 일반질문과 구술로 행하는 긴급질문이 있으며, 일반질문은 국회의원 20인 이상의 국무총리나 국무위원에 대한 출석요구가 필요하며, 질문요지서는 24시간 전까지는 정부에 도달해야 한다. 또한 정부는 질문서를 받은 날로부터 10일 이내에 서면으로 답변해야 한다. 한편 국회의원은 질의권을 갖는다. 이것은 현재 의제와 관계 있는 내용을 국무총리, 국무위원, 정부위원 및 발의자, 위원장에게 구술로 질의하는 것을 말한다. 토론권이란 국회의원이 의제가 된 의안에 대하여 찬성·반대토론을 할 수 있는 권리를 말한다. 의사일정에 상정한 안건에 대하여 토론을 하고자 하는 의원은 사전에 반대 또는 찬성의 뜻을 의장에게 통지하여야 한다. 국회의원은 본회의나 위원회에 참가하여 표결에 참가할 권리를 가진다. 국

항에서도 일반인들과는 다른 영접실을 이용한다. 해외시찰과 국정감사 명목으로 한 해에 서너 번씩은 외유를 즐긴다. 한 달간 국회의원 생활을 하면 헌정회에 가입되어 65세부터 월 80만원씩 연금이 지급되고 80세 때는 성대한 축수잔치를 벌여 준다. 이러한 국회의원이 누리는 혜택은 일부는 충실한 의정활동을 돕기 위해 반드시 필요한 것이라고 할 수도 있지만, 상당부분은 국회의원의 지위를 특권화하고 이유 없이 국고를 낭비하는 것이라고 평가할 수 있다. 국회의원의 직무집행상의 혜택을 제외하고는 과감하게 줄여 나갈 필요가 있다. 최근 여당은 국회의 투명성을 강화하기 위해 의원들의 의정활동비를 신용카드로만 결제하도록 하고, 국회 사무처의 예산을 줄여 마련한 재원으로 의정활동 실적이 뛰어난 의원에게 연간 1억원까지 정책개발비 등을 지원하는 인센티브제 도입을 검토하고 있다고 보도된 바 있다.

회의원은 국회법 제15조의 의장·부의장의 선거권, 헌법 제47조 제1항의 임시국회소집요구권, 헌법 제64조 제1항의 의사규칙 등을 제정할 수 있는 자율권을 가진다.

국회의원의 업무수행을 보조하기 위하여 국회법 제31조 규정에 의해서 국회의원은 국유의 철도·선박과 항공기에 무료 승용할 수 있다. 다만, 폐회 중에는 공무의 경우에 한한다. 또 의원은 법률에 따라 일정액의 세비, 입법활동비·특별활동비, 여비 등을 지급받는다.

2. 국회의원의 의무

국회의원의 헌법상 의무는 헌법 제46조 제1항의 청렴의무, 제46조 제2항의 국가이익우선의무, 제46조 제3항의 이권개입금지의무 및 직권남용금지의무, 제43조의 겸직금지의무 및 국민전체에 대한 봉사의무 등을 들 수 있다. 국회의원은 국가이익을 우선하여 양심에 따라 직무를 행하여야 하는 국가이익우선의무를 지므로, 선거구민이나 소속정당의 이익보다는 전체국민의 이익을 위해서 봉사하여야 한다.

국회의원의 국회법상의 의무는 출석의무, 품위유지의무, 국회규칙에 따라 회의장의 질서를 준수할 의무, 의장이 질서유지에 관한 명령에 복종할 의무, 다른 의원을 모욕하거나 다른 의원의 발언을 방해하지 않을 의무, 선서의무, 국정조사·감사에서의 주의의무 등을 진다.

Ⅳ. 國會議員의 懲戒

국회법 제155조 제2항의 규정에 의해서 국회의원 징계의 종류는 ① 공개회의에서의 경고, ② 공개회의에서의 사과, ③ 30일 이내의 출석정지, ④ 제명 등이 있다(국회법 제163조 제1항). 제명을 의결할 때에는 재적 3분의 2 이상의 찬성이 필요하며, 징계로 제명된 자는 그로 인하여 궐원된 의원의 보궐선거에 후보자가 될 수 없다(법 제164조). 30일 이내의 출석정지의 경우에는 출석정지기간에 해당하는 국회의원 수당, 입법활동비, 특별활동비의 2분의 1을 감액한다. 국회의원의 징계는 일종의 통치행위이며, 헌법 제64조 제4항에 의해서 법원에 제소할 수 없다(헌법 제64조 제4항). 그러나 역시 헌법재판

소에 헌법소원을 제기하는 것은 가능하다고 해석하는 견해가 있다.[45]

국회의원의 윤리심사 및 징계에 관한 회의는 공개하지 아니한다. 다만 본회의 또는 위원회의 의결이 있을 때에는 그러하지 아니한다. 국회의원의 징계시에는 윤리특별위원회에서 그 문안을 작성하여 보고서와 함께 의장에게 제출하여야 한다. 징계의 의결을 한 때에는 의장은 공개회의에서 이를 선포한다.

---

45) 권영성, 879쪽.

제 2 장 國會의 立法에 관한 權限

제 1 절 立法의 意義와 立法節次

I. 立法의 意味에 관한 論難

1. 국회입법과 관련된 학설의 논의 ― 이중적 법률개념의 이론

입법이란 법규범을 정립하는 작용이라고 말할 수 있다. 보통 법규범이란 일반적이고 추상적인 구속력을 가지고 국가의 강제력에 의해 담보되는 국가의 의사표시라고 이해된다. 따라서 국회입법이란 국회가 주로 법률이라는 법규범을 정립하는 작용을 말할 수 있다. 그런데 법률이라는 개념의 이해에 많은 혼란이 있다. 국회의 입법에 대한 이해는 국회 입법의 대상이라고 할 수 있는 법률이 무엇을 지칭하는가를 밝히는 과정에서 해명될 수 있는 것이다.[1]

역사적으로 보면 법률은 법규범(Rechtsnorm)을 의미하며, 이는 법적 규율 또는 일반적인 확정을 의미하였다고 한다. 나아가 법규범이라는 용어는 법적 규율, 즉 불특정 다수의 경우에 대한 법적 효과를 지칭하는 것에 머물지 않고, 그 밖의 기본적 결단에 대한 확정까지 포함한다고 한다.[2] 법규범이라는 말은 처음에 실질적으로 파악되었다. 실질적 의미의 법에 대해서는 역사적으로 많은 견해가 존재하였는데, 이를테면 Laband는 "법이란 개개의 주체상호간의 권리의무를 한계지우고 또 인간의 공동생활에 의하여 명령되어진 개개인의 자연적 행동자유의 범위와 한계"를 뜻한다고 표현하고 있다. 그런데 법률의 개념은 사용되는 장소에 따라 형식적인 의미로 사용되기도 하였다. 형식적 의미의 법률은 의회를 통하여 정해진 입법절차에 의해 제정된 법규범을

---

1) 전통적인 법개념에 대한 자세한 내용은 E -W. Böckenförde, *Gesetz und gesetzgebende Gewalt*, 1981, S. 226ff.

2) H. Schneider, *Gesetzgebung*, 1991, Rn. 14, 16.

의미한다고 하겠다. 역시 Laband의 전통적인 견해에 따르면 "일정한 엄숙한 방법으로 성립되고 선언된 국가의사표명"이며, 앞의 실질적 의미의 법률을 포함하지 않는 형식적 의미의 법률로는 법률형식의 예산안, 기채, 결산의 승인 선전포고 등이 있다고 한다.[3]

2. 이중적 법률개념의 문제점

그런데 이러한 실질적 법률·형식적 법률개념의 이분법적 논의는 매우 복잡한 문제를 야기했다. 실질적 법률과 형식적 법률의 의미 그 자체도 분명하지 않고, 실제로 학자마다 매우 다양한 형태의 정의를 내놓고 있었다. 나아가 양자가 불일치하는 경우에 그 불일치를 어떻게 바라보아야 하는 것도 확실하지 않다.

이러한 여러 가지 문제점은 바로 법률개념을 형식적 의미와 실질적 의미로 나누어 바라보는 출발점 자체에서 시작된 것이며, 실제로 오늘날의 대부분의 학설은 이러한 실질적·형식적 의미의 법률개념 구별(이른바 이중적 법률개념)에 대하여 반대하고 있다. 그러한 구분은 헌법 내부로부터 발생한 것이 아니라 당시의 사이비 입헌주의 상황을 정당화하기 위하여 만들어진 것이고, 그러한 개념적 구분으로 인하여 법률개념의 통일적 기능이 침해된다고 비판을 받는다. 또 내용과 형식은 구별이 불가능하다는 원론적인 문제가 지적되기도 한다.[4]

3. 헌법질서하에서의 법률의 개념, 국회입법의 의미

그런데 이러한 이중적 법률개념에 대한 비판만으로 법률의 개념에 대한 의문이 모두 해결되는 것은 아니다. 결국 법률의 개념을 더욱 구체적으로 인식하기 위해서는 다시 현행헌법질서하에서 권력분립의 이해와 이와 관련된 입법기능의 의미를 파악하여야 한다.

먼저 입법기능의 의미는 앞서 밝힌 바와 같이 새로운 권력분립의 의미에서 이해되어야 한다. 여러 가지 입법기능 중에 국회가 수행하기 적합한 입법기능이 국회에 맡겨지는 것이며, 그것이 법률이 되는 것이다. 결국 핵심적인

---

3) P. Laband, *Das Staatsrecht des Deutschen Reiches*, 1911, S.1ff.
4) H. Schneider, *a.a.O.*, Rn. 25; E -W. Böckenförde, *a.a.O.*, S. 282ff.

문제는 어떠한 입법기능이 국회에 맡겨지는지, 즉 "법률로서 제정되어야 하는 사항이 무엇인가"의 의문이다.

명확한 기준을 제시할 수는 없겠지만 지금으로서는 법률이란 민주적 절차에 의하여 국회가 결정해야 하는 국가운영에 있어 본질적인 사항으로서 국민에 대한 일반적인 규율을 담고 있는 것이라는 규범이라고 이해할 수밖에 없다. 다소 형식적인 설명이지만 이러한 견해가 현재 광범위한 합의를 얻고 있다. 이러한 입장은 이른바 본질성설(Wesentlichkeitstheorie)이라는 법률유보에 관한 학설과 유사한 맥락이라고 이해할 수 있다. 그러나 무엇이 본질적인 것이며, 입법자는 스스로 어디까지 규율하여야 하며 행정에 의한 규율에 위임할 수 없는가, 그리고 입법자의 규율이 어느 정도 명확성을 지녀야 하는가 등은 여전히 문제가 된다. 이에 대하여는 기본권을 제한하거나 또는 충돌하는 기본권들 상호간에 한계를 그어주는 결정들은 항상 본질적인 것이며, 이에 따라 독일연방헌법재판소는 기본권에 관련된 영역에서 본질적이라는 것은 보통 기본권 실현에 있어 본질적인 것을 의미한다는 명제를 확립하였다고 한다.5) 요컨대 국회 입법이란 이러한 의미의 법률을 정립하는 작용을 의미한다. 명확하지 않은 정의로 인하여 결국 입법자의 재량에 맡겨져 있는 영역이 확대되는 것은 불가피한 것으로 보이며, 이러한 문제는 법률에 대한 광범한 사법적 통제에 의하여 커버되고 있다고 할 수 있다.6)

다만 헌법은 제37조 제 2 항에서 국민의 권리를 제한하는 경우 법률에 의하도록 규정하고 있으며, 그 외에도 죄형법정주의(제12조 제 1 항), 재산권의 내용과 한계 및 보상기준(제23조), 선거권(제24조), 공무담임권(제25조), 재판청구권(제27조), 국가배상청구권(제29조), 범죄피해자구조청구권(제30조), 사회보장수급권(제34조 제 5 항), 납세의무(제38조), 국방의 의무(제39조) 등은 반드시 법률로 제정할 것을 명령하고 있다.

또 선거(제41조, 제67조), 국군의 조직·편성(제74조 제 2 항), 행정각부(제96조), 감사원(제100조), 법원(제102조 제 3 항), 헌법재판소(제113조), 선거관리위원회의 조직(제114조 제 7 항)과 지방자치단체의 종류(제117조 제 2 항) 등의 '국가기간조직사항'은 법률로 제정해야 한다. 국적(제 2 조 제 1 항), 정당제도(제 8

---

5) K. Hesse(계희열 역), 독일헌법원론, 2002, Rn. 509.
6) 장영수, "현행헌법상 권력분립의 기본체계," 고려대법학논집 제31집, 37쪽.

조), 교육제도(제31조 제6항), 계엄(제77조), 사면(제79조) 등의 '국가중요정책사항' 등도 법률로 정해야 한다. 이상의 사항은 어떠한 이론에 따르더라도 이상의 내용은 반드시 법률로 정해져야 하며 따라서 국회입법의 대상이 된다고 할 것이다.

II. 法律制定의 節次

1. 법률안제출권

법률안은 국회의원과 정부가 제출할 수 있다(제52조). 국회의원이 법률안을 제출하기 위해서는 10인 이상의 찬성을 얻어 발의해야 하며, 예산상의 조치를 수반하는 법률안 기타 의원의 경우에는 예산명세서를 첨부해야 한다(국회법 제79조).

정부가 법률안을 제출하는 경우에는 국무회의의 심의를 거쳐, 국무총리와 관계국무위원의 부서를 받은 후 대통령이 문서로 국회의장에게 제출하여야 한다(헌법 제89조). 대통령제 정부형태에 있어서 집행부에 법률안제출권을 부여하는 것은 이례적인 것이다.

2. 법률안의 심의·의결

법률안이 제출되면 국회의장은 이를 인쇄하여 의원에게 배부하고 전산망에 입력하여 의원이 이용할 수 있게 하여야 하며 본회의에 보고하고, 법률안의 내용과 성질에 따라 소관상임위원회에 회부해서 심의하게 한다. 위원회의 심도 있는 심사를 위해 법률안이 위원회에 회부된 후 15일(법사위는 5일)이 경과한 후에만 상정할 수 있다(국회법 제59조). 심사대상인 법률안에 대하여 그 입법취지와 주요 내용 등을 국회공보 등에 게재하여 입법예고할 수 있다. 위원회에서는 안건을 심사할 때 먼저 그 취지설명과 전문위원의 검토를 듣고 대체토론과 축조심사 및 찬반토론을 거쳐 표결한다. 다만 위원회의 의결로 축조심사는 생략될 수 있다(제57조). 상임위원회에서 심의·채택된 법률안은 일단 법제사법위원회에 넘겨 체계와 자구심사를 거쳐 본회의에 부의된다.

위원회의 심사가 모두 끝나면 법안은 본회의에 부의 된다(국회법 제81조 제1항). 본회의에서는 소관상임위원장의 심사보고를 듣고 질의와 토론을 거쳐 표결처리한다. 그러나 본회의는 의결로써 질의와 토론 또는 그 중의 하나를 생략할 수도 있다. 법률안에 대한 수정안은 30인 이상(예산안에 관한 것은 50인 이상)의 찬성을 얻어 의장에게 제출할 수 있다. 법률안은 재적의원 과반수의 출석과 출석의원 과반수의 찬성에 의하여 본회의를 통과할 수 있다.

3. 정부이송 이후의 절차

본회의에서 의결된 법률안은 정부에 이송된다(헌법 제53조 제 1 항). 정부가 이의를 제기하지 아니하면 국무회의의 심의를 거쳐 대통령이 서명·공포하고 국무총리와 관계 국무위원이 부서한다. 이로써 바로 법률안은 법률로 성립되는 것이다.

그러나 대통령은 이송된 법률안에 대하여 이의가 있을 경우에는 15일 이내에 이의서를 붙여 국회에 환부하고 재의를 요구할 수 있다. 폐회중인 때도 동일하다. 환부거부만 인정하고 수정거부 또는 일부거부는 인정하지 않는다. 법률안이 거부될 경우 국회는 재의에 붙이고, 재적의원 과반수의 출석과 출석의원 3분의 2 이상의 찬성으로 재의결하면 법률로서 확정된다(헌법 제53조).

대통령은 법률안이 이송된 날로부터 15일 이내에 공포하여야 한다. 법률안이 정부에 이송된 후 공포나 재의 요구도 없이 15일을 경과함으로써 법률로 확정되는 경우에도 국회의장이 이를 공포한다. 법률은 특별한 규정이 없는 한 공포된 날로부터 20일이 경과하면 효력이 발생한다. 단 권리를 제한하거나 의무를 부과하는 경우에는 30일이 경과해야 한다. 시행일 이후에 공포된 때에는 그 법률규정은 효력이 상실된다(헌법 제53조 등 참조).

Ⅲ. 소위 '국회선진화' 법규정의 폐지필요성

소위 '국회선진화법안'을 '몸싸움 방지법안', '의안처리개선 및 질서유지 등을 위한 국회법개정안'이라고도 하는데 2012년 5월 2일 통과되었다. 개정법의 핵심은 여야가 합의하거나 상임위원회 위원 5분의 3 이상 찬성을 얻은 법안만 처리가 가능하도록 한 것이다. 즉 개정안은 국회의장의 직권상정을 천재지변 등에 엄격히 제한하고[7] 재적 3분의 1 이상이 요구하면 합법적 의

---

7) 국회법 제85조 제 1 항, 제86조 제 2 항을 신설하여 국회의장의 직권상정요건을 천재지변,

사진행 방해인 필리버스터(filibuster)를 인정했고 그 종료 요구는 재적 5분의 3 이상의 찬성이 있을 때 가능하도록 했다.8) 쟁점법안을 신속처리 대상으로 지정하는 것도 해당 상임위 위원 5분의 3 이상의 동의를 요건으로 했다(제85조의2 신설). 정작 폭력방지를 위해서는 의장석과 위원장석 점거를 금지하는 규정을 신설했지만 처벌조항이 30일 이내의 출석정지나 3개월 동안 수당 삭감 정도로 미약하기 그지없다(제163조 제 2 항 신설). 결국 19대 국회에서는 '몸싸움 방지'를 위하여 민주주의 다수결 원칙을 버리고 여야 간에 견해차가 큰 쟁점 법안에 대하여는 60%(180석)원칙을 세운 것이다.9)

이는 세계에 그 유례가 없는 민주주의 다수결 원칙(헌법 제49조)을 위반한 명백한 위헌 법률로서 그 당시 대통령이 당연히 거부권을 행사했어야 했고, 앞으로 반드시 폐지되어야 한다. 국민이 비싼 세금과 시간을 들여 선거를 치뤄서 만들어준 여야다수 관계를 일시에 무너뜨리는 우를 범하고 있는 것이다. '몸싸움 방지'를 위해서라면 폭력행사를 엄벌하는 방향으로 가야지 소수 폭력에 주늑들어 다수결원칙을 저버린 것은 본말이 전도되었다는 비난을 피하기 어렵다. 그리고 우리 헌법은 법안 등의 처리에서 단순 과반을 넘어 특별 정족수가 필요한 것은 모두 구체적으로 정해 놓았다. 개정 당시 재적의원의 절반도 안되는 127명의 찬성으로 쟁점법안 처리에 5분의 3 이상 찬성이 필요한 사실상의 '헌법적 규정'을 만든 것은 앞뒤가 맞지 않는 일로써 정당성을 인정받기 어렵다. 더욱이 '폭력국회' 등으로 국민의 기대를 크게 저버린 18대 국회 말에 19대 국회운영의 본질적 부분을 훼손하고 있는 것은 제18대 국회가 최악의 국회였다는 것을 다시 한번 입증하고 있는 셈이다.

더욱 중요한 것은 이번 입법이 헌법상 행정부의 법률안제출권(제52조)을 사실상 무력화시키는 위헌이라는 것이다. 대통령을 중심으로 행정부가 국가발전을 위해서 효율적으로 정책을 집행해 나가는데 법률의 뒷받침이 절실한

전시·사변 이에 준하는 국가비상사태 및 각 교섭단체대표의원간 합의있는 경우로 한정했다.

8) 국회법 제106조의2(무제한 토론의 실시 등)를 신설해서 미국 상원의 filibuster를 도입한 것이다.

9) 다만 신설된 국회법 제85조의3에 따르면, 헌법 제54조 "정부예산안을 회계연도 개시 30일 전까지 의결해야 된다"는 취지에 따라 "…세입예산안 부수 법률안으로 지정된 법률안에 대한 심사를 매년 11월 30일까지 마쳐야 하고, 심사를 마치지 아니한 경우 해당 의안은 그 다음날에 본회의에 바로 부의된 것으로 본다"라고 규정하여 예산안 자동상정제도를 도입하였다.

것인데 소수야당은 이제 몸싸움하지 않고도 점잖게 사사건건 발목을 잡을 수 있다는 것이다. 식물국회를 얘기하지만 식물행정부를 우려하지 않을 수 없는 것이다. 소수야당의 오만한 자세가 나오지 않는다는 보장이 없다. 그래서 그 당시 대통령이 법률안거부권(제53조 제 2 항)을 행사했어야 했고, 그로써 이번 정부만이 아니라 차기 정부 아니 영원히 행정부 운영을 어렵게 할 것을 피할 수 있는 것이었다. 왜냐하면 이 법을 폐지하려면 소수야당의 반대로 국회의원 5분의 3의 동의를 얻어야 할 것이기 때문이다.[10]

국회운영에 있어서 몸싸움을 방지하고 진정한 선진화를 이룩하려면 의식과 발상의 전환이 필요하다. 불법적인 단상점거 사태가 벌어질 때 몇 차례 경고를 하고 그래도 안 될 때에는 의장이나 위원장은 의원들로부터 의결정족수에 필요한 동의서를 받아 가지고 그 자리에서 법안 가결을 선포하는 것이다. 앞으로는 그것을 적법한 법안통과로 보는 지혜가 필요하다는 것이다. 무엇 때문에 불법적인 단상점거에 맞서 똑같이 몸싸움을 할 필요가 있겠는가. 법을 만드는 국회에서 국회법을 제대로 지키는 모범을 보여야 법치주의가 살아날 수 있지 않는가. 따라서 국회에서 불법적인 폭력을 행사하는 의원은 형사처벌은 물론 제명에 가까운 징계를 받아야 마땅하다. 지금은 과거 군사정부 시절처럼 정통성이 없는 정부가 아니라 선거민의에 기반을 두고 성립된 확실한 민주정부이기 때문에 어떠한 폭력행사도 용납될 수 없다는 것이다.

---

10) 새누리당은 '국회선진화법'에 대하여 위헌 판결이 내려지기 어렵다는 현실적 여건을 고려해 권한을 침해했다는 부분에 대해 판단을 받아 보겠다는 뜻으로 헌재에 헌법소원 대신 권한쟁의 심판을 청구하는 방법을 택했다. 즉 '북한인권법을 비롯해 국회에 장기 계류된 상태로 남아 있어 처리되지 못한 법안을 본회의에 상정해 달라'는 공식 서한을 정의화 국회의장에게 보내고, "국회의장이 국회선진화법 때문에 직권 상정할 수 없다는 뜻을 알려오면 당은 '국회의장이 권한을 행사하지 않아 헌법기관인 국회의원의 권리가 침해받고 있다'는 공문을 보낸 뒤 헌재에 권한쟁의 심판을 청구할 것"이라고 밝혔다. 새누리당이 장기 미처리 법안으로 꼽은 북한인권법은 2005년 당시 한나라당이 발의했지만 북한을 자극할 수 있다는 야권의 반발에 부닥쳐 10년째 국회에 계류 중이다. 이와 함께 새누리당은 연내에 국회법 개정안도 제출할 계획이다. "토론과 조정절차를 충분히 보장하되 일정 시기가 지나면 반드시 표결로 넘어갈 수 있는 국회법 개정안을 대표 발의할 것"이라고 밝혔다(동아일보 2014. 11. 3).

제 2 절   國會立法權의 內容

I. 憲法改正에 대한 權限

국회의 입법권은 앞서 본 바와 같이 법률 제정권이 중심을 이루지만, 우리 헌법상 최고의 규범정립기관이라는 점에 의해 법률 외의 규범제정과정에도 중요한 역할을 한다. 그 대표적인 것이 헌법개정에 대한 권한이다. 헌법개정안에 관하여는 국회는 국회재적의원 과반수의 발의로 개헌안을 제안할 수 있으며, 국회의결은 재적의원 3분의 2 이상의 찬성을 얻어야 한다. 법률의 제정과는 달리, 한 번 공고된 헌법개정안에 대하여는 수정할 수 없다(헌법 제128조, 제130조). 현행 국회법은 헌법개정의 중요성을 고려하여 헌법개정안에 대한 표결만큼은 반드시 기명투표로써 하도록 규정하고 있다.

II. 法律制定權

1. 일반적 법률의 제정권

국회에 의해 제정되는 법률은 다시 여러 가지 유형으로 나눌 수 있다. 예컨대 일반적이고 추상적인 내용을 가지며, 집행이나 사법을 매개로 하여 비로소 구체적이고 개별적인 사건에 적용되거나 현실적으로 국민에게 권리와 의무를 발생하게 하는 '일반적 법률'과 '처분적 법률', '계획적 법률', '동의적 법률' 등이 포함된다.

일반적 법률의 의미와 구체적인 입법절차에 관해서는 이미 앞에서 살펴보았다. 여기에서는 일반적 입법이 아닌 이례적 입법, 특히 처분적 법률과 관련된 문제점에 대하여 간단히 고찰하기로 한다.

2. 이른바 처분적 법률의 문제

처분적 법률이란 행정적 집행이나 사법적 재판을 매개로 하지 아니하고 직접 국민에게 권리나 의무를 발생하게 하는, 즉 자동집행력을 가지는 법률을 의미한다. 현대복지국가에서는 일반적 법률만으로는 국민의 생존권 보장 또는 비상적 상황에서의 대처가 어렵기 때문에 처분적 법률의 필요성이 계속 증대되고 있다. 처분적 법률에는 일정범위의 국민을 대상으로 하는 개별인 법률과, 개별적·구체적 상황 또는 사건을 대상으로 하는 개별사건법률, 시행 기간이 한정되어 있는 한시법률의 유형이 있다.[11]

처분적 법률은 이른바 수익적 법률에서보다는 부담적 또는 자유제한적 법률에서 위헌의 소지가 많다. 그러나 자유제한적인 처분적 법률이라 하여 당연히 위헌이 되는 것은 아니다. 처분적 법률에 대하여는 권력분립의 원칙과 평등의 원칙에 위반되는 것이 아니가 하는 문제가 제기된다. 일반적인 견해는 극단적인 개별적·구체적 처분이나 재판을 내용으로 하는 것이 아니라면 처분적 법률은 사회국가적 요청에서 부득이한 것이고 권력분립의 원칙에 위배되지 않는다고 보며, 평등의 원칙에서 의미하는 평등은 실질적·상대적 평등을 의미하고 사회국가적 이념을 실현하기 위하여 특정범위의 국민의 생존을 배려할 필요가 있는 경우에는 개별적·구체적 조치를 그 내용으로 하는 처분적 법률의 제정도 합리적 이유가 있는 것이므로 평등의 원칙에 위배되지 않는 것이라고 본다. 결국 처분적 법률이 국회가 가지는 법률 제정권의 한계를 의미한다고 볼 수는 없다.

III. 條約締結·批准에 대한 同意權

조약은 국회의 동의라는 절차를 거쳐야 비로소 국회가 제정한 국내법과 같은 효력을 가지므로, 헌법에 열거된 중요 조약의 체결 및 비준에 대해서 국회가 동의권을 갖는 것도 국회의 입법기능의 하나라 볼 수 있다. 아울러 조약을 체결·비준하는 것은 국가를 대표하는 대통령의 권한이므로 국회가 그에 대한 동의권을 갖는다는 것은 대통령의 외교권에 대한 국회의 통제라는 의미도 가지게 된다.

국회동의를 요하는 조약으로는 상호원조 또는 안전보장에 관한 조약, 중요한 국제조직에 관한 조약, 우호통상항해조약, 주권의 제약에 관한 조약, 강화조약, 국가나 국민에게 중대한 재정적 부담을 지우는 조약이 있다(헌법 제

---

11) 자세한 내용은 정하중, "법률의 개념 —처분적 법률, 개별적 법률 그리고 집행적 법률에 대하여," 공법연구 제24집 제 2 호, 1996 참조.

60조 제 1 항).

그런데 이 규정은 예시규정이라 할 수 있다. 이러한 사항에 준하는 입법
사항을 규율하는 조약의 경우 당연히 국회의 동의를 얻어야 한다고 해석할
것이다. 국회동의를 요하는 조약이 국회의 동의를 얻지 못하면 그 효력은 발
생되지 아니한다. 그리고 국제법적 신뢰에 비추어 국회는 수정동의할 수 없
다고 해석된다.

Ⅳ. 國會規則制定權

헌법 제64조 제 1 항에 의해서 국회는 법률에 저촉되지 아니하는 범위
안에서 의사와 내부에 관한 규칙을 제정할 수 있다. 국회의 규칙제정권은 국
회의 자율성과 독자성을 보장하기 위해서 인정된 제도이지만 또한 국회가 가
지는 입법기능에도 포함된다고 할 수 있다. 국회규칙은 그 효력 내지 대상이
그 기관 내에만 한정되는 것이 원칙이지만, 국회 내에 있는 외부인에게도 효
력을 미치는 경우가 있으므로 법규명령의 일부라고 하겠다. 국회의 방청규칙
등이 그러한 예이다.

제 3 절   國會立法權의 限界와 統制

Ⅰ. 憲法上의 限界

참정권 제한·재산권박탈의 소급입법금지(제13조 제 2 항), 기본권의 본질
적 내용침해금지(제37조 제 2 항) 등과 같이 헌법이 입법권이 존중해야 할 한계
를 명문으로 규정한 것은 입법권의 한계로써 반드시 지켜져야 한다. 또한 헌
법이 추구하는 국민주권·정의사회·문화민족·평화추구의 이념이라든가 기
본권존중 및 기본권제한의 일반원칙의 준수, 그리고 자유민주주의·법치주
의·사회국가·문화국가·사회적 시장경제질서·평화통일과 국제평화주의 등
헌법의 기본원리에 입법권의 행사는 구속되어야 한다. 이러한 헌법상의 입법
기능의 한계는 입법기능의 내용에서뿐만 아니라 입법기능의 주체를 구성하고

입법기능을 행사하는 과정과 절차에서도 반드시 지켜져야 한다.

Ⅱ. 理論上의 限界

국회의 입법기능은 법질서를 형성하는 기능이기 때문에 모든 법질서 형성기능이 존중해야 하는 일정한 이론상의 한계가 있다. 즉 법규범 상호간에는 규범구조나 규범내용 면에서 서로 상치 내지 모순되어서는 안 된다는 체계정당성의 한계가 그것이다. 이러한 요청은 입법권의 행사에 대한 규범통제를 불가피하게 한다.

특히 중요한 것은 기본권 제한 등의 입법에서의 입법재량의 제한원칙이다. 이 원칙은 주로 헌법 제37조 제 2 항이 내포하고 있는 비례성 원칙의 구체화된 형태가 다수이다. 그 예로는 적법절차의 원칙, 비례와 공평의 원칙, 과잉금지의 원칙, 자의금지의 원칙, 신뢰보호의 원칙, 명확성의 원칙 등이 제시될 수 있다.

또한 법률은 국제법상의 일반원칙을 부정하여서는 안 된다. 즉 국제법이 직접 국내법질서를 구속하는 것은 아니지만 국제평화주의적 질서라든가 헌법상의 국제법존중주의(제 6 조 제 1 항)에 비추어, 이러한 국제법상의 일반원칙을 부정하는 법률의 제정은 금지되어야 한다.

한편 국회의 입법은 다른 국가기관의 권한을 침해하는 방식으로 행사되어서는 안 된다. 국가법질서의 근간을 국회가 법률로 정한다는 점을 인정하더라도, 법률로 대통령이나 행정부, 법원의 조직 등을 심각하게 훼손하거나, 국회가 담당하기 곤란한 기능을 침범하는 것은 금지된다. 이를 기능법상의 한계라고 지칭할 수 있다.

Ⅲ. 國會立法權의 統制

국회가 앞서 말한 한계를 벗어나는 입법을 하는 경우, 그러한 법률은 헌법위반 등의 사유로 무효가 되는 것이 원칙이다. 그러나 어떠한 법률이 무효로 될 것인가를 구체적으로 판단하는 것은 그렇게 간단한 문제가 아니다. 따라서 입법권을 통제하기 위한 여러 가지 제도적 장치가 마련되어 있다.

먼저 입법권은 국회가 자율적으로 통제할 수 있다. 법률제정과정에서의 여러 가지 요건들, 예컨대 법률안 발의에 10인의 동의를 요구한다거나, 상임위원회의 심사를 규정하고 있는 것은 이러한 자율적 통제장치로서 기능한다고 하겠다. 한편 대통령에 의한 통제도 가능하다. 대통령의 거부권 행사가 그 대표적인 것이다.

그런데 이러한 통제방식은 정치적인 여건이 따라 가변적이고 유동적이라는 측면에서 그다지 효율적인 통제장치가 되지는 못한다. 이를 보완하기 위해서 법원과 헌법재판소에 의한 규범통제가 마련되어 있는 것이다. 먼저 법원은 헌법재판소에 위헌법률심판을 제청하여 그 심판에 따라 재판하고, 헌법재판소는 법률의 위헌심판을 통하여 국회의 입법권을 통제한다. 이것이 바로 위헌법률심판제도이다. 그런데 이러한 위헌법률심판 이외에도 현행법은 법률에 대한 헌법소원을 인정하고 있다. 먼저 법률이 국민의 기본권을 직접적으로 침해하는 경우 그에 대한 헌법소원이 가능할 것이며, 다음으로 소송사건의 당사자가 헌법재판소에 위헌법률심판제청을 해 주도록 신청하였음에도 불구하고 그것을 법원이 기각한 경우 직접 헌법재판소에 헌법소원을 제기할 수 있다. 또 제한된 범위에서는 이미 제정된 법률이 아닌 입법부작위 상태 그 자체에 대한 헌법소원도 인정되고 있다.12)

그러나 이러한 절차에도 불구하고 위헌적 법률이 제정되어 운용될 가능성은 언제나 존재한다. 이러한 잘못은 결국 여론이나 시민단체 등의 국민의 공론의 장을 통해 견제받게 되고, 궁극적으로는 선거 등의 국민의 참정권 행사를 통해 간접적으로 통제될 수밖에 없게 된다.

---

12) 이상에 대한 자세한 내용은 "제 7 부 헌법재판개혁론" 참조.

제3장 國會의 財政에 관한 權限

제1절 租稅와 關聯된 權限

Ⅰ. 租稅法律主義

1. 조세법률주의의 의미

조세법률주의란 조세나 공과금의 부과 및 징수는 법률로써 하여야 하고 국민도 법률에 근거가 없으면 조세납부를 요구받지 아니한다는 원칙이다. 이 것은 1215년 영국의 대헌장에서 유래된 원칙이다. 조세를 포함하는 재정작용 은 그 성질상 집행작용에 속하지만, 국민의 재산권 등 그 권리·의무에 미치 는 영향 때문에 현대민주주의국가에서는 재정에 관한 중요사항은 의회의 의결 을 거치도록 하는 의회의결주의를 원칙으로 한다. 이 원칙의 제도적 의의는 국민의 대표로서의 의회가 법률로 과세의 요건을 정함으로써 국민의 재산권을 보장하고 국민생활의 법적 안정성과 예측가능성을 보장하고자 하는 데에 있 다. 조세법에서의 기본원칙으로는 과세요건의 법정주의 원칙, 소급과세금지의 원칙, 과세요건의 명확성원칙, 합법성의 원칙, 납세자의 권리보호원칙이 있다.

2. 조세법률주의의 일반원칙

조세란 국가 또는 지방자치단체 등 공권력의 주체가 재원조달의 목적으 로 그 과세권을 발동하여 반대급부 없이 일반국민으로부터 강제적으로 부 과·징수하는 과징금을 말한다.[1] 조세는 과세권의 주체에 따라 크게 국세와 지방세로 나누어진다. 한편 사용료나 수수료 등은 비록 공권력이 주체가 되 어 징수하지만 반대급부가 있다는 점에서 조세와 구별된다. 이 경우 역시 권

---

1) 헌재 1991. 11. 25. 91헌가6.

리의 제한을 수반하므로 법규정이 반드시 마련되어야 하겠지만, 조세법률주의의 차원이 아닌 법치행정원칙의 차원에서 규정되어야 할 것이다.

첫번째로 헌법 제59조상의 조세법률주의는 먼저 납세의무를 발생하게 하는 납세의무자·과세물건·과세표준·과세기간·세율 등 과세요건과 조세의 부과·징수절차를 국회가 제정한 법률로써 규정하여야 한다는 '과세요건법정주의'를 내용으로 한다. 헌법 제59조에 규정된 "조세의 종목과 세율은 법률로 정한다"는 규정은 예시적인 규정에 불과하므로 조세의 종목과 세율뿐만 아니라 납세의무자·과세절차·과세물건·과세표준까지 법률에 의해서 규정되어야 한다는 것이 일반적 해석이다.2)

두 번째로 과세요건의 규정내용이 지나치게 추상적이고 불명확하면 과세관청의 자의적인 해석과 집행을 초래할 수 있으므로 법률로 규정되는 과세요건의 내용은 일반적이고 명확하여야 한다는 '과세요건명확주의'를 내용으로 한다.3) 따라서 법률의 위임 없이 명령·규칙 등 행정입법으로 조세요건과 부과징수절차를 규정하거나 법률에 규정된 내용을 자의적으로 유추·확장하는 내용의 해석규정을 마련하는 것은 조세법률주의에 위반된다.

세 번째로 납부의무가 성립한 이후의 새로운 세법에 의하여 소급하여 과세하지 아니한다는 '소급과세금지'의 원칙 등을 핵심내용으로 한다.

한편 조세법률주의에서 말하는 법률은 형식적으로 법이기만 해서는 안 되고 실질적으로 정의로운 법일 것이 요구된다. 이것은 실질적 법치주의의 입장에서 당연한 것이다. 따라서 조세법률주의는 '조세평등주의'를 그 내용으로 하게 된다. 국민의 납세의무는 공평·공정과세의 원칙 내지 조세공평주의에 따라 개인의 재력에 상응한 공정하고 평등한 과세를 내용으로 하는 것이다. 즉 헌법 제11조의 평등의 원칙의 조세법적 표현이라 할 수 있다. 과거에는 국가적 이익을 고려한 '응익과세원칙'이 주를 이루었으나, 현대에 와서는 조세의무자의 담세능력을 고려하여 부과하여야 한다는 '응능과세원칙' 또는 '납세능력존중의 원칙'이 보편화되었다. 또한 특정계층에 대하여 정당한 이유 없이 면세·감세 또는 과중과세를 하는 것은 용납되지 않는다.4)

---

2) 헌재 1998. 12. 24. 97헌바33등; 2002. 12. 18. 2002헌바27등 참조.
3) 헌재 1995. 11. 30. 91헌바1등; 2002. 12. 18. 2002헌바27 참조.
4) 헌재 1997. 10. 30. 96헌바14; 헌재 1999. 2. 25. 96헌바64 참조.

3. 조세법률주의의 예외

그런데 조세법률주의도 일정한 경우 예외가 인정되기도 한다. 먼저 조례에 의한 지방세의 세목규정이 가능하다. 지방세의 부과 및 징수에 의한 사항은 조례로써 정한다는 것이 지방세법 제 3 조에 규정되어 있다. 지방자치단체의 관할구역 내에서 지방자치단체가 준법률에 해당하는 조례로써 지방세의 세목만을 규정한다면 헌법위반이라 할 수 없다. 이외에도 외국과 조약에 의해서 관세에 관한 협정세율을 설정하는 것은 인정되고, 긴급재정·경제처분과 긴급명령권에 의한 명령은 조세법률주의의 예외를 정할 수 있다.

그러나 이러한 사항이 과연 조세법률주의의 순수한 예외인가는 고민해 볼 필요가 있다. 이러한 사항은 모두 헌법과 법률이 일정한 경우 형식적 의미의 법률에 의하지 않을 수 있는 가능성을 미리 예정하고 있기 때문에 정당화되는 것이다. 따라서 순수한 의미의 예외라고 보기는 어렵다고 생각한다.

제 2 절   豫算·決算과 關聯된 權限

I. 豫算審議·確定權

1. 예산의 의의와 성질

예산이란 1회계연도에 있어서 국가의 세입·세출의 예정계획을 내용으로 하고, 국회의 의결로써 성립하는 법규범의 일종을 말한다. 예산에 관해서는 미국이나 독일과 같이 법률의 형식으로 의결하는 예산법률주의와 일본 등과 같이 법률과는 다른 특수한 형식으로 의결하는 예산특수의결주의가 있다. 헌법은 제53조의 법률의결권과는 별도로 제54조에서 예산의결권을 규정하여 법률과 예산의 형식을 구별하고 있다.

따라서 예산의 성격을 규명하기 위해서는 법률과 구별되는 점이 무엇인지 살피는 것이 유용하다. 먼저 예산은 법률과는 달리 국민일반을 구속하는 것이 아니라 관계 국가기관의 1회계연도 내의 재정행위만을 규율한다. 다음 법률은 공포를 효력발생요건으로 하지만 예산은 의결로써 효력이 발생한다.

또 예산안 제안권은 정부만이 가지며 국회에는 제안권이 없다는 점도 차이이다. 그리고 예산안심의에 있어서 국회는 정부의 동의 없이는 지출예산 각 항의 금액을 증가하거나 새로운 항목을 설치할 수 없지만, 법률안에 대해서는 국회가 수정·증보를 할 수 있다. 한편 국회는 법률안과는 달리 예산심의를 전면 거부할 수 없으며, 대통령도 국회에서 통과된 예산안에 대해서는 거부권을 행사할 수 없다.

하지만 예산과 법률은 국회의 의결로써 확정될 뿐 아니라 예산도 법규범의 일종이라는 점에서 양자는 공통성을 가진다. 예산을 법규범의 일종이 아니라 정부의 세출에 대하여 국회가 의결로써 행하는 세출승인행위에 불과하고, 법규범이 아닌 일종의 특수한 국가작용일 뿐이라고 하는 견해가 있기는 하다. 그러나 예산은 정부의 재정행위를 구속하는 준칙이지 단순한 세입·세출의 견적표가 아니므로, 법률과 마찬가지로 이른바 법규범이라고 보아야 할 것이다.

그러나 예산과 법률이 모두 법규범에 해당한다고 하여도, 양자가 형식이 다르기 때문에 둘이 불일치할 경우 이를 시정할 필요성이 제시된다. 특히 예산과 법률은 성립시기와 절차가 모두 다르기 때문에 양자가 불일치하여 문제를 야기할 위험은 언제나 존재한다. 먼저 양자가 애초에 불일치하지 않도록 사전에 예방하는 것이 바람직하다. 따라서 예산확정과정에 정부와 국회가 함께 적극적으로 참여하여 철저히 조정할 필요가 있다. 그럼에도 불일치가 발생한 경우라면, 예비비제도와 추가경정예산제도를 이용하여 조정하거나, 법률의 시행기일을 연기하거나, 법률의 시행을 일시 유예하거나, 지체 없이 필요한 법률을 제정함으로써 그 불일치를 조정할 수밖에 없다.

2. 예산의 유형

예산은 다시 몇 가지 유형으로 나누어 살펴볼 수 있다. 먼저 예비비가 있다. 예비비는 예측하기 어려운 세출예산의 부족을 충당하기 위하여 예산에 계상되는 비용을 의미한다. 예비비는 총액만을 계정하기 때문에 그 목적 또는 사용처에 관하여는 집행부의 재량에 맡겨지고 있다. 예비비는 총액으로 국회의 의결을 얻어야 하며, 예비비의 지출은 차기 국회의 승인을 얻어야 한다. 차기 국회의 승인이 없더라도 그 효력에는 영향이 없으며, 다만 이에 대한 정치적 책임의 추궁은 가능하다.

한 회계연도를 넘어·계속하여 지출할 필요가 있을 때에는 정부는 연한을 정하여 계속비로서 국회의 의결을 얻어야 한다. 계속비라 함은 수년도에 걸친 대규모의 사업에 지출되는 경비에 관하여 일괄하여 사전에 국회의 의결을 얻고, 이를 변경할 경우 외에는 다시 국회의 의결을 얻을 필요가 없는 경비를 의미한다.

헌법은 국정의 기능마비를 방지함과 동시에 국회의 예산의결권을 존중하기 위하여 준예산제도를 취하고 있다. 즉 어떠한 사유로 말미암아 회계연도가 개시되기까지 국회가 예산안을 의결하지 못하는 경우, 정부는 국회에서 예산안이 의결될 때까지 헌법이나 법률에 의하여 설치된 기관 또는 시설의 유지·운영, 법률상 지출의무의 이행, 이미 전년도예산으로 승인된 사업의 계속의 목적을 위한 경비는 전년도예산에 준하여 집행할 수 있다(헌법 제54조 제3항). 준예산은 국회의 동의가 불필요하고 제출시한의 제한이 없다는 점에서, 그리고 지출항목에 대한 제한이 있다는 점에서 제1공화국에서 채택한 바 있는 가예산제도와 구별된다.

정부가 예산성립 이후에 발생한 사유로 말미암아 이미 성립된 예산에 변경을 가할 필요가 있는 때에는 국회에 추가경정예산을 제출하고 그 의결을 얻어야 한다(헌법 제56조). 그 제출시기와 심의기간에 대하여는 헌법상의 규정은 없으나, 본 예산안에 준하여 취급한다.

3. 예산안의 성립

예산은 편성·제출·심의·의결의 과정을 거쳐 성립한다. 이 중 예산안의 편성과 제출은 정부의 권한에 속하고, 심의와 의결은 국회의 권한이다.

예산안의 편성은 국가활동에 소요되는 경비를 정부가 추계하는 것을 말한다. 정부는 회계연도마다 예산안을 편성하여 회계연도개시 90일 전까지 국회에 제출하여야 한다(제54조 제2항). 제출기한의 한정은 예산심의기간의 부족으로 인한 예산심의의 부실화와 준예산의 성립을 방지하기 위한 것이다. 예산은 1회계연도마다 편성해야 하고, 국가의 수입과 총지출을 계상하여 편성해야 하며, 국가의 세입·세출을 단일회계로 통일하여 편성하여야 한다.

국회에서의 예산안의 심의는 정부의 시정연설의 청취, 상임위원회의 예비심사, 예산결산특별위원회의 종합심사, 국회본회의에서의 의결·확정이라는 4단계를 거친다. 예산안이 제출되면 국회는 정부의 시정연설을 들은 후 예산안을 소관상임위원회에 회부하고 소관상임위원회는 예비심사를 하여 그 결과를 의장에게 보고한다. 의장은 예산안에 위의 보고서를 첨부하여 예산결산특별위원회에 회부하고, 그 심사가 끝난 후 본회의에 상정하여 심의한다(국회법 제84조).

국회는 회계연도 개시 30일 전까지 예산안을 의결해야 한다. 예산안은 국회의 의결에 의하여 비로소 성립한다. 하지만 불가피한 경우에는 그 이후에도 새로운 회계연도가 개시될 때까지 예산안을 의결하면 된다(헌법 제54조 참조). 하지만 국회가 정부제출의 지출예산 각 항의 금액을 증가하거나, 신비목을 설치하려 할 경우에는 정부의 동의를 얻어야 한다는 제약이 있다(제57조). 국회가 의결한 예산은 정부에 이송되어 대통령이 공고한다.

어떠한 사유로 말미암아 회계연도가 개시되기까지 국회가 예산안을 의결하지 못하면, 정부는 국회에서 예산안이 의결될 때까지 다음의 목적을 위한 경비는 전년도예산에 준하여 집행할 수 있다(헌법 제54조 제3항). 헌법이나 법률에 의하여 설치된 기관 또는 시설의 유지 운영, 법률상 지출의무의 이행, 이미 전년도 예산으로 승인된 사업의 계속이 그것이다. 이와 같이 헌법은 국회의 예산의결권을 존중하면서도 국정의 기능마비를 방지하기 위하여 준예산제도를 채택하고 있는 것이다. 정부가 예산 성립 이후에 발생한 사유로 말미암아 이미 성립된 예산에 변경을 가할 필요가 있을 때에는, 국회에 추가경정예산안을 제출하고 그 의결을 얻어야 한다(제56조).

Ⅱ. 國會決算審査權

1. 결산심사권의 의의와 현실

종래의 헌법학의 연구는 예산심의·확정에 관해서는 관심을 가져왔지만, 결산에 관해서는 상대적으로 많은 관심을 기울이지 않은 것 같다. 국회의 결산심사는 재정에 대한 의회의 통제권의 하나로서 예산확정만큼 아니 그보다 더 중요한 권한임에도 불구하고 논의의 공백으로 남겨두었다는 것은 유감스러운 일이다.

결산심사권은 의회민주주의가 초기부터 기반하고 있는 정부에 대한 재정통제권한으로서 의미가 크다. 아울러 국민 개개인의 경제활동에서 재원을 추출하여 사회를 대상으로 이를 다시 지출하는 국가의 재정활동은 사회적 분배과정에서 큰 역할을 하고 있으며 국민 개개인의 경제생활에 지대한 영향을 미치고 있으므로, 국회의 이러한 재정통제권한은 결국 국민개개인의 경제생활에도 지대한 영향을 미치게 된다. 또 오늘날과 같이 행정부의 권한이 비대화된 상황에서 의회의 결산심사는 국회가 정부를 통제하는 데 결정적인 수단이 될 수밖에 없다.

그런데 우리나라 국회의 예산결산심의과정 특히 결산심의과정이 그 본래의 역할을 해 왔는지 매우 의심스럽다. 과거 권위주의정권하에서는 의회는 행정부에 의해 입안된 예산을 통과시키는 장소에 불과하였다. 뿐만 아니라 행정부 주도의 위로부터의 산업화과정에서 의회의 간섭이나 정치적 고려에 의한 조정은 희소자원의 효율적 행사를 필수요건으로 하는 국가발전에서 배제되어야 할 요인으로 간주되어 왔다.[5]

2. 결산심사권의 내용

국회는 예산안을 심의하고 확정할 뿐 예산의 집행은 관계국가기관의 권한에 속한다. 그러나 그 집행결과의 적부에 대해서는 국회가 심사권을 가진다. 예산과 결산은 상호밀접한 관계에 있지만, 예산이 장래에 대한 계획이라면 결산은 집행된 예산에 대한 반성이라는 점, 예산심의가 국회의 사전감독이라면 결산심사는 사후감독인 점에서 다르다.

감사원은 매년 세입·세출의 결산을 검사하고 그 결과를 대통령과 차년도의 정기국회에 보고해야 한다(헌법 제99조). 국회의 의결을 얻은 예산을 집행한 결과인 결산의 검사결과를 감사원으로 하여금 국회에 보고하게 함으로써, 국회의 재정감독 통제권의 실효를 거두려는 것이 국회에 보고하게 함으로써, 국회의 재정감독 통제권의 실효를 거두려는 것이 국회의 결산심사제도이다.

구체적으로는 결산심사도 상임위원회의 예비심사를 거쳐 예산결산특별위원회의 종합심사한 후 본회의 심의를 거쳐 최종적 확정을 얻게 된다 점에서

---

5) 임동욱, "국회 결산심사 제도의 실태와 개선과제," 한국의회정치와 제도개혁, 2004, 342쪽.

예산심의와 동일한 절차를 갖고 있다. 정부가 회계연도 120일 전에 각 상임위원회에 결산안을 회부하면, 각 상임위원회에서는 결산안에 대한 소관부처의 제안설명과 전문위원회의 검토보고가 행해진다. 다음으로 결산안에 대한 정책질의와 소위원회 심사·토론 및 표결, 상임위원회의 예비심사 보고를 거쳐 위원회의 결산업무를 마감하게 된다. 하지만 일반적으로 결산소위원회의 심사는 생략되고 있다. 예산결산특별위원회의 종합심사에서는 각 위원회별로 회부된 결산보고서에 대한 전문위원의 검토보고, 질의·토론을 거쳐 표결을 하게 되고 이후 본회의에 회부되어 심사확정에 이르게 된다.

국회는 보고를 심사한 결과 정부 또는 해당기관의 위법 또는 부당한 사유가 있는 경우에는 이에 대해 변상 및 징계조치 등 그 시정을 요구하고, 그 처리결과를 국회에 보고하도록 하고 있다(국회법 제84조).

Ⅲ. 豫算·決算 關聯制度의 改革方案

1. 예결위 상임위원회화

예산편성과 심의는 정부와 국회가 하는 일 중 가장 중요한 것이다. 그런데 우리 국회는 자주 예산안 처리 법정시한을 넘겼으며 거의 매년 추경예산을 편성했다. 이처럼 예산심의가 법정 시한을 넘기고 추경편성을 빈번하게 하는 것은 국제적 망신이라고 할 수도 있다. 여기에서 나오는 주장이 "예결위를 상임위원회로 만들자"이다.

2013년 6월 27일 국회 예산재정개혁특별위원회 간담회에서 예산결산특별위원회의 상임위화에 의견일치를 보았다. 즉 현재 예결특위는 예산편성과 결산심사만 하고 있으나 상임위로 전환하면 상시적으로 열어 전체 재정총량을 심사하고 상임위의 지출한도를 정하게 된다. 상임위화를 통해 재정총량심사의 강화, 기금 또는 공기업에 대한 철저한 감사 등이 가능해진다. 미국, 일본, 스웨덴, 핀란드, 독일, 캐나다, 벨기에 등 정부형태와 관계없이 주요 국가들은 예산위원회를 상임위로 운영하고 있다. 상임위화로 재정건전성 확보가 가능해지고 국가재정운용계획 심사, 재정수반 법률에 대한 검토도 할 수 있다. 예결특위를 상임위화하려면 위원의 임기, 타 상임위원 겸임, 위원정수, 예산결산 심사방식 등도 같이 논의해야 한다. 한편 결산국회의 조기개최방안으로

그리하여 2006년부터는 6월과 8월 임시국회에서 결산을 심사하도록 되었다.6)

이와 관련하여 행정부 특히 기획재정부는 예산편성 상황 등 정부의 재정 운용을 국회에 성실하게 보고할 필요가 있다. 즉 2월 임시회에서는 당년도 예산배정 및 집행계획을, 4월 임시회에서는 다음연도 예산편성 지침을, 그리고 6월 임시회에서는 각 부처의 다음연도 세입예산전망 등을 보고하는 것이 바람직할 것이다.

2. 예산심의 방법의 근본적 개혁

국회는 각 상임위에서 정부예산안을 소관별로 심사하여 그 결과를 예결위로 보낸다. 예결위는 정부안, 상임위 의견, 각 정당의 의견을 종합하여 예산안을 정하고 이를 본회의로 회부한다. 보통 각 상임위에서 예산을 증액해서 보내오는데 과연 적절한 일인가? 국회에서 추가하는 사업은 시급성과 타당성이 낮은 경우가 많다. 행정부의 기획재정부는 국가예산의 총량규모, 분야별 배분, 사업 우선순위, 사업 추진체제 등을 나름대로 판단하고 있다. 그러나 입법부인 국회는 그런 고민을 하지 않고 사업을 추가하기 때문에 신뢰하기 어렵다.

국회에서 추가되는 사업들은 대개 세 가지 부류로 나눌 수 있다.

첫째, 사업부처가 기획재정부를 설득하지 못한 사업을 국회를 통해 추가한다. 둘째, 정부예산안에서 전혀 검토되지 않은 사업을 국회의원들이 '지역구 챙기기'차원에서 추가한다. 셋째, 예산편성의 근거법률이 없는 상태에서 무책임하게 '예산안부터 먼저' 편성해 놓는다. 왜 많은 국회의원들은 예산에 대한 책임성이 부족한가? 존경받는 유능한 성직자, 교수, 공무원, 변호사, 전문가들이 왜 국회의원만 되면 예산심의에서 무책임해지는가? 가장 큰 이유는 국회가 예산에 대해 실질적 권한이 거의 없기 때문이다. 권한이 없으면 책임도 없으며, 책임이 없으면 '좋은 게 좋다'식의 선택을 할 수밖에 없다.

---

6) 결산 심사를 위한 충분한 시간 확보 등 외형적 조건은 나아졌지만, 여전히 정쟁에 떼밀려 내실 있는 결산 심사가 어렵다. 예산과 결산 심사를 비교하자면, 예산안 심사 때는 지역구 출신 의원들이 눈에 쌍심지를 켜고 예산 확보를 위한 심사에 나서지만 결산안 심사 때는 두루뭉실하게 대충대충 넘어가는 측면이 많다. "정기국회 때 한철 장사는 국정감사지 결산이 아니다" 그러기에 "결산 심사 때 문제점을 다 지적해 버리고 나면 국감 때 할 일이 없기 때문에 결산보다는 국감에 더 집중"한다. 여기에서도 국감의 폐해가 나타나는 셈이다.

국회의원들에게 나라살림에 대한 책임감을 불어넣어 줘야 한다. 국회도 행정부처럼 국가예산의 총량규모, 분야별 배분, 사업 우선순위 등을 고민하도록 만들어야 한다. 여기에는 네 가지 절차가 필요하다.

첫째, 예결위는 정부와 협의하여 세입·세출 총량 규모를 가장 먼저 판단해야 한다. 둘째, 예결위는 정부예산안을 중심으로 분야별 예산배분을 결정하고 상임위별 예산규모를 산정해야 한다. 셋째, 각 상임위는 주어진 예산한도 내에서 사업의 우선순위를 판단해야 한다. 넷째, 예결위는 상임위 의견을 취합 조정하여 예산을 확정해야 한다. 이 네 가지 절차는 선진국 의회에서 이미 오래 전에 확립된 것이다.

국회의원은 그뿐만 아니라 사업추진 체계도 고민해야 한다. 이를 위해서는 예산서가 바뀌어야 한다. 현재 우리나라 예산서는 예산과목의 명칭과 금액만 열거하고 있다. 예산의 집행방법에 대해서는 행정부에 전권을 위임하고 있다. 이 때문에 행정부는 어떠한 방법과 내용으로 예산을 집행했건 국회와 국민에 대해 아무런 책임(accountability)도 지지 않는다. 유사한 중복사업, 충분한 기획이 없는 사업, 정치적 선심사업, 성과 없는 낭비사업, 책임소재가 불분명한 사업, 사업 내용의 무분별한 변경, 사업목적에 부합하지 않는 예산 집행 등을 국회가 감시할 수 있어야 한다. 이런 일을 하기 위해서는 예산의 입법과목 별로 그 용도와 목적, 내용, 제약, 권한과 책임 등이 법률용어로 기술되어야 한다. 이를 지출법률주의라고 하는데 선진국 의회는 이미 수백 년 전에 이 제도를 확립해 놓고 있다.

국회의 예산심의가 우리를 분노하게 만드는 이유는 우리가 선택한 국회의원들이 원래 무책임한 사람들이었기 때문이 아니다. 그들의 무책임한 예산 결정이 오히려 지역구 관리와 득표에 도움이 되는 현실이 있기 때문이다. 국회의원들이 무책임한 결정을 하면 득표에 해가 되도록, 예산에 대해 책임을 지도록 하는 제도를 만들어 행정부를 제대로 견제하도록 한다면 우리의 세금은 더욱 가치 있게 사용될 수 있을 것이다.[7]

---

7) 옥동석, "국회예산심의 이대론 안된다," 동아일보 시론(2004. 11. 30).

제 3 절　其他 財政關聯 權限

Ⅰ. 起債同意權 및 契約締結同意權

국채를 모집하거나 예산 외에 국가의 부담이 될 계약을 체결하려 할 때에는 정부는 미리 국회의 의결을 얻어야 한다(헌법 제58조). 이때 국채란 공채의 하나로서 국가가 국고의 세입부족을 보충하기 위하여 부담하는 재정상의 채무이며, 예산외 국가의 부담이 될 조약이란 2회계연도 이상에 걸쳐 채무를 부담하는 사법(私法)상의 계약을 말한다.

Ⅱ. 緊急財政·經濟處分命令에 대한 國會承認權

대통령은 내우·외환·천재·지변 또는 중대한 재정·경제상의 위기에 있어서 국가의 안전보장 또는 공공의 안녕질서를 유지하기 위하여 긴급한 조치가 필요하고 국회의 집회를 기다릴 여유가 없을 때에 한하여 최소한으로 필요한 재정·경제상의 처분을 하거나 이에 관하여 법률의 효력을 가지는 명령을 발할 수 있다(헌법 제76조 제 1 항). 또 대통령은 국가의 안위에 관계되는 중대한 교전상태에 있어서 국가를 보위하기 위하여 긴급한 조치가 필요하고 국회의 집회가 불가능한 때에 한하여 법률의 효력을 가지는 명령을 발할 수 있다(헌법 제76조 제 2 항).[8]

이러한 조세법률주의의 이례적 상황에서도 대통령은 제 1 항과 제 2 항의 처분 또는 명령을 한 때에는 지체 없이 국회에 보고하여 그 승인을 얻어야 한다(헌법 제76조 제 3 항). 즉 국회의 승인권을 통한 참여가 보장되는 것이다. 승인을 얻지 못한 때에는 그 처분 또는 명령은 그 때부터 효력을 상실한다. 이 경우 그 명령에 의하여 개정 또는 폐지되었던 법률은 그 명령이 승인을 얻지 못한 때부터 당연히 효력을 회복한다(헌법 제76조 제 4 항).[9]

---

8) 자세한 내용은 "제 5 부 행정부개혁론" 참조.
9) 한편 기금에 대한 통제권한도 국회는 가지고 있다. 기금이라 함은 특정한 사업을 계속적이고 탄력적으로 수행하기 위하여 예산회계법에 따라 세입·세출예산 외로 운영할 수 있도록 조성된 자금을 말한다. 기금관리기본법 제13조는 "이 법의 적용을 받는 기금을 운용하는 기금관리주체는 국정감사및조사에관한법률 제 7 조의 감사의 대상기관으로 한다"고 규정하고 있어 국회의 통제대상이 됨을 규정하고 있다.

제 4 장　國會의 國政統制에 관한 權限

제 1 절　一般的인 統制權限

I. 憲法機關의 構成에 관한 權限

1. 고위공직자 선출 및 임명동의권

국회는 중요한 헌법기관의 구성에 직접적으로 참여하는 방식으로 국정을 통제하는 작용을 한다. 먼저 집행부와 관련하여 헌법은 대통령을 국민에 의한 직선으로 선출하도록 되어 있지만, 예외적으로 국회에 의한 선출을 규정하고 있다. 즉 대통령선거에서 최고득표자가 2인 이상이 때에는 국회의 재적의원 과반수가 출석한 공개회의에서 다수표를 얻은 자를 당선자로 한다(헌법 제67조).[1] 또 집행부의 제 2 인자인 국무총리와 관련해서도 그 임명의 동의권을 국회가 가지고 있다(헌법 제86조 제 1 항).

사법기능과 관련하여 대법원장은 대통령이 국회의 동의를 얻어 임명하고, 대법관은 대법원장의 제청으로 국회동의를 얻어서 대통령이 임명한다고 규정하고 있다(헌법 제104조). 또 헌법재판소장은 국회동의를 얻어서 재판관 중에서 대통령이 임명한다. 헌법재판소 재판관 중 3인은 국회에서 선출한 자를 대통령이 임명한다(제111조).

한편 감사원장은 국회동의를 얻어서 대통령이 임명한다(헌법 제98조). 한편 감사위원의 임명에 대하여는 국회의 동의가 불필요하다. 또 중앙선거관리위원회 위원 중 3인은 국회에서 선출하도록 되어 있다(제114조).

---

[1] 현재 수천만에 다다르는 대통령 선거에 있어서의 유권자가 정확하게 동수를 득표한 2인 이상의 최고득표자가 될 가능성은 사실상 없다. 그러한 점을 감안하더라도 막대한 권한을 갖는 대통령은 그에 맞는 고도의 민주적 정통성을 가져야 한다는 점에 비추어 지나치게 편의주의적 입법이라는 비판을 면하기 어려울 것이다. 따라서 국민의 의한 결선투표제 방식이 입법론으로 주장된다. 자세한 내용은 "제 1 부 제 3 장 제 2 절 I. 대통령 선거" 참조.

2. 인사청문회의 문제

(1) 우리나라의 인사청문회제도

우리나라는 1987년 민주화 이후 권위주의적 발전국가의 정치 행태가 현저히 약화되었다. 그에 따라 우리나라에서는 고위공직자의 임명동의안이나 국회에서 선출하는 고위직 심사과정에 인사청문회를 반드시 실시하도록 하고 있다. 이는 국회법 제46조 제3항과 제65조 제2항에 의거한 것으로 제16대 국회부터(2000년) 적용되고 있다.

우리나라에서 인사청문회는 국회의 동의를 필요로 하는 경우 후보자에 대한 임명동의안이나 혹은 선출안이 국회에 제출되면 자동적으로 인사청문특별위원회가 구성된다. 동 위원회의 구성을 위해서 13명의 위원이 선임되는데, 위원은 각 정당의 의원수 비율에 의하여 배분되며 정당대표의 요청으로 국회의장이 선임하거나 개선한다. 위원회는 1인의 위원장과 각 정당별로 1인의 간사를 선임한 후 10일간의 인사청문회 준비기간을 갖는다. 인사청문회는 2일간 실시되는데 주질의, 보충질의, 재보충질의 및 후보자의 진술, 그리고 필요한 경우 참고인 및 증인에 대한 질의와 답변을 청취한다. 인사청문위원회를 마친 후에는 위원들의 의견을 반영하여 간사들이 협의한 후 심사 경과보고서를 작성한다. 이어 채택된 심사 경과보고서를 본회의에 보고하면 인사청문특별위원회는 그 활동을 종료하게 된다.[2]

현재 우리나라의 인사청문회제도는 역사가 일천하고 정쟁 등으로 얼룩져 아직까지 실질적인 효과를 발휘하고 있지 못하고 있다. 그러나 앞으로 이 제도만이라도 제대로 정착된다면 한국 정치는 새롭게 업그레이드될 수 있다. 무엇보다 고질적 병폐로 지적되는 혈연·학연·지연에 따른 정실인사 관행이니 논란에서 벗어날 수 있다. 존 F. 케네디 대통령이 친동생인 로버트 케네디를 법무장관에 임명했지만 혈연에 연연한 인사시비가 없었던 것은 능력과 자질을 철저히 검증하는 인사청문회가 버티고 있었기에 가능했다. 또 향후 총리나 장관 같은 고위직 관료가 되기 위해 꿈을 품고 있는 선량들과 그 친인척들이 더욱 청렴하고 모범적인 행동을 하도록 유도할 것이다. 이것

---

2) 자세한 내용은 정상화, "고위공직후보자 인사청문회 제도의 현황과 의의," 한국 의회정치와 제도개혁, 2004, 292쪽 이하.

이 사회전반에 확산될 경우 부지불식간에 자행되어온 범법행위와 윤리문제에 대한 생생한 잣대가 돼 국민의 준법의식 향상에도 긍정적인 영향을 미칠 것이다.

(2) 미국의 인사청문회

1787년 독립 이후 지금까지 미국 상원인사청문회에 회부된 900여 명의 각료 지명자 중 인준이 거부된 인사는 9명에 불과하다. 청문회 도중 또는 청문회 개최 전에 대통령이 지명을 철회하거나 또는 피지명자가 스스로 물러난 경우는 9명 정도 된다. 이들은 모두 정치성향・자격・인격・정직성・도덕성・이해관계의 대립 및 개인생활 등에 문제가 있는 경우가 대부분이고 드물게는 당파싸움의 희생물이 된 사람도 있었다.

상원에 의해 인준이 거부됐거나 자진 사퇴한 각료 지명자의 수가 적다는 사실만으로 상원이 대통령의 임명동의 요청을 철저한 검증 없이 쉽게 통과시켰다고 보는 것은 잘못이다. 대통령은 상원의 인준을 받을 수 있는 인사를 지명하기 위해 최선을 다했고 상원은 가능한 한 대통령의 지명을 존중하면서도 정부고위직 및 고위 법관지명자의 능력과 자격 및 인품을 검증하는 데 한 치의 양보도 하지 않았다.

그러나 미국은 대통령 임명자에 대한 상원의 철저한 검증이 반드시 대통령과 상원간의 마찰이나 대립을 야기하는 것이 아니라는 인식을 대통령과 상원 모두 갖고 있다. 1980년대 이후에는 상원이 각료 지명자를 거부한 경우는 한 건밖에 없으며 대통령이 임명을 철회하거나 또는 피임명자가 스스로 물러나는 경우가 더 많아지고 있다. 이 경우는 대부분 지명 당시에는 공개되지 않았던 피지명자의 과거행적이 공개되어 문제가 된 것이다.3)

이러한 미국의 인사청문회에서 언제나 문제가 되는 것은 피지명자를 검증함에 있어서 어떤 기준을 적용할 것이냐 하는 문제이다. 가장 중요한 검증

---

3) 1993년 1월 클린턴 행정부의 첫 법무장관에 지명된 여성변호사인 조 배어드는 상원 법사위원회에서 첫날 청문회를 마친 후 자진 사퇴하였다. 오래 전에 고용허가가 없는 페루의 한 부부를 고용한 것이 언론에 보도됐기 때문이다. 배어드에 이어 법무장관에 지명된 킴바 우드 여자 판사도 상원청문회가 개최되기 전에 스스로 물러났다. 가사를 돕기 위해 불법 이민자를 고용했기 때문이다. 2000년 부시 행정부의 초대 노동장관으로 지명된 린다 샤베즈도 과테말라에서 온 불법 이민자를 고용한 것이 문제가 되자 스스로 물러섰다. 우드와 샤베즈는 자신들의 지명문제가 논의되고 있을 때 대통령에게 이러한 사정을 솔직히 설명하지 않은 것이 문제가 됐고 본인들도 이를 인정했다.

기준은 성실과 정직이다. 최근에 자진 사퇴한 사람들은 모두 과거의 행적을 대통령에게 숨긴 사실이 드러났기 때문에 스스로 물러서지 않을 수 없었다. 다음이 능력과 자격, 성격, 판단력, 비전, 중요정책에 대한 입장과 견해, 그리고 객관성과 균형감각 등이다. 대통령의 각료 지명권과 상원의 독자적인 검증권한 간에 균형과 조화를 이루고 국민에게 봉사할 수 있는 공복을 뽑는다는 것이 미국식 인사청문회의 골간이다.

한편 모든 연방판사가 대통령의 지명과 상원의 인준을 거쳐 임명되고, 한번 임명되면 종신이기 때문에 미국 대통령은 자신의 임기중 몇 명의 연방판사를 임명했는가는 중요한 정치적 업적이 되며, 그만큼 치열한 정쟁을 거쳐야 한다. 2008년 현재 미국의 연방판사 총정원 875명 중 47석이 공석인데 그 중 31석은 대통령이 이미 후보자를 지명했음에도 상원의 인준을 받지 못한 채로 계류중이다. 민주당이 다수를 차지하고 있는 현재의 상원구조에서 부시 대통령이 지명한 연방판사가 인준을 통과하기는 쉽지 않을 것이기 때문이다.[4]

II. 內閣과 관련된 權限

1. 국무총리·국무위원 등의 국회출석 요구권 및 질문권

헌법 제62조 제2항에 "국회는 국무총리·국무위원 또는 정부위원에 대하여 국회나 위원회에 출석케 하여 국정처리상황을 보고하거나 의견을 진술하게 하고 질문을 할 수 있다"고 규정하고 있다. 국회법 제121조 제4항에 "본회의 또는 위원회는 특정사안에 대하여 질문하기 위해서 대법원장·감사원장·헌법재판소장·중앙선거관리위원회 위원장 또는 대리인의 출석을 요구할 수 있다"라고 규정하고 있다. 즉 국무총리 등의 공직자에 대하여 본회의 의결로써 출석을 요구할 수 있으며, 그 발의는 국회의원 20인 이상이 이유를

---

4) 지난 2005년 당시 소수당이었던 민주당이 부시 대통령이 지명한 연방판사 10명의 인준을 막기 위해 고의적인 지연전술(filibuster)을 쓰자, 공화당 원내대표는 관례에 없던 의장 직권상정을 통한 표결처리라는 비상수단을 경고했고, 이에 발끈한 민주당이 상원의 모든 절차에 협조를 거부하겠다고 맞대응을 해 상원이 파행 위기에 처한 일이 있다. 당시 메케인 상원의원을 포함한 양당 중도파 14인이 양측을 중재하여 어렵게 연방판사 3인에 대한 인준만이 통과된 사례가 있다.

명시한 서면으로 해야 한다. 위원회는 의결로써 출석을 요구할 수 있으며, 위원장은 의장에게 보고하여야 한다.

정부에 대한 서면 질문시 국회의원은 질문서를 의장에게 제출하여야 하고, 정부는 질문서를 받은 날로부터 10일 이내에 서면으로 답변하여야 한다. 본회의 기간중에 국회의원은 국정전반 또는 특정한 분야에 대하여 질문할 수 있으며, 질문시간은 15분을 초과할 수 없다. 다만 보충질문은 5분을 초과할 수 없다.

국무총리 등은 출석·답변하여야 할 의무를 지지만, 대리출석은 인정한다. 즉 국무총리나 국무위원은 출석요구를 받은 때에 국무위원 또는 정부위원으로 하여금, 출석·답변하게 할 수 있다. 국회출석요구에 응하지 아니하는 경우에는 탄핵소추나 국회의 해임건의의 요건이 된다.

2. 국무총리·국무위원에 대한 해임건의권

대통령제 정부에서의 해임건의권은 다소 이례적이라고 평가되지만, 현행 헌법상의 의원내각제적 요소가 가미된 대표적 제도의 하나이다. 현행 해임건의제도는 법적 구속력이 있는 해임의결이 아니라 법적 구속력이 없는 건의에 불과하며, 단지 대통령을 수반으로 하는 정부의 독선을 간접적으로 견제하기 위한 정치적 통제권을 의미할 뿐이다.

국무총리·국무위원에 대한 해임건의사유는 헌법에 직접적인 규정은 없으나, 직무집행에 있어서 헌법이나 법률에 위반되는 경우, 정책의 수립과 집행시 중대한 실책을 범한 경우, 하급직원의 범법행위에 대하여 정치적 책임을 추궁하는 경우, 국무회의의 구성원으로서 대통령을 잘못 보좌한 경우에 해임을 건의할 수 있다. 해임건의의 사유는 "직무집행에 있어서 헌법이나 법률을 위반한 때"라고 규정한 탄핵소추의 사유보다 광범위하고 포괄적이다.

해임건의는 국무총리 또는 국무위원에 대하여 개별적 또는 일괄적으로 할 수 있다. 해임건의는 국회재적의원 3분의 1 이상의 발의와 국회재적의원 과반수의 찬성에 의하여 할 수 있다. 발의 후 본회의에 보고된 때로부터 24시간 이후 72시간 이내에 무기명투표로 표결한다. 이 기간 내에 표결되지 않은 경우 해임건의안은 폐기된 것으로 본다. 해임건의는 구속력이 수반되지 아니하므로, 국회가 해임을 건의하더라도 대통령은 해임을 하지 아니할 수 있다.

Ⅲ. 彈劾訴追權

우리 헌법 제65조는 "① 대통령·국무총리·국무위원·행정각부의 장·헌법재판소 재판관·법관·중앙선거관리위원회 위원·감사원장·감사위원 기타 법률이 정한 공무원이 그 직무집행에 있어서 헌법이나 법률을 위배한 때에는 국회는 탄핵의 소추를 의결할 수 있다. ② 제 1 항의 탄핵소추는 국회재적의원 3분의 1 이상의 발의가 있어야 하며, 그 의결은 국회재적의원 과반수의 찬성이 있어야 한다. 다만 대통령에 대한 탄핵소추는 국회재적의원 과반수의 발의와 국회재적의원 3분의 2 이상의 찬성이 있어야 한다. ③ 탄핵소추의 의결을 받은 자는 탄핵심판이 있을 때까지 그 권한행사가 정지된다. ④ 탄핵결정은 공직으로부터 파면함에 그친다. 그러나, 이에 의하여 민사상이나 형사상의 책임이 면제되지는 아니한다"라고 규정하고 있다.

탄핵이란 일반사법절차에 의하여 소추·징계하기가 곤란한 고위공직자를 의회가 소추하여 파면 또는 처벌하는 제도를 의미하며, 미국·독일·우리나라에서는 형사 제재적 성질이 아닌 징계벌적인 성질을 가진다. 반면 영국이나 프랑스 등은 파면 외에도 형벌도 부과할 수 있다. 특히 탄핵제도는 불신임제도가 없는 대통령제 국가에서 보다 큰 제도적 의의를 지닌다고 할 수 있다.

탄핵제도는 종래 집행부와 사법부에 대한 중요한 통제수단으로 인식되어 왔다. 특히 우리나라와 같이 대통령제 정부형태를 취하고 있어서, 대통령이 막강한 권력을 가지고 있는 경우 그를 통제하는 데 결정적인 수단이 될 수 있다. 그러나 실제에 있어서 대통령에 대한 통제가 필요한 상황에서는 이 제도가 사용되기 어려운 반면, 사용되는 경우 원래의 제도적 취지에 부합하여 운용되고 있는지 의문이라는 점에서 많은 문제가 제기되고 있는 실정이다.[5]

---

5) 이에 관한 자세한 내용은 "제 7 부 제 2 장 제 2 절 Ⅴ. 현행 탄핵제도의 문제점과 개선사항" 참조.

Ⅳ. 其他의 統制權限

1. 국가긴급권에 대한 통제

대통령의 국가긴급권은 매우 강력한 권한이고, 그것이 남용되는 경우 사실상 통제하기 곤란하다는 문제가 내재해 있다. 따라서 우리 헌법은 국회가 대통령의 국가긴급권을 통제하도록 요청하고 있다.

먼저 대통령이 헌법 제76조 제 2 항에 의해서 긴급재정·경제처분과 긴급명령권 행사시에는 지체 없이 국회에 보고하여 승인을 얻어야 한다. 국회는 재적 과반수의 찬성으로 긴급명령을 승인할 수 있다. 승인을 얻지 못하면 그 때부터 효력이 상실된다.

한편 대통령이 병력으로써 치안을 유지할 필요로 인하여 계엄을 선포한 때에는 대통령은 지체 없이 국회에 통고하여야 한다. 국회가 재적의원 과반수의 찬성으로 계엄의 해제를 요구한 때에는 대통령은 이를 해제하여야 한다.

2. 일반사면에 대한 동의권

특정한 형의 선고를 받은 범죄자에 대하여 그 형의 집행을 면제하는 대통령의 특별사면과는 달리, 모든 범죄를 대상으로 하여 범죄의 종류를 지정하여 그 형의 선고의 일부 또는 전부를 소멸시키는 것과 형의 선고를 받지 아니한 자에게 대하여 공소권을 소멸시키는 일반사면의 경우 국회가 제정한 형벌규정을 대통령이 사실상 무효화시키는 것이므로 국회의 입법권을 심각하게 침해하는 것이라고 판단할 수 있다. 따라서 일반사면을 명하려면 국회의 동의를 얻어야 하는 것으로 되어 있다(헌법 제79조 제 2 항).

3. 국방 및 외교정책에 관한 동의권

대통령과 집행부의 외교 및 국방정책을 견제하기 위하여 국회는 선전포고와 국군의 외국에의 파견 또는 외국군대의 대한민국영역 안에서의 주류에 대해서도 동의권을 가진다(제60조 제 2 항).

제 2 절 國政監査・調査 改革論[6]

I. 議會의 對政府統制機能으로서의 國政監査

의회가 통법부로 전락한 심각한 의회제도의 위기상황은 앞서 설명한 바와 같다. 이에 대하여 슈미트를 중심으로 반의회주의론[7]이 전개되기도 하였으나, 제 2 차 세계대전 후 의회주의는 폐기가 아닌 새로이 정립될 필요가 있는 중요한 원리로 다시 평가받게 되어 그 재생을 위한 시도가 시작되었다.

여기에서 가장 문제가 된 것은 현대의 행정국가적 요청과 의회제 민주주의를 어떻게 조화시킬 것인가이다. 그러던 와중에 의회주의 복권의 대책으로 의회의 국정통제기능의 강화가 부각되기 시작했다. 의회의 지위가 저하되고 있는 현대적 행정국가・정당국가적 상황 속에서 의회에 가장 기대되는 역할은 집행부에 대한 감독과 통제라고 할 수 있다. 오늘날의 의회는 국민 다수의 희망이나 불만을 토론의 광장에 반영시켜 권력의 남용으로부터 국민의 자유를 수호하고 토론을 통해 여론을 교육하며, 법률의 집행을 감독함으로써 의회주의가 기능할 수 있게 된다는 것이다.

의회의 국정통제기능의 강화를 위하여 많은 수단이 등장하였는데, 그 중에서도 가장 직접적이고 강력한 것으로 평가받고 있는 것이 의회조사권이다. 의회조사권은 영국에서 처음 시작된 이래 여러 나라에서 의회의 국정통제수단으로 정착되어 왔다. 우리나라의 의회조사권은 국정감사권・조사권으로 이원화되어 있다. 이러한 이원화된 형태의 의회조사권은 우리나라에 특유한 형태인데, 국정조사는 외국의 의회조사권과 차이가 크지 않으나 국정감사는 유례가 없는 제도로서 매년 일정기일에 국정 전반에 대한 포괄적인 감사를 실

---

6) 이하의 내용은 이관희, "국정감사제도의 문제점과 개선방향," 공법연구 제27집 제 3 호, 1999 참조.

7) C. Schmitt에 의하면 의회주의는 민주주의와는 상호 배타적인 관계에 있으며 의회주의에의 신념은 자유주의적 사상계에 속하는 것이지 민주주의에 속하는 것이 아니라고 전제한다. 그는 의회가 공개와 토론을 통한 진리의 발견을 그 본질로 하는 것이나 현대와 같이 동질성이 파괴되고 이해가 복잡하게 얽힌 상황에서는 의회가 그 기능을 수행할 수 없으며, 그것은 공허한 장치에 불과하다고 한다(C. Schmitt, *Die geistesreschitliche Lage des heutigen Parlamentarismus*, 3. Aufl., 1961, S. 63 참조).

시한다는 점에서 외국의 제도와 큰 차이가 있다.

II. 國政監査制度에 대한 槪觀

1. 국정감사권의 의의와 본질

국정감사권은 매년 국회가 정기국회 개시 후 20일간 정기적으로 국정전반에 대한 감사를 행하는 국정통제권을 의미한다. 국정감사권의 본질에 관해서는 보조적 권한설, 독립적 권한설, 기본권적 이론으로 학설이 나뉘는데 우리나라의 통설은 국정감사권을 보조적 권한으로 이해하고 있다. 그러나 국정감사권을 국회가 갖는 통제적 기능의 관점에서 본다면 하나의 독립적 권한이라고 볼 수 있고, 국회가 갖는 입법기능과 재정기능, 인사기능 등의 관점에서 본다면 그들 기능을 보조하는 일종의 보조적 권한으로서 기능한다는 점도 부인할 수 없다고 본다. 또 국정감사권을 국민의 기본권적인 시각에서 평가한다면 하나의 기본권실현수단으로서 구체적으로 국정상황에 대한 국민의 알권리를 충족시켜 국민의 정치적 의사형성에 활력소를 불어넣어 주는 촉매역할을 하는 것으로 볼 수도 있다. 이러한 점에서 국정감사권의 본질을 어느 하나의 권한으로 한정시키려는 학설의 논의는 별로 실익이 없는 것이 아닌가 생각된다.

2. 국정감사제도의 도입배경과 변천

우리나라에 외국에 유례가 없는 특유한 국정감사제도가 규정되게 된 것은 처음 제헌헌법이 국회의 국정통제에 대하여 국정감사라는 명칭을 사용한 데서 찾아볼 수 있을 것인데, 이때의 국정감사는 사실은 국정조사의 의미로 쓰인 것이었다고 한다.8) 국정조사의 의미로 쓰였던 국정감사이지만 제헌국회 제 5 회 임시국회 제56차 본회의에서 행정부의 국정운영을 비롯한 국가작용 전체를 감사하는 국정감사를 실시하자는 국정감사계획안이 가결되면서 국정전반에 대한 일반국정감사의 의미로 변모하게 되었다. 그리고 후에 특별국정

---

8) 이러한 사실은 제헌헌법의 기초자인 유진오 박사가 국정감사와 조사를 혼용하여 설명하며, 국정감사를 영국에서 기원한 것이라고 하여 국정조사의 의미로 파악하고 있었다는 데서 알 수 있다(김효전, "입법부의 정책통제기능," 대한변호사협회지 제150호, 1989, 16쪽 참조).

감사가 없어지면서 국정전반에 대한 일반국정감사만이 남아 오늘날의 국정감사의 의미로 쓰이게 되었고, 이로써 헌법제정자의 의도와 상관없이 일반적 포괄적인 국정감사제도가 생성된 것이다.9)

　　제 2 공화국에서는 이러한 국정감사제도가 그대로 존속하게 되었으나, 제 3 공화국헌법은 제57조에서 "국회는 국정을 감사하며 이에 필요한 서류의 제출, 증인의 출석과 증언이나 의견의 진술을 요구할 수 있다. 다만 재판과 진행중인 범죄수사·소추에 간섭할 수 없다"고 하여 국정감사의 범위를 일부 제한하였다.

　　이렇게 제헌헌법부터 제 3 공화국헌법 때까지 계속되었던 국정감사제도는 1972년 국회가 해산되고 유신헌법이 만들어지면서 종래의 국정감사근거조항인 제57조가 삭제되고, 1973년 2월 7일 비상국무회의에서 전면 개정된 제15차 개정국회법이 의결·공포되면서 폐지되게 된다. 국회법이 개정되면서 국정조사제도도 종래 국정조사시 정부 행정기관에 대하여 보고와 서류제출을 요구할 수 있도록 되어 있던 것을 안건의 심의와 직접 관련된 경우에만 가능하도록 하였고, 국정조사에 따른 증인의 출석 요구권도 폐지하여 이것 역시 안건심의 등에 한하여 증인이 아닌 참고인만을 출석 요구할 수 있도록 개정하였다. 이러한 헌법과 국회법의 관련 규정을 삭제·개정함에 따라 국정감사법과 국회에서의증인감정등에관한법률도 전면 폐지되기에 이르렀다.

　　그러나 헌법규정 유무에 관계없이 국정조사권은 국회가 그 고유권한인 입법권, 재정에 관한 권한 등을 효율적으로 수행하기 위한 보조적 권한으로 당연히 국회에 인정되어야 한다는 학계의 의견과 야당의 주장이 제기되면서 1975년 7월 개정된 국회법 제121조 및 제122조에서 "본회의 또는 위원회는 그 의결로 특정한 사항에 한하여 조사할 수 있다"고 규정하여 국정조사권에 대한 법률적 근거가 마련되었으며, 1975년 11월에 국회에서의증언·감정등에관한법률도 제정되었다.

---

9) 제헌헌법 제43조는 "국회는 국정을 감사하기 위하여 필요한 서류를 제출케 하며 증인의 출석과 증언 또는 의견의 진술을 요구할 수 있다"라고 하여 국정감사권을 규정하고 있었다. 일반국정감사는 위에서 보았듯이 제헌국회에서 도입되어 1953년 국정감사법이 제정되면서 제도화되었다. 이 당시의 국정감사는 일반국정감사와 특별국정감사의 2종으로 이루어져 있었다. 한편 1954년에는 "국회에서의증언·감정등에관한법률"이 제정되어 국정감사와 조사의 효과적인 증거수집이나 증언 감정을 위한 기초가 마련되었다.

제 5 공화국 헌법은 국정감사권은 채택하지 않고, 국정조사권만을 명문화하여 제97조에서 "국회는 특정한 국정사안에 관하여 조사할 수 있으며, 그에 직접 관련된 서류의 제출, 증인의 출석과 증언이나 의견의 진술을 요구할 수 있다. 다만 재판과 진행중인 범죄수사·소추에 관여할 수 없다"라고 규정하여 이에 따라 국회법에도 비교적 상세한 규정을 두었다. 그러나 제 5 공화국에서는 한 번도 국정조사권이 발동된 적이 없었고 사실상 국정조사권은 사문화되었다.

이러한 국정통제기능의 부재에 대한 비판으로 현행헌법은 제61조에서 국정감사권을 부활시켜 국정조사권과 함께 명문화하게 되었고, 1988년 국정감사및조사에관한법률, 국회에서의증언·감정등에관한법률이 전면개정되어 시행되고 있다.

3. 현행 국정감사제도

현행헌법은 제61조에서 "국회는 국정을 감사하거나 특정한 국정사안에 대하여 조사할 수 있으며 이에 필요한 서류의 제출 또는 증인의 출석과 증언이나 의견의 진술을 요구할 수 있다"고 하여 국정감사·조사권에 대한 내용을 규정하고 있다. 그리고 "국정감사 및 조사에 관한 절차 기타 필요한 사항은 법률로 정한다"고 하여 구체적인 국정감사·조사권에 대한 내용은 법률에 위임하고 있다.

(1) 국정감사의 시기와 기간

국정감사는 소관 상임위원회별로 매년 정기국회의 집회일 이전에 감사 시작일부터 30일 이내의 기간을 정하여 감사를 실시한다. 다만, 본회의 의결로 정기회 기간 중에 감사를 실시할 수 있다(국정감사 및 조사에 관한 법률 제 2 조 개정 2012. 3. 21). 9월 정기국회에서 예산안심사와 국정감사를 같이 하다보니 둘 다 부실해진다는 비판을 수용해서 개정되었다. 국정감사는 각 상임위원장이 국회운영위원회와 협의하여 작성한 감사계획서에 의거하여 행한다.

(2) 국정감사의 대상기관

국회는 국정전반에 관하여 감사할 수 있다(법 제 2 조 제 1 항). 구체적인 감사대상기관에 대해서는 국정감사및조사에관한법률 제 7 조에서 명시하고 있다. 감사의 대상기관은 상임위원회가 자체적으로 선정할 수 있는데, 예외적으로 본회의의 의결이 필요한 경우가 있다.10) 국정감사의 대상기관은 ① 정부조직법 기타 법률에 의하여 설치된 국가기관, ② 지방자치단체 중 특별시·광역시·도(다만 감사범위는 국가위임사무와 국가가 보조금 등 예산을 지원하는 사업), ③「공공기관의 운영에 관한 법률」제 4 조에 따른 공공기관·한국은행·농업협동조합중앙회·축산업협동조합중앙회, ④ 제 1 호 내지 제 3 호 외의 지방행정기관·지방자치단체·감사원법에 의한 감사원의 감사대상기관(다만 이 경우 본회의가 특히 필요하다고 의결한 경우에 한한다)이다.

(3) 국정감사의 방법

1) 보고·서류제출·증인 등의 출석요구   감사위원회는 의결로써 감사와 관련된 보고 또는 서류의 제출을 관계인 또는 기관에 요구하고, 증인·감정인·참고인의 출석을 요구하고 검증을 행할 수 있다(법 제10조 제 1 항). 서류의 제출과 출석의 요구를 받은 자 또는 기관은 국회에서의 증언·감정등에관한법률에서 특별히 규정한 경우를 제외하고는 누구든지 이에 응하여야 하며, 위원회의 검증 기타의 활동에 협조하여야 한다(법 제10조 제 3 항). 정당한 이유 없이 출석하지 아니한 증인, 보고 또는 서류제출요구를 거절한 자, 선서 또는 증언이나 감정을 거부한 증인이나 감정인, 정당한 이유 없이 증인·감정인·참고인의 출석을 방해하거나 검증을 방해한 자는 처벌된다(동법 동조 제 4 항).

2) 청문회의 개최   감사위원회는 국정감사에 필요한 경우 증인·감정인·참고인들로부터 증언·진술의 청취와 증거의 채택을 위하여 청문회를 열 수 있다(국회법 제65조 제 1 항; 국감법 제10조 제 2 항). 청문회는 위원회의 의결로 개최하며, 청문회 개회 5일 전에 안건·일시·장소·증인명 등 필요한 사항을 공고하여야 한다(국회법 제65조 제 2 항·제 3 항). 청문회는 공개를 원칙으로 하되, 위원회의 의결로 청문회의 전부 또는 일부를 공개하지 않을 수 있다(동조 제 4 항).

3) 동행명령제   국정감사를 위한 위원회는 증인이 정당한 이유 없이 출석하지 아니한 때에는 의결로써 해당증인에 대하여 지정한 장소까지 동행

---

10) 본회의 의결을 요하는 국정감사의 대상기관을 본회의 승인 대상기관이라고 하고, 의결을 요하지 않는 경우를 위원회 선정 대상기관이라고 한다.

할 것을 명령할 수 있다. 동행명령을 함에는 위원회의 위원장이 동행명령장을 발부하며, 동행명령장은 국회사무처 소속공무원으로 하여금 이를 집행하도록 한다(증언감정법 제 6 조). 증인이 동행명령을 거부하거나 제 3 자로 하여금 동행명령장의 집행을 방해하도록 한 때에는 국회모욕죄로 처벌을 받는다(증언감정법 제13조).

(4) 국정감사의 장소 기타

감사는 위원회에서 정하는 바에 따라 국회 또는 감사대상현장이나 기타의 장소에서 할 수 있다(국감법 제11조)고 하여 국회 내에서 행하느냐 비감기관에 가서 행하느냐는 위원회가 의결할 사항이다. 감사장소는 국정감사및조사에관한법률상 감사계획서에 명시하여야 할 사항은 아니나 이를 기재하는 것이 상례이다.

국정감사는 공개로 한다. 다만 위원회의 의결로 달리 정할 수 있도록 되어 있다(국감법 제12조). 또 감사를 마친 때에는 위원회는 지체 없이 감사의 경과와 결과 및 처리의견을 기재하고 그 중요근거서류를 첨부한 감사보고서를 작성하여 의장에게 제출하여야 한다. 감사보고서를 제출받은 의장은 이를 지체 없이 본 회의에 보고하여야 한다(국감법 제15조). 국회는 본회의의 의결로 감사결과를 처리한다. 감사 결과 정부 또는 해당기관의 시정을 필요로 하는 사유가 있는 때에는 국회는 그 시정을 요구하고, 정부 또는 해당기관에서 처리함이 타당하다고 인정되는 사항은 정부 또는 해당기관에 이송한다.

정부 또는 해당기관은 시정요구를 받거나 이송받은 사항을 지체 없이 처리하고 그 결과를 국회에 보고하여야 하며 국회는 처리결과보고에 대하여 적절한 조치11)를 취할 수 있다(법 제16조).

---

11) 적절한 조치가 무엇인가에 관해서는 명문의 규정이나 선례가 없으나, 정부가 국회에 보낸 보고서 내용에 문제가 있다고 생각되는 경우, 의원의 동의, 해당위원회의 요구가 있으면 문제의 보고서내용을 토론에 부쳐 보고를 환송하고 새로운 보고서를 제출하도록 의결하거나, 해당기관의 장을 국회에 출석시켜 질문·질의·증언 등의 방법으로 석명을 하도록 하거나 또는 관계 국무위원의 해임을 건의하는 것 등을 생각해 볼 수 있을 것이다.

Ⅲ. 現行 國政監査制度의 問題點

1. 감사개시단계에서의 문제점

현행 국정감사제도의 운용상 지적되고 있는 중요한 문제로서 첫째 감사대상기관의 과다선정문제가 있다. 감사대상기관을 과다하게 선정하게 되면 감사를 세밀하고 심도 있게 추진하기가 곤란할 수밖에 없다.[12]

두 번째로 지방편중감사의 문제가 있다. 국정감사및조사에관한법률 제7조는 지방자치단체 중 특별시・광역시・도에 대한 감사를 실시할 수 있도록 하고 있다. 다만 그 고유사무에 관하여는 지방의회가 구성되어 자치적으로 감사업무를 시행할 때까지에 한한다고 하여 자치사무에 대하여는 감사할 수 없도록 규정하고 있다(제2호). 위임사무에 대하여는 원칙적으로 국정감사를 실시할 수 있는 것이기 때문에 지방자치단체에 대한 감사는 문제가 없다고 주장할 수 있으나 위임사무를 감사함에 있어 자치사무를 건드리게 된다는 문제가 제기되어 왔다.[13]

세 번째로 중복감사의 문제가 제기된다. 1개 기관에 대하여 수개 위원회의 감사반이 감사를 하게 된다는 것이다. 물론 각 위원회의 감사 주안점이 다르기 때문에 중복감사 자체가 부당하다고만 할 수는 없으나 중복감사를 받는 피감기관의 입장에서는 그 준비와 영접 등에 많은 애로가 있을 수 있음은 부인할 수 없을 것이다.[14]

---

12) 매년 피감기관이 증가하여(1997년 300곳 정도) 2013년에는 무려 628개 기관으로서 그것은 누가 봐도 20일의 기간(주말 빼면 15일)으로는 원천적 불가능(특정 위원회는 하루 평균 4-6개 기관, 질의시간 1인당 20분 정도)으로 국회의원들의 인기영합적인 한건주의만을 부추기는 제도(호통형 질의, 묻지마 폭로)라고 아니할 수 없는 것이다. 그야말로 '몰아치기' 또는 '수박겉핥기' 국감인 것이다.

13) 현재 지방자치단체에 대한 외부감사는 국회의 국정감사와 국정조사, 감사원에 의한 감사, 지방자치법에 의한 감사, 행정감사규정에 의한 감사, 내부감사로서 자체감사규칙에 의한 감사의 5가지로 나뉠 수 있다. 이러한 많은 외부감사로 지방자치단체의 업무수행이 차질을 빚고 막대한 행정낭비를 초래할 수 있다는 것이 문제가 되어 왔다. 국회의 국정감사와 지방의회의 통제는 모두 정치적 통제라는 점에서 공통점을 가지고 있으며 이런 점에서 중복되는데 이러한 중복통제를 없애는 것이 바람직하다고 할 것이다. 여기서 지방자치단체에 대한 국정감사를 폐지하자는 논의가 나오게 된다.

14) 중복감사의 문제는 특히 지방자치단체에 대한 감사에서 문제가 되어 있다. 서울특별시의 경우 매년 2-3개 위원회로부터 감사를 받고 있는 실정이다.

네 번째로 병합감사의 문제가 있다. 병합감사는 둘 이상의 유관기관을 일괄하여 감사하는 것으로 대부분 촉박한 감사일정으로 많은 대상기관을 감사하기 위한 수단으로 실시되는 경향이 있다.[15] 병합감사는 피감기관간에 감사의 관련성, 업무의 관련성이 있을 경우에는 효율적인 감사를 위하여 필요하다고 하겠으나, 지나친 병합감사는 국정감사의 목적을 벗어나 형식적인 감사를 위한 감사를 초래하여 감사의 질을 저하시킬 우려가 있다.

2. 감사실시단계에서의 문제점

첫번째로 감사의 정책지향성 상실 문제가 제기된다. 국정감사의 주된 목적은 입법이나 예산심의 활동의 기초가 되는 자료나 정보를 수집하는 데 있다. 따라서 감사의 정책지향성을 유지·발전시키는 것은 중요한 과제라 할 수 있다. 그러나 우리나라의 국정감사는 정책에 대한 비판이나 대안제시 등의 정책지향적인 국정감사라기보다는 각종 비리나 정치적인 문제와 관련된 감사에만 초점을 맞추고 있는 것이 문제로 지적된다.[16]

두 번째로 증인채택과 소환에 수반되는 문제가 있다. 국정감사에 필요한 증인채택을 둘러싸고 매년 각 위원회에서는 여·야간 대립이 심한 것이 실정이고 국정감사가 파행되는 중요한 이유가 되고 있다는 점에서 심각한 문제를 야기하고 있다.[17]

---

15) 이러한 병합감사가 제13대 국회에서는 187회, 제14대 국회에서는 199회, 1996년 국정감사에서는 55회, 1997년 국정감사에서는 39회, 1998년 국정감사에서는 51회로 매년 50회 안팎의 병합감사가 실시되고 있다.

16) 국정감사가 정책국감, 민생국감 아닌 90% 이상이 여야 정치공세로서의 정치감사로 운영되고 본회의 대정부질문과 예결위 정책질의와 대부분 중복된다. 2013년 국정감사에선 국정원 댓글 사건과 NLL(북방한계선)대화록 논란, 박 대통령 복지공약 파기 여부 등 정치공세가 주류를 이룬 것이다. 여야는 피감기관인 정부를 상대로 제대로 된 정책비판을 내놓지 못한 채 자신들끼리 사실(FACT)에 입각한 것이 아닌, 주의·주장에 의한 공방만 되풀이하고 있는 것이다.

17) 2013년 국정감사에서 16개 상임위가 부른 기업인 증인이 200명이 넘었다. 그런데 기업인들로부터 전후 사정에 대한 자세한 설명과 소명을 듣기보다는 "예, 아니오로 짧게 대답하라"고 윽박지르기 일쑤다. 한 기업인은 3시간을 기다려서 "나는 그 일과 관계없다"고 30초 동안 딱 한마디 하고 국감장을 떠나기도 했다. … 국회 환경노동위 소속 국회의원들은 10월 17일 이건희 삼성 회장과 이재용 삼성전자 부회장, 정용진 신세계 부회장, 이석채 KT 회장 등 기업인 20명을 추가로 국정감사 증인으로 채택하는 문제를 놓고 설전을 벌리느라 오전회의를 그냥 흘려보냈다. 이 위원회는 이날 노사정(勞使政)위원회와 중앙노동위, 고용보험심사위 등 11개 기관에 대한 국정감사 일정이 잡혀 있었기 때문에 이들 기관은 정상업무를 접고 국회에 나왔는데 오전 내내 여야 의원들간에 입씨름만 지켜봐야만 했다.

세 번째로 불출석 증인 등에 대한 제재의 문제가 있다. 증인으로 출석 요구되었으나 불출석하거나 폭행·협박 기타 모욕적인 행동을 한 경우 또는 동행명령을 거부하거나 위증 등의 행위를 한 경우 국회에서의증언·감정등에 관한법률 제12조, 제13조, 제14조에 의하여 처벌할 수 있다. 이러한 처벌조항은 국정감사나 조사 등에 있어 감사나 조사의 효율성 확보와 실질적 진실의 발견이라는 면에서 필요한 것이라고 할 수 있다.

네 번째로 과다한 서류제출의 요구는 국정감사의 또 다른 저해요인이 된다. 20일이라는 국정감사기간 동안 대략 50,000건 정도의 서류를 요구하는 것은 피감기관의 과다선정과 함께 국정감사의 질을 떨어뜨리고 국정감사기간 동안 행정부의 정상적인 업무수행에 차질을 가져오고 행정을 마비시키게 된다. 이러한 과다한 자료요구는 필요한 각종 정보가 정부기관에 편중되어 있기 때문이라고 할 수도 있으나 의원의 자료요구 중 많은 부분이 현황보고서에 이미 제출되었거나 입수할 수 있었던 일반업무 현황에 대한 자료인 것을 볼 때 의원 및 보좌직원들의 전문성 부족과 국정감사 준비부족에도 그 원인이 있다고 할 수 있다.

다섯 번째로 국정감사가 진행되어 가는 과정에 있어 형식적이고 인기영합적인 국정감사에 치중하는 점도 문제이다. 언론사기자들이 있는 경우 경쟁적으로 국정감사에 참여하다가 기자들이 철수하면 국정감사가 파장분위기로 가는 것도 문제로 지적되어 있다. 국정감사가 충실하지 못한 것은 문서검증이나 현장검증이 거의 이루어지지 않는 실정에서 알 수 있다.

여섯 번째로 감사위원이 자신이 맡고 있는 감사에 대해 정보가 부족하고 제대로 이해하지 못하는 전문성부족도 문제이다. 이러한 전문성부족으로 감사위원들은 감사사항에 대한 집중적인 분석보다는 욕설이나 고압적 분위기 조성 등으로 감사를 이끌어가게 된다. 현대 행정국가화 경향의 국가에서 의원의 전문성은 대정부 통제에 있어 매우 중요하고 반드시 고양해야 할 과제이다.

미국 하원은 2010년 2월 급발진으로 인명사고가 발생하는 등 사회적 물의를 일으킨 일본 도요타 본사 사장과 간부들을 증인으로 불러냈다. 8시간에 걸쳐 미국 의원들의 질의와 비판, 토요타 측의 답변과 반박이 이어졌고 결국 토요타 사장이 울먹이면서 미국민들에게 사과하고, 피해 보상과 재발방지책을 내놓도록 만들었다(조선일보 2013년 10월 18일 사설 참조).

3. 감사종료 후 처리단계에서의 문제점

첫 번째로 감사결과보고서 지연처리의 문제가 있다. 국정감사가 끝나면 감사결과가 관계 법률에 따라 신속히 처리되어 예산 및 각종 법안 심사시 반영되는 것이 국정감사의 취지에도 부합되는 것인데 실제로 감사결과보고서가 지연처리되어 그 해 예산 및 각종 법안 심사시 반영되지 못하는 것이 문제이다. 이 문제는 차츰 개선되어 가고 있기는 하나 좀더 신속한 처리가 요구되고 있다. 또한 국회의 시정처리 요구내용 자체가 비현실적이거나 일반적인 경우가 많은 것도 문제가 된다고 한다.

두 번째로 국정감사결과보고서가 본회의를 통과하고 정부 등 기관에 이송되고 나면 정부 등 각 기관은 그 처리결과를 국회에 보고해야 하는데, 그 처리기간이 너무 장기간이고, 국정감사에서 지적된 사항에 대해 정부 등 기관들이 제대로 시정 등의 조치를 하지도 않고, 국회의원들도 국정감사에서 질문하는 데만 관심이 있지 실제 그 처리가 어떻게 되느냐에는 별 신경을 쓰지 않는 것으로 나타났다. 이러한 현상은 국정감사를 단지 매년 통과의례적인 것에 불과한 것으로 전락시키고 만다. 또한 국회의 비현실적이거나 일반적인 시정 처리요구에 대하여 정부의 처리내용도 형식적인 것으로 그치는 것도 문제로 지적된다.

IV. 國政監査廢止論議와 國政調査 活性化方案

1. 국정감사 폐지주장의 이유

국회는 국민의 대표기관으로서 국가정책을 입법화하고, 국민의 혈세로 된 국가예산을 심의·확정하고, 국정 전반을 감시·통제하는 기능을 수행하는 기관이다. 그러나 여기에서 국회가 국정 전반을 '감시·통제'한다는 말은 '감사'한다는 말과 혼동해서는 안 된다. 즉 국회는 국정전반에 대한 '감시·통제' 기관일 뿐이지 '감사' 기관은 아닌 것이다. 따라서 '국정감사'는 행정부의 자율권을 침해하면서 3권간의 견제균형을 원칙으로 하는 3권분립 원칙에도 어긋난다는 것이다.

국회의 국정전반 감시·통제 기능은 각 상임위원회를 통하여 일년 내내

상시적으로 하면서(국회법 제121조, 제128조) 특정사한에 대하여 문제가 발생할 때는 일차적으로 감사원에 감사청구를 하며(동 제127조의2), 그것으로 부족할 때는 국정조사권을 발동하는 것이 원칙이라는 것이다(동 제127조, 국감조법). 서구 법치주의 선진국의 국회운영이 모두 그러하다. 그런데 우리나라는 20일 기간을 정하여 국정전반을 감사하는 '국정감사제도'를 따로 두어 국정을 마비시키고 정치를 혼란케 하는 경험을 매년 반복하는 어리석은 우를 범하고 있는 것이다. 따라서 국정감사제도는 다음과 같은 이유로 폐지되어야 하고 그 대신에 국정조사를 활성화시켜야 한다. 그것이 우리나라 국회와 국정운영 정상화에 큰 도움이 될 것이다.[18)

첫째, 세계에서 20일 기간을 정해놓고 국회에서 국정전반을 감사하는 나라는 대한민국이 유일하다. 이는 2005년 8월 국회헌정기념관에서 개최된 미·일·독·불 등이 참가한 『국정감사·조사제도의 합리화방안』 한국헌법학회 국제학술대회에서 확인된 바 있다. 즉 우리의 국정감사제도는 1948년 제헌헌법 당시 영국의회의 국정통제기능으로서의 국정조사제도를 국정감사로 오해하여 규정하였고 이를 1953년 국정감사법으로 제도화한 것이다. 그 후 많은 폐해와 부작용으로 1972년 유신헌법에서 폐지되었는데 유신헌법의 비민주적인 성격상 국정감사제도가 마치 민주적인 국회의 상징으로 오해되어 1987년 현행헌법에서 부활된 것이다. 그러나 제도자체가 갖는 근본적인 문제점으로 다시 시행한 이후에도 오늘날까지 국정감사가 끝나고 한 번도 잘됐다고 한 경우가 없고 매년 국정운영에 차질과 깊은 후유증을 남기고 있다는 것이다.

둘째, 매년 피감기관이 증가하여(1997년 300곳 정도) 2013년에는 무려 628개 기관으로서 그것은 누가 봐도 20일의 기간(주말 빼면 15일)으로는 원천적

---

18) 저자는 「미국 연방의회의 국정조사권」(경대 논문집, 1998년), 「국정감사제도의 문제점과 개선방향」(공법연구, 1999. 6), 「독일의 국정조사권에 관한 연구」(헌법학연구, 2000. 12) 등의 논문을 기반으로 2005년 한국헌법학회장 시절 『국정감사·조사제도의 합리화방안』 국제학술대회(미·일·독·불)를 개최하고 직접 「우리나라 국정감사·조사제도의 개혁방안」(헌법학연구, 2005. 9)을 발표하였고, 그 국제학술대회 결과요지를 정리하여 당시 전 국회의원에게 배포한 바 있다. 언론기고는 '국정조사가 국정감사에 대체할 수 있어'(중앙 2002. 10. 3), '국감은 정치공세… 국정조사 활성화필요'(중앙 2005. 9. 20), '國監 없애고 國調발동 쉽게하자'(동아 2005. 10. 11), '국력낭비 국정감사'(한국 2006. 11. 13), '국감 폐지하고 국정조사 활성화를'(조선 2007. 11. 6), '한건주의 국감 폐지해야'(조선 2009. 10. 25) 등이다.
이관희, 국정감사 폐지와 국정조사 활성화방안, 바른시민사회 긴급토론회(2014. 8. 27. 국회의원회관 "첫 분리국감 불발사태… 국정감사 이대로 괜찮은가?).

불가능(특정 위원회는 하루 평균 4-6개 기관, 질의시간 1인당 20분 정도)으로 국회의원들의 인기영합적인 한건주의만을 부추기는 제도(호통형 질의, 묻지마 폭로)라고 아니할 수 없는 것이다. 그야말로 '몰아치기' 또는 '수박겉핥기' 국감인 것이다. 셋째, 국정감사가 정책국감, 민생국감 아닌 90% 이상이 여야 정치공세로서의 정치감사로 운영되고 본회의 대정부질문과 예결위 정책질의와 대부분 중복된다. 넷째, 국정감사는 제도적으로 불필요한 여야 정쟁의 장을 마련해 주고 있다. 결실의 계절 가을 100일간의 정기국회는 민생법안과 예산심의에 집중해야 하는데 국정감사로 인해서 처음부터 싸움으로 시작하여 여야 감정의 골만 깊게 만들고 결국 극한 대결과 파행으로 가기 일쑤다. 국정감사를 준비하느라 1개월 이상 시간을 낭비하며 실제 국감기간까지 매년 2개월 정도 국정이 표류한다고 보아야 한다.

2. 국정감사의 폐지와 폐지의 조건

현재 국정감사는 다만 국회의원들의 영향력 행사를 위한 도구로서 기능할 뿐이지 국정통제의 기능적 역할도 수행하지 못하고 내용적으로도 예산안심의 등과 중복되는 매우 불합리한 제도라고 할 수 있을 것이다.[19] 이러한 이유들로 인하여 국정감사를 폐지하고 국정조사로 일원화하는 방안이 마지막 해결책으로 제시될 수 있다.[20] 문제가 많은 국정감사를 폐지하는 것이 궁극적인 방안이라고 볼 수밖에 없다.

그러나 국정감사의 즉각적인 폐지는 기대하기 어렵다. 국정조사권이 거의 활용되기 어려운 실정에서 국민들은 국정감사를 거의 유일한 의회에 의한 국정통제수단으로서의 의미를 부여하고 있기 때문이다.

따라서 국정감사의 폐지에 앞서 국정조사의 활성화가 필요하다고 본다. 국정조사의 활성화를 통해 국정감사를 대체할 수 있는 정도로 국정조사의 위

---

19) 미국이나 일본 등 각국에서 강력한 예산안심의권을 의회가 갖고 따로 국정전반에 대한 우리나라의 국정감사와 같은 제도를 택하지 않고 국정조사를 두는 것은 그 국가들이 국정전반에 대한 통제를 예산안심의를 통하여 행하는 것으로 족하다고 평가한 것이 아닌가 생각한다.

20) 제 3 공화국 때 이런 역기능 때문에 유신헌법에서는 국정감사가 폐지된 것이라고 해석하는 견해도 있다. 당시 폐지이유는 유신헌법이 통제를 받지 않는 정부를 구상한 것도 있겠지만 국정감사가 행정부의 독립적인 권한 수행에 중대한 제약이 되어 권력분립에 반하고 투입과 산출 사이에 균형이 맞지 않는다는 국정감사 자체의 문제점도 그 이유가 되었다고 본다.

치를 구축하는 것이 중요하다고 생각된다. 그리고 국정감사가 수행하였던 국
정전반에 관한 국정통제는 국회의 각 상임위원회활동의 강화로 해결할 수 있
으리라고 본다.[21)

국정감사는 애초 과거 권위주의 정권시절 힘이 약한 입법부가 각종 정부
기관의 전횡과 불법을 집중 감시함으로써 행정부를 감시하는 수단으로 사용
됐고 어느 정도 효과도 있었다. 그러나 여야간 정권교체가 실현되는 등 어느
정도 민주주의가 자리잡은 지금의 상황에서 특정기간을 정하여 국회가 행정
부를 감사한다는 자체가 3권분립의 논리에도 맞지 않고 부자연스러운 측면이
있는 것이다. 그래서 2013년 국감이 끝나고 야당을 중심으로 상시국감 필요
성이 제기됐는데[22)] 그것은 결국 각 상임위 활동을 제대로 활발하게 해야 하
는 것으로 이해해야 한다고 본다. 즉 현재의 국회법에 따라 각 상임위원회에
서 자료제출요구하며 장관을 출석시켜 정책질의하고 공청회·청문회를 활발
하게 하면 국정감사 이상의 효과를 거둘 수 있다. 국회는 국정감사권이란 불
합리한 기득권을 과감히 내려놓아야(폐지해야) 국민으로부터 존경을 받을 수
있는 것이지 애매한 형태로 유지하려면 더 이상한 모습으로 희화화될 수 있
음을 주의해야 한다. 또한 국정감사제도가 존속하는 한 국정감사기간에 한건
보이기 위하여 평소 상임위활동을 소홀히 하는 경향도 없지 않은 것이다.

3. 국정통제의 대안으로서의 국정조사의 활성화방안

(1) 국정조사의 의미와 운용실태

현행헌법은 제61조에서 국정감사에 이어 특정사안에 대한 국정조사를 규

---

21) 미국의 경우 위원회와 소위원회는 의회로부터 조사권한(소환권: The Subpoena Power)을
부여받아서 조사를 실시할 수 있다. 현재는 상하원 규칙에 의해 모든 상임위원회와 소위원
회에 증인의 출석, 증언, 서류제출을 요구할 수 있는 권한이 부여되어 있다. 이에 따라 상
임위원회와 소위원회는 본회의가 개회·휴회·산회중인 경우를 불문하고 청문회활동을 할
수 있으며 위원회 또는 소위원회는 재적의원과반수의 출석과 출석의원 과반수의 찬성에
의해 소환장을 발부할 수 있을 뿐만 아니라 이 소환장발부의 권한은 위원회가 사전에 정
하는 규칙과 규정에 따라 위원장에게 위임할 수도 있다. 이와 같이 미국·영국 등 선진국
은 평상시 상임위 소위에서 행정부 책임자와 외부인을 불러 토론하고 추궁한다. 사실상 상
시 국감인 것이다. 2013년 교육문화체육관광위원회 같은 경우는 피감기관이 104곳에 달하
는데 평상시에 소위를 구성해 전문적으로 기관과 이슈를 다루어야 효율적일 것이다.

22) 당시 전병헌 민주당 원내대표는 2, 4, 6월에 각 상임위가 1주일씩 피감기관을 분리해 국
감을 실시하고 정기국회 때 종합국감을 하는 방향을 제시했다. 그러나 이는 국감을 분리해
서 하자는 안에 불과하다.

정하고 있다. 국정조사도 국정감사와 마찬가지로 국정통제기능을 수행하며 국정조사권의 행사방법은 국정감사와 대부분 일치한다. 그러나 그 시행이 매년 국정전반에 대하여 정기적으로 시행되는 국정감사와는 달리, 특정한 국정사안에 관하여 조사할 필요가 생겨 국회의 재적의원 4분의 1 이상의 요구가 있는 경우에 조사위원회가 행한다는 점에서 국정조사는 국정감사와 구별된다.

그러나 국정조사는 그 조사계획서가 본회의 일반의결 절차(재적 과반수 출석, 출석 과반수 찬성)에 의한 승인을 받아야 하기 때문에 발동이 쉽지 않다. 또한 국정조사에 정치적인 문제가 개입되지 아니한 경우에는 제대로 시행되었으나, 정치적인 문제가 개입된 경우에는 여·야 정치대립으로 국정조사계획서가 승인되지 못하거나 국정조사결과보고서가 채택되지 못하여 성과를 거두지 못하는 경우가 많았다.[23]

(2) 국정조사가 국정감사를 대체할 가능성

국정감사가 국정전반의 폭넓은 감사를 하면서 형식적인 감사라는 비판을 받아옴에 반해 국정조사는 특정사안에 대하여 중점적으로 조사함으로써 비록 시행이나 결과처리에 있어서는 문제를 야기했지만 일단 시행되는 경우에는 전 국민적 관심을 불러일으키며 문제제기기능과 국민의 알권리를 실현시켜 주는 기능을 효과적으로 수행해 왔다. 그러나 국정감사가 매년 짧은 기간에 국정전반을 감사함에 따른 무리로써 생기는 것이 많다는 점을 생각해 볼 때 국정조사는 국정감사보다 효과적인 제도로 평가될 수 있을 것이고 국정조사가 국정감사를 대체하는 데는 큰 무리가 없을 것으로 보인다. 다만 헌법사항

---

23) 2014년 6월 2일부터 9월 1일까지 '세월호 사고 국정조사'가 역사상 최장 90일간 개최되었으나 결국 청문회 한번 열지 못하고 보고서 한 장 채택하지 못한 채 국조 특위 간판을 내리고 말았다. 여야는 국조 특위를 출범시킨 뒤 기관보고 일정을 정하는 데만 20일을 썼다. 7월 11일 기관 조사가 끝난 뒤에는 청와대 비서실장 등의 청문회 증인 채택 여부를 놓고 맞서면서 또 50일을 허송했다. 실제 조사가 이뤄진 시간은 7월 초의 10여일밖에 되지 않는다. 이번 국정조사는 무고한 국민이 300여명이나 목숨을 잃은 참사(慘事)를 다루는 것인 만큼 과거 어느 국조보다도 중요했다. 여야는 사고를 불러온 선박회사의 엉터리 선박 관리와 관계 기관의 허술한 감독, 정부와 해경의 무능한 사후 구조·수습 실태를 낱낱이 밝혀냈어야 했다. 그 결과를 토대로 다시는 그런 비극이 일어나지 않도록 나라 전반의 안전 시스템과 국민 의식을 혁신할 수 있는 대책을 강구하는 것도 국회의 책무였다. 이 일을 제대로 해내려면 여야 모두 철저한 사전 준비를 거쳐 당리당략을 배제한 채 초당적(超黨的)으로 국정조사에 임했어야 했다. 그러나 야당은 비극적 사고를 이용해 대통령과 여권을 골탕 먹이는 데에만, 여당은 야당 공세를 막는 데만 몰두했고 결국 여야가 국정조사의 본질과는 상관도 없는 곁가지 문제들에 매달려 정치 편싸움만 벌인 것이다. 국회 무용론이 아니라 국회 해악론(害惡論)이 나올 판이다.

이기 때문에 개정하기까지는 국정감사폐지가 어렵다고 생각할 수 있으나, 제 61조 형식이 가능조항(~할 수 있다)이고 그 구체적 내용은 법률에 위임하고 있기 때문에 '국정감사 및 조사에 관한 법률' 개정으로 국정감사폐지와 국정조사 활성화를 이룰 수 있다고 본다.

(3) 국정조사의 활성화방안

국정조사를 위한 조사위원회 설치를 위해 과거 국회의원 3분의 1의 요구와 국정조사계획서의 국회의 승인을 요하였으나, 독일식 법개정(2000년)으로 국회 재적 4분의 1로써 요구할 수 있도록 하고 있다. 그러나 국정조사계획서가 본회의 일반의결 절차로 통과되어야 하기 때문에 정치권의 대립이 있는 경우 실제적으로 발동이 어려운 것이 사실이다. 독일은 본회의 불승인 의결을 조사대상이 불명확하거나 헌법에 위반하는 때로 국한하고 그 이유를 명시하는 관례를 확립함으로써[24] 국정조사가 사실상 국회 재적 4분의 1의 요구로만 이루어지고 있어 국회의 국정통제가 효율적으로 된다. 우리도 독일과 같은 취지의 법개정을 모색해 보아야 할 것이다.[25]

국정조사의 실시단계에서도 전문가를 활용하는 등 전문성을 향상하는 방안,[26] 법 위반 증인에 대한 엄격한 처벌 등으로 조사의 실효성을 높이는 방

---

24) 이관희, 독일의 국정조사권에 관한 연구, 헌법학연구(제 6 집 제 4 호, 2000. 12), 246면.

25) 현행 국정감사 및 조사에 관한 법률 제 3 조 제 5 항 "본회의는 제 4 항의 조사계획서를 검토한 다음 의결로서 이를 승인하거나 반려한다"를 "… 조사계획서를 검토한 다음 조사대상이 불명확하거나 헌법이 위배되지 않는 한 승인해야 한다. 불승인의 경우에는 그 이유를 명시해야 한다"로 개정해서 국회 재적 1/4 요구로만 사실상 국정조사권이 발동되도록 해야 할 것이다.

26) 독일의 예비조사위원회는 독일 기본법에 의하여 설치되는 조사위원회와 구별되는 것으로 이 기관은 연방의회의사규칙 제56조 제 1 항 제 1 문에 의하여 광범위하고 중대한 복합적 사안에 관한 결정을 준비하기 위하여 설치될 수 있다. 이 경우에도 독일의 소수자 조사권과 같이 의원의 4분의 1 이상의 제안이 있으면 위원회의 설치가 강제된다. 이 위원회의 특수성은 의원만이 아니라 외부인사 특히 학자나 전문가도 위원이 될 수 있다는 데 있다. 그들은 가능한 교섭단체의 합의로, 그렇지 않으면 그 세력관계에 따라 지명되고 의장이 임명한다. 외부위원의 수는 9인을 넘지 못한다. 그 밖에도 각 교섭단체는 1명 또는 연방의회의 결의에 따라 그 이상의 의원을 예비조사위원회에 보낼 수 있다. 실제로는 오래 전부터 외부위원의 수는 의원의 수를 넘지 않도록 유의하고 있다. 예비조사위원회의 조사결과는 그 실행을 위하여 필요한 경우에는 연방의회로부터의 발의, 이를테면 어떤 교섭단체나 제안권 있는 의원집단의 제안을 요한다. 이를 위하여 위원회는 연방의회의 임기종료 전에 조사주제에 대한 토의를 위한 보고서를 제출하여야 한다. 이러한 최종 보고서가 제출될 수 없을 경우에는 연방의회가 위원회의 존속여부를 결정할 수 있도록 중간보고서를 제출하여야 한다. 이러한 예비조사위원회는 1969년 독일 연방의회의사규칙의 개정으로 도입된 이래로 전문가의 도움을 필요로 하는 조사에 관하여 이용되어 오면서 독자적인 영속성과 중요성을

안27) 등을 검토해 볼 수 있을 것이다.

물론 국정조사가 폐지되고 국정조사가 활성화된다고 하더라도 국정조사가 국정감사의 국정전반에 대한 통제라는 역할을 대신하기에는 한계가 있을 것이다. 따라서 이런 국정전반에 대한 통제는 국정감사가 폐지된다고 하여도 여전히 각 상임위원회들이 그 활동을 강화하여 수행해야 한다.28) 이를 위해서는 상임위원회의 정책질의를 활성화하고 전문화하는 동시에 미국의 상임위원회와 같이 위원회가 국회차원에서 조사가 필요하다고 인정되는 특정사안이 발생한 경우 일정수의 국회의원의 요구나 국회본회의의 의결을 거치지 않고 사안과 관련 있는 위원회가 자체적으로 해결하여 조사를 시행할 수 있도록 하는 방안이 마련되어야 할 것이다.

소관 상임위가 애매하거나, 시급한 현안이 발생했을 때는 상설 국조특위에서 다루면 된다. 지금은 국조 실시에 국회 재적의원 4분의 1 이상의 요구와 조사계획서 본회의 의결이 필요하다. 하지만 국조특위 구성부터 진통을 겪게 되면, 관심은 사안의 본질보다 여야간 다툼에 쏠리고 진상 규명은 늦어지는 문제가 생긴다. 국조특위 상설화는 이런 점을 보완하자는 것이다.29)

가지게 되었다. 특히 예비조사위원회에서는 연방의회를 위한 전문정보의 획득과 공동추구 뿐만 아니라 조사대상이 될 필요성이 있는 문제에 해당 전문가집단과 정치적 공중을 편입시켜 참여하게 하였다는 점에서 중요한 의미를 갖는 것으로 평가되고 있다. 김원배, "독일의 의회조사권," 입법조사연구 제235호, 1995, 21쪽 이하 참조.

27) '모르쇠 증언'에 따른 '부실 국조'를 막기 위해 증인 신청과 출석, 증언 등을 강제할 수단을 갖춰야 한다는 지적이 나온다. 특히 '의혹 관련자'를 모조리 증인으로 채택하려 하지 말고 꼭 필요한 사람들만 추려서 증인으로 부르되, 출석을 거부하거나 허위증언을 하지 못하도록 다양한 제도를 도입해야 한다는 것이다. 제재를 강화한다면, 증인이 소환을 거부할 경우 벌금 부과는 물론 강제로 구인을 할 수 있도록 하고, 선서 거부자에겐 벌금·구류 등의 제재를 할 수 있는 형법상 권한까지 가진 독일 연방하원을 참조할 수 있다. 증인의 출석과 증언을 '독려'하는 차원에서 증인에게 면책특권을 보장하거나, 수사·재판 중인 사안도 조사를 허용하는 미국의 사례를 눈여겨봐야 한다는 의견도 있다.

28) 현재 상임위가 가진 긴급현안보고, 청문회, 공청회 등과 같은 권한만 제대로 활용해도 국조 실시 여부를 놓고 여야가 기싸움을 벌일 일은 줄어든다. 18대 국회를 보면, 한진중공업 정리해고 사태와 관련해 소관 상임위인 환경노동위원회는 청문회를 열어 회사 쪽에 사태 해결을 촉구하는 등 대책 마련에 애썼다. 이런 노력은 김진숙 민주노총 부산본부 지도위원이 고공농성을 푸는 계기를 제공했다. 국회의 정부 감시 및 국정 현안 통제 기능은 보강하면서도 여야의 불필요한 정쟁을 줄일 수 있다는 게 이런 방안의 이점이다.

29) 국조를 실시하는 별도의 상설 기구는 일본 참의원 사례에서 찾아볼 수 있다. 참의원은 선거 뒤 처음 소집되는 국회에 '조사회'를 설치하며, 재적 참의원 의원의 절반이 참여하는 조사회는 임기 만료일까지 운영된다. 공개청문회와 증인출석·자료제출 요구 등의 권한이 보장되며, 활동 결과는 본회의에 보고된다.

제 5 부 ▶ 行政府改革論

【여 는 글】

대통령은 대외적으로 국가를 대표하는 국가원수이며, 대내적으로는 대통령중심제 정부형태의 행정부를 대표하는 핵으로써 1년에 약 250조에 가까운 국민의 혈세를 집행하는 최종 책임자이다. 대통령은 대한민국 오케스트라의 총지휘자로써 국무총리·각부 장관 등을 멋지게 지휘하여 국가의 생산력을 높여야 하고, 국가 최고의 정책 세일즈맨으로써 국회와 국민을 설득해야 한다(국가최고경영자: CEO). 그 과정에서 대통령의 민주적 리더십은 필수적인 것으로써 각부 장관이 최고의 능력을 발휘하도록 대통령 비서실을 적극 활용하면서 국가의 장기 비전·전략도 함께 제시해야 한다고 본다. 국무총리·각부 장관의 권위(임기 포함)를 어느 정도 인정하느냐가 민주적 리더십의 척도가 되며, 이에 부응하여 장관 등도 대통령의 눈치를 볼 것이 아니라 단 하루를 하더라도 명예롭게 오로지 국리민복을 위하여 소신껏 직무를 수행해야 한다. 이상과 같은 분위기야말로 '제왕적 대통령제'을 극복하는 행정부개혁의 핵심이며 효율적인 대통령제 정부형태의 운영이 될 것이다.

국무총리는 대통령을 보좌하며 대통령의 명을 받아 행정 각부를 통할하는 행정부 제2 인자로써 대통령이 덕망과 능력을 갖춘 총리를 임명하고 민주적 리더십을 발휘한다면, 국정운영의 효율성을 극대화시킬 수 있는 지위라고 본다. 따라서 국정운영에 실권을 주는 소위 '책임총리제'의 논의는 대통령의 권한에 대한 견제 차원이 아니라 '국정운영의 효율성 증진'과 '국가정책에 도움이 되는 내각운영'의 방향에서 이뤄져야 한다. 구체적으로 대통령의 역할은 국가 정책의 중·장기 발전전략과 외교·국방·통상 등 주요 국가 정책과 국민통합과 같은 거시적 차원에 중점을 두며, 총리의 역할은 나머지 국가 주요정책의 조정과 합의를 이끌어냄으로써 대통령을 보좌한다는 측면에서 이뤄지는 것이 바람직하다. 요컨대 국무총리의 역할은 대통령의 힘이 못 미치는 곳에서 능력을 발휘하여 대통령과 상생관계를 유지하는 것이라 본다.

감사원은 우리가 소득 2만불 시대를 열어 나가는 데 선도적 감사를 수행해야 한다. 한국 사회의 문제점은 서로 난마처럼 얽혀 있기 때문에 하나의 증상에만 집중해서는 결코 문제를 해결하지 못한다. 따라서 감사원은 국정 시스템을 총체적으로 진단·평가하고 대안을 제시하는 문제 해결자와 국정 컨설턴트의 역할을 수행해야 한다. 이제 과거의 회계감사와 직무감찰에서 탈피해 보다 격이 높은 회계감사와 직무감찰을 실시해야 한다. 사소한 문제의 적발에서 정책과 관리의 평가로 전환해야 한다. 전통적인 회계감사와 직무감찰은 각 부처의 내부에서 1차적으로 수행하고, 감사원은 내부감사를 간접 통제하고 평가에 전력하는 역할 분담이 필요하다. 그리고 감사원의 회계검사기능 국회 이관 문제는 현실적으로 의회의 정쟁에 오용되거나 운영의 효율성이 떨어질 위험이 있으므로 신중을 요한다.

이명박 정부는 정부조직 축소개편을 단행하여 대통령비서실과 대통령경호실을 대통령실로 통합, 부총리제 폐지, 특임장관 신설, 국무총리비서실과 국무조정실을 국무총리실로 통합했고, 기획예산처와 재정경제부를 기획재정부로 통합, 교육과학기술부 신설, 중앙인사위원회 폐지, 행정안전부 신설, 문화체육관광부, 농림수산식품부, 지식경제부(산자부＋과기부·정통부 일부기능), 국토해양부(건교부·해양수산부), 국민권익위원회(국민고충처리위원회·국가청렴위원회·행정심판위원회 통합)가 신설되었다.

21세기 인터넷 정보화시대를 맞이하여 전자정부의 실현이 행정개혁에 중요한 과제가 된다. 전자정부란 인터넷 매체를 이용하여 투명성(transparent)과 종이 없는(paperless) 행정이 보장된 정부로써 이에 관한 법률이 2001년 2월에 제정되었다. 물론 미국 일본 등 선진국에서도 전자정부의 실현을 위하여 매진하고 있다. 개인정보보호와 함께 그 실현을 위한 국민적 노력이 필요하다.

제1장 바람직한 大統領制 構想下의 大統領의 地位

제1절 大統領의 憲法上 地位改革論

I. 大統領의 憲法上 地位에 관한 論難

기존 헌법학 교과서에서는 대통령에 관한 서술에서 이른바 대통령의 헌법상 지위를 제일 처음 설명해 왔다. 이를테면 대통령은 국가원수로서의 지위, 행정권의 수반으로서의 지위, 국가수호자로서의 지위 등을 가지고 있다는 설명이 그것이다.[1]

그러나 이러한 형식적 분석만으로는 우리 헌법상 대통령의 의미를 충분히 밝힐 수 없을 뿐만 아니라, 대통령과 관련한 여러 가지 제도적 문제점을

---

1) * 1. 국가의 원수로서의 지위: 조약 체결·비준권, 선전포고와 강화를 행하는 권한, 외교사절을 신임·접수하는 권한, 헌법재판소 소장·재판관과 선거관리위원회 위원 임명권, 국회임시회 집회요구권, 대법원장·대법원에 대한 임명권, 사면권
   2. 국가의 한 주권행사기관으로서의 지위: 헌법개정안제안권, 국민투표부의권, 위헌정당해산제소권
   3. 행정권의 수반으로서의 지위: 법률안제출권, 국군통수권, 행정정책결정권, 국무총리·국무위원 등 행정공무원임명권, 행정정책집행권, 행정입법권, 예산안제출권, 예산안집행권
   4. 국가수호자로서의 지위: 긴급명령권, 긴급재정·경제명령권, 계엄선포권, 국가안전보장회의 주재권, 전쟁수행권, 평화통일의 의무(김철수, 1121쪽 이하).
   * 1. 국민대표기관으로서의 지위
   2. 국가원수로서의 지위: 대외적으로 국가를 대표할 지위, 국헌수호자로서의 지위, 국정의 통합·조정자로서의 지위, 헌법기관구성권자로서의 지위
   3. 집행부수반으로서의 지위: 집행에 관한 최고지휘권자·최고책임자로서의 지위, 집행부조직권자로서의 지위, 국무회의의장으로서의 지위(권영성, 901쪽 이하).
   * 1. 국가원수로서의 지위
   2. 행정부수반으로서의 지위(홍성방, 811쪽 이하).
   * 1. 국정의 최고책임자로서의 지위
   2. 행정의 최고책임자로서의 지위(전광석, 460쪽 이하).

해결하기에도 한계가 있다. 특히 이러한 서술방식이 지난 권위주의 시대의 대통령에 대한 서술방식과 크게 다르지 않다는 것은 더 큰 문제이다. 권위주의적·독재적 대통령에 대한 국민의 투쟁이 우리 헌법사의 중추를 이루고 있음에도 불구하고 그러한 흐름을 반영하지 못하는 기존의 도식적 설명은 문제가 있다.

따라서 대통령의 헌법상 지위를 살핌에 있어서는 몇 가지 점을 특히 고려해야 한다는 것을 강조하고 싶다. 첫째 대통령제 정부형태를 중심으로 하고 있는 헌법의 통치구조에 대한 전체 맥락과 연결시켜야 한다. 대통령의 의미를 파악하기 위해 헌법상 대통령 규정만 살피는 것은 부족하며 따라서 행정부와의 관계, 국회와의 관계, 사법부와의 관계, 나아가 그를 선출하고 통제하는 국민과의 관계 등이 동적으로 이해되어야 한다. 둘째 현실적인 문제점을 드러내고 그 개선방안을 모색하는 것이 요구된다. 민주화가 어느 정도 자리 잡았다고 말해지는 현재에도 연일 대통령의 역할과 활동에 대한 문제가 제기되고 있다. 대통령의 헌법상 지위에 대한 고찰이 헌법규정만을 중심으로 도식적으로 행해진다면 이것은 자칫하면 현재의 문제점을 합리화하고 고착화시키는 우를 범할 수 있다고 생각한다.

Ⅱ. 象徵的이지만 意味 있는 國家元首로서의 大統領

1. 상징적 국가원수로서의 대통령

이러한 점을 고려할 때 우리는 개략적인 논의의 방향을 정할 수 있다. 기존의 견해는 대통령의 국가원수로서의 지위를 강조하는 경향이 있었다. 국가원수라는 말은 전체 통치구조의 상위에 있는 지위를 말한다고 하겠는데, 국민주권과 권력분립을 근본으로 하는 우리 헌법에서는 원칙적으로 이러한 지위가 인정될 수 없음을 우선 생각해야 한다. 대통령은 행정부수반으로서의 지위를 가지며 입법부와 사법부의 수장과 동렬에 위치하는 것이 원칙이라고 해야 한다.

흔히 제기되는 이른바 '제왕적 대통령'이라는 비난은 대통령이 정당을 중심으로 의회권력을 비롯한 모든 국가권력을 장악하곤 했다는 데에서 야기되는 것이다. 대통령의 지위를 지나치게 확대해석하여 국가원수로서 헌법을 수호하는 지위와 전체 국정을 조정하는 지위를 인정하는 견해는 자칫 이러한 문제점을 확대시킬 수도 있다.

물론 외교상 또는 국가의 통합과정에 있어서 국가를 대표하는 인물이 필요하며, 이를 담당하기에 적절한 헌법기관이 대통령이라는 점은 부인하기 어렵다. 하지만 이것은 실권은 없고 다만 형식적 지위만을 갖는 예컨대 영국의 국왕과 동일한 역할이다. 따라서 대통령의 헌법상 지위를 논할 때 국가원수로서의 지위는 의전상의 형식적·상징적 역할 정도에만 국한되어야 한다는 것을 강조해야 할 것이다. 따라서 우리 헌법 제66조 제 1 항의 국가의 원수라는 말은 주로 대한민국을 외국에 대표한다는 의미로 가급적 축소해서 이해해야 할 것이다.2)

다만 국가의 독립, 영토보전, 국가의 계속성과 헌법을 수호할 의무(제66조 제 2 항), 조국의 평화적 통일을 위한 성실한 의무(제66조 제 3 항) 등은 대통령의 어떠한 헌법상 지위에서 도출되는 것인지 분명하지 않다. 이러한 것도 일단 대통령의 국가원수로서의 지위에서 도출된다고 하겠다. 다만 이러한 지위에도 입법부와 사법부 상위에 존재하는 실질적인 권력이 아니라 국정 조정과 통합을 위한 고도로 정치적인 작용만이 도출된다고 해석해야 할 것이다.

2. 국가원수로서의 대통령의 올바른 모습

대내·대외적인 상징적·정치적 국가원수로서의 대통령의 올바른 모습은 과연 어떠한 것일까. 과거 대통령들은 지나치게 권위적이었다. 자유롭게 말하는 경우조차 없었으며 언제나 원고에 쓰여 있는 대로 딱딱하게 낭독만을 했다. 일반 국민과는 철저하게 격리되어 경호되었으며, 대통령은 감히 국민이 접근할 수 없는 신적인 존재로 비추어지기도 했다.

그런데 최근 권위주의를 탈피해서 민주적 리더십을 행사하는 대통령의 모습으로 전환해 나아가는 과정이다. 이러한 과도기적 현상은 많은 혼란을 야기하고 있다. 일상적인 말로 연설하고 자유롭게 자신의 감정을 표현하는

---

2) 헌법재판소는 "국가의 원수로서 외국에 대하여 국가를 대표하는 지위에 있는 대통령이라는 특수한 직책"이라는 표현을 쓰고 있다(헌재 1995. 1. 20. 94헌마246). 한편 국가원수라는 말을 대내적·대외적으로 정치적 통일을 대표하고 상징한다는 의미로 보고, 제61조 제 1 항의 국가원수라는 말에는 대내적인 국가원수로서의 지위도 포함된다고 보는 견해가 있다(홍성방, 811쪽 참조).

대통령의 모습을 국민들은 지나치게 가볍다고 인식하며 대통령과 국민 사이의 불신을 조장하기까지 한다.

사실 과거같이 권위주의적 대통령보다는 다소 가볍게 보이는 대통령이 그나마 낫다고 말할 수도 있을 것이다. 그것은 우리나라의 민주주의가 실질적으로 자리잡는 과도기의 현상이라고 할 수도 있을 것이기 때문이다. 그러나 대통령의 편한 인상이 지나쳐 가볍고 불안해 보이고, 그 자체로 국정혼란의 원인이 된다면 문제는 적지 않다고 하겠다. 권위적이지 않으면서도 신중하고 무게 있는, 중용적인 대통령의 리더십이 절실히 요청되는 시기라고 본다.

III. 能力 있고 公正한 行政府首班으로서의 大統領

행정권은 대통령을 수반으로 하는 정부에 속한다는 헌법 제66조 제 4 항은 행정부수반으로서의 대통령의 지위를 말해 준다. 대통령과 관계되는 대부분의 헌법조항은 대통령의 행정부 수반으로서의 지위에서 나오는 권한을 규정하고 있다고 하겠다. 여기에서 대통령은 1년에 120조에 가까운 예산을 집행하는 행정부의 최종적 책임자로써 엄청난 권력의 집중을 초래할 수 있는 지위에 서게 된다. 이러한 행정부수반으로서의 대통령이 어떠한 모습을 해야 하는지의 제안을 중심으로 서술한다.

1. 국가최고경영자(CEO)로서의 대통령

국가원수로서의 대통령은 가급적 상징적이고 형식적이어야 한다는 것은 앞서 본 바와 같다. 반면에 행정부 수반으로서의 대통령은 권위주의적 '제왕적 대통령'과 같은 국가최고권력자가 아니라,[3] 가장 능력 있고 실질적인 국가최고경영자(CEO)이어야 한다. 대한민국 오케스트라의 총 지휘자로써 행정 각 부 장관 등을 멋지게 지휘하여 국가의 생산력을 높여야 하고 그 과정에서 대통령은 스스로 최고의 정책 로비스트가 되어야 한다. 대통령이 행정부 및 국회 등 여타의 국가기관 그리고 국민에 대하여 프로젝트를 설정하고 그것의 불가피성을 설명하며, 설득하고 필요한 경우 협상·타협하는 최고위 정책 세일즈맨이 되어야 한다는 것이다. 세일즈맨이 성공하려면 상품이 좋아야 한다.

---

3) "제 2 부 제 3 장 제 3 절 I. 이른바 제왕적 대통령제의 개혁" 참조.

대통령 자신이 의욕적으로 추진하는 정책을 판매하려면 그 정책의 질부터 높여야 한다.

이러한 모습을 실현하기 위해 우선 대통령 스스로의 인식전환이 요청된다. 과거의 우리 대통령은 지시하고 명령하는 수직적 방법으로 자신의 업무를 처리해 왔다. 하지만 대통령이 능력 있는 행정부 수반이 되기 위해서는 이를 벗어나야 한다. 민주화의 진행에 따라 대통령이 범국민적 카리스마를 바탕으로 신격화된다거나, 정권과 당권을 모두 장악하여 국가를 휘두르는 것은 불가능에 가깝다. 정격유착을 통한 재계의 장악과 언론사와의 긴밀한 관계 유지도 이제는 바람직하지 않을 뿐만 아니라 불가능한 상황에 직면해 있다. 오히려 사회의 각 세력은 대통령에 대한 적극적 비판자로 등장하고 있으며, 더 이상 군림하는 대통령은 설자리가 없어진 듯하다. 또 국가가 고도로 성장함에 따라 정책의 개발과 운영에 고도의 전문성을 요구하게 되었다. 복잡한 경제문제, 대북관계를 비롯한 외교문제 등은 대통령과 그 주변의 소수가 독단적으로 해결할 수 없다. 국가 전체의 능력을 동원하여 대책을 수립하고 정책을 만들어 추진해도 벅찬 현실이다. 정치와 국정 운영 전반을 대통령 개인의 의지와 판단에 지나치게 의존하던 관행에서 벗어나 이를 추진할 조직과 제도·시스템 등을 개발해 내어야 할 때이다.

2. 봉사자로서의 대통령의 전제조건 ―청렴성과 공정성

행정부 수반으로서의 대통령이 기존의 권위주의적 자세에서 벗어나 정책을 개발하고 추진하는 능력 있는 봉사자가 되고자 해도, 국민이 그를 신뢰하지 않는다면 모두 허사이다. 즉 세일즈를 하려면 소비자와 신뢰가 구축되어 있어야 하는데, 신뢰가 무너질 경우 거래는 실패하거나 거래비용이 기하급수적으로 늘어나게 된다.

대통령과 국민의 신뢰구축을 위해 우선 요구되는 것은 대통령의 청렴성이라고 하겠다. 연일 터져 나오는 대통령 선거자금 문제, 대통령 측근비리 문제는 대통령에 대한 국민의 신뢰는 물론이고 국가와 정치 전반에 대한 신뢰까지도 송두리째 무너뜨리고 있다. 이 문제는 대통령 스스로의 각성이 우선 요구되지만 대통령이 모르고 있거나 관리하지 못한 비리가 발생할 수도 있다는 점도 인정해야 한다. 따라서 이러한 비리문제를 바로잡을 제도적인 보완

장치가 긴절한 것도 사실이다. 먼저 대통령 선거의 불법자금 문제는 정치자 금법 전반의 개선과, 범국민적인 돈 안 드는 정치문화 확립의 문제에까지 확 대된다. 대통령의 개인비리 내지 측근비리와 관련해서는 미국처럼 대통령과 친인척, 측근들을 중심으로 백지신탁(blind trust)제도를 도입하였다(공직자윤리 법 2005. 5. 18. 개정). 재산등록・재산공개가 되는 공직에 취임하는 사람은 법 이 인정하는 투자신탁회사에 자신의 전 재산을 맡기고 공직을 떠날 때까지 본인은 그 회사에 자신의 재산을 어디에 어떻게 투자하라고 요청할 수 없는 제도이다.4) 또 대통령과 청와대의 모든 활동을 대상으로 하는 대통령기록물 관리에관한법률(2007. 4. 27. 제정)을 도입하고 대통령기록물의 관리에 관한 사 항을 심의하기 위하여 공공기록물관리법 제15조 제 1 항에 따른 국가기록물관 리위원회에 대통령기록물관리위원회를 두어 심의하도록 하였다(동법 제 5 조).

대통령과 국민간의 신뢰를 확보하기 위해 필요한 두 번째 요건은 바로 공정성이다. 역대 대통령들은 오직 집권을 위한 권력투쟁에만 혼신을 기울였 을 뿐, 집권 후의 국가운영에 대하여 큰 노력을 기울이지 못한 것으로 보인 다. 이것은 우리 정치문화가 정책보다는 세력을 중심으로 움직이고 있기에 당 연한 것일지 모르겠다. 이러한 이유 때문인지 역대 정권의 핵심부에는 이른바 가신・공신이라는 사람들이 주로 포진하고 있었다. 전문성 또는 능력과 상관 없이 권력투쟁에서 공을 세운 사람이 논공행상격으로 행정부 조직 상층에 포 진하게 된 것이다. 또 우리의 고질적인 지역감정이라는 병폐는 특정 지역 출 신을 철저히 배제하고 정권을 창출한 지역 출신자를 중심으로 인사가 이루어 지는 기현상도 야기하였다. 더구나 대통령 비서실이 행정부 전반을 좌지우지 하던 시스템은 이러한 문제점을 극단적으로 확대시켰다. 사심 없이 국민 전체 를 위해 정책입안과 추진을 해야 할 대통령이 첫발인 인사의 단계에서부터 그 공정성을 잃고 있는 것이다. 전문적이고 능력 있는 인재만 대통령 주변에 모인다 해도 정책이 성공할지 불확실한 상황에 이러한 편파적 인사정책은 국 민의 신뢰를 앗아가기에 충분하다. 대통령의 집권 후 국정운영 방안에 대한 사전준비, 그것을 뒷받침할 인재 풀, 공정한 인사시스템, 청와대 비서실의 올

---

4) 2005년 4월 '주식백지신탁'제도를 도입하는 내용의 공직자윤리법 개정안이 국회본회의를 통과하여 2005년 11월 18일부터 시행되었다. 주식백지신탁 대상자는 국회의원과 장・차관 을 포함한 1급 이상 고위 공직자이며, 기획재정부・금융감독위원 등 주식 관련 공무원은 별도 규정으로 정하고 있다(공직자윤리법 제 2 장의 2 주식의 매각 또는 신탁 참조).

바른 운영 등이 대통령이 국민의 신뢰를 회복하는 데 요청되는 것이다.

제 2 절 大統領의 身分上 地位[5] ─責任과 特權

I. 大統領의 責任과 義務

1. 취임선서와 대통령의 책임

헌법 제69조에 따라 대통령은 취임에 즈음하여 다음의 선서를 한다. "나는 헌법을 준수하고 국가를 보위하며 조국의 평화적 통일과 국민의 자유와 복리의 증진 및 민족문화의 창달에 노력하여 대통령으로서의 직책을 성실히 수행할 것을 국민 앞에 엄숙히 선서합니다."

여타의 공무원과는 달리 대통령의 취임선서는 헌법이 규정하고 있다. 이 선서에는 대통령 자신의 엄숙한 책임이 규정되어 있기 때문이다. 비록 추상적인 내용으로 되어 있지만 헌법으로 규정되어 있는 이상 법질서의 최고규범으로서 규범력이 인정될 수밖에 없다.

대통령 취임선서에서 나오는 헌법을 준수하고 국가를 보위하며, 조국의 평화적 통일과 국민의 자유와 복리증진 및 민족문화창달에 노력하여 직책을 성실히 수행해야 하는 직무상의 책무 외에도 대통령은 국무위원, 행정각부의 장 기타 법률이 정하는 공사의 직을 겸할 수 없는 제83조의 겸직금지의무를 진다. 대통령으로 하여금 그 책임과 의무를 다하도록 하기 위해 권력집중의 위험성이 있는 각료직과 사리사욕을 유발하기 쉬운 일정한 공사의 직을 겸할 수 없도록 한 것이다.

2. 대통령의 정치적 중립의무 ─정치인으로서의 대통령의 문제

종래 대통령의 정치인으로서의 지위에 관하여 많은 논란이 있어 왔다. 과거 권위주의시대에 대통령은 마치 정치에 초연하고 중립적인 양 행동해 왔

---

5) 참고로 대통령의 신분상 지위와 관련하여 대통령의 선거, 임기 등에 관한 서술을 해야 할 것이다. 그러나 대통령 선거와 관련된 문제는 "제 1 부 민주적 통치구조를 위한 기본적 제도"에서 다루었고 대통령의 임기 등에 관해서는 "제 2 부 권력분립과 정부형태론"에서 이미 상세히 다루었으므로 그것을 참조하기 바란다.

다. 그러나 실제로는 정치권을 비롯한 모든 국가권력을 장악하고 있었기 때문에 그것을 은폐하기 위한 매우 가식적인 행동에 불과했다고 말할 수 있다. 국민들은 그러한 권위주의 대통령에 익숙한 탓인지 정치인으로서의 대통령의 모습이 전면에 드러나는 순간 많은 반발을 나타내고 있다. 행정부 수반으로서의 대통령과 정치인의 한 사람으로서의 대통령의 지위를 조화시키는 방법이 무엇인지 고민해 보는 것은 당면한 과제이다.

특히 선거와 관련하여 논란이 많다. 공직선거법 제9조 제1항은 공무원의 정치적 중립의무를 규정하고 있다. 따라서 대통령은 공무원이므로 철저한 정치적 중립이 요구된다고 주장하는 견해가 있다.

그런데 대통령은 정당가입 등의 정치활동이 금지되지 않는다(국가공무원법 제3조, 제65조 등 참조). 대통령은 처음부터 정당의 추천을 받아 입후보하는 것이 보통이고 이후에도 정치인으로서의 신분을 보유하게 된다. 대통령이 정치적 중립을 지켜야 하는 공무원이라면 애초에 당선 이후 정당가입이 금지되어야 할 것이다. 그렇게 하지 않을 바에야 대통령은 공직선거법 제9조의 정치적 중립을 지켜야 하는 공무원에 해당한다고 보기는 어렵고, 오히려 광범위한 정치활동의 자유를 가진다고 해석해야 할 것이다. 물론 대통령이 권력을 이용해서 선거에 부당한 영향력을 행사해서는 안 된다. 따라서 대통령이 정치활동을 할 수 있다손 치더라도 공직선거법 제86조상의 금지행위를 저질러서는 안 되는 것이다.

이러한 해석에도 불구하고 여전히 대통령의 정치활동에 관하여는 모호하고 애매한 점이 많다. 향후 법개정을 통해 대통령의 정치활동 범위에 관한 보다 세밀한 규정을 시도해야 하겠으며, 대통령의 민주적 리더십의 확립을 통해 대통령에 대한 국민적인 인식전환도 함께 이루어져야 할 것이다.

II. 大統領의 特權

1. 형사상 불소추특권과 탄핵 외 면직금지

헌법 제84조 규정에 의해서 대통령은 내란 또는 외환의 죄를 범한 경우를 제외하고는 재직중에 형사상의 소추를 받지 아니한다. 이것은 사법권이 미치지 않는 예외적인 경우를 규정한 것으로서 대통령의 국가원수로서의 권위를 유지하고 그 직무수행을 원활하게 하기 위해서 인정된 제도이다.

제84조에서 말하는 형사소추는 체포·구금·압수·수색·검증까지 포함하는 것으로 보는 것이 일반적인 견해이다. 따라서 대통령은 재직중 형사피고인으로서뿐만 아니라 증인으로서도 구인당하지 아니함을 원칙으로 한다. 현직 대통령에 대하여 검사가 내란죄와 외환죄를 제외한 형사상 범죄를 이유로 하여 법원에 공소제기하면 이는 형사소송법 제327조 제 1 호의 재판권의 부존재 사유에 해당하므로 법원은 공소기각의 결정을 하여야 할 것이다.

참고로 임기중 소추를 하지 못하는 탓에 공소시효가 도과하는 경우가 있을 수 있다. 일단 해석상 내란 또는 외환의 범죄를 제외하고는 공소시효가 정지된다고 할 것이며,[6] 내란죄의 경우에도 헌정질서파괴범죄의공소시효등에관한특례법[7]에 따라 공소시효가 배제된다.[8]

또 대통령은 탄핵에 의한 파면 외에 공직으로부터 파면되지 않는다(헌법 제65조 참조). 탄핵소추의 의결에 의하여 대통령의 권한행사는 정지되며, 탄핵의 의결은 공직으로부터 파면함에만 그치고 기타의 형사책임을 수반하지는 않는다.

---

6) 헌재 1995. 1. 20. 94헌마246 참조.
7) 제 3 조(공소시효의 적용배제) 다음 각호의 범죄에 대하여는 형사소송법 제249조 내지 제 253조 및 군사법원법 제291조 내지 제295조에 규정된 공소시효를 적용하지 아니한다.
  1. 제 2 조의 헌정질서파괴범죄
  2. 형법 제250조의 죄로서 집단살해죄의방지와처벌에관한협약에 규정된 집단살해에 해당하는 범죄.
8) 5·18 민주화운동등에관한특별법 제 2 조(공소시효의 정지)에 대한 위헌제청사건에서 헌법재판소의 5인 다수의견은 공소시효 배제를 위헌으로 보았다. 반면 4인 소수의견은 "공소시효제도에 근거한 개인의 신뢰와 공소시효의 연장을 통하여 달성하려는 공익을 비교형량하여 개인의 신뢰보호이익이 공익에 우선하는 경우에는 소급효를 갖는 법률은 헌법상 정당화될 수 없다. 그러나 특별법의 경우에는 왜곡된 한국 반세기 헌정사의 흐름을 바로잡아야 하는 시대적 당위성과 아울러 집권과정에서의 헌정질서파괴범죄를 범한 자들을 응징하여 정의를 회복하여야 한다는 중대한 공익이 있다. 또한 특별법은 모든 범죄의 공소시효를 일정시간 동안 포괄적으로 정지시키는 일반적인 법률이 아니고, 그 대상범위를 헌정질서파괴범죄에만 한정함으로써 예외적인 성격을 강조하고 있다. 이에 비하면 공소시효는 일정기간이 경과되면 어떠한 경우이거나 시효가 완성되는 것은 아니며, 행위자의 의사와 관계없이 정지될 수도 있는 것이므로 아직 공소시효가 완성되지 않은 이상 예상된 시기에 이르러 반드시 시효가 완성되리라는 것에 대한 보장이 없는 불확실한 기대일 뿐이므로 공소시효에 의하여 보호될 수 있는 신뢰보호이익은 상대적으로 미약하다 할 것이다. 따라서 공소시효가 완성되지 아니하고 아직 진행중이라고 보는 경우에는 헌법적으로 허용될 수 있다 할 것이므로 위에서 본 여러 사정에 미루어 이 법률조항은 헌법에 위반되지 아니한다"고 하였다. 결과적으로 위헌 5, 합헌 4로 위헌 선언의 정족수에 미달하였고 이 법은 합헌으로 판단되었다(헌재 1996. 2. 16. 96헌가2등).

결국 대통령은 일정한 특권에도 불구하고 내란죄·외환죄를 범한 경우의 형사소추·탄핵소추 등은 임기중에도 면할 수 없다. 또 민사상·행정상 책임도 제한되지 않는다. 또한 퇴직 후에는 모든 소추가 가능하다.

2. 대통령의 특권의 규정 취지

이와 같이 대통령의 특권을 인정한 이유는 대통령을 일종의 특권계급으로 만들기 위함이 아니다. 우리 헌법이 평등원칙을 규정하고 특권계급을 부인하고 있다는 점에서 이것은 분명하다. 다만 대통령의 특권은 대통령이 국민을 위해 독립적이고 부단한 직무수행을 하는 데 도움이 되는 한에서만 정당성이 인정되는 것이다.

그러나 우리의 현실은 그렇지 않은 것으로 보인다. 역대 대통령은 대통령의 권력을 가지고 국가와 국민의 이익보다는 사리사욕을 추구하는 데에만 열을 올린 경향이 있다. 연일 보도되는 전직 대통령의 부정부패 의혹과 인권탄압 경력은 대통령이 국민을 위해 일하기는커녕 국민을 탄압하고 군림하기 위해 고심했다는 의혹을 지울 수 없다. 이러한 상황에서는 대통령의 특권은 인정되어야 할 정당성은 사라지는 것이다.

그렇다고 대통령의 특권을 전부 폐지할 수는 없을 것이다. 이 규정은 나름대로의 역사적 경험과 이론을 통해 만들어진 것이고, 대통령이 정적에 의하여 끊임없이 괴롭힘을 당하는 것이 현재에도 바람직할 수 없다. 따라서 우선 대통령 스스로가 국민을 위한 봉사자로서 일하는 모습을 보여 대통령의 특권의 정당성을 부인당할 위기에서 벗어나야 하는 것이 최선의 과제이다. 또 만약 대통령이 퇴임했을 경우에는 자신의 재직중의 행위에 대하여 책임을 추궁당할 수 있게 해야 한다. 특히 5·18 사건과 관련하여 공소시효 기간의 정지를 인정한 헌법재판소의 판단은 이러한 점에서 의미가 크다.

3. 전직대통령의 예우와 전직대통령의 역할

헌법상 직전대통령은 국가원로자문회의의 의장이 되고 그 밖의 전직대통령은 그 위원이 된다(헌법 제90조 제 2 항). 또 대통령이 퇴임한 이후에는 대통령의 헌법상 지위를 고려해서 법률에 따르는 특별한 예우를 받도록 하였으며, 이는 전직대통령의예우에관한법률이 정하고 있다. 대체로 전직대통령과 그 가족의 생활보장과 경호 등이 주된 내용이다. 단 탄핵으로 파면되었거나 금고 이상의 형이 확정된 경우, 형사처벌의 회피목적으로 국외에 망명을 요청한 경우, 대한민국의 국적을 상실한 경우에는 예우를 하지 않는다.

전직대통령의 예우를 하는 취지는 그들의 공로를 기리고 그것을 국가적 차원에서 예우함과 동시에 그들의 국정수행의 경험이 이후 세대에게도 살아 있는 자료로 쓰일 수 있게 하려 함이라고 본다. 대통령에게 특권을 부여하는 취지와 마찬가지로 이것도 특정인에게 특권을 부여하는 것을 목적으로 하지 않는다. 그런데 우리는 전직대통령에 대한 예우가 왜 필요한 것인지도 의심스러운 현실에 직면해 있다. 각종 부정부패에 연루되어 막대한 비자금을 축재한 일부 전직대통령을 국고를 들여 예우한다는 것이 다소 부자연스럽다. 지금은 전직대통령에 대한 예우보다 전직대통령의 역할이 어떠해야 하는지를 고민해 보는 것이 더 시급한 것 같다.

미국의 역대 대통령들은 임기가 끝나면 고향으로 돌아가 향리를 위해 남은 인생을 바치는 것을 전통 삼아 실천하고 있다고 한다. 낙향을 하지 않은 사람도 있었지만 정가 언저리에서 빈둥거리면서 살았던 경우는 없다고 한다. 국가에 대한 봉사가 끝나면 고향으로 돌아가 훌륭한 이웃이 되는 것을 생의 한 과정으로 여겨온 이들은 권좌를 떠한 후에도 식지 않는 국민의 사랑을 받을 수 있었다고 한다.

우리의 경우 아직 성공한 대통령으로 평가되는 경우도 거의 없거니와, 심지어 시해당하거나 사실상 추방을 당한 경우까지 있다. 그나마 생존해 있는 전직대통령은 각종 구설수에 시달리고 연일 문제를 야기하고 있는 듯하다. 우리나라에도 대통령제가 안정적으로 정착됨에 따라 선진국에서와 같이 전직대통령의 올바른 역할은 무엇인지 고민해 볼 필요가 있을 것이다.

제 2 장 大統領의 權限

제 1 절 大統領의 權限行使 方法과 統制

I. 大統領의 權限行使 方法

1. 문서주의와 부서제도, 국무회의 심의

헌법 제82조 규정에 따르면 대통령의 국법상 일체의 행위는 반드시 문서로써 해야 한다. 여기서 국법상 행위란 헌법과 법률이 대통령의 권한으로 정하고 있는 일체의 행위를 말한다. 문서에 의하지 아니한 국법상의 행위는 무효로서 원칙적으로 효력이 발생하지 않는다고 본다.

대통령의 국법상 행위는 문서로써 해야 할 뿐만 아니라, 이 문서에는 국무총리와 관계 국무위원이 부서한다. 부서란 서명하는 것을 의미하며, 군사에 관한 사항도 부서해야 한다. 부서제도는 초기에는 왕권확립이 그 취지였지만, 현행제도의 취지는 대통령의 전제를 예방하고 부서행위자의 책임소재를 명확히 하는 데 그 목적이 있다고 할 수 있다.[1]

부서가 없는 행위에 대한 효력에 관해서는 무효라고 보는 해석이 많지만, 부서 없는 행위가 무조건 무효라고 보기에는 대통령과 국무위원의 직무상·신분상 관계에 비추어 무리가 있다고 생각한다. 따라서 부서제도는 유효요건이 아닌 적법요건으로 해석되기 때문에 부서가 없는 대통령의 국법상 행위는 무효가 되는 것이 아니라 유효라고 본다. 다만 부서 없는 행위는 위법행위에 해당하고 경우에 따라 탄핵소추의 대상이 될 수 있다고 해석된다. 한편 부서의 권한은 재량이 인정되는 권한이므로, 국무총리 또는 관계국무위원이 대통령의 일정한 권한행사에 동의하지 않으면 부서를 거부할 권한도 있다.

---

1) 부서제도의 법적 성격에 대하여는 다수설인 보필책임설과 소수설인 물적 증거설 및 복합설이 있다고 한다(자세한 내용은 홍성방, 816쪽).

한편 대통령이 헌법 제89조에 열거된 사항에 관해서 권한을 행사하는 경우에는 대통령의 권한을 합리적으로 제한하기 위해서 사전에 국무회의의 심의를 거쳐야 한다. 하지만 현실적으로 심의 자체는 구속력이 없다고 해석된다.[2]

2. 자문기구의 자문

현행헌법상 대통령의 자문기구는 국가안전보장회의, 국가원로자문회의, 민주평화통일자문회의 및 국민경제자문회의 등이 있다. 이하에서 차례로 살펴본다.

(1) 국가원로자문회의

헌법 제90조 규정에 의해서 대통령이 임의적 자문기구인 국가원로자문기구를 둘 수 있다. 국민의 중요한 사항에 관한 대통령의 자문에 응하기 위해서 국가원로로 구성되며, 국가원로자문회의의 의장은 직전대통령이 된다. 다만, 직전대통령이 없을 때에는 대통령이 지명한다. 국가원로자문회의의 조직·직무범위 기타 필요한 사항은 법률로 정한다.

그러나 현재 국가원로자문회의법은 존재하지 아니한다. 국가원로자문회의는 행정기구의 중복성과 본래기능의 일탈의 우려 때문에 1989년에 폐지하였다.

(2) 국가안전보장회의

헌법 제91조 제1항에 의하여 국가안전보장에 관련되는 대외정책·군사정책과 국내정책의 수립에 관하여 국무회의의 심의에 앞서 대통령의 자문에 응하기 위하여 국가안전보장회의를 둔다. 국가안전보장회의의 의장은 대통령이며 의장이 회의를 소집하고 주재한다. 국가안전보장회의의 조직·직무범위 기타 필요한 사항은 법률로 정한다. 국가안전보장회의법 제2조는 대통령, 국무총리, 통일부장관, 외교통상부장관, 국방부장관 및 국가정보원장과 대통령령이 정하는 약간의 위원으로 회의가 구성됨을 규정하고 있다. 국가안전보장회의는 제3공화국에서 최초로 신설된 필수적 자문기구이며, 일종의 국무회의의 전심기관으로서 기능하고 있다. 대통령의 자문기구 중 가장 실질적인

---

2) 자세한 내용은 아래 "3. 대통령권한행사방법의 실효성 여부" 참조.

활동을 하고 있는 상황이다.3)

(3) 민주평화통일자문회의

헌법 제92조에 의해 평화통일정책의 수립에 관한 대통령의 자문에 응하기 위하여 민주평화통일자문회의를 둘 수 있다. 민주평화통일자문회의의 조직ㆍ직무범위 기타 필요한 사항은 법률로 정한다. 민주평화통일자문회의의 위원 수는 법률에 의해서 7,000명 이상으로 한다.

(4) 국민경제자문회의

헌법 제93조에 의해 국민경제의 발전을 위한 중요정책의 수립에 관하여 대통령의 자문에 응하기 위하여 국민경제자문회의를 둘 수 있다. 국민경제자문회의의 조직ㆍ직무범위 기타 필요한 사항은 법률로 정한다. 국민경제자문회의는 제 6 공화국 헌법에서 신설되었다. 관련법인 경제과학심의법은 1995년에 폐지하였다.

(5) 국민과학기술자문회의

헌법 제127조 제 1 항에 "국가는 과학기술의 혁신과 정보 및 인력의 개발을 통하여 국민경제발전에 노력하여야 한다"고 규정하면서 동조 제 3 항에서 "대통령은 이를 달성하기 위하여 필요한 자문기구를 둘 수 있다"라고 규정하고 있다. 국민과학기술자문회의는 헌법상의 자문기구는 아니라는 점에서 기타의 자문회의와 구별된다.

3. 대통령 권한행사방법의 실효성 여부

대통령의 권한행사에 있어 이상의 방법이 실제로 어떠한 의미를 갖는지 따져보아야 할 것이다.4) 흔히 말하는 것처럼 대통령의 권력은 가히 제왕적이라고 말할 수 있는 것이 과거의 현실이었다. 만약 제왕적인 대통령이라면 권

---

3) 1999년부터 2002년까지 매년 연초에 회의를 개최하여 지난 한해 동안의 통일ㆍ외교ㆍ안보 분야의 정책 추진실적을 평가하고 이를 토대로 새해의 안보정책 추진방향을 정립하는 활동을 하였다. 특히 최근에는 NSC(National Security Council)라는 이름으로 신문지상에 자주 등장하고 있으며, 북핵문제 등 외교적 사안을 다루는 데 중요한 역할을 하고 있는 것으로 보인다.

4) 기존의 헌법학의 일반적인 해석론은 헌법에 규정된 사항을 무미건조하게 소개하기만 했지, 이것이 과연 정당한 것인지, 어떠한 기능을 하고 있는 것인지, 어떻게 개선되어야 하는지에 대하여는 언급을 하고 있지 않은 것으로 보인다.

한 행사방법이 문서주의이건 부서제도이건 국무회의의 심의제도이건 큰 의미
는 없을 것이다. 과거 권위주의 정권에서 국무회의는 대통령의 입맛에 맞는
목소리만 내어야 하는 형식적인 회합이었다는 것은 이미 알려진 바와 같다.
부서제도 역시 대통령의 책임을 분산하는 작용을 하는 것이지 대통령의 권한
행사에 통제작용을 한다거나 책임소재를 밝히는 바람직한 의미로 기능하지는
못한 것 같다.

    만약 이러한 방법들이 대통령의 전횡을 정당화하고 단지 대통령의 책임
을 분산시키는 기능만을 한다면 헌법개정을 통해 폐지하는 것이 오히려 낫다
고 해야 한다. 다만 최근에는 권위주의 문화가 상당히 개선되면서 국무회의
나 국가안전보장회의(NSC)의 위상은 상당히 바뀐 것으로 보인다. 이러한 회
의는 대통령의 진정한 정책토론과 보좌의 팀으로서 기능해야 할 것이다. 만
약 이러한 기능이 활성화된다면 심의에 구속되는지 아닌지, 심의의 효력이
무엇인지에 관한 해석론은 부차적인 문제가 될 것이다.

II. 大統領의 權限代行

1. 대통령의 권한대행의 필요성과 문제점

    현행헌법상 대통령은 국가의 원수이며 외국에 대하여 국가를 대표하는
막중한 임무를 가지고 있다(헌법 제66조 제1항). 아울러 행정권의 수반으로서
(제66조 제4항) 명실상부한 헌정운용의 실세로 규정되어 있음은 앞서 본 바
와 같다.

    이러한 대통령의 유고는 곧바로 국가적 헌정운용에 중대한 지장을 초래
하게 된다. 이에 각국의 헌법은 다소 차이는 있지만 대통령의 유고시 즉시
새로운 대통령이 취임하든가, 아니면 권한대행을 거쳐 새 대통령의 선거를
실시하게 되어 있다. 미국의 경우 대통령을 포함한 행정각부의 장의 과반수
가 상원의장서리 및 하원의장에게 대통령의 권한과 의무를 수행할 수 없다는
뜻을 서면으로 송부하였을 때, 부통령이 대통령이 서면으로 반대의 서면을
송부할 때까지 대통령의 권한과 의무를 수행하는 것으로 되어 있다.

    우리 현행헌법은 대통령의 유고시 권한대행에 이어서 후임자 선거, 후임
자의 새로운 임기개시 등을 규정하는 방식을 갖추고 있다. 헌법 제68조 제2

항은 "대통령이 궐위된 때 또는 대통령 당선자가 사망하거나 판결 기타의 사유로 그 자격을 상실한 때에는 60일 이내에 후임자를 선거한다"고 규정하고 있으며 제71조는 "대통령이 궐위되거나 사고로 인하여 직무를 수행할 수 없을 때에는 국무총리, 법률이 정한 국무위원의 순서로 그 권한을 대행한다"고 규정하고 있다.

2. 권한대행의 사유

대통령직의 장애가 발생한 경우를 흔히 유고(有故)라고 표현한다. 우리 헌법상 유고는 궐위와 사고로 나누어 살펴볼 수 있다. 궐위라고 함은 대통령이 재직하지 아니하는 경우를 의미하며 헌법재판소의 탄핵결정과 당선무효확정판결・사망・사임 등을 한 경우를 말한다. 그러나 제71조의 규정을 보면 궐위는 원래의 의미에 한정되는 것이 아니라 대통령에 취임하기 전에 대통령 당선자가 사망하거나 판결 기타의 사유로 자격을 상실한 때를 포괄하게 된다. 하지만 이 경우는 엄격한 의미에서 대통령직 자체에 대한 궐위가 현실적으로 발생한 경우는 아니겠다.

대통령이 궐위된 때 또는 대통령당선자가 사망하거나 판결 기타의 사유로 그 자격을 상실한 때는 60일 이내에 후임자를 선거한다(헌법 제68조 제2항). 궐위로 선출된 대통령의 경우는 당선일로부터 그 임기가 새로이 개시된다. 한편 후임대통령이 이미 선출된 이후에 전임대통령이 궐위한 때에는 신임대통령의 임기가 전임자가 궐위된 때로부터 개시한다는 해석론이 있다.

사고라 함은 대통령이 재직하면서도 직무를 수행할 수 없는 경우를 의미한다. 사고의 사유는 질병, 해외순방, 국회가 탄핵소추를 의결하여 대통령직이 정지된 경우를 들 수 있다. 사고는 보궐선거나 재선거실시사유가 아니며 권한대행기간은 그 제한이 없다.

3. 대통령 유고의 확인문제

탄핵소추, 사망, 일시적 해외여행과 같은 사유는 특별히 문제될 것이 없지만, 질병과 같은 사유가 발생하여 대통령의 정상적인 직무가 불가능한 경우 직무대행의 결정・범위・기간 등이 문제될 수 있다. 예컨대 대통령이 정신질환을 앓고 있다거나 뇌사상태 등에 처해 있을 때 신속하게 권한대행을 정하여 새로운 대통령선거에 대비하여야 할 것이다. 반면 대통령의 병이 회복가능한 경우에는 일시적인 권한대행체제로 갈 수 있을 것이지만, 회복가능한 기간의 범위를 어느 정도 인정할 것인지 문제된다.

이러한 문제에 대한 최종적 판단을 누가 어떻게 내려야 하는가에 관하여 현행법은 공백이 존재한다. 결국 현재로서는 정부 자체 내에서 결정할 수밖에 없겠으며, 최고정책심의기관인 국무회의의 심의의결을 거쳐서 결정하여야 하겠다. 따라서 제 1 순위 대통령 권한대행자이자 국무회의의 부의장인 국무총리의 주재하에 국무회의의 의결로 대통령의 유고 내지 대통령직의 장애를 결정하고 뒤이은 법적 조치를 취해야 할 것이다.

이와 관련하여 프랑스 헌법에서는 정부의 요청에 따라 헌법위원회가 최종적으로 대통령직의 장애를 선언하게 하고 있다. 특히 프랑스 헌법에는 대통령직의 유고뿐만 아니라 대통령선거와 관련된 특단의 사유가 발생한 경우까지 폭넓게 헌법위원회가 결정권을 갖고 있다. 우리나라에서도 헌법재판소가 이러한 결정권한을 갖게 하는 것이 바람직할 것이라는 견해가 제시되고 있다.[5]

4. 권한대행자의 순서

대통령의 권한대행은 헌법 제71조에 의해 국무총리가 일순위로 담당하게 된다. 만약 국무총리도 유고인 경우 정부조직법 제22조에 규정된 순서에 따라 국무위원이 그 직무를 대행하는 것으로 되어 있다(정부조직법 제12조 제 2 항).[6]

미국과 같이 부통령제를 두고 있는 나라는 당연히 부통령이 제 1 순위자이지만 그렇지 않은 경우에 의회의장이 제 1 순위 권한대행이 되는 것이 보통이다. 이렇게 하는 이유는 국민의 민주적 정당성과 직접 관련이 없는 정부공무원의 순서에 따른 대통령직 권한대행보다는 의회의 수장에게 대통령직을 대행하는 것이 바람직할 것이라는 고려 때문일 것이다.

---

5) 예컨대 성낙인, "대통령의 유고, 권한대행, 후임자 선거," 고시계 1997년 6월호, 120쪽 참조.

6) 건국헌법은 부통령, 국무총리의 순으로, 제 2 차 개정에서는 부통령, 법률이 정하는 순위에 따른 국무위원 순으로, 제 3 차 개정헌법에서는 참의원의장, 민의원의장, 국무총리 순으로 규정하였다. 그러나 5차개정 헌법 이후 현재까지 국무총리, 법률이 정하는 국무위원 순으로 권한대행을 규정하고 있다.

부통령제도가 없는 우리 헌법상 국무총리의 권한대행은 불가피한 것으로 보인다. 특히 국무총리의 모호한 지위 때문에 대통령의 권한대행을 국무총리에게 일임하는 것은 문제가 아닐 수 없다. 일부 견해는 프랑스와 마찬가지로 국회의장, 국무총리의 순으로 하는 절충적 방안을 도입하자고 주장하고 있다. 그러나 대통령제는 의원내각제 또는 이원정부제 국가와는 다르기 때문에 의회의 의장이 대통령직을 담당하는 것도 자연스럽지 못하다.

5. 권한대행의 범위

대통령이 궐위된 경우에는 그 권한대행의 범위가 어떻게 정해져야 하는지 헌법에는 아무런 규정이 없다. 이에 대하여 일부 견해는 원칙적으로는 대통령의 권한 전반에 걸치겠지만 일종의 임시대리에 해당한다고 보아 잠정적인 현상유지에만 국한되고, 정책의 전환, 인사의 이동과 같이 현상유지를 벗어나는 직무는 대행할 수 없다고 한다.

반면 대통령의 궐위시와 대통령의 사고시를 구분하여 궐위된 경우에는 반드시 현상유지적이어야할 이유가 없고, 사고인 경우에는 잠정적인 현상유지에 국한된다고 해석하는 견해가 있다.[7] 한편 대통령의 사고가 장기화되는 경우에는 오히려 60일로 한정된 궐위시보다도 잠정적인 현상유지만으로는 될 수 없는 사태가 생길 수 있다는 점을 유의할 필요가 있다고 보아 궐위시와 사고시 대행할 직무범위를 구별하는 견해를 비판하는 입장도 있다.[8]

대통령의 권한대행 범위를 궐위시와 사고시로 구분하여 일의적으로 획정하는 것은 곤란한 것이 사실이다. 다만 확실히 말할 수 있는 것은 대통령의 권한대행은 일시적 대행에 불과하기 때문에 하루속히 정상적인 대통령에게 직무를 넘겨야 하는 입장이므로, 정상적인 대통령과 동일한 권한과 책임을 갖는 것은 바람직하지 않다고 하겠다. 권한대행이라고 하여 단순히 선량한 관리자의 주의의무만 요구하는 것도 무리이겠지만, 후임자선거나 혹은 대통령직의 회복을 위한 과도기적 권한대행의 본질에 비추어 최소한의 책임과 의무가 부과된다고 할 수 있다.

---

7) 권영성, 910쪽.
8) 허영, 908쪽.

제 2 절   大統領의 平常時 權限

Ⅰ. 執行에 관한 權限

1. 외교·의전과 관련된 권한, 국군통수권

외교행정과 관련된 권한으로서 대통령은 국가원수이며 외국에 대하여 국가를 대표하는 역할을 한다(헌법 제61조 제1항). 대통령 조약을 체결·비준하고, 외교사절을 신임·접수 또는 파견하며, 선전포고와 강화할 수 있는 권한 등을 가진다.

한편 대통령은 법률이 정하는 바에 의하여 훈장 기타 영전을 수여한다. 대통령의 영전수여권은 의전상 국가원수로서의 권한에 해당한다고 하겠으며, 국가에 공로가 있는 자를 표창하는 것으로 훈장이나 기타 영전을 수여하는 것을 말한다.

대통령은 헌법과 법률이 정하는 바에 의하여 국군을 통수한다. 국군의 조직과 편성은 법률로 정한다(헌법 제74조). 헌법 제74조에 규정된 국군통수권의 대상은 대한민국의 군을 의미하며, 대통령제 국가에서의 국군통수권자는 대통령이다. 국군의 통수라고 함은 대통령이 국군의 최고지휘·최고사령관으로서 군정과 군령을 행사하여 국가와 헌법의 수호책무를 다하는 것을 말한다.

2. 행정과 관련된 권한

기본적으로 대통령은 정부의 수반으로서 법령을 집행하며, 이에 따라 모든 중앙행정기관의 장을 지휘·감독한다. 대통령은 국무총리와 중앙행정기관의 장의 명령이나 처분이 위법하거나 부당하다고 인정될 때에는 이를 중지 또는 취소할 수 있는 포괄적인 권한을 가진다.

특히 대통령은 헌법과 법률이 정하는 바에 의하여 공무원을 임면한다(헌법 제78조). 일반적으로 공무원의 임면은 임명·면직을 포함한 보직·전직·휴직·징계처분 등을 포함하는 것으로 이해된다. 우선 대통령이 공무원을 임명할 때에는 반드시 헌법과 법률이 정하는 바에 의하도록 하고 있는데, 선거,

법정자격의 구비, 일정한 기관의 제청, 국회의 동의, 국무회의의 심의 등이 대통령의 공무원임명권의 제약으로 되고 있으며, 아울러 임명에 아무런 재량 없이 형식적인 임명권만을 갖는 경우도 있다. 공무원을 면직할 경우에도 또한 헌법과 법률에 의하도록 하고 있다. 이에는 탄핵에 의해서만 면직되는 경우, 법정의 파면사유가 있어야 하는 경우, 해임건의에 의한 경우 등 일정한 제약이 가해지고 있다.9)

또한 대통령은 행정을 함에 소요되는 예산과 관련된 권한을 갖는다. 예산안을 편성하여 국회에 제출할 수 있으며, 예산을 집행할 수 있는 것이다. 또한 대통령은 계속비·예비비 설정권, 국채의 모집, 추가경정예산안제출권을 가진다. 대통령은 재정에 관하여 광범위한 권한을 가지지만, 이는 국민의 경제적 부담을 전제로 하기 때문에 국회의 승인과 같은 통제를 받게 된다.

3. 행정입법에 관한 권한

(1) 행정입법의 의의

헌법 제75조는 "대통령은 법률에서 구체적으로 범위를 정하여 위임받은 사항과 법률을 집행하기 위하여 필요한 사항에 관하여 대통령령을 발할 수 있다"고 규정하여 대통령의 행정입법권을 규정하고 있다. 근대입헌주의의 도래 이후에는 의회에서 제정한 법률로써 국민의 권리와 의무에 관한 사항을 정하는 것이 원칙이 되었지만, 오늘날 행정국가화·사회국가화 경향에서는 이러한 의회입법의 원칙을 고수하기 어렵다. 모든 법규사항을 의회의 법률로써 규정하는 것은 적절하지도, 가능하지도 않게 되었기 때문이다. 따라서 종래의 위임입법금지론은 위임입법의 한계 및 통제 논의로 변모하게 되었다.

행정입법은 그 제정주체·절차·성질·내용·효력 등을 기준으로 하여 행정입법과 자치입법, 대통령령·총리령·부령, 법규명령과 행정명령, 위임명령과 집행명령, 시행령과 시행규칙 등으로 분류할 수 있다.

(2) 법규명령으로서의 위임명령

법규명령이란 행정기관이 헌법에 근거하여 국민의 권리와 의무에 관한

---

9) 이헌환, "대통령의 공무원임면권과 그 한계," 고시계 1997년 6월, 106쪽 이하.

사항(법규사항)을 규정하는 것으로서, 대국민적·일반적 구속력을 가지는 법규적 명령을 의미하는 것으로 이해된다. 위임명령이라는 말은 헌법에 근거하고 법률의 위임에 따라 발하는 명령을 의미한다. 법률의 위임이란 일정한 사항에 관하여 법률이 스스로 규정하지 아니하고 명령으로써 규정하도록 수권하는 것을 말한다. 위임명령은 법률이 위임한 사항에 관한 한 법률을 대신하는 것이며 실질적으로 법률이 내용을 보충하는 것이므로 '보충명령'이라고도 한다. 법률의 위임에 의하지 아니하고 직접 헌법의 수권에 의한 위임명령은 인정되지 아니한다.

이러한 위임명령은 법률에 의한 위임이 있어야 하므로 위임한 법률에 종속된다. 위임명령은 모법(母法)에 위반하는 것을 규정할 수 없으며, 모법이 개정되거나 소멸한 때에는 위임명령도 개정·소멸된다. 단 위임명령은 법률이 위임한 범위 내에서 법률이 직접 규정하지 아니한 새로운 입법사항까지도 규정할 수 있다.

위임입법의 취지에 비추어 일반적·포괄적 위임은 당연히 금지된다. 이것은 사실상 입법권의 백지위임과 같은 것이며, 의회입법원칙을 부인함과 동시에 행정권의 무제한적인 기본권침해를 야기할 수 있게 되므로 허용될 수 없는 것이다. 이러한 포괄위임금지의 원칙은 헌법 제75조에서도 '구체적'이라는 문언으로써 분명히 하고 있으며, 오직 개별적·구체적 위임만을 허용하고 있다.

위임명령이 위임사항을 다시 하부기관의 명령에 위임하는 이른바 위임사항의 재위임이 허용되는지가 문제된다. 원칙적으로 특정사항에 대하여 재위임하는 것은 허용되지만, 법률에서 위임받은 사항을 전혀 규정하지 아니하고 그대로 재위임하는 것은 실질적으로 수권법의 내용을 변경하는 결과를 야기하기 때문에 허용될 수 없다고 보는 것이 일반이다.

이러한 위임명령은 몇 가지 한계를 가지고 있다. 첫째 헌법이 반드시 법률로써 정하도록 한 국회의 전속적 입법사항에 대하여는 위임명령이 불가능하다. 예컨대 국적취득의 요건, 조세의 종목과 세율 등에 대하여는 그에 관한 입법권을 대통령령으로 위임할 수 없다. 둘째 헌법 제12조 제 1 항의 죄형법정주의에 따라, 처벌의 종류와 내용은 반드시 법률에 의하여 정해져야 한다. 하지만 이 원칙은 다소 완화되어 이해된다. 처벌의 대상이 되는 행위, 즉 범죄의 구성요건은 반드시 법률로써 규정되어야 하지만 처벌의 수단과 정도는 모법이 한도를 정한 후 그 범위 내에서 명령으로써 구체적인 범위를 정하도록 위임할 수 있다고 보는 것이다.

(3) 집행명령과 행정규칙

집행명령이란 헌법에 근거하여 법률을 집행하는 데 필요한 세칙을 정하는 명령을 말한다. 집행명령은 모법에 종속하고 모법이 폐지되는 경우에 집행명령의 효력도 상실한다는 점에서는 위임명령과 동일하지만, 법 집행을 위한 사항 외에 새로운 입법사항을 규정할 수 없다는 점에서 차이가 있다. 집행명령은 특정의 법률이나 상위명령을 시행하기 위하여 필요한 구체적 절차와 방법을 규정하는 것이기 때문이다.

행정명령 또는 행정규칙이란 행정기관이 헌법상 근거를 요하지 아니하고 행정부 고유의 권한으로서, 일반국민의 권리·의무와 무관한 비법규사항을 규정하는 것으로 행정조직의 내부에서만 효력을 가질 뿐 대외적 구속력을 가지지 아니하는 규칙을 의미한다. 예컨대 감사원·각부·처의 장이 발령하는 훈령·예규·통첩·지시·고시 등이 이에 해당된다.[10]

(4) 행정입법에 대한 통제

우리 헌법은 국민의 대표인 국회를 중심으로 입법이 이루어지는 것을 예정하고 있다. 행정입법은 이러한 국회입법원칙의 일종의 예외적 상황이라고 이해할 수 있으므로, 이것을 어떻게 효과적으로 통제할 수 있는가가 중요한 문제로 대두된다.

먼저 행정입법의 모법을 관장하는 국회에 의한 통제를 생각해 볼 수 있다. 국회는 행정입법의 성립과 발효에 동의 또는 승인을 하거나 법률을 개정 또는 제정함으로써 행정입법을 직접 통제할 수 있다. 이외에도 국정감사 및 국정조사, 해임건의 및 탄핵소추권 발동, 국회에서의 질문 등을 통하여 행정입법의 철회·폐지·개정 등을 촉구할 수 있다.

가장 실효적인 국민의 기본권 구제기관이라고 할 수 있는 사법부와 관련된 통제절차도 중요하다. 법원은 명령·규칙이 구체적인 사건의 심판대상이

---

10) 그러나 예외적인 경우 행정규칙의 법규성을 갖는 경우도 있다(예컨대 행정법상 규범구체화적 행정규칙의 문제). 이러한 경우 명칭에 불구하고 법규명령으로 이해하여 제107조 제2항에 의한 규범통제의 대상이 될 수 있다고 보는 것이 일반적인 견해이다.

될 경우에는 헌법 제107조 제 2 항에 따라 그 위헌·위법여부를 심사함으로
써 행정입법을 통제할 수 있다. 이 경우 위임명령과 집행명령을 포함하는 모
든 법규명령이 심사의 대상이 된다. 헌법재판소도 법규명령에 대하여 헌법재
판소의 헌법소원심판이 가능한가에 대하여는 종래 견해가 대립되었으나, 헌
법재판소는 긍정적인 입장을 취하고 있다.11) 헌법재판소의 견해에 따를 때,
명령 또는 규칙이 별도의 집행행위 없이 직접 기본권을 침해할 경우에는 이
에 대한 헌법소원제기가 가능하다.

　　마지막으로 정부의 내부적 통제가 있다. 행정입법에 대한 집행부내부의
자율적 통제로는 감독청의 감독권행사, 특정한 심사기관의 심사, 행정절차적
통제 등의 방법이 있다. 대통령령의 제정에 있어서 국무회의의 심의를 거치
는 것과 국무총리·관계국무위원의 부서를 필요로 하는 것 역시 내부적 통제
의 하나이다. 또한 대통령은 최상급행정청으로서 행정청의 행정입법에 대하
여 지휘·감독권을 행사한다.

Ⅱ. 立法에 관한 權限

1. 헌법개정에 관한 권한

　　국회재적의원 과반수 및 대통령은 헌법개정을 발의할 수 있게 되어 있다
(헌법 제128조 제 1 항). 따라서 대통령은 헌법개정 발의권을 갖게 된다. 헌법개
정안이 제안되면 대통령은 20일 이상의 기간 이를 공고하여야 한다(제129조).
한편 헌법개정안이 국회의 의결을 거쳐 국민투표로 확정되면 대통령은 이를
즉시 공포하여야 한다(제130조).

2. 국회에 관한 권한

　　중심적인 입법기관이라고 할 수 있는 국회와 관련된 대통령의 권한을 살
펴볼 필요가 있다. 우선 대통령은 국무회의의 심의를 거쳐 임시회의 집회를
요구할 수 있다(제47조 제 1 항). 대통령이 임시회의 집회를 요구한 때에는 기
간과 집회요구의 이유를 명시하여야 한다. 특히 대통령이 긴급명령 등을 발
하거나 계엄을 선포한 경우에 국회가 휴회 또는 폐회중이면, 이를 지체 없이

11) 헌재 1990. 10. 15. 89헌마178.

보고 또는 통보하기 위하여 국회임시회의 집회를 요구하여야 한다.

한편 대통령은 국회에 출석하여 발언하거나 서한으로 의견을 표시할 수 있다(제81조). 국회출석 및 발언권은 대통령의 권한이므로 국회측에서 대통령의 출석을 요구하거나 서한에 의한 의견표시는 할 수 없다.

3. 국회의 법률제정에 관한 권한

(1) 법률안제출권

대통령은 국무회의의 심의를 거쳐 국회에 법률안을 제출할 수 있다(제52조). 대통령제국가에서는 법률안의 제출권은 원칙적으로 의회의 전속적 권한으로 하는 것이 원칙이지만, 우리나라에서는 법률안제출권의 부여로써 대통령제에 의원내각제의 요소를 결합한 것이라고 평가된다.

그러나 정부의 법률안제출권은 국회의 실질적인 입법활동을 저해하고, 결과적으로 국회에 대한 대통령의 우월성을 보장하는 수단으로 악용된 면이 있다. 정부제출 입법이 다수일 수밖에 없는 상황을 인정하더라도, 그것을 반드시 대통령이 제출하게 할 필요는 없다고 본다. 대통령과 함께 하는 정당 내지 국회의원은 있을 것이고 그들이 정부가 필요한 법률안을 자신의 책임으로 추진하면 될 것이므로 향후 정부의 법률안제출권은 폐지하는 것이 바람직하다고 본다.

(2) 법률안거부권

법률안거부권은 국회가 의결하여 정부에 이송한 법률안에 대하여 대통령이 이의를 가질 경우에 국회에 재의를 요구할 수 있는 권한이다(제53조). 이를 법률안 재의요구권이라고도 한다.12) 법률안거부권은 엄격한 권력분립의 구조하에서 대통령의 입법부 견제수단의 기능을 가지는 것이다. 그러나 대통령이 정당한 이유 없이 법률안거부권을 남용하는 것까지 허용하는 것은 아니며, 경우에 따라서는 대통령의 탄핵소추사유가 될 수 있다고 본다.

대통령이 어느 경우에 법률안거부권을 행사할 수 있는지, 즉 법률안거부

---

12) 법률안거부권의 법적 성격에 대해서는 정지조건설과 해제조건설, 취소권설 등이 제기되고 있다. 정지조건설에 따라 대통령의 법률안거부권은 국회가 재의결하기까지 그 법률안에 대하여 법률로서의 확정을 정지시키는 의미에 불과하고 따라서 거부권 행사가 철회되면 법률안은 확정되는 것으로 보는 것이 타당하다(권영성, 941쪽).

권의 요건은 헌법상 명확하지 않다. 제53조 제 2 항은 "법률안에 이의가 있을 때"라고 규정하고 있을 뿐이다. 다만 해석상 ① 법률안이 헌법에 위반된다고 판단되는 경우, ② 법률안의 집행이 불가능한 경우, ③ 법률안이 국가적 이익에 반하는 것을 내용으로 하고 있는 경우, ④ 법률안이 집행부에 대한 부당한 정치적 공세를 내용으로 하는 경우 등을 거부권 행사의 실질적 요건이라고 파악할 수 있다.13)

이러한 실질적 요건이 갖추어졌다고 생각하면 대통령은 법률안이 정부에 이송되어 온 날로부터 15일 이내에 국무회의의 심의를 거친 후, 법률안에 대한 이의서를 첨부하여 국회에 환부여 재의를 요구하게 된다(제53조 제 2 항). 일부거부와 수정거부는 법률안의 유기적 관련성을 파괴하고, 정부가 법률안 제출권까지 가지고 있는 현실에서 이를 인정할 필요가 없다는 점에서 금지된다(동조 제 3 항).

이에 대하여 국회는 법률안을 재의에 붙이고 재적의원 과반수의 출석과 출석의원 3분의 2 이상의 찬성으로 재의결하면 법률안은 법률로써 확정된다(동조 제 4 항). 국회에서 재의결로 확정된 법률은 대통령이 지체 없이 공포하여야 하는데, 대통령이 5일 이내에 공포하지 아니할 때에는 국회의장이 이를 공포한다(동조 제 6 항).

참고로 법률안거부권은 크게 환부거부와 보류거부의 유형으로 구분된다. 환부거부란 대통령이 정부에 이송된 법률안을 15일 이내에 이의서를 첨부하여 국회에 환부하고 재의를 요구하는 것을 말한다. 보류거부는 국회의 폐회나 해산으로 인하여 대통령이 환부가 불가능할 때 대통령이 법률안을 거부하기 위해서 공포하지 않은 상태에서 가지고 있으면 법률안이 자동적으로 폐기되는 것을 말한다. 헌법 제53조의 규정이 환부거부를 인정한 것임에는 틀림이 없다. 그러나 보류거부의 인정 유무에 대해서는 견해가 대립되고 있다.14)

---

13) 권영성, 941쪽; 홍성방, 839쪽.

14) 부정설은 현행헌법은 헌법 제51조 규정에 의해서 회기계속의 원칙을 채택하고 국회폐회 중에도 환부가 인정되고 있으므로, 보류거부는 인정되지 않는다고 본다. 부정설의 견해에 의하면 국회의원의 임기가 만료되어 국회가 폐회된 경우에는 환부대상이 없으므로 보류거부로 보지 아니한다. 그러나 긍정설에 의하면 원칙적으로 보류거부는 인정하지 아니하나, 의원이 임기만료시나 국회가 해산된 경우에는 환부대상인 국회가 존재하지 아니하므로 예외적으로 보류거부를 인정한다고 보는 견해이다. 구태여 우리 헌법이 보류거부제도를 두고 있다고 볼 필요성이 없으므로 실익 없는 학설대립이라고 생각한다(학설에 대한 소개는 권영성, 943쪽; 홍성방, 839쪽; 허영, 925쪽).

(3) 법률공포권

국회에서 의결한 법률안은 정부에 이송되어 15일 이내에 대통령이 공포한다(헌법 제53조 제 1 항). 대통령의 거부권행사로 국회가 재의결한 경우 공포의 문제는 앞서 살핀 바와 같다. 확정된 법률이 정부에 이송된 후 5일 이내에 대통령이 공포하지 않으면 국회의장이 이를 공포한다(제53조 제 6 항). 법률은 특별한 규정이 없는 한 공포일로부터 20일을 경과함으로써 효력을 발생한다(제53조 제 7 항).15)

Ⅲ. 司法에 관한 權限

헌법상 사법부의 독립이 매우 강조되기 때문에 대통령의 사법부에 대한 권한은 매우 제한적일 수밖에 없다. 우리 헌법은 사법부와 관련한 대통령의 권한에 관하여 위헌정당해산제소권과 사면권을 규정하고 있다.

1. 위헌정당해산제소권

헌법 제 8 조 제 4 항의 규정에 의해서 대통령은 방어적 민주주의를 구현하기 위해서 정당의 활동이나 목적이 민주적 기본질서에 위배될 때에는 헌법재판소에 정당의 해산을 제소할 수 있다. 헌법재판소가 어느 정당을 위헌정당이 아니라고 결정한 경우에는 정부는 일사부재리 원칙에 따라 동일사유로 그 정당을 제소할 수 없다고 해석하는 것이 일반이다.16)

2. 사 면 권

(1) 사면권의 의미

사면권은 1787년 미국의 연방헌법에서 최초로 명문화된 것으로, 국가원수가 법률이 정하는 바에 의하여 사면·감형·복권을 명할 수 있는 권리를 의미한다. 대통령의 사면권은 사법부의 판단을 변경하는 권한으로 고전적 권

---

15) 다만 법령등공포에관한법률은 국민의 권리제한 또는 의무부과와 직접 관련되는 법률은 긴급히 시행할 특별한 사유가 있는 경우를 제외하고는 공포일로부터 적어도 30일이 경과한 날로부터 시행함을 규정하고 있다(제13조의2).

16) 위헌정당해산과 관련해서는 "제 7 부 헌법재판개혁론" 참조.

력분립에 따르자면 중대한 예외로 인식된다. 특히 사법부의 독립성을 심각하게 저해할 우려가 있으며, 실제로도 유죄선고를 받은 사람이 정치적 고려 등에 따라 너무나 쉽게 풀려나는 등 많은 문제를 야기하고 있다.

마치 과거 군주국가의 은사권과도 같은 사면권을 현대적 권력분립의 체계 내에서 어떻게 정당화할 수 있는가? 그것은 법치국가적 절차도 완벽하지 못하다는 우려이다. 아무리 법치국가적 절차가 치밀하게 구성되어도 불합리한 결과가 나올 수 있기 때문에 이를 교정하려는 수단을 하나쯤 남겨두려는 생각, 그리고 때로는 국익을 위해 법치국가적 정차의 효과를 배제시킬 필요도 있다는 생각이다.

헌법 제79조는 제1항에서 "대통령은 법률이 정하는 바에 의하여 사면·감형 또는 복권을 명할 수 있다"고 규정하고 있고, 제2항에서 "일반사면을 명하려면 국회의 동의를 얻어야 한다"라고 규정하고 있으며, 제3항의 위임에 따라 사면법이 제정되어 있다.

(2) 사면의 내용

사면권을 넓은 의미로 이해하면 일반사면, 특별사면, 감형, 복권을 할 수 있는 권한을 포괄한다. 특히 일반사면과 특별사면을 협의의 사면권이라고 한다.

먼저 일반사면이라고 함은 모든 범죄를 대상으로 하여 범죄의 종류를 지정하여 그 형의 선고의 일부 또는 전부를 소멸시키는 것과 형의 선고를 받지 아니한 자에게 대하여 공소권을 소멸시키는 것을 말한다. 사면법 제59조 규정에 의하면 일반사면의 효과에 있어서, 소급효는 인정되지 아니하고 장래에 향하여만 그 효과가 상실된다. 그러므로 형의 선고에 의한 기존의 효과는 일반사면에 의하여 변경되지 아니한다. 일반사면은 국무회의의 심의를 거쳐 국회동의를 받은 후 대통령령으로써 행사된다. 특별사면이란 특정한 형의 선고를 받은 범죄자에 대하여 그 형의 집행을 면제하는 것을 말한다. 특별사면은 국회의 동의 없이 가능하며, 국무회의의 심의를 거친 후 대통령이 행한다.

감형에는 범죄나 형의 종류를 지정하여 그에 해당하는 범죄자를 일반적으로 감형하는 일반감형과 특정한 범죄자에 대하여 감형하는 특별감형이 있다. 복권은 형의 선고로 인하여 상실되거나 정지된 자격을 사면법 제6조 규정에 의해서 회복시켜 주는 것을 말한다. 복권은 자격이 상실 또는 정지된 자 중에서 형의 집행이 종료되거나 집행을 면제받은 자에 대해서만 행하여진다.

(3) 사면권의 한계

사면권은 헌법 제101조의 사법부의 독립을 제약할 우려가 크므로 일정한 한계가 강조되고 있다. 첫째 정치적으로 남용되거나 특정 정당에 유리하게 행사되어서는 아니 되고, 절차상 사법부의 의견을 존중하는 범위 내에서 이루어져야 한다. 둘째 탄핵결정을 받은 자에 대해서는 사면권을 행사할 수 없다. 셋째 사법권의 본질적인 내용을 침해하는 경우에는 사면권을 행사할 수 없다. 한편 국회는 일반사면에 대한 동의여부를 심리함에 있어서 대통령이 제안하지 아니한 죄의 종류를 추가할 수 없다.

한편 대통령의 사면권에 대하여 사법적 통제가 가능한가에 대하여는 부정설과 긍정설이 대립하고 있다. 부정설은 사면은 권력분립과 무관한 제도이고, 법으로부터 자유로운 행위이며, 대통령의 통치행위의 일종이므로 사법적 심사의 대상이 되지 않는다고 하는 반면에, 긍정설은 현대민주주의적 헌법체계에서 사면이 권력분립과 무관하다는 것은 타당하지 아니하며, 사면권 행사가 통치행위로서 사법심사의 대상에서 배제되는 것은 법적 해석의 오해라는 점을 근거로 한다. 헌법의 법치국가원칙에 비추어 사법심사를 긍정하는 것이 더 바람직하다고 보아야 하겠다. 하지만 대통령의 사면권 행사가 고도로 정치적인 행위인 경우가 많으며, 이를 사법심사의 대상으로 삼는 것은 사법부 스스로 자신의 독립성을 해하게 되는 문제를 야기할 수도 있다. 아마도 사법권의 한계와 관련된 이른바 통치행위 이론과 관련하여 문제해결을 도모하는 것이 타당할 것이다.[17)

(4) 사면권의 문제점과 개선방안 논의

대통령의 사면권을 제한해야 한다는 의견이 왕왕 제기되고 있다. 특히 국회는 이러한 내용을 가진 사면법 개정을 시도하고 있다. 개정안에 따르면 대통령이 특별사면권을 행사하기 위해서는 사면 1주일 전에 그 대상자와 죄명 및 형기 등을 국회에 통보해 의견을 묻는 절차를 거치도록 하였다.[18)

---

17) 통치행위에 관해서는 아래 "제 6 부 사법부 개혁론" 참조.
18) 2003. 12. 개정안이 통과되었으나 고건 대통령권한대행이 법률안거부권을 행사하여 국회 에 재의를 요구함으로써 폐기되었다(법률신문 제3268호, 2004. 6. 19). 노무현 대통령은

이에 대하여 사법부의 재판을 무시하고 대통령이 사면권을 무분별하게 정략적으로 행사하는 것은 헌법이 부여한 사면권의 근본정신에 위배되는 일이므로 이러한 사면법 개정이 올바르다는 견해가 있다. 특히 이 견해는 국회의 동의를 헌법상 요건으로 하는 일반사면과 마찬가지로 특별사면에도 국회의 동의를 얻도록 한다면 이것은 위헌적인 요소가 있겠으나, 단순히 의견청취만을 하도록 하는 것은 결코 위헌이 아니라고 보는 것이다. 대통령은 국회의 의견에 구속될 필요가 없으므로, 국회의 반대의견에도 불구하고 자신의 정치적 책임으로 특별사면을 하면 될 것이라고 한다.

반면 일부견해는 특별사면권은 대통령이 국민화합적 차원이나 형사정책적 고려로 행사할 수 있는 고유권한이므로, 이러한 사면법 개정은 민주주의의 기본원리인 삼권분립 정신에 위반한다고 주장한다. 사법부의 재판권을 무력화시키는 폐해를 불러왔던 것을 부인할 수 없지만, 이것을 제한하려면 차라리 대법원의 의견청취를 규정하는 것이 타당하다고 주장한다.

헌법상 사면권이 대통령의 고유권한이라 하더라도 입헌민주주의와 법치주의하에서는 더 이상 무제한적인 국가원수의 특권일 수는 없다. 이제는 헌법수호의 차원에서 그리고 법치주의에 기여할 수 있는 방향으로 행사되어야 한다. 더욱이 대통령의 사면권은 고도의 정치적 판단을 전제로 하는 것으로서 사법적 심사의 대상이 되기 곤란한 측면을 갖고 있다. 따라서 사면권은 법치주의와 사법부의 존재의의를 부인하고 이를 형해화할 수 있으므로 사면권의 범위는 가급적 좁게 해석되어야 할 필요가 있다.[19] 그리고 사면심사위원회의 설치, 사면대상의 제한을 통한 예측가능성 확보, 사법기관의 권위를 존중하는 방안 등이 포함되어야만 사면권의 남용과 형평성 문제가 어느 정도 해결될 수 있을 것이다.

2007년 제헌절 경축사에서 "대통령의 특별사면에 대한 절제의지가 강하더라도 정치적 관행과 논리에 근거한 사회적 압력을 쉽게 거역하기가 어렵다"며 대통령의 사면이 계속 정치적 시비와 갈등의 소지가 된다면 사면법 등 관련법령을 개정하는 것도 한 방안이라 밝혔다. 한편 임기중 특별사면을 김영삼 대통령은 8번, 김대중 대통령은 6번, 노무현 대통령은 7번 행사했다.

19) 이금옥, "대통령 사면권의 법적 문제와 통제," 고시계 2003년 10월호, 18쪽. 부정부패·선거법위반사건 등 특별범죄를 범한 사람들에 대하여는 특별사면을 하지 못하도록 법으로 제한하자는 것은 대체로 이견이 없는 것으로 보인다.

Ⅳ. 憲法機關構成에 관한 權限

대통령은 헌법상 규정된 기관구성에 일정한 권한을 갖고 있다. 다만 감사원은 원래 대통령 소속하의 기관으로서 당연히 대통령이 구성권한을 갖는 것이지만, 헌법은 이를 헌법적 기관으로서 격상하여 규정하고 있으며, 구성도 국회와 합동행위로 하도록 하고 있다. 사법부의 경우에는 국민의 선거에 의한 구성이 불가능하기 때문에 일차적으로 민주적 정당성을 부여받은 대통령과 국회가 합동행위로 구성할 수밖에 없다.

1. 감사원 구성권

대통령은 헌법 제98조 규정에 의해서 국회의 동의를 얻어서 감사원장을 임명한다. 감사위원은 감사원장의 제청에 의해서 대통령이 임명한다. 현재 감사위원의 수는 감사원법에 의해서 7인으로 규정되어 있다.

2. 중앙선거관리위원회 구성권

대통령은 헌법 제114조 제 2 항 규정에 의해서 중앙선거관리위원회 위원 3인을 임명하는 권한을 가진다. 중앙선거관리위원회는 9인의 위원으로 구성되어 있으며, 3인은 국회에서 선출하고, 3인은 대법원장이 지명한다. 중앙선거관리위원회의 위원장은 위원 중에서 호선되며, 대통령에 의하여 임명되는 것이 아니다.

3. 사법부 구성권

(1) 대법원 구성권

대통령은 국회동의를 얻어서 대법원장을 임명한다. 대법관은 대법원장의 제청에 의해서 국회동의를 거쳐 대통령이 임명한다. 대통령이 사법부의 구성에 관한 인사권을 가지고 있다는 것은 사법부에 대한 대통령의 영향력을 보장하여 주는 것이 된다.

(2) 헌법재판소 구성권

대통령은 헌법 제111조 제 4 항에 의해서 국회의 동의를 거쳐 헌법재판

소의 장을 임명한다. 헌법재판소의 재판관은 9인으로 구성되며, 3인은 국회에
서 선출하고, 3인은 대법원장이 지명하며, 3인은 대통령이 임명한다. 현행 헌
법재판소의 구성방식과 관련하여, 재판관을 3권에서 균등하게 추천하여 외견
적으로는 권력의 견제와 균형이 이루어지는 것으로 보이지만, 사실상 헌법재
판소의 사법권독립이 대통령으로부터 보장되지 못한다는 비판이 있다. 대법
원의 인사권행사에서 대통령이 보유하는 권한의 비중이 적지 않은 상황하에
서는, 이러한 선임방식이 사실상 헌법재판소의 중립성에 크게 기여하지 못한
다는 것이다.

제 3 절   大統領의 非常時 權限

I. 戒嚴宣布權 20)

1. 의의와 유형

헌법 제77조에 규정된 계엄이란 대통령이 전시·사변 또는 이에 준하는
국가비상사태에 있어서 병력으로써 군사상의 필요에 응하거나 공공의 안녕질
서를 유지할 필요가 있을 때 국민의 기본권을 제한하는 국가긴급권의 행사를
의미한다. 대통령의 계엄선포행위는 통치행위의 일종이며, 법치주의원칙의 중
대한 제한이다.

계엄에는 비상계엄과 경비계엄이 있다. 먼저 비상계엄이란 대통령이 전
시·사변 또는 이에 준하는 국가비상사태에 있어서 적과 교전상태에 있거나
사회질서가 극도로 교란되어 행정 및 사법기능의 수행이 현저히 곤란한 경우
에 군사상의 필요에 응하거나 공공의 안녕질서를 유지하기 위해서 선포하는
것을 의미한다. 경비계엄이란 대통령이 전시·사변 또는 이에 준하는 국가비
상사태에 있어서 사회질서가 교란되어 일반 행정기관만으로는 치안을 확보할
수 없는 경우에 공공의 안녕질서를 유지하기 위해서 선포하는 것을 말한다.

---

20) 이하의 계엄선포권, 긴급명령권, 긴급재정·경제처분·명령권은 모두 국가긴급권에 해당
한다. 국가긴급권 일반론에 관한 상세한 내용은 "제 1 권 제 1 부, 제 3 장 제 2 절 헌법보호
의 수단으로서 국가긴급권" 참조.

2. 계엄선포의 요건과 절차

헌법 제77조 제 1 항에 따르면 계엄선포는 전시·사변 또는 이에 준하는 국가비상사태가 발생하고, 병력으로써 군사상 필요에 응하거나 공공의 안녕질서를 유지할 필요가 있는 경우에 선포해야 한다. 이것을 계엄선포의 실질적 요건이라고 할 수 있다. 비상적 사태는 이미 발생한 경우라야 하고, 단순히 비상적 사태의 발생이 예견되는 경우는 이에 포함되지 아니한다.

절차적으로는 헌법 제89조 제 5 호에 의해서 계엄을 선포하려면 국무회의의 심의를 거쳐야 한다. 국방부장관 또는 행정자치부장관은 계엄선포의 요건에 해당하는 사유가 발생한 때에, 국무총리를 거쳐 대통령에게 계엄의 선포를 건의할 수 있다(계엄법 제 2 조 제 6 항). 계엄을 선포하는 경우에는 헌법 제77조 제 4 항에 의해서 지체 없이 국회에 통고하여야 한다. 만약에 국회가 폐회중이면 대통령은 지체 없이 임시국회의 소집을 요구하여야 한다. 계엄을 선포할 수 있는 권한은 오직 대통령만이 가진다. 계엄이 선포되는 경우에는 계엄사령관은 계엄의 시행에 관하여 국방부장관의 지휘와 감독을 받는다.

3. 계엄선포의 효과

계엄의 효력은 비상계엄선포의 경우와 경비계엄선포의 경우가 상이하며, 그 효력을 살펴보면 다음과 같다.

먼저 비상계엄이 선포되면 계엄사령관은 행정사무와 사법사무를 관장하므로, 당해 지역의 행정기관과 사법기관은 지체 없이 계엄사령관의 지휘·감독을 받는다. 사법사무의 범위는 사법경찰권, 검사의 공소제기, 형의 집행 등 재판작용을 제외한 사법행정사무를 말하는 것으로 이해된다. 비상계엄이 선포되면 특정한 범죄(군인·군무원의 범죄나 군사에 관한 간첩죄의 경우와 초병·초소·유독음식물공급·포로에 관한 죄 중 법률이 정한 경우)에 대하여 단심으로 할 수 있다. 단 사형선고시는 예외로 한다. 비상계엄이 선포되면 헌법 제77조 제 3 항 규정에 의해서 영장제도, 언론·출판·집회·결사의 자유에 대한 특별한 조치를 할 수 있다. 그런데 계엄법 제 9 조는 비상계엄이 선포되면 거주·이전의 자유와 단체행동권도 제한할 수 있게 되어 있다. 헌법이 규정한 제한대상을 넘어선 이러한 계엄법의 규정에 대해 헌법 제77조 제 3 항이 열거적(제한적) 규정이라고 이해하여 계엄법이 위헌이라는 견해와, 동 조항을 예시적 규정으로 보아 합헌이라고 보는 견해가 대립하고 있다. 국민의 기본권은 어느 경우라도 엄격하게 보장되어야 하겠지만, 계엄이라는 급박한 사정을 감안할 때 기본권제한의 한정은 사실상 불가능하다고 보는 것이 불가피한 점이 있다. 따라서 헌법의 규정은 예시적이라고 하겠으며, 계엄법이 반드시 위헌이라고 할 수는 없다고 생각한다.

한편 경비계엄이 선포되면 계엄사령관은 계엄법 제 7 조 제 2 항에 의해서 계엄지역 내의 군사에 관한 행정사무와 사법사무를 관장하고, 지휘 · 감독을 계엄법 제 8 조 제 1 항에 의하여 행한다. 그러나 경비계엄은 공공의 안녕질서를 회복하기 위한 소극적인 치안유지만을 목적으로 하는 것이므로, 경비계엄 선포시에는 헌법과 법률에 의하지 아니한 특별조치로써 국민의 자유와 권리는 제한할 수 없다.

4. 계엄의 해제와 통제

비상상태가 평상의 상태로 회복된 경우 또는 재적의원 과반수의 찬성으로 계엄의 해제를 국회에서 요구하는 경우에는, 대통령은 지체 없이 해제하여야 한다. 국회의 계엄해제요구에 응하지 아니할 경우에 이는 대통령에 대한 탄핵사유가 된다. 계엄해제요구가 있으면 모든 행정 및 사법사무는 원상태로 복귀하고, 비상계엄시 군사법원에서 계속중이던 재판사건의 관할은 일반법원으로 이전된다. 단 필요한 경우에는 군사법원의 재판권을 계엄법 제12조 제 2 항에 의해서 1개월 이내에 한하여 연기가 가능하다. 1개월간 연장가능 조항에 대해서 대법원은 합헌으로 판결한 바 있으나,[21] 학문상으로는 위헌으로 보는 것이 일반적인 견해이다. 계엄이 해제되었다고 하여 계엄하에서 행해진 계엄포고위반행위의 가벌성이 소멸되었다고는 볼 수 없으며, 계엄기간중의 계엄포고위반의 죄는 계엄해제 후에도 행위 당시의 법령에 따라 처벌된다.

계엄은 비상적인 권한이면서 매우 강력한 권한이므로 그에 걸맞는 통제가 필요하다. 먼저 국회에 의한 통제가 있다. 국회는 계엄기간중에도 입법활동을 계속 할 수 있기 때문에 국정감사 · 조사권, 탄핵소추권과 같은 정부통

---

21) 대판 1985. 5. 28, 81도1045.

제권을 통해서 통제할 수 있을 뿐만 아니라, 입법활동을 통하여 계엄당국을 통제할 수도 있다. 또한 제77조 제 5 항에 따라 국회재적의원 과반수의 찬성으로 계엄해제를 요구할 수 있다. 법원에 의한 통제도 일부 인정되는데 대통령의 계엄선포행위 자체는 고도의 정치성을 내재한 통치행위에 해당하기 때문에 법원의 심사대상이 되기에는 사실상 곤란한 점이 있다. 그러나 통설은 계엄당국의 개별적 행위인 포고령, 개별적 처분과 관련된 구체적인 집행행위는 사법부 심사의 대상이 될 수 있다고 본다. 한편 계엄에 의한 특별조치나 계엄선포행위로 인하여 기본권이 침해된 경우에는 헌법소원을 제기할 수 있다고 해석된다. 헌법재판소는 대통령의 국가긴급권 행사에 대하여 원칙적으로 통제할 수 있기 때문이다.[22]

Ⅱ. 緊急命令權

긴급명령은 국회입법원칙에 대한 중대한 제한으로서 통상적인 입법절차로서는 대처할 수 없는 국가의 안위에 관계되는 중대한 교전상태에 있어서 국가를 보위하기 위해서 대통령이 발동하는 법률의 효력을 가지는 명령을 말한다.

긴급명령의 발동요건은 국가의 안위에 직접적으로 관계되는 외국과의 전쟁이나 내란 등과 같은 중대한 교전상태가 발생한 경우에, 국회의 집회가 불가능한 경우에 한하여, 사후적이고 소극적인 목적을 위해서만 발동해야 한다는 것이 요구된다. 중대한 교전상태란 외국과의 전쟁이나 이에 준하는 사태 또는 내란 등을 말하며, 국가를 보위하기 위한 긴급한 조치란 국가를 보위하기 위하여 필수 불가결한 조치이면 그 내용에는 특별한 제한은 없다. 또한 긴급명령은 국가보위를 위한 소극적 목적에서 발동되어야 하며, 공공복리를 위해서나 야당탄압을 위하는 등 적극적인 목적으로 발동할 수 없다.[23] 이때

---

22) 이에 대한 내용은 "제 1 권 제 1 부 제 3 장 제 2 절 Ⅲ. 국가긴급권의 (사후적) 통제" 참조.
23) 헌법상 긴급명령의 내용으로 '긴급한 조치'로 규정되어 있지만 구체적으로 어떠한 조치가 이에 포함되는가에 대하여는 명확하게 나타나 있지 않다. 특히 긴급명령으로써 ① 헌법을 개정할 수 있는가, ② 국회를 해산할 수 있는가, ③ 국회·법원·헌법재판소의 권한에 관한 특별한 조치를 하거나 군정을 실시할 수 있는가에 대하여 문제될 수 있지만, 일반적인 견해는 모두를 부정하고 있다.

의 국회집회의 불가능한 경우란 법률적·사실적 불능 및 시간적 여유문제를
말하는 것은 아니다.

대통령이 긴급명령을 발동하기 위해서는 국무회의의 심의를 거쳐야 하
고, 긴급명령이 국가안전보장에 관련되는 사항인 경우에는 국무회의의 심의
전에 국가안전보장회의의 자문을 거쳐야 한다. 또한 긴급명령은 문서의 형식
으로 하여야 하며, 이에는 국무총리와 관계국무위원의 부서가 있어야 한다.
대통령은 국가긴급권을 발동한 경우에 헌법 제76조 제 3 항의 규정에 의하여
지체 없이 국회에 보고하여 승인을 얻어야 한다.[24]

긴급명령의 형식은 입법의 형식으로 일반적이고 추상적인 내용의 형태를
띤다. 헌법 제76조 제 5 항에 의해서 대통령은 긴급명령을 발동하는 경우에는
국회에 보고하여야 한다. 또한 대통령은 국회의 승인여부를 지체 없이 공포
하여야 한다.

긴급명령권에 대한 통제는 국회의 통제인 국회의 승인·탄핵소추·법률
개정과 법원에 의한 통제인 긴급명령에 대한 헌법재판소의 위헌심판제청을
들 수 있다. 헌법재판소는 법원의 제청이 있는 경우에는 긴급명령에 대한 위
헌심사를 할 수 있다.

긴급명령이 국회의 승인을 얻은 경우에는 법률과 동일한 효력을 가지며,
국민의 권리를 제한하거나 의무를 부과할 수 있다. 또한 기존의 법률을 개
정·폐지·정지할 수 있다. 그러므로 긴급명령은 법률적 효력이 부여되는 입
법적 행위라 할 수 있다. 반면 긴급명령이 국회의 승인을 얻지 못한 경우에는
그 때부터 효력이 상실되고, 그때까지의 효력은 아무런 영향을 받지 아니한
다. 그리고 긴급명령에 의하여 개정되거나 폐지되었던 법률은 국회의 승인을
얻지 못한 때부터 헌법 제76조 제 4 항에 의해서 당연히 그 효력을 회복한다.

Ⅲ. 緊急財政·經濟處分權

긴급재정·경제처분은 국회의 재정의회주의에 대한 예외로서, 내우·외

---

24) 국회의 승인에 대한 의결정족수는 헌법에 직접적인 규정이 없으며, 헌법 제49조 규정에
의한 출석과반수설이 다수적인 견해이다. 이에 대한 소수견해로는 헌법 제77조 제 5 항을
논거로 한 재적과반수설이 있다.

환, 천재·지변 등 중대한 재정·경제상의 위기에 있어서 국가의 안전보장
또는 공공의 안녕질서를 유지하기 위하여 헌법 제76조 제 1 항 규정에 의해
대통령이 행하는 재정·경제상의 처분을 의미한다.

긴급재정·경제처분의 발동요건은 첫째 내우·외환, 천재·지변 또는 중
대한 재정·경제상의 위기가 발생하여야 하고, 둘째 국가의 안전보장 또는
공공의 안녕질서를 유지하기 위하여 긴급한 조치를 할 필요가 있어야 하며,
셋째 국회의 집회를 기다릴 여유가 없을 것을 요한다. 이 경우는 국회가 폐
회중인 경우를 말하고, 개회·휴회 중인 경우는 포함하지 아니한다.

긴급재정·경제처분을 발동하려면 헌법 제89조의 규정에 의해서 국무회
의의 심의를 반드시 거쳐야 한다. 또한 국무총리 및 관계 국무위원의 부서가
있어야 한다. 대통령은 긴급재정·경제처분을 발동하는 경우에는 지체 없이
국회에 보고하여 국회의 승인을 얻어야 한다. 국회가 폐회중인 경우에는 임
시회의 소집을 요구하여 승인을 얻어야 한다.

긴급재정·경제처분은 경제사항과 재정사항에 대하여 규정할 수 있으나,
정치·사회·문화적인 내용은 규율할 수 없다. 긴급재정·경제처분은 개별
적·구체적인 내용의 처분 또는 조치의 형식으로, 행정처분의 일종이다. 긴급
명령의 경우와 마찬가지로 국가의 안전보장 또는 공공의 안녕질서라는 소극
적인 목적을 위해서만 발동될 수 있다.

긴급재정·경제처분은 국회의 승인을 얻게 되면, 그 처분의 효력은 유효
하게 확정된다. 반면 국회의 승인을 얻지 못하는 경우에는 긴급재정·경제처
분이 국회의 승인을 얻지 못하면, 헌법 제76조 제 4 항에 의해서 그 때부터
효력을 상실한다. 긴급재정·경제처분의 공포와 통제는 헌법 제76조 제 5 항
에 의해서 긴급명령권과 동일하다.

Ⅳ. 緊急財政·經濟命令權

긴급재정·경제명령은 국회의 집회를 기다릴 시간적 여유가 없을 때에
한하여 대통령이 긴급재정·경제처분의 실효성을 뒷받침하기 위하여 발동하
는 법률의 효력을 가지는 명령을 의미한다. 이는 국민의 경제적 생활에 관련
된 자유와 권리를 규율하는 등 법률사항을 규정할 수 있고, 재정·경제적 처

분에 법률적 효력을 부여한다. 즉 국회입법의 원칙과 재정의회주의에 대한 중대한 제한을 의미하는 것이다.

긴급재정・경제명령을 발하기 위한 요건은 긴급재정・경제처분을 법률적 효력을 가진 명령으로써 뒷받침할 필요가 있는 경우이다. 즉 긴급재정・경제 처분에 관하여 그 효력을 보장하기 위한 경우에 발동될 수 있다.

긴급재정・경제명령의 발동을 위해 국무회의의 심의를 거쳐야 하며, 특히 국가의 안전보장과 관련 있는 사항에 대하여는 국가안전보장회의의 자문을 거쳐야 한다. 또한 대통령의 긴급재정・경제명령은 문서의 형식으로 하여야 하며, 국무총리와 관계국무위원의 부서를 필요로 한다. 대통령이 긴급재정・경제명령을 발한 때에는 지체 없이 국회에 보고하여 승인을 얻어야 한다. 폐회중인 경우는 즉시 국회의 집회를 요구하여야 하여 이때의 국회는 임시회를 의미한다.

긴급재정・경제명령은 재정 또는 경제와 관련이 있는 사항만을 그 내용으로 할 수 있으며, 그 위의 사항은 내용으로 할 수 없다. 긴급재정・경제명령의 형식은 입법의 형식인 일반적이고 추상적인 내용의 입법조치의 형식이어야 한다.

긴급재정・경제명령이 국회의 승인을 얻지 못한 경우에는 그 때부터 효력을 상실한다. 그러나 긴급재정・경제명령이 국회의 승인을 얻게 되면 그 명령은 폐기될 때까지 국회가 제정한 법률과 동일한 효력을 가지게 된다.

V. 國民投票附議權

대통령은 헌법 제72조 규정에 의해서 외교・국방・통일 기타 국가안위에 관한 중요정책을 국민투표에 붙일 수 있다. 우리나라에서 국가의 중요정책에 대한 국민투표제가 최초로 도입된 것은 제 2 차 개정헌법에서였으며, 이른바 유신헌법에서 그 대상을 '국가의 중요정책'이라 하여 이를 보다 포괄적으로 규정하였다. 이 규정은 예시적 규정에 해당한다. 따라서 비단 외교・국방・통일 등의 정책에 국한되지 않고 그 외의 정책까지 포함될 수 있다. 헌법 제72조에 규정된 국민투표는 임의적 국민투표라 할 수 있다. 이와 같이 헌법개정 등 헌법상 제도화되어 있는 국민투표를 레퍼랜덤(Referendum)이라 하고, 헌법에 규정되어 있지 않은 정권의 정통성 내지 신임여부를 대상으로 할 경우에는 프레비시트(Plebiscite)라고 한다. 프레비시트는 독재를 은폐하기 위한 위장수단에 불과한 경우가 많다. 이를 '국민투표제적 독재'라고 한다.[25]

헌법 제72조의 국민투표는 국가의 중요정책에 대한 찬성·반대의 투표로 하는 것으로, 직접민주제의 한 요소이며 대통령의 국회에 내한 우위를 인정하는 것이라 할 수 있다. 국민입법, 즉 국민이 구체적이고 세부적인 입법까지도 국민투표로써 할 수 있는가의 여부에 대해서는 학설이 대립하고 있으나, 일반적으로 부정된다. 그 이유는 대의제의 원리에 모순되고 기술적으로도 실현불가능하기 때문이다.[26]

유럽에선 국민투표가 자주 이루어진다. 최근엔 유럽연합(EU)과 유로화에 관한 국민투표가 많다. 스위스 같은 나라는 지난 30여년 동안 국민투표를 70회 이상 했다고 한다. 2004년 2월엔 위험한 성범죄자를 평생사회에서 격리하자는 법안을 국민투표에서 56%의 찬성으로 채택했다. 2002년에는 임신 12주 이내의 종결 수술을 합법화하는 낙태법 개정안과 유엔 가입을 국민투표로 결정했다.

철학자 루소는 대의민주주의에 대해 "선거기간에만 자유롭고 선거가 끝나면 노예로 전락하고 만다"고 지적했다. 많은 국가가 국민투표·주민소환 등 직접민주주의 요소를 도입한 것도 이 같은 루소의 경고를 반영한 것이라 할 수 있다. 하지만 국민투표가 통치자의 권한강화나 임기연장 수단으로 악용된 사례도 많다. 나폴레옹이 총통과 황제에 등극한 것도 세계 최초의 국민투표에 의한 것이었다.

---

25) 우리나라에서는 여섯 차례 국민투표가 실시됐다. 현행헌법을 정한 1987년 투표 이외엔 계엄령하에서 치러진 것이나 다름없다. 3선 개헌(69년), 유신개헌(72년) 등 집권자의 임기 연장용이 대부분이었다. 유신헌법과 박정희 당시 대통령의 신임을 물었던 75년 국민투표는 프레비시트의 전형이다. 국민투표(62년)를 통해 대통령 권한을 강화했던 프랑스의 드골 전 대통령은 69년 지방자치제도와 상원개혁에 대한 국민투표가 부결되자 스스로 물러났다. 정책에 관한 레퍼렌덤인데도 신임을 묻는 프레비시트로 받아들인 셈이다. 2003년 노무현 대통령이 측근비리 등과 관련하여 재신임을 묻겠다며 제안한 국민투표를 헌법재판소가 위헌이라고 판정했다. 헌재 2004. 5. 14, 2004헌나1. 이는 레퍼렌덤 아닌 프레비시트로 본 것이다.

26) 이에 대한 자세한 내용은 "제 1 권 제 5 부 제 3 장 제 2 절 국민투표권" 참조.

제 3 장   國務總理와 國務會議

【여 는 글】

　　국무총리 또는 총리서리 내각수반 등의 직책을 거쳐 간 사람이 건국 후 지금까지 40명이 넘지만 우리의 기억 속에 '명(名)총리'라고 할 만한 인물은 별로 남아 있지 않다. 우리나라에서 총리라고 하면 으레 얼굴마담·대독(代讀) 총리 따위의 다소 경멸적인(?) 별칭이 먼저 떠오른다. 그만큼 총리라는 자리가 지위는 높아도 실권이 없고 국정 영향력도 별로 없는 존재로 인식되어 왔다. 흔히 총리를 조선시대의 영의정에 비교해 일인지하 만인지상(一人之下 萬人之上)이라고 하지만 실은 영의정에 훨씬 미치지 못하는 자리다. 조선의 영의정은 오히려 내각제의 수상(首相)에 가까웠다고 해야 할 것이다.

　　우리나라에서 총리가 이처럼 바지저고리쯤으로 되어 버린 것은 두말할 것도 없이 역대 대통령들의 책임이다. 그들은 총리를 대통령을 대신해 욕을 먹는 사람, 대통령을 대신해 연설문이나 읽는 사람, 큰 사건이나 시국혼란이 일어나면 국면전환용으로 쓰는 사람쯤으로 활용해 왔다. 헌법이 규정한 총리의 내각통할권·각료제청권은 무시했다. 그러다 보니 총리라는 존재가 실제 장관보다 영향력이 떨어지는 경우가 자주 생기고 장관이 총리를 거치지 않고 바로 청와대를 들락거리는 일이 보통이 되어 버렸다. 권위주의 시절 총리자리는 안기부장·대통령비서실장과 함께 빅3라고 했지만 실제 대부분의 총리는 권력 서열에서 3위는 어림도 없었다. 과거 김종필 씨 등 몇몇 총리를 제외하면 실력자 소리를 듣는 총리도 별로 없었다. 민주화 이후에도 대통령(YS) 아들이 힘을 쓰거나 대통령비서실장·정무수석·국정원장 등이 실력자 소리를 들었다. 지난 DJ정권때 소(小)통령 소리를 들은 사람도 총리가 아니라 비서실장이었다.

　　2004. 4. 15. 총선 이후 고건(高建) 씨가 총리직을 물러나면서 각료제청권을 거부해 파문이 일었지만 지금껏 실질적으로 제청권을 행사한 총리는 없었

다고 봐야 할 것이다. 각료임면권은 전적으로 대통령이 행사해 왔다. 총리에게는 발표 직전 각료명단을 보여주는 정도였고, 심지어 전화통보를 해 주는 경우도 있었다. 고 총리가 처음으로 서면 제청을 한 일이 있었다고 하지만 고 총리의 제청권 역시 청와대 인사위원회에 참석해 청와대가 내정한 인물을 놓고 협의하는 정도였다.

헌법대로 각료제청권·해임건의권을 보장하고 내각을 통합하는 총리를 바라는가. 아니면 과거처럼 방탄·대독 잘하는 총리를 원하는가. 만일 바지저고리 총리를 원한다면 아무리 유능해도 그 자리에 앉아 능력을 발휘하기는 힘들 것이다. 결국 권한·역할 없는 총리가 명총리가 될 수는 없다. 영국의 처칠·대처 총리도 대한민국에 와서 총리를 했다면 그저 그렇고 그런 총리밖에 안됐을지 모른다. 고건 총리가 가장 명성을 얻은 것도 공교롭게도 노대통령의 탄핵 소추에 의한 직무정지 기간이었다. 대통령의 총리관이 바로서지 않는 한 한국에서 명총리가 나오기 힘들다.

제 1 절   國務總理制度改革論

Ⅰ. 國務總理의 地位

국무총리제를 최초로 규정한 것은 건국헌법이다. 현행헌법과 달리 건국헌법은 국무총리는 국회의 승인을 얻어서 대통령이 임명하였다. 헌정사상 국무총리제를 삭제했던 시기는 1954년 제 2 차 개헌이었다. 국무총리에 대한 국회해임의결을 규정했던 시기는 건국헌법과 제 7·8 차 개헌이며, 제 5 차 개헌 및 현행헌법에서는 국회에서 해임건의를 할 수 있도록 하였다.

1. 국무총리의 헌법상 지위

국무총리는 대통령의 보좌기관이다. 대통령의 명을 받아서 행정각부를 통할하며, 대통령의 국법상 행위에 대하여 부서할 수 있는 권한을 가진다.1)

---

1) 국무총리의 헌법상 지위와 관련하여 헌법재판소는 정부조직법상의 위헌유무에 관한 헌법

다음 국무총리는 대통령의 권한대행자의 지위를 갖는다. 대통령이 궐위되거나 사고로 인하여 직무를 수행할 수 없을 때에는 국무총리가 일차적으로 헌법 제71조 규정에 의해서 대통령의 권한을 대행한다.

한편 국무총리는 행정부의 제2인자로서 대통령의 명을 받아 행정각부를 통할하고(제86조 제2항), 행정각부의 장과 국무위원 임명제청권과 해임건의권을 대통령에게 할 수 있는 권한을 가진다(제87조). 나아가 국무회의의 부의장으로서 국무회의에 참석할 수 있으며, 국무회의의 부의장의 지위를 가진다(제8조 제3항). 국무회의의 심의에 있어서는 대통령 및 국무위원들과 법적으로 대등한 지위에 있지만, 국무회의의 운영에 있어서는 부의장으로서 국무위원들보다 우월한 지위에 있다.

그리고 국무총리는 대통령의 명을 받아 상급행정관청으로서 행정각부를 통할할 권한을 가지면서도 행정각부와 동등한 지위를 가지는 독임제(獨任制) 행정관청으로서 소관사무를 처리한다. 상급행정관청으로서 국무총리는 대통령의 승인을 얻어서 중앙행정기관의 장의 행위를 취소 또는 변경할 수 있으며, 독임제 행정관청으로서는 행정각부의 사무를 기획·조정하는 사무와 특정의 부에 속하게 할 수 없는 성질의 사무를 소관사무로 하여 처리할 수 있다.

2. 국무총리의 신분상 지위

국무총리는 국회재적의원 과반수의 출석과 출석의원 과반수의 찬성을 얻어서 대통령이 임명한다. 국회의 동의를 얻지 아니하고 임명한 이른바 국무총리 서리의 문제는 아래에서 살펴보기로 한다. 또한 헌법 제86조 제3항에서는 "군인은 현역을 면한 후가 아니면 국무총리에 임명될 수 없다"라고 하여 문민주의 원칙을 규정하고 있다. 문민주의의 취지는 과거와 같은 군사정권에 의한 정권찬탈을 예방하기 위함이다.

한편 국무총리가 국회의원을 겸직할 수 있는지에 대해서는 의견이 엇갈리고 있다. 헌법 제43조에 "국회의원은 법률이 정하는 직을 겸할 수 없다"라고 규정하고 있으나, 현행헌법 및 법률에는 국무총리에 대한 겸직인정유무가 명시되어 있지 않다. 따라서 겸직이 가능하다고 보는 것이 일반이며, 실제로 겸직국무총리가 임명되고 있다.

소원에서 대통령의 보좌기관으로서의 지위를 강조하고 있다(헌재 1994. 4. 28. 89헌마221).

대통령은 국무총리를 자유로이 해임할 수 있다. 그리고 국회는 국회재적의원 3분의 1 이상의 발의에 의하여 국회재적의원 과반수의 찬성으로 국무총리의 해임을 건의할 수 있다. 국회의 해임건의권 인정은 의원내각제적 요소의 하나라고 볼 수 있으며, 제 5 공화국헌법의 해임의결권과는 달리 대통령은 이에 구속받지 아니한다.

국무총리가 사고로 직무를 대행할 수 없을 때에는 정부조직법 제22조에 의하여 부총리가 제 1 순위 권한대행이 되고, 대통령이 지명하는 국무위원이 이차적으로 권한을 대행한다. 그러나 대통령이 지명하는 자가 없는 경우에는 정부조직법 제26조 제 1 항2)에 규정된 순서에 따라 국무위원이 그 직무를 대행한다.

II. 國務總理의 權限

1. 대통령의 권한대행권

국무총리는 대통령의 일순위 권한대행자로서 잠정적인 대통령직의 관리자라고 표현된다. 현행헌법 제71조 규정에 의해서 대통령이 궐위되거나 사고로 인하여 직무를 수행할 수 없을 때에는 국무총리가 그 권한을 대행한다. 국무총리의 권한대행을 헌법에 직접 명시하고 있으므로 일종의 법정대리라고 하겠으며, 법정대리 중에서도 협의의 법정대리에 해당한다. 대통령권한대행중인 국무총리에 대해서는 국회가 해임건의할 수 없다는 것이 일반적인 견해이다.

2. 국무회의 심의·의결권, 부서에 대한 권한

행정부의 제 2 인자인 국무총리는 국무회의 참석권자이며, 국무회의의 부의장이 된다. 국무총리는 국무회의 운영시에는 국무위원보다 우월한 지위에 있으나, 국무회의 심의·의결시에는 1인 1표의 원칙에 입각하여 국무위원과 대등한 지위에 서며, 국무위원에 대한 지휘·감독을 할 수 없다.

---

2) 정부조직법 제26조 제 1 항: 대통령의 통할하에 다음의 행정각부를 둔다. 1. 기획재정부, 2. 교육부, 3. 미래창조과학부, 4. 외교부, 5. 통일부, 6. 법무부, 7. 국방부, 8. 행정자치부, 9. 문화체육관광부, 10. 농림축산식품부, 11. 산업통상자원부, 12. 보건복지부, 13. 환경부, 14. 고용노동부, 15. 여성가족부, 16. 국토교통부, 17. 해양수산부.

헌법 제82조는 "대통령의 국법상 행위는 문서로써 하며, 이 문서에는 국무총리와 관계 국무위원이 부서한다. 군사에 관한 것도 또한 같다"라고 하고 있어, 국무총리의 부서에 관한 권한을 명시하고 있다. 부서의 의미와 효력은 이미 앞에서 자세히 살펴본 바와 같다.

3. 국무위원 등의 임명에 관한 권한, 행정각부의 통할·감독권

국무총리는 대통령에게 국무위원, 행정각부의 장에 대한 임명제청권과 해임을 건의할 수 있는 권한을 가진다(헌법 제87조 제1항 제3항, 제94조). 국무총리의 제청이나 건의가 가지는 법적 의미에 관하여는 견해가 대립되고 있다. 국무총리의 임명제청이나 해임건의가 법적인 구속력을 갖는다는 학설과 갖지 않는 학설이 대립하고 있으나, 일반적인 견해는 국무총리가 대통령의 일차적 보좌기관에 불과하므로 대통령제 정부형태하에서 법적 구속력을 갖기는 힘들다고 해석한다.

만약 대통령이 국무총리의 제청 없이 독단적으로 국무위원이나 행정각부의 장을 임명한다면 그 행위는 어떠한 효력을 가질까. 일반적인 견해는 법적 구속력을 부인하는 것과 마찬가지 취지에서 독단적인 임명도 유효하다고 보고 있다. 다만 이 경우에는 대통령은 헌법 제65조 규정에 의해서 탄핵소추의 사유가 될 수도 있다.

또 국무총리가 사임 또는 해임된 경우 국무총리가 제청한 국무위원도 동반하여 사임해야 하는 것인지에 대해서도 이견이 존재한다. 일반적으로 국무총리의 임명제청권은 명목적인 권한일 뿐이며 국무총리의 사임 또는 해임은 그 개인으로서 정치적 책임을 지는 것에 불과하다는 이유에서 사임이 필요하지 않다고 해석하고 있다.

한편 제86조 제2항은 "국무총리는 … 행정에 관하여 대통령의 명을 받아 행정각부를 통할한다"고 규정하고 있다. 이에 따라 국무총리는 행정각부의 장에 대한 상급감독관청으로서 행정각부의 적정한 권한행사를 위하여 지시·감독과 조정을 할 수 있다. 다만 이때의 통할권은 대통령의 명을 받아야 행사가 가능하다는 점에서 내각제하의 수상과 뚜렷이 구별되는 것이다.

4. 총리령에 대한 권한

헌법 제95조 규정은 "국무총리 또는 행정각부의 장은 소관사무에 관하여 법률이나 대통령령의 위임 또는 직권으로 총리령 또는 부령을 발할 수 있다"라고 하고 있다. 국무총리는 법규명령인 위임명령과 직권에 의하여 발동하는 직권명령을 발할 수 있는 권한을 갖게 된다.

그런데 헌법 제95조가 규정하고 있는 직권명령의 의미에 대하여 해석상 의견이 나뉜다. 직권명령은 국무총리가 법령에 의한 수권 없이 직무권한 안에서 당연히 발할 수 있는 행정규칙 내지 행정명령에 해당하므로 일반국민에 대하여 구속력이 없다는 '행정명령설'과 직권명령에는 국무총리가 그 권한 내에서 당연히 발할 수 있는 행정규칙 내지 협의의 행정명령과 법률 또는 대통령령을 집행하기 위하여 입법사항을 규율하는 법규명령으로서의 집행명령이 포함된다고 보는 '복합적 명령설'이 대립하고 있다.

일단 행정명령은 법상 특별한 규정이 없어도 발할 수 있는 당연한 권한이다. 행정부 내부에만 적용되는 규범으로서 국민의 권리·의무와는 원칙적으로 관련이 없는 것으로 되어 있기 때문이다. 따라서 직권명령을 행정명령이라고 해석한다면 헌법 제95조는 규정할 필요가 없는 것을 일부분 포함한 규정이 되므로 이러한 해석은 바람직하지 않다. 국무총리의 직권명령은 상위법의 명시적인 위임이 없더라도 상위법의 범위 안에서 법규사항에 해당하는 집행명령을 총리령으로 정할 수 있는 권한을 규정한 것이라고 해석하는 것[3]이 가장 합리적이라고 하겠다.

한편 총리령과 부령의 우열관계는 총리령우위설과 동위설(同位說)이 대립한다. 국무총리는 그 고유사무에 관하여는 행정각부와 동등한 독임제 행정관청에 불과하며 총리령과 부령의 우열규정이 헌법에 없으므로 동위설이 타당하다는 입장이 일반적이다.

5. 국회 출석·발언권

헌법 제62조 규정에 의해서 국무총리는 국회나 그 위원회에 출석하여 국정처리상황을 보고하거나 그 의견을 진술하고 질문에 응답할 수 있다. 국회

---

3) 권영성, 972쪽.

나 그 위원회의 요구가 있을 때에는 국무총리는 출석·답변하여야 하며, 국무총리는 국무위원 또는 정부위원으로 하여금 출석·답변하게 할 수 있다. 정당한 사유 없이 국무총리가 국회출석요구에 불응하는 경우에는 헌법 제65조에 의한 탄핵소추의 사유가 된다.

Ⅲ. 國務總理의 責任과 役割强化의 問題

1. 현행헌법상 국무총리의 책임

국무총리는 우선 대통령의 보좌기관으로서 대통령에게 책임을 진다. 국무회의 부의장으로서 국무회의 구성과 운영에 대하여 대통령을 보좌할 책임이 있으며, 대통령의 모든 국법상의 행위에 부서할 책임이 있으며, 행정에 관하여 대통령의 명을 받아 행정각부를 통할하게 되어 있다. 대통령은 국무총리를 해임할 수 있는 권한을 통해 이러한 책임을 물을 수 있다.

두 번째 국무총리는 국회에도 책임을 진다. 특히 국회는 국무총리에 대한 해임건의권을 가지고 있는데, 재적의원 3분의 1 이상의 발의와 재적의원 과반수의 찬성으로 국무총리의 해임을 건의할 수 있는 것이다(헌법 제63조). 또 국회는 국무총리의 출석을 요구할 수 있고, 국무총리는 국회의 질문에 답변해야 한다. 다만 국무총리가 출석요구를 받은 때에는 국무위원 또는 정부위원으로 하여금 출석·답변하게 할 수 있다(제62조). 한편 국무총리가 직무를 수행함에 있어 헌법 또는 법률에 위반한 경우에는 국회가 탄핵소추를 의결할 수도 있다. 이때 필요한 정족수는 해임 건의시와 같으며, 이에 따라 탄핵심판이 종결될 때까지 권한행사가 정지된다(제65조).

그러나 국무총리의 대통령과 국회에 대한 책임은 지극히 형식적인 것에 불과하며, 별다른 의미도 실효성도 없는 제도가 대부분이다. 생각건대 국무총리의 지위와 권한이 관행상 의례적이고 형식적인 것에 불과하기 때문에 책임을 묻는 절차도 형식화될 수밖에 없는 것이라고 하겠다.

2. 이른바 '책임총리제'의 논의 — 대통령제의 효율성 극대화 전략

우리 헌법의 정부기관 가운데 국무총리처럼 겉과 속이 판이한 자리도 없을 것이다. 앞서 본 바와 같이 총리는 헌법상 행정부의 제 2 인자이다. 또 그에 걸맞는 수많은 권한이 부여되어 있음도 앞서 본 바와 같다. 하지만 국무 위원 임명제청이나 해임건의는 대통령에게 구속력을 갖는 것이 아니다. 부서 권으로 대통령의 행위를 견제할 수 있겠지만 부서 거부는 곧 해임 당할 각오 가 있음을 뜻한다. 행정 명령 가운데 중요한 것은 대부분 대통령령이며 총리 령은 실질적 중요성을 갖지 못한다. 국무회의는 심의기관이며 대통령에게 구 속력을 갖는 의결기관은 아니다. 무엇보다 대통령의 총리 해임에는 아무 제 한이 없다. 결국 총리는 대통령과 대립해 물러나는 경우와 대통령이 유고되 는 두 가지 경우에만 정치적 영향력을 행사할 수 있다. 현재의 총리는 대통 령이 민주적 리더십을 갖지 못한다면 대통령과 행정부의 속죄양 정도의 역할 밖에 하지 못하고 있다. 이러한 현실에서 국무총리에게 국정운영에 실권을 주는 이른바 책임총리제의 논의가 제기되고 있다. 이는 우리나라의 대통령제 정부형태를 효율적으로 운영해 보자는 논의의 핵심을 이루고 있다.

과거 대통령직인수위원회도 대통령이 외교·통일·안보를, 총리가 경제 와 재정 분야를 제외한 교육·사회·문화 등의 일반행정 분야를 관장하며 총 리에게 산하기관 및 행정지원 업무기관의 장·차관급 인사권도 실질적으로 보장하는 책임총리제를 검토의견으로 보고한 적이 있다. 다만 분명한 것은 현행 대통령 중심의 헌법구조하에서 이러한 권력 재조정의 방향은 대통령과 총리는 엄격한 상하관계에 있다는 사실을 전제로 해서 이루어져야 한다는 것 이다.

따라서 실질적인 총리의 역할 재정립은 대통령의 권한에 대한 견제 차원 이 아니라 '국정운영의 효율성 증진'과 '국가정책에 도움이 되는 내각운영'의 방향에서 이뤄져야 한다. 만약 권력분산 또는 권력균형을 통한 대통령의 견 제 차원에서 총리의 권한 확대가 이뤄질 경우 행정부 내 두 개의 거대한 권 력축 간의 갈등이 발생할 여지가 있고 이로 인해 심각한 조직적·정책적 혼 란을 겪을 수 있기 때문이다. 현실적으로도 대통령의 권한남용을 견제하는 것은 입법부와 사법부의 고유기능이기 때문에 총리의 권한 강화는 대통령직 이 효율적으로 운영될 수 있도록 보좌하는 측면에서 접근되어야 한다. 즉 대 통령과 총리의 역할 분담은 총리가 어떻게 대통령직을 보좌하는 것이 대통령 비서실의 기능적 효율성을 높일 수 있는지에 그 초점을 두어야 한다.

현행헌법구조하에서 대통령은 정치적 지도력을 발휘하여 통치행위에 주

력하고 총리는 국가관리를 담당하는 행정전문가로서 행정의 집행자 역할에
전념하는 방안이 제시될 수 있다. 구체적으로 대통령의 역할은 국가정책의
중·장기 발전 전략과 외교·국방·통상 등 주요 국가 정책과 국민통합과 같
은 거시적 차원에 중점을 두며, 총리의 역할은 나머지 국가 주요정책의 조정
과 합의를 이끌어냄으로써 대통령을 보좌한다는 측면에서 이뤄지는 것이 바
람직하다.

　더구나 이제 총리는 대통령의 지명과 함께 인사청문회를 통해 자신의 국
정비전을 국회에 의해 심사·동의받기 때문에 상당한 절차적 정당성과 독립
성, 그리고 실질적인 권한을 보장받을 수 있다. 또한 이렇게 어려운 임명 절
차 때문에 대통령도 자주 쉽게 총리를 바꾸지 못하여 총리의 임기가 길어질
수 있는 이점이 있다. 결과적으로 총리의 조정기능이 강화되고 국무회의 또
한 실질적인 의결기관이 될 수 있는 것이다. 아울러 이제는 실제 국정운영면
에서도 총리의 행정조정기능이 강화되어야 한다. 하지만 과거 김영삼 대통령
시절 당시 이회창 총리가 대통령과 대립각을 세워 실질적으로 권한을 행사하
려고 하다 좌절된 경험을 참고하여 책임총리제 실현이 현실적으로 매우 어렵
다는 것을 인식하여야 한다.

　따라서 총리의 실질적인 권한 강화는 대통령의 권한을 견제하기 위한 정
치적 측면이 아니라 대통령의 국정운영의 효율화 측면에서 논의되어야 하며
이를 통해 대통령이 국정의 보다 중요한 문제에 집중할 수 있도록 준비되어
야 한다.

　이를 위해 실질적으로 국무총리에게 어떤 전문 분야의 국책사업장을 맡
겨 그 사업의 정책 결정, 집행 및 통제를 담당하게 하는 '전담총리제' 방안이
제시될 수 있다. 실례로 미국 클린턴 대통령의 경우 고어 부통령에게 전 부
처가 관련되는 국가의 주요 사업인 정부개혁과 정보화, 그리고 환경문제를
전문적으로 맡기고 실질적인 권한을 주었다.

　즉 현재의 책임총리제에 대한 논의는 정보화나 규제개혁 등 정부의 한
특정 부처가 감당하기 어려운 주요 국책사업을 총리가 전적으로 책임을 지는
'전담총리제'의 형태로 발전할 수 있을 것이다.

Ⅳ. 現行 國務總理制度의 問題點과 改革方案

1. 국무총리제의 체계 부정합성(不整合性)과 대안

(1) 부통령 없는 대통령제의 문제

우리나라의 대통령제는 부통령이 없다. 대통령제에서 강력한 권한이 대통령에 부여되어 있고 그러한 권력에 비례하여 민주적 정당성을 확보하게 하는 대통령제에서는 대통령이 권한을 행사하지 못하는 경우에 대통령의 권한을 대행할 자로 부통령을 직접 선거하여 그 권한을 행사하게 한다. 우리 헌법사에서 부통령은 1948년 헌법에서 채택한 대통령제에서 등장하여 1954년 헌법에까지 존재하다가 1960년 6월 헌법 이후 우리 헌법사에서 사라졌다. 1960년 6월 헌법과 1960년 11월 헌법은 기본적으로 의원내각제 정부형태를 취하여 부통령직은 필요가 없었지만 대통령제를 채택한 1962년 헌법에서도 부통령을 두지 않았다. 대통령제를 두면서 부통령을 두지 않고 그 대신 대통령에 의해 임명되어 대통령의 명령에 복종하는 국무총리를 두게 되었다.4)

부통령을 두지 않는 것은 대통령의 선거에서 런닝메이트가 없이 대통령 후보 혼자만 나서는 결과를 가져오는데 이것은 정치권의 지도적 인물이나 차기 대통령후보로 나설 만한 인물들로 하여금 미리 국민의 시야에 들어오게 하는 것을 막는 역할을 한다. 이러한 행태는 정치권에서 엘리트로 역할을 할 인물들이 경쟁하는 것을 없애고 대통령 1인만에 국민의 초점이 모이게 하며 대통령 1인만이 모든 것을 결정할 수 있는 능력을 가진 사람으로 인식하게 하는 모순을 야기한다. 권위주의적 정치환경에서 이러한 점은 대통령을 군주와 같이 지존의 지위에 있는 자로 오신하게 만드는 데 일조하였다.5) 이러한 것은 우리의 정치권을 더욱 경직되게 하고 비민주적인 것으로 만드는 요인이 되기도 한다. 이렇듯이 정치의 전체과정에서 볼 때 국민이 직접 선출하는 부

---

4) 그리하여 우리나라 대통령제에서는 대통령의 유고시에 민주적 정당성이 없는 총리가 민주적 정당성을 가져야만 행사할 수 있는 강력한 권한을 대행하게 되어 국민주권원리와 민주적 정당성원리에 어긋난다는 견해가 있으나, 그에 대하여는 총리의 임명동의가 국민의 대표기관인 국회의 인사청문회를 거쳐 이루어지는 만큼 별문제가 없다고 본다.

5) 대통령선거에 있어 사실상 현직 대통령이 선거에 임박하여 집권 세력의 대통령후보자를 결정하고, 이렇게 현직 대통령으로부터 사실상 점지받은 자가 대부분 차기 대통령선거에 당선되는 것과 결합되어 대통령을 신격화시키는 것을 경험한 바 있다.

통령을 두지 않고 대통령에 의해 임명되고 대통령의 지시에 복종하는 국무총리를 두는 것은 대통령에 의한 권위주의적 통치를 강화하는 한 요인이 된다.

(2) 국무총리제 폐지론

이렇듯 국무총리는 우리 헌법에 있어서 비정상적인 제도로 인식된다. 1948년 헌법에는 부통령과 함께 국무총리를 함께 두었는데 국무총리의 기능은 대통령을 보좌하고 대통령의 명을 받아 행정각부를 통할하는 것이었다. 대통령제에서 국무총리를 두었던 1948년 헌법, 1952년 헌법, 1954년 헌법에서는 국무총리는 대통령을 보좌하고 대통령의 명을 받아 행정각부를 통리·감독하는 지위에 있었고 동시에 행정각부에 분담되지 아니한 행정사무를 담임하는 지위에 있었지만 대통령제를 채택한 1962년 헌법부터는 대통령의 권한대행자인 동시에 대통령을 보좌하고 대통령의 명을 받아 행정각부를 통할하는 지위에 있을 뿐 행정각부에 분담되지 아니한 행정사무를 담임하는 지위는 없어졌다. 이러한 지위는 현행 1987년 헌법에 이르기까지 마찬가지이다. 따라서 현행헌법의 권력분담구조에서 볼 때 행정각부에 분담되어야 할 사무를 국무총리에 속하게 하는 것이 타당한지는 의문이다.

국무총리제도를 두고 이를 의원내각제적인 요소라고 적극 해석하는 시도도 있으나 본질적으로 대통령제인 정부형태에서 대통령의 보좌기관에 지나지 않는 국무총리가 의원내각제의 수상의 역할을 수행할 수도 없다. 대통령제의 현실에서도 대통령의 역할과 기능이 왜곡되기 때문에 국무총리를 의원내각제의 수상에 준하는 기능을 하게 하지도 않을뿐더러 제도상으로도 수상에 준하는 지위에 있거나 그러한 권한을 가지고 있지 않다. 역대 국무총리가 방탄총리니 얼굴총리니 대독총리니 하는 평가를 받으면서 존재해 온 것도 대통령제의 체계상 부합하지 않는 국무총리의 지위에서 비롯된 결과이다. 특히 이러한 지위에 있는 국무총리가 대통령이 임명하는 국무위원과 행정각부의 장에 대해 그 임명을 제청하는 권한을 가지는 것은 대통령제와 부합하기 어렵다. 헌법의 문언으로 볼 때 국무위원 및 행정각부의 장의 임명제청권은 대통령의 명을 받아 행사하는 것이 아니라 독자적으로 행사하는 것으로 되어 있는데, 아무리 국회의 사전동의를 얻어 임명되었다고 하더라도 행정부의 수반인 대통령이 서로 호흡을 같이하면서 행정업무를 수행할 국무위원과 행정각부의

장들을 배치하는 것에 대통령을 보좌하는 지위에 있는 국무총리가 독자적인 권한을 가지고 개입하는 것은 타당하지 않다. 더 나아가 국무총리가 국무위원의 해임을 건의하는 것은 대통령제의 법리상 타당하지 않다. 따라서 국무총리는 의원내각제적인 요소로 볼 것이 아니라 대통령제의 정부형태와 체계적 부정합을 보이는 것으로 이질적인 것으로 이해해야 할 것이다. 국무총리가 지닌 이러한 지위는 대통령제에서 체계부정합적인 것이기 때문에 현실에서도 국무위원 및 행정각부의 장의 임명제청이나 국무위원해임건의가 헌법규정이 구상하는 대로 작동되지 않는 것이다. 그리하여 총리제도는 대통령과 권력을 나누어 대통령을 견제하기보다는 대통령의 속죄양으로써 대통령을 면책시키는 기능을 수행하게 되었다는 것이다. 따라서 대통령제의 원래 모습인 군림하는 대통령이 아닌 책임지는 대통령제 문화를 만들고 그 책임이 분산되지 않게 총리제를 폐지하거나 사문화시키고 부통령제를 신설시키는 방안도 동시에 생각해 볼 수 있을 것이다.

(3) 대통령의 리더십 개선과 분점정부 모델의 논의

그러나 그러한 국무총리제 폐지론은 논리적으로 일리는 있으나 반드시 옳은 것은 아니다. 역시 헌법상 국무총리의 국무위원 임명제청권이나 해임건의권은 의원내각제 요소로써 미약하나마 대통령의 권한행사에 대한 견제적 기능과 국무총리제가 각부 장관을 조정·통합시키는 데 유효한 수단이 될 수도 있다고 본다. 더욱이 앞서 본 바와 같이(Ⅲ. 2.) 총리의 역할을 대통령제의 효율성을 극대화시키는 전략으로 활용하는 경우에는 총리의 그러한 권한은 큰 의미를 갖을 수 있는 것이다. 그러나 그러한 모든 것은 대통령이 민주적 리더십을 발휘할 때에만 가능하다는 것이다. 대통령의 민주적 리더십 하에서만 국무총리는 큰 역할을 수행할 수 있으며, 심지어 여소야대 국회에서는 야당과 타협하여 현재의 제도로도 이른바 분점정부의 모델이 가능하다고 하겠다. 그렇게 되면 우리 헌법만의 독특한 정부형태가 자리잡을 수 있을 것이다.6)

---

6) 이에 대한 자세한 내용은 앞의 본절 "Ⅲ. 2. 및 제 2 부 권력분립과 정부형태론 제 3 절" 참조.

2. 국무총리 서리제도의 문제점

과거 정권들은 국무총리는 국회의 동의를 얻어 대통령이 임명한다는 헌법조항(제86조)을 무시하고 관행적으로 국회 동의를 얻기 전에 총리서리를 임명하여 총리직무를 수행하게 했던 것7)은 분명히 헌법을 무시한 제왕적 대통령의 병폐로서 잘못된 것이며 법치주의 확립을 위해 시정해야 한다고 본다. 정치적인 이유로 국회의 동의를 제때 얻지 못하고 총리 내정자를 둔 채 잠깐 동안 불가피하게 행정공백을 두는 것은 어쩔 수 없다 하더라도 상당기간 총리서리라는 이름으로 중요한 총리직무를 맡게 하는 것은 명백히 위헌이라고 할 것이다.

이와 관련하여 헌법재판소는 지난 1998년 국무총리 서리의 임명동의안을 둘러싼 대통령과 국회의원들간의 권한쟁의사건에서 국회의원들의 심판청구를 각하한 예가 있다.8) 당시 9인의 헌법재판관 가운데 2인은 국회의원의 당사자적격을 부인했고, 3인은 국회의원의 당사자적격을 부인했으며, 1인은 신임대통령이 새 행정부를 구성해야 하는 예외적 상황에서는 서리임명이 허용이 된다는 견해를 보인 바 있다. 그러나 이 사건 이후 헌법재판소는 종래의 결정을 변경해 국회의원의 당사자적격을 인정했다. 따라서 앞으로 헌법재판소는 국무총리서리제의 위헌성에 대한 심판이 제기되는 경우 본안 판단을 해야 할 입장이다.

특히 총리내정자에 대한 인사청문회까지 있는 상황에서 국회동의 없이 총리서리라는 직함으로 총리역할을 수행하게 하는 것은 있어서는 안 되는 제도이고, 국회가 제 기능을 못한다거나 전 총리의 갑작스런 유고가 발생한 경우에는 총리서리를 임명할 것이 아니라 총리의 권한대행의 순서에 따라 권한대행자를 임명하는 것이 옳다고 하겠다.

그런데 현행 정부조직법 제22조에는 "국무총리가 사고로 직무를 수행할

---

7) 국무총리서리제도는 자유당정권 때인 이승만 정부에서 유래했다고 한다. 당시 헌법은 "국무총리는 대통령이 임명하고 국회의 승인을 얻도록" 규정해 총리서리를 인정할 수 있는 헌법상 근거를 지니고 있었다. 그 후 박정희 군사정권은 1972년 유신헌법에 국무총리는 대통령이 국회의 동의를 얻어 임명토록 개정했다. 이와 같은 규정이 이후에도 존속하고 있는 것이다. 따라서 현행헌법에는 총리서리에 관한 어떤 명문의 근거도 갖지 못하게 된 것이다.

8) 헌재 1998. 7. 14. 98헌라1.

수 없을 때"의 권한대행에 관하여 규정을 하고 있다. 이것은 헌법 제71조에 대통령의 '궐위나 사고시' 대통령의 권한대행을 임명하게 되는 것과는 다르다. 따라서 총리가 없게 되는 사항에서 정부조직법 제22조는 적용되지 않는 것으로 해석될 여지가 있고, 이것이 국무총리서리제도를 존재하게 하는 법적 근거로 기능하고 있다고 할 수도 있다. 이에 대하여는 문구에 얽매인 형식논리적 해석을 하지 말고 '사고'의 의미를 넓게 해석하여 국무총리가 존재하지 않게 된 경우에도 권한대행이 가능하도록 보는 것이 타당하리라 생각한다. 물론 조문을 개정하여 명확하게 권한대행이 이루어지도록 하는 것이 가장 올바른 대책일 것이다. 이러한 노력을 통하여 현재 파행적으로 이루어지고 있는 국무총리서리제도와 임명 부동의로 인한 국정의 파행, 떠밀리기식 국무총리 임명의 관행을 척결해 나아가야 할 것이다.

제 2 절 國務委員과 國務會議

Ⅰ. 國務委員

1. 국무위원의 헌법상 지위

헌법 제87조는 "① 국무위원은 국무총리의 제청으로 대통령이 임명한다. ② 국무위원은 국정에 관하여 대통령을 보좌하며, 국무회의의 구성원으로서 국정을 심의한다. ③ 국무총리는 국무위원의 해임을 대통령에게 건의할 수 있다. ④ 군인은 현역을 면한 후가 아니면 국무위원으로 임명될 수 없다"라고 규정하고 있다.

국무위원은 먼저 국무회의의 구성원으로서 지위를 갖는다. 국무위원은 국무회의의 소집을 요구할 수 있으며(정부조직법 제12조), 그 심의와 의결에 참가할 권한을 갖는다. 이때 국무위원들은 국무회의의 구성원으로서 대통령 및 국무총리와 동등한 지위를 가지며, 관할업무의 한계도 존재하지 않는다. 이 점은 행정각부의 장 등으로 대통령이나 국무총리의 지휘·감독을 받는 경우와 구별된다.

한편 국무위원은 대통령의 보좌기관으로서 국정에 관하여 대통령을 보좌할 권한과 책임이 있다. 또 대통령이 문서로써 하는 국무행위에 부서할 권한과 의무가 있다.

2. 임명과 해임

국무위원은 국무총리의 제청에 의하여 대통령이 임명한다. 문민주의 원칙에 의해서 군인은 현역을 면한 후가 아니면 임명될 수 없다. 또한 국무위원은 국회의원직을 겸직할 수 있다. 헌법 제88조 제 2 항의 규정에 의해서 국무위원의 수는 15인 이상 30인 이하로 구성된다.

국무위원은 국무총리의 해임건의에 의해서 대통령이 자유로이 해임할 수 있다(헌법 제87조 제 3 항). 또한 국회에서 재적과반수가 해임을 대통령에게 건의할 수 있다. 그러나 대통령은 국회의 건의에 구속받지 아니한다. 국회는 국무위원이 직무와 관련하여 헌법이나 법률을 위배하면 탄핵소추를 할 수 있고, 헌법재판소의 탄핵결정에 의해서 파면할 수 있다.

3. 권한 및 의무

국무위원은 우선 대통령이 궐위되거나 사고로 인하여 직무를 수행할 수 없는 때에 국무총리에 이어 법률이 정하는 국무위원의 순으로 대통령의 권한을 대행한다(헌법 제71조; 정부조직법 제26조). 또 일정한 경우 국무총리의 권한 대행권도 갖게 된다. 다음 국무위원은 국무회의의 구성원으로서 국무회의 심의·참여권(정부조직법 제12조 제 3 항; 헌법 제89조 제17호), 부서권(제82조), 국회 출석·발언권(헌법 제62조 제 1 항) 등의 권한을 갖는다.

반면 국무위원은 국회 또는 국회의 위원회의 요구가 있을 경우에는 출석·답변해야 할 의무가 있고, 대통령의 국법상 행위 중에서 자신의 권한사항과 관련하여서는 부서를 하여야 하며, 국회의 해임건의에 따라 대통령이 해임하는 경우 사임하여야 하는 등의 책임을 진다.

Ⅱ. 國務會議

1. 국무회의의 의미

우리 헌법은 제88조에서 "① 국무회의는 정부의 권한에 속하는 중요한 정책을 심의한다. ② 국무회의는 대통령국무총리와 15인 이상 30인 이하의 국무위원으로 구성한다. ③ 대통령은 국무회의의 의장이 되고, 국무총리는 부의장이 된다"라는 규정을 두고 있다.

우리 국무회의와 같은 각료회의는 세계적으로 볼 때 몇 가지 유형으로 구분이 가능하다. 미국형 대통령제의 각료회의 유형과 영국의 의원내각제형의 각료회의로 나누어서 고찰해 볼 수 있다. 미국의 각료회의는 임의적 기구이며, 대통령을 보좌하는 자문기구이다. 임명방식은 상원의 동의를 얻어서 대통령이 임명한다. 각료회의의 심의사항은 대통령의 자유재량에 의한다. 영국의 각료회의는 필수적 기구이며, 의결기관으로서, 그 의결은 의회에 대하여 책임진다. 각료회의의 의결사항은 수상의 자유재량사항이 아니다.

우리나라의 국무회의의 지위변천을 살펴보면 제 1 공화국과 제 2 공화국은 의결기관으로 국무회의의 결정에 구속력이 부여된 시기인데 반해 제 3·4·5·6 공화국은 국무회의 결정에 구속력이 없는 심의기관의 형태로 하였다. 아마도 미국의 자문기구로서의 성격과 영국의 의결기구로서의 성격 중간의 성격을 갖는 기구라고 할 것이다.

2. 국무회의의 헌법상 지위

현행헌법 제89조 규정에 의해서 국무회의는 헌법상 필수기관이다. 국무회의는 헌법상의 기관으로 행정부의 일부분이다. 이에 비하여 미국의 국무회의는 헌법상의 기관이 아니며, 순수한 대통령의 자문기구에 불과하다.

국무회의는 정책심의기관으로 대통령의 중요정책결정시에 보좌하는 기관이다. 국무회의의 결정은 대통령을 법적으로 구속하지 아니하나, 대통령은 헌법 제89조에 규정된 17가지 사항에 해당하는 행위를 하려는 경우 반드시 국무회의의 심의를 거쳐야 한다.

그리고 국무회의는 집행권의 권한사항 중 대통령에 의한 정책결정에 앞서서 행하는 전심적 기관의 성격을 가진 행정부의 최고정책심의기관이다. 이는 ① 대통령도 국무회의의 구성원이 된다는 점과 ② 국가안전보장에 관련되는 대외정책·군사정책과 국내정책의 수립에는 국가안전보장회의의 자문을 거친 후 다시 국무회의에서 심의하도록 한 점, ③ 헌법 제89조에 열거된 사항의 심의와 같은 행정부 내에서의 정책의 심의는 국무회의의 심의를 최종적으로 한다는 점에 의해 근거되고 있다.

국무회의는 독립된 합의제기관으로 대통령·국무총리·국무위원으로 구성되며, 통설에 의할 때 대통령에 소속하는 하급기관이 아니다. 따라서 대통령을 포함한 모든 국무위원은 국무회의 내에서는 법적으로 동등한 지위를 가지며, 대통령의 지휘 또는 명령을 받지 아니한다. 국무회의는 대외적으로 자신의 명의로써 국가의사를 표시할 권한은 없기 때문에 국무회의가 합의제관청을 의미하는 것은 아니다.

3. 구성과 운영

(1) 구   성

헌법 제88조 제2항에 의해서 국무회의는 대통령·국무총리와 15인 이상 30인 이하의 국무위원으로 구성된다. 의장은 대통령이고 부의장은 국무총리이다. 대통령은 국무회의의 의장으로 국무회의를 주재하며, 이는 행정부수반으로서의 권한에 해당한다.

(2) 심의절차와 심의사항

국무회의는 매주 1회 소집하는 정례회의9)와 임시국무회의로 나누어진다. 국무회의는 의장인 대통령이 소집·주재하고 대통령 유고시에는 국무총리가 권한을 대행한다. 국무회의는 과반수의 출석으로 개의하고 출석구성원의 3분의 2 이상의 찬성으로 의결한다.

국무회의의 심의사항은 헌법 제89조 규정에 열거된 사항인데, 동조 제17호에서 기타 대통령·국무총리 또는 국무위원이 제출한 사항에 대하여도 규정하고 있으므로 심의대상에는 사실상 제한이 없다고도 볼 수 있을 것이다. 구체적인 내용은 다음과 같다.

1. 국정의 기본계획과 정부의 일반정책
2. 선전·강화 기타 중요한 대외정책

---

9) "매주 화요일 9시 30분에 열리는 정례 국무회의는 지켜져야 한다. 대통령이 국무회의를 주재하지 않고 장관들의 독대도 허용하지 않으면서 수석비서관으로부터는 수시로 업무보고를 받는다"면 문제라고 지적한다. 성낙인, 대통령 국무회의 중시를 권한다(동아일보 2008. 3. 12). 그는 프랑스 엘리제궁 매주 수요일 대통령 주재 국무회의를 예로 들면서 테이블 돌아가기(tour de table) 등 토론 활성화를 말한다.

3. 헌법개정안·국민투표안·조약안·법률안 및 대통령령안
4. 예산안·결산·국유재산처분의 기본계획·국가의 부담이 될 계약 기
   타 재정에 관한 중요사항
5. 대통령의 긴급명령·긴급재정·경제처분 및 명령 또는 계엄과 그 해제
6. 군사에 관한 중요사항
7. 국회의 임시회 집회의 요구
8. 영전수여
9. 사면·감형과 복권
10. 행정각부간의 권한의 획정
11. 정부안의 권한의 위임 또는 배정에 관한 기본계획
12. 국정처리상황의 평가·분석
13. 행정각부의 중요한 정책의 수립과 조정
14. 정당해산의 제소
15. 정부에 제출 또는 회부된 정부의 정책에 관계되는 청원의 심사
16. 검찰총장·합동참모의장·각군참모총장·국립대학교총장·대사 기타
    법률이 정한 공무원과 국영기업체관리자의 임명
17. 기타 대통령·국무총리 또는 국무위원이 제출한 사항

국무회의의 심의를 거치지 아니한 행위는 무효가 된다는 견해와 국무회
의에서의 심의절차는 적법요건이며, 따라서 심의절차를 거치지 않은 대통령
의 행위가 당연무효가 되는 것은 아니고 다만 탄핵소추의 사유가 될 뿐이라
는 견해가 대립하고 있다.10) 이러한 의견대립은 심의기관이라는 헌법상 용어
의 의미가 무엇인가에 달려 있다고 본다. 심의의 결과에 구속될 필요는 없다
고 하더라도(이른바 비구속설) 반드시 심의는 존재해야 한다는 명령으로 이해
해야 한다고 본다. 따라서 심의를 거치지 않은 행위는 무효라고 해석하는 것
이 타당하다고 생각한다.

---

10) 권영성, 982쪽.

제4장 行政各部와 監査院 및 國民權益委員會

제1절 行政各部의 意味와 行政組織의 改編

I. 行政各部의 意味

지금까지 살펴본 대통령과 국무총리, 국무위원, 국무회의 그리고 이하에서 살필 행정각부는 흔히 정부, 행정부, 집행부 등의 개념으로 표현되고 있다.[1] 그러나 정부 또는 행정부의 의미는 매우 다의적일 수 있으며, 경우에 따라서는 개념적 혼란을 야기하기도 한다. 특히 대통령과 국무회의 등의 활동과 각종 행정실무기관이 담당하고 있는 활동은 상이점이 매우 큰 편이다. 이를 어떻게 정확하게 구별하여 지칭할 수 있을 것인지 문제된다.

이를 위해 정부의 의미를 세분화하여 살펴본다. 최광의의 정부란 국가권력을 행사하는 일체의 통치기구를 말하는 것으로, 입법·사법·행정을 불문한 가장 넓은 의미의 정부를 의미하며, 국가보안법 제1조상의 정부가 이에 해당한다. 반면 광의의 정부란 정부조직법상의 정부를 말하는 것으로, 입법·사법과 비교되는 법을 집행하는 기관을 의미한다(집행부, Regierung + Verwaltung). 협의의 정부란 대통령이나 국무위원 등 정무직 공무원의 정치적 지도행위의 부분을 제외한 직접적이고 구체적인 법집행 업무를 담당하는 기관을 말하는 것이다(행정부, Verwaltung). 최협의의 정부란 '경제주체로서 국가기관'을 의미하는 것으로, 양곡관리법과 예산회계법에 규정된 정부를 말한다.

이하에서 보게 될 현행헌법 제4장 제2절 제3관 이하에서 말하는 행정각부는 직업공무원제에 의한 경력직 공무원들이 주된 구성원이며, 직접적

---

[1] 헌법 제4장의 표제는 "정부"이며, 제1절은 "대통령," 제2절은 "행정부"라는 표제를 달고 있다. 제2절의 제1관은 "국무총리와 국무위원," 제2관은 "국무회의," 제3관은 "행정각부," 제4관은 "감사원"이라는 표제가 붙여져 있다.

이고 구체적인 행정을 담당하는 영역을 말한다. 즉 협의의 정부(행정부)를 말하는 것이다. 보통 국무위원이 동시에 행정각부의 장관이 되는 것이 보통이지만, 해당자의 국무위원으로서의 위상과 행정각부 장관으로서의 위상은 각기 구별되는 것은 이 때문이다.

Ⅱ. 작지만 效率的인 政府

행정부처 특히 중앙 행정부처가 지나치게 비대해지고 많은 예산을 소모하는 것은 바람직하지 않다는 것이 일반적인 견해이다. 그러나 현재의 정부 조직의 경우 필요 없는 각종 위원회가 난립하고 있으며, 이로 인하여 장관 등 고위직 공무원이 필요 이상으로 많은 것으로 알려져 있다. 게다가 많은 부처별 중복업무가 있어서 조직과 예산관리에 허점을 보이고 있다고 한다.

이로 인해 정권이 바뀔 때면 언제나 정부조직의 대폭적 개편이 이루어지곤 한다. 언제나 새로 출범하는 정부는 작은 정부를 주창하지만 현실은 별로 나아지지 않는 것으로 판단된다. 특히 최근에는 대통령과 비서실에 의한 무리하고 획일적인 부처통합이 이루어지고 있어, 업무 체계에 맞지 않는 조직구조가 발생하고 따라서 필요할 때마다 새로운 기구를 만드는 악순환이 보이기도 한다. 결국에는 업무의 효율성만 떨어뜨리고 작은 정부의 이상은 멀어지는 현상이 나타나곤 하는 것이다. 따라서 정부조직의 개편은 특정 부처가 주도하기 보다는 1차적으로 부처별로 개혁안을 제출케 한 뒤 이를 대통령 및 조정을 담당한 기관과 협의해 개편에 착수하는 것이 바람직한 수순이 될 것이다.

그러나 정부의 규모가 작다는 것이 절대 이상이 될 수는 없다. 즉 작지만 효율적이고 필요에 따라서는 강력한 정부조직이어야 한다. 이미 지방자치 시대가 도래한 마당에 중앙정부가 강력한 행정력을 가질 필요성은 적다고 하겠다. 오히려 작지만 효율적인 정부의 이상은 전문성의 확보에 중점이 있다고 하겠다. 각 기관의 공무원의 자질을 높인다거나 개방형 직제를 운영하여 외부 전문가의 참여가 수월해지는 구조를 만들어 나가는 것이 하나의 대안일 수 있다. 또 공무원 사회의 문화, 즉 연공서열에 따른 권위주의적 문화도 시급히 개선되어야 할 것이다. 생산적인 토론과 참여를 통해 각 기관의 전문성이 최고도로 발휘될 수 있는 여건을 만들어 가야 할 것이다.

Ⅲ. 獨立的 業務遂行 保障의 必要性 ―大統領 秘書室의 改革

국정의 실무는 각 정부부처의 장관 중심으로 운영되어야 한다. 직업공무원제를 바탕으로 정치권과 일정한 거리를 두고 독자적이고 전문적인 정부운영이 이루어져야 하는 것이다. 그러나 현실에 있어 이것을 불가능하게 하는 요인 중 대표적인 것은 바로 대통령 비서실 제도이다. 비서실이 모든 것을 좌지우지하는 한국적 상황에서는 장관이 아무것도 할 수 없다는 비판이 제기되고 있다. 행정부 장관은 수석비서관의 수족이 되기 쉽다는 것이다.[2]

정부가 일을 하기 위해서는 대통령 비서실이 장관 위에서 군림하고 정부부처를 통제해서는 안 된다. 오히려 대통령은 각 부 장관의 권위를 최대한 인정해 주어 그 장관이 국민에게 책임을 지고 소신 있게 정책을 수행해 나갈 수 있는 환경을 만들어 주어야 한다. 각 부 장관의 관리·감독, 업무의 조정 등은 1차적으로 국무총리에게 맡기고 대통령은 국정전반에 관한 보다 큰 구상을 하여야 하고 대한민국이라는 오케스트라의 총 지휘자가 되어야 한다. 따라서 비서실은 행정부의 일을 사소한 것까지 모조리 챙기고 간섭할 것이 아니라 대통령의 프로젝트 수행을 보좌하는 대통령의 정책보좌기구로 바뀌어야 한다.

대통령의 지근거리에서 정보를 독점적으로 공급한다는 점도 위험하다. 가까운 비서진이 일정한 편향성을 가진 정보를 계속 대통령의 귀에 넣어주면 대통령은 진실을 모르게 된다. 이것이 비서들의 개인적 출세욕과 맞물릴 경우 위험성은 배가된다.

대통령 비서실이 모든 정책을 만들고 정부의 정책추진을 모조리 감독하며, 사회 각 계층 이익집단의 민원이 대통령 비서실에 몰리도록 하면 대통령은 실패할 수밖에 없다고 본다. 대통령이 감당할 수 있는 범위를 넘기 때문이다. 또 각 행정부처의 업무의 공정성·전문성·효율성을 확보하기 위해서도 대통령 비서실이 모든 업무를 감독하는 시스템은 해체되어야 한다. 대통령은 중점적으로 추진할 프로젝트를 선정하고 비서실은 이러한 전략기획정책업무 중심으로 개혁되어야 할 것이다.

---

2) 이승만 정권에서 대통령의 개인비서에 불과했던 대통령 비서실은 박정희 정권 시절 이후락 비서실장이 취임하면서 최고의 권부가 되었다고 한다.

제2절 行政各部의 長과 정부조직 개편 중요내용

I. 行政各部의 長

1. 임명과 권한

행정각부의 장은 국무위원 중에서 국무총리의 제청에 의해서 대통령이 임명한다(헌법 제94조). 국무총리의 행정각부의 장 임명 관여권 인정은 국무회의에서의 국무총리의 지도적 지위를 강화하고 국무총리와 국무회의의 유기적 관련성을 확보하기 위한 것이다. 행정각부의 장의 해임은 국무총리의 해임건의나 국회재적의원 과반수의 해임건의에 의해서 대통령이 해임할 수 있다. 대통령은 국무총리나 국회의 해임건의에 구속받지 아니한다.

행정각부의 장은 소관사무집행권, 부령에 대한 권한, 소관사무에 대한 정책입안권을 갖는다. 행정각부의 장은 동시에 국무위원이 되므로 국무회의 참석권 등의 권한을 가지게 된다. 하지만 국무위원으로서의 지위와 행정각부의 장의 지위는 구분되는 것이며 성격도 상이하다. 국무위원으로서의 지위와는 달리 각부 장관은 정치적 능력보다는 행정능력, 전문성, 직무의 독립성이 요구되는 지위이다.

2. 지나치게 짧은 장관의 임기와 그 개혁방안

그런데 우리나라의 역대 장관들의 모습은 진정한 행정각부의 장으로서의 역할을 하지 못한 것 같다. 정부 수립 후 역대 장관의 평균 재임기간은 고작 1년 2개월 10일밖에 되지 않는다는 것이 이를 보여주고 있다. 이유는 정권마다 정치적 국면전환이나 민심수습을 위한 전략적 개각이 정권 당 7-9회나 이루어졌기 때문이다. 게다가 장관들의 개인비리 또는 기타 문책 등으로 인하여도 장관은 수시로 교체되었다. 이러한 상황에서 각 부 장관의 전문적·효율적이고 독립적인 활동은 애초에 기대할 수 없다. 이것이 우리나라 대통령제 운영에 가장 큰 문제점이라고 본다. 수시로 교체되니 장관은 권위가 없게 되고 상대적으로 대통령 쪽으로 힘이 쏠리게 되어 '제왕적 대통령'이 되는 것이다. 만약 장관이 유능하고 대통령이 신임하여 대통령 임기와 거의 같게 하게 된다면 분권화는 자연히 이루어질 것이 아니겠는가.3) 이런 맥락에서 장관도 소신 있는 직무수행을 해야 한다. 얼마를 더 하려고 대통령의 눈치를 살피느니보다 하루를 하더라도 국리민복을 위하여 대통령에게 직언하는 떳떳하고 소신 있는 장관을 국민은 소망한다.

장수하는 장관을 만들기 위해서 우선 장관을 잘 뽑아야 한다. 가능하면 대통령의 임기와 같이하는, 대통령이 믿고 맡길 수 있는 인물을 찾기 위하여 청와대는 미리 인사인프라를 구축하여 검증해야 한다. 대통령 스스로 이러한 검증 시스템을 무시하면 안 될 것이다. 한편 장관에 대한 인사청문회를 생각해 볼 수 있다. 물론 절차상 국회 전체 차원에서 청문회를 진행하는 것보다는 해당 상임위를 중심으로 면밀하게 자격을 검증하는 것이 나을 것이다. 까다로운 인사청문회를 거치면 특별한 문제가 없는 한 최소 2년 정도의 임기를 보장해 주는 풍토가 확립되어야 한다. 국회도 장관의 중대한 과실이나 문제가 없는 한 쫓아내기 위한 정치공세를 가능한 자제하는 것이 바람직하다. 이러한 임기보장 풍토가 있어야지 해당 부처의 정책의 일관성, 행정전문성과 책임성이 확보될 수 있다. 중장기적 정책추진보다 단기적 정책과제에만 매달리는 현실도 타개할 수 있다.

아울러 장관 등을 교체할 때 교체사실을 발표하자마자 이·취임식을 하는 관행도 사라져야 한다. 미리 사실을 알려주어 충분한 시간 인수인계를 할 수 있는 여건을 마련해 주어야 한다. 미국의 경우 새로 지명한 장관의 인준절차가 길어지면 지명자를 해당부처에 컨설턴트로 임명해 일정한 보수를 주고 현직 장관의 조언을 들으며 업무를 숙지할 수 있게 한다고 한다. 우리나라도 이러한 제도적 개선을 해야 한다.

---

3) 미국 대통령제의 경우 특별한 사유가 없는 한 장관은 대통령과 임기를 같이한다. 부시 행정부의 경우 파월 국무장관 등 '캐비넷 멤버' 16명 중 재무장관 1명만 교체됐을 뿐 나머지는 조지 부시 대통령과 임기를 같이했다. 클린턴 행정부의 경우 무려 4명의 장관이 8년을 재임했다.

Ⅱ. 政府組織 개편 중요내용

1. 2012. 3. 23. 법개정

(1) 개정이유

국가 성장동력의 양대 핵심 축인 과학기술과 정보통신기술을 창조경제의 원천으로 활용하여 경제부흥을 뒷받침할 수 있도록 정부 조직체계를 재설계하고, 국민생활 전반에 영향을 미치는 안전 관련 업무 기능을 강화하여 국민의 안전을 최우선으로 하는 정부를 구현하는 한편, 각 행정기관 고유의 전문성을 강화하여 행정환경의 변화에 능동적으로 대처할 수 있도록 하는 등 창조적이고 유능한 정부를 구현할 수 있도록 정부기능을 재배치하려는 것임.

(2) 주요내용

가. 대통령의 국가 위기상황 관리기능을 효과적으로 보좌하기 위하여 대통령 밑에 국가안보실을 신설함(안 제15조).

나. 대통령실·국무총리실 및 특임장관으로 분산되었던 정무기능 수행체계를 효율적으로 개편하기 위하여 특임장관을 폐지함.

다. 금융위기 등 급변하는 대내외 경제 환경에 체계적으로 대응하기 위하여 경제분야 정책을 총괄·조정하는 경제부총리제를 도입함(안 제19조).

라. 국무총리의 정책조정 기능을 강화하여 책임총리제를 뒷받침할 수 있도록 국무총리실을 국무조정실과 국무총리비서실로 확대·개편함(안 제20조 및 제21조).

마. 국민생활의 안전을 위하여 식품 및 의약품 안전관리체계를 국무총리 소속의 식품의약품안전처로 일원화함(안 제25조).

바. 과학기술과 정보통신기술 발전을 통하여 일자리를 창출하고, 경제부흥의 기반을 마련할 수 있도록 미래창조과학부를 신설하고, 그 소관업무를 과학기술정책의 수립·총괄·조정·평가, 과학기술의 연구개발·협력·진흥, 과학기술인력 양성, 원자력 연구·개발·생산·이용, 국가정보화 기획·정보보호·정보문화, 방송·통신의 융합·진흥 및 전파관리, 정보통신산업, 우편·우편환 및 우편대체에 관한 사무로 하며, 교육과학기술부는 교육부로 개

편함(안 제28조 및 제29조).

사. 통상교섭의 전문성을 강화하고 국내산업의 대외경쟁력을 제고하기 위하여 외교통상부의 통상교섭 기능을 지식경제부로 이관하고, 그 명칭을 산업통상자원부로 개편함(안 제30조 및 제37조).

아. 국민행복의 필수조건인 국민생활 안전을 책임지는 안전관리 총괄부처로서의 위상과 기능을 강화하기 위하여 행정안전부를 안전행정부로 개편함(안 제34조).

자. 동북아 해양환경 변화에 능동적으로 대응하고 해양·항만정책과 수산정책의 상호 연계를 통해 해양기능의 융합효과를 제고하기 위하여 해양수산부를 신설하고, 농림수산식품부 및 국토해양부를 각각 농림축산식품부 및 국토교통부로 개편함(안 제36조·제42조 및 제43조).

차. 창의와 혁신을 기반으로 하는 다양한 창조기업의 육성·지원 강화를 위하여 중소기업청의 업무영역을 확대함(안 제37조제3항).

2. 2014. 11. 7. 법개정

세월호 사태 이후 '국가대혁신' 차원에서 박근혜 정부가 추진해 온 정부조직법 개정안은 전반적인 국가 재난 시스템을 재정비, 해양경찰청을 해체하고 총리실 산하에 재난 컨트롤타워를 세우는 게 골자다.

우선 총리실 산하에 '국민안전처'를 신설, 해양경찰청과 소방방재청의 주요 기능을 이관해 각각 차관급이 본부장인 해양경비안전본부와 중앙소방본부를 설치한다. 대통령 비서실에는 재난안전비서관을 두도록 했다.

기존 해양경찰청은 해체해 초동 수사 기능을 제외한 수사와 정보 기능은 경찰청으로 넘기고 해양구조·구난과 경비 분야만 해양경비안전본부가 담당한다.

소방방재청 역시 국민안전처 산하 중앙소방본부로 들어간다. 두 본부 모두 외청 존치를 주장한 야당의 요구를 일부 수용, 인사와 예산의 독자성을 유지토록 했다.

안전 주무 부서였던 안전행정부는 핵심 기능인 안전과 인사·조직기능을 분리해 안전업무는 국민안전처로 넘겨 통합하고, 인사와 조직 기능은 총리 소속 인사혁신처를 신설해 담당하도록 한다.

정부의전과 서무, 정부조직관리, 지방자치제도 등 남은 기능만 행정자치

[정부조직도](2014. 11. 7. 17부 5처 16청 2원 5실 6위원회)

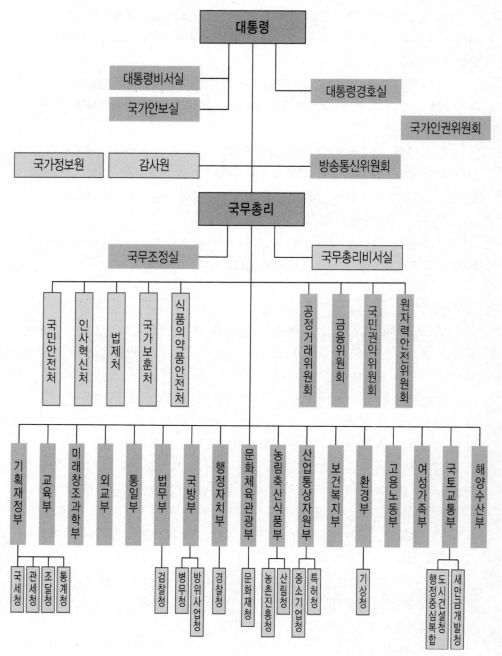

부로 이름을 변경해 계속 남겨놓게 된다.

해양수산부도 해양교통 관제센터를 국민안전처로 넘겨주고 해양산업 육
성과 수산업 보호 기능만 유지한다.

또 교육·사회·문화 부총리를 신설, 교육부 장관이 겸임한다.

제 3 절   監査院改革論

【여 는 글】

한국은 국민총생산(GDP) 세계 12위의 국가이지만 결코 세계 12위의 선진
국은 아니다. 우리가 아무리 개혁에 식상해 있어도 땜질식의 개선으로는 결코
선진국이 되지 못한다. 무엇보다 이 시대가 요구하는 과감하고 근본적인 개혁
이 필요하다. 앞으로 몇 년 내에 바람직한 국가 시스템 구축을 위한 획기적인
개혁을 일궈내지 못한다면 지금 맞이할 절호의 국운상승 기회를 놓치게 된다.
노련하고 안정된 땜질식 개선보다 시행착오와 혼란이 있더라도 지금 하지 않
으면 안 되는 개혁을 해야 한다.

우리 사회가 2007년도에 가까스로 소득 2만 달러를 넘어섰지만 다른 시
스템은 무시한 채 경제 시스템만으로 부자나라가 되겠다는 발상을 한다면 너
무나 어리석다. 정치·경제·행정·사회·문화 등 제반 국가 시스템이 모두
바람직하게 구축되고 작동되면 소득 3만 달러도 가능하다. 바람직한 국가 시스
템을 위해서는 무엇보다 감사원이 제 기능을 수행하여 큰 역할을 하여야 한다.

바람직한 시스템의 가장 큰 특징은 스스로 오류를 발견하고 시정하는 것
이다. 감사는 공공부문에서 문제를 발견하고 해결책을 제시하는 백혈구의 역
할, 즉 면역체계의 역할을 수행해야 한다. 사소한 문제의 적발에서 정책과 관
리의 평가로 전환해야 한다. 1백만원짜리 영수증의 지출 적법성을 따지는 회
계감사로는 큰 부패, 구조적 부패, 유착형 부패를 척결하지 못한다. 1천억원짜
리 국가시설이 왜 가동되지 못하고 있는가를 평가함으로써 국민의 세금을 효
율적으로 사용할 수 있는 것이다. 직무감찰도 대인감찰보다 행정사무감찰을
우선시해야 한다. 10만원의 뇌물 수령을 처벌하는 대인감찰 못지않게 1백억

원을 낭비하는 제도적 모순을 평가하는 행정사무감찰도 중요하다.

이제 과거의 회계감사와 직무감찰에서 탈피 보다 격이 높은 회계감사와 직무감찰을 실시해야 한다. 전통적인 회계감사와 직무감찰은 각 부처의 내부 감사부처에서 1차적으로 수행하고, 감사원은 내부감사를 간접 통제하고 평가에 전력하는 역할 분담이 필요하다. 6백명의 감사 직원으로 수만 개의 감사대상 기관을 직접 감사하겠다는 것은 직무를 유기하는 것이나 마찬가지다.

한국사회의 문제점은 서로 난마처럼 얽혀 있기 때문에 하나의 증상에만 집중해서는 결코 문제를 해결하지 못한다. 감사원은 정부의 문제점을 총체적인 시각에서 구조적으로 진단하고 해결책을 제시하는 데 소홀했다. 이제 보다 큰 문제를 보다 큰 시각에서 해결하는 큰 감사원이 돼야 한다.

감사원은 국정 시스템을 총체적으로 진단·평가하고 대안을 제시하는 문제 해결자와 국정 컨설턴트의 역할을 수행해야 한다. IMF 위기와 같은 국가 위기가 닥쳐오는 데도 조기 경보 시스템이 결여돼 속수무책인 상황이 또다시 재연돼서는 안 된다. 어떤 사업에 더 많은 예산을 투입하고 어떤 사업은 폐기해야 하는지 판단해야 한다. 억울한 민원인과 범법자를 양산하는 제도와 법규를 찾아내야 한다. 반복되는 오류의 근원을 파악하지 않고 적발과 처벌에만 급급해서는 안 된다. 예산이 낭비되고 사업이 실패할 때 누구에게 책임을 물어야 하는지 평가해야 한다. 부처의 문제를 같이 해결하려 하지 않고 문제를 문제 삼아 부처의 창의성과 열정을 가로막아서는 안 된다.

정책과 관리의 평가는 평가자의 주관적 개입 문제가 있기 때문에 평가 결과의 무조건 수용을 강요하지 않는 컨설팅을 해야 한다. 평가자의 전문성을 확보하기 위한 획기적인 인적 교류와 채용 방법도 필요하다. 선진국의 감사원은 제3자의 객관적 평가가 필요한 모든 지적작업을 수행하는 연구기관으로 변모했다. 심지어 과거의 평가만이 아니라 현재를 분석하고 미래를 예측하는 역할까지 수행하고 있다. 우리도 공무원의 사고와 행동에 가장 결정적인 영향을 미치는 감사를 바꿔야만 스스로 오류를 시정하는 바람직한 국가 시스템을 구축할 수 있다.

I. 現行憲法上 監査院의 地位와 構成

1. 감사원의 의의

우리 헌법은 행정부를 규정하면서 제97조 이하에서 감사원에 관한 규정을 두고 있다. 제97조는 "국가의 세입·세출의 결산, 국가 및 법률이 정한 단체의 회계검사와 행정기관 및 공무원의 직무에 관한 감찰을 하기 위하여 대통령 소속하에 감사원을 둔다"라고 하고 있으며, 제98조는 감사원의 구성과 원장, 감사위원들의 선임방법 등에 관하여 정하고 있다. 제99조는 "감사원은 세입·세출의 결산을 매년 검사하여 대통령과 차연도국회에 그 결과를 보고하여야 한다"라고 하고 있으며 제100조는 "감사원의 조직·직무범위·감사위원의 자격·감사대상공무원의 범위 기타 필요한 사항은 법률로 정한다"라고 하고 있다.

제 3 공화국헌법은 이전에 직무감찰권을 가졌던 감찰위원회와 회계검사권을 가졌던 심계원을 통합하여 감사원을 두었다. 제 4 공화국헌법은 국회의 국정감사권을 없애고 감사원을 활용하는 방안을 채택했으며 제 5 공화국헌법도 이와 같은 태도를 취하였다. 현행헌법은 국회의 국정감사권을 부활시키면서도 감사원제도는 그대로 존치하고 있는 모습이다.

감사원은 대통령 소속하의 헌법상 기관이라고 할 수 있다. 그런데 감사원은 대통령 소속하에 있는 여러 행정조직과는 다른 특성을 갖는 것으로 종래 해석되어 오고 있다. 즉 국가원수로서의 대통령에 소속되어 있는 기관이라고 보는 것이다.[4] 또 감사원의 임명에는 국회의 동의를 요하며, 세입·세출의 결산을 매년 검사하여 대통령과 차년도 국회에 그 결과를 보고하도록 하고 있다는 점에 비추어 감사원이 입법부와 행정부 어느 한편에도 속하지 않는 독립기관으로 해석되기도 한다.

2. 감사원의 구성과 권한

감사원은 원장을 포함한 5인 이상 11인 이하의 감사위원으로 구성되는 합의제 기관이다. 감사원장은 대통령이 국회의 동의를 얻어 임명하게 되어

---

4) 김철수, 1191쪽.

있다. 또 감사위원은 원장의 제청으로 대통령이 임명한다. 합의제로 한 까닭에 감사업무에 관한 한 감사원장과 감사위원은 동등한 지위에 있다고 할 것인데, 감사원장에게는 감사위원임명제청권이 부여되어 있기 때문에 사실상 평등한 합의는 어려울 것으로 보인다.

감사원장과 감사위원의 임기는 모두 4년이며 1차에 한하여 중임할 수 있다. 감사위원은 탄핵결정이나 금고 이상의 형의 선고를 받았을 때나 장기의 심신쇠약으로 직무를 수행할 수 없게 된 때에 해당되는 경우가 아니면 그 의사에 반하여 면직되지 않는다. 또 감사위원은 일정한 공직이나 보수를 받는 직을 겸할 수 없고 정당에 가입하거나 정치운동에 관여해서는 안 된다. 이상의 모든 사항이 바로 감사원의 독립성과 중립성을 유지하기 위한 고민에서 나온 것이라고 하겠다.

감사원은 결산감사권과 행정기관 및 공무원의 직무에 대한 감찰권이라는 두 가지 핵심적인 권한을 가지고 있다. 감사원은 먼저 세입·세출의 결산을 매년 검사하여 대통령과 차년도 국회에 그 결과를 보고하도록 하고 있다. 국회에의 결산보고의무가 행정부에게 주어져 있는 것이 아니고 감사원에게 부과되어 있다는 점은 특이한 점이라고 할 것이다. 한편 감사원은 공무원의 비위감찰뿐만 아니라 적극적으로 행정관리의 개선을 도모하기 위한 행정감찰권까지 가지고 있다. 그러나 행정감찰권에 의한 부당한 행정간섭을 막기 위하여 행정정책에의 관여는 법이 금지하고 있다(감사원법 제34조 제 1 항).

행정기관 및 공무원의 직무감찰결과 비위 사실이 적발되면 임명권자에게 징계를 요구할 수 있다(동법 제32조 제 1 항). 그 밖에도 변상책임자유무의 판단, 시정 등의 요구, 기타 수사기관에의 고발 등의 사후처리 권한을 가지고 있다.

Ⅱ. 監査院의 會計檢査權 國會移管論爭

1. 논쟁의 발단

최근 감사원의 핵심적 권한이라고 할 수 있는 회계검사 기능을 국회로 이관하는 문제가 논쟁의 대상이 되고 있다. 이것은 국회의 정책활동 역량의 강화 및 대통령에게 집중된 권력의 분산 등의 명목으로 주장된 것인데, 감사

원의 헌법상 지위, 감사기능의 독립성, 국회의 권한과 기능 등의 문제와 관련
하여 격론이 벌어지고 있다.

감사를 담당하고 있는 기구의 위상과 관련해서 크게 독립기관형·입법부
형·행정부형의 유형이 있다고 소개되고 있다.5) 이 중 독립기관형이 대다수
이고 다음으로 입법부형이 많다고 한다. 이렇게 독립기관형과 입법부형이 많
은 까닭은 감사기능 중 핵심이라고 할 수 있는 회계검사기능이라는 것이 예
산의 집행책임을 맡고 있는 행정부 등의 기관과 독립될 것이 요청된다는 점
과 국민의 세금으로 구성된 국가의 예산에 대한 회계검사는 국민의 대의기관
인 의회의 재정통제권의 하나라는 점에 근거한 것이라고 하겠다.

회계검사권의 국회이관 논의는 어느 기관이 감사권을 주로 담당해야 하
는가의 논의와 연결되어 있다. 물론 어느 제도를 선택할 것인가의 문제는 제
도 자체의 문제라고 하기보다는 각국의 정치·사회·문화적 환경과 역사적
배경에 의하여 결정되는 바가 크다고 하겠다. 그럼에도 불구하고 현행 제도
의 반성과 개선방안의 모색은 언제나 요구되는 것이므로 제도의 장단점을 분
석해 보는 것은 여전히 의미가 있다.

2. 입법부형과 독립기관형의 장·단점

먼저 입법부형은 첫째 국회가 예산의 집행에 대한 회계검사권을 행사함
으로써 국회의 재정통제기능이 보다 실질화된다는 점, 둘째 전문성을 갖춘
감사원이 국회에 소속됨으로써 국회 또는 국회의원들의 입법활동 등 각종 국
회활동에 있어서 시너지 효과를 가져올 수 있다는 점, 셋째 민주화가 진전됨
에 따라 국회의 역할이 갈수록 중요해지고 그 국정에 있어서의 비중도 막중
해질 것이므로 감사원이 국회에 소속됨으로써 국회의 지원과 나아가 여론의
지원을 배경으로 하여 강력한 행정부에 대한 회계검사기능을 실효성 있게 수
행할 수 있다는 점 등이 장점으로 제시된다.6)

---

5) 함인선, "감사원의 위상 및 기능의 재정립에 대한 검토, 감사원의 독립성," 정치적 중립
   성 및 전문성 확보방안 공개토론회 자료집, 2003, 12쪽 이하.
6) 입법부형의 대표적인 것으로 미국의 회계감사국(GAO-General Accounting Office)이 있다.
   우리나라의 감사원에 해당하며 연방정부의 책임성을 강화하기 위하여 감사, 평가 및 조사
   를 수행하는 의회산하기관이다. GAO는 정부의 정책과 프로그램이 얼마나 잘 수행되고 있
   는지 평가, 연방재원이 효율적으로 지출되는지 기관의 운영 감사, 법률적 결정 및 의견제
   공 등의 일을 한다. 이들은 연방정부의 전반적인 활동을 검토하여 매년 1,000건 이상의 보

반면 단점으로는 첫째 국회의 구성원인 국회의원들이 소속정당 및 지역 유권자들로부터 자유롭지 못한 것을 감안하여 볼 때 공정하고 객관적인 회계 검사기능을 수행하기 위하여 요청되는 감사원의 정치적 중립성과 독립성을 저해할 수 있다는 점, 둘째 권력의 중요한 한 축인 국회에 권력의 또 다른 축인 행정부 등에 대한 회계검사기능을 부여하는 것은 헌법상의 권력분립의 원칙에 위배될 우려가 크다는 점, 셋째 현재의 국회의 수준 및 정치문화가 감사원을 국회에 이관한 경우에 공정한 회계검사기능의 수행을 보장하기 어렵다는 점 등을 들 수 있다.

독립기관형은 첫째 공정하고 객관적인 회계검사기능의 수행을 위한 감사 원의 정치적 중립성과 독립성을 보장할 수 있다는 점, 둘째 최고회계검사기 관으로서의 감사원의 조직의 연속성이 유지되어 효율적인 회계검사기능의 수 행을 가능하게 한다는 점, 셋째 성과검사를 포함하여 회계검사기능에 감사원 의 능력을 집중하게 함으로써 전문성의 제고와 함께 예산집행의 경제성·효 율성·효과성을 담보할 수 있다는 점 등의 장점을 생각해 볼 수 있다.

단점으로는 어느 조직체계에도 속하지 못하기 때문에 실효성 있고 강력 한 직무수행이 가능하지 못하게 된다는 점, 독립기관으로 설립된다고 하더라 도 직무수행에 대한 정치적 영향력이 완전히 배제되지는 못하며 오히려 암암 리에 간섭이 더 많아질 위험도 있다는 점 등이 제시되고 있다.[7]

3. 현행헌법상 회계검사권의 귀속주체

일단 현행헌법을 개정하기 전에는 감사원 회계검사기능의 완전한 국회이 관은 불가능한 것으로 보인다. 다만 입법부형 회계검사의 장점도 부인할 수 없으므로, 현 단계에서는 현행헌법의 테두리 내에서 국회 결산심의 및 국정 감사·조사의 내실화를 위한 국회의 회계검사기능 보완방안을 강구해 볼 수 있다.[8]

그러나 이러한 개선방안에 대하여도 그 반론이 만만치 않다. 입법부에 의한 회계검사가 권력분립의 기본취지에 위반하며, 감사원과 국회의 병행적

고서를 발행한다. 직원 수가 3,000명에 달하며 정부 각 부처의 예산내역을 철저히 추적· 감사해 의회에 수시로 보고, 행정부 감시의 첨병 역할을 하고 있다.
7) 이상의 논의에 대하여 함인선, 앞의 논문, 13-14쪽 참조.
8) 이와 관련된 논의는 "제 4 부 국회개혁론" 제 4 장 제 2 절 참조.

회계검사는 실효성도 기대할 수 없다는 비판이다. 사실 현재의 국회의 실정을 볼 때 객관성과 공정성을 핵심으로 하는 회계검사기능이 국회로 이관될 경우 위험한 사태에 직면할 수 있다는 예상이 가능하다. 즉 의회의 정쟁에 회계검사기능이 오용되거나 그 운영의 효율성이 떨어진다면 결코 바람직하지 못한 상황에 직면할 것이기 때문이다. 따라서 현재로서는 대통령이라는 최고권력의 보호를 받으면서 나름대로의 독립성을 향유하고 있는 감사원의 지위가 최선이라고 할 수 있다. 회계검사권의 국회이관은 그 취지에도 불구하고 득보다는 실이 많아질 위험이 있다.

그렇다고 현재의 감사원의 회계검사기능으로 충분하다는 의미는 아니다. 현재 감사원제도는 그 자체로 몇 가지 핵심적인 문제점을 안고 있다고 생각한다. 결국 이 문제의 해결은 회계검사권을 주고받는 차원이 아니라 감사원의 지위에 대한 원론적 재검토의 차원에서 진행되어야 한다고 본다. 궁극적으로는 국가 전체의 회계검사의 독립성을 제고시키고 효율성을 극대화시킬 수 있는 최선의 방안을 모색하는 논의가 요청된다.

Ⅲ. 監査院의 獨立性, 政治的 中立性, 專門性 確保方案

1. 감사원의 지위에 대한 재고 필요성

앞서 살핀 대로 현행헌법상 감사원이 대통령의 직속 기구로 편입되어 있는 것은 제4공화국에서 국회의 국정감사권을 폐지한 것과 밀접한 관련이 있다. 즉 대통령의 권한강화와 국회의 권한축소의 방안으로 모색되었던 것이다. 현재의 해석론도 감사원의 헌법상 지위를 대통령의 국가원수로서의 지위의 발현이라고 파악하고 있다는 점도 이를 뒷받침해 주고 있다. 만약 감사원을 3권분립에 있어서 행정부의 범위에 속하는 것으로 이해한다면 스스로 활동하고 스스로 감사하는 자체감사에 불과하게 될 것이다. 그렇다면 구태여 헌법이 헌법기관으로서 국정전반의 가장 핵심적인 감사기구로 감사원을 규정하고 있는 취지가 이해가 되지 않을 것이다. 그렇다고 대통령의 3권 위에 군림하는 이른바 국가원수로서의 지위에 속하는 것으로 이해한다면 대통령을 신격화하고 이른바 제왕적 대통령제를 유지시키는 부적합한 지위에 있는 것이라고 보아야 할 것이다.

물론 현행헌법하에서는 감사원이 대통령 소속하의 기관에 있기 때문에 대통령의 권력을 바탕으로 강력한 감사기능을 수행할 수 있으며 행정부와 밀접한 관련을 맺고 있으므로 더욱 밀착하여 면밀한 감사기능을 수행할 수 있다는 장점을 부인할 수는 없다. 하지만 헌법상 규정된 최고의 감사기관은 우선 대통령과 행정부에서 독립하여 객관적이고 공정하게 감사를 수행하고 궁극적으로는 국민의 알 권리를 충족시킬 수 있는 제도여야 한다. 헌법상 최고 감사기관이 대통령의 권력에 기대어 감사를 수행한다는 것 자체가 권력분립의 원칙상 부적합하며, 감사의 효율성 문제는 오히려 부차적인 것이라고 보아야 할 것이다. 효율적인 감사가 필요하다면 행정부 내부의 감사제도를 설치하고 의욕적으로 운영하면 될 것이기 때문이다.

2. 감사원제도의 개혁방안

현행 감사원 제도를 개선하기 위하여 고려해야 할 사항이 있다. 첫째 감사기능은 독립적으로 수행되어야 하고 공정해야 한다. 따라서 아무리 공정성이 담보되는 것처럼 보인다 하더라도 현재와 같이 대통령 직속기관으로 감사원이 남아 있는 것은 바람직하지 않다. 따라서 향후 헌법개정이 논의될 때 이를 수정해야 한다.

둘째 감사기능의 독립성은 정치적 영향력 또는 당쟁의 희생물이 되어서는 안 된다. 따라서 현재와 같은 정치현실에서 회계검사권만을 국회에 이관한다는 것은 자칫 무모한 실험이 될 수 있다. 향후 개정작업에서 감사원을 조직상 그리고 인적 구성상 독립기관으로서 구성하는 것이 바람직할 것이다. 물론 감사원의 인적 구성을 선거로 하는 것은 바람직하지 못하다. 결국 임명권자가 필요할 것이다. 다만 임명에 있어서도 현재 대법원이나 헌법재판소와 같이 입법·행정·사법부의 합동행위로 구성하게 하는 것은 바람직하지 않다. 이는 대통령 또는 정부여당에 지나친 권한을 주는 폐해를 야기하기 때문이다. 차라리 순수하게 국회의 의석비율에 따라 임명하게 함이 타당할 것이다.

세 번째로 유념해야 할 것은 국정 특히 행정부에 대한 통제를 하는 일차적 기관은 국민의 대표기관인 국회라는 점이다. 그러나 현재 국회의 국정통제기능은 말 그대로 형해화되어 있다. 형식적이고 부작용만 양산하는 국정감사, 열리기조차 어려운 국정조사가 제도적인 행정부 통제방식의 대부분이다. 따라서 향후 국정감사를 폐지하고 국정조사권을 활성화시키는 것이 바람직하다는 전제에서 상시적이고 제도적으로 행정부를 통제할 수 있는 능력이 요청된다. 물론 감사원의 기능이 정쟁의 희생양이 되어서는 안 된다는 점에서 국회에 감사기능 전부를 넘겨주는 방식은 적합하지 않다. 그럼에도 불구하고 감사원이 독립기관으로서 구성된다면 국회와 적어도 기능적으로는 밀접한 관련을 맺어야 한다. 즉 국회에 충분한 자료를 제공하여 행정부 통제기능을 적극적으로 수행하게 할 수 있는 기능적 협력관계가 만들어져야 할 것이다.

제 4 절   國民權益委員會

I. 出帆과 組織構成

정부와 관련한 억울한 일이나 힘든 일을 한 곳에서 처리해 주는 '국민권익위원회'가 2008년 2월 29일부터 국무총리 소속으로 새롭게 출범했다. 지난 26일 국회를 통과한 '부패방지 및 국민권익위원회 설치에 관한 법률'이 이날 공포되어 시행에 들어갔기 때문이다. 국민권익위원회는 기존의 국민고충처리위원회와 국가청렴위원회, 국무총리 행정심판위원회 등의 기능을 합쳐 새롭게 탄생했다. 이에 따라 그동안 개별기관에서 별도로 이루어지던 국민고충처리위원회의 국민 권리구제업무와 국가청렴위의 국가청렴도 향상을 위한 활동, 행정심판위의 행정과 관련한 쟁송업무 등이 한곳에서 처리하게 되었다. 업무처리를 위해 해당기관을 일일이 찾아다니던 불편을 겪지 않도록 원스톱 서비스체제를 마련한 것이다. 새로운 조직의 출범에 따라 권익위는 앞으로 ① 고충민원의 처리와 이와 관련된 불합리한 행정제도 개선, ② 공직사회 부패 예방ㆍ부패행위 규제를 통한 청렴한 공직 및 사회풍토 확립, ③ 행정청의 위법ㆍ부당한 처분으로부터 국민의 권리를 보호하고 행정의 적정한 운영을 위한 업무를 모두 맡게 되었다. 권익위는 위원장을 포함한 15명의 위원(부위원장 3명과 상임위원 3명을 포함)으로 구성된다. 위원장은 장관급이며, 부위원장 3명은 차관급이다. 이 중 부위원장 1명이 사무처장을 겸직한다. 부위원장 3

명은 각각 고충민원 처리 업무, 부패방지 업무, 행정심판위원회의 운영 업무를 나누어 맡는다. 나머지 9명은 비상임위원인데, 이 중 국회와 대법원장이 각각 1명씩 추천하게 된다. 사무처장 밑에는 공통업무를 총괄하는 기획조정실을 두어 인사 감사 등의 공통업무를 맡는다. 또 고충처리부와 부패방지부, 행정심판부 등을 두어 기존의 국민고충처리위원회 업무와 국가청렴위 업무, 행정심판위 업무 등을 수행한다.

II. 腐敗의 實態와 腐敗防止의 意味

1. 한국의 부패실태

부정과 부패만큼 우리 사회를 짓누르고 있는 해악도 없을 것이다. 부정부패를 추방해야 한다는 구호는 그동안 그 누구도 부인할 수 없는 우리나라의 최대 과제 중 하나였다. 그럼에도 불구하고 부패의 사슬은 날로 심화되어 왔으며, 그 피해는 정치·경제를 비롯한 모든 사회영역에 미치고 있다.

우리나라의 부패에 대해서는 외국에서의 평가도 매우 비판적이다. 예컨대 2010년 10월 베를린 소재 비정부기구(NGO)인 국제투명성기구(TI)가 전 세계에 발표한 국가별 부패인식지수(CPI, Corruption Perceptions Index)에서 우리나라는 2009년에 이어 180개국 중 39위를 기록했다. 10점 만점 기준으로는 2009년 수준(5.5)과 비슷한 5.4점으로 답보상태를 나타낸 것이다. 한편 과거 자료를 보면 2002년 부패인식지수 조사에서 한국은 102개국 중 40위였는데, 2003년에는 133개국 중 50위로 밀려난 적도 있었다. 어떻든 국가 경제력이나 위상에 비해 청렴성은 크게 뒤떨어지고 있는 것으로 평가되고 있는 것이다. 이에 대해 국민권익위원회 측은 객관적인 부패 총량의 증가에 있다기보다는 청렴 선진국으로의 도약을 위한 반부패 드라이브 과정에서 과거 부패 친화적인 관행과 부정적인 측면이 많이 노출된 데다 높아진 국민들의 청렴의식 수준과의 괴리로 인해 저평가된 것으로 분석하고 있다.[9]

2. 헌법적 요청으로서 부패방지

종래 부패방지의 문제는 주로 형법의 뇌물죄와 관련하여 또는 국가경쟁

---

9) 조선일보, 2010년 10월 26일자 「편집자에게」 "국가청렴도 39위라는 성적표를 받고" 참조.

력강화 등 경제정책과 관련하여 제기되곤 했다. 그러나 이러한 접근은 미시적 고찰에 불과했다고 하겠으며, 국가 법질서 전체 내지는 헌법에 비추어 그 의미가 무엇인지에 대한 고민은 많지 않았던 것으로 보인다. 이하에서는 부패방지의 헌법적 의미가 무엇인지 시론적으로나마 살펴보기로 한다.

우리 헌법은 민주주의라는 기본원리를 전제로 하고 있다. 현행헌법상 민주주의는 대의제를 중심으로 국민의 민주적 선거에 의한 대표 선출, 그에 대한 민주적 통제, 이러한 과정을 통한 민주적 의사형성을 핵심내용으로 한다. 부패가 만연하여 이러한 의사형성의 흐름이 끊기거나 왜곡된다면 민주헌법의 위상은 무너지게 된다.

한편 우리 헌법은 국가질서의 근간이 되는 제도로서 공무원제도를 규정하고 있다. 부패의 고리에는 늘 공직자의 비리가 개입하고 있다. 만약 공무원이 공평무사의 공직윤리를 저버리게 된다면 공직사회뿐만 아니라 우리 헌법질서 전반이 흔들리게 되는 것은 명약관화한 일이다. 부패방지를 통한 공무원의 공직윤리 확립은 헌법상 시급히 요청되는 과제인 것이다.

아울러 우리 헌법은 사회적 시장경제질서를 규정하고 있다. 이것은 시장에서의 자유롭고 공정한 경쟁을 최소한의 전제로 삼는 질서이다. 즉 무분별하고 무차별한 경쟁지상주의를 전제로 하고 있는 것이 아니다. 뇌물과 담합 등으로 얼룩진 불공정 경쟁의 분위기에서는 사회적 시장경제질서의 이상적인 모습은 절대로 실현될 수 없다. 만약 헌법이 예정하고 있는 사회적 시장경제질서가 무너진다면, 우리 헌법을 지탱하고 있는 토대는 무너지고 말게 된다.

3. 부패방지법제

부패방지와 관련한 법제는 대체로 정치적인 부패방지에 관한 법제와 일반공직자 부패방지와 관련된 법제, 그리고 부패의 척결을 위한 사정체계와 관련된 법제로 나누어 고찰할 수 있다.

먼저 정치적 부패방지 법제에는 공직선거법, 정치자금법, 지방자치법 등이 해당된다. 이러한 법제들은 정치활동의 투명성확보를 최대의 목표로 삼고 있으며, 특히 국회의 통제기능을 통한 공직부패방지를 극대화시키는 전제가 된다. 다음 행정적인 부패방지법제로는 국가공무원법, 지방공무원법, 공직자윤리법, 공무원의청렴유지등을위한행동강령, 국민감사청구·부패행위신고등처리에관한규칙, 비위면직자의취업제한사무운영지침 등 여러 가지가 있다. 부패방지를 위한 사정체계와 관련된 법으로는 부패방지위원회의 설립근거가 되는 부패방지법을 비롯하여, 금융정보분석원의 설립근거가 되는 특정금융거래정보의보고및이용등에관한법률, 기존의 감사원법, 대통령훈령으로서 반부패관계기관협의회규정 등이 존재하고 있다. 기타 형법의 뇌물죄 조항이나 특정범죄가중처벌등에관한법률, 공무원범죄에관한몰수특례법 등도 부패방지와 관련된 법제이다.

특히 부패방지법은 공직자가 직무와 관련하여 그 지위 또는 권한을 남용하거나 법령을 위반하여 자기 또는 제 3 자의 이익을 도모하는 행위, 공공기관의 예산사용, 공공기관 재산의 취득·관리·처분 또는 공공기관을 당사자로 하는 계약의 체결 및 그 이행에 있어서 법령에 위반하여 공공기관에 대하여 재산상 손해를 가하는 행위를 부패행위로 규정하고(제 2 조 제 3 호), 이를 방지하기 위한 시도를 하고 있다. 특히 이 법은 부패방지를 위한 공공기관, 정당, 기업, 국민, 공직자 등의 책무를 규정함으로써(제 3 조-제 7 조) 우리나라의 부패방지를 위한 기본법으로서 자리잡고 있다.

이하에서는 부패방지와 관련된 수많은 법제 중 부패방지법과 그 운영을 담당하는 부패방지위원회를 중심으로 서술하기로 한다.

Ⅲ. 과거 腐敗防止委員會의 憲法的 意味

1. 부패방지법의 제정과 부패방지위원회의 출범

지난 국민의 정부는 대통령 선거 공약으로 공직사회의 부패를 뿌리뽑기 위한 3대 개혁법안 중 하나로 부패방지법을 내걸었다. 각 정당은 부패방지법안에 특별검사제를 도입할 것인가 등의 쟁점을 둘러싸고 논의를 계속해 오다가, 2001년 6월 특검제를 제외한 부패방지법이 제정되었다. 부패방지법은 제 1 조에서 "이 법은 부패의 발생을 예방함과 동시에 부패행위를 효율적으로 규제함으로써 청렴한 공직 및 사회풍토의 확립에 이바지함을 그 목적으로 한다"라고 명시하고 있다.

이렇게 제정된 부패방지법에 따라 부패방지위원회는 2002년 1월 25일 발족하였으며 직무상 독립성을 가진 대통령 소속하의 합의제 국가기관으로서

부패방지에 필요한 법제도 등의 개선과 정책의 수립 시행 등을 담당하기 위해 만들어졌다(제10조).

부패방지위원회의 출범의의는 국가차원의 종합적·중립적인 부패방지대책 중심기구 역할, 고위공직자를 포함한 권력주변 및 권력기관에 대한 견제와 균형 역할, 그리고 우리 역사상 내부고발자 보호·보상제도의 최초 도입 시행 등을 들 수 있겠다.

2. 부패방지위원회의 헌법적 의미

부패방지위원회는 대통령의 소속하에 독립한 위원회이다. 대통령의 소속하에 있고 독립성이 강조된다는 점에서 감사원과 유사한 헌법상 지위를 가진다고 파악할 수 있다. 다만 감사원에 있어서는 감사원장의 임명에만 국회의 동의를 받도록 되어 있음에 반하여 부패방지위원은 대통령이 위촉, 임명하되 9인 중 3인은 국회, 3인은 대법원이 추천하도록 되어 있다는 점에서 차이가 있다.

부패방지위원회가 기존의 국가기관들의 체계에 새롭게 부가된 기관이라는 점에서 다른 여타의 기관과의 관계를 어떻게 설정하는가는 매우 중요한 문제가 된다. 앞서 본 바와 같이 특별검사를 설치하지 않았으며, 법상 수사권·공소권 등이 규정되지 않았다는 점에서 강제력을 가진 수사기관이 아니라는 점은 명백하다. 그리고 다른 국가기관에 대하여 시정명령이 아닌 권고를 할 권한만을 갖는다는 점에 비추어 다른 국가기관의 역할을 보충하고 보완하는 특수한 기관이라고 이해하는 것이 타당하다.[10]

---

10) 졸고, "부패방지위원회의 발전방향," 헌법학연구(제10권, 2004. 12) 참조.

제 5 장　電子政府

제 1 절　序論(전자정부의 실현— 진정한 행정개혁)

　　전자정부(Electronic Government)란 무엇인가? 이 단어가 처음 등장하였을 때, 대다수의 사람들은 전자정부의 의미를 이해하지 못하였다. 오히려 사람들은 기존의 정부시스템 및 기존의 행정서비스와 다른 차이점이 무엇인가에 대해 의문을 가졌다. 사실 현재까지도 기존에 정부가 행하던 행정정보화와 전자정부의 명확한 차이를 이해하고 있는 사람은 드물다. 심지어는 문민정부나 참여정부 또는 국민의 정부와 같이 일종의 정치적 선전 구호로서 '전자정부'를 이해하고 있는 사람들도 있다. 다른 측면에서 보면 전자정부라는 이름으로 강조되고 있는 정부의 정보화 추진은 지금까지 국가정보화, 행정정보화, 혹은 지역정보화라는 명칭을 단지 전자정부라는 이름으로 말하고 있다고 느낄 수도 있다. 하지만 전자정부란 하나의 정치적 선전구호가 아니며 지역정보화나 행정정보화와는 다른 '차별화된' 개념이라고 할 수 있다. 지금까지 전자정부는 단순히 사이버 공간 상에 존재하는 것을 넘어서 실제적 삶의 공간으로 등장하였다. 전자정부는 정보화 사회에 맞춘 정부형태로서 부각되고 있으며, 이러한 전자정부의 기초를 마련하고 시스템을 정비하는 것의 중요성은 행정의 효율성을 높이기 위한 차원을 넘어 정보로 이익과 부가가치를 창출하여 세계경쟁력을 확보할 수 있다는 점에서 매우 크다고 할 수 있다. 그동안 우리나라는 전두환 정부에서 시작한 국가기간전산망사업(1987~1996)을 바탕으로 전자정부의 기본토대를 마련하였다. 이어서 김영삼 정부가 추진한 초고속정보통신망사업, 김대중 정부에서 달성한 11대 전자정부 과제, 마지막으로 노무현 정부의 전자정부 로드맵까지 전자정부의 토대를 구축하기 위하여 피나는 노력을 하였다. 그 결과 지난 20년간 한국의 전자정부는 다른 국가에서 찾아보기 어려울 정도로 많은 성과를 거두었고, 이러한 노력의 결실은 전자정부에도 '한류'의 바람이 불게 하였다.[1]

그러나 일각에서는 전자정부의 등장에 대해 걱정스런 목소리를 내고 있다. 그동안 행정의 신속성과 효율성의 증대라는 측면에서 많은 사람들이 전자정부에 대해서 낙관적인 생각만을 가져온 것은 사실이다. 하지만 지금까지 진전된 전자정부를 면밀히 검토해 보았을 때, 그 현상에서 발생한 문제와 한계로 인한 실망과 우려도 적지 않다. 지금 우리나라가 급격하게 추진하고 있는 전자정부의 실행을 위한 구체적 전략과 프로그램 마련에 있어서 선진국에 비해 낮은 수준을 보여준다. 또한 전자정부의 운영 주체를 둘러싸고 각 정부부처 간에 소모적 갈등이 지속되고 있으며, 기존의 관료들에게서 전자정부에 적응하지 못하는 인식과 행태가 드러나기도 한다. 뿐만 아니라 전자정부로의 변화에 따른 홍보에 지나치게 신경 쓴 나머지 국민에게 진정한 행정서비스를 제공하지 못하는 경우가 발생하고, 전자정부의 구현과정에서 개인정보 유출의 가능성에 대비를 충분히 하지 못하였으며, 국가 전산망의 오작동으로 인한 정부 및 공공기관 활동의 일시적 마비 및 이에 수반되는 국가적 행정마비 사태 등의 위험성을 충분히 인지하고 대비하지 못하였다.

따라서 이하에서는 전자정부가 무엇인지, 전자정부의 법적 기반과 유형 및 세계 각국의 전자정부와 비교하여 우리나라의 전자정부가 나아가야 할 방향은 무엇인지, 전자정부가 가져다 준 혁신과 더 나은 전자정부를 위해서 어떠한 것을 해야 하는가 등에 관하여 알아보겠다.

---

1) 한국은 1948년 8월 15일 건국과 함께 미국의 정부행정시스템을 도입하여 조국 근대화의 기초를 마련했다. 그런데 한국의 차세대 행정시스템(Korea e-Government)이 유엔 전자정부 평가에서 192개국 가운데 1위를 차지해 2010년 6월 23일 전자정부대상을 수상했다. 건국 63년 만의 경사요, 행정시스템 수입국에서 수출국으로 변모하는 역사적 전환점이라 아니할 수 없다. 세계 1위 전자정부 강국의 역량을 바탕으로 대한민국은 유엔과 공동으로 개도국 전자정부 구축을 위한 프로젝트를 다양하게 추진할 것이다. 에콰도르 전자통관시스템 등 2010년 상반기 전자정부 수출액은 7,296만 달러에 이른다. 지난해 수출액 6,670만 달러를 이미 넘어섰다.

제 2 절   電子政府의 內容

I. 전자정부의 의의

1. 전자정부의 입법화와 정의

(1) 전자정부의 입법화

21세기 지식정보화시대를 맞이하여 정보기술(IT)과 정부의 업무 수행 방법의 혁신과의 결합을 통한 정부경쟁력의 향상과 대민서비스의 개선이라는 전자정부의 비전구현을 뒷받침하기 위해 2001년 2월 28일 「전자정부구현을 위한행정업무등의전자화촉진에관한법률」을 제정하게 되었고, 2007년 1월 3일 「전자정부법」이라 개칭하면서 일부 내용을 개정하였다.

(2) 전자정부의 정의

전자정부의 개념에 대하여는 아직까지 국제적으로 합의가 이루어져 있는 상황은 아니다. 세계 여러 나라들이 나름대로 전자정부를 구현하기 위하여 노력하고 있고 해당 국가의 실정에 맞게끔 사업을 추진하고 있다.

2013년 현재 대한민국 전자정부 공식 홈페이지(http://korea.go.kr)의 행정자료실 용어사전에서는 전자정부를 "정보기술을 활용하여 행정업무 혁신과 대국민서비스를 고급화한 지식정보사회형 정부"라고 정의하고 있다.

한편, 2013년 7월 24일 안전행정부에서는 해당 부처에서 설치·운영하는 공공서비스 등록시스템을 통해 한번 신청으로 공공서비스 정보를 통합적으로 제공받을 수 있게 될 전망이며, 정부 3.0 구현을 위하여 「전자정부법」 개정안 입법을 예고했다.

2013년 한국정보화진흥원(NIA)에서는 전자정부를 "다양한 행정서비스를 온라인화하여 언제 어디서나 고객의 접근과 이용이 가능한 서비스형 정부. 첨단 정보통신기술을 활용하여 행정서비스체계를 일원화하고 공개함으로써 정부업무의 생산성과 투명성을 높이고 대민 서비스의 전자적 처리를 가능하게 한다"로 보았다. 또한 이러한 정의 속에서 전자정부의 구현목표는 첫째 국민 지향적 대민 서비스 실현, 둘째 정부와 기업 간 업무처리의 효율성과 투명성 극대화, 셋째 정부행정업무 처리의 생산성과 투명성을 극대화, 넷째 안전하고 신뢰성 있는 정보유통 인프라 구축을 들었다.

마지막으로, 우리나라의 「전자정부법」상 전자정부란 "정보기술을 활용하여 행정기관의 사무를 전자화하여 행정기관 상호간 또는 국민에 대한 행정업무를 효율적으로 수행하는 정부"를 일컫는다(「전자정부법」제2조 제1호).[2] 1990년대 행정개혁의 과정에서 새로운 정부의 특성을 소개하기 위해 작은 정부, 기업가형 정부, 시장 지향적 정부, 네트워크형 정부, 고객 지향적 정부, 지식기반 정부 등 많은 용어가 등장했다. 이와 같은 수사의 맥락에서 전자정부(e-government) 또는 이동성 정부(mobile government)라는 표현이 사용되고 있다.

2. 전자정부의 기본이념과 그 취지

세계 각국에서 논의되는 전자정부는 행정 각 부처 간에 이해를 초월한 정부로서 인터넷이라는 매체를 이용한 투명성(transparent)과 종이 없는(paper-less) 행정이 보장된 정부를 의미한다. 따라서 전자정부는 처음부터 행정개혁을 전제한 개념으로부터 나온 것이다. 각국에서는 1970년대, 1980년대를 통하여 행정 각 기관에 정보시스템의 구축이 진행되었지만 전자정부라는 새로운 개념이 급속히 전파된 것은 1995년 전후부터이다.[3] 그 후 민간에서 인터넷을 활용한 각양각색의 서비스가 등장함과 동시에 네트워크를 통해 국민이나 기업이 사용하기 쉬운 형태로 행정 정보를 공개한다는 정보공개의 개념, 또한 네트워크를 통해 다양하고 질 높은 행정서비스를 제공하는 것에 의해 이용자의 편의성을 높이는 서비스향상의 개념이 확립되었다.

(1) 전자정부의 기본이념

전자정부의 기본이념을 간단히 요약하면 그것은 '정보기술을 이용한 정부혁신'과 '정부가 국민을 정부의 고객으로 이해하는 고객지향적인 열린 정부'라 할 수 있다. 즉 국민을 정보의 고객으로 생각하여 국민의 편에서 여러

---

2) 임지봉, "전자정부의 현황과 입법과제", 인터넷과 법, 한국법제연구원, 2007, 351쪽 이하 참조.
3) 미국의 전자정부(eGovernment) 설립 구상은 2000년 6월 24일 빌 클린턴 대통령이 현재 2만여 개에 달하는 정부 관련 인터넷 사이트를 한데 묶어 '퍼스트고브닷 고브(www.firstgov.gov)'를 만들겠다고 발표하면서 본격화됐다. 임지봉, 미국의 전자정부법제, 한국법제연구원, 2001 참조.

전자적 기술을 이용하여 정부와 국민이 편리한 상호커뮤니케이션을 이룩해 보자는 것이 전자정부 구현의 기본이념 중의 하나이다. 전자 민원서비스 제도도 그러한 '국민편익'과 '국민과 정부 간의 원활한 의사소통'을 위해 도입된 제도인 것이다.4)

그러나 이러한 전자정부의 기본이념, 철학, 이상 또는 비전들은 학술적 연구의 대상이라기보다는 정부문건이나 연구보고서 또는 정책언명에서나 발견할 수 있는 선언적인 성격이 강하다. 따라서 전자정부의 분야에서 해외 각국과는 다른 대한민국의 환경에 걸맞은 전자정부의 기본이념 정립이 필요하다.5)

(2) 법률상 전자정부 구현 시 유념할 원칙

「전자정부법」제2장 "전자정부의 구현 및 운영원칙"에서는 전자정부 구현시 유념해야 할 여러 원칙들에 대하여 자세히 다루고 있다. 즉, 행정기관의 업무처리과정은 그 업무를 처리하는 데 있어 민원인이 부담해야 하는 시간과 노력이 최소화되도록 설계되어야 한다는 '국민편익 중심의 원칙'(제6조), 행정기관은 업무를 전산화하고자 하는 경우 미리 그 업무 및 그 업무와 관련된 업무처리과정 전반을 전자적 처리에 적합하도록 혁신해야 한다는 '업무혁신 선행의 원칙'(제7조), 행정기관의 주요업무는 전자화되어야 하고 전자적 처리가 가능한 업무는 특별한 사유가 있는 경우를 제외하고는 전자적으로 처리되어야 한다는 '전자적 처리의 원칙'(제8조) 등 이 외에도 '행정정보공동이용의 원칙'(제11조), '개인정보보호의 원칙'(제12조), '소프트웨어 중복개발방지의 원칙'(제13조), '기술 개발 및 운영 외주의 원칙'(제14조) 등 9가지 원칙이 있다.

3) 전자정부의 목표

전자정부의 비전은 정보기술을 활용해 국민 위주의 질 높은 행정서비스를 제공하는 지식정보사회형 전자정부를 실현함으로써 지식정보 강국을 구현하는 데 있다. 이러한 비전 달성을 위해 전자정부의 추진 목표를 세 가지로 설정할 수 있다.

첫째, 정부의 고객인 국민을 위해 누구에게나, 언제나, 어디서나 한 번에

---

4) 임지봉, 앞의 논문, 352쪽.
5) 김영삼·최영훈, 21세기 행정패러다임으로서의 전자정부연구의 의미와 과제, 한국행정학회 동계학술대회, 2001, 21쪽.

서비스가 제공되는 정부를 구현한다. 집 안팎에서 24시간 처리가 가능한 전자민원 서비스, 그리고 구비서류의 제출 없이도 한 번만 신청하면 되는 간편한 서비스를 제공하는 것이다.

둘째, 지식정보화 사회에 걸맞게 행정의 생산성이 획기적으로 향상되는 정부를 구현한다. 즉 정부 내 공문서나 자료가 전자적으로 생산·전달되는 종이 없는 행정을 구현하고, 전자화된 행정정보가 각 행정기관 간에 물 흐르듯 유통되는 신속·정확한 행정을 실현하는 것이다. 이는 공공서비스 공급과 정부 조직 관리에서 혁신을 창출하기 위한 기본 토대가 된다.

셋째, 행정정보가 풍부한 정보 네트워크를 통해 국민과 하나가 되는 정부를 구현한다. 정부정보를 전자적으로 생산해 전자적 정보공개를 촉진하고, 인터넷, 키오스크, 전화 등 다양한 매체를 활용해 국민이 정부정보에 쉽게 접근할 수 있도록 함으로써 투명한 '열린 정부'를 구현하는 것이다.6)

II. 전자정부의 유형

1. G2G

G2G(Government to Government)는 가장 기초적인 전자정부의 형태로서 전자정부가 처리하는 업무의 영역이 하나의 정부기관 내의 업무나 기관 간의 업무인 경우를 일컫는다. 정부기관의 업무를 정보통신기술을 통해 처리하는 방식이다. 정부 부처의 모든 업무수행방식을 전산화함으로써 일선 행정의 효율성을 향상시킬 수 있다. 정부 내부 및 정부 부서간의 업무 전산화 작업은 다른 모든 전자정부 유형의 근간이 된다고 할 수 있으므로 가장 먼저 구축되어야 한다.

G2G 전자정부는 서면에서 전자문서, 면대면 결재에서 온라인 결재로의 전환과 같은 기초적인 전산화뿐만 아니라 공무원들의 업무처리 방식을 근본적으로 변화시키기도 한다. 이를 실현하기 위해서는 정보통신기술과 실질적인 업무처리프로세스에 대한 실무적 이해를 접목하여야 한다.

전자문서도입과 업무프로세스의 전환에 그치는 것이 아니라 각 부처 간의 업무프로세스를 연계하고 서로 정보를 공유한다면 행정효율성을 더욱 증

---

6) 이종수·윤영진 외, 새행정학, 대영문화사, 2013, 499쪽.

대시킬 수 있을 것이다.

2. G2C

G2C(Government to Customer)는 국민을 대상으로 정부가 제공하는 행정서비스에 정보통신기술을 적용한 전자정부이다. G2C의 초기에는 단순히 국민의 민원을 온라인상에서 처리해주는 수준에 지나지 않았다. 행정관청을 방문하지 않고 온라인상에서 주민등록등본 등과 같은 필요한 증빙서류를 발급할 수 있도록 하거나 공공요금을 납부할 수 있도록 전산화시스템을 마련한 것을 예로 들 수 있다.

앞서 설명한 G2G 전자정부 역시 정부 내부 또는 부서간의 협력을 통해 국민들에게 보다 나은 행정서비스를 제공하고자 하였으나 전산화작업의 범위가 정부 내부에 한정되어 있었다. 그러나 G2C의 경우 그 전산화의 범위가 국민들에게까지 확대되어 국민 모두가 자신이 원하는 행정서비스를 쉽게 제공받을 수 있도록 접근성을 향상시켰다. 이러한 G2C 전자정부의 구축을 통해 모든 국민이 시간·장소·접근방법에 구애받지 않고 행정서비스를 제공받을 수 있게 된 것이다. 통합민원창구의 역할을 하는 '민원 24'나 정부의 행정에 대한 불만, 제언 등 국민이 행정과정에 참여할 수 있도록 하는 '국민신문고' 등이 대표적인 예라고 할 수 있다.

그러나 G2C 전자정부가 G2G 방식에 비해 효율성이 증대된 것은 사실이나 아직까지 행정서비스를 제공하는 주체 즉 정부를 중심으로 이루어지는 전자정부형태라는 점에서 한계가 있다.

3. G2B

G2B(Government to Business)는 정부와 기업 간의 업무처리방식을 전산화한 전자정부의 형태로서 G2C의 하나의 형태이다. 정부와 기업이 전자상거래를 이용하여 공공업무를 처리하는 방식으로 가장 대표적인 예로는 '나라장터'가 있다.

나라장터는 공공기관과 관련된 모든 공사, 물품, 용역 등의 조달절차를 온라인상에서 처리할 수 있도록 만든 시스템이다. 모든 절차를 나라장터 단일시스템을 통해 처리함으로써 입찰에서부터 대금지불까지 100여종 이상의 업무를 처리할 수 있고 관련된 모든 문서도 온라인으로 제출할 수 있도록 시스템을 구축한 것이다. 발주정보를 공개함으로써 여러 기업인들에게 공급의 기회를 제공하고 공공기관에도 다양한 정보를 제공하여 조달업무의 효율성과 투명성을 증대시킬 수 있다. 예산 절감의 효과와 조달 시간 단축뿐만 아니라 조달과정에서의 비리를 줄일 수 있다는 장점이 있다.

현재는 스마트폰으로도 나라장터에 접근할 수 있도록 시스템을 구축하여 웹사이트에만 의존하던 한계를 극복하였다. 앞으로는 호주나 뉴질랜드처럼 공급업체의 과거실적 등을 평가하여 신뢰성이 검증된 업체들에게 우선계약협상권을 부여하는 등의 방식을 도입, 단순히 객관적인 가격만으로 계약을 하지 않고 각각의 공공기관에 가장 적합하고 효용이 높은 공급을 선택할 수 있도록 하여야 할 것이다.

4. 전자정부 2.0

전자정부 2.0(E-Government 2.0)은 행정서비스 제공자인 정부 중심 전자정부의 형태를 탈피하여 모든 업무를 국민 중심으로 하는 전자정부의 형태이다. 이전처럼 단순히 정부에서 일방적으로 정보나 행정서비스를 국민에게 제공하는 것이 아니라 국민들이 그러한 정보를 활용·개량, 부가가치를 창출하여 다른 국민들에게 제공되고 국민들에 의해 평가가 이루어진다. 수동적으로 정보를 받아들이던 수준에서 국민이 적극적으로 참여하고 그를 통해 정부와 국민간의 소통을 더욱 원활하게 해준다는 점에서 큰 의미가 있다고 할 수 있다.

어느 고등학교 2학년생이 서울시 및 수도권의 버스도착시간을 알려주는 '서울버스'라는 어플을 제작·유포하여 이용자들에게 폭발적인 반응을 얻은 것을 전자정부 2.0의 사례로 들 수 있다.

이러한 전자정부 2.0은 참여, 공유, 소통을 강조하는 웹 2.0의 개념을 전자정부에 적용한 것인데 이를 통해 정부는 국민의 참여를 도모하여 다양한 정책적 조언 및 아이디어를 받아들일 수 있다. 이를 통해 정부와 국민이 상호협력하는 진정한 거버넌스가 실현되는 것이다.

5. 전자정부 3.0

버전별 공공정보 운영 계획[7]

구분	정부 1.0	정부 2.0	정부 3.0
운영방향	정부 중심	국민 중심	국민 개개인 중심
핵심가치	효율성	민주성	확장된 민주성
참여	관주도·동원 방식	제한된 공개·참여	능동적 공개·참여 개방·공유·소통·협력
행정서비스	일방향 제공	양방향 제공	양방향·맞춤형 제공
수단(채널)	직접 방문	인터넷	무선인터넷 스마트 모바일

　　현재 박근혜 정부에서 추진하고 있는 것이 바로 전자정부 3.0이다. 전자정부 2.0이 양방향 행정서비스 제공이라는 획기적인 패러다임을 제시하였으나 정부에서 한정된 정보만 제공하기 때문에 국민이 참여할 수 있는 범위가 한정적이라는 한계가 있었다. 그러나 전자정부 3.0에서는 투명성을 강조하며 정부가 지닌 대부분의 정보를 공개하여 모든 국민들이 쉽게 접근할 수 있도록 하였다.

　　국민이 정책과정에 참여하면 참여할수록 행정의 투명성과 효율성이 제고된다는 것이 전자정부 3.0의 기본적인 전제이다. 가능한 한 많은 정보를 제공하기 위해 공개 문서는 원문까지 사전공개하기로 하였고 국민들의 접근성을 높이기 위하여 공공데이터포털을 통해 모든 공공정보를 제공하고 있다.

　　현재 정부에서는 지방자치단체와 정부부처의 정보만을 공개의 대상으로 하고 있으나 앞으로 각종 위원회와 출연기관도 공공정보를 공개하도록 하여 그 범위를 확대, 매년 1억여 건 이상의 공공정보를 공개할 방침이다. 또한 단순히 정보의 공개뿐만 아니라 행정서비스에 대한 국민들의 끊임없는 피드백을 통해 그 질을 더욱 향상시켜나가는 등 전자정부 3.0은 계속해서 진화하고 있다. 머지않아 공공정보의 활용이 활발한 영국, 호주, 뉴질랜드와 같은

---

7) 창조정부기획과 정부3.0 비전선포식.

선진국과 어깨를 나란히 할 수 있을 것으로 보인다.

6. 대표적인 전자정부 서비스

프랑스의 대표적인 전자정부 포털로는 'Service-Public.fr'이 있다. 이를 통해 원스톱 전자정부 서비스를 제공하고 있다. 이 사이트는 서류와 같은 온라인 양식을 제공하고 공공서비스를 인터넷을 통해서 해결할 수 있도록 해준다.

제 3 절 韓國의 電子政府 基盤과 成功條件

I. 실제적 기반

1. 정보통신기술

(1) 정부 전자 결재

전자 결재는 조직의 운영에 필요한 서류를 컴퓨터로 작성하여 데이터베이스와 통신망을 이용하여 결재하는 기술이다. 현재 우리 정부 내의 대부분의 업무들은 문서 행위를 통해 관리되고 통제되는 것이 일반적인 현상이다. 그러나 기존의 수작업에 의한 대면 결재 시스템은 조직의 규모에 따라 다르기는 하나 결재 단계가 많아지고 복잡해지며 대기 시간이 긴 단점이 있었다. 전자 결재는 문서의 생성으로부터 폐기에 이르는 모든 과정을 자동화시킴으로써 과다한 종이의 사용으로 인한 업무 비용의 증가를 억제하고 결재 대기에 따른 비효율을 감소시키며, 신속한 의사결정을 통한 국민의 요구에 대한 신속한 대응을 가능하게 해준다.

전자 우편과 비교하여 볼 때, 문서의 교환이라는 기능적인 측면에서는 큰 차이가 없으나 전자 우편이 단지 메시지의 전달의 의미만을 갖는 반면에 전자 결재는 메시지 전달과 함께 의사결정 및 결재 업무에 필요한 다양한 기능들이 수반된다.

(2) 정부 전자자료 교환

EDI란 한 부서가 그 업무를 수행하기 위하여 다른 부서와 데이터를 교환할 경우 종이로 된 문서의 직접적인 교환 대신 상호 합의된 또는 표준화된 데이터 형식과 교환 절차에 따라 자기 부서의 컴퓨터에서 타부서의 컴퓨터로 직접 자료를 전송하는 정보교환 방식을 의미한다. 업무처리에 EDI를 도입할 경우 다음과 같은 효과를 얻을 수 있다.

첫째, 타 기관에서 전송한 자료에 대한 재입력 과정의 필요가 없어져 비용과 시간절감의 효과를 가져온다.

둘째, EDI는 종이에 의한 문서처리에 비하여 대외적으로 거래 상대자 또는 고객으로부터 신속하고 정확한 응답을 받을 수 있다.

셋째, 조직 내부적으로 거래 활동을 위한 의사결정, 계획 또는 생산 활동 등의 준비과정에 소요되는 시간을 단축하고 또한 재고투자를 감소시킬 수 있다.

넷째, EDI에 의한 거래는 해당 조직 간에 자금에 관한 정보의 유통시간을 단축함으로써 거래에 참여하는 모든 당사자들이 현금 또는 유동성 자산의 증가를 향유할 수 있다.

마지막으로 조직 내부의 의사결정 과정에 더 신속하고 정확한 거래 자료를 제공함으로써 조직의 의사결정과 정책결정의 질을 향상시킬 수 있다.

(3) 정부 화상회의

화상회의는 참여자들이 회의를 위해 한 장소로 모일 필요 없이 각자 자기의 위치에서 전자 시설을 이용하여 상호 대화를 나눌 수 있게 해준다. 따라서 출장비 등의 업무 비용과 도로에서 허비하는 시간 등을 줄임으로써 업무의 효율성을 높일 수 있다. 우리나라는 정부 제 1 종합청사와 제 2 청사 간 화상회의가 최초로 가동되기 시작하였다. 청와대의 수석실 3군데와 정부청사 23개소에 화상회의가 가능한 시설이 마련되어 있으나 제도적 제약과 문화적 거부감으로 인해 제대로 이용되지 못하고 있는 실정이다.

(4) 정부 정보 키오스크

키오스크는 정부 정보의 제공과 경제적 제약과 지식의 한계로 인해 정보기술에의 접근이 용이하지 않은 국민들을 위한 보편적 접근 보장을 위한 장치이다. 현재 키오스크는 단순한 공공 정보나 문화 정보의 제공 등에 주로 사용되고 있는데, 이를 민원서류의 발급과 민원 경과의 확인 등의 민원 업무에 확대시킬 경우, 서비스 창구의 업무 자동화에 큰 도움이 된다. 이러한 키오스크의 활용이 확대되기 위해서는 외국의 경우에서 보여지듯 여러 기관의 통합적이고 다양한 서비스를 제공할 수 있어야 하며, Touch Screen과 같은 기술의 개선을 통해 사용의 편의성을 높여야 할 것이다.

(5) 정부 정보 보안 기술 네트워크

전자정부가 구현될 경우 정보 보안은 매우 중요한 이슈로 등장할 것으로 전망된다. 이유는 전자정부의 구현이 Network(Internet, WAN, LAL, 초고속정보통신망 등) 기술에 의해 정부의 모든 부처 및 관공서가 거미줄처럼 연결되어 여러 사용자들이 용이하게 정부 Network에 접근하고, 정부 정보를 손쉽게 획득 활용하기 때문에 정부 네트워크뿐만 아니라 정부의 정보 시스템은 보호되어야 될 것이다. 즉 정부의 정보시스템은 악의에 의해 컴퓨터 범죄, 해커의 침입, 우연과실에 의한 사고, 고장 등의 여러 가지 위협들로부터 정부의 중요한 기밀 정보가 침해·유실될 수 있는데, 이러한 위협 요인들로부터 정부의 정보 시스템은 보호되어야 하는 것이다. 원론적으로 정보 보호를 위해서는 시스템이 다루는 정보를 위해 시스템에 대한 위협을 충분히 검토하여 위험 분석을 한 후에 편의성, 비용, 이용 등을 고려하여 보안 대책을 종합적으로 결정하고, 완벽한 정보 보안을 성취하기란 매우 어렵기 때문에 주기적인 점검과 수정 과정을 거쳐야 할 것이다.

2. 자원적 기반

(1) 사물인터넷

모든 사물들이 실시간 웹으로 연결되는 '사물인터넷' 시대가 도래할 것이다. '사물인터넷'(Internet of Things)이란 모든 사물·기기들이 언제, 어디서나 네트워크에 연결되어 상호 정보를 주고받으며 다양한 지능화된 서비스를 제공하는 개념이다.

이때 '사물인터넷'은 언제, 어디서나 원하는 서비스를 즉시에 받을 수 있는 스마트사회의 핵심기반 기술이다.

(2) 클라우드 컴퓨팅

클라우드 컴퓨팅이란 마치 구름처럼 인터넷상에 무형의 상태로 존재하는 H/W, S/W 등의 컴퓨팅 자원을 불러내어 전기를 사용하듯이 IT를 서비스 형태로 공급받는 환경을 의미한다.

클라우드 컴퓨팅 환경을 제공하기 위하여 거대규모의 동적 클라우드 인프라에 대한 수요가 지속적으로 증가할 전망이며, 이를 위하여 세계 유수 기업들이 앞 다투어 클라우드 시장에 진입하고 있다. 이러한 클라우드 컴퓨팅은 다양한 휴대단말기를 활용해 시간과 공간의 제약 없는 업무혁신이 가능해져서, 최근 화두가 되고 있는 '스마트 워크'를 위한 필수 기반을 제공하게 될 것이다.

(3) 상황인식 컴퓨팅

스마트사회에서는 상황과 맥락을 이해하는 똑똑한 서비스 기술이 부각되고 있다. 특히 상황인식 컴퓨팅 기술은 사용자가 처한 위치나 환경 등의 특정 상황을 인지하여 사용자의 요구에 부응하도록 서비스를 제공한다. 스마트사회에서는 컴퓨팅 및 커뮤니케이션 능력을 가진 스마트 객체들이 동적인 환경 변화를 인식하고 이에 적응할 수 있는 상황인식 특성을 갖게 될 것이다.

따라서 사용자 환경을 인식하는 센서와 센서 네트워킹 기술, 상황정보의 표현 및 저장, 전송, 응용을 위한 표준 플랫폼 기술, 그리고 요구사항에 부합하는 다양한 상황인식 응용 서비스 기술 등이 필요하게 될 것이다. 이러한 상황인식, 상황의 특징 추출, 학습, 추론 등의 지능화된 기법을 적용하여 인간 중심의 자율적인 서비스가 가능하게 될 것이다.

(4) IT-Bio 융합기술

'인간수명 연장의 꿈'이 실현되어 감에 따라 정보기기의 편의성에 기반한 바이오 서비스에 대한 수요가 증가하고 있다. 따라서 사용자들이 친숙하게 느끼는 IT기술(단말, 인터페이스, 디스플레이 등)을 기반으로 Bio 서비스(원격의료, 헬스케어 등)를 이용할 수 있다는 점 때문에 BT(Bio Technology) 기반 융합기술은 사용자들에게 많은 관심을 얻고 있다. 이 기술은 생명공학과 타 첨단 기술의 융합을 통해 새로운 제품 및 서비스를 창출하거나 기존 제품의 성능을 비약적으로 향상시키게 될 전망이다.

기술적으로는 바이오정보를 정보기술을 이용하여 추출·분석·저장한다는 개념이며 구체적으로는 생체정보 인터페이스를 통하여 정보기술과 생명공학기술간에 융합을 실현하는 것이다. 이러한 IT-Bio 융합기술은 고령화 등과 맞물려, 의료, 보건·복지 등 다양한 서비스 분야에 활용될 전망이다. 특히 초고속망과 집안의 다양한 컴퓨팅 기기들을 활용한 원격의료 분야 및 지문과 홍채 등 생체 인식기술, 인간의 뇌와 컴퓨터를 연결하는 인터페이스 기술 등의 분야에서 IT와 바이오 기술의 융합을 통해 더욱 많은 애플리케이션이 개발될 것이다.

(5) 증강현실

증강현실(Augmented Reality, AR)은 실제의 환경에 객체 및 정보를 끊김없이 실기하여 혼합한 것으로 가상현실보다 현실감 있게 몰입할 수 있도록 해주는 기술이다. 증강현실 기술을 20년 전만 해도 보잉사에서 항공기 전선을 조립하기 위해 사용하는 전문기술에 속했으나, 이제는 GPS, 디지털센서, 무선통신 등의 기술 발전으로 휴대폰으로도 다양한 증강현실 기술을 이용할 수 있게 되어 국방, 교육, 의료, 게임 등 다양한 부문에서 빠른 속도로 상용화되고 있다.

특히 스마트폰의 등장과 초고속무선인터넷의 활성화로 증강현실이 새로운 모바일 애플리케이션으로 주목받기 시작하였다. 최근에 스마트폰에 장착된 다양한 센서와 기능(카메라, GPS, 초고속 인터넷, 가속도 센서, 디지털 컴퍼스 등)들은 현재 증강현실을 구현하기 위한 최상의 환경을 제공하고 있다. 특히 소셜 네트워킹 서비스와 같은 전통적인 온라인 인맥구축 서비스와 이러닝(e-learning) 등에 활용되기 시작하면서, 가상과 현실의 통합화 현상은 가상현실 및 증강현실을 통해 구체화될 수 있을 것으로 기대되고 있다.

(6) 소셜 네트워크 서비스(Social Networking Service, SNS)

SNS란, 타인과 관계를 맺고, 서로의 의견을 교환할 수 있는 웹기반의 서비스를 의미한다. 2010년 말 기준으로 현재 전세계 SNS 이용자수는 7억명을 넘어서고 있으며 스마트폰 보급률의 증가와 더불어 그 수치는 점차 증가할 것으로 예측된다. 이러한 SNS를 통해서 형성되는 관계망은 기존에 대인이 속한 집단이나 조직, 사회에서의 위치나 지위를 그대로 가져오는 것이 아니라, 모든 사람을 동일하게 수평적 위치에 놓고 자연스럽게 형성된다. 따라서 SNS의 등장은 단순히 인터넷을 기반으로 한 커뮤니케이션 도구라는 개념에서 벗어나 이용자 간의 상호작용을 통해 새로운 삶의 패러다임을 구축했다는 중요한 의미를 가진다.

구체적으로 SNS는 스마트폰, 넷북 등 모바일 기기와 인터넷의 확산을 통하여 블로그, 미니홈피, 트위터 등 새로운 소통방식을 등장시켰고 따라서 소통능력의 확대를 가져오게 되었다. 공공분야에서도 이러한 SNS를 활용하여 소통 및 민원채널로 이용하는 사례가 점차 증가하고 있다.

3. 법적 기반

가. 의   의

행정은 법적 기반이 없이는 업무를 수행할 수 없다. 전자정부의 초기에는 기술적인 부분에만 집중하였기 때문에 법적 근거에 대한 문제 인식이 낮았다. 그러나 빠르게 진행되는 정보화에 따라 행정기관 간 기능을 조정하고, 발전된 제도를 새로 도입하며, 새롭게 나타나는 문제 등을 해결할 필요가 생겼고 이를 위해 법적인 기반이 필요하게 되었다. 우리나라에서 현재 전자정부와 직접적으로 관련된 것으로는 「전자정부법」, 「국가정보화기본법」, 「개인정보보호법」 등이 있다.

나. 「전자정부법」

(1) 정   의

「전자정부법」에서는 전자정부를 "정보기술을 활용하여 행정기관 및 공공기관의 업무를 전자화하여 행정기관 등의 상호 간의 행정업무 및 국민에 대한 행정업무를 효율적으로 수행하는 정부"라고 정의하고 있다. 또한 이 법의 목적은 "행정업무의 전자적 처리를 위한 기본원칙, 절차 및 추진방법 등을 규정함으로써 전자정부를 효율적으로 구현하고, 행정의 생산성, 투명성 및 민주성을 높여 국민의 삶의 질을 향상시키는 것"이라고 규정하고 있다. 즉, 「전자정부법」은 정보기술의 활용을 통해 행정업무를 효율적으로 처리하기 위해 기본원칙이나 절차 및 추진방법 등을 규정하여 궁극적으로 국민의 삶의 질을 향상시키기 위한 것이다.

(2) 「전자정부법」의 원칙

첫째, 대민서비스를 전자적으로 처리하고 민원인의 편익을 중시하도록 하는 대민서비스를 전자화 및 국민편익의 증진을 원칙으로 한다. 둘째, 단순히 전자화하는 것이 아니라 행정업무의 혁신 및 생산성·효율성의 향상을 이루어야 한다. 셋째, 정보시스템의 안전성과 신뢰성을 확보할 수 있어야 한다. 넷째, 개인정보와 관련되는 경우에는 사전에 당사자의 동의를 구하는 등 개인정보 및 사생활의 보호를 원칙으로 한다. 다섯째, 행정정보가 국민에게 이익이 되는 것일 경우 법에 의하여 제한되지 않는 한 이를 공개하고 그를 필요로 하는 다른 행정기관과 공동 이용해야 하며, 다른 행정기관으로부터 정보를 제공받을 수 있는 경우에는 동일한 내용의 정보를 따로 수집하지 못한다는 행정정보의 공개 및 공동이용의 확대 원칙이 있다. 여섯째, 다른 행정정보를 가지고 있는 기관과 연계하여 정보를 공동이용하게 하여 중복적인 투자가 일어나지 않도록 하고 있다. 일곱째, 전자정부를 구현·운영하고 발전을 추진할 때에는 정보기술아키텍처를 기반으로 하여야 한다. 여덟째, 행정기관 등은 특별한 사유가 있는 경우를 제외하고 행정기관간에 공동이용을 통하여 전자적으로 확인할 수 있는 사항을 민원인에게 제출하도록 요구하여서는 안 된다.

(3) 주요 내용

제 2 장에서는 전자정부서비스의 제공 및 활용에 관하여 규정되어 있다. 행정기관에 민원사항 등을 처리할 때 관계법령에서 문서·서면·서류 등으로 처리할 것을 규정하고 있는 경우에도 민원인이 원하는 경우 전자문서로 대체할 수 있고, 민원인이 첨부·제출하여야 하는 구비서류가 전자문서로 발급할 수 있는 문서의 경우에는 직접 관계기관으로부터 발급받아 처리하여야 하며, 전자민원창구를 설치·운영하여 민원인이 해당 기관을 직접 방문하지 아니하고 민원사항 등을 처리할 수 있도록 해야 하는 등 전자적인 민원처리를 위한 규정들이 마련되어 있다. 또한 행정기관 등은 국민의 삶의 질 향상을 위해 전자정부서비스를 지속적으로 발전시켜야 하며, 이용자의 참여기회를 보장하여 이러한 서비스에 적극 반영하여야 하고, 국민이 언제어디서나 행정·교통·복지·환경·재난안전 등의 서비스를 활용할 수 있는 유비쿼터스 전자정

부를 제공해야 하는 등 전자정부서비스의 제공과 이용촉진에 대하여 규정하였다. 여기에서는 민간이 전자정부서비스를 통하여 얻은 정보를 활용할 수 있는 법적인 근거를 마련하였다는 특징이 있다.

제 3 장에서는 행정기관 등의 문서는 특정한 사정이 있지 않는 한 전자문서를 기본으로 하여 작성·발송·접수·보관·보존 및 활용하고, 그 전자문서의 효력을 인정한다. 또한 원격영상회의 등 업무수행이나 원격교육훈련 등의 역할도 할 수 있도록 하였다. 이외에도 불필요한 종이문서의 사용을 줄이기 위한 방안을 마련하도록 되어 있는 등 전자적인 행정관리에 대한 내용이 규정되어 있다.

제 4 장에서는 보유하고 있는 행정정보를 다른 기관들과 공동으로 이용하고, 신뢰할 수 있는 행정정보를 제공받을 수 있는 경우에는 따로 수집하여서는 아니 된다고 규정하고, 동시에 공동이용이 가능한 행정정보를 정하여 행정정보가 효율적으로 관리·이용될 수 있게 하였다. 또한 원활한 공동이용을 위하여 정보를 보유하는 기관과 이를 이용하는 기관을 연계시켜주는 기능을 하는 행정정보 공동이용센터를 둘 수 있도록 하였다.

제 5 장에서는 전자정부의 운영기반 강화에 대한 내용을 언급하고 있다. 정보기술아키텍처를 도입·활용하고 정보통신기술에 적합한 업무를 재설계하고 시행하도록 되어 있으며, 또한 정보자원을 효율적으로 관리하기 위하여 기술평가·표준화하고 통합관리하며 행정기관간 정보통신망을 구축하여 상호운용성을 제고하기 위한 내용을 담고 있다.

다. 「국가정보화기본법」·「개인정보보호법」

「국가정보화기본법」은 1995년 「정보화촉진기본법」으로 제정된 뒤에 2009년 5월에 「국가정보화기본법」으로 법률명이 변경되며 전부개정되었다. 「국가정보화기본법」에서는 국가정보화의 기본 방향과 관련 정책의 수립·추진에 필요한 사항을 규정하여 지속가능한 지식정보사회의 실현에 이바지하고 궁극적으로 국민의 삶의 질을 높이는 것을 목적으로 한다.

전자정부와 관련된 내용으로 국가정보화 시책의 효율적인 수립·시행과 국가정보화 사업의 조정 등의 업무를 총괄하는 정보화책임관, 그리고 그들로 구성되어 정보화의 효율적인 추진과 필요한 정보의 교류 및 관련 정책의 협의를 하기 위한 정보화책임관협의회가 있다. 정보화책임관협의회에서 전자정부와 관련된 정책에 관하여 협의하도록 되어 있다. 또한 법에서 전자정부와 관련된 내용으로 국가정보화 추진과정에서의 정보화의 역기능을 방지하기 위한 정보보호, 개인정보 보호 등의 대책을 마련하도록 규정하고 있다. 과거 개인정보의 보호를 위한 법률로「공공기관의 개인정보보호에 관한 법률」이 있었지만,「개인정보보호법」과 통합되었다.

라. 소   결

행정정보의 공동이용의 경우에는 2006년에 법안이 이미 마련되었지만 2010년이 되어서야「전자정부법」을 보완하여 이를 반영하였다. 행정정보 공동이용이 가지고 있는 여러 장점을 알고 있고 필요성을 인식하고 있었지만, 법적인 기반이 마련되어 있지 않아 뒤늦게 시행이 된 것이다. 이처럼 급속히 진행되는 전자화에 따라 전자정부와 관련된 변화가 빠르게 일어나는데, 그러한 속도에 맞추어 법적인 기반을 마련하지 못한다면 전자정부의 발전을 저해하고 국가간 전자정부 경쟁에서 우위를 점하지 못할 것이다. 이러한 문제가 일어나지 않도록 정보화 정책의 우선순위를 정하고 전문인력을 확보하여 변화에 따라가기 위한 발 빠른 대처를 해야 할 것이다.

Ⅱ. 전자정부에 관련된 법적 쟁점

1. 문제 사항

전자정부의 발달로 과거에는 동사무소에 직접 찾아가서 발급 받을 수 있었던 주민등록등본 등을 이제는 직접 인터넷 상으로 그리고 현 정부 들어서는 스마트폰으로 발급 받을 수 있게 된 것이다. IT 선진국으로서 정부의 전자화는 매우 달가운 소식이지만 동시에 우려스러운 부분도 많다. 최근 통신사 해킹을 통해 가입자의 정보 유출이 큰 문제가 되었었는데 그 대상이 정부가 되었을 때는 침해되는 정보의 질이 사(私)기업의 경우와는 비교하기 어렵다.

사이버보안의 기술로 이런 문제점을 예방할 수 있다고 하여도 국민 개개인의 개인정보자기결정권 및 관리권을 침해할 소지가 농후하다. 보다 구체적으로 표현하면 인터넷 상에서 위와 같은 위험성 때문에 개인정보의 전자정부

화에 반대하는 개인 의사도 충분히 있을 수 있음에도 이를 고려하지 않고 일
괄적으로 개인의 가장 핵심적인 정보들을 인터넷 상에 게재하였다. 이와 관
련하여 헌법 제10조에서 파생되는 개인정보자기결정권의 침해여부와 현재 개
인정보 관련 현행 법제 그리고 이와 유사한 헌법재판소의 판례들을 검토해
보고자 한다.

2. 개인정보자기결정권

가. 개인정보자기결정권의 개념

개인정보자기결정권 또는 자기정보관리통제권이란 자신에 관한 정보의
공개와 유통을 스스로 결정하고 통제할 수 있는 권리를 말한다. 컴퓨터에 의
한 정보처리기술과 능력이 비약적으로 발전하고 있는 오늘날의 정보화사회에
서 본인도 알지 못하는 사이에 개인정보가 유통되고 공개됨으로써 개인의 사
생활과 인격권이 침해될 수 있다. 이러한 정보화사회에서는 그 자체 비밀성
이 있는 정보뿐만 아니라 당해 개인에 관련된 일체의 정보가 함부로 수집,
처리되지 않도록 보호할 필요가 있으며, 이러한 의미에서 개인정보자기결정
권이라는 새로운 개념이 생겨나게 되었다.

나. 헌법적 근거

인간의 존엄과 가치, 행복추구권을 규정한 헌법 제10조 제 1 문8)에서 도
출되는 일반적 인격권 및 헌법 제17조9)의 사생활의 비밀과 자유에 의하여
보장되는 개인정보자기결정권은 자신에 관한 정보가 언제 누구에게 어느 범
위까지 알려지고 또 이용되도록 할 것인지를 그 정보주체가 스스로 결정할
수 있는 권리이다(헌재 2005. 7. 21. 2003헌마282).

다. 개인정보자기결정권의 내용

(1) 개인정보의 개념

개인정보자기결정권의 보호대상이 되는 개인정보는 개인의 신체, 신념,
사회적 지위, 신분 등과 같이 개인의 인격주체성을 특정짓는 사항으로서 그
개인의 동일성을 식별할 수 있게 하는 일체의 정보라고 할 수 있다. 반드시

---

8) 헌법 제10조 모든 국민은 인간으로서의 존엄과 가치를 가지며, 행복을 추구할 권리를 가
진다. 국가는 개인이 가지는 불가침의 기본적 인권을 확인하고 이를 보장할 의무를 진다.
9) 헌법 제17조 모든 국민은 사생활의 비밀과 자유를 침해받지 아니한다.

개인의 내밀한 영역이나 사사의 영역에 속하는 정보에 국한되지 않고 공적 생활에서 형성되었거나 이미 공개된 개인정보까지 포함한다(2005. 5. 26. 99헌마513).

(2) 개인정보자기결정권의 구체적 내용

⑴ 개인정보처리금지청구권

개인정보는 정당한 수집목적 아래 필요한 범위 내에서 수집되어야 하고 그 후의 이용은 특정된 수집목적과 일치하여야 하며, 함부로 제 3 자에게 제공 또는 전달되어서는 안 된다. 이와 같은 원칙이 충족되지 않은 경우에 정보주체는 개인정보의 수집, 이용, 제공 등의 정보처리를 금지하도록 요구할 수 있다.

⑵ 개인정보열람청구권 및 개인정보정정청구권

개인정보자기결정권에는 자신에 관한 정보의 열람을 청구할 수 있는 개인정보열람청구권과 부정확하거나 불완전한 자신의 정보에 대하여 정정을 요구할 수 있는 개인정보정정청구권이 포함된다.

3. 입법적 대응

가. 부속법령의 도입

우리 입법자는 공공부문과 민간부문 모두에서 개인정보자기결정권을 구체화하는 입법적 대응을 하고 있다. 공공부문에서는 종래 「공공기관의 개인정보 보호에 관한 법률」을 통해 컴퓨터에 의하여 처리하는 공공기관의 개인정보를 보호하여 왔다. 그러나 2011. 3. 29. 「개인정보 보호법」을 새롭게 제정하여 개인정보를 보호하고 있는데, 이 법은 공공부문과 민간부문을 망라하여 개인정보 처리에 관한 사항을 규정하고 있다.

그 밖에 민간부문에서는 정보통신서비스를 이용하는 자의 개인정보를 보호하기 위한 「정보통신 이용촉진 및 정보보호 등에 관한 법률」이, 신용정보의 보호를 위한 「신용정보의 이용 및 보호에 관한 법률」이 시행되고 있다. 본 논의에서는 전자정부와 관련된 「개인정보 보호법」 및 「공공기관의 개인정보 보호에 관한 법률」에 대하여 분설하여 보겠다.

나. 「개인정보보호법」 주요조문 요약

(1) 제 2 조 [정의]

1. "개인정보"란 살아 있는 개인에 관한 정보로서 성명, 주민등록번호 및 영상 등을 통하여 개인을 알아볼 수 있는 정보를 말한다. …

5. "개인정보 처리자"란 업무를 목적으로 개인정보파일을 운용하기 위하여 스스로 또는 다른 사람을 통하여 개인정보를 처리하는 공공기관, 법인, 단체 및 개인 등을 말한다.

(2) 제 6 조 [다른 법률과의 관계]

다른 법률에 특별한 규정이 있는 경우를 제외하고는 이 법에서 정하는 바에 따른다.

(3) 정보처리의 제한

제16조 [개인정보의 수집 제한] …

② 개인정보처리자는 개인정보 수집에 동의하지 아니한다는 이유로 정보주체에게 재화 또는 서비스의 제공을 거부하여서는 아니된다.

제18조 [개인정보의 이용제공 제한]

정보주체가 주소불명 등 예외적 사유로 사전동의를 받기 어렵거나 통계작성 등에는 개인정보를 목적 외의 용도로 이용하거나 이를 제 3 자에게 제공할 수 있다.

제23조 [민감정보의 처리 제한]

사상, 신념, 노동조합 및 정당의 가입 탈퇴, 정치적 견해, 건강, 성생활 등에 관한 정보 등을 민간정보로 본다.

제24조 [고유식별정보의 처리 제한]

인터넷 홈페이지를 통하여 회원으로 가입할 경우 주민등록번호를 사용하지 아니하고도 회원으로 가입할 수 있는 방법을 제공하여야 한다.

(4) 개인정보의 열람

제32조 [개인정보파일의 등록 및 공개]

공공기관의 장이 개인정보파일을 운용하는 경우에는 행정자치부장관에게 등록하여야 한다. 국가 안전, 외교상 비밀 등의 사유에는 적용되지 않는다.

제35조 [개인정보의 열람]

개인정보처리자는 개인정보를 열람해야 하나 조세의 부과 징수, 성적 평가 등의 사유에는 제한하거나 거절할 수 있다.

(5) 소송절차의 제공

제39조 [손해배상책임]

정보주체는 손해를 입으면 개인정보처리자에게 손해배상을 청구할 수 있다. 개인정보처리자는 고의 또는 과실이 없음을 입증하지 아니하면 책임을 면할 수 없다.

제49조 [집단분쟁조정]

국가 및 지방자치단체 등은 정보주체의 침해가 다수에게 유사한 경우 분쟁조정위원회에 일괄적인 분쟁조정을 의뢰 또는 신청할 수 있다.

4. 개인정보자기결정권에 관한 헌법재판소 판례

(주민등록발급시 지문날인제도에 대한 위헌확인 2005. 5. 26. 99헌마513)

가. 사안 소개

17세인 청구인은 주민등록증을 발급받기 위해서는 열 손가락의 지문을 날인하도록 규정하고 있는 주민등록법시행령조항과 경찰청장 범죄수사 목적에 이용하는 공권력행사가 인간의 존엄과 가치, 행복추구권, 인격권, 신체의 자유, 사생활의 비밀과 자유, 개인정보자기결정권을 침해한다고 주장하였다.

나. 이 사건에서 제한되는 기본권

위에 명시한 대로 여러 기본권 침해에 대하여 제기되었으나 신체의 자유 및 양심의 자유 침해가능성이 없는바 개인정보 자기결정권에 국한하여 제한의 과잉성을 판단한다.

다. 개인정보자기결정권의 과잉제한 여부

(1) 입법목적의 정당성 및 수단의 적정성

신원확인기능의 효율적인 수행을 도모하고, 신원확인의 정확성 내지 완벽성을 제고하기 위한 것으로서 그 목적의 정당성이 인정되고 또한 이 사건 지문날인제도가 위와 같은 목적을 달성하기 위한 효과적이고 적절한 방법의 하나가 될 수 있다.

(2) 피해의 최소성

지문정보를 구체적 사건과 관련 없이 사전에 포괄적으로 수집하고 이를 보관 전산화하여 범죄수사목적 등에 이용하는 것이 개인정보에 대한 과도한 수집 및 이용이 아닌가 하는 의문이 있을 수 있으나, 범죄자 등 특정인의 지문정보만 보관한다.

개인별로 한 손가락만의 지문정보를 수집하는 경우 그 손가락 자체의 손상, 세월의 경과나 사고발생으로 인한 지문의 손상 등으로 인하여 신원확인이 불가능하게 되는 경우가 발생할 수 있고 그 정확성 면에 있어서도 열손가락 모두의 지문을 대조하는 것과 비교하기 어렵다고 할 것이므로, 열손가락 모두의 지문정보를 수집하여 이용하는 것이 지나친 정보수집이라고 보기 어렵다.

유전자, 홍채, 치아 등을 다른 신원확인수단으로 들 수 있으나 이들은 수집, 보관과 관련한 인권침해의 우려가 높고 시스템 구축에 비용 및 시간이 많이 드는 단점이 지적되고 있다.

(3) 법익의 균형성

지문날인제도에 의하여 정보주체가 현실적으로 입게 되는 불이익은 그다지 심대한 것으로 보기 어렵다. 오히려 이로 인하여 공익이 정보주체의 불이익에 비하여 더 크다고 보아야 할 것이다.

Ⅲ. 전자정부의 성공조건

1. 리더십의 확보

전자정부가 그에 걸맞는 역할을 충분히 수행하기 위해서는 전자정부가 나아가야 할 방향이 명확하게 제시되어야 한다. 전자정부의 본질적인 목표는 효율적인 정부를 구축하는 데 있다. 전자정부의 구현은 단순히 업무처리방식을 기술적으로 전자화하는 것이 아니라 부처간의 업무조정이 이루어져야 한다. 전자정부 구축이 부문간, 부처간의 장벽을 초월하여 추진될 수 있도록 강력한 리더십을 지닌 최고책임자의 활용이 기본적으로 충족되어야 한다. 또한 최고책임자의 전자정부 구축의지는 정책추진 상에 있어 예산과 관련하여 영향력을 끼칠 수 있다. 무엇보다 대통령의 역할이 성공의 관건이다. 전자정부의 발전 단계가 올라갈 수 있도록 전자정부사업에 있어 부처간의 이해관계를 조정하는 일이 중요해지고 따라서 대통령의 역할도 그만큼 결정적이 된다. 그러나 이는 대통령이 직접 조정에 나서야 한다는 것을 의미하지는 않는다. 실제로 국민의 정부 전자정부사업에서 대통령이 직접 조정에 나선 적은 없다. 그럴 필요도 없고 그것이 바람직하지도 않다. 전자정부사업에 관해 대통령이 깊은 의지와 관심을 갖고 있음을 각 부처가 인식해야 한다.

또한 조정기구에 확실한 추진력을 실어주어야 한다. 전자정부특별위원회의 주요 위원들이 모두 민간인이었지만 조정자의 역할을 성공적으로 수행할 수 있었던 것은 대통령, 정책수석실 등이 그들을 존중하고 그들에게 권한을 분명히 위임해 주었기 때문이다. 대통령에게 효과적 보고통로를 확보하였으며, 또한 사업수행 성과와 예산을 효과적으로 연계시키면서 전자정부특별위원회는 적어도 11대 사업에 관해서는 막강한 영향력을 행사할 수 있었다.

민간인들이 정부의 고위 관리자들에게 사업의 주도권을 행사한 것은 상당히 이례적인 경우였다. 전자정부의 리더십관점에서 대통령은 집권초반에 정보화 전반을 포함하여 전자정부에 대한 명확한 비전을 제시하면서 국가적 의제로 설정해야 한다. 대통령에 의해 제시될 전자정부의 비전에는 "정보기술을 활용한 소통과 신뢰의 정부"를 정책의 기본방향으로 담는 것이 바람직할 것으로 보인다. 전자정부가 단순히 정부의 생산성과 효율성을 높이고 국민이 정부의 서비스를 편리하게 받을 수 있게 한다는 것에서 더 나아가 참여민주주의를 증진시키고 정부의 투명성을 높이는 핵심수단이 됨을 천명하는 것이 필요하다. 또한 전자정부를 통하여 공공부문의 부패를 척결하여 정부에 대한 국민들의 신뢰를 다시금 찾겠다는 의지를 표명하여야 한다. 이러한 비전과 함께 대통령의 플랜에는 전략적으로 중요한 핵심 전자정부 사업의 리스트, 구체적인 성과 목표 및 목표 연도, 추진 원칙들을 담아야 한다. 그리고 집권기관 동안 그것들을 지속적으로 추진하여야 한다.

2. 민간과의 연계

전자정부의 성공적인 구축을 위해서는 민간이 중요한 위치를 차지한다. 민간과의 긴밀한 연계를 통해 협력과 노하우 및 의견활용, 민간인의 정부부문에서의 활용, 민간에의 업무위탁 등 광범위한 활용이 가능하다. 민간부문의 노하우를 정부가 적극적으로 활용하면서 경비절감의 효과를 얻을 수 있다. 민간과의 연계를 통해 정부는 물론, 민간부문 역시 전자정부의 성공적인 구축이 된다면 국민과 기업의 이점을 얻을 수 있기 때문에 민간과의 파트너십을 통해 상승효과를 기대할 수 있게 된다. 성공적인 전자정부를 구축하기 위해서 정부와 민간기업 간에 협력해야 할 항목들을 몇 가지 살펴보면, 계획의 초기단계에서 민간부문의 참여, 민간의 경영관리기법 활용, 정보보안 확립에 협력, 정보격차 예방, 새로운 정보기술 개발 등이 있다. 또한 환경정비를 통해 성공적인 전자정부 구축을 도모할 수 있는데, 가장 효과적인 방법이 민간의 경영관리기법을 활용하는 것이다. 본래의 목표를 달성하기 위해서는 정보화를 진행하는 동시에 현재 효율적인 전자정부의 구축의 장애요인을 없애는 개선업무가 필요하다. 이러한 개선의 노하우는 민간부문에서 적극적으로 활용해야 할 것이다. 개선에 있어서의 노하우는 민간부문의 경영관리기법에 상당히 축적되어 있다. 정부부문에의 부처간 문서교환시스템 및 종합문서관리시스템의 도입과 같은 지식관리의 도입은 결과적으로 행정부문 전체의 효율화를 도모할 수 있게 한다. 현재 국민에 대한 서비스를 강화하기 위해서는 신청서류의 폐지와 행정절차의 원스톱 등 정보기술의 활용으로 인하여 얻을 수 있는 서비스 향상을 위한 복수의 프로젝트가 진행되고 있는데, 국민에 대한 서비스 향상을 업무사이클의 일부로 인식하고 이를 계속적으로 추진하는 업무시스템을 구축해야 한다. 이러한 업무시스템 아래서 행정서비스의 목표를 책정하고 목표수준을 명시하여 달성하기 위한 노력이 함께 수반되어야 한다.

3. 투자자금확보

전자정부의 구축에 있어 가장 현실적인 문제는 어떻게 자금을 확보하는가의 문제이다. 현재 지방자치단체가 독자로 과세한 특정의 정책목적에 해당하는 법정외 목적세의 신설 및 2005년 말에 현재의 지방채 발행허가제도를 폐지하고 사전협의제로 이행하는 등 지방자치단체가 독자적으로 자금확보를 해줄 여지가 넓어지고 있다.

우선적으로 정부는 서비스 향상과 비용을 절감하기 위하여 선행투자가 필요하다. 투자가 이루어진다고 하여도 그것을 단기간에 성과를 보이기는 매우 힘들다. 그 비용은 중장기적으로 놓고 보아서 공공부문의 효율화가 이루어지면, 성과를 낼 수 있기 때문이다. 따라서 계속적인 자금의 확보가 필요한데, 기술이 노후화되고 설비가 미비해지면 초기투자가 무의미해지기 때문에 계속적인 추진이 필요하다.

　이러한 자금 확보를 위해서는 기금을 공동출자하여 일정한 규모의 자금확보를 도모하고 정부 전체의 관점에서 효율적인 투자를 배분하여야 한다. 또 장기적으로는 자금제공을 한 정보기술의 개발로 경비가 삭감되었다면 이 삭감된 경비를 새로운 프로젝트에 투자할 수도 있을 것이다. 이를 통해 정보화를 계속적으로 추진하기 위한 인센티브 역할도 기대할 수 있다. 또한 민간 차원의 전문기업을 활용하는 것도 한 방법이 될 수 있다.

4. 대민서비스 강화

　국민들의 전자정부의 이용이 확대되고, 안정적으로 개발, 발전하기 위해서는 전자정부의 서비스를 통해 편익을 몸소 느낄 수 있는 환경을 확보해줘야 한다. 이러한 환경을 위해서는 가장 무엇보다 정보보안의 확립이 필요하다. 정부적으로 정보보안대책을 위한 체제를 확립하고, 해당 전문가를 육성하고, 해당되는 사람들에게 정보보안에 관한 평생교육을 실시하는 것이 바람직하다. 또한 도형마크 혹은 인터넷마크의 보급을 촉진하는 것도 한 방법이 될 수 있으며, 법제도 확립을 통해 범죄 억제효과를 일으켜 무분별한 정보에 있어 정보보안이 가장 일차적으로 확보되어야 할 것이다. 또한 정보격차를 줄이는 것 역시 필요하다. 현 시대에서도 가장 큰 이유인 나이뿐만 아니라, 인터넷이 확산되면서 이를 적극적으로 활용하여 자신에게 이득이 되게 하는 사람들과 인터넷으로의 접근에 제한되어 있거나 정보통신기기에 익숙치 않아 이러한 이득 혹은 혜택을 받지 못하는 사람들로 나뉘어 다른 갈등보다 더 심각할 수 있는 '정보에서의 격차'를 느낄 수 있다. 무엇보다 사회 구성원 모두가 정보통신환경에 동등하게 접근하여 평등하게 이용할 수 있어야 한다. 따라서 정보통신의 인프라 환경을 조성하는 것이 가장 시급한 문제이다. 행정서비스를 이용할 수 있는 수단을 확대하고 부족한 것은 보급하고, 편리하게 행정서비스를 이용할 수 있도록 공공기관 같은 장소를 활용해야 한다. 또한 서비스 제공의 공간적 범위를 확대해 나갈 수 있게 하는 민간기업과의 협력

역시 모색해야 한다. 그리고 전자정부에서 행정서비스를 이용하기 쉽게 하기 위하여 교육이 확대되어야 할 것이다.

　남녀노소 상관 없이 교육을 무상으로 실시하여 정보에서의 불평등을 최소화할 수 있다.

제6부 ▶ 司法改革論

【여 는 글】

사법은 국가가 법률을 사실에 적용하여 재판하는 행위로써 국가의 기강이요, 민주주의의 주춧돌이요, 법치주의의 대들보이며, 시민의 권리와 사생활을 보장해 주는 마지막 보루라고 표현된다. 그러나 일반국민은 아직도 '유전무죄 무전유죄' '전관예우'로써 '그들만의 사법' '그들만의 리그'로 느끼면서 상대적 박탈감을 갖고 있는 것이 현실이다. 사법과 국민과의 거리는 근본적으로 '사법 모순'에서 발생한 것이다. '사법 모순'은 '법률가 양성의 실패'와 '사법부의 구조적 실패'를 말한다고 하겠다. 결국 그러한 사법개혁의 양대 타깃을 해결해야 '성공하는 사법'이 된다고 하겠다.

법학교육 정상화라는 것은 민주주의 국가운영에 있어서 절대명제인 법치주의 실현에 기반을 이루는 것이기 때문에 아무리 강조해도 지나침이 없다. 그런데 2007년 7월 법학전문대학원 설치와 운영에 관한 법률(이하 로스쿨법) 제정 이후 우리나라의 법학교육은 중심을 잡지 못하고 무너져 내리고 있는 것이다. 그것은 로스쿨 도입의 취지를 제대로 살리지 못하고 3년으로 대충 법학교육을 해보겠다는 원천적으로 무리한 시도를 하고 있기 때문이다. 상식적으로 보아도 로스쿨 3년의 교육기간으로는 과거 4년제 법과대학의 교육내용보다 나을 수가 없다. 우리와 같은 독일법계를 계수하고 있는 일본의 경우 법과대학 4년을 기반으로 로스쿨에서 법학사는 2년 교육으로 비법학사 3년과는 구분하고 변호사시험 합격 후 1년을 사법연수하고 있는데 이는 변호사자격을 얻기 위하여는 최소 7년 이상의 법학교육이 필요하다는 것을 입증하고 있는 것이다. 독일의 경우도 마찬가지다.

따라서 우리나라의 로스쿨 교육은 우선 일본과 같이 반드시 법학사와 비법학사를 구분교육(현재의 부실한 6개월 변호사자격연수를 폐지하고 3년, 4년)해서 석사과정으로서 진정으로 전문화되어야 하고, 각 로스쿨에서 책임지고 자격과 능력을 갖춘 변호사를 배출해야 한다. 우리나라를 비롯한 대륙법계에서 4년 법과대학 교육의 정상화는 한 사회의 법치주의 운영의 기반을 이루는 것으로 로스쿨에로의 진학(변호사)만이 아니라 기업, 금융, 언론 등 사회 모든 분야로의 진출이 가능하다. 과거의 법과대학이 그러하였고 앞으로도 그래야 한다. 현재 로스쿨제도의 가장 큰 문제점은 이러한 법학교육의 정상화의 틀을 만들어놓지 않고 부실한 법학교육의 내용을 가지고 로스쿨출신자들만이 대단한 법률가인양 사회 각 분야로 내보내려 한다는 것이다.

우리 법원의 가장 큰 문제는 법관들의 조기퇴직과 이로 인한 전관예우시비와 합의재판의 형해화 문제 두 가지이다. 즉 국민들이 원하는 사법개혁은 법관들이 정년까지 근무하고 퇴직 후에는 변호사를 하지 않음으로써 전관예우 시비 자체가 일어날 수 없는 선진국형 사법부를 만드는 일이다. 그리하여 법관들이 승진이나 돈벌이에 초연한 모습으로 재판업무에 전념하고 서로를 견제하며 심사숙고하여 즉 실질적으로 법관들이 머리를 맞대고 합의제 정신을 살려 최선의 공정한 재판을 하게 되는 시스템을 말한다. 이를 위해서는 먼저 현행 법관 임용방식을 대폭 개선하여 이른바 '법조일원화'를 보다 적극적으로 도입해야 할 것이고, 배심제·참심제 등 국민의 사법참여방안에 대해서도 열린 마음으로 보다 적극적으로 확대해야 하겠다.

그리고 국민은 사법주권자로서 법률서비스 선택권을 다양하게 행사할 수 있어야 한다. 그리하여 변호사 자격을 취득할 수 있는 경로를 다원화하는 방안을 고려할 필요가 있다. 이를테면 변리사, 세무사 등의 전문자격사 들에게 그들의 전문분야에 한정된 소송대리권을 부여할 필요가 있다. 또 법학교수의 경우 그들의 박사전공분야에 소송대리권을 부여해야 할 것이다. 물론 일정한 조건, 예컨대 소송법 연수 등을 통해 법조인 자격을 부여해야 할 것이다. 이러한 문호개방을 통하여 현재의 법조인 양성보다 예산은 절약되면서도 법조계의 전문성이 보다 심화될 수 있으리라고 본다. 한편 법률서비스의 소비자인 국민은 기존의 일반 변호사, 법학교수, 전문자격사, 외국변호사 중 자신에게 적합한 사람을 선택하여 최선의 법률 서비스를 받을 수 있어야 되는 것이다.

제 1 장   司法權의 意味와 司法府의 構成

제 1 절   司法權의 意味

I. 司法權의 槪念과 本質

헌법 제101조 제 1 항은 "사법권은 법관으로 구성된 법원에 속한다"라고 규정하고 있다. 그러나 헌법은 사법권(사법기능)이 무엇을 의미하는지는 구체적으로 설명하고 있지 않다. 사법권의 의미를 파악하는 기준으로 종래 형식설과 실질설이 제기된 바 있다. 형식설은 법원의 관할에 속하는 모든 것이 사법에 해당한다고 파악한다. 이에 의하면 사법권을 규명함에 있어서 법원의 구체적 작용의 실질적 성질이나 내용여하를 불문하게 되며, 따라서 사법행정권이나 대법원의 규칙제정권도 사법의 개념에 포함되게 된다.

반면에 실질설에 의하면 사법이란 법을 판단·적용·선언하는 모든 국가작용을 의미하게 된다. 이러한 실질설의 설명이 일반적인 견해이기도 하다. 이러한 입장에 따르면 사법권이란 독립적 지위를 가진 기관이 제 3 자적 입장에서 무엇이 법인가를 판단하고 선언함으로써 법질서를 유지하기 위한 작용권한이다.

그러나 실질설에 의한다고 하여 사법권의 의미가 모두 명쾌하게 밝혀지는 것은 아니다. 무엇이 제 3 자적 입장을 가진 기관인지, 무엇이 법을 판단하고 선언하는 것인지는 확실하지 않기 때문이다. 따라서 사법권의 의미를 이해하기 위해 사법의 본질에 대하여 살펴보는 것은 유용할 수 있다.

사법의 본질로는 첫째 구체적인 분쟁의 발생을 전제로 한다는 사건성, 둘째 당사자로부터 소송의 제기가 있어야 한다는 수동성, 셋째 무엇이 법인가 판단하고 선언하는 작용이라는 법선언성, 넷째 현재의 법질서를 유지하기 위한 작용이라는 소극성, 다섯째 독립적인 지위를 향유하는 기관이 행한다는 독립성을 그 특징으로 한다. 한편 법원이 담당하는 사법기능은 비정치적인 특성이 상대적으로 강하고, 합목적성의 고려를 최소화하려 한다는 점에서 헌법재판소의 사법기능과 다소 차이가 있다.

Ⅱ. 司法權의 範圍

이렇게 파악된 사법권은 그 범위가 어디에까지 미치는지 살펴보도록 한다. 먼저 민사재판·형사재판·행정재판과 같은 일반적인 법원의 기능은 당연히 사법권에 해당한다. 민사재판이란 사인간의 생활관계의 분쟁을 법률로써 강제적으로 해결·조정하기 위한 절차를 의미한다. 형사재판이란 범죄를 인정하고 범인에게 형벌을 과하는 절차를 의미한다. 또 행정재판이란 국가와 국민 사이의 행정작용에 관한 분쟁을 해결하기 위한 소송절차를 의미한다. 특히 행정재판은 입법례에 따라 일반법원이 담당하는 경우와 행정재판소가 따로 관장하는 경우로 나뉘게 된다. 우리는 일반법원이 담당하는 이른바 사법형 주의를 채택하고 있다고 보인다.

그런데 우리 헌법은 여러 가지 이유에서 법원의 권한에는 속하지 않지만 사법기능의 일부라고 할 수 있는 여러 가지 사항을 인정하고 있다. 가장 대표적인 것이 헌법재판이다. 헌법 제111조는 위헌법률심판, 헌법소원 등 일부 헌법소송에 해당하는 사법기능을 헌법재판소가 담당하도록 하고 있다. 물론 일반적으로 헌법소송의 범주에 들어가는 위헌명령규칙처분심사권과 선거소송 등의 권한은 법원이 담당하고 있기도 하다. 또 대통령의 사면권, 위헌정당 해산제소권, 행정심판권, 국회의 의원징계권 등도 사법기능의 일부라고 할 수 있음에도 법원이 담당하고 있지 않게 되어 있다. 따라서 헌법 제101조 제1항의 의미는 광범위한 사법기능 중 주요한 것을 법원이 담당한다는 의미로 이해해야 할 것이다. 이하에서 사법권이라고 하면 법원의 사법권을 의미하는 것으로 한다.

Ⅲ. 司法權의 限界

1. 실정법상의 한계·국제법상 한계

법원의 사법권은 실정법상 일정한 한계를 가진다. 헌법 제111조의 헌법재판소의 관장사항, 즉 위헌법률심판·탄핵심판·정당의 해산심판·권한쟁의심판·헌법소원심판은 법원의 사법권의 한계가 된다고 할 것이다.

한편 국회의원의 자격심사·징계·제명 처분에 관한 사항(헌법 제64조)은 법원에 제소할 수 없도록 헌법이 명시하고 있다. 그러나 이러한 국회의 내부적 규율 외에 의결정족수, 투표의 계산 등 국회의 자율권에 속하는 일반적 사항들은 사법심사의 대상이 되는지 문제된다. 원칙적으로 헌법 제64조의 취지에 비추어 국회의 자율권에 해당하는 사항은 법원의 사법심사의 대상이 될 수 없다고 보아야겠다. 다만 국회의 자율권도 명백하고 현저한 의사절차상의 잘못이 있고 그것이 국회의 의사결정에 직접적인 영향을 준 경우에는 일정한 사법심사가 인정된다고 할 것이다. 물론 헌법재판소에 의한 사법심사는 법원의 그것보다 더 광범위하게 인정될 가능성이 높다.[1]

또 비상계엄하의 군인·군무원의 범죄, 군사에 관한 간첩죄·초병·초소·유독음식물공급·포로에 관한 죄 중 법률이 정하는 경우에 한하여 단심으로 할 수 있도록 하고 있다(제110조). 군사재판에 대하여는 헌법이 다른 국가기관의 권한으로 규정하고 있거나 사법심사의 대상에서 제외하고 있으므로 법원의 사법권이 미치지 않는 것으로 이해된다. 즉 이들은 사법권의 실정법상의 한계라는 것이다.

한편 외국의 국가원수, 외교사절 및 그 수행원, 가족, 국제기구의 직원 등 국제법상 외교특권을 누리는 자들은 사법부 심사의 대상에서 제외된다.

2. 통치행위의 문제

통치행위란 국정의 기본방향이나 국가적 차원의 정책결정을 대상으로 하는 고도의 정치적 성격을 지닌 국가적 행위로서, 사법적 심사의 대상에서 제

---

1) 물론 획일적으로 헌법재판소가 모두 심사할 수 있을 것이라고 생각해서는 안 된다. 이는 헌법재판의 한계, 특히 기능법상 한계에 비추어 그러하다(자세한 내용은 제 7 부 헌법재판개혁론 참조).

외되는 것이 바람직하다고 종래 주장되던 사항들을 지칭하는 개념이다. 이러한 통치행위는 권력자의 자의적 권력행사와 남용에 악용되는 경우가 많았지만, 그것을 사실상 사법심사하기가 곤란할 뿐만 아니라, 심사한다고 하더라도 사안의 고도의 정치적 성격 때문에 사법부의 독립성을 저해할 우려가 있는 행위이기 때문에 헌법문제로서 논쟁의 대상이 되고 있는 것이다. 그 핵심적 쟁점은 통치행위를 사법심사의 대상으로 인정할 것인가와 인정할 경우 그 범위와 한계를 어떻게 설정할 것인가의 문제이다.

먼저 통치행위에 대하여 전면적인 사법심사 긍정설이 있다. 이 견해에 따르면, 헌법상 법치주의와 권력분립이 규정되고, 행정소송의 개괄주의를 채택하고 있는 민주국가적 상황에서는 모든 국가작용이 사법적 심사의 대상이 되어야 하며 따라서 통치행위의 관념을 아예 인정할 수 없다고 한다고 주장하기까지 한다.

한편 여러 가지 이유로 통치행위의 관념을 인정하고, 그에 대한 사법심사를 부정하는 견해가 있다. 사법심사 부정설은 다시 정치적 문제에는 사법부가 개입하지 않는 것이 사법권에 내재된 한계라고 보는 '내재적 한계설'과 통치행위는 집행부에 전속적 권한에 속하는 사항이므로 사법심사에서 제외된다고 보는 '권력분립설', 통치행위는 정치적 문제이고 정치적 문제는 집행부의 자유재량에 속하는 사항이므로 심사에서 제외된다는 '자유재량행위설', 통치행위가 사법심사에서 제외되는 것은 고도의 정치성을 띠는 타국가기관의 행위에 관여하는 것은 사법부가 자제하는 것이 바람직하기 때문이라고 보는 '사법부자제설' 등으로 나누어진다.[2]

이러한 통치행위 개념에 대하여 먼저 대법원은 통치행위의 관념을 인정하여, 사법기관인 법원이 계엄선포요건의 구비여부나 선포의 당·부당을 심사하는 것은 사법부의 내재적인 본질적 한계를 넘어서는 것이 되어 적절하지 못하다며 사법심사의 대상성을 부인한 바 있다.[3] 그러나 최근에는 비상계엄

---

[2] 통치행위의 관념을 인정할 경우, 일반적으로 외교에 관한 사항·국민투표부의·법률안거부권행사·영전수여행위·헌법기관의 구성행위 등이 이에 해당한다고 보는 견해가 있다. 한편 절대적 통치행위(국민투표부의·법률안재의요구·외교 등)와 상대적 통치행위(선전포고·사면·계엄선포·긴급명령 등)로 분류하여 후자의 통치행위의 경우에만 사법심사의 대상이 될 수 있다고 보는 해석론도 존재한다(권영성, 794쪽 이하).

[3] 대판 1981. 9. 22, 81도1833.

의 선포나 확대가 국정혼란의 목적을 달성하기 위하여 행하여진 경우에는 법원도 그 자체가 범죄행위에 해당하는지 여부에 관하여 사법심사를 할 수 있다고 하여 제한적으로 사법심사를 긍정하는 취지의 판결을 내린 바도 있다.[4]

한편 헌법재판소는 긴급재정경제명령 사건에 대한 심사에서 통치행위의 개념은 긍정하였으나, 고도의 정치적 결단에 의하여 행하여지는 국가작용이라도 그것이 국민의 기본권침해와 직접 관련성이 있는 경우에는 당연히 헌법재판소의 심사대상이 될 수 있다는 견해를 나타낸 바 있다. 그러나 최근 "이라크전쟁 파견결정 등 위헌확인, 이라크전쟁 파견동의안 동의 위헌확인" 사건에서는 사법부자제설을 원용하여 통치행위의 사법심사를 부인한 바 있다.[5]

생각건대 불가피하게 통치행위의 관념을 긍정한다 하더라도 그것이 헌법에 의거한 국가작용인 이상 국민주권의 원리·법치국가의 원리·국제평화주의 원리 등 헌법의 기본원리는 물론 평등의 원칙·과잉금지의 원칙에 위배되어서는 안 된다고 할 것이다.

3. 기타의 문제

먼저 행정부의 자유재량행위에 대하여는 재량의 위반은 부당한 것이 될 뿐이므로 사법적 심사의 대상이 되지 아니한다는 견해가 있었으나, 재량권을 벗어난 경우인지 또는 남용한 경우인지는 심리의 결과 비로소 판단될 수 있는 것이므로, 자유재량행위도 사법적 심사의 대상이 될 수 있다고 보아야 할 것이다. 한편 특별권력관계에서의 처분에 대하여는 견해가 대립되고 있으나, 현대법치국가에서는 특별권력관계에서도 법치주의가 전면적으로 적용되어야 하므로 위법·부당한 특별권력의 발동으로 권리를 침해당한 자는 처분의 취소를 구할 수 있다고 보아야 한다. 하지만 내부적인 업무수행상의 규율에 대

---

4) 대판 1997. 4. 17, 96도3376.
5) "이 사건 파견결정은 그 성격상 국방 및 외교에 관련된 고도의 정치적 결단을 요하는 문제로서, 헌법과 법률이 정한 절차를 지켜 이루어진 것임이 명백한 이 사건에 있어서는, 대통령과 국회의 판단은 존중되어야 하고 우리 재판소가 사법적 기준만으로 이를 심판하는 것은 자제되어야 한다. 오랜 민주주의 전통을 가진 외국에서도 외교 및 국방에 관련된 것으로서 고도의 정치적 결단을 요하는 사안에 대하여는 줄곧 사법심사를 자제하고 있는 것도 바로 이러한 취지에서 나온 것이라 할 것이다. 이에 대하여는 설혹 사법적 심사의 회피로 자의적 결정이 방치될 수도 있다는 우려가 있을 수 있으나 그러한 대통령과 국회의 판단은 궁극적으로는 선거를 통해 국민에 의한 평가와 심판을 받게 될 것이다"(헌재 2003. 12. 18. 2003헌마255등).

하여는 일정부분 사법심사가 배제될 가능성이 있다.

한편 이른바 사법본질상 한계라는 것이 제시되기도 한다. 사법권의 대상이 되기 위한 조건들, 예컨대 당사자적격, 소의 이익, 사건의 성숙성, 구체적 사건성이 있어야 재판을 할 수 있으므로 이러한 것들이 사법 본질상 한계라는 것이다. 첫째 재판을 청구할 수 있는 자는 공권력의 행사로 인하여 자신의 권리 또는 이익을 침해당한 자이거나 해당 쟁송사건에 관하여 법적 이해관계를 가진 자 등 당사자로서의 적격을 갖춘 자만이 할 수 있다.[6] 둘째 당사자가 그 청구에 관하여 소송을 수행할 실질적 이익이 없는 경우에는, 그 사건은 재판의 대상이 될 수 없다.[7] 셋째 사법권은 현재의 사건만을 심사할 수 있으며, 장래의 문제에 대하여는 사법권의 발동의 대상이 되지 않는다. 그러나 모든 장래의 문제가 심사에서 제외되는 것은 아니며, 장래의 불명확·불안정을 제거하는 이익도 제소요건이 되는 경우가 있으므로, 이 경우 법원의 본안 심리에서 고려되어야 한다. 넷째 구체적이고 현실적인 권리·의무관계에 관한 분쟁, 즉 법적 분쟁만이 사법권의 대상이 될 수 있다. 단순한 법적 논쟁이나 법적 의문과 같은 사건성이 없는 경우의 추상적 사법심사는 재판의 대상이 될 수 없다.

제 2 절 司法府의 憲法上 地位와 構成

I. 司法府의 憲法上 地位

사법부, 즉 법원의 헌법상 지위는 사법기관으로서의 지위, 독립적·중립적 지위, 헌법수호기관으로서의 지위 및 기본권 보장기관으로서의 지위 등으로 나뉘어 고찰되는 것이 보통이다. 그 구체적인 내용을 살펴보면 다음과 같다.

먼저 법원의 사법기관으로서의 지위는 법을 적용하고 집행과 관련된 작

---

6) 한편 환경소송이나 소비자보호소송 등은 그 분쟁의 당사자가 수천 명에 이를 수 있으므로 이들에 대하여는 당사자적격을 완화할 필요성이 제기되고 있다.
7) 그러나 이 요건을 지나치게 엄격하게 해석할 경우 실질적으로 재판의 거부와 같은 부작용을 초래할 수 있다.

용을 한다는 의미이다. 이 지위는 헌법 제101조 제 1 항의 "사법권은 법관으로 구성된 법원에 속한다"는 규정에 근거하여 부여되는 것이다. 따라서 이 조항에 따라 헌법에 다른 규정이 없으면 사법기능은 원칙적으로 법원이 행사하게 되는 것이다.

다음으로 법원은 독립적·중립적 기관으로서의 지위를 갖는다고 설명되기도 한다. 의회다수파의 횡포나 집행부의 자의적인 권력행사로부터 국민의 자유와 권리를 보장할 제도적 장치가 필요하며, 이러한 필요에서 사법부는 입법·집행부로부터 독립성을 유지하는 기관으로서의 지위를 갖는 것이다. 따라서 사법부는 제103조 규정에 의해서 독립된 위치에서 법을 적용하고 판단해야 하는 지위에 있다. 국회나 정부를 정치적 중립성이 확보되지 아니한 정치적 권력이라고 본다면, 법원은 독립적·중립적 기관의 지위에 있다고 볼 수 있다. 법관은 헌법과 양심에 따라 독립해서 심판해야 하며, 그 독립적 지위를 유지하기 위해서는 정치적 문제에 개입하지 말아야 하며 중립적 권력 내지 비정치적 권력화를 지향해야 한다.

법원은 헌법수호기관으로서의 지위를 갖는다. 법원은 명령·규칙·처분의 위헌·위법심사권, 헌법재판소에 대한 위헌법률심사의 제청권 및 선거소송의 관할권 등을 행사함으로써 헌법수호기관으로서의 지위를 가진다. 물론 현행헌법의 경우에는 헌법재판에 관한 원칙적인 권한은 헌법재판소의 권한으로 하고 있으므로, 헌법의 수호자적인 기능과 법치국가적 질서의 보장은 주로 헌법재판소가 담당하고 있다.

법원은 또한 국민의 기본권 보장기관으로서의 지위를 갖는다. 법원은 피의자나 피고인의 인권보장을 구현하는 등의 활동을 하기 때문이다. 특히 집행부에 의하여 국민의 기본권이 침해되는 경우에 법원은 국민의 권익을 보호하는 역할을 수행한다. 그 구체적인 내용으로는 영장제도·보석제도·구속적부심사제도 및 재판 등을 들 수 있다.[8]

---

8) 한편 재판권의 행사를 통하여 입법부와 집행부를 통제한다는 측면에서 양 기관에 대한 사법부의 우위가 주장되고 있지만, 현행헌법에 있어서의 사법부의 우위는 입법권과 집행권에 대한 사법적 통제라는 논리적 우위를 의미할 뿐 결코 법리적 또는 현실적 의미에서의 우위를 의미하는 것은 아니다(권영성, 1004쪽 이하 참조).

II. 司法府의 構成

1. 대 법 원

사법부 조직의 정점에 대법원이 존재한다. 대법원은 헌법 제102조 규정에 의해서 대법원장과 대법관으로 구성된다. 물론 대법원에는 법률이 정하는 바에 의하여 대법관이 아닌 법관, 즉 재판연구관을 둘 수 있다. 대법원은 대법원장을 포함하여 14인의 대법관으로 구성된다.

(1) 전원합의체와 부

헌법 제102조 제 1 항에 의해서 대법원에는 대법관의 합의체를 둔다. 대법원합의체는 대법관 전원의 3분의 2 이상으로 구성되며, 대법원장이 재판장이 된다. 대법원 전원합의체에서는 "① 명령 또는 규칙이 헌법에 위반함을 인정하는 경우, ② 명령 또는 규칙이 법률에 위반함을 인정하는 경우, ③ 종전에 대법원에서 판시한 헌법·법률·명령 또는 규칙의 해석적용에 관한 의견을 변경할 필요가 있음을 인정하는 경우, ④ 부에서 재판함이 적당하지 아니함을 인정하는 경우"를 심리하도록 되어 있다(법원조직법 제 7 조).

한편 대법원에는 헌법 제102조 제 1 항에 의하여 부를 둘 수 있으며, 일반부에는 민사부·형사부가 있다. 대법원은 필요하다고 인정하는 경우에는 행정, 조세, 노동, 군사, 특허 등의 사건을 전담하는 특별부로 하여금 심판하게 할 수 있다. 대법원의 전담부 제도는 재판업무의 전문성과 효율성을 제고하고 재판의 신속·적정을 도모하기 위하여 마련된 것이다.

(2) 대법원장과 대법관

대법원의 인적 구성에서 가장 중요한 사람은 대법원장과 대법관이라고 하겠다. 먼저 대법원장은 15년 이상의 법조경력을 가진 자로서, 만 40세 이상이어야 하며 국회의 동의를 얻어서 대통령이 임명한다. 임기는 6년이고, 중임할 수 없으며 정년은 70세이다. 대법원장은 법원(사법부)의 수장으로서의 지위, 대법원의 구성원으로서의 대법관의 지위, 대법관회의 의장의 지위, 대법원전원합의체의 재판장의 지위를 가진다. 대법원장의 궐위 및 유고시에는 선임대법관이 그 직무를 대행하도록 하고 있다.

대법원장은 법원대표권, 대법관 임명제청권, 헌법재판소 재판관 및 중앙선거관리위원회위원 중 3인 지명권, 법관임명 및 보직권, 법관 이외의 법원공무원 임명권, 사법 행정사무총괄권, 대법관 전원합의체의 재판권 등의 권한을 가진다. 또한 대법관회의의 의결에서 가부동수의 표결결과가 나타날 경우에 결정권을 행사한다.

한편 대법관은 15년 이상의 법조경력을 가진 40세 이상의 자 중에서 대법원장의 제청으로 국회의 동의를 얻어서 대통령이 임명한다. 임기는 6년이고 연임이 가능하며, 정년은 65세이다. 대법관은 대법원의 재판부의 재판관으로, 재판권을 가지며 대법관회의에서 의결권을 가진다.

그리고 대법원에는 대법관 전원으로 구성되는 대법관회의를 두며, 의장은 대법원장이 된다. 대법관회의는 대법관 3분의 2 이상의 출석과 출석인원 과반수의 찬성으로 의결하며, 가부동수인 경우에는 의장이 의결권을 가진다. 대법관회의에서는 "① 판사의 임명에 대한 동의, ② 대법원규칙의 제정과 개정에 관한 사항, ③ 판례의 수집 및 간행에 관한 사항, ④ 예산의 요구 및 예비금의 지출과 결산에 관한 사항, ⑤ 다른 법령에 의하여 대법관회의의 권한에 속하는 사항이 특히 중요하다고 인정되는 사항으로서 대법원장이 부의한 사항"을 의결한다. 대법관회의는 사법행정사무를 담당하는 기관으로서 전원합의체와 구분되며, 헌법상의 필수기관이므로 반드시 설치하여야 한다.

(3) 대법원의 권한

대법원은 각종 상고사건 및 재항고사건, 명령·규칙의 위헌·위법 여부의 최종심사, 위헌법률심사의 제청, 선거소송과 규칙 제정 등의 권한을 가진다. 이러한 여러 가지 권한 중 대법원의 규칙제정권에 대하여는 아래에서 좀 더 구체적으로 살핀다.

대법원의 규칙제정권은 국회입법원칙의 예외라고 할 수 있다. 대법원 규칙을 제정하기 위해서는 대법관회의의 의결을 거쳐야 하며 의결된 규칙은 의결된 후 15일 이내에 법원행정처장이 공포하고 관보에 게재하면 그 효력이 발생한다. 대법원규칙 제정의 대상과 범위는 헌법 제108조의 규정에 의해서 법률에 저촉되지 아니하는 범위 내에서 소송에 관한 절차, 법원의 내부규율 사무처리에 관한 사항이다. 그러나 이 규정은 예시적 규정에 불과하다는 것이 일반적인 해석이므로, 기타의 사항에 대하여도 필요하면 대법원 규칙으로 정할 수 있다. 대법원의 규칙은 법규명령으로서 법률보다는 하위에 있다.9)

2. 고등법원과 지방법원

(1) 고등법원

법원의 구성조직으로는 고등법원이 있다. 고등법원은 부를 두고, 부장판사가 그 부의 재판장이 된다. 고등법원의 재판은 판사 3인으로 구성된 합의부에서 행한다. 법원조직법 제28조에 의해서 고등법원은 다음의 사건을 심판한다. "① 지방법원 합의부·가정법원 합의부 또는 행정법원의 제 1 심 판결에 대한 허가사건, ② 지방법원 합의부·가정법원 합의부 또는 행정법원 제 1심 심판·결정·명령에 대한 항고사건 및 ③ 다른 법률에 의하여 고등법원의 권한에 속하는 사건"을 심판한다. 특히 고등법원은 구·시·군의 장 및 지방의회의원의 선거소송을 담당하게 되어 있다.

(2) 지방법원

고등법원의 아래에는 지방법원이 구성되어 있다. 지방법원에 판사를 두며 지방법원에 배치하는 판사의 수는 대법원규칙으로 정하도록 하고 있다. 제 1 심 사건은 원칙적으로 단독판사에 속하나(법원조직법 제 7 조 제 4 항), "① 사형·무기 또는 단기 1년 이상의 징역이나 금고에 해당하는 사건과 ② 이와 동시에 심판할 공범사건, ③ 지방법원 판사에 대한 제척·기피사건, ④ 법률에 의하여 지방법원 합의부의 권한에 속하는 사건 및 ⑤ 합의부에서 심판할 것으로 합의부가 스스로 결정할 사건, ⑥ 민사사건에 관하여는 대법원규칙으로 정하는 사건"은 합의부에서 심판하도록 하고 있다(법원조직법 제32조 제 1항).10) 지방법원본원합의부는 지방법원 단독판사의 판결에 대한 항소사건과

---

9) 한편 소송절차에 관한 사항 등은 단순히 사법부 내부의 사항에 그치는 것이 아니라 법원 소속공무원이나 소송관계인까지도 구속하는 것이므로, 법률 또는 법규명령으로 제정되어야 한다는 견해가 있다(권영성, 1047쪽 참조). 또한 대법원규칙에 관하여도 위헌심사가 인정된다고 보는 것이 헌법재판소 판례의 입장이다. 헌재 1990. 10. 15. 89헌마178(법무사법시행규칙에 대한 헌법소원) 참조.

10) 단 사형·무기 또는 단기 1년 이상의 징역이나 금고에 해당하는 사건 중 형법 제225조(공문서 등의 위·변조), 제226조(자격모용에 의한 공문서등의 작성), 제229조(위조 등 공문서의 행사), 제257조 제 2 항(존속상해), 제331조(특수절도), 제332조(상습절도·상습야간주거침입절도·상습특수절도·상습자동차 등 불법사용), 폭력행위등처벌에관한법률 제 2 조 제 1항, 제 3 조 제 1 항 및 제 2 항에 해당하는 사건과 병역법위반사건은 합의부사건이 아니다.

지방법원 단독판사의 결정·명령에 대한 항고사건을 제 2 심으로 심판한다. 즉 모든 2심이 고등법원의 관할은 아닌 것이다.

한편 법원조직법 제31조 규정에 의해서 지방법원 지원과 지방법원 소년부 지원을 두게 되어 있다. 여기에는 지원장을 두며 법관으로 보하도록 한다. 지원장은 관할구역 안에 위치한 시·군법원의 사법행정사무를 관장하고, 소속공무원을 지휘·감독한다. 지방법원 지원의 심판과 관할사항은 지방법원과 동일하다.

(3) 시·군 법원

시·군 법원은 이전의 순회재판소를 폐지하고 설치된 법원이다. 법원조직법 제34조 규정에 의해서 시·군 법원은 "① 소액사건심판법의 적용을 받는 민사사건, ② 화해·독촉 및 조정에 관한 사건, ③ 20만원 이하의 벌금 또는 구류나 과료에 처할 범죄사건, ④ 호적법 제79조의2에 의한 협의상 이혼확인사건"을 관할한다. 시·군 법원에 대한 불복사건은 그 지역을 관할하는 지방법원 또는 지원이 관할하며, 20만원 이하의 벌금·구류·과료에 처할 범죄사건에 대하여는 이를 즉결심판한다. 다만 즉결심판으로 유죄선고를 받은 피고인은 그 고지를 받은 날로부터 7일 이내에 정식재판을 청구할 수 있다(법원조직법 제35조).

3. 특별법원

헌법 제110조는 특별법원으로서 군사법원을 설치할 수 있다고 규정하여 특별법원의 설치 근거를 인정하고 있다. 특별법원의 개념에 관해서는 관할대상이 특수한 사항에 한정되어 있고 여타의 법원과 성격이 다르지는 않은 특수법원으로 보는 견해와 법관의 자격이 없는 자가 재판하거나 최종심을 대법원으로 하지 않는 예외법원으로 보는 견해가 대립하고 있다. 만약 특수법원을 규정한 것이라면 헌법에 특별히 규정할 필요가 없었다는 점에서 예외법원으로 보는 입장이 일반이다. 현재 설치되어 있는 군사법원이 법관의 자격이 없는 장교에 의하여 진행된다는 점을 보면 특별법원은 예외법원으로 이해하는 것이 타당하다. 이하에서는 군사법원과 기타의 특수법원에 관하여 포괄적으로 고찰해 보겠다.

(1) 군사법원

군사법원은 헌법 제110조에 규정된 헌법상 유일의 예외법원으로서 특별법원이다. 군사법원의 재판권은 군 판사와 심판관으로 구성된다. 재판관 및 주심 군 판사는 관할관이 임명한다. 군사법원의 조직은 보통군사법원과 고등군사법원으로 조직되며, 최종심은 대법원이 관할한다.

헌법 제110조 제 2 항과 제 4 항의 규정에 의해서 군사법원의 재판은 원칙적으로 대법원에의 상고가 인정되지만 비상계엄하의 군인·군무원의 범죄, 군사에 관한 간첩죄의 경우와 초병·초소·유독음식물제공·포로에 관한 죄 중 법률이 정한 경우에는 단심으로 할 수 있다. 단 위의 경우에 있어서 사형을 선고한 경우에는 대법원에 상고할 수 있다. 군사법원의 상고심은 원칙적으로 대법원으로 하고 있기 때문에 이 점에서는 군사법원 역시 대법원의 하급법원이라 할 수 있다. 그러나 법관의 자격이 없고 독립성이 충분히 보장되지 않는 자에 의하여 재판이 진행된다는 점에서 예외법원이라고 보는 것이다.[11]

(2) 특수법원

특수법원은 특수한 사건을 담당하는 법원을 의미하는 것으로, 특수법원에는 가정법원·행정법원·특허법원이 속한다고 하겠다.

먼저 행정법원에는 판사를 두며, 배치되는 판사의 수는 대법원규칙으로 정한다. 행정법원에 행정법원장을 두며 판사로써 보한다. 행정법원은 행정소송법에서 정한 행정사건과 다른 법률에 의하여 행정법원의 권한에 속하는 사건을 제 1 심으로 심판한다. 1998년 3월 1일부터 행정법원이 신설되었고 행정

---

11) 그동안 우리나라의 군사법원제도는 몇 차례 개정작업을 거치면서 과거 군사독재 시절 '군법회의'에 드리워져 있던 어두운 그림자에서 많이 벗어났다. 하지만 아직도 군사법원이 민간법원에 비해 헌법이나 일반 형사소송법상의 원칙에 충실하지 못하며, 장병들의 인권보호에도 미흡하다는 지적이 많다. 이에 사법개혁위원회는 군사법제도의 근본적 개혁 방안을 검토하고 있다고 한다(한겨레신문 2004년 6월 17일자 참조). 오랜 군부독재를 거치면서 군지휘관을 마치 문민통제를 벗어난 특별 존재인 양 착각하여, 관할관 제도라는 감형권까지 갖춘 군사법원제도를 평시에도 운용함으로써 군내에서 발생하는 범죄에 대한 법적 조처들이 지휘관의 자의에 의해서 좌우되기 일쑤였음을 부인할 수 없다. 평시군사법원제도를 폐지하고 민간 법원에 이관하면 지휘권을 약화시키는 것이 아니라 오히려 지휘관의 부담을 크게 경감하는 조치로 이해해야 한다. 그리고 이를 통해 군은 발생하는 범죄 문제들에 대한 근본적인 파악과 결과에 대한 조처 등을 객관화·전문화·공정화할 수 있도록 하고, 그로써 새로운 시대가 요구하는 민주적이고 열린 군대로 발전할 수 있을 것이다. 전시에는 특례규정이 별도로 마련되어 있어 전혀 문제가 되지 않는다.

소송을 2심제에서 3심제로 심급을 확대하였으며, 행정심판전치주의를 임의적 심판전치주의로 개정하였다.

다음 가정법원에는 판사를 두며, 판사의 수는 대법원규칙으로 정한다. 가정법원에 가정법원장을 두며, 그 법원 및 부속지원의 소속공무원을 지휘·감독한다. 가정법원에는 지원을 둘 수 있으며, 지원장은 판사로써 보한다. 가정법원 및 가정법원지원 합의부에서는 가사소송법에서 정한 가사소송과 마류 가사비송사건 중 대법원규칙으로 정하는 사건, 가정법원판사에 대한 제척·기피사건, 다른 법률에 의하여 가정법원합의부의 권한에 속하는 사건을 제 1 심으로 심판한다. 가정법원본원합의부는 가정법원단독판사의 판결·심판·결정·명령에 대한 항소·항고사건을 제 2 심으로 심판한다.

특수법원으로는 또 특허법원이 있다. 특허법원에는 판사를 두며 그 판사의 수는 대법원규칙으로 정한다. 특허법원은 특허법원장을 두며, 판사로써 보한다. 특허법원의 심판은 판사 3 인으로 구성된 합의부에서 행한다. 특허법원에서는 특허법, 실용신안법, 의장법, 상표법에서 정하는 제 1 심사건과 다른 법률에 의하여 특허법원의 권한에 속하는 사건을 심판한다.

제 2 장   司法權의 獨立과 司法府의 權限

제 1 절   司法節次의 前提로서 司法權의 獨立

Ⅰ. 司法權의 獨立의 意義

사법권의 독립은 사법권이 입법권이나 행정권으로부터 간섭받지 아니하
고 자유로운 재판을 할 수 있는 것을 말한다. 사법권의 독립은 궁극적으로
재판독립의 원칙 내지 판결의 자유를 확보하여 공정하고 정당한 재판제도를
만드는 것을 목표로 하는 것이다. 즉 사법권의 독립은 그 자체 목적이 아니
라 공정하고 정당한 재판을 통하여 기본권보장과 질서유지라는 목적을 달성
하려는 수단적 헌법원리라 할 수 있다.

사법권의 독립은 프랑스의 몽테스키외가 삼권분립론에서 최초로 주창된
것으로, 재판의 독립을 획득하기 위한 투쟁의 과정에서 이루어진 것이다. 사법
권의 독립을 헌법에 최초로 규정한 것은 미국의 버지니아 권리장전과 프랑스
인권선언이며, 그 이후 많은 국가에서 헌법상에 규정하고 있다. 뢰벤슈타인은
사법권의 독립을 입헌민주주의와 법치주의의 초석이라 하였고, 칼 슈미트는
시민적 법치국가의 가장 중요한 조직적 징표 중의 하나로 규정하였다고 한다.

사법권의 독립은 사법을 담당하는 기관인 법원의 독립과 재판을 담당하
는 법관의 독립을 그 내용으로 한다. 아래에서 차례로 살펴보겠다.

Ⅱ. 法院의 獨立

1. 행정부로부터의 독립

먼저 법원은 집행부와 조직·운영·구성·기능에서 상호 독립적이어야

한다. 법관은 행정부의 직을 겸직할 수 없으며, 행정부는 재판과정에 관여할 수 없다. 법원의 조직, 법관의 자격을 법률에 의하여 정하는 것도 사법부에 대한 집행부의 간섭을 배제하기 위한 것이다. 또한 법관과 행정부와의 관계에서는 상호 견제와 균형의 원리가 적용된다. 행정부는 대법원장과 대법관 임명권, 계엄선포권, 사면권, 예산편성권을 가지며, 법원은 행정부를 견제하기 위해서 명령·규칙·처분의 심사권, 행정재판권 등을 가진다.

2. 입법부로부터의 독립

법원은 또한 의회를 비롯한 정치권으로부터 독립하여야 한다. 먼저 법관은 국회의원직을 겸직할 수 없다. 국회는 재판을 하거나 재판에 간섭할 수 없고 법원은 입법권을 가질 수 없다. 헌법상 국회는 법관탄핵소추권, 국정감사·조사권, 대법원장·대법관 임명동의권 등을 가지는 반면에, 법원은 위헌법률심사제청권, 국회규칙심사권 등을 가진다. 법원과 국회는 상호 견제와 균형의 원리를 통해서 독립성을 확보하고 있다. 한편 의회의 법관에 대한 탄핵소추권은 법관이 헌법과 법률에 위배되는 것을 요건으로 하는 것이므로, 의회에 대한 법원의 예속을 의미하는 것은 아니다. 사법권에 대한 국회의 국정감사·조사권의 한계와 국회의 자율성에 대한 사법심사의 한계가 문제되고 있다.[1]

3. 법원의 자율성

법원의 독립을 위해서는 법원의 내부규율과 사무처리가 타 국가기관의 간섭을 받아서는 안 된다. 따라서 헌법 제108조는 법원의 자치와 자율성을 보장하기 위해서 소송절차 및 법원의 내부규율사무처리에 관한 규칙 제정권을 대법원에 인정하고 있다.

Ⅲ. 法官의 獨立

법관의 독립은 법관의 신분보장과 같은 인적 독립과 법관의 직무상 독립과 같은 물적 독립으로 나누어 살펴볼 수 있다. 이 중에서도 법관의 직무상 독립이 보다 핵심적인 요소라고 하겠는데, 법관의 신분상 독립은 궁극적으로

---

1) 자세한 내용은 "제 4 부 국회개혁론"의 관련되는 부분에서 이미 논하였다.

법관의 직무상 독립을 위해서 필요한 것이기 때문이다. 법관의 독립인 인적 독립과 물적 독립을 살펴보면 다음과 같다.

1. 법관의 신분상 독립

법관의 신분상 독립을 위해서 법관인사의 독립, 법관의 자격제, 법관의 임기제·연임제·정년제, 법관의 신분보장, 법관의 겸직금지, 정치적 중립성 보장 등이 규정되고 있다. 이것을 법관의 인적 독립이라고 하는 것이다. 아래에서 차례로 살펴본다.

첫째 법관인사의 독립이란 법관의 인사에 다른 기관이 관여할 수 없고, 일반 법관과 대법관회의의 동의를 얻어서 대법원장이 행하도록 하는 것을 말한다. 즉 법관인사의 자율성을 보장하는 것이다. 헌법은 법관의 신분상의 독립을 확보하기 위하여 대법원장과 대법관이 아닌 법관은 대법관회의의 동의를 얻어 대법원장이 임명하도록 하여 일반법관의 임명을 사법부의 자율에 맡기고 있고, 법원조직법은 판사 및 예비판사의 보직은 대법원장이 행한다고 하여 법관의 보직권까지도 사법부의 자율에 일임하고 있다. 한편 대법원장은 국회의 동의를 얻어서 대통령이 임명하고, 대법관은 대법원장의 제청에 의해서 국회의 동의를 얻어 대통령이 임명한다. 이것은 민주적 정당성을 확보하기 위한 최소한의 것이라 할 수 있다.

둘째 법관의 자격제를 두고 있다. 법관의 자격은 법률로 정하는 이른바 법관자격의 법정주의를 채택하고 있다. 법관의 자격은 법원조직법 제42조 규정에 정해져 있는데, 일반법관은 사법시험에 합격하여 사법연수원의 소정의 과정을 마친 자나 변호사의 자격이 있는 자를 임용한다. 대법원장과 대법관은 15년 이상 판사·검사·변호사·변호사의 자격이 있는 자로서 국가기관, 지방자치단체, 국·공영기업체, 정부투자기관 기타 법인에서 법률에 관한 사무에 종사한 자, 변호사의 자격이 있는 자로서 공인된 대학의 법률학 조교수 이상의 직에 있던 자로서 40세 이상인 자 중에서 임용한다.

셋째 법관의 임기제·연임제·정년제를 두고 있다. 그런데 법관의 임기제는 법관의 전문성과 숙련성을 확보하고 법관의 지위가 고정되는 데서 오는 법관의 보수화와 관료화를 방지하기 위한 제도로서 긍정적인 측면을 지니기도 하지만, 법관의 신분보장을 저해하기도 한다. 한편 연임제는 사법의 독립성을 저해하는 요소로 지적되기도 하다.

기타 법관은 여러 가지 신분보장을 받고 있다. 헌법 제106조 제 1 항에 의해서 법관은 탄핵 또는 금고 이상의 형의 선고에 의하지 아니하고는 파면되지 아니하며, 징계처분에 의하지 아니하고는 정직·감봉 기타 불리한 처분을 받지 아니한다. 또 법관징계법 제 2 조에 의해서 법관의 징계는 법관으로서 직무상의 의무를 위배하거나 직무를 태만히 하거나 법원 또는 법관으로서의 위신을 실추하게 하는 소행이 있는 경우에 이를 행할 수 있게 하고 있다. 법관의 징계처분은 견책·감봉·정직의 3종이 있으며, 감봉은 1월 이상 1년 이하의 기간 중 봉급의 3분의 1 이하를 감한다. 또한 정직은 3월 이상 1년 이하의 기간 중 직무집행을 정지하고 정직 중에는 봉급을 지급하지 아니한다. 법관의 징계사건을 심의하기 위하여 대법원에 법관징계위원회를 두며, 위원회는 위원장 1인과 위원 6인으로써 구성하고 예비위원 4인을 둔다. 헌법은 법관이 중대한 심신상의 장해로 직무를 수행할 수 없을 때에는 법률이 정하는 바에 의하여 퇴직하게 할 수 있다고 규정하여 법관에 대한 자의적인 강제퇴직을 불가능하게 하고 있다.

법관의 신분상 독립을 위하여 겸직금지와 정치적 중립성 보장을 정하고 있기도 하다. 법관은 법률에 정하는 직을 겸직할 수 없고 정치운동에 관여하거나 영리활동에 종사할 수 없다. 법관의 영리활동을 금지하는 대신에 법관의 보수는 직무와 품위에 상응할 수 있도록 법률로써 정하도록 하고 있다.

2. 법관의 직무상 독립

법관의 직무상 독립은 사법부 독립의 핵심적 요소로 법관의 양심에 따라 재판을 행하는 것을 말한다. 현행헌법 제103조의 "법관은 헌법과 법률에 의하여 그 양심에 따라 독립하여 심판한다"는 규정은 법관의 직무상 독립을 명시하고 있는 것이다.

먼저 법관은 '헌법과 법률'에 구속된다. 법관은 성문법·불문법을 막론한 모든 법률에 의해서 구속되는 것을 말한다. 단 형사재판에서는 죄형법정주의에 따라 형식적 의미의 법률로 봄이 타당하다. 또한 절차법에 관한 한 민·형사사건을 막론하고 형식적 의미의 법률에 따라 재판하여야 한다.

그리고 법관은 '양심'에 의해서 독립하여 심판한다. 이 경우의 양심이란 양심의 자유에서의 양심과 동일한 의미는 아니고, 사회적 양심·직업적 양심·객관적인 법관의 법조적인 양심을 말한다. 만약 재판에 있어서 개인적인 양심과 직업상 양심이 충돌하는 경우에는 법관은 직업상의 양심을 우선해야 한다.

"독립하여 심판한다"고 함은 법관을 구체적인 사건의 심판에서 사회적 여론, 소송당사자, 입법부, 행정부와 같은 어떠한 세력으로부터도 간섭이나 지시 등을 받지 아니하는 것을 말한다. 외부적으로 법원에 대하여 객관적인 법해석이나 학문적인 비판은 가능하지만, 유·무죄의 판단 그 자체를 대상으로 하거나 재판에 부당한 압력을 가하는 정도의 간섭은 허용되어서는 안 된다.

한편 사법부 내부에서 구체적인 심판의 독립도 중요한 문제이다. 즉 법관은 재판을 함에 있어서 대법원장이나 상소심법원장, 소속법원장 등 상급자의 지시나 간섭을 받지 아니한다. 그런데 상급법원의 재판에 있어서의 판단은 당해 사건에 관하여 하급심을 기속한다는 법원조직법 제 8 조의 규정이 심판의 독립과 관련하여 문제되고 있다. 이 규정은 하급법원이 반드시 상급법원의 지시에 따라 재판을 하여야 한다는 의미가 아니고 파기환송의 판결에서 상급법원이 행한 법적 판단에 하급심법원이 기속된다는 것을 의미할 뿐이다. 이러한 기속은 당해 사건에 한하여 그러한 것이고, 다른 동일 종류의 사건에서는 상급법원과 상이한 견해를 판시할 수 있으므로 이 규정이 법관의 재판상의 독립을 침해하였다고는 볼 수 없을 것이다.

3. 사법부의 독립의 한계

사법부에 독립이 인정된다고 하여도 사법부가 아무런 제한 없이 존립한다는 의미는 아니다. 일정부분 다른 국가기관에 의한 제한을 받기도 한다. 이를테면 대통령의 대법원장·대법관임명권, 정부에 의한 법원의 예산편성권, 대통령의 사면권 및 국회의 국정감사·조사권과 임명동의권, 법관탄핵소추권 등이 제한의 작용을 한다. 이러한 제한은 사법부 독립의 한계라고 하기도 하는데, 다만 권력분립의 원리 실현과 민주적 정당성의 부여에 기여하기 위한 것이며, 사법권의 독립을 저해하는 것은 아니라는 점에서 진정한 의미의 한계는 아니라고 하겠다.[2]

그런데 사법부의 독립에 관하여 아무리 많은 법적 제도가 존재한다고

---

2) 정진경, "사법권의 독립과 관련한 사법개혁방안," 인권과정의 제293호, 2001, 116-130쪽.

하여도 사실상 독립을 유지하기 어렵거나 저해 당할 가능성은 충분히 있다. 사법부 독립에 관한 법적 고려가 충분히 그 기능을 발휘할 수 있도록 하기 위해서는 현실의 사법환경을 개선하는 것이 매우 시급하다고 할 수 있다.[3] 이 문제는 제3장의 사법개혁과 관련된 논의에서 종합적으로 고찰해 보기로 한다.

제2절 法院의 權限

법원의 고유한 권한은 우선 법원조직법 제2조 제1항 규정에 의할 때 '재판권'이라 할 수 있다. 물론 재판권 이외에 법원은 명령·규칙심사권, 위헌법률심사제청권, 법정질서유지권, 사법행정권 등의 사법과 관련된 권한을 가진다. 법원의 권한 중에서 특히 중요한 권한을 고찰해 보면 다음과 같다.

I. 裁判權

법원의 재판권(쟁송재판권)이란 형사소송, 민사소송, 행정소송, 선거소송, 가사소송과 같은 법적인 쟁송에 관한 권한을 가지는 것을 말한다. 특히 대법원은 대법관 전원의 3분의 2 이상의 합의체에서 심판함을 원칙으로 하고 있다. 그런데 앞서 본 바와 같이 명령이나 규칙이 헌법이나 법률에 위반함을 인정하거나, 종전의 대법원의 의견을 변경할 필요가 있을 때, 부에서 재판함이 적당하지 아니함을 인정하는 때에는 합의체가 이를 관할하며, 기타의 사건은 대법관 3인 이상으로 구성된 부에서 먼저 사건을 심리하여 의견이 일치할 때에 한하여 그 부에서 재판하도록 하고 있다. 또 대법원은 대통령선거, 국회의원선거, 시·도지사 선거 또는 당선효력에 관한 소송을 관할한다. 그리고 고등법원 또는 항소법원, 특허법원의 판결에 대한 상고사건과 항고법원, 고등법원 또는 항소법원, 특허법원의 결정·명령에 대한 재항고사건을 관할한다.

한편 고등법원은 지방법원합의부, 가정법원합의부 또는 행정법원의 제1심 판결에 대한 항소사건과 지방법원합의부, 가정법원합의부 또는 행정법원

3) 신평, "한국 헌법상 법관의 직무상 독립에 관하여," 세계헌법연구 제7호, 2003, 314쪽 이하.

의 제1심 심판·결정·명령에 대한 항고사건 및 지방의회의원과 기초단체의 장의 선거 및 당선소송을 심판한다.

특허법원은 특허법 제186조 제1항, 실용신안법 제35조, 의장법 제75조 및 상표법 제86조 제2항이 정하는 사건을 제1심으로 심판하며, 다른 법률에 의하여 특허법원의 권한에 속하는 사건을 심판한다.

지방법원 합의부는 합의부가 심판할 것으로 합의부가 결정한 사건, 민사사건에 관하여 대법원 규칙으로 정한 사건(현재 5,000만원 초과의 사건), 형사사건에 관하여는 사형·무기·단기 1년 이상의 징역 또는 금고에 해당하는 사건과 이와 동시에 심판할 공범사건, 제척·기피사건 등을 담당한다. 지방법원의 단독판사는 대법원규칙이 정하는 민사사건이나 법률에 의하여 단독판사의 권한에 속하는 사건에 관하여 심판권이 있는데, 형사사건의 경우 절도·폭행사건 등과 단기 1년 미만의 징역이나 금고·벌금에 처할 사건에 관하여 심판권이 있는 것으로 되어 있다. 지방법원 본원의 항소부는 지방법원 단독판사의 판결에 대한 항소사건, 지방법원 단독판사의 결정·명령에 대한 항고사건을 제2심으로 담당한다. 시·군 법원은 화해·독촉 및 조정에 관한 사건, 소액사건심판법의 적용을 받는 민사사건(2,000만원 미만), 20만원 이하의 벌금·구류·과료에 처할 범죄사건, 호적법 제79조의2에 의한 협의상 이혼의 확인사건에 대하여 심판권을 갖는다.

가정법원의 합의부는 가사소송법에 정한 가사소송사건과 마류 가사비송사건, 제척·기피사건 등을 심판한다. 가정법원 본원 항소부는 가정법원 단독사건의 심판에 대한 항소사건과 결정·명령에 대한 항고사건을 제2심으로 심판한다. 가정법원의 단독판사는 가사소송법이 정한 라류 가사비송사건을 심판한다.

행정법원은 행정소송법에서 정한 행정사건과 다른 법률에 의하여 행정법원의 권한에 속하는 사건을 제1심으로 심판한다.

Ⅱ. 違憲·違法 命令·規則審査權

위헌·위법 명령·규칙심사권이란 법원이 재판의 대상이 되고 있는 구체적 사건에 적용할 명령·규칙의 효력을 심사하여 이를 무효라고 판단할 경우 당해 명령·규칙을 그 사건에 적용하는 것을 거부하는 권한이다. 헌법 제107

조 제2항 규정에 의해서 명령·규칙·처분이 헌법에 위반되는지의 여부가 재판의 전제가 되는 경우에는 모든 법원이 이를 심사할 수 있으며, 대법원은 이를 최종적으로 심사할 권한을 가지게 되는 것이다.

　　물론 모든 법원은 명령·규칙을 심사할 수 있지만, 최고법원은 대법원이므로 명령·규칙의 위헌·위법여부를 최종적으로 심사할 권한은 대법원이 보유한다. 한편 헌법재판소가 명령·규칙에 대한 위헌심사권을 가지는가에 대하여는 견해가 나뉘어 있지만, 헌법재판소는 "통일적인 헌법해석과 규범통제를 위하여 공권력에 의한 기본권침해를 이유로 하는 헌법소원심판청구사건에 있어서 법률의 하위법규인 명령·규칙의 위헌심사권이 헌법재판소의 관할에 속하는 것은 당연한 것으로 헌법 제107조 제2항의 규정이 이를 배제한 것으로 볼 수 없다"고 판시하여, 명령·규칙이 헌법에 위반되는지 여부에 관한 심사권은 헌법재판소에서도 가진다는 견해를 취하고 있다.[4]

　　이러한 명령·규칙심사권은 이른바 구체적 규범통제의 일 유형이라고 할 수 있다. 구체적 규범통제의 성격을 갖는 것은 법원에 명령·규칙을 심사하기 위해서 명령·규칙이 헌법이나 법률에 위반되는 여부가 재판의 전제가 되어야 하기 때문이다. 즉 추상적 규범통제는 인정되지 않는다. 재판의 전제성이란 법원에 계속중인 구체적인 사건에 당해 법률이 적용되는 것을 말한다. 또한 그 법률의 위헌여부가 재판주문의 이유에 특정한 영향을 주는 것 또한 이에 포함된다.

　　명령·규칙심사의 기준은 헌법과 법률이며, 헌법적인 관습 또는 법률의 효력을 가지는 조약이나 긴급명령권 등도 포함한다고 볼 수 있다. 그리고 심사의 대상은 명령과 규칙이며, 명령은 대통령령·총리령·부령을 불문한다. 국제법의 형식을 띠고 있는 조약이나 협정도 명령과 동일한 효력을 가진 것은 법원의 명령·규칙심사의 대상이 될 수 있다. 심사의 대상인 규칙이라 함은 국가기관에 의해 정립된 것을 의미하지만, 본 심사의 대상이 되는 것은 국민에 대하여 일반적 구속력을 가지는 규칙이라고 보아야 할 것이다. 단지 내부적 효력만 가지는 규칙이라면 굳이 사법심사의 대상으로 삼을 필요가 없을 것이기 때문이다.

　　대법원이 최종적으로 명령·규칙을 심사하여 위헌·위법으로 결정하기 위해서는 대법관 3분의 2 이상의 전원합의체에서 과반수로 의결될 것이 요구

---

4) 헌재 1996. 10. 4. 96헌마68등.

된다. 위헌·위법으로 결정되면 당해 사건에 대해서만 적용이 거부되고, 그 자체의 무효를 선언할 수 없다. 즉 개별적 효력만 인정되는 것이다. 위헌·위법한 명령·규칙에 의거하여 한 행정처분은 당연 무효가 되거나 취소의 대상이 된다. 물론 현행법상 위헌으로 선언이 된 경우 대법원장은 지체 없이 행정자치부장관에 통지하고 행정자치부장관은 관보에 게재함으로써 마치 일반적인 무효로 된 효과를 내도록 하고 있다.

Ⅲ. 違憲法律審判提請權

1. 위헌법률심판제청권의 의미

법률이 헌법에 위반되는지 여부가 재판의 전제가 된 경우에는 법원은 헌법재판소에 제청하여 그 심판에 의하여 재판한다(헌법 제107조 제1항). 위헌법률심판제청권은 모든 법원이 행사할 수 있다. 헌법재판소법 제41조 규정에 의하여 군사법원도 제기할 수 있다. 그 제청은 당사자의 신청 또는 직권에 의하여 행할 수 있으나, 당사자의 신청이 있는 경우라도 위헌법률심판청구의 주체는 여전히 법원이다. 위헌법률심판제청의 대상에는 국회에서 제정한 형식적 의미의 법률뿐만 아니라 법률과 동일한 효력을 가지는 조약과 긴급명령도 당연히 포함된다고 볼 수 있다.

제5공화국 헌법에서는 법률의 위헌여부가 재판의 전제가 되더라도 법원이 법률의 위헌을 인정할 때에만 제청하도록 하고 있었다. 즉 위헌여부에 대한 제1차적 심판권이 법원에 있어서, 위헌법률심판에 소극적인 법원이 한 건도 제청을 하지 않는 현상이 일어났다. 그래서 현행헌법에 규정된 위헌법률심판권은 법원의 권한인 동시에 의무로 규정하고 있는 것이다.

물론 여전히 법원이 합헌결정권 내지 합헌판단권을 보유하는가 문제되고 있기는 하다. 먼저 이를 긍정하는 견해는 법원이 법률의 위헌결정은 할 수 없지만 합헌결정은 할 수 있다고 해석한다. 사법권의 본질상 법률의 효력에 대한 심사권은 법관의 고유권한이고, 헌법재판소법 제43조 제4호가 법원의 위헌심판제청을 할 때에 제청서에 위헌이라고 해석되는 이유를 기재하도록 규정하고 있으며, 헌법재판소법 제68조 제2항이 당사자의 제청신청이 기각된 때에는 당사자로 하여금 헌법재판소에 직접 헌법소원심판을 제기할 수 있

도록 한다는 것을 근거로 한다. 반면 이를 부정하는 견해는 현행헌법은 구헌
법 제108조의 "법률이 헌법에 위반되는 것으로 인정할 때"라는 문구를 삭제
한 점과 구헌법에서의 대법원의 불송부결정권을 현행헌법에서 삭제하였다는
점을 근거로 하여, 법원이 합헌결정권을 가지지 않는다고 본다.

이에 대하여 헌법재판소는 "헌재법 제68조 제2항은 위헌제청신청이 기
각된 때에는 그 신청인이 바로 헌법재판소에 법률의 위헌여부에 관한 심사를
구하는 헌법소원을 제기할 수 있다는 것으로서, 그 경우에 '위헌법률심판이
기각된 때'라는 것은 반드시 합헌판단에 의한 기각결정만을 의미하는 것이
아니라 재판의 전제성을 인정할 수 없어 내리는 기각결정도 포함되는 것으로
해석되므로 이 조항은 법원의 합헌판단권을 인정하는 근거가 된다고 볼 수
없다"고 판시한 바 있다.[5]

2. 행사의 요건과 효과

위헌법률심판의 제청을 위해서는 법률의 위헌여부가 재판의 전제가 되어
야 한다. 이 경우의 재판은 종국판결뿐만 아니라 구속영장발부에 관한 재판
도 포함한다. 또한 구체적 사건성, 당사자적격, 소의 이익 등의 요건도 구비
해야 한다.

위헌법률심판은 헌법재판소법 제41조 제1항에 의해서 법원이 직권 또는
당사자의 신청이 있을 때 제청할 수 있다. 당사자의 제청신청의 경우 법원은
결정으로써 제청할 수도 있고 그 신청을 기각할 수도 있다. 당사자의 위헌법
률심판제청신청에 대한 법원의 기각결정에 대해서는 항고할 수 없고, 다만
신청당사자가 헌법재판소에 위헌소원을 신청할 수 있을 뿐이다. 대법원 이외
의 법원이 제청할 때에는 대법원을 경유해야 한다. 대법원은 불송부결정권이
없으므로 반드시 헌법재판소에 송부하여야 한다. 이 경우 헌법재판소는 소의
이익이 없는 경우에는 각하하게 된다.

법원이 법률의 위헌여부를 헌법재판소에 제청한 경우에 당해 사건의 재
판은 헌법재판소의 위헌여부의 결정이 있을 때까지는 정지된다. 단 법원이
긴급하다고 인정하는 경우에는 종국재판 외의 소송절차를 진행할 수 있다.
헌법재판소는 제청된 법률의 위헌여부를 결정한다. 단, 법률조항의 위헌결정

5) 헌재 1993. 7. 29. 90헌바35.

으로 인하여 당해 법률 전부를 시행할 수 없다고 인정될 때에는 헌법재판소
법 제45조 규정에 의하여 그 전부에 대하여 위헌을 결정할 수 있다. 위헌으로
결정된 법률 또는 법률의 조항은 그 결정이 있는 날로부터 효력이 상실된다.
다만 형벌에 관한 법률 또는 법률의 조항은 소급하여 그 효력이 상실된다.

Ⅳ. 規則制定權 및 司法行政權

사법부의 최고기관인 대법원은 법률에 저촉되지 않는 범위 안에서 소
송에 관한 절차, 법원의 내부 규율과 사무처리에 관한 규칙을 제정할 수
있다(헌법 제108조). 대법원에 규칙제정권을 부여하는 이유는 사법부의 독립
성을 보장하고, 소송절차나 내부적 사무처리 등의 문제는 법원이 그 내용
을 더 잘 알고 있으므로 실정에 맞는 규칙을 제정할 수 있도록 하기 위함
이다. 여기에는 법원 내부의 단순한 규율은 물론이고 소송절차와 관련된
법규명령도 제정할 수 있는 권한이 포함된다. 따라서 대법원은 형사소송규
칙, 민사소송규칙 등을 제정할 수 있는 것이다. 한편 대법원에 업무에 관
련된 법률의 제·개정에 관한 의견을 제출할 권한을 부여하여 독자적인
규범질서를 확보할 수 있도록 돕고 있다.

법원은 여타의 사법행정권을 가지고 있다. 사법행정이란 재판권의 행사
나 재판제도를 운영·관리하기 위하여 행하는 행정작용을 말하는 것으로, 인
적·물적 시설을 운영·관리하는 작용을 말한다. 이에는 법관이나 직원의 인
사, 물적 시설의 관리, 예산 등의 재무관리가 있다. 대법원은 사법행정의 최
고기관이 되고, 대법원장은 사법행정사무를 총괄하며 사법행정사무에 관하여
관계 공무원을 지휘·감독한다.

제 3 절　司法의 節次와 運營

Ⅰ. 裁判의 審級制

헌법 제101조 제 2 항에서는 3심제를 직접 규정하고 있지 아니하나, 공정

한 재판을 확보하기 위해서 법원조직법에 3심제 원칙을 명시하고 있다. 일정한 예외는 있겠지만 우리의 사법질서는 3심제를 원칙으로 삼고 있고, 민사·형사·행정재판에 모두 적용된다.

3심제에 따라 합의부관할사건은 지방법원(행정법원 포함)합의부 → 고등법원 → 대법원의 순서로 진행된다. 한편 소액사건심판법 규칙 제 1 조의 2에 의해 소가(訴價)가 2천만원 이하인 소액사건 또는 경미한 사건에 관한 소송이 속하는 단독판사관할사건은 지방(가정)법원(지원)단독부 → 지방(가정)법원(본원)항소부 → 대법원의 순으로 소송이 진행된다.

그러나 원칙적으로 3심제이지 모든 소송이 3심인 것은 아니다. 먼저 2심제로 되어 있는 것이 있다. 선거소송의 경우에는 공직선거법 제222조 제 2 항 규정에 의해서 지방의회선거와 시·군·자치구의 자치단체장 선거관련소송, 지방교육자치법에 의한 교육의원선거소송은 고등법원과 대법원에서 심리하는 2심제를 채택하고 있다. 또 특허소송은 고등법원급인 특허법원을 제 1 심으로 하고 최종심인 제 2 심을 대법원의 관할로 하고 있다.

일정한 경우에는 단심제로 하기도 한다. 먼저 대통령선거소송, 국회의원선거소송, 시·도지사선거소송, 지방교육자치법에 의한 교육감선거소송은 대법원에서 전속적으로 관할하며, 단심제를 취하고 있다. 그리고 비상계엄하의 군사재판은 군인·군무원의 범죄나 군사에 대한 간첩죄의 경우와 초병·초소·유독음식물공급·포로에 관한 죄 중 법률에 정한 경우에 한하여 단심제로 한다. 단 사형선고시에는 예외로 한다. 군사재판도 평상시의 경우에는 3심제를 따른다. 지방의회의 재의결에 대한 제소사건과 지방자치단체에 대한 직무이행명령 등 지방자치법상의 기관쟁의는 대법원에 제소하도록 되어 있으므로, 이들 사건은 단심제를 취한다고 할 수 있다.

Ⅱ. 裁判의 公開制度

재판의 공개란 재판의 심리와 판결을 일반인에게 공개하는 것을 말한다. 사건과 관련 없는 일반인에게도 공개는 허용된다. 심리는 민사사건인 경우에 구두변론, 형사사건에서는 공판절차를 의미한다. 판결이란 사건의 실체에 대하여 법관이 내리는 판단을 의미하고, 판결은 반드시 공개해야 한다. 재판의 공개는 소송의 심리와 판결을 공개함으로써 재판의 공정성과 당사자의 인권보장을 확보하는 데 그 제도적 의의가 있다.

공개대상은 재판의 심리와 판결이므로, 공판준비절차는 비공개로 할 수 있다. 비송사건절차나 가사소송절차에서의 재판의 합의는 법원의 결정에 의해 비공개로 한다. 판결과 구별되는 소송법상의 결정이나 명령은 공개될 필요가 없다. 그러나 공간적 제약으로 인하여 방청인의 수를 제한하거나, 사진촬영·TV중계를 제한 또는 금지하는 것은 재판공개원칙에 위배되는 것이 아니다. 군사재판에서의 심리도 공개하는 것이 원칙이지만, 재판의 합의는 공개하지 않는다.

법원은 예외적으로 국가의 안전보장 또는 안녕질서를 방해하거나 선량한 풍속을 해할 염려가 있을 때에는 심리에 한하여 결정으로 공개하지 아니할 수 있다(헌법 제109조 단서). 공개여부의 결정은 법원의 재량에 속하지만 이러한 판단에는 객관성이 요구된다고 할 것이고, 비공개의 헌법상 요건은 가급적 엄격하게 해석되어야 한다. 그러나 이러한 경우에도 판결은 반드시 공개하여야 한다. 재판공개규정을 위반한 경우에는 재판이 당연히 무효가 되는 것이 아니라 절대적 상고사유가 된다는 것이 일반적인 견해이다.

Ⅲ. 秩序維持權

한편 법원은 법정에서의 질서유지권을 가진다. 법정에서 질서를 유지하고 심판을 방해하는 행위를 배제 또는 제지하기 위하여 법원이 가지는 권력작용을 말한다. 이는 법원의 권한이지만, 신속·적정하고 수시로 행사되어야 하는 특수성으로 인하여 법정을 대표하는 재판장이 행사하도록 되어 있다. 질서유지를 위한 조치를 위반하는 사람에 대하여는 감치 또는 과태료가 부과될 수 있으며, 이는 형법상의 형벌이 아닌 행정상의 질서벌이므로 형법·형사소송법이 적용되지 아니한다.

제 3 장   司法改革의 問題

제 1 절   司法府 改革의 基本方向

I. 司法改革의 필요성

　　대다수 국민들은 현재의 사법에 대하여 깊은 불신을 보이고 있다.[1] 우리 국민은 여전히 '유전무죄 무전유죄'와 '전관예우'[2]가 존재하고 판결내용이 피해자의 감정을 만족시키지 못하며 변호인선임이 어렵고 국선변호인은 불성실하다는 생각을 가지고 있는 것으로 보인다. 법조인들은 일종의 특권의식을 가지고 국민을 무시하며 군림하려는 모습을 보이기도 한다. 이러한 현상은 한편으로는 우리나라의 뿌리깊은 연고문화에 기인하는 것으로 보이며, 또 다른 한편으로는 권위주의 정권하에서 관료화·계급화된 폐쇄적 조직형태에서 기인하는 면도 있다.

　　이러한 탓에 우리 사법은 일종의 '국민배제형 사법'이라고 이름 붙일 수 있다. 이제 국민의 사법참여를 확대하는 등 민주사법·열린 사법을 지향해

---

1) 대법원의 2003년 12월 여론조사 결과에 따르면 "형사재판이 부유하거나 가난한 사람, 지위가 높거나 낮은 사람들에게 똑같이 정의롭고 공정하다고 생각하는가"라는 질문에 18.2%가 매우 아니다, 65.5%가 아니다라고 응답하는 등 전체 응답자 가운데 83.7%가 형사재판이 불공정하다고 평가했다. 또 "피고인이 선임한 변호사가 최근 개업한 변호사라면 그렇지 않은 변호사보다 더 유리한 판결을 받을 것이라고 생각하는가"라는 질문에 18.1%가 매우 그렇다 66.2%가 그렇다고 답해 84.3%가 전관예우가 존재한다고 보고 있는 것으로 나타났다.

2) 2011년 5월 17일부터 시행된 '전관예우 금지법'은 변호사법 제31조를 말하는데, 판사나 검사로 재직했던 변호사가 퇴임하기 전 1년간 근무했던 법원 및 검찰청 등 국가기관의 사건을 퇴임한 뒤 1년간 수임할 수 없도록 제한한 것이다. 그럼에도 법조인 10명 중 9명은 전관예우 관행이 여전한 것으로 보고 있다. 2014년 8월 서울지방변호사회가 소속 변호사 1,101명을 설문 조사한 결과 무려 985명(89.5%)이 "전관예우 관행이 존재한다"고 답했다. 응답자 중 712명(64.7%)은 "전관 변호사들이 수임계에 이름을 올리지 않고 우회적으로 사건을 맡아 전관예우 금지법을 피해가기 때문에 사실상 법이 아무런 효력이 없다"고 답했다(동아일보, 2014. 8. 29).

나아가는 것이 우리의 직면한 과제이다. 지금까지의 '그들만의 사법' '그들만의 리그'을 척결해 나아가야 한다. 이를 위해 법조인의 징계를 위한 위원회에는 시민단체 대표 등이 참여할 수 있도록 해서 그러한 절차를 실질화해야 한다. 또 법조일원화라고 일컬어지는 법관선발방안 개혁을 강력히 추진해야 한다. 참심제·배심제 등 재판절차에 국민이 참여할 수 있는 방안을 전향적으로 검토해야 한다. 대법원의 구성과 기능을 개혁하고 국민에게 충실한 사법서비스를 제공하기 위해 공익변호사 제도 등을 내실화해야 한다.

사법은 국가의 기강이요, 민주주의의 주춧돌이요, 법치주의의 대들보이며, 시민의 권리와 사생활을 보장해 주는 마지막 보루라고 표현된다. 사법은 사법부와 법률가만의 것이 아니며, 민주적인 사법상이 정착되고 사법이 시민들에게 친절하고 공정하게 다가갈 수 있을 때까지 개혁의 노력을 늦추면 안 될 것이다. 이를 통해 법의 정신·법의 이념을 구현하는 법조인의 책임이 확립되어야 한다. 이러한 뼈를 깎는 자기개혁의 고통을 겪고 나서야 사법은 국민의 신임을 얻을 수 있을 것이다. 흔히 미국 국민들은 대통령의 이름과 함께 대법관의 이름도 기억하고 있다고 한다. 상징적이기는 하지만 우리의 대법원과는 참으로 비교되는 모습이라고 하겠다.

Ⅱ. 國民으로부터 信任받는 司法

1. 사법분야의 국민주권으로서 '사법주권' 확보

사법개혁의 첫째 목표를 국민으로부터 신임받는 사법 만들기에 두어야 할 것이다. 이를 위해서는 우선 사법부가 오직 국민을 위한 기관으로 거듭나야할 필요가 있다. 이를 국민주권에 빗대어 이른바 사법주권이라고 표현하는 입장이 있다. 이 의견에 따르면 사법주권이란 사법분야에서의 국민주권을 가리키는 말로써, 바람직한 사법기관·사법형태 및 법률서비스를 최종적으로 결정하는 권력이 국민에게 있다는 이념이라고 한다. 사법 또는 준사법기관 등의 조직구성이나 재판제도 및 법률서비스의 공급을 결정하는 것은 정부나 법조가 아닌 결국 법률소비자인 국민이요 시민이라는 말이라고 한다.3)

---

3) 김대인, "사법주권의 실태와 법률서비스의 선택권 보장," 법률소비자연맹 창립10주년 정책심포지엄 자료집, 2002, 20쪽.

국민의 신임을 받는 사법이 되기 위해서는 정치적 고려 또는 이권에 흔들리지 않는 진정으로 독립된 사법이 되어야 한다. 그런 의미로 우리는 권력분립적 의미의 사법권 독립을 늘 강조해 왔지만, 실제에 있어서의 사법에 대한 신뢰의 문제와는 연결지어 논의하지 못한 경향이 있다. 정치적으로 사법부독립이 이루어져 있다 해도 개개의 재판에 대한 국민의 신뢰문제는 별개의 문제라고 할 수 있다. 대법원이 법관 임명시 사법시험과 연수원 성적을 기준으로 하던 방침을 바꾸어 인성과 품성도 기준으로 하기로 한 것이나 사시 합격자에게 직업윤리를 가르치려고 하는 등의 시도는 진정한 독립성을 확보하여 사법에 대한 신뢰를 회복하려는 노력으로서 일단 바람직한 것이라고 본다.[4]

이에 더 나아가 사법은 법률소비자인 국민이나 기업이 손쉽게 법률서비스를 받을 수 있는 사법시스템을 갖추어야 한다. 국민의 편에서 공정하게 판단하는 법관, 법률소비자인 시민과 기업에 필요한 변호사, 그리고 민주적 절차가 확보된 형사사법을 운용하는 검찰이 또한 사법개혁의 목표이어야 한다.[5] 그러나 누구나 한번 신뢰를 잃게 되면 불신의 원인이 개선되었다 하더라도 어느 정도는 계속 불신을 받을 수밖에 없다. 결국 법원은 지속적으로 재판의 절차나 판결 및 기타의 사법행정을 통해 행동으로 불신해소를 위해 부단히 노력해야 할 것이다.

---

4) 사법부의 독립과 관련하여 현실적인 문제점을 지적하여 이를 개선해야 한다는 주장이 있다. 이 견해는 먼저 한국사회의 전통적인 연고주의 폐해를 지적하고 관련 법규정에 "부정한 자신으로부터의 독립"이라는 문구를 삽입하자고 하며, 사법부의 과도한 관료화, 계급화를 지적하고 "사법부내부작용으로부터의 독립"이라는 문구를 삽입하자고 주장한다(신평, "한국 헌법상 법관의 직무상 독립에 관하여," 세계헌법연구 제 7 호, 2003, 316-324쪽).

5) 사법개혁위원회는 최근 소위 전관예우를 받는 퇴직 판·검사가 변호사 개업 후 얼마동안은 마지막 근무처의 형사사건 수임을 제한하는 방안을 검토하고 있다고 한다. 이 방안은 매번 용두사미격으로 흐지부지되었지만, 전관예우의 악습을 근절하기 위하여는 단순히 법조계의 자정의지만으로는 불가능함이 명백해진 마당에 다시 제도적 장치를 마련하는 것이 시급하다고 한다. 사개위의 방안처럼 변호사법을 개정하여 판·검사가 개업할 때에는 최종 근무처의 형사사건을 적어도 1-2년간 맡지 못하도록 하는 규정이 마련되어야 한다. 과거 변호사법이 개업지를 제한하는 규정을 두었을 때에는 직업선택의 자유와 관련하여 헌법재판소로부터 위헌결정을 받았지만, 이러한 수임제한 규정은 개업지 선택의 자유는 보장해 주는 것이므로 위헌의 요소는 없다고 할 것이다(법률신문, 2004. 7. 12. 사설 참조).

2. 사법불신의 원인

그렇다면 진정한 국민을 위한 사법으로 인식되지 못하고, 급기야 국민에게 불신을 받는 사법이 된 원인은 어디에 있는 것인지 짚어보기로 한다. 먼저 법원을 살펴보면 그 원인은 다음에 있는 것 같다.

첫째, 법원의 핵심구성원인 법관의 임명부터 문제가 제기된다. 이른바 직업법관제도는 전문성을 살린다는 측면에서 강조되어 온 것이 사실이며, 이외에 별다른 대안이 없는 것도 사실이다. 그러나 조선시대 과거제도를 연상시키는 권위주의적 사법시험제도를 통해 선발된 인원 중에서 사실상 성적순으로 추려진 인원을 대법원장이 임명하는 현재의 방식은 국민의 신뢰를 이끌어내기에 부족하다. 법관은 법률에 대한 전문지식 외에도 윤리의식·청렴성 등 전반에 대한 검증이 요청되는 직분이기 때문이다.6)

둘째 구체적인 재판절차와 관련하여 여러 문제점이 있다. 이를테면 법관기피신청제도가 형해화되어 있다는 것, 판결서가 터무니없이 부실하다는 것,7) 심리불속행제도8) 등이 삼심제의 원칙을 무색하게 한다는 것, 이른바 무변론판결제도9) 등을 도입하여 국민의 재판을 받을 권리를 심각하게 침해할 우려가 있다는 것 등이 문제의 원인으로 제시되고 있다. 이러한 문제점에도 불구

---

6) 법관을 주민투표로 선출하고 그 법관들의 호선으로 법원장을 선출하거나, 적어도 재판부 구성에 전문법관이 아닌 일반시민이 법관으로 참여하는 선진국이나 사회주의 국가 등에 비해 사법기관 구성에의 주권행사가 완전히 차단되어 있는 것이라고 비판하는 입장이 있다(김대인, 앞의 논문, 29쪽).

7) 현재의 판결서에는 사건의 진상을 나타내 주는 증거의 채부과정이 전혀 기록되어 있지 않다. 왜 증거를 채택하고 배척했는지를 기록한다면, 법관과 변호사의 유착 등을 사전 예방적으로 막을 수 있고, 시민들은 사법부를 신뢰하게 될 것임에도 인력의 부족과 사건의 폭주를 이유로 판결문에 사실과 쟁점을 기재하지 않도록 한, 5·16 군사쿠데타 이후의 민사소송법 개정안(1961)이 지금도 계속되고 있는 것은 실로 안타까운 일이며, 이로써 사법의 불공정, 사법비리를 합법적으로 은폐할 수 있게 되었고 사법불신을 야기케 하고 사법통제를 어렵게 한 것이다(김대인, 앞의 논문, 25쪽).

8) 심리불속행제도란 상고심절차에대한특례법의 규정에 따라 상고의 요건을 정하고, 이러한 요건에 맞지 않는 가사·행정·민사 소송의 상고에 대해서는 더 이상 심리를 하지 않고, 상고를 기각하는 제도이다.

9) 2002년 개정민사소송법 제257조에 의하여 실시되는 제도로서, 피고가 원고의 청구를 다투는 때에는 공시송달의 방법이 아닌 한 소장부본의 송달수령일부터 30일 이내에 답변서를 제출하여야 하는데, 만약 이 기간 내에 피고가 아무런 답변을 하지 않은 경우 또는 피고가 원고의 주장사실을 모두 인정하는 취지의 답변서를 제출한 때에는 그것이 직권조사 사항이 아닌 한 법원은 변론 없이 판결할 수 있도록 한 제도이다.

하고 재판에 대한 헌법소원을 인정하지 않아 별도로 구제받을 수 있는 절차 또한 막혀 있다는 것이 문제를 가중하고 있다.

다음 사법의 한 축을 담당하고 있는 검찰도 극심한 불신을 받고 있는 것이 현실이다. 이른바 정치검찰이라는 비난은 상당부분 사라져 가고 있지만, 아직 국민의 실생활과 관련된 부분에서의 신뢰는 받고 있지 못하다. 그 원인으로는 첫째 검사의 임명방식에서 찾을 수 있다. 검사는 행정부에 소속되어 있기는 하지만 독립된 관청으로서 준사법기관이기 때문에 정치권력으로부터의 독립이 더 강하게 요청된다. 그러나 현재 검찰총장이나 고등검사장, 검사 등은 획일적으로 법무부장관의 제청에 의하여 대통령이 임명하는 방식으로 되어 있다. 검사임용에 외부인사 참여 등의 방안이 모색되고는 있지만, 보다 적극적으로 국민의 참여가 일정부분 보장되는 임명방식으로 개선해 나아가야 할 것이다. 둘째 검사동일체 원칙, 기소편의주의·기소독점주의, 구속수사 관행, 검찰의 수사독점 등이 수사와 공소제기 과정 등에서 수사를 부실하게 하거나 국민의 인권침해를 야기하는 부작용을 여전히 나타내고 있다는 것이다. 이러한 폐해를 방지하기 위해서는 피의자 등이 변호인의 조력을 받을 수 있는 방안을 더 확충시킨다던가, 경찰의 수사권을 좀더 확대하여 상호간의 견제를 가능하게 하는 방안이 모색되어야 하겠다.[10]

변호사 직역에 대한 불신의 핵심은 바로 변호사 보수의 문제와 연계되어 있다. 변호사의 수임료 산정에 있어 합리적인 기준과 원칙이 없으며, 어떠한 통제장치 없이 공급자 일방인 변호사의 임의대로 보수를 받을 수 있다는 것이 문제이다. 이를 통하여 합리적인 기준 없이 터무니없이 비싼 수임료를 받도록 되어 있어서, 법률소비자인 국민들은 승소할 수 있는 사건도 포기하거나, 본인소송으로 변호사의 조력을 받지도 못하는 상황에 처하게 된다. 이로 인하여 헌법상 보장된 국민의 재판을 받을 권리는 사실상 형해화되거나 제한되고 있는 것이다.

<hr>

10) "제 3 부 제 2 장 제 3 절 검·경간 수사권의 합리적 배분" 참조.

Ⅲ. 法律서비스의 競爭力强化와 國民의 選擇權 保障

1. 시장개방과 사법의 국제 경쟁력 강화

2001년 11월 카타르 도하에서 개최된 제 4 차 WTO 각료회의에서 합의된 각료선언문에는 농업, 서비스, 무역원활화, 정부조달투명성 등을 포괄하는 이른바 뉴라운드가 출범하게 되었다. 이에 따라 2005년부터는 국내 법률시장이 개방되게 되었다. 특히 미국 무역대표부(USTR)는 2002년 세계무역기구 도하 개발아젠다(DDA) 협상일정에 맞추어 통신, 금융, 유통 등 모두 12개 분야에 대한 개방 요구안을 확정하여, 이들 분야에 대한 전방위적인 개방을 요구했고, 유럽연합(EU)는 외국법에 대한 자문서비스 허용, 외국법률사무소의 고유명칭 사용, 국내변호사의 고용·동업·허용 및 과실송금의 허용 등을 강하게 요구하고 나섰다. 이러한 환경변화에 따라 법률서비스의 국내적 향상 못지않게 국제적 수준의 법률서비스 영역을 개발하는 것을 간과할 수 없게 된 것이다.

현재 세계화가 전면적으로 진행됨에 따라 국내기업의 국제적인 활동은 급증하고 있다. 따라서 기업의 국제적 법률서비스에 대한 수요도 급증하고 있다. 그러나 현실적으로 우리의 법률사무소들이 이러한 기업의 요구에 대응한 서비스를 제공하는 데에는 능력이나 경험 등 여러 면에서 제약이 있다. 따라서 우리 기업들은 국제적 법률문제의 상당부분을 미국 등 현지에서 외국변호사에게 의뢰하여 처리하고 있는 실정이다. 만약 법률시장이 완전 개방되면 기업들은 국내에서 직접 외국변호사와 거래하는 것이 훨씬 편리하고 비용도 절감할 수 있는 길이 될 것이다. 또 국내변호사와 외국변호사의 동업 또는 업무제휴 등으로 외국의 선진 노하우를 국내 법률서비스의 시스템에 받아들일 수 있는 기회가 될 수도 있으며, 외국의 막대한 법률서비스 자본이 유입됨으로써 국민들이 보다 저렴한 가격에 양질의 법률서비스를 향유할 가능성도 있다.

그러나 법률시장개방의 영향이 반드시 유리한 것일 수는 없다. 오히려 막대한 손실과 피해를 야기할 여지도 있다. 만약 외국의 법률회사가 공격적 마케팅을 하거나 시장에서 횡포를 부린다면 자칫 우리나라 변호사를 비롯한

전문자격사의 생존권마저 위협받는 상황이 전개될 수도 있다. 또 국내 법률
서비스 산업의 외국에의 예속화가 일어날 우려가 있으며, 우리 변호사들은
외국의 대형 로펌에 고용되거나 소송수행 등 특정업무만을 하청 받아 기계적
업무처리를 하는 지위로 전락할 우려도 있다. 이렇게 우리의 사법이 외국 기
업에 예속된다면, 그 피해는 고스란히 국민이 전가받을 수밖에 없다. 국민을
위한 사법, 최후의 기본권 보장기관으로서의 사법부라는 헌법적 이념이 외국
기업의 자본논리에 의해 무색해질 위험이 있는 것이다.

　　이에 대하여 법무부나 변호사단체 등은 여전히 적극적인 대안을 내어놓
고 있지 못한 상황이다.11) 사실 현재와 같은 법조계의 현실에서는 뾰족한 대
안이 있을 수 없다고 하겠다. 법조인 양성시스템부터 시작하여 법관임용방
식·조직구성, 법률서비스 시장의 체계 등 어느 것 하나 문제가 없지 않은
상황에서 사법의 국제경쟁력을 논하는 것은 어려운 일이다. 결국 대폭적인
사법개혁을 진행해 나아가는 가운데에서 공정한 경쟁이 가능하도록 만들어
나아가는 수밖에 없다.

2. 국민의 법률서비스 선택권 보장

　　물론 사법의 국가경쟁력 강화는 단순히 법조인들의 경제적 이익보장을
목표로 진행되어서는 안 된다. 경쟁력 강화를 통해서 국민의 법률서비스 선
택권을 내실 있게 보장하는 데 방향이 맞추어져야 한다. 국민의 법률서비스
선택권을 어떻게 강화할 것인가의 문제도 복잡하긴 하다. 다만 법률서비스의
전문성을 확보해야 하고, 신속성을 확보해야 하며, 경제성을 확보하는 방향으
로 개선이 이루어져야 한다.

　　이와 관련하여 변호사 자격을 취득할 수 있는 경로를 다원화하는 방안을
고려할 필요가 있다. 이를테면 변리사, 세무사 등의 전문자격사들에게 그들의
전문분야에 한정된 소송대리권을 부여할 필요가 있다. 또 법학교수의 경우
그들의 박사전공분야에 소송대리권을 부여해야 할 것이다.12) 물론 일정한 조

---

11) 이것은 외국으로부터 일본이 법률시장 개방압력에 직면하자 일본변호사연합회가 나서서
　　외국변호사에의한법률사무의취급에관한특별조치법 제정을 주도하는 등 적극적인 대책을 세
　　운 것과 비교되는 것이다(김대인, 앞의 논문, 44쪽).
12) 일본의 경우 5년 이상 재직한 전임교수에게 변호사 자격을 부여하고 있다고 한다. 법률
　　시장 개방에 대비한 것이며, 법학계와 법조계의 보완관계를 통하여 전문성을 높이는 방안

건, 예컨대 소송법 연수 등을 통해 법조인 자격을 부여해야 할 것이다. 이러한 문호개방을 통하여 현재의 법조인 양성보다 예산은 절약되면서도 법조계의 전문성을 확보하는 것이 가능해질 것이다. 법률서비스의 소비자인 국민은 기존의 일반 변호사, 법학교수, 전문자격사, 외국변호사 중 자신에게 적합한 사람을 선택하여 법률 서비스를 받을 수 있게 되는 것이다.

특히 법학교수를 포함한 법학자에게 변호사 자격을 부여할 것인가와 관련하여 의견이 갈리고 있다. 법조계 일각에서는 법학자의 법조진출을 반대하는 이유로 실무경험의 일천함, 다양한 법률지식의 결핍, 수임 경쟁의 격화, 형평성 위배, 학자의 외도 등을 들고 있다. 그러나 이러한 비판은 타당하지 못하다. 우선 법학자에게 변호사 자격을 부여해야 할 필요성은 영리성을 추구하지 않는 사회 공익적 법무 서비스 기능이 확장된다는 데 있다. 무료변론, 헌법소원, 국제적 법률구조기구 및 단체 참여, 외국투자 자문, 국제사건 관여, 외국 법정에서의 참고인 진술 등을 통하여 국민의 권리보호와 국익증진에 기여하게 될 것이다.

제 2 절   法院組織과 運營의 改革

Ⅰ. 法院組織의 問題點과 改革方案

1. 대법원의 문제점과 개혁방안

(1) 문 제 점

법원조직 전반의 문제점과 개혁방안을 살피려면 우선 사법부의 재판과 사법행정에 있어서 최고기관인 대법원이 가지고 있는 문제점을 파악하고 그에 대한 대책을 강구해 보는 것이 필요하다.

현재 우리 대법원이 가지고 있는 문제로는 첫째 '과중한 사건부담과 그로 인한 법률심으로서의 기능 약화'를 들 수 있다.13) 대법원의 지나친 사건

으로 모색된 것이다. 다만 교수의 경우 재직중 개업은 금지되고 있으며, 상사중재·민사조정·토지수용·공정거래·환경분쟁·노동 등의 영역에서 활동이 기대되고 있다고 한다.

13) 대법관의 본안사건(원칙적으로 법정에서의 재판을 거쳐 판결로 선고되는 정식사건)이 2009년 3만건을 넘었고 드디어 2012년 이후 3만 6천건을 넘었다. 대법관 1인당 일년에 3

부담으로 구체적 사건에서 필요한 권리구제의 기능이 떨어져 있고 대법원이 그 기능의 정수를 보이게 되는 전원합의체 판결의 비율은 너무나 낮으며 국민은 자신의 상고이유에 대하여 만족할 만한 답변을 얻지 못한다는 점에서 큰 문제가 아닐 수 없다

두 번째 문제점으로 '판사 출신 중심의 대법원 구성과 전문성 부족 등'을 지적할 수 있다. 2008년 현재 대법원장을 제외한 13명의 대법관 중 11명이 현직 법관 중에서 임명되었고 나머지 2명이 검사 및 변호사(지방법원 부장판사 출신) 중에서 임명되었다. 재판업무에 능숙한 유능한 법관들을 중심으로 대법원이 구성됨으로써 실질적인 제한 없이 밀려오는 상고사건의 신속하고도 적정한 처리가 가능한 것이 현실이라는 지적이 있으나, 지나치게 경력 법관 중심으로 대법원이 구성되어 전문성이 부족하다거나 사회 변화의 흐름을 반영하지 못하고 국민의 법감정과 괴리된 판단을 한다는 등의 지적도 제기되고 있는 것이다.14) 한편 대부분의 대법관이 경력이 많은 고위 법관 중에서 임명되어 대법관의 지위가 법관 승진구조의 최상단에 위치하게 됨으로써, 관료주의의 폐해가 나타나고 법관의 독립이 훼손될 수 있으며, 또 대법원장과 대법관이 대등한 위치에서 전원합의체를 구성하지 못한다는 지적도 있다. 또한 최근 사회적으로 민감한 문제가 대법원의 판단대상이 되는 예가 많아짐에 따라 각계각층의 이해를 반영할 수 있도록 대법원의 구성이 보다 다양화되어야 한다는 요구가 커지고 있다.15)

천건 정도 해결해야 하니 합의제는 원시적 불능인 셈이다.

14) 2014. 11. 12. 국회에 제출된 법원조직법 개정안은 제42조 제1항에 단서 조항을 넣어 "대법관 수의 2분의 1은 △검사△변호사△변호사 자격이 있는 국가기관·지방자치단체·공공기관 종사자와 법학교수 중에서 임용한다"고 규정하고 있다. 개정안은 제안 이유에서 "막말 판사와 유전무죄 판결, 황제노역 판결은 법원이 그동안 다양한 사회적 가치와 건전한 국민 법 감정을 반영하지 못한 결과"라며 "이는 법관 무오류(無誤謬)의식과 법원 순혈주의에 바탕을 둔 인사관행 등 법원의 폐쇄성에서 비롯됐다"고 지적했다. 이어 "대법관 구성의 다양화를 실현해 최고법원의 판결에 사회의 다양한 가치관과 건전한 국민적 법 감정을 담아낼 수 있는 대법원 인사혁신이 필요하다"며 "대법관 절반을 판사 이외의 직역에서 임용해 사법부 신뢰를 회복해야 한다"고 밝혔다.

15) 지난 이용훈 대법원장 시절에는 종래 기수와 서열을 중심으로 엘리트 남성법관들만을 천거하던 대법관 인선관행에서 벗어나 다양한 대법관 인선이 이루어졌다. 이러한 변화가 김영란, 이홍훈, 박시환, 김지형, 전수안 대법관으로 대표되는 소위 '독수리 5형제' 대법관들을 낳았고 이들에 의해 대법원 판결에도 적지 않은 변화의 바람이 불었다. 우선 통계적인 면만 보더라도, 이들에 의해 대법관 전원이 참석하는 전원합의체 판결이 그 전 최종영 대법원장 시절보다 63건에서 95건으로 1.5배 증가했다. 4인 대법관으로 이루어진 소부판결에서 한 사람이라도 반대의견이 있을 때 그 사건은 전원합의체로 넘어간다. 이러한 통계는

(2) 대법관은 어떤 자리인가

대법관은 법조인이라면 한번쯤 꿈꿔보는, 최고의 법률가로 인정받는 자리다. 대법관은 1심과 항소심 재판부에서 판단한 사건을 최종 결정함으로써 법률해석에 최고권위를 갖는다. 1심과 항소심 재판부에서 엇갈린 판결을 내릴 때 대법관이 내리는 판결은 혼란을 종결시키는 역할을 한다. 모든 구체적 법률관계를 일일이 법으로 제정할 수는 없기 때문에 미묘한 법리관계는 대법관이 내리는 법률해석으로 정리된다. 따라서 대법관의 판결은 곧 '법전에 없는 법률'로 불리고 있다. 예를 들어 국가보안법 위반 사항에 대해 대법관이 유죄를 확정하면 그 이후로 하급심(1심과 항소심)재판부에서 유사한 결론을 내려 법률적용이 정형화되는 것이다. 그 결과 대법관이 내리는 하나하나의 판결이 우리 사회의 법규정을 새롭게 만드는 중요한 역할을 한다. 대법관을 누구로 임명할 것인가를 놓고 각계각층의 관심이 집중되는 이유도 이 때문이다. 하지만 명예롭고 화려하기만 해 보이는 대법관은 실상 고독한 자리이다. "대법관이 되고 1주일만 좋다"는 말이 나올 정도로 영광 후 따라 붙는 업무부담은 엄청나다. 대법관 개개인이 1년 동안 맡는 사건의 수가 1,300여건을 넘는다. 1년 동안 하루도 안 쉬고 해도 매일 4건 가까운 사건을 처리한다는 얘기다. 오전 9시에 출근해 오후 5시 퇴근할 때까지 사무실 밖을 벗어나는 경우가 거의 없으며 업무 외에 하는 일은 신문 보는 것 정도가 전부다. 대법관 대부분은 저녁을 먹고 오전 9시부터 업무을 다시 시작해 새벽 2시쯤 마무리하고 잠자리에 든다. 생활이 이렇다보니 대법관의 생활에 어느 정도 아는 사람들은 '대법관은 사명감이 없으면 할 수 없는 자리'라고 말하고 있다.16)

(3) 개혁방안의 모색

종래 대법원의 기능에 대한 일반적인 요구는, 국민들이 원칙적으로 모든 사건에 대하여 대법원에 상고할 수 있고 대법원은 이에 대하여 빈틈 없는 권리구제의 역할을 담당함으로써 억울한 당사자가 없도록 하여 달라는 것이었

소부사건에서 대법관 다양화 요구의 산물인 이 5인 대법관들에 의한 적극적 반대의견 개진이 많았음을 의미한다(임지봉, 대법관 인선에 바란다, 내일신문, 2012. 6. 1).

16) 대법관의 한 판사는 "사건이 쏟아지기 때문에 검찰 출신 대법관도 고생하는 모습을 많이 본다"며 "대법관의 사건수가 대폭 줄어들지 않는 한 외부인사가 대법관이 되면 고생을 면치 못할 것"이라고 우려했다.

다. 최근에는 가치관의 차이에서 비롯된 분쟁사건이 증가하고 있고, 이에 대하여 대법원이 사회의 근본적인 가치질서에 대하여 무엇이 법인가를 선언하여 줄 것을 기대하는 경향이 커지고 있고, 이를 위하여 특히 다양성을 반영한 대법관 구성이 필요하다는 주장이 제기되고 있다. 따라서 대법원의 기능과 구성에 관한 기본방향을 설정한 다음 그 기본방향에 부합하는 대법원 조직 및 구성과 상고제도에 대한 구체적인 방안을 마련할 필요가 있다. 대법원의 기능과 구성에 관한 기본방향은 다음의 2가지로 나누어 볼 수 있다.

첫째는 대법원의 법률심으로서의 성격을 강화하여 소수사건에 대한 법률판단 및 정책판단 기능을 확대하고, 대법원의 규모는 현재와 같은 수준을 유지하는 방향이다. 이를 위해서는 상고를 제한하여 대법원이 다루는 사건 수를 줄이면서 하급심을 강화하고 항소심을 사후심화하는 방안,[17] 고등법원이 상고심의 역할을 상당 부분 담당하도록 하는 방안, 현재의 심리불속행제도를 확대 운용하는 방안 등이 제시될 수 있다.

둘째는 대법원의 권리구제기능을 강화하여 다수 사건에 대한 충실한 심리와 판단을 하도록 하고, 대법원의 규모를 확대하는 방향이 제시될 수 있다. 이를 위해서 대법관을 증원하는 방안,[18] 대법원에 대법관이 아닌 판사를 두는 방안 등이 제시될 수 있다.

그러나 이러한 두 가지 방향은 서로 배타적인 것은 아니다. 오히려 대법원의 구성과 기능을 획기적으로 변화시켜서 법률심으로서의 성격도 강화하고 또 지금보다 많은 수의 사건을 담당하여 권리구제 기능을 충실히 할 수 있는 방안을 모색해야 할 것이다.

이를 위해서 먼저 대법원 구성을 다양화시키고 대법원에 전문부를 설치하는 식으로 지금의 대법원 규모를 확대하는 것이 필요하다. 전문적인 식견과 경력을 갖춘 법조인을 대법관으로 선임하여 각 전문부에 배치하는 방안이

---

17) 이관희, 사법개혁의 방향(법률저널, 2014. 11. 7)에서 상고법원 신설을 비판하며 하급심과 항소심 강화가 사법개혁의 지름길임을 강조하면서, 미국식 상고허가제 도입을 주장한다. 미국의 경우 9명의 재판관 중 4명이 동의해야만 상고심이 열리는데 현재에도 만건 미만의 상고신청사건 중 90건 미만의 전원합의부 판결을 하고 있다고 한다. 서창식, 해외 주요국의 상고(上告) 제한제도와 시사점, 국회입법조사처 이슈와 논점(2014. 11. 3) 참조.

18) 2004년 3월 대한변호사협회는 대법관의 숫자를 대법원장, 법원행정처장을 포함한 20인으로 증원하고 각 재판부에는 재야출신 법관을 반드시 포함토록 하여 다양한 의견의 존재가능성을 높일 것을 건의하는 의견서를 사법개혁위원회에 제출한 바 있다.

모색되어야 할 것이다. 한편 사회의 다양한 가치관이나 전문성을 반영하기 위하여 법관 출신 이외에 학계 등 다양한 출신의 인사로 대법원을 구성하여야 할 필요가 있고, 대법관 임명 및 제청절차를 개선하여 현재의 대법관제청자문위원회(2003. 7. 대법관제청자문위원회 내규 제정)와 같은 기구를 만들어 효율적으로 운영하는 것이 필요하다.19)

한편 대법관의 퇴임 후 변호사 개업을 하지 못하도록 유도하거나 대법관 임기제를 폐지하고 종신제를 도입하는 등 임명된 대법관이 소신 있고 공정하게 직무에 전념할 수 있는 방안들도 모색되어야 할 것이다.

2. 기타 법원조직의 개혁20)

(1) 우리나라 법관들의 평균 재직기간이 채 10년이 되지 않는다. 그리하여 대부분의 법관들이 조만간 퇴직하여 변호사를 할 것을 전제로 재판업무에 임하고 있는 매우 후진적인 시스템이다. 우리나라 대법관들은 6년 임기를 마칠 무렵이면 어느 로펌에 갈 것인가를 고민하는 가운데 재판을 할 가능성이 크다. 대법관이라 해도 정년을 채울 수 없고 소위 엘리트 법관들이 서로 돌아가면서 대법관을 하는 식으로 사실상 단임제로 운영되기 때문이다. 법원장들을 비롯한 고위법관들도 대법관이 안되면 일제히 사직하게 되어 있는 마당에 마찬가지 고민을 할 수밖에 없다. 일반 법관들도 가파른 피라미드식 인사제도아래 승진이 안되면 어차피 퇴직 후 변호사를 하게 되는 것이고, 상대적으로 박봉인 상황에서 법관직에 대한 보람과 긍지보다는 회의와 불안이 앞서게 마련이다. 그 결과 법관들이 앞 다투어 퇴직하게 된다. 그리고 퇴직한 법관자리에 사법연수원 갓 나온 사람들을 법관으로 충원하다보니 법관들의 경험 내지는 경륜이 늘 일천한 상황이다. 법관들이 언젠가 변호사를 할 생각을 하며 일한다면 변호사 특히 전관변호사나 자신이 가게 될 가능성이 큰 거대

19) 2004년 6월 2일 사법개혁위원회는 대법관 제청자문기구에 대법관 2명과 판사 1명, 법무부장관·대한변협회장·한국법학교수회회장, 시민단체 대표 등 비법조인 인사 3명(1명은 여성)을 참여시키고 대법원장에게 추천한 대법관 후보 명단을 공개토록 하는 내용의 '대법관 제청 자문절차 개선안'을 대법원장에게 건의했다. 한편 8월 17일에 퇴임하는 대법관 후임 인선을 위한 후보 추천이 7월 9일 마감됐다. 참여연대·한국여성단체연합·녹색연합·환경운동연합 등 4개 시민단체에서 공개로 4명, 대한변협도 사법평가위원회를 열어 비공개로 4명, 전국법원공무원노동조합준비위원회(전노준)도 현직 법원장 4명을 포함 모두 7명을 비공개로 추천했다.
20) 문홍수, 사법권의 독립(2004, 박영사) 참조.

로펌 변호사에 대해서 엄격하게 대하지 못할 위험성이 클 수밖에 없다. 여기에서 우리나라 사법부는 근본적으로 전관예우 의혹의 불씨를 품고 있는 것이다. 사법부는 신뢰가 생명인데도 우리 법원은 근본적으로 신뢰받기 어려운 모습이다.

(2) 소위 G7 선진국은 모든 법관들이 정년 내지 종신까지 근무하고 퇴직 후 변호사를 하지 않도록 사법제도가 운영되고 있다. 현재 우리나라의 경우 정년까지 근무하는 법관은 거의 없는(0.1% 정도) 형편인데, 법원인사가 법원의 고유 문제라면서 이러한 사법시스템 개혁을 반대하고 오히려 그것을 고착시켜온 대법원 특히 1987년 민주화 이후 역대 대법원장들은 책임을 통감해야 할 것이다. 우리 사법부의 인사와 제도는 법원조직법상 거의 대법원장에게 집중되어 있기 때문이다.

법관인사는 법관들의 사기에 직결된다. 법관들이 열과 성을 다해 재판업무에 임한다면 국민들의 사법부 불만 내지 불신이 이 지경에 이르렀을 리가 없다. 법원조직법상으로는 같은 경력의 법관에 대하여 같은 처우를 해 주도록 단일 호봉제가 도입되었건만 역대 대법원장들은 군사독재시대의 피라미드 시스템을 불법적으로 교묘하게 유지하고 있다. 소위 차관급 특별대우를 받는 고등법원 부장판사제도를 여전히 유지하고 있는데 고등 부장판사들도 대법관이 될 가능성이 없거나 되지 않으면 일제히 퇴직한다. 대법관들도 정년을 채우는 사람은 하나도 없고, 6년의 임기를 마치면 퇴직하고 심지어 개나 걸이나 대법관을 한다는 말이 나올 정도로 돌아가면서 대법관을 하고 있다. 고등 부장판사에 승진되지 않거나 승진 가능성이 없는 법관들도 일제히 사직한다. 그리하여 사직한 대법관, 법원장, 법관들은 거대 로펌에 취업하여 현직 후배 법관들에게 전화를 하며 전관의 영향력을 미치려 한다. 국민들은 이들에게 천문학적인 돈을 지급하고 사건을 의뢰한다. 이러한 불건전하기 짝이 없는 시스템을 하루빨리 개선해야 한다.

(3) 그렇다면 개혁방법은 무엇인가. 첫째, 일본과 같이 대법관의 정년을 70세로 하고 정말로 우수한 사람이 대법관이 돼서 정년까지 하면 다른 엘리트 법관들도 대법관에 대한 미련을 버리고 맡은 재판업무에 최선을 다할 것이다. 일본이 그러하다. 그런데 현재 우리나라는 50대 초반에 대법관이 되고 6년 후 보통 단임으로 퇴직하다 보니 온갖 문제가 일어나고 있다.

그리고 일반 법관들의 임기도 10년(헌법 제105조 제3항)으로 되어 있는데 대법관이나 일반 법관들에 대하여는 재직 중 특별한 문제가 없는 한 연임되어야 한다는 것이 사법부 독립의 당연한 요청이다. 그럼에도 불구하고 대법관은 아무도 연임되지 않고 일반법관들에 대하여는 아무런 연임기준이나 절차없이 대법원장이 밀실에서 연임여부를 결정하고 있다. 그러므로 대법관 연임과 법관 재임명에 관하여 법원조직법에 그 기준과 절차를 정하고 모두 원칙적으로 연임되어야 한다는 규정을 신설해야 한다고 본다. 대법관이나 법관은 평생 법관으로 일하다가 죽을 생각을 해야 진정으로 법원을 사랑하고 법원다운 법원을 만들게 될 것이다. 지금의 형태로는 법관들이 법원을 이용해서 명예는 명예대로 누리고 나간 후 최대한 돈벌이에 나설 마음으로 일할 위험성이 너무나 크다.

둘째, 법관들이 중도 퇴직하는 이유가 가파른 피라미드식 인사시스템이다. 그러므로 원통형으로 개선해야 한다. 이를 위해서 우선 합의부 법관구성을 대등한 법관으로 구성하도록 법원조직법을 개정하는 것이다. 이는 후술하는 실질적 합의재판을 도모하여 단독 재판의 독선적 재판을 견제하는 동시에 충실한 재판을 도모하여 국민들로 하여금 보다 제대로 된 재판을 받게 해주는 일이 되기도 한다.

셋째, 현재 법원조직법에는 같은 경력의 법관에 대하여는 같은 처우를 한다는 단일 호봉제가 규정되어 있고 승진제도가 폐지되어 있다. 그럼에도 불구하고 대법원은 이를 형해화시키고 실질적으로 승진제도를 운영하며 승진한 법관들에게 특별한 대우를 하고 있다(예 고법부장 판사 차관급). 단일 호봉제 규정을 보다 구체적으로 개정해야 한다.

넷째, 승진의 문제가 아니더라도 법관들이 선호하는 보직이 있게 마련이다. 인사기준을 객관적이고 투명하도록 하면서 한번 임명받으면 특별한 사유가 없으면 본인이 희망하지 않는 한 계속 그 자리에 근무할 수 있는 선진국 인사원칙을 지켜야 한다.

다섯째, 법관에 대한 인사, 보직권이 대법원장에게 너무 집중되어 있다. 대법원장을 견제할 수 있는 제도는 거의 형해화되어 있고 법관에 대한 근무평정도 거의 주관적으로 하고 있다. 이러한 상황에서 법원장은 대법원장, 법관은 법원장의 영향을 받지 않을 수 없다. 이를 개혁하기 위하여는 ① 법원조직법 제25조의 2의 법관인사위원회에 관한 규정을 "법관의 인사는 법관에 대한 객관적인 평가자료를 기초로 하고 객관적이고 투명한 인사를 위해서 법관인사위원회를 현재의 자문기관에서 의결기관으로" 개정해야 한다. ② 법원조직법 제44조의 2에 규정된 근무성적의 평정에 관하여는 "근무성적 평정은 사건처리율, 항소율, 파기율, 파기사유 등 객관적 자료를 기초로 하여야 하고, 특별한 장점 및 비위에 대하여는 구체적으로 증거가 있어야 이를 반영할 수 있다. 위 평정내용은 이를 해당판사에게 공개하여야 한다. 위 평정에 대하여 이의가 있을 경우 이에 대하여 판단하기 위한 기구를 법원행정처에 설치한다"는 취지로 개정해야 할 것이다. 독일 히틀러 체제하의 법관들이 체제에 맹종하는 판결을 하는 이유가 바로 법관인사에 있었음을 자각하고 위와 같은 식으로 객관적인 법관평가를 하는 것으로 한 결과 법관들이 흔들리지 않고 신중하게 국가와 국민만을 바라보며 재판하게 되었다는 점이 그 모범이 될 수 있다.

3. 합의재판의 실질화

(1) 사법부의 조직 내지 구성 원리는 사법권독립이 핵심이다. 법관은 헌법과 법률, 그리고 양심에 따라 재판한다는 헌법의 선언이 이를 말해 주고 있다. 그러나 법관의 독립과 함께 독선에 대한 견제가 필요함을 부인할 수 없다. 전통적으로 영미법계에서 법관의 독선 내지 권한남용을 방지하는 방법은 배심제이고, 대륙법계에서는 합의제 재판이다. 법관 상호간에 신중하고 심도있게 논의하여 개개 법관의 독선 내지 경솔한 판단을 견제하기 위해서 합의제 재판이 존재한다. 독일의 경우 중요한 사건에 대하여는 3인의 합의제 외에 5인, 7인의 합의제도 운용하고 있다. 그런데 우리나라는 단독판사들이 너무나 중요한 사건들을 많이 담당하고 있고 1, 2, 3심 모두 합의제가 유명무실하게 운용되고 있다는 데 문제가 있다.

(2) 하급심 재판 현실의 문제점과 개선방안

한편 현재 우리나라 1, 2심의 합의재판도 거의 형해화되고 있다. 재판장과 배석판사들의 경력차이가 너무나 크다 보니 도제식 교육 차원에서 합의제가 운용되고 있으며, 법관에 대한 주관식 근무 평정 시 재판장의 평정을 참고하기 때문에 배석판사들이 재판장의 잘못된 의견을 바로잡기 어렵다. 주심이 아닌 배석은 아예 사건에 대하여 관심이 없는 경우가 대부분인 바 이것도 실질적인 합의제 요청에 반하는 현실이다.

그러므로 우리나라에서도 특히 사회적으로 중요한 사건에 관하여 상당한 경력의 법관들이 실질적으로 합의하여 재판할 수 있도록 제도를 개선해야 한다. 그 방법으로 형사와 행정재판은 사회적 파장이 크므로 합의제로 재판함을 원칙으로 한다는 규정을 법원조직법에 신설하거나, 법원조직법 제32조 제7호에 "형사사건에 관하여 검사가 국가사회적으로 중요한 사건임을 이유로 합의재판을 신청한 경우 및 피고인이 무죄를 주장하기 위하여 합의재판을 신청한 경우"를 신설할 수 있을 것이다.

나아가 형사 및 행정재판의 1심 합의부는 10년 이상의 경력법관으로 구성하되 합의부 구성원 사이의 경력이 5년 이상 차이가 나지 않도록 하고, 재판장은 주심사건별로 구성원이 돌아가면서 맡도록 해야 할 것이다. 형사, 행정사건 2심 합의부는 15년 이상의 대등한 법관으로 구성되어야 한다. 2심의 경우 법관 5인으로 구성되는 합의제도 필요하다고 본다. 법원조직법에 반드시 이러한 규정들을 신설해야 한다.

Ⅱ. 法官任用方式의 改革

1. 현행 경력법관제의 문제점

현재 우리 사법부의 법관임용방식은 이른바 경력법관제라고 할 수 있다. 사법연수원을 마치고 예비판사로 임명된 사람이 원칙적으로 정년퇴임시까지 연공서열제도에 의하여 승진해 나아가면서 조직의 상층부로 임용되거나 아니면 중도에 사직을 하여 변호사 업무를 개시할 수 있는 방식인 것이다. 이러한 방식은 여러 가지 문제점을 야기하고 있다

가장 표면적인 문제점은 법관의 중도사직과 전관예우 시비라고 하겠다. 2001년 이후 법관의 퇴직이 감소하였고 특히 지법판사의 퇴직이 크게 감소하였는데, 이는 전반적인 개업환경의 악화와 로펌의 법관영입감소에 원인이 있는 것으로 분석되고 있다. 현재 퇴직법관의 평균근속연수는 10년 정도라고 알려져 있다. 이러한 중도사직은 이른바 전관예우라는 문제점을 야기한다. 전

관예우의 존부에 대한 논란을 떠나 국민들로부터 전관예우의 의혹을 해소하지 못하는 한 재판에 대한 신뢰는 회복될 수 없을 것이다. 그리고, 지연, 학연, 혈연이 중시되고 정(情)에 의하여 문제를 해결하려는 국민의식을 감안하면, 법관의 중도퇴직을 막지 못하는 한 전관예우 시비도 잠재울 수 없을 것으로 예상된다.

　　두 번째 문제는 법원의 관료화 경향이다. 특히 경력법관제는 승진구조를 가질 수밖에 없으며 우리나라와 같이 승진구조가 외국에 비하여 단순화되어 있는 경우 필연적으로 법원의 관료화를 부추기고, 재판의 독립을 위협하게 된다. 우리나라는 종래 법관의 경력에 따라 차례로 상위 보직을 담당하는 체제를 유지하여 왔고, 법관의 선별 승진은 '지법부장 → 고법부장', '법원장 → 대법관'의 두 단계에만 존재하였다. 그 외의 배석판사, 단독판사, 고법배석판사, 지법부장은 모든 법관이 경력에 따라 차례로 담당하게 되는 보직에 불과한 것이다.21) 고법부장의 선별승진은, 종래 승진시점까지 남아 있던 지법부장들 중 약 50-60%만 승진하고, 승진에서 제외된 법관은 대부분 수 년 내에 사직하는 것이 관행이 되어 있다. 법관의 승진제도가 법관의 나태화를 방지하기 위한 불가피한 장치라고 할 수도 있지만, 법률과 양심에 따라 독자적인 판결을 해야 하는 법원의 업무 특성상 관료제화를 통한 재판의 독립성 침해는 반드시 개선되어야 하는 문제점이다.

　　세 번째 문제는 법관의 연소·경험부족이다. 현재 연간 신규법관의 임용

---

21) 배석판사가 있는 합의부의 경우 진정한 합의는 이루어지지 못하고, 철저한 서열화와 상명하복관계로 인하여 형식화되고 있다는 비판이 있다. 참고로 일본의 재판부는 총괄재판관 1인을 포함하여 3인에서 7인까지의 재판관으로 구성되어 있으며, 하나의 재판부 내에서 어떻게 3인의 합의부를 구성하거나 또 누가 단독재판을 할 것인가는 원칙적으로 총괄재판부에서 정하기 나름이라고 한다. 합의부를 몇 개 구성해도 되고, 그 재판관을 총괄재판관이 아닌 다른 재판관이 할 수도 있다. 총괄재판관도 단독사건을 처리함이 일반적이다. 총괄재판관과 그 바로 하서열자인 법관과는 큰 경력차이가 없다. 그 하서열자도 다른 총괄 재판부에 가면 가장 상서열자로 총괄재판관이 될 수 있듯이 총괄재판관 자체가 그 총괄재판부의 사정에 따라 생겨나는 것이지 우리나라처럼 획일적인 법조경력에 따라 일괄적으로 임명되는 것이 아니라고 한다. 판사보 10년을 거친 후 일단 판사로 되면 고등재판소장과 최고재판소 판사를 제외하고는 동일 체계, 즉 단일호봉제를 취하고 있다. 이러한 시스템하에서 일본의 법관들은 수평적 동료의식이 강하고 또 합의재판에 있어서 한 사람의 의견이 절대적인 영향을 끼치지 못하도록 하는 것이다. 재판장과 우배석은 거의 대등한 입장에서 재판에 임한다. 좌배석의 경우 조금 다른데, 합의사건의 판결초고는 대체로 경력이 일천한 좌배석에게 모두 쓰도록 하여 판결작성 연습에 치중토록 한다(법률신문 2002년 2월 7일자, 신평 글 참조).

이 170여 명에 이르고 있는데다가, 대부분 사회경험이 없어서 성적 이외에는 마땅히 법관의 선발기준으로 할 만한 것이 없다. 이렇게 성적순으로 임용된 법관들의 엘리트의식이 법원을 귀족화하고 국민으로부터 멀어지고 있다는 지적도 있다. 게다가 2003년 12월 현재 법관의 평균연령은 38.8세이며, 31-40세가 전체의 62%를 차지하고 있다. 30세 이하 법관도 100여 명이 있다. 이렇게 경험이 일천한 나이 어린 판사들이 많다는 것은 법원의 권위와 신뢰에 악영향을 미치는 요소가 되고 있다.

2. 개혁방안

이러한 경력법관제와 그로 인한 관료제의 병폐를 막기 위한 방안으로 우선 법조일원화방안을 생각할 수 있다. 즉 모든 법원을 일정 경력 이상의 변호사 자격자 중 선발하여 충분한 경험과 그에 대한 검증을 통하여 임명하는 방안이 모색되어야 한다. 이 제도를 통해 법관의 연소화와 경험부족 문제, 법관의 조기퇴직 문제 등이 해소될 가능성이 있으며, 현재와 같은 서열화된 관료제의 모습에서 상당부분 탈피할 수 있을 것이다. 이에 대하여는 아래에서 좀더 자세히 살펴보기로 하겠다.

또 다른 방안으로는 단일호봉제를 실시하고 승진제도를 완화하는 것을 생각해 볼 수 있다. 현행 법원조직법상 법관의 직급제는 폐지되었으나, 보수에 있어서 고법부장이 지법부장보다 높은 보수를 지급받음으로써 승진의 개념이 분명히 드러나고 있는 것도 사실이다. 다만 법원이 제출한 법관단일호봉제법안이 조만간 국회에서 의결될 예정인바, 단일호봉제법안이 통과될 경우 모든 법관은 근속연수에 따라 보수를 지급받게 되고 지법부장과 고법부장의 처우의 차이가 해소될 것으로 예상된다. 이에 따라 적어도 지법부장과 고법부장의 승진개념이 없어지거나 희석화될 것으로 기대되고 있다.

또 법원은 지난 50여 년간 연령 또는 임관성적을 기준으로 하는 서열제도를 유지하여 왔다. 법관의 서열제도는 법관 인사의 공정성과 투명성을 유지하는 데 중요한 역할을 하여 왔으나, 법원 내·외부로부터 법관의 관료화의 원인이 된다는 지적을 받아 온 것도 사실이다. 법원은 2004년 정기인사시부터 종래의 서열제도를 폐지하기로 결정하였으므로 앞으로 긍정적인 변화를 예상해 볼 수 있겠다.

한편 법관들은 대부분 법학을 전공하고 수 년간의 사법시험 준비 끝에 시험에 합격하여 연수원을 수료하고 법관으로 임용되는 것이 일반적이어서 법관의 연소함과 경력부족은 법관 임용에 있어서 큰 골칫거리임을 앞서 밝힌 바 있다. 다만 최근에 비법학전공자의 법관 임용이 증가하는 추세이긴 하지만 여기에서 문제의 근본적인 해결을 기대하는 것은 곤란하다. 사회경험, 특히 재야변호사의 경력이 없는 법관들이 복잡한 사회적 분쟁의 본질을 파악하고, 형식적인 법원리를 떠나 지혜로운 결론을 도출하는 것은 한계가 있고, 장유유서의 전통이 특히 강한 우리나라에서 연소한 법관들의 재판은 당사자들에게 신뢰를 주지 못하고 있는 것이 실정이다. 이 문제를 해결하기 위한 방안으로는 앞서 말한 법조일원화가 최선의 해결책이 될 것이다. 법조일원화가 도입되더라도 이러한 문제를 해결하기 위해서는 법학교육을 개선하고 법관 임용시 연수제도를 충실히 운영하는 방안은 동시에 모색되어야 할 것이다.

3. 이른바 법조일원화의 문제

(1) 법조일원화의 개념

사법부 조직의 개혁을 대표하는 말로서 이른바 법조일원화라는 주장이 제기되고 있다. 법조일원화란 용어는 실제로는 여러 가지 의미로 혼용되어 사용되고 있다. 첫번째로 법조자격의 단일화, 즉 모든 법조인이 동일한 루트를 통하여 자격이 부여되어야 한다는 뜻으로 사용되기도 하는데 이러한 의미에서는 우리나라는 이미 사법시험에 의하여 법조일원화가 이루어져 있다고 할 수 있다. 두 번째로 법관임용자격의 요건, 즉 모든 법관은 일정 경력의 변호사 자격자 중에서만 선발하여야 한다는 뜻으로 사용되고 있으며, 세 번째로 법관 임용루트의 다양화라는 뜻으로도 사용되는데, 이러한 의미에서는 변호사·검사 등으로부터의 법관 임용의 확대가 논의될 수 있을 것이다.

우리가 흔히 사법개혁의 맥락에서 말하는 법조일원화의 의미는 이 중 두 번째 의미, 즉 모든 법관을 일정 경력 이상의 변호사 자격자 중에서 선발하라는 취지이다. 이하에서도 '법조일원화'란 주로 이러한 뜻을 가리키게 될 것이다. 법조일원주의에 대립하는 제도로서, 자격시험을 통과한 젊은 법조인을 법관으로 임명하여 법원 내에서 경력을 쌓아가게 하는 제도를 경력법관제 또는 관료형법관제라고 하는데 우리나라는 앞서 본 바와 같이 경력법관제를 취하고 있는 것이다.

(2) 법조일원화 방안의 개요와 외국의 입법례

우리나라에서 논의되는 법조일원화는 미국연방법원을 모델로 한 것이라고 파악된다. 미국에서는 10년 이상(또는 5년 이상) 변호사 경력자를 법관으로 임용하고 있다. 연수원 수료 후 변호사, 재판연구원, 검사, 정부기관의 법무직역으로 진출한 후 일정 기간(5년 또는 10년) 후에 일정한 평가를 거쳐 법관으로 임용되게 되는 것이다.

이에 따라 1심 단독제, 2심 동등경력 법관들로 구성하고 있으며 법원의 재판은 1심은 모두 단독으로, 2심은 모두 합의부로 운용하여, 임용된 법관은 즉시 단독재판을 담당하도록 하고 있는 것이다. 또 동의 없는 전보제한과 법관의 정년 보장이 이루어지고 있다.

이러한 법조일원화에 따른 가장 큰 효과는 모든 1심을 단독으로 운영할 수 있다는 것이다. 이것은 ① 40-50대의 경력변호사들을 법관으로 임용할 경우 배석을 거치게 할 필요가 없다는 점과 ② 재판의 능률을 위해서는 1심은 단독재판으로 하고, 2심은 보다 재판경력이 많은 대등한 법관들로 구성하여 2심을 강화하여 사실심 최종심으로 하고 최고법원의 업무부담을 줄인다는 점을 고려한 것으로 생각된다. 세계적인 입법례를 따른다면 법조일원화는 법관 임용방식의 변경에 그치는 것이 아니라 법원의 재판부구성과 심급구조에 대한 중대한 변경을 포함하게 되는 것이다.

외국의 입법례를 보면, 법조일원주의는 영미권·영연방 및 남미국가에서, 경력법관제는 유럽대륙에서 주로 채택하고 있으며, 아시아는 법조일원주의국가와 경력법관제국가로 나뉘어 있다. 우리나라도 이제까지의 경력법관제의 단점을 해소하기 위하여 법조일원화를 도입하고 있다. 즉 법원조직법(제42조) 개정(2011. 7.)으로 판사는 10년 이상 변호사 등의 직에 있던 사람 중에서 임용(다만 3년, 5년, 7년의 경과규정 있음)하는 법조일원화를 도입했고, 대법관 70세, 법관 65세로 정년을 연장해서(제45조 제 4 항) 한번 법관은 평생 법관으로 하는 선진국 사법제도를 지향했다.

	경력법관제	법조일원주의
영미권 및 영연방		미국, 영국, 캐나다, 홍콩, 호주, 뉴질랜드, 아일랜드
유럽	독일, 프랑스, 스위스, 오스트리아, 이탈리아, 스페인, 네덜란드, 스웨덴	벨기에
남미	브라질	아르헨티나, 콜롬비아, 칠레, 페루, 우루과이
아시아	한국, 일본, 인도, 인도네시아, 태국, 파키스탄	필리핀, 싱가포르, 스리랑카, 방글라데시, 중국, 말레이시아, 이스라엘, 사우디아라비아

Ⅲ. 國民의 司法參與 問題 —陪審制와 參審制

민주주의원리는 사법부 역시 주권자인 국민의 통제를 받을 것을 요구한다. 재판은 필연적으로 시민의 생명·자유·재산의 제한 또는 박탈을 가져오게 마련이다. 따라서 시민은 자신의 대표가 법을 만들 것을 요구함은 물론, 단지 법률전문가의 의견만이 아니라 같은 시민의 의견이 반영된 재판을 받기를 요구하게 되는 것이다. 18세기 영국의 대학자 블랙스톤이 "배심제야말로 자유의 수호신"이라고 한 것도 같은 맥락이다. 사실 현대 민주주의 국가 중 시민의 재판참여가 이뤄지지 않는 나라는 없다. 영미법계는 '배심제' 대륙법계는 '참심제' 최근 일본은 '재판원'제도를 도입하기로 결정한 바 있다.

시민의 재판참여는 재판과정의 투명성을 높여 법관과 검사의 권한남용을 견제할 수 있고 '전관예우' 등의 관행이 봉쇄돼 재판결과에 대한 시민적 신뢰가 높아져 재판의 정당성을 고양시킨다. 재판이 특정한 교육과 계층적 직업을 가진 직업법관에 의해 독점되지 않고 일반 시민의 법의식과 법감정이 판결에 반영되면, 참여시민은 재판과정의 주체가 되어 주권의식이 높아지게 되며, 준법의식 역시 고양된다. 헌법 제27조는 '헌법과 법률이 정한 법관에 의한 재판을 받을 권리'를 규정하고 있지만, 이 뜻이 단지 '직업법관'만에 의한 재판을 받을 권리'라고 해석할 이유는 없다고 본다.

물론 모든 사건에 대해 시민의 재판참여를 당장 실시할 수는 없을 것이다. 특허사건·의료사건·행정사건 등 비법률 분야의 전문지식이 판결에 반드시 필요한 사건의 경우는 독일식 '명예법관'제도를 시급히 도입해, 판사의 판결에 해당 분야 전문가의 지식이 반영되게 할 수 있을 것이다. 형사사건에서 죄질이 중하고 다툼이 있는 사건의 경우 피고인의 신청이 있다면 시민참여를 시행해야 한다. 대신 죄질의 경미하고 자백이 있는 사건의 경우는 지금보다 신속하고 간이한 절차가 도입돼 재판의 부담을 대폭 줄여야 할 것이다. 재판을 위한 인적자원 사용에도 '선택과 집중'이 필요한 것이다. 만약 시민참여형 재판의 부작용이 우려된다면 외국의 운영방식을 검토해 방지책을 마련하고, 일정 관할법원에 한해 시험적으로 운영하면서 단계별로 확대 시행하면 될 것이다.

1. 재판의 독립성과 국민의 사법참여의 긴장관계

사법부는 본질적으로 다른 어떠한 국가기관보다도 그 독립성을 생명으로 하고 있다. 사법은 정치적 성격이 가능한 최소화되어 있으며, 정치적 의사형성이나 실현에 책임을 지고 있는 기관도 아니다. 이러한 독립성에 근거하여 법원의 재판의 공정성을 최대한 확보하기 위한 것이다. 우리의 사법부 조직방식과 구체적인 운영방식은 이러한 점에 초점이 맞추어져 있는 제도라고 할 수 있다. 그런데 사법의 독립성보장은 때로는 폐쇄적인 사법제도·경직된 법원관료제의 문제를 야기하기도 한다. 우리의 현재 상황은 사법부 독립을 위한 투쟁단계와 그 제도화 단계를 넘어서 이제 그 폐쇄성을 극복해야 하는 단계가 되었다고 할 수 있다. 즉 사법은 일상생활의 분쟁에 대해 법을 적용하는 것으로 일반시민이 분쟁의 성격과 해결책을 더 잘 알 수 있는 것이고, 일반인은 조문은 몰라도 사리에 맞는 판단을 하게 되므로 일반인의 사법참여를 넓히는 것은 사리와 법적용의 조화를 이루는 결과를 가져오게 되는 것이다.[22]

다만 국민의 사법참여가 자칫 법원의 독립성과 공정성을 저해하지 않을 것인지에 관하여 여전히 끊임없는 회의가 제기되고 있다. 대중의 인기에 영합하려 하고 정치적 공방에 사법부가 휘말리게 된다면 반드시 사법의 독립성

---

22) 한국형사법학회도 대법원 산하 사법개혁위원회에 제출한 형사사법개혁 건의서(2004. 7. 5)에서 "형사사법 절차에 국민주권주의 실현을 위해 국민의 재판참여가 필수적이고 이를 통해 사법의 민주화와 투명성이 보장되어 형사사법에 대한 국민의 신뢰가 축적되고 사법권에 대한 불신이 극복될 수 있다"고 지적했다.

은 저해될 것이며, 결국에는 사법에 대한 국민의 신뢰도 송두리째 무너질 것이다. 사법의 폐쇄성을 해소시켜 사법의 투명성을 확보하고 결국에는 진정한 사법의 독립성과 공정성을 높이는 데 도움이 되는 국민의 사법참여방안은 무엇인지를 고민해 보아야 하는 것이다.

현재 우리나라에 도입이 검토되고 있는 제도로는 배심제와 참심제가 있다.23) 이하에서는 각 제도의 의미에 대하여 살펴보고 과연 우리 헌법상 도입이 가능한 제도인지에 관하여 고찰하도록 하겠다.

2. 배심제와 참심제의 의미

(1) 배 심 제

배심제는 미국의 사법제도에서 발전한 국민의 사법참여수단이다. 미국 헌법 제 3 조 제 2 항은 탄핵사건을 제외한 모든 범죄의 심리는 배심에 의한다는 규정을 두고 있다. 따라서 연방차원에서의 배심제는 사법절차의 대원칙과도 같은 것이다.

배심제의 구체적 형태와 관련해서는 미국 내에서도 많은 변화가 있어 왔다고 한다. 초기에는 배심원이 12인일 것을 요구하였으나, 이후 최소한 6인 이상이면 합헌인 것으로 이해하고 있다. 또 한때는 배심의 역할이 사실인정 뿐만 아니라 법률해석까지도 담당하였던 적이 있다. 이후 점진적으로 법률판단은 법관의 몫으로 정리되어 온 것이다. 판사는 공판심리의 말미에 법률 설시를 배심원에게 행하는데, 이때 형사사건의 경우 판단할 구체적인 범죄의 구성요소 및 적용될 유죄입증의 기준 등이 그 중심내용을 이루게 된다. 이때 배심의 무죄평결은 최종적인 것이 되고 유죄평결은 상대적인 것이 되어 이후 불복이 가능하게 된다.

민사사건의 경우 판사가 적용될 법을 배심원에게 설명한 다음 배심은 일차적으로 피고측 책임성 여부에 대한 판단을 먼저 하게 된다. 이때 배심이 원고측의 주장을 받아들이는 경우 그 다음 단계로 손해배상액의 결정을 다루게 된다. 물론 징벌적 손해배상으로 이어질 경우도 있으며, 이때 배심이 정한

---

23) 사법개혁위원회는 배심제·참심제 모의재판에 참석할 배심원을 서울중앙지법 관할 3개 구청(서초·관악·성북)에 각 투표구별 선거인 명부를 이용해 각 2인씩(합계 약 600명)의 배심원 선정을 의뢰하고 모의재판 실시(2004. 8. 26)를 위한 준비작업에 들어 갔다.

배상액이 과도하다고 판단하는 경우 판사는 감액권을 가지게 된다.

(2) 참 심 제

참심제는 배심제도와는 달리 참심원이 일정기간 동안 전문법관과 함께 합의제 재판부를 구성하여 재판을 하는 제도이다. 이때 참심원은 전문법관과 동일한 지위에서 동일한 권한을 행사한다. 배심제와는 달리 참심원은 임기를 가지고 활동하며 따라서 시민참여의 기회는 상대적으로 적다. 다만 참심원의 임기는 직업법관보다 훨씬 짧게 되어 있다.

독일의 경우 법원조직법과 법관법에 의하여 참심제를 제도화하고 있다. 즉 일반시민으로 구성된 명예법관 또는 시민법관이라는 형태로 참심원을 제도화하고 있다. 명예법관은 연방차원에서는 연방노동법원과 연방사회법원에서 전문법관과 함께 재판부를 구성하며 형사절차뿐만 아니라 거의 모든 종류의 재판에 참여하고 있다.

참심원도 배심원과 마찬가지로 법률비전문가인 일반시민에서 선발되는 것이 원칙이다. 그러나 배심원보다는 일정한 직업에 따른 일정수준의 전문적·기술적 지식을 가지고 있어서 이를 재판과정에서 적정한 수준으로 활용하게 하는 기능도 수행하고 있다. 경우에 따라서는 이해관계인이 참여하기도 한다. 다만 형사사건의 경우 주로 일반시민들이 참여한다. 이와 같이 참심제는 일반시민의 사법참여와 전문법관의 보완이라는 두 가지 목적을 가진 제도라고 할 수 있다.[24]

3. 헌법적 적합성 문제

우리나라에서 참심제·배심제의 헌법적합성과 관련된 기존의 견해를 살펴보면 다음과 같이 크게 세 가지로 구분될 수 있다.

첫째 배심제는 배심원이 사건의 사실문제에 관한 판단권만 행사하고 법률문제의 판단에는 관여하지 않기 때문에 현행헌법하에서 합헌인 반면에, 참심제는 비직업적 법관인 참심원이 직업적 법관과 합동하여 재판부를 구성하고 법률문제에 관한 판단까지 하므로 현행헌법하에서는 위헌이라는 주장이다.[25]

---

24) 이상의 배심제와 참심제에 대한 자세한 설명은 권영설, "국민의 사법참여제도와 헌법," 한국공법학회 사법개혁위원회 자료집, 2004, 32쪽 이하 참조.
25) 권영성, 559쪽; 홍성방, 634쪽; 강경근, 636쪽 등 참조.

둘째 현행헌법하에서 참심제와 배심제의 도입은 헌법규정 특히 헌법 제 27조 제 1 항이 규정하고 있는 헌법과 법률이 정한 법관에 의한 재판에 의한 재판에 비추어 볼 때 위헌이므로 전면적인 참심제와 배심제의 도입을 위해서는 헌법개정이 필요하다는 주장이 제기되고 있다.

셋째 기존의 견해와는 달리 헌법개정이 없더라도 헌법해석상 헌법 제27조 제 1 항 및 제101조 제 3 항에 근거해서 법원조직법 등의 개정에 의해서도 배심제뿐만 아니라 참심제도 허용될 수 있다는 견해이다.[26]

우리 헌법은 제27조 제 1 항에서 "헌법과 법률이 정한 법관"에 의한 재판을 규정하고 있어서, 재판절차에 대한 시민참여가 헌법상 봉쇄되어 있다고 볼 여지가 있다. 특히 헌법 제105조 제 3 항과 제106조 제 1 항에 있는 임기제 및 신분보장 규정을 볼 때 제27조에서 정한 법관은 직업법관으로 보는 것이 체계적으로 자연스러울 수 있다.

반면 독일기본법은 "누구든지 그의 권리가 공권력에 의하여 침해당한 때에는 소송을 제기할 수 있다(독일기본법 제19조 제 4 항)"라고 규정하고 있고, 일본헌법에서도 "누구도 재판소에서의 재판을 받을 권리를 박탈당하지 아니한다(일본헌법 제32조)"라고만 하고 있다. 따라서 문언상 배심제나 참심제가 허용될 여지가 있는 것이다. 이러한 사정에서 독일에서는 참심제가 운영되고 있는 것이며, 최근에는 일본도 재판원 제도라는 것을 도입하여 시행을 준비하고 있는 것이다.[27]

---

26) 이상의 학설정리는 황성기, "한국에서의 참심제・배심제의 헌법적합성," 한국공법학회 사법개혁위원회 자료집, 2004, 53쪽 참조.

27) 일본 중의원에서 2004년 4월 23일 재판원이라는 시민의 사법참가제도의 신설을 골자로 하는 재판원이참가하는형사재판에관한법률을 전원일치로 가결하였다. 이 법이 시행되면 5년간의 준비기간을 두고 2009년부터는 이를 본격적으로 운영하게 된다. 이 재판원제도는 참심제를 근간으로 하면서 배심제적 요소를 가미한 일본 특유의 시민에 의한 사법참가형태라고 할 수 있다. 이로써 일본은 금년 4월 1일 개원한 사법대학원 제도에 이어 또 하나의 사법개혁의 커다란 결실을 보게 되었다
  한편 재판원제도에 관하여 일본 내에서 많은 위헌논란이 제기되었다. 그러한 위헌논란 과정에서 일본정부는 합헌이라는 결론을 내렸다(2003. 10. 28. 재판원제도 검토회의의 결과). 다만 가능한 위헌의 심의를 줄이기 위하여 합의체를 판사 3인과 재판원 4인(또는 6인까지)으로 구성하여, 재판원이 판사와 함께 유죄・무죄의 결정 및 양형에 관한 심리 및 재판도 행하는 것으로 하고, 그 평결은 합의체의 과반수로 하되 판사 1인 및 재판원 1인 이상이 찬성하는 의견에 따르도록 하는 내용을 취할 것을 밝혔다(홍기태, "국민에 의한 재판 —한국에서의 참심・배심의 가능성," 법과 사회 제25집, 2003, 99쪽 이하).
  구체적으로 보면 1년 이상의 징역 또는 금고형에 해당하는 중한 형사사건에 적용되는 것이며, 재판원이 법관과 함께 유무죄 평결 및 형량까지 결정하며, 중졸 이상의 유권자 중

그러나 우리 헌법 규정이 독일과 일본의 그것과 다르다고 하여, 헌법상 배심제·참심제 등의 시민의 재판참여가 애초에 배제되어 있다고 볼 것만은 아니다. 특히 우리 헌법상 규정된 법관이 반드시 직업법관만을 의미한다고는 볼 수 없다는 해석론이 가능하다. 제27조는 무엇보다 재판청구권이라는 국민의 '기본권'을 규정하고 있다는 것에 주목해야 한다. 즉 헌법 제27조는 국민의 기본권 보장을 위하여 가장 효과적이고 바람직한 사법제도를 구성해야 한다는 명령 또한 내포하고 있는 것이다. 따라서 재판의 투명성과 공정성을 확보하기 위한 참심제·배심제 논의도 헌법 제27조에 근거한 논의라고 해석하여야 하고, 동조의 법관의 의미에는 반드시 직업법관만이 해당하는 것은 아니라는 목적론적 해석을 해야 할 것이다.

4. 국민참여재판 도입

2007. 6. 1. '국민의 형사재판참여에 관한 법률'이 제정되어 미국식 배심제와 독일식 참심제의 혼합형태인 한국식 국민참여재판이 도입되었다. 2008년부터 시행되고 5년간 진행경과를 지켜본 뒤 제도보완을 거쳐 2013년부터 본격 시행되었다. 국민참여재판은 고의로 사망을 야기한 범죄, 강도·강간 결합범죄, 특가법 뇌물 등 부패범죄사건(제 5 조 대상)으로 정부는 연간 100-200건 정도 될 것으로 전망하고 있다. 피고인은 기존 재판을 받을 것인지 국민참여재판을 받을 것인지 선택을 할 수 있다. 재판에 참여한 배심원단은 모든 재판이 끝난 후 법관이 참여하지 않은 상태에서 평결을 내린다. 법관이 없는 상태에서 유무죄에 대해 만장일치 의견이 나오면 평결이 종료되지만 의견이 엇갈리면 법관이 참여한 상태에서 한차례 더 토의한 후 다수결 원칙에 따라 유무죄를 정한다. 유죄 평결이 내려지면 배심원들과 법관이 양형을 놓고 토의하게 된다. 배심원단의 의견은 법관의 최종판결에 구속력을 갖지 않지만 권고적 효력은 갖는다. 배심원단의 구성은 법원이 관할 구역 내 20세 이상 국민 가운데 무작위로 선정하며 공무원결격사유자나 변호사·군인 등 특정직업을 가진 사람은 제외된다. 피고인이나 피해자와 관련 있는 사람도 배심원

에 추첨으로 임명되고 평의내용을 누설하는 경우 징역이나 벌금형이 내려지고 보고기관의 보도금지도 규정하고 있다. 형량까지 결정하므로 대륙법계의 참심제와 유사한 것으로 보인다. 한편 재판원에게 언론접촉을 금지하고 엄격한 비밀유지의무를 부과하는 것은 영미법계와 유사한 것으로 보인다.

자격이 없다. 배심원은 사건과 관련해 알게 된 비밀을 누설하거나 사건 관계
자로부터 금품·청탁 등을 받으면 처벌받는다. '배심원매수'를 통해 판결을
뒤집을 수 있기 때문에 외국에서도 이 부분을 엄하게 처벌하고 있다.

5. 국민참여재판은 더욱 활성화되어야 한다[28)]

1) 국민참여재판은 글로벌 스탠더드에 부합한다. 국민의 재판참여를 일
절 인정하지 않는 나라가 예외적이다. 배심제는 미국·영국 등 세계 50여 개
나라에서, 참심제는 독일·프랑스 등 주로 유럽대륙 국가에서 시행되고 있다.
이제 세계 10위권의 경제대국으로서 그리고 실질적 민주법치국가의 반열에
의젓이 자리한 우리나라가 국민의 재판참여를 일절 허용하지 않고 있다고 한
다면, 이는 외국인의 눈에 이상하게 비칠 것이고 그렇게 되면 외국인의 투자
유치나 국제거래관계에서 결코 득이 될 리 없다.

2) 경제적 불평등이 심해지는 사회에서 배심제는 국민적 통합의 큰 계기
가 될 것이고, 이는 사회안전망의 하나로 작용할 것이다. 여태껏 국민의 참여
없는 엘리트 사법이 그 많은 노력에도 불구하고 일반 국민으로부터 그들만의
사법으로 냉소를 받고 무관심 속에 버려졌던 이유는 바로 국민의 참여가 봉
쇄된 데 그 이유가 있다. 이제 국민참여재판을 계기로 사법이 우리 모두의
사법이 되고, 법이 통치의 수단이 아닌 인권의 보루로 분명히 국민의 뇌리에
인식된다면 이보다 더 큰 수확이 어디 있을까?

3) 국민참여재판은 국민들에게 민주주의를 가르치는 교육의 장이다. 그
동안 우리는 혹독한 대가를 치르고 민주주의에 대한 교육을 받아왔다. 그러
나 아직 토론과 대화의 자질이 충분치 못하다. 배심원 참여는 국민에게 자치
를 가르치는 무료학교이다. 배심원으로 재판에 참여하는 것과 각종 선거에서
행사하는 투표권은 민주국가에서 시민이 정부에 참여하는 두 가지 중요한 수
단이다. 그런데 배심원 근무가 더 직접적으로 참여하는 방식이다.

4) 우리가 산업화에서도 늦게 출발하고서 경이적인 발전으로 세계를 놀
라게 했듯이, 국민참여재판에 있어서도 비록 출발은 늦었지만 세계제일의 제
도를 이룩할 수 있다. 우리의 민족적·정신적 역량과 대학진학률 등 교육열
을 볼 때 이는 충분히 달성 가능한 목표로서 결코 의욕과잉이 아니다.

---

28) 안영문, 국민참여재판은 더욱 활성화되어야 한다(법률신문 법조광장 2008. 5. 15).

제3절   法曹人 養成 및 選拔制度의 改革

Ⅰ. 우리나라 로스쿨 도입의 회고와 반성

2007년 7월 3일은 한국 법학계가 절대 잊지 못할 날이다. 대륙법(독일과 프랑스를 중심으로 발달한 유럽대륙의 법)체계를 선택한 나라의 국회가 야밤에, 토론도 없이, 그것도 단 3분 만에 미국식 로스쿨법을 통과해버렸기 때문이다. 당시 사학법을 통과시켜야 했던 한나라당과 로스쿨법을 밀어붙였던 열린우리당의 정치적 야합의 산물이었다.

사실 로스쿨 문제는 1995년 문민정부 때부터 98년 DJ정부 때까지 계속 논의되면서 우리 현실과 맞지 않는다는 결론이 난 사안이었다. 그런데 2004년 참여정부에서 사법개혁 일환으로 다시 거론됐으며, 당시 로스쿨제도를 도입한 일본의 영향을 받아 논의 불씨가 되살아났다.

2007년 로스쿨법이 이처럼 무모하게 통과한 후 각 대학 당국은 구체적 설계없이 로스쿨 유치에만 열을 올렸고, 로스쿨 관계자는 로스쿨 유치 이후에는 변호사시험 합격률에만 신경 썼던 게 사실이다. 올바른 법학교육은 우리사회에 진정한 법치주의를 구현하는 기본 틀이자, 자유무역협정(FTA)에 따른 국제 법률시장 개방에서 국제경쟁력의 원천이기도 하다. 그렇다면 현행 로스쿨제도의 근본 문제는 무엇이고, 이 제도가 성공적으로 정착하려면 어떻게 해야 할까. 현행 로스쿨제도의 한계와 대안에 대해 논의해보기로 하자.

Ⅱ. 外國의 法學教育制度

1. 미   국

미국의 법학교육제도는 이른바 로스쿨 제도에 기반을 두고 있다. 로스쿨 제도는 다양한 학부 전공자들이 로스쿨에 입학하여 3년간 전문 법학교육과정을 이수하는 '학사 후 법학교육제도'라고 하겠다. 물론 미국의 교육제도는 기본적으로 주의 권한으로서, 그 설립과 운영에 관한 규제가 획일적이지 않으며, 설립 자체는 주에서 요구하는 기준을 충족하면 가능하다. 다만 미국변호사협회(ABA)[29]가 인증절차를 통하여 설립 당시부터 로스쿨의 인적·물적 기반을 통제하고 있다.

로스쿨의 입학은 학사학위 소지자 또는 대학졸업예정자에게만 허용된다.[30] 입학정원에는 제한이 없어서 적게는 40명 많게는 640명 정도까지 선발을 한다. 입학시험은 적성시험과 서류전형으로 이루어져 있으며 적성시험 성적 및 학부 성적 이외에 외국어, 사회경력, 사회봉사 실적 등이 중요시되고 있다. 적성시험(LSAT: Law School Admission Test)은 로스쿨에서의 수학능력을 측정하는 시험으로서 응시자의 어학능력과 추리·분석력 등 주로 논리능력을 측정하기 위해 객관식 5개 과목 및 논문 1개 과목으로 구성되어 있는 시험이다. 비영리법인인 LSAC(Law School Admission Council, Inc.)에서 주관하여 실시하고, 그 성적을 각 로스쿨에 보내어 입학자 선발에 참고한다. LSAT는 1년에 4회 실시되는데 평생 2년 동안에 한하여 3회만 응시할 수 있고 더 이상의 응시는 로스쿨 측에서 입학 직전의 LSAT 성적을 요구하는 경우에 한하여 허용된다. 대부분의 로스쿨에서는 수험생이 응시한 모든 횟수의 LSAT 점수를 평균한 평균치를 입학시험에 반영하고 있으므로 반복 응시가 성적향상에 도움이 안 되는 것으로 되어 있다.

로스쿨에서의 교과과정을 보면 먼저 가장 일반적인 과정인 J.D. 과정은 3년(6학기)에 걸쳐 80학점 이상을 이수하도록 되어 있고, 외국 법학부 졸업자 등을 위한 단축 과정인 LL. M. 과정은 1년(2학기)에 걸쳐 약 20학점을 이수하도록 되어 있다. 이 밖에 학문적 연구를 위한 과정으로서 S.J.D. 과정이 개설되어 있다.

교수 대 학생 비율은 1 대 7-20 정도이며 전임교수의 수는 최소 수준의 로스쿨이 10인이고 대부분의 교수가 변호사 자격을 가진 법률실무가 출신이다. 교과목은 학교마다 차이점이 있으나, 대체로 사례를 중심으로 한 토론 형식이다. 또 로스쿨의 2년 차부터는 대부분의 학생들이 여름 방학기간을 이용하여 법원, 변호사 사무소, 각종 비영리단체 등에서 수습생(summer clerk 또는

---

29) 로스쿨에서의 교육의 질을 담보하기 위한 제도적 장치이며, ABA 산하의 「법률교육 및 법조인 자격심사에 관한 분과위원회」에서 담당하고 있다. ABA의 인증을 받은 로스쿨 출신자에 한하여 다른 주의 변호사시험이 응시 가능하고 Arizona 등 23개 주의 경우 ABA의 인증을 받은 로스쿨 졸업자에 한하여 변호사시험 응시자격을 부여하고 있다.
30) 19개 로스쿨에서는 대학 3년 이상 이수자에게도 자격부여를 하고 있다.

summer associate)으로서 유급 또는 무급으로 실무 수습을 한다. 이때 실제 초임 변호사와 유사한 내용의 업무처리 경험을 쌓고, 실무에 대한 이해도를 높이며, 졸업 후의 취업에 참고하게 된다. 학비는 2001년 사립학교의 평균 연간 등록금이 22,870달러에 이르며 상당히 높은 비용이라고 하겠다.

과정을 이수한 사람은 변호사 시험을 보게 되는데 변호사시험은 연방의 관여 없이 각 주가 독자적으로 시행하나 시험제도의 골격은 대동소이하다. 응시자격은 로스쿨 졸업자 또는 로스쿨에서 일정 기준 이상의 학점을 취득한 자에게 부여된다. 일부 주에서는 이 경우 변호사 사무실 등에서 실무연수를 받을 것을 요구하는 경우도 있다. 시험과목과 방법도 주마다 차이가 있으나, 대체로 ① 연방법과 각 주에 공통되는 보통법을 중심으로 출제되는 객관식시험, ② 각 주법을 중심으로 출제되는 논술식시험, ③ 법조윤리시험의 3가지 시험으로 구분되어 실시된다. 최근에는 주어진 사례에 대하여 변론서를 작성하는 실무능력시험을 추가로 요구하는 주가 증가하는 추세이다. 변호사시험 응시횟수도 상당수 주에서 2 내지 5회로 제한하고 있다.31) 합격률을 보면 첫 응시에서 합격률이 전국 평균 69-79% 정도로 상당히 높고 2회 이상 응시자의 경우 합격률이 35-40%로 감소하게 된다.

로스쿨 졸업생들의 진로는 출신 학교의 명성과 재학중의 성적에 좌우되는 경향이 있다. 유명 로스쿨을 우수한 성적으로 졸업한 학생들은 법원의 Law Clerk으로 일하는 기회를 얻을 수 있으며, 대부분의 로스쿨 졸업생은 로펌이나 기업체에 고용 변호사로서 취업하게 된다. 초임 변호사에 대한 보수는 출신 로스쿨과 성적에 따라 달라지나, 2001년의 경우 평균 연 9만 달러에 달하여 다른 직업군에 비하여는 상당히 고액인 것으로 알려져 있다. 2003년 현재 미국에서 활동중인 변호사 수는 1,058,662명이다.

2. 영   국32)

영국은 미국과 같이 판례법체계의 국가이고 세계법률시장을 지배하고 있

---

31) 명문 로스쿨의 경우 교과과정이 연방법 위주로 되어 있고, 강의 내용이나 시험방법 등이 변호사시험과는 큰 상관없이 행해지므로, 대부분의 학생들이 로스쿨 졸업 이후 변호사시험을 보기 전까지 약 1개월 20일 사이에 사설학원(Bar/Bri 등)에서 시험용 교재로 강의를 듣고 모의시험도 실시하고 있다.

32) 이관희, "정보화시대의 법학교육개혁방향," 한국인터넷법학(2005. 3).

음에도 법학부가 다른 학부와 같이 3년이고 이를 우수한 성적으로 졸업한 자만이 1년간의 유료 실무로스쿨과정(런던에 4대 로스쿨이 있음) 10여 과목을 합격한 후 로펌, 검찰 등 각 직역에서 2년간 연수를 함으로써 법조인자격을 취득하는 능률적·효율적 체제이다.

3. 독   일

독일에서의 법조양성제도의 기본구조에 관하여는 독일 법관법(Deutsches Richtergesetz) 제 5 조에서 규정하고 있는데, 자세한 사항은 각 주의 법령에서 정하고 있으나 기본적인 틀은 독일법관법에 의하여 규율되고 있는 구조이다. 법조인이 되기 위하여서는 ① 법과대학에서 일정 과정을 이수하고, ② 제 1 차 국가시험에 합격한 다음, ③ 2년간의 실무연수를 거치고, ④ 제 2 차 국가시험에 합격하여야 한다. 제 2 차 국가시험에 합격한 자는 판사·검사·변호사 등이 될 자격을 가지며, 그 밖에 교수, 행정관료, 외교관, 입법관 및 회사원 등 다양한 직업군으로 진출하게 되어 있다. 2003. 7. 1.부터 시행되는 독일법관법 및 변호사법의 개정에 따라 법조양성과정에 일부 변경이 있으나 기본적인 골격은 그대로 유지되고 있다.

독일의 법학교육 시스템 중 법과대학에서의 기본과정(Grundstudium)을 보면 다음과 같다. 독일 내의 70여 개 대학 중 약 40개에 법학부가 설치되어 있는데, 법과대학 입학생은 매년 약 2만명 이상에 달한다고 한다. 법과대학 입학생은 통상 4학기에 걸쳐 법학 기본과정을 이수하게 되고, 별도의 교양과정은 없다. 교과목은 필수과목(Pflichtfächer)과 선택과목(Wahlfächer)으로 나뉘는데, 필수과목 중 기본과목은 제 1 차 국가시험에 응시하기 위하여 반드시 학점을 취득하여야 하는 과목으로서 모든 주에서 공통적이고, 기초과목은 각 주마다 지정된 과목이 상이하다. 교과내용은 강의(Vorlesung) 및 연습강좌(Übung)로 구성되고 특히 연습강좌가 중요시된다.

기본과정 수료 후에는 중간시험을 치르고 이에 합격한 학생만이 본과정 단계로 나아갈 수 있다. 중간시험은 논술시험과 논문작성 등으로 나누어 평가되는데, 중간시험에 불합격한 경우 1년 이내에 1회에 한하여 재시험을 치를 수 있게 되어 있다. 한편 법과대학 과정 중 최소한 3개월 이상의 실습을 하도록 되어 있는데, 법원, 변호사사무실, 행정기관 등에서 실무경험을 쌓게 된다. 일반적으로 기본과정과 중간시험이 끝난 뒤 방학중에 실습을 받는다.

중간시험 합격 후 본 과정(Hauptstudium)에서는 필수과목을 심화한 연습강좌와 세미나 중심으로 교과가 편성되어 있다. 적어도 2-3개의 고급연습강좌에서 이수증명을 얻어야 제1차 국가시험에 응시할 수 있게 된다. 본과정까지 마치고 제1차 국가시험을 볼 수 있는 자격을 획득하는 학생 수는 입학생 중 50%가 채 되지 않는다고 한다. 중간에 탈락한 학생들은 다른 학부로 옮기거나 대학교육을 포기하게 된다.

법과대학에서 적어도 3년 반 동안 7학기 과정을 이수하고 기본과목에 대한 3개의 이수증명을 얻은 자가 제1차 국가시험 응시자격을 획득한다. 응시기회는 2번으로 제한되고 시험성적이 중요하므로 실제로는 평균 10.5학기가 지난 후에 제1차 국가시험에 응시한다고 한다. 국가시험은 주 법무성 산하 사법시험국에서 주관하고, 시험은 각 대학에서 실시하는데, 필수과목 및 선택과목에 대한 필기시험과 민사법·형사법·공법 및 선택과목군에 대한 구술시험으로 나누어진다. 특히 구술시험이 중요하다고 하고, 시험성적은 5단계로 나뉘며, 성적이 좋은 자만이 교수나 판·검사가 될 가능성이 있다.[33]

제1차 국가시험 합격자는 준공무원의 지위를 가지는 연수생(Referendar)이 되어 2년간의 실무교육을 받는다. 실무연수기관이 별도로 존재하지 않고 법원을 비롯한 다양한 기관에서 연수를 받게 되는데, 필수연수기관은 민·형사법원, 검찰청, 행정관청, 변호사사무실의 4개 기관이고, 선택연수기관은 주법에서 중점영역으로 선정한 8개 기관으로서 입법기관, 특별법원, 기업, 공증인사무소, 노동조합 또는 사용자단체, 외국의 사법연수기관 또는 변호사사무실 등이 이에 해당한다. 필수기관은 3개월 이상, 선택기관은 4-6개월의 기간 동안 연수를 받아야 한다.

실무연수를 마친 자는 제2차 국가시험에 응시할 수 있으며 응시기회는 역시 2회로 제한되어 있다. 제2차 국가시험은 필기시험과 구술시험으로 구성되는데 2001년의 경우 합격률은 84.95%이었고, 합격자 수는 10,697명이었다고 한다. 최소한 상위 10% 이내에 들어야 교수나 판·검사가 될 가능성이 있다고 한다.

---

33) 2001년의 경우 합격률은 72.09% 이었는데, 독일에서는 법과대학 졸업자격을 별도로 부여하지 않으므로 제1차 국가시험에 합격하지 못하면 고졸의 자격만을 가지게 된다.

판사 임용의 경우 제 2 차 국가시험 합격자는 바로 판사에 임용되는 것이 아니라 3년간 판사보(Richter auf Probe)로 임용되게 된다. 판사보는 합의부 재판장이 될 수 없고, 항소법원이나 대법원의 법관이 될 수 없으며 신분보장이 되지 않으나, 대체로 일반법관과 동일한 직무권한을 가진다. 판사보는 임명 후 5년 이내에 종신직 판사(Richter auf Lebenszeit)로 임명된다. 검사 임용의 경우에도 제 2 차 국가시험 합격자 중에서 임용되며, 판사보로서 3년을 근무한 자는 종신직 검사로 임명될 수 있다. 판사보로서 검찰청에 근무하는 자는 검사로서의 직위와 명칭을 가지게 된다. 한편 제 2 차 국가시험에 합격하더라도 변호사활동을 하기 위하여서는 별도의 자격인가 및 소속인가를 얻어야 한다. 국가시험 합격자는 개업하기를 희망하는 주의 법무부에 자격인가신청을 하고, 주 법무부는 변호사회 이사회의 의견을 들어 인가여부를 결정한다.

한편 독일에서도 법조인 양성기간의 장기화[34]와 전문적이고 능력 있는 법조인력 양성의 실패[35] 등이 문제됨에 따라 몇 차례의 개혁논의과정에서 독일 법관법 및 변호사법이 개정되었다(2003. 7. 1. 시행). 이 개정은 제 1 차 시험의 일정 부분을 대학에서의 시험으로 대체하고, 외국어나 경제·국제관련 법률교육 등을 강화하며 변호사실무 등에 보다 비중을 두는 것을 주요 내용으로 하고 있다.

4. 일 본

(1) 로스쿨 도입

2004년 4월에 68개 법과대학원(이하 "로스쿨"로 칭함)(국립 20, 공립 2, 사립 46개교)이 개교하였다. 학교마다 정원이 다양하여 정원 많은 곳은 300명, 적은 곳은 30명이다. 정원수가 많은 6개교의 총정원(1,560명)은 정원수 적은 30개 로스쿨의 총정원(1,415명) 보다 145명이나 많다. 개교시의 전체 입학자수는 5,590명으로 실제 정원 총수의 103%이다. 그럼에도 14개 대학에 결원이 발생하였다(국립 1, 공립 2, 사립 11개 로스쿨).[36] 2005년에는 새로이 6개 로스쿨

34) 통상 법과대학 입학 후 제 2 차 국가시험 합격까지 10년 정도가 걸리며, 제 2 차 국가시험의 합격자의 평균연령은 약 30세가 된다고 한다.
35) 법학교육에 있어서 광범위하고 총론적인 학설에 집착하여 실질적인 법률자문이나 새로운 법률관계에 대한 법률서비스 요구에 부응하지 못한다는 것이 문제로 제기된다고 한다.
36) 정종휴, 일본 로스쿨 시행 6개월 점검(법률신문 2004. 12. 6).

이 문을 열게 되어 일본에는 74개의 로스쿨이 경쟁하게 됐다. 2006년에는 구사법시험과 제1회 신사법시험이 병행 실시되어 각기 800명씩 1,600명 선발했다. 제1회 졸업생의 합격률 34%이다. 2007년에는 신·구사법시험이 모두 치러져, 신사법시험은 1,009명의 합격자를, 구사법시험은 600명의 합격자를 각각 배출했다. 단계적으로 신사법시험 비율을 높여 신사법시험 시행 5년이 되는 2011년부터는 3,000명을 전원 신사법시험으로만 선발한다. 그래도 합격률은 50%선을 밑돈다.

신입생 첫해 등록금(입학금, 1년 수업료, 수업충실비 등)은 국립이 108만엔 정도, 사립은 110만엔부터 300만엔까지 다양하다.

(2) 법학기수자 코스와 법학미수자 코스

입학정원 중 기수자와 미수자의 비율도 학교마다 다르다. 동경대학은 정원 300명 중 200명을, 와세다대학은 300명 정원 중 50명만 법학기수자로 채운다. 100% 미수자로만 채우는 곳도 있다.

로스쿨은 3년 과정 중 93학점 이상 취득하도록 되어 있다. 1학년 때는 주로 기초법률과목을, 2학년과 3학년 때는 기간과목 내지 실무법률과목을 배운다. 최대 30학점 범위에서 기취득 학점을 인정하므로, 법학부를 이미 마친 학생들은 63학점을 2년에 취득함으로써 2년 수료 가능한 셈이다. 졸업자에겐 학위 논문 없이 "법무박사-전문직" 학위를 수여한다. 법학자가 되려면 다시 종래의 대학원 박사과정에 진학해야 한다.

(3) 충격적 실태

일본 로스쿨이 충격에 빠졌다. 출범 직후부터 지원자가 감소하더니 최근에는 미달이 속출하기 시작했고 2009년도부터 입학충족률이 80%대로 하락했고 이후 지속적인 감소로 2014년에는 총 입학정원 3,809명 중 2,272명이 입학해 59.6%로까지 추락했다. 67개교 중 91%에 해당하는 61개교가 정원을 채우지 못했다.

상황이 이쯤되자 일본 문부과학성은 로스쿨의 자발적 구조조정 압력과 함께 이를 강제하기 위한 수단으로 수백억대의 교부금 등을 중단하기로 외압을 넣고 있다. 결국 내년도 입시에서 가시화될 전망이다. 내년 입학정원을 삭감하는 곳은 33개교, 이 중 13개에서는 아예 학생모집을 정지하기로 한 것.

로스쿨 출범 당시 74개교였지만 2011년 1개교, 2013년 4개교, 2014년 2개교, 2015년 13개교(예정) 등 출범 12년째를 맞아 20개교가 모집을 정지하기에 이른 셈이다. 역대 최대 정원이었던 2005학년(~2007학년)의 5,825명에 비해 2,650명(45.5%)이나 감소한 3,175명만을 선발하기로 했다.

　　문제는 여기서 끝나는 것이라 아니라 역대 최저 인원을 매년 갈아치우고 있다는 점이다. 로스쿨 입시 잠재인원인 법학적성시험 지원자마저 작년보다 970명이 준 4,407명으로 확인됐고 실제 응시자는 4,091명에 그쳤다. 입시경쟁률이 1.29대 1을 예고했고 과거의 실제 로스쿨 지원자 비율을 감안하면 올해보다 더욱 심각한 미달사태가 예견된다.

　　원인은 20%대에 머무는 사법시험 합격률, 신규 변호사의 취업률 저조 등으로 꼽힌다. 깊이 들어가면 법과대학이 있고 또 예비시험이 있는 마당에 고비용, 고학력과 고기회비용 등을 요구하는 로스쿨제도가 효율성과 경쟁력 면에서 구제도를 넘어서지 못하고 있기 때문이다. 단적인 예로 로스쿨을 통한 사법시험 지원자보다 예비시험 지원자가 더 많아졌다는 것이 이를 방증한다. 2011년부터 시행되고 있는 예비시험 지원자가 첫해 8,971명이었지만 2013년에는 사법시험 10,315명보다 많은 11,255명이었고 2014년에는 12,622명(사법시험 9,255명)으로 크게 늘었다. 주객(主客)이 전도됐다.

Ⅲ. 한국 로스쿨제도의 성공조건[37]

1. 로스쿨제도 도입의 취지

　　정부의 법학전문대학원(로스쿨)법안이 2005년 10월 국회에 상정된 지 22개월 만인 2007년 7월 3일 국회를 통과되어서 2009년 3월부터 로스쿨이 개원되었다. 김영삼 정부 때 1995년 처음 거론된 이후 12년 만이다. 물론 저자는 영국식 '학부 로스쿨화'를 주장하며[38] 맹렬한 반대를 하였지만 일단 통과된 이상 되돌리기는 어려운 상황이고 보면, 우리나라 대학교육 전체에 영향을 주면서 법학교육과 법조인양성제도에 혁명적 변화를 몰고 올 로스쿨이 차선책이기는 하지만 오로지 성공되기를 바랄 뿐이다. 결국 미국식 로스쿨을

---

37) 이관희, 한국법학교육 정상화 방안, 헌법학연구(2014. 9) 참조.
38) 이관희, 법률신문(2007. 6. 4), 법률신문(2007. 8. 20) 참조.

504   제 6 부   司法改革論

도입하여 앞으로 판사·검사·변호사 등 법조인이 되려면 사법시험이 아니라 로스쿨 졸업 후 변호사자격시험을 치러야 한다. 대학원 성격의 3년제 로스쿨에 입학하려면 학부성적과 법학적성시험(LEET: Legal Education Eligibility Test)·외국어 시험을 치러야 하고, 판·검사는 변호사 중에서 선발 임용된다. 이러한 혁명적 변화는 두 가지의 큰 목표를 지향하고 있다. 하나는 그간 학력제한 없는 사법시험으로 대학교육 전체가 황폐화된 것을 정상화하자는 것이고, 그 둘은 국제법률시장개방 시대에 부응하여 법학·법조전문화로써 국제경쟁력을 갖추고 국민들에게 저렴하면서도 양질의 법률서비스를 제공해 보자는 것이다.

2. 성공조건[39]

법학교육 정상화라는 것은 민주주의 국가운영에 있어서 절대명제인 법치주의 실현의 기반을 이루는 것이기 때문에 아무리 강조해도 지나침이 없다. 그런데 2007년 7월 법학전문대학원 설치와 운영에 관한 법률(이하 로스쿨법) 제정 이후 우리나라의 법학교육은 중심을 잡지 못하고 무너져 내리고 있는 것이다. 그것은 로스쿨 도입의 취지를 제대로 살리지 못하고 3년으로 대충 법학교육을 해보겠다는 원천적으로 무리한 시도를 하고 있기 때문이다. 상식적으로 보아도 로스쿨 3년의 교육기간으로는 과거 4년제 법과대학의 교육내용보다 나을 수가 없다. 우리와 같은 독일법계를 계수하고 있는 일본의 경우 법과대학 4년을 기반으로 로스쿨에서 법학사는 2년 교육으로 비법학사 3년과는 구분하고 변호사시험 합격 후 1년을 사법연수하고 있는데 이는 변호사자격을 얻기 위하여는 최소 7년 이상의 법학교육이 필요하다는 것을 입증하고 있는 것이다. 독일의 경우도 마찬가지다.

따라서 우리나라의 로스쿨 교육은 우선 일본과 같이 반드시 법학사와 비법학사를 구분교육(현재의 부실한 6개월 변호사자격연수를 폐지하고 3년, 4년)해서 석사과정으로서 진정으로 전문화되어야 하고, 각 로스쿨에서 책임지고 자격과 능력을 갖춘 변호사를 배출해야 한다.[40]

---

39) 이관희, 법학교육 정상화 방안, 법률저널(2014. 8. 4).
40) 이관희, 로스쿨, 법학사 비법학사 구분교육해야, 법률저널(2014. 10. 2).
   저자가 회장인 대한법학교수회와 서울지방변호사회가 공동으로 2013. 10월 사시존치와 함께 입법청원하였다.

　　우리나라를 비롯한 대륙법계에서 4년 법과대학 교육의 정상화는 한 사회의 법치주의 운영의 기반을 이루는 것으로 로스쿨에로의 진학(변호사)만이 아니라 기업, 금융, 언론 등 사회 모든 분야로의 진출이 가능하다. 과거의 법과대학이 그러하였고 앞으로도 그래야 한다. 현재 로스쿨제도의 가장 큰 문제점은 이러한 법학교육의 정상화의 틀을 만들어놓지 않고 부실한 법학교육의 내용을 가지고 로스쿨출신자들만이 대단한 법률가인양 사회 각 분야로 내보내려 한다는 것이다.

　　여기에서 전통적인 4년 법과대학 교육을 정상화할 수 있는 방법이 바로 이제까지 법학교육의 중심을 이루어왔던 사법시험을 어느 정도 존치시키는 전략이다. 현재 로스쿨도입 25개 대학 이외의 법과대학의 법학교육은 2018년 사법시험 폐지로 그 중심을 잃어가고 있다. 따라서 이들 대학과 아울러 일본처럼 법학사, 비법학사 구분교육이 전문성이나 재정면에서 어려운 로스쿨은 법과대학으로 회귀하는 것이 바람직하고 그럴 수밖에 없는데 이 경우를 대비하여 사법시험 정원 500명 정도 존치(로스쿨정원은 1,500명으로 축소)해야 한다. 이렇게 되면 상당수의 로스쿨이 법과대학으로 회귀하고 법학교육은 정상화될 수 있다. 법률소비자인 국민의 입장에서는 로스쿨과 사시 출신 변호사들의 경쟁적 좋은 서비스를 받게 된다. 사실 80명 이하의 로스쿨은 구분교육과 재정면에서 전문화·특성화·다양화라는 로스쿨 본래의 취지를 살리기 어렵기 때문에 우리나라 로스쿨의 성공적 정착을 위해서는 구조조정이 불가피하다. 일본은 최대 300명, 미국은 500명 정도인 것을 볼 때 우리는 최소 100명 이상 최대 200명까지 10개 정도의 로스쿨이 되어야 국제경쟁력을 가질 것이다.

　　로스쿨 정원을 1,500명으로 줄인다는 전제하에서는 변호사시험은 폐지하고 미국 일부 주에서 시행하고 있는, 로스쿨을 졸업하면 변호사자격증이 부여되어야 하고(Diploma Privilege) 각 로스쿨에서 특색있게 책임지는 교육을 해야 한다. 왜냐하면 로스쿨 입학시 변호사가 될 만한 기본능력에 대한 충분한 검증을 거쳤고 현재 로스쿨 교육을 망치고 있는 변별력 없는 변호사시험을 법학사와 비법학사를 똑같이 놓고 단지 몇 명을 떨어뜨리기 위하여 볼 필요가 없기 때문이다. 그리고 로스쿨의 상대평가제는 헌법, 민법, 형법 등 필수과목에만 한정하고 선택과목의 폭을 넓혀야 전문화·특성화·다양화 교육이 살아난다. 이렇게 될 때에 로스쿨도입의 기본취지인 '교육을 통한 변호사양성'이 진정으로 실현된다 할 것이다.

지금 우리사회의 법치주의 운영에 기둥이 되는 법학교육이 무너져 내리고 있는 절박한 상황에서 관계자 모두는 각자의 기득권을 내려놓고 허심탄회한 애국심으로 진정한 법학교육의 정상화방안을 모색해 나아가야 할 것이다.

제7부　憲法裁判改革論

【여 는 글】

1988년 9월 헌법재판소 개소이래 오늘날까지(2014. 9. 30) 총 26,139건이 접수되어 하루평균 3건 가까이 헌법판단을 국민이 요구하는 헌법의 생활규범화 시대가 열린 것이다. 과거 권위주의정권시절을 거치면서 위헌법률판단 617건(헌법불합치, 한정위헌결정 포함), 국민의 권리구제 헌법소원 인용 494건 등 헌법재판소가 우리 사회 민주화에 큰 역할을 해 왔다고 평가된다. 그러나 헌법재판소가 초창기의 미숙함에서 벗어나 보다 성숙되어 21세기 고도의 법치주의 사회를 이끌어 나가기 위하여는 다음과 같은 개혁이 이루어져야 한다고 본다.

첫째, 헌법소원심판대상에 법원의 재판을 포함시켜야 한다. 법원의 재판을 제외시킴으로써 행정처분이나 민사·형사재판 등은 헌법적 판단을 받아 볼 기회가 없다. 대법원의 최종적인 법적 판단과 헌법재판소의 헌법적 판단은 별개의 것이기 때문에 가능한 것이다. 독일 헌법상 가장 빛나는 제도가 헌법재판소인데 총건수의 약 96%가 헌법소원이고 그중 약 96%가 법원의 재판을 그 대상으로 하고 있다는 것을 참고할 때,[1] 법원판결제외는 우리 헌법재판소의 기능을 반감시키고 있다고 해도 과언이 아닐 것이다.

둘째, 형사소송법 개정으로(2008. 1. 1. 시행) 검사의 불기소처분에 대한 불복은 고등 검찰청에 항고를 거쳐 고등법원에 재정을 신청하도록 하여 헌법소원심판 대상에서 제외시키는 제도개혁이 이루어졌다. 다만 그 개정 이전까지 헌법소원 총 건수 13,934건 중 9,419건이 검사의 불기소처분(약 65%)으로 헌법재판소 기능의 반 이상(총건수의 약 54%)을 차지하고 있었다는 것을 기억할 필요가 있다. 그만큼 검사의 공소권 남용에 대한 국민의 불만이 심각했다는 것이다. 그리고 헌법해석의 최고기관이며 정치적으로 민감한 사건을 다뤄야

---

1) 1951. 9. 7. - 2013. 12. 31. 총건수 207,651건 중 헌법소원이 200,482건(96.54%)이며, 그 중 해결된 것은 204,019건이고 그중 법원의 판결을 대상으로 한 것이 190,7003건(96.56%)이었으며 인용은 4,640건으로 2.4%에 불과했다. 그 밖에 추상적규범통제와 구체적규범통제가 3,662건으로 1.79%, 연방과 주 등 권한쟁의절차가 3,321건으로 1.63%(www.Bundesverfassunsgericht.de/texte/deutsch/organisation/statistik.- 2013) 등이다.

하는 막중한 임무수행의 헌법재판소가 검사의 불기소처분에 대한 불복을 일일
이 구체적으로 판단한다는 것은 넌센스이며 국가적인 낭비였고, 이러한 체계
정합성 위반은 일단 업무량이 폭주하는 모습을 보이며 결국 국민의 검찰에 대
한 불신은 점차 헌법재판소의 불신으로 연결되며, 정작 헌법재판소가 중대한
결정을 해야 할 시기에 국민적 신뢰를 받지 못하는 상황으로 연결될 수 있었
다는 것이다.

어떻든 헌법소원심판대상에서 검사의 불기소처분을 제외시킴으로 해서 상
술한 법원의 재판을 헌법소원의 심판대상에 포함시킬 수 있는 여지가 생겼고
비로소 그것이 실현될 수 있을 때 헌법재판소가 정상적인 제 기능을 수행할 수
있으리라 본다.

셋째, 재판관 선임방법의 개혁이다. 독일 연방헌법재판소 재판관의 선임방
법처럼 국회에서 9인의 재판관 모두를 선임해서 대통령이 임명하되 국회재적
2/3 이상의 찬성을 얻도록 하는 것이 가장 합리적이라고 생각된다. 그래야 헌
법재판소의 민주적 정당성도 커지고, 여·야가 함께 찬성할 수 있는 균형감각
있는 인물이 재판관으로 선임될 수 있다.2) 우리와 같이 대법원장과 대통령이
3인씩을 무작정 지명하고, 임명하는 것은 합리성을 찾기 어렵다.3)

넷째, 헌법재판관의 자격에 관하여 법관만을 규정하고 있다. 그러나 헌법
재판은 일반 민사나 형사재판과는 달리 다양한 정치적·사회적 문제를 다루기
때문에 고도의 헌법지식을 요하는 국가기관의 구성에는 헌법학이나 행정법학
에 조예가 깊은 학자들의 참여가 요망된다. 헌법재판소제도를 두고 있는 국가
중 우리처럼 법관의 자격을 가진 자만으로 구성하는 나라는 거의 없으며 대부
분은 학자나 고급공무원 출신의 인사까지 자격을 확대하고 있다.

그 밖에 변호사강제주의 완화, 가처분제도 확대, 전문연구원의 확충, 판결
주문 작성시 문헌과 인용 출처 명시 등이 논의된다.

---

2) 허영, 헌법소송법론(박영사, 2007), 111쪽.
3) 국회의장 직속 헌법연구자문위원회 보고서(2009. 8. 31)에 의하면 '재판소원제' 도입과
   함께 대법원장의 3명의 헌재재판관 지명권을 국회로 넘기는 것으로 되어 있다.

제1장 憲法裁判所의 地位와 構成

제1절 憲法裁判의 意義

I. 憲法裁判制度의 導入과 그 意味

1. 헌법재판의 의미와 우리 헌법의 도입과정

헌법재판이라고 함은 헌법의 내용과 효력에 관하여 분쟁이 있는 경우에 최종적으로 권한이 있는 기관에서 심판하는 것을 말한다. 헌법재판의 유형에는 헌법에 관한 쟁의를 행하는 일체의 작용(위헌법률심사, 정당해산심판, 권한쟁의심판, 탄핵심판, 헌법소원심판 등)인 광의의 헌법재판과 국회에서 제정한 법률의 위헌심사(위헌법률심사)만을 다루는 협의의 헌법재판이 있다. 일반적으로 헌법재판이라고 할 때 광의의 의미로 사용하는 것이 보통이다. 다만 법원에서 담당하는 선거소송 역시 광의의 헌법재판의 개념에 속하게 되므로, 우리 헌법재판소가 모든 광의의 헌법재판을 담당한다고는 볼 수 없을 것이다.[1]

헌법재판에 관한 규정은 건국헌법에서부터 존재해 왔다. 당시에는 헌법위원회가 위헌법률심사권을 행사하였으며, 헌법위원회는 대법관 5인과 국회의원 5인으로 구성되고 부통령이 그 위원장이었다. 제2공화국헌법에서는 지금의 형태와 비슷한 헌법재판소가 구성되어 헌법재판을 수행하였으며, 헌법재판소는 참의원, 대통령, 대법원이 각 3인씩 선출하는 재판관으로 구성되었으며, 재판관의 임기는 6년이었다. 하지만 5·16 쿠데타로 말미암아 실제 설치되지는 못하였다. 당시 헌법재판소의 직무내용은 위헌법률심판, 헌법에 관한 최종적 해석권, 국가기관의 권한쟁의, 탄핵재판, 대통령·대법원장·대법

---

1) 헌법이 국가의 최고법으로서의 지위에 있는 이상 광의로는 모든 법적 문제가 모두 헌법문제로 귀결될 수 있기 때문에, 국가의 통치기능과 작용의 면에서 볼 때 헌법문제에 대한 재판이라는 것만으로 헌법재판의 범위를 확정하기 곤란하다고 하는 견해는 타당하다(정종섭, 헌법소송법, 2004, 3쪽).

관의 선거에 대한 소송, 정당해산심판 등으로 광범위하였다. 한편 제 2 공화국 헌법에서는 오늘날과 같이 위헌법률심판에 있어서 재판의 전제성을 요건으로 하지 않았기 때문에, 이론상으로는 추상적 규범통제가 부인되지 않았다.

　　제 3 공화국 헌법에서는 헌법재판소를 폐지하고, 위헌법률심사권 및 위헌 정당해산심판권은 법원의 권한으로 하였다. 탄핵심판은 대법원장을 위원장으로 하고 대법원판사 3인과 국회의원 3인으로 구성되는 탄핵심판위원회가 담당하였다. 제 4 공화국 헌법에서는 위헌법률심사, 탄핵, 정당해산 등의 헌법재판을 수행하기 위하여 헌법위원회를 설치하였으며, 법원은 헌법위원회에 위헌법률심사를 제청할 수 있었다. 당시의 헌법위원회법은 대법원에 불송부결정권을 부여하여 대법원이 불필요하다고 판단할 경우 헌법위원회에 위헌심사를 제청하지 않을 수 있도록 하였다. 그 결과 위헌제청신청이 한 건도 없었다. 제 5 공화국헌법에서도 제 4 공화국과 마찬가지로 대법원은 불송부결정권을 행사할 수 있었다.

2. 제 9 차 개헌에서의 헌법재판소의 도입과 그 의미

　　1987년 제 9 차 개헌에서 기존의 헌법위원회에 갈음하여 헌법재판소가 신설되었다. 헌법위원회와의 차이점이라면 헌법소원과 권한쟁의 심판제도의 추가, 구성원 중 상임직을 1인에서 6인으로 증원하였다는 것 등이다. 그러나 헌법소원의 대상으로 재판을 제외하였고, 권한쟁의 심판제도는 활성화하기 어려운 내재적 제약 때문에 헌법위원회와 권한 면에서 큰 차이가 없다고 볼 수 있었다. 결국 상임직 증원 정도에서 출범한 것이며 기존 헌법위원회의 양적 증가에 불과했다고 할 수 있었다.[2]

　　하지만 헌법재판소는 재판관을 전원 상임직으로 구성하는 등 여러 가지 개선노력과 국민적 지지에 힘입어 설치 이후 2014. 9. 30. 현재까지 26,319건의 사건을 접수하여 25,556건의 사건을 처리하였고, 그 중 732건의 사건에서 위헌 내지 인용결정을 선고함으로써 인권보장기관으로서의 적극적인 면모를 보여 주어 현재에 이르고 있다.

　　이러한 헌법재판소의 설치와 운영은 헌법소송의 관할법원이 생겼다는 의미에만 국한되지 않으며 전체 헌법질서에 매우 중대한 영향을 끼치게 된다는

---

2) 이시윤, "헌법재판 10년의 회고와 전망," 공법연구 제27집 제 3 호, 1999, 107쪽.

것을 인식해야 한다. 먼저 헌법재판소는 사회적 기본 컨센서스를 보존하고 지지하며 장려할 수 있고 또 그런 한에서 통합적 작용을 할 수 있다.3) 정치과정에서 의회와 행정부의 결정으로 산출되는 것은 재판의 형식을 지니는 절차를 통하여 헌법의 척도에 따라 측정될 수 있다. 정치적인 성격을 지닌 다수결이 헌법에 합치하는가를 심사하는 데에 사법절차가 적합할 수 있는 것이다. 권한과 절차, 즉 민주주의의 룰이 준수되었는가를 통제하는 데에는 사법적 절차가 유용할 수 있는 것이다. 헌법에 실체법적인 규범과 원리에 대한 기본 컨센서스도 표현되어 있다면 헌법재판소가 이를 제도적으로 보호하는 것이 결국 기본적인 컨센서스 보존에 도움이 되고 이를 강화하는 것이 된다.4)

[표 1] 심판사건 누계표(1988. 9. 1. - 2014. 9. 30)5)

구분		접수	처리											미제
			위헌	헌법 불합치	한정 위헌	한정 합헌	인용	합헌	기각	각하	기타	취하	계	
위헌법률		843	238	56	18	7		296		62		119	796	47
탄핵		1							1				1	
정당해산		1												1
권한쟁의		82					16		20	30		13	79	3
헌법소원	§68①	20,651	80	39	19		478	4	6,655	12,387 (10,982)	5	572	20,239	412
	§68②	4,741	175	60	32	21		1,658		2,411 (2,146)	1	83	4,441	300
	계	25,392	255	99	51	21	478	1,662	6,655	14,798 (13,128)	6	655	24,680	712
합계		26,319	493	155	69	28	494	1,958	6,676	14,890 (13,128)	6	787	25,556	763

---

3) C. Stark(송석윤 역), "국민적 기본 컨센서스와 헌법재판소," 세계헌법연구 제 6 호, 2001, 134쪽.

4) 실질적 법치주의의 실현과 기본권 보장 및 국가조직에 있어서의 최종적 헌법해석권 등과 관련하여 기존의 삼권분립구조에는 일정한 흠결이 존재한다. 헌법재판은 그 흠결을 제거하기 위하여 설치되는 것이다.

5) 1. 총 접수 26,319건.

  2. 헌법소원심판사건 중 지정재판부의 처리건수는 ( )안에 기재하고 본란의 숫자에 합산 표시하였음.

  3. 법령에 대한 §68①의 헌법소원심판사건이 인용된 경우는 그 내용에 따라 위헌, 헌법불합치, 한정위헌 등으로 분류하였음(http://www.ccourt.go.kr/hinformation/casestatistics.asp 참조).

[표 2] 청구원인별 헌법소원 심판사건 누계표(§68①)(1988. 9. 1.- 2014. 9. 30)

구분		접수	처리												미제
			위헌	헌법불합치	한정위헌	한정합헌	인용	합헌	기각	각하	기타	취하	계	
입법권	법률	280	3	4					52	244		3	306	115
	부작위	25							2	23			25	9
	결의,절차 등	1								1			1	
	계	306	3	4					54	268		3	332	124
행정권	행정처분 등	120					2		5	111		4	122	45
	부작위	10								12			12	3
	불기소처분	262					23		65	114		8	210	170
	행정입법	64							4	56			60	29
	자치입법	3								2			2	2
	계	459					25		74	295		12	406	249
사법권	재판	129							1	125		1	127	13
	부작위	3								4			4	
	재판이외처분	14								13			13	1
	사법입법	2								2			2	
	계	148							1	144		1	146	14
기타		148							1	132			133	25
합계		1,061	3	4			25		130	839		16	1,017	412

주: 1. 법령에 대한 §68①의 헌법소원심판사건이 인용된 경우는 그 내용에 따라 위헌, 헌법
불합치, 한정위헌 등으로 분류하였음.

Ⅱ. 外國의 憲法裁判

우리나라의 헌법재판제도는 외국의 제도를 모범으로 도입된 것이다. 우
리 헌법재판제도를 이해하고 또 그 올바른 발전방향을 제시하기 위해서는 외
국의 헌법재판제도의 내용과 그 실태를 참고하는 것은 유용할 수 있다. 세계
여러 나라의 헌법재판기관은 각국의 현실에 따라 매우 다양하지만, 이를 크
게 일반법원에서 심리하는 일반법원형과 독립된 헌법법원에서 심리하는 헌법
법원형으로 나누어 볼 수 있다.

1. 일반법원형 ─ 미국과 일본

일반법원형은 일반법원으로 하여금 헌법재판을 담당하게 하는 유형으로, 미국과 중남미의 여러 나라, 일본, 인도의 경우를 들 수 있다. 일반법원형을 취하는 제도의 특징으로는 헌법재판이 위헌법률심사에 국한되어 있고 헌법소원심판이 인정되지 않으며, 위헌심사도 구체적 규범통제에 한정되어 있고, 법률의 위헌성을 인정하는 경우에도 당해 사건에 대하여만 그 적용을 거부할 뿐, 해당 법률의 효력이 전면적으로 없어지는 것은 아니다.

미국의 위헌법률심사는 헌법상 명문규정된 것은 아니며, 판례에 의하여 확립된 제도이다.6) 미국의 헌법재판은 의회에 대한 불신풍조에 기반하여 의회의 권한남용을 통제하기 위한 제도로서 등장하였으며, 법률이 헌법에 저촉될 경우에는 상위법인 헌법이 우선적으로 적용되어야 한다는 점에 근거하고 있다. 또한 사법권과 입법권은 국민주권에서 파생된 동격의 권력이므로 구체적 사건을 재판함에 있어 법률이 헌법에 위반되는가가 문제될 경우 법원이 독자적으로 위헌여부를 심사할 수 있다는 것이다.

일본의 최고재판소는 최고의 사법기관으로서 최고재판소장관과 법률이 정하는 14인의 재판관으로 구성되며, 헌법재판을 담당한다. 일본의 헌법재판은 법률·명령·규칙에 대한 위헌여부의 심판에 한정되어 있으며 헌법소원은 인정되지 않는다. 탄핵의 경우는 탄핵심판소에서 별도로 담당한다. 법령의 위헌결정을 위해서는 판사 8인 이상의 의견이 일치하여야 한다.

2. 독립된 헌법법원형 ─ 독일과 오스트리아

독립된 헌법법원형은 독립된 기구에서 헌법재판을 담당하는 것을 말한다.7) 독립된 헌법법원형에서는 그 심사의 범위가 위헌법률심사에 국한되는 것이 아니라 탄핵심판·권한쟁의심판·헌법소원심판·정당해산심판까지 관할하고, 보통 추상적 규범통제까지 인정하며, 법률이 위헌적으로 판명될 경우

---

6) 1803년의 Marbury v. Madison 사건.
7) 프랑스, 한국의 건국헌법 및 제4·5공화국의 형태인 '헌법위원회형'과 독일·오스트리아·포르투갈·한국의 제2·3공화국 및 제6공화국과 같은 '헌법재판소형'으로 분류할 수 있다. 그러나 헌법위원회형은 엄밀한 의미에서 법원의 구성방식을 따르는 것은 아니므로 아래의 특수기관형으로 설명하는 것이 타당하다.

그 효력이 전면적으로 상실되는 것이 일반적이다.

독일의 연방헌법재판소8)는 1949년의 독일기본법에 의하여 최초로 설치되었고, 연방참사원과 연방하원에서 선출하고 연방대통령이 임명하는 16인의 재판관으로 구성된다. 재판관의 임기는 12년이고 연임은 불가능하다. 헌법재판소는 제1 부와 제2 부로 구성되고 각각 8인의 재판관으로 구성된다. 제1 부는 대부분 규범통제와 헌법소원을 관장하고 제2 부는 기관쟁의와 연방쟁의를 관장한다. 각 부의 법 해석이 충돌하는 경우에는 이를 조정하기 위하여 예외적으로 제1 · 2 부의 연합부회가 설치된다. 독일연방헌법재판소는 연방과 지방간의 헌법쟁의와 권한쟁의, 추상적 규범통제와 구체적 규범통제, 헌법소원심판, 정당해산 및 기본권상실심판, 조약의 동의법에 대한 사전적 규범통제,9) 탄핵과 의원의 자격심사 등을 담당한다.

오스트리아의 경우 헌법재판소에 대한 규정을 최초로 둔 헌법은 1867년의 헌법이며, 재판소장과 부소장 각 1인과 재판관 12인, 예심재판관 6인으로 구성된다. 재판관은 연방정부와 연방의회의 제청으로 대통령이 임명한다. 오스트리아 헌법재판소는 법률 · 명령 · 국제조약 등의 위헌 · 위법성을 심사하는 규범통제, 헌법소원, 기관간의 권한쟁의, 선거소송, 연방소송, 법률해석에 있어서 국가기관간의 의견불일치에 관한 판정 등을 담당한다.10)

3. 특수기관형 ― 프랑스 헌법재판소

프랑스에서는 2008년 7월 대폭적인 헌법개정이 있었다. 이번 헌법개정 전의 프랑스 헌법재판소(Conseil constitutionnel)의 권한을 보면 1) 규범통제권으로서 법률에 대하여 공포 전에 행하는 사전적 위헌심사권(일반법률은 제청에 의해 심사가 이루어지고 조직법률에 대하여는 반드시 심사를 거쳐야 하는 필요적 심사가 행해짐),11) 의회의 의사규칙에 대한 사전적 · 필요적 위헌심사권, 법률영역과 법규명령영역의 구분심사권, 조약에 대한 사전적 헌법합치성 심사권 등

---

8) 독일의 연방헌법재판소에 대한 자세한 내용은 R. Wahl(김백유 역), "헌법재판제도의 유형 독일연방헌법재판소," 헌법학연구 제8 권 제4 호, 2002, 563쪽.
9) 조약비준의 효력 발생 이전에 심사하므로 사전적 규범통제라 할 수 있다.
10) 기타 이탈리아, 스페인, 터키 등에서도 비록 운용방식과 심판대상에 있어서 얼마간의 차이를 보이기는 하지만 헌법법원을 별도로 두어 헌법재판을 담당하게 하고 있다고 한다.
11) 위헌심사제청에는 구체적 사건성(또는 재판의 전제성)이 요구되지 않는 추상적 규범통제이며, 대통령, 총리, 의장, 60인 이상의 의원의 제청이 요구된다.

을 가진다. 2) 의회의원의 피선거권 및 겸직금지 심사권, 3) 선거와 국민투표의 적법성 감독권, 선거소송권, 4) 대통령 궐위·유고에 대한 판단권, 5) 비상대권행사에 있어서 사전의견제시권 등을 갖고 있었다.

　이번 개정에서는 위와 같은 종래의 권한을 그대로 유지하면서 새롭게 법률에 대한 구체적·사후적 규범통제제도를 도입하여 헌법재판소의 권한이 매우 강하게 강화된 것이다. 이외에도 국가긴급권행사 사유의 존재여부에 대한 사후심사권, 국민투표입법안에 대한 사전심사권이 새로이 부여됐다.

　프랑스 헌법재판소는 모두 9인의 임명직 재판관들과 당연직 재판관들로 구성되는데 당연직 재판관은 전직 대통령이다. 9인의 임명직 재판관들은 대통령, 하원의장, 상원의장이 각 3인씩 지명한다. 이번 개정에서는 재판관들의 임명에 의회의 소관 상임위원회 의견을 듣는 제도가 신설되었다(제56조).

　이번 개정에서의 규범에 대한 사후적 합헌성심사는 모든 법률을 대상으로 하되 내용적 규정이 아닌 절차나 권한에 관한 규정들을 제외하고 있다. 그 심사절차를 보면, 법원은 재판의 계속 중에 법률이 헌법에 보장하는 권리와 자유를 침해한다는 주장이 제기될 때 헌법재판소는 최고행정법원(Conseil d'Etat) 또는 최고사법법원(Cour de cassation)의 제청에 의해 이 문제에 대해 심판하도록 규정하고 있다(제61조 제1항). 이처럼 최고법원들이 최종적으로 헌법재판소에 제청하도록 한 것은 여과(filtrage)제도를 두어 최고법원들에 의하여 미리 검토케 함으로써 헌법재판소의 업무과중을 막기 위한 것이다.[12]

Ⅲ. 憲法裁判의 法的 性格과 憲法裁判의 目的

1. 헌법재판의 법적 성격

　헌법재판의 법적 성격에 대하여는 견해가 나뉘어지고 있다. 먼저 사법작용설은 헌법재판은 헌법규범에 대한 해석을 그 본질로 하는 사법적 법인식작용이라는 견해로, Kelsen이 주장하였다. 정치작용설은 헌법재판의 대상이 되는 분쟁은 법적 분쟁이 아닌 정치적 분쟁이므로 그 해결방법은 사법작용이 아닌 정치적 작용이라는 견해이다. 이것은 C. Schmitt가 지지하였다고 한다. 입법작용설은 헌법재판에 있어서의 헌법해석은 일반법률의 해석과는 달리 헌

---

12) 정재황, 프랑스 사후적 구체적 위헌법률심사제 도입, 법률신문(2008. 8. 14) 참조.

법을 보충하고 그 내용을 형성하는 기능을 수행하므로, 일종의 입법작용이라고 보는 견해이다. 이는 Loewenstein이 주장하였다. 한편 제 4 의 국가작용설은 헌법재판은 입법·집행·사법 등 모든 국가작용을 통제하는 기능을 가지므로 제 4 의 국가작용으로 보는 견해이다.13)

이상의 여러 견해들이 각각 일면의 타당성을 가지고 있는 것은 사실이다. 이렇게 의견이 분분한 것은 헌법재판소가 사법적 절차로 재판을 수행하지만, 그 판단의 대상이 법률이나 기타 정치적 분쟁 사안 등과 같이 일반 법원의 그것과는 매우 상이하기 때문이라고 하겠다. 그러나 헌법재판의 법적 성격을 논하는 이유는 현재의 헌법재판소 제도를 좀더 잘 이해하게 하는 데 있다. 따라서 제 4 의 국가작용설처럼 더 모호한 개념으로 이를 설명하려 하는 것은 문제가 있다고 본다. 오히려 헌법재판은 사법적 절차에 따라 법규범을 적용하는 방식으로 진행되어지고 더구나 법관과 동일한 자격을 가진 자들로 구성된 중립적인 기관에서 행하여진다는 점에 집중하여 사법기관설에 따라 이해하는 것이 합리적이라고 본다.

한편 헌법재판의 법적 성격을 사법적극주의와 사법소극주의의 두 개의 입장을 기초로 파악해 볼 수도 있다. 사법적극주의란 사법부도 역사발전과 사회진보에 기여하여야 하고, 그러기 위해서는 헌법규범을 시대적 변화에 적응할 수 있도록 탄력적으로 해석함으로써 입법부나 집행부의 행위를 적극적으로 판단하는 것이 바람직하다고 주장한다. 사법심사 및 사법심사기관은 간접적이기는 하지만 민주적 정당성에 기반하고 있으며, 헌법상 법질서의 수호자로서의 기능을 수행하도록 정해져 있고, 국민의 기본권보장에 가장 효율적인 기관이라는 점 등이 그 논거이다.

반면 사법소극주의는 입법부와 행정부의 의사결정과 집행은 그것이 국민의 법의식이나 정서에 근본적으로 배치되거나 기존의 판례에 명백하게 위배되는 것이 아니라면 그것은 당연히 존중되어야 하는 것이며, 이러한 측면에서 사법부의 입법·행정에 대한 가치판단은 자제되는 것이 바람직하다고 보는 것이다. 사법기관은 기타 국가기관에 비하여 민주적 정당성이 약하다는 '사법기관의 비민주성', 정치적·경제적 쟁점에 대하여 사법부가 전문적이지 못하다는 '사법부의 비전문성', 고도의 정치적 행위에 대하여 사법부의 개입

13) 허영(이), 1180쪽.

을 자제하여야 사법권의 독립을 유지할 수 있다는 '권력분립원칙', 입법과 집행의 행위에 대하여는 합헌성이 추정되므로 그에 대한 헌법재판은 바람직하지 않다는 '합헌성추정의 강조' 등이 그 논거로 제시된다.14)

우리나라는 헌법재판을 통하여 국회 및 정부의 행위에 대한 사법적 심사 및 통제를 인정하고 있으므로, 원칙적으로 사법적극주의를 채택하고 있다고 할 수 있다. 그러나 헌법재판은 다른 국가기관의 민주적 정당성을 존중하고 권력분립의 원칙을 유지하는 범위 내에서만 이루어지고 있으며, 이는 헌법재판의 기능법적 한계로서 작용한다. 헌법재판이 적극적으로 입법을 하거나 처분을 할 수 없으며, 합법성의 통제를 벗어나 합목적성까지 검토하는 것이 불가한 것, 그리고 위헌의 여지가 있는 법률에 대하여 여러 형태의 변형결정을 내리는 것 등은 이러한 이유에 기인한 것이다.

2. 헌법재판소의 지위와 목적

헌법재판소는 우선 헌법질서를 유지하고 수호하는 헌법보호기관의 지위를 갖는다. 특히 이것은 헌법의 규범력과 실효성을 보장하는 방식으로 수행된다. 사실 실정헌법의 규범력을 확보하는 방안은 여러 가지가 있을 수 있다. 그러나 가장 명쾌한 방식은 사법적 절차 내지 재판이라는 형식으로 보장하는 것이다. 헌법은 특정 공동체를 존속·유지하게 하고 그 공동체의 구성원이 기본권을 향유하면서 살아갈 수 있도록 하는 원리와 가치를 보장하고 있는데, 헌법재판은 이러한 원리와 가치가 국민의 생활이나 국가작용에서 관철되도록 하는 작용에 일조를 한다. 이렇게 헌법재판소가 헌법의 규범력을 확보하는 역할을 수행한다는 것은 바꾸어 말하면 헌법보호의 작용을 담당하고 있다고 표현할 수 있다. 특히 헌법질서의 자유민주적 기본질서를 침해하는 위헌정당해산심판을 헌법재판소가 담당하고 있다는 것은 이러한 점을 잘 보여주고 있다. 물론 헌법재판의 경우 강제적인 집행력이 미약하기 때문에 여타의 사법절차만큼 실효성 있는 수단이 되지는 못한다.15) 또 다른 정치적 기관처럼 적극적으로 사회질서를 형성해 나가고 주도하는 것은 불가능하고 바람

14) 자세한 내용은 이회창, "사법의 적극주의: 특히 기본권 보장기능과 관련하여," 서울대 법학 제70호, 1987, 147-161쪽 참조.
15) 그 판결의 실효성은 결국 국민과 여타의 국가기관이 헌법재판소의 결정을 얼마나 존중하고 따르느냐에 달려 있는 측면이 크다.

직하지도 않다는 점은 헌법재판소 역할의 일정한 한계를 부과하고 있다.

두 번째 헌법재판소는 국민의 기본권을 보장해 주는 기본권 보장기관으로서의 지위를 갖는다. 헌법은 무엇보다 기본권 규범을 그 핵심적인 내용으로 삼고 있다. 헌법재판소가 헌법을 해석하는 권한을 통해 헌법의 규범력을 보장하는 기관이라면, 당연히 헌법이 규정하는 국민의 기본권을 보장하는 기관으로서의 지위가 중요할 수밖에 없다. 특히 헌법재판 중에 헌법소원심판과 위헌법률심판의 경우 이러한 특징이 가장 분명하게 나타난다. 국회가 헌법에서 보장하는 기본권을 침해하는 법률을 제정한 경우에는 위헌법률심판이나 법률에 대한 헌법소원심판을 통하여 해당 법률이나 법률조항의 효력을 상실시키게 된다. 또 헌법소원심판은 국가의 적극적인 공권력의 행사나 소극적인 불행사로 기본권이 침해된 경우에 이를 구제하는 강력한 수단이 된다.

세 번째로 헌법관련분쟁을 최종적으로 심판하는 최종적인 헌법재판기관의 지위를 보유하게 되며, 이로써 국가작용의 합헌성을 담보하는 역할을 수행한다. 헌법은 권력분립의 원칙에 따라 다양한 국가기관을 구성하고 있는데 실제에서는 이러한 기능이 혼동되거나 침해되는 일이 발생할 수 있다. 이러한 혼동은 국민의 기본권을 침해하는 결과를 야기하기도 하고, 전체 국가기능을 왜곡하기도 하며 헌법질서를 교란시키기도 한다. 헌법재판소는 권한쟁의심판과 같은 수단을 동원하여 국가작용의 합헌성을 보장하고 헌법이 원래 구상한 대로 국가기능을 정상화시키는 중요한 역할을 수행한다. 또 헌법재판소가 위헌법률심사를 통한 입법기능의 견제, 헌법소원심판을 통한 집행기능의 통제 등의 역할을 수행함으로써 국가기관간의 견제와 균형을 담보하는 역할을 수행한다.16)

---

16) 이러한 점 때문에 헌법재판소가 대통령·국회·법원에 우월한 지위를 갖는 국가최고기관으로 오인할 수도 있다. 그러나 헌법재판소의 형식적 우월성은 헌법재판의 특성에서 기인하는 단순한 논리적 우월을 의미할 뿐이며, 이를 그것이 곧 헌법상의 국가최고기관의 근거로 되는 것은 아니다. 결국 헌법재판소는 정부·법원 등 다른 국가기관과 마찬가지로 권력분립의 원칙에 따라 국가의 기능의 일부를 수행하고 있는 헌법상의 국가조직 중의 하나일 뿐이다.

제 2 절　憲法裁判所의 構成과 運營

I. 憲法裁判所의 構成原理와 獨立

헌법재판소의 구성은 그 자체 독자적인 원리에 의해 정해지는 것이라고 하기보다는 국가의 구성원리와 헌법재판의 특성에 의해 정해진다고 보아야 할 것이다. 따라서 일차적으로 민주주의와 법치주의는 헌법재판의 구성원리로서도 기능한다.

이외에도 헌법재판소의 구성에는 전문성의 원리가 강조되기도 한다. 먼저 헌법재판도 사법적 절차의 일 유형이라고 할 수 있기 때문에 재판에 있어서 전문성과 능력이 요구된다. 이것은 재판의 공정성과 정확성을 확보하기 위해 불가피한 것이다. 다만 이러한 전문성의 원리는 단순히 법률지식에만 한정되는 것은 아니다. 헌법재판의 특성상 인간관, 공동체관, 국가관, 여타의 통찰력 등이 균등하게 갖추어져 있는 전문성을 요구하는 것으로 이해해야 할 것이다.

다음 헌법재판의 경우 일반법원보다 더욱 민주적 정당성의 원리가 요청된다. 헌법이 국민과 국가생활의 기본법이라면, 헌법재판도 국민과 단절된 사람들에 의한 고립된 헌법해석이어서는 안 된다. 모든 국가작용이 그렇듯이 헌법재판에서도 국민과 연결된, 국민으로부터 부여받은 정당성을 가져야 하는데 이것이 민주적 정당성이다. 특히 위헌법률심판을 담당하는 등 정치적으로 민감한 사안을 다루는 헌법재판의 경우 민주적 정당성의 고려는 언제나 수반될 수밖에 없다.

그런데 이러한 원리들만큼, 아니 그보다 더 본질적인 구성원리는 바로 헌법재판의 독립이라고 하겠다. 헌법적 문제를 사법적 절차에 의하여 해결하는 방식이 헌법재판인만큼 사법절차를 운영하는 기관으로서의 중립성과 독립은 강조되지 않을 수 없는 것이다. 헌법재판의 독립은 재판의 독립, 재판관의 독립, 헌법재판소의 독립 등을 그 내용으로 한다. 헌법은 법원의 독립을 제103조에서 규정하고 있으나, 헌법재판의 독립은 명시되어 있지 않다. 그러나 헌법재판의 독립은 헌법이 정하고 있는 헌법재판의 본질에서 당연히 도출되는 것이며, 헌법재판소법은 이를 명문화하여 "재판관은 헌법과 법률에 의하여 그 양심에 따라 독립하여 심판한다"고 명시하고 있다(제 4 조).[17)

II. 憲法裁判官의 任命과 身分

1. 재판관의 임명과 자격

헌법 제111조 제 2 항 규정에 의해서 헌법재판소는 9인의 재판관으로 구성된다. 재판관 9인은 대통령이 임명하는데, 그 중 3인은 국회에서 선출하는 자를, 3인은 대법원장이 지명하는 자를, 그리고 3인은 대통령이 지명하는 자를 임명한다. 헌법재판소장은 국회의 동의를 얻어서 재판관 중에서 대통령이 임명한다. 이와 같이 헌법재판소는 국회, 대통령, 대법원장의 협동으로 구성되는 것이다. 국회법에 의하면 임명에 있어서 국회의 동의를 얻어야 하는 헌법재판소장이나 국회에서 선출하는 3인의 재판관의 경우 임명에 앞서 먼저 국회의 인사청문회를 거쳐야 한다(제46조의2, 제65조의2).

헌법재판소 재판관은 우선 법관의 자격을 가진 사람이어야 한다.[18) 또 헌법재판소법은 임명자격요건으로서 15년 이상 ① 판사·검사·변호사, ② 변호사의 자격이 있는 자로서 국가기관, 국·공영기업체, 정부투자기관 기타 법인에서 법률에 관한 사무에 종사한 자, ③ 변호사의 자격이 있는 자로서 공인된 대학의 법률학조교수 이상의 직에 있던 자로서(2 이상의 직에 있던 자의 재직기간은 이를 통산한다) 40세 이상이어야 할 것을 요구하고 있다(제 5 조 제 1 항). 한편 헌법재판소법은 ① 다른 법령에 의하여 공무원으로 임용하지 못하는 자, ② 금고 이상의 형을 선고받은 자, ③ 탄핵에 의하여 파면된 후 5년을 경과하지 아니한 자는 헌법재판관으로 임명할 수 없다고 하고 있다(제 5 조 제 2 항).

2. 헌법재판관의 독립과 정치적 중립성

헌법은 직접 "재판관은 탄핵 또는 금고 이상의 형의 선고에 의하지 아니

---

17) 이에 대한 자세한 내용은 정종섭, 헌법소송법, 2004, 45쪽 이하.
18) 법관자격은 법원조직법 제42조 제 2 항에 의하면 판사는 사법시험에 합격하여 사법연수원의 소정의 과정을 마친 자나 변호사의 자격이 있는 자에서 임용한다고 정하고 있다.

하고는 파면되지 아니한다"고 규정하여 신분보장에 대한 직접적 근거를 마련하였고(제112조 제3항), 헌법재판소법 제4조는 "헌법재판소 재판관은 헌법과 법률 그리고 양심에 따라 독립하여 심판한다"고 규정하여 직무상의 독립을 보장하고 있다.

또한 공정·타당한 헌법재판을 가능하게 하기 위하여, 재판관의 정치적 중립성을 확보하기 위한 장치를 마련하고 있다. 즉 헌법이 직접 재판관의 정당가입과 정치관여를 금지하고 있으며(제112조 제2항), 헌법재판소법 제14조는 국회 또는 지방의회의원의 직, 국회·정부·법원의 공무원의 직, 법인과 단체의 고문·임원 등의 직을 겸하거나 영리를 목적으로 하는 사업을 영위할 수 없다는 내용의 겸직금지를 규정하고 있다.

Ⅲ. 憲法裁判所의 組織構成

1. 재판부와 재판관회의

헌법재판소에는 두 종류의 재판부가 있다. 먼저 헌법재판소에는 9인의 재판관 전원으로 구성되는 1개의 전원재판부가 있다. 헌법재판소 심판사항은 원칙적으로 전원재판부가 관장한다. 한편 지정재판부는 재판관 3인으로 구성되는데, 현재 3개의 지정재판부가 운영되고 있다. 지정재판부는 헌법소원심판에서 사전심사만을 담당한다. 이는 지정재판부의구성과운영에관한규칙에 따라 운영된다.

한편 전원재판부와는 달리 재판권을 담당하지 않는 재판관회의가 있다. 재판관회의도 재판관전원으로 구성하며, 헌법재판소장이 의장이 된다. 재판관회의는 헌법재판소규칙의 제정과 개정 등에 관한 사항, 예산요구·예비금 지출과 결산에 관한 사항, 사무처장 임면의 제청과 헌법연구관 및 3급 이상 공무원의 임면에 관한 사항, 특히 중요하다고 인정되는 헌법재판소장이 부의하는 사항 등을 의결한다. 재판관회의는 7인 이상의 출석과 출석과반수의 찬성으로 의결하며, 의장은 의결에 있어 표결권을 가진다. 재판관회의의 운영에 관한 사항은 헌법재판소재판관회의규칙에서 정하고 있다.

2. 헌법재판소장

헌법재판소장도 헌법재판소를 구성하는 주요 조직 중 하나이다. 앞서 본 바와 같이 헌법 제111조 제 4 항에 따라 언제나 재판관 가운데서 임명된다. 헌법재판소장은 헌법재판소를 대표하는 동시에 재판관으로서의 지위를 가지므로 헌법재판에서는 다른 재판관과 동일한 권한과 지위를 갖는다. 따라서 헌법재판소장도 심판에 있어 다른 재판관에 대하여 어떠한 지시도 할 수 없고, 영향을 미칠 수도 없다.

3. 헌법재판소의 연구조직

헌법재판소의 업무의 특성상 부설되어 있는 연구조직의 중요성은 특히 강조된다. 연구조직을 구성하는 기관으로는 헌법연구관, 헌법연구관보, 헌법연구위원, 헌법연구원이 있다.

먼저 헌법연구관이란 헌법재판소장의 명을 받아 사건의 심리 및 심판에 관한 조사ㆍ연구에 종사하는 특정직 국가공무원이다(헌법재판소법 제19조). 헌법연구관은 ① 판사ㆍ검사 또는 변호사의 자격이 있는 자, ② 공인된 대학의 법률학조교수 이상의 직에 있던 자, ③ 국회ㆍ정부 또는 법원 등 국가기관에서 4급 이상의 공무원으로서 5년 이상 법률에 관한 사무에 종사한 자, ④ 법률학에 관한 박사학위 소지자로서 국회ㆍ정부ㆍ법원 또는 헌법재판소 등 국가기관에서 5년 이상 법률에 관한 사무에 종사한 자, ⑤ 법률학에 관한 박사학위 소지자로서 헌법재판소규칙이 정하는 대학 등 공인된 연구기관에서 5년 이상 법률에 관한 사무에 종사한 자 가운데서 헌법재판소장이 재판관회의의 의결을 거쳐 임면한다. 헌법연구관의 임기는 10년이고, 연임할 수 있으며, 정년은 60세이다.

헌법재판소에는 그 밖에 법학 등의 분야의 박사학위 소지자들이 연구원으로 채용되어 사건의 심리 및 심판에 관한 조사ㆍ연구에 종사하고 있다. 연구원의 자격요건 등에 관하여 헌법재판소계약직공무원규칙에서 자세히 규정하고 있다.[19)]

---

19) 2008년 현재 47인의 헌법연구관과 6인의 헌법연구관보가 재직하고 있다. 한편 헌법재판소장은 다른 국가기관에 대하여 그 소속공무원을 헌법연구관 또는 헌법연구관보로 근무하

4. 사무처와 기타 조직

헌법재판소에는 업무를 수행하기 위해 사무처를 둔다(헌법재판소법 제17조). 사무처는 순전히 헌법재판소의 행정사무를 처리하는 것을 위하여 존재하므로 헌법재판에 관여하거나 영향을 주는 업무는 어떤 경우에도 할 수 없다. 사무처장은 헌법재판소장의 지휘를 받아 사무처의 사무를 관장하고, 소속공무원을 지휘·감독하며, 국회에 출석하여 헌법재판소의 행정에 관하여 발언한다. 사무차장은 사무처장을 보좌하며, 사무처장이 사고로 인하여 직무를 수행할 수 없을 때에는 그 직무를 대행한다.

사무처에 하부조직으로 공보관·비상계획담당관·총무과·기획조정실·심판사무국 및 심판자료국을 두고 있다. 헌법재판소보조기구에관한규칙은 헌법재판소의 보조기구의 조직과 직무범위에 관하여 규정하고 있다. 심판자료국에는 심판자료과·판례편찬과·도서과를 두어 헌법재판소의 재판과 관련된 연구를 보조하고 있다.

제 3 절 憲法裁判所의 一般的 審判節次

I. 審判의 主體 및 當事者

1. 재판부의 구성 및 배제

헌법재판소의 심판은 헌법재판소법 제22조 규정에 의해서 재판관 전원으로 구성된 전원재판부에서 관장한다. 한편 헌법재판소법 제68조 제 1 항의 헌법소원절차에서 사전심사를 담당하는 지정재판부가 있다. 지정재판부를 두는 것이 필수적인 것은 아니며, 어디까지나 원칙은 전원재판부에 의한 심판이다. 지정재판부는 재판관 3인으로 구성되며 따라서 헌법재판소에는 3개의 지정재판부가 구성된다.

게 하기 위하여 헌법재판소에의 파견근무를 요청할 수 있다. 이에 따라 현재 15인의 판사가 법원에서, 1인의 검사가 검찰청에서, 1인이 법제처에서 파견 나와 헌법연구관으로 근무하고 있고, 1인이 국세청에서 파견 나와 헌법연구관보로 근무하고 있다. 그 밖에 5인의 연구원이 재직중이다.

한편 재판의 공정을 기하기 위한 목적에서 재판관의 제척·기피·회피를 규정하고 있다(헌법재판소법 제24조).[20] 이것은 해당사건과 재판관의 특별한 관계로 인하여 재판의 공정성이 우려될 때 해당 재판관을 재판에서 배제하여 재판의 공정을 기하는 제도이다. 또 제척·기피·회피의 제도는 재판관에 관하여 규율하는 것이지만 재판관의 명을 받아 사건의 심리 및 심판에 관한 조사와 연구에 종사하는 헌법연구관 등에게도 준용된다고 본다.[21]

그런데 이러한 재판관의 배제는 일반 재판과는 다른 문제점을 안고 있다. 9인의 재판관 중 한 사람이라도 재판에 관여하지 않는 경우에는 헌법의 해석을 놓고 발생하는 의견의 차이에 심각한 불균형을 초래할 수 있다는 것이다. 그리고 이러한 배제로 인하여 헌법재판소 결정 자체에 심각한 영향을 줄 수도 있다. 이러한 문제를 방지하기 위해서는 일단 제척·기피·회피 사유를 정확하게 적용하여 판단할 것과 재판관의 출장·휴가 등으로 인한 불참은 긴요한 경우가 아닌 한 지양되어야 한다는 주장이 있다.[22]

2. 심판의 당사자와 소송대리

심판의 당사자는 주로 심판청구를 할 수 있는 사인이 된다. 당사자가 정부인 경우에는 법무부장관이 정부를 대표한다. 그러나 헌법재판은 주관소송의 성격보다는 객관소송의 성격이 강하기 때문에 여타의 민사재판이나 형사재판

---

20) 제24조(제척기피 및 회피) ①재판관이 다음 각 호의 1에 해당하는 경우에는 그 직무집행에서 제척된다.
   1. 재판관이 당사자이거나 당사자의 배우자 또는 배우자이었던 경우
   2. 재판관과 당사자간에 친족·호주·가족의 관계가 있거나 이러한 관계가 있었던 경우
   3. 재판관이 사건에 관하여 증언이나 감정을 할 경우
   4. 재판관이 사건에 관하여 당사자의 대리인이 되거나 되었던 경우
   5. 기타 재판관이 헌법재판소 외에서 직무상 또는 직업상의 이유로 사건에 관여하였던 경우
   ② 재판부는 직권 또는 당사자의 신청에 의하여 제척의 결정을 한다.
   ③ 재판관에게 심판의 공정을 기대하기 어려운 사정이 있는 경우에는 당사자는 기피신청을 할 수 있다. 다만, 변론기일에 출석하여 본안에 관한 진술을 한 때에는 그러하지 아니하다.
   ④ 당사자는 동일한 사건에 대하여 2인 이상의 재판관을 기피할 수 없다.
   ⑤ 재판관은 제1항 또는 제3항의 사유가 있는 때에는 재판장의 허가를 얻어 회피할 수 있다.
   ⑥ 당사자의 제척 및 기피신청에 관한 심판에는 민사소송법 제44조, 제45조, 제46조 제1항·제2항 및 제48조의 규정을 준용한다.
21) 헌재 2003. 12. 2. 2003헌사535.
22) 정종섭, 헌법소송법, 2004, 118쪽.

과 같은 명확한 당사자 구조는 발생하지 않는다. 다만 탄핵심판이나 정당해산심판, 권한쟁의심판의 경우에는 절차상 대립당사자의 구조를 취하고 있다.

그런데 헌법재판은 소송대리와 관련하여 일반적인 소송절차와는 다른 내용을 규정하고 있다. 사인이 당사자인 경우에는 변호사를 대리인으로 선임하지 아니하면 심판청구 또는 심판수행을 할 수 없다(헌법재판소법 제25조 제3항). 즉 변호사 강제주의를 채택하고 있는 것이다. 한편 국가기관이나 지방자치단체가 당사자인 경우에는 변호사나 변호사 자격이 있는 소속직원을 소송대리인으로 선임할 수 있다고 규정하고 있다. 이것은 재판을 통한 기본권의 실질적 보장, 사법의 원활한 운영과 헌법재판의 질적 개선, 재판심리의 부담 경감 및 효율화, 사법운영의 민주화, 이 제도로 얻을 수 있는 이익이 변호사 선임비용을 지출하지 않는 이익보다는 크다는 점 등을 고려하여 도입된 것이라고 한다.[23]

한편 변호사 강제주의로 인하여 선임비용을 부담할 자력이 없는 사람은 헌법재판을 청구할 수 없다는 불합리한 결론에 이르게 된다. 이를 감안하여 변호사를 선임할 자력이 없는 사람은 헌법재판소에 국선대리인을 선임하여 줄 것을 신청할 수 있다(법 제70조). 또 신청과 상관없이 헌법재판소가 공익상 필요하다고 인정할 때에는 국선대리인을 선임할 수 있다.

Ⅱ. 審判의 請求와 請求取下

1. 심판의 청구

헌법재판소의 절차는 일정한 신청이 있어야 시작된다. 법률의 위헌심판의 경우에는 법원의 심판제청이 있어야 하고(제41조 제1항), 헌법소원과 위헌소원의 경우에도 심판청구가 있어야 한다(제68조 제1항·제2항). 그 밖에 탄핵심판, 위헌정당심판, 권한쟁의심판에도 심판청구가 있어야 한다(제49조 제2항, 제55조, 제61조 제1항).

헌법재판에 있어서의 심판청구는 청구권자가 헌법재판소에 대해 일정한 내용의 심판을 구하는 신청이다. 헌법재판소에 심판청구를 하기 위해서는 청구서를 심판사항별로 제출하여야 한다. 또 신청의 대상을 특정해야 하고 심

---

23) 헌재 1990. 9. 3. 89헌마120등.

판대상 법률이나 공권력 작용이 위헌으로 해석되는 구체적인 이유를 제시해야 한다. 만약 이러한 특정이 없는 경우 각하결정을 하는 것이 보통이다(법 제72조 참조).[24]

그러나 헌법재판소가 이러한 청구에 절대적으로 구속되는 것은 아니다. 예컨대 헌법소원심판에서 청구인이 주장하는 피청구인이나 청구취지에 구속되지 않고 직권으로 피청구인과 심판의 대상을 확정할 수 있다.[25] 즉 헌법재판소는 심판의 대상을 청구와 관련되는 범위 내에서 자유롭게 변경할 수 있는 것이다. 이것은 헌법재판이 처분권주의가 아닌 직권주의에 따라 진행됨을 말해 주는 것이다.

한편 청구서에는 필요한 증거서류 또는 참고자료를 첨부할 수 있다(법 제26조 제 2 항). 헌법재판소는 청구서를 접수한 때에는 지체 없이 그 등본을 피청구기관 또는 피청구인에게 송달하여야 한다(법 제27조 제 1 항). 또 헌법재판소에 심판청구서가 접수되어 소송기록으로 된 뒤에 사건이 주심 재판관에게 배당되면 주심재판관은 우선 청구서가 적법한지의 여부를 심사한다. 이 경우 심판청구가 부적법하지만 보정할 수 있다고 인정하는 경우에는 상당한 기간을 정하여 보정을 요구하여야 한다(법 제28조 제 1 항). 또 청구서를 송달받은 피청구인은 심판청구의 취지와 이유에 대응하는 답변을 기재한 답변서를 헌법재판소에 제출할 수 있다(법 제29조).

2. 청구의 취하

청구의 취하란 청구인이 헌법재판소에 대하여 한 심판청구의 전부 또는 일부를 철회하는 의사표시를 말한다. 청구 취하에 의하여 헌법재판소의 소송은 원칙적으로 소급적으로 소멸되고 소송은 종료된다.

그러나 헌법재판이 개인의 권리구제만을 목적으로 하는 주관적 소송이 아니라, 헌법을 해석하여 헌법질서를 바로잡는 객관적 소송의 성격이 인정되기 때문에 일정한 경우 청구의 취하는 인정되지 않는다. 특히 위헌법률심판이나 탄핵심판,[26] 정당해산심판, 권한쟁의심판 등의 경우에는 이러한 객관적

---

24) 헌재 1998. 9. 30. 98헌바3.
25) 헌재 1989. 9. 4. 88헌마22.
26) 2004년 대통령 노무현에 대한 탄핵소추 및 심판 과정에서 탄핵소추의 철회가능 여부가 논란이 되었다. 이 사건에 대해서는 아래 "제 2 장 제 2 절 Ⅳ. '2004헌나1 대통령(노무현)

소송으로서의 성격이 상대적으로 강하게 나타난다. 이러한 심판절차에서 일정한 경우에는 청구를 취하하였다고 하더라도 여전히 소송이 종료되지 않고 심판의 이익이 그대로 존재하여 본안판단을 하는 것이 허용된다.

Ⅲ. 事件의 審理

1. 심리의 방식

먼저 헌법재판은 원칙적으로 구두변론에 의하도록 하고 있다. 구두변론이란 당사자 등이 변론기일에 심판정에서 구술로 재판부에 사실과 증거에 관한 재판자료를 제출하는 것을 말한다. 특히 탄핵심판, 위헌정당해산심판, 권한쟁의심판은 반드시 구두변론에 의할 것을 정하고 있다(법 제30조 제 1 항). 위헌법률심판과 헌법소원심판에서는 재판부가 필요하다고 인정하는 경우에만 변론을 열어 당사자·이해관계인 기타 참고인의 진술을 들을 수 있다(법 제30조 제 2 항).

한편 일정한 경우 서면심리에 의하여 심리를 진행하기도 한다. 위헌법률심판과 헌법소원심판은 원칙적으로 서면심리에 의한다는 것을 규정하고 있다(법 제30조 제 2 항). 서면심리에 의할 경우 심판정에서 구두로 진술할 필요가 없기 때문에 심리의 시간과 노력을 절약하고 부담을 경감할 수 있는 장점이 있다. 그러나 구두변론과 같이 생생한 당사자의 진술을 들을 수 없으므로 면밀하고 신중한 재판을 하는 데에는 부족한 점이 있다.

2. 증거조사 등

재판부는 사건의 심리를 위하여 필요하다고 인정하는 경우에는 당사자의 신청에 의하여 증거조사를 할 수 있다(법 제31조 제 1 항). 이러한 증거신청이 신청의 방식이나, 신청에서 포함하고 있는 증거방법이 부적법한 경우 그 신청을 각하할 수도 있다. 또 재판부는 사건의 심리를 위하여 필요하다고 인정하는 경우에는 직권에 의하여 증거조사를 할 수도 있다(법 제31조 제 1 항). 이러한 점에서 헌법재판은 일정부분 직권탐지주의를 채택하고 있다고 하겠다.

증거조사를 할 경우에는 재판부가 직접 재판정에서 행하는 것이 원칙이

탄핵'사건" 참조.

된다. 다만 필요한 경우 재판관 중 1인을 지정하여 증거조사를 하게 할 수도 있다(법 제31조 제2항). 또 심판절차에서 당사자는 증거조사에 참여하여 증거에 관한 주장을 할 수 있다. 당사자에게 참여의 기회를 주어야 하는 경우에는 증거조사의 기일과 장소를 당사자에게 통지하고 긴급한 경우가 아닌 한 당사자를 출석시켜 증거조사를 해야 한다.

증거조사의 구체적인 방법으로는 ① 당사자 본인 또는 증인을 신문하는 일, ② 당사자 또는 관계인이 소지하는 문서·장부·물건 기타 증거자료의 제출을 요구하고 이를 영치하는 일, ③ 특별한 학식과 경험을 가진 자에게 감정을 명하는 일, ④ 필요한 물건·사람·장소 기타 사물의 성장 또는 상황을 검증하는 일 등이 가능하다(법 제31조 제1항).

이외에도 재판부는 결정으로 다른 국가기관 또는 공공단체의 기관에 대하여 심판에 필요한 사실을 조회하거나, 기록의 송부나 자료의 제출을 요구할 수 있다. 다만 재판소추 또는 범죄수사가 진행중인 사건의 기록에 대하여는 송부를 요구할 수 없다(법 제32조).

또 위헌법률심판이나 위헌소원의 경우 당해 사건의 당사자 및 법무부장관은 헌법재판소에 법률의 위헌여부에 대한 의견서를 제출할 수 있으며(법 제44조, 제74조 제2항 참조), 헌법소원심판의 경우 이해관계가 있는 국가기관 또는 공공단체와 법무부장관은 헌법재판소에 그 심판에 관한 의견서를 제출할 수도 있다(법 제74조 제1항).

3. 평 의

헌법재판소의 심리가 종결되면 재판관회의에서 사건에 대한 평의를 한다(법 제35조 제1항). 여기서 말하는 재판관회의는 재판부가 평의를 하기 위해 소집된 회의를 말하며, 헌법재판소의 행정조직으로서 재판관회의와는 구별되는 의미이다.

이 평의는 공개하지 않는다(법 제34조 제1항). 평의의 결론에 찬성하지 않는 재판관이 평의의 결론에 영향을 주기 위해 그 내용을 선고하기 전에 미리 언론이나 외부에 알리는 것은 금지된다. 평의에서는 사건에 관한 표결이 이루어지고 그 표결에 따라 결정서를 작성하게 된다.

Ⅳ. 審判의 節次와 效力

1. 심판의 절차

헌법재판소의 최종적인 결정을 내리는 절차는 선고의 절차이다. 선고는 공개된 심판정에서 재판장이 결정원본에 의하여 주문을 읽어 선고하게 된다. 이유는 낭독할 필요가 없으나 일반적으로 낭독한다. 심판의 종국결정은 심판정에서 해야 하나 재판소장이 필요하다고 인정하는 경우 심판정 외의 장소에서 할 수도 있다(법 제33조). 종국결정은 심판사건을 접수한 날로부터 180일 이내에 선고하도록 되어 있다. 다만 재판관의 궐위로 7인의 출석이 불가능한 때에는 궐위된 기간은 심판기간에 산입하지 않는다(법 제38조).

평의와는 달리 심판의 변론과 결정의 선고는 공개하도록 되어 있다. 다만 예외적으로 법원조직법 제57조가 준용되어, 심판의 심리는 국가의 안전보장·안녕질서 또는 선량한 풍속을 해할 우려가 있는 때에는 결정으로 공개하지 않을 수 있다.

2. 종국결정의 방식과 효력

헌법재판의 각종 심판절차에서 재판부가 심리를 마친 때에는 종국결정을 한다(제36조). 원칙적으로 헌법재판소는 재판관 7인 이상이 출석하여 사건을 심리하며, 그 결정은 원칙적으로 출석재판관 과반수의 찬성으로 의결한다. 다만 ① 법률의 위헌결정을 하는 경우 ② 탄핵의 결정을 하는 경우 ③ 정당해산의 결정을 하는 경우 ④ 헌법소원에 관한 인용결정을 하는 경우 ⑤ 종전에 헌법재판소가 판시한 헌법 또는 법률의 해석적용에 관한 의견을 변경하는 경우에는 재판관 6인 이상의 찬성이 있어야 한다.

한편 헌법재판소법은 위헌법률심판, 권한쟁의심판, 헌법소원심판에 관여한 재판관은 결정서에 의견을 표시하여야 한다고 정하고 있다(제36조 제 3 항). 이때 재판관의 의견을 표시하도록 특별히 규정한 취지에 비추어 재판관의 개별의견이 표시되어야 함을 명령한 취지로 해석된다.[27]

헌법재판의 종국결정은 여러 가지 효력을 갖게 된다. 헌법재판소 사법적

---

27) 정종섭, 헌법소송법, 2004, 162쪽.

절차이기 때문에 그 결정이 함부로 취소되거나 변경될 수 없는 것이다. 따라서 일반재판과 유사하게 형식적 효력인 자기구속력과 형식적 확정력이 발생하고, 실질적 효력인 기판력과 기속력이 발생하게 된다. 특히 기판력에 의하여 반복청구가 금지되는 일사부재리의 효력이 발생한다. 기판력의 객관적 범위는 주문에만 한정되는 것이 원칙이고, 주관적 범위는 절차의 당사자, 그의 승계인, 절차참가인에게 미친다. 이에 따라 헌법소원심판의 청구가 부적법하여 각하결정을 한 후 각하결정에서 판시한 요건의 흠결을 보완하지 않고 다시 청구하는 것은 일사부재리에 저촉된다.[28] 그러나 위헌법률심판이나 위헌소원에서 합헌결정이 있었던 경우, 또는 심판청구의 유형이 다른 경우, 심판의 대상이나 청구인이 다른 경우에는 일사부재리에 저촉되지 않는다.[29]

V. 再審·審判費用·假處分 등의 問題

헌법재판소의 확정된 종국결정에 중대한 하자가 있는 경우 이를 불복할 수 있는 재심이 인정될 것인가 논의가 있다. 헌법재판소는 헌법소원의 경우 재판부의 구성이 위법한 경우 등 절차상 중대하고 명백한 위법이 있어서 재심을 허용하지 않으면 현저히 정의에 반하는 경우에 한하여 재심이 제한적으로 인정된다고 해석하고 있다.[30] 재심을 인정하는 경우 민사소송법이나 형사소송법의 재심에 관한 규정을 준용하게 될 것이다.

헌법재판소의 심판비용은 국가가 부담하는 것이 원칙이다(제37조 제 1 항). 다만 당사자의 신청에 의한 증거조사의 비용은 헌법재판소규칙이 정하는 바에 따라 그 신청인에게 부담시킬 수도 있다. 이외의 비용은 당사자가 부담하게 된다. 대표적인 것이 변호사의 선임에 따르는 비용이 될 것이다.

한편 헌법재판소는 헌법소원심판의 청구인에게 헌법재판소규칙으로 정하는 공탁금을 납부하게 할 수도 있다(제37조 제 2 항). 이것은 국민들의 헌법재판절차 남용을 방지하기 위한 것이다. 헌법재판소는 ① 헌법소원의 심판청구를 각하할 경우, ② 헌법소원의 심판청구를 기각하는 경우에 그 심판청구가

---

28) 헌재 2002. 12. 18. 2002헌마279.
29) 헌재 1997. 6. 26. 96헌가8등; 헌재 1997. 8. 21. 96헌마48 참조.
30) 헌재 1995. 1. 20. 93헌아1.

권리의 남용이라고 인정되는 경우에는 공탁금의 전부 또는 일부를 국고에 귀속시킬 수 있고(제37조 제4항) 이외의 경우는 청구인에게 반환하여야 한다.

헌법재판소법은 위헌정당해산과 권한쟁의심판에서 가처분을 허용하고 있다(제57조, 제65조). 가처분을 인정하는 취지는 본안사건에 대한 결정의 실효성을 확보하고 국가작용의 혼선과 헌법질서의 동요를 방지하기 위하여 본안결정이 있기 전에 본안사건과 관련하여 다툼이 있는 법관계를 잠정적이고 임시적으로 정하는 데에 있다. 문제는 위헌정당해산과 권한쟁의심판 이외의 절차에서도 가처분을 인정할 것인가에 있다. 이러한 절차에서도 국민의 기본권을 실효성 있게 보장하기 위해 가처분을 인정해야 할 필요성이 존재하기 때문이다.31)

---

31) 자세한 내용은 "제3장 제3절 Ⅲ. 가처분의 확대논의" 참조.

제2장　憲法裁判所의 具體的 權限

제1절　違憲法律審判

Ⅰ. 違憲法律審判의 意義

1. 개념과 연혁

위헌법률심사라고 함은 국회에서 제정한 법률이 헌법에 위반되는지의 여부가 재판의 전제가 된 때, 당해 사건을 담당하는 법원이 직권 또는 당사자의 신청에 의하여 결정으로 헌법재판소에 위헌여부심판을 제청하고, 헌법재판소가 이에 대해 심판하는 것을 말한다.

헌법은 국가의 최고법이며 헌법국가의 법구조에 있어서 법률이나 명령은 법존재와 법효력에서 보다 상위에 존재하는 헌법을 위반할 수 없다. 헌법에 위반되는 법령은 법치주의와 헌법국가의 본질상 효력을 가지지 못한다. 이는 입헌주의 헌법의 본질적인 요소인 헌법의 우위에서 나오는 헌법의 최고규범성 확보수단이라고 할 것이다.

현행헌법 제111조 제1항과 헌법재판소법 제2조는 법원의 제청에 의한 법률의 위헌여부심판을 헌법재판소가 담당한다고 하고 있다. 우리 헌정사에서 위헌법률심판제도는 건국헌법부터 현행헌법까지 정해져 있었다. 그러나 현행헌법 제정 전까지는 위헌법률심판이 제대로 시행되지 못해 왔다. 현행헌법에 들어서서 헌법재판소가 제 기능을 하기 시작함으로써 본격적으로 운영되기 시작한 제도이다.

위헌법률심사제는 1803년 미국의 Marbury v. Madison 사건에서 마샬 대법원장이 확립한 것으로 알려져 있다. 법원은 헌법에 구속되고, 헌법에 위배되는 법률은 무효라는 논리를 제시하여 성립된 것이다. 현재는 헌법의 우위

를 전제로 하는 실질적 법치국가원칙을 확립하는 제도로서 독일 등의 많은
국가에서 이용되고 있다.

2. 유 형

심사기관의 성격에 의하여 위헌법률심사의 유형은 일반법원으로부터 독
립된 헌법재판소에서 심리하는 것으로 구체적 규범통제뿐만 아니라 추상적
규범통제까지 인정하는 독일식의 헌법법원형과 일반법원에서 심사하는 것으
로 사건의 전제를 기초로 하여 심리하는 구체적 규범통제를 기초로 하는 것
으로 미국식의 일반법원형 등을 들 수 있다. 또한 특수한 성격을 가진 정치
기관에 위헌법률심사권을 부여하는 프랑스 제 5 공화국의 경우와 같은 정치기
관형이 제시되기도 한다.

심사대상에 의해 분류해 보면 프랑스와 독일과 같이 법률의 의결 후 공
포 전 단계에서 규범통제를 시행하는 사전적 규범통제, 구체적 사건의 여부
와 관계없이 법률의 위헌여부를 심사하여 위헌으로 판단되는 경우 그 법률의
효력을 상실하게 하는 추상적 규범통제, 법률이 헌법에 위반되는지의 여부가
재판의 전제가 되는 경우에 법원의 제청으로 헌법재판기관이 위헌여부를 심
사하는 구체적 규범통제로 나눌 수 있다.

현행 헌법재판소법에서는 법률의 위헌여부가 재판의 전제가 된 경우에
제기하는 제청형 규범통제심판과 입법권의 행사로 기본권을 침해받은 자의
헌법소원에 의한 규범통제형 심판, 위헌제청을 하였으나 기각된 경우 헌법소
원심판청구로 제기하는 불복형 규범통제심판, 준용규정에 관하여 헌법재판소
가 법률의 위헌여부를 심판하는 부수적 규범통제 및 권한쟁의심판청구에 의
하여 헌법재판소가 법률의 위헌여부를 심판하는 경우 등의 유형을 규정하고
있다.

II. 違憲法律審判의 對象

1. 법률 및 기타의 대상

위헌법률심사의 대상이 되는 것은 우선 형식적 의미의 법률을 들 수 있
다. 시행되어 효력이 발생하는 법률만이 그 대상이 되며, 공포되었으나 시행

되고 있지 않은 법률은 심판의 대상이 되지 못한다. 또 헌법재판소에 의해 위헌으로 선고되어 효력을 상실한 법률은 심판의 대상이 되지 못한다. 다만 위헌무효가 되었으나 이후 동일한 내용의 법률이나 법률조항을 국회가 다시 입법한 경우에는 심판의 대상이 된다.

한편 법규명령이나 행정규칙은 심판의 대상이 될 수 없다. 이러한 규범은 헌법에 위반되는 여부가 재판의 전제가 된 경우에는 처분의 경우와 같이 대법원이 이를 최종적으로 심사할 권한을 가지기 때문이다.[1] 국회규칙이나 대법원규칙 등도 위헌법률심판의 대상이 될 수 없으며, 지방자치단체의 조례도 대상이 될 수 없다.

폐지된 법률에 대한 위헌심판은 원칙적으로 부적법하다. 다만 예외적으로 폐지되거나 개정된 법률인 경우에도 그 위헌여부가 관련 소송사건의 재판의 전제가 되는 경우에는 헌법재판소의 위헌법률심사의 대상이 될 수 있다.[2]

한편 헌법 제76조 제1항의 긴급재정경제명령과 제2항의 긴급명령이 위헌법률심판의 대상이 되는지 문제된다. 이러한 긴급권에 해당하는 명령은 헌법 규정상 법률의 효력을 가지게 되므로 당연히 위헌법률심판의 대상이 된다고 해석된다.

헌법 제60조 제1항에 의한 법률과 동일한 효력의 조약은 위헌법률심판의 대상이 됨은 당연하나, 행정협정 등과 같은 명령·규칙과 동일한 효력을 가지는 조약은 위헌심사의 대상이 되지 않는다. 한편 조약이 공포되면 국내법으로서 효력을 가지는 자기집행조약과 조약의 발효를 위하여 국내법령의 제정이 필요한 비자기집행조약으로 분류하여, 전자의 경우는 위헌심사의 대상으로 보고 후자의 경우는 그 국내법령을 심사의 대상으로 한다는 견해가 있다.

헌법의 개별규정이 위헌법률심판의 대상이 될 수 있는지 문제된다. 헌법제정권력과 헌법개정권력을 준별하고 헌법규정 상호간의 우열관계를 긍정하여 하위의 입법규정에 대한 규범통제를 긍정하는 견해가 있다. 그러나 위헌법률심사의 대상은 형식적 의미의 법률과 그와 동일한 효력을 가지는 조약이라고 헌법과 법률에 명문으로 규정되어 있을뿐더러, 헌법의 개별규정 간의 우열관계를 인정하더라도 그것을 사실상 구별해 내는 것은 거의 불가능에 가

---

1) 헌재 1992. 10. 31. 92헌바42등.
2) 헌재 1989. 12. 18. 89헌마32등.

깝다. 따라서 헌법의 개별규정 자체는 규범통제의 대상이 될 수 없다고 해석된다.[3]

2. 입법부작위의 문제

앞서 본 법률과 기타의 규범들은 이미 적극적으로 정립이 되어 위헌법률심판의 판단대상으로 직접 인식할 수 있는 것들이다. 그런데 그러한 법적 정립을 소극적으로 하지 않은 상태, 즉 입법부작위도 위헌법률심판의 대상으로 삼을 수 있는지 여부와 관련하여 문제가 제기된다.

우리 헌법재판소는 이 문제를 진정입법부작위와 부진정입법부작위로 나누어 논증하고 있다. 진정입법부작위는 입법을 해야 할 법적인 의무가 있음에도 아무런 입법을 하지 않는 것을 말하고, 부진정입법부작위는 입법의무를 이행하여 현실에 법률이 존재하지만 입법의무를 불완전하게 이행하여 일정한 부분에 있어서 입법의무를 다하지 않은 것을 의미한다.

진정입법부작위의 경우 법률이나 법률조항의 위헌여부가 구체적인 소송사건의 재판의 전제가 될 수 없으므로 위헌법률심판의 대상이 될 여지가 없다. 그러나 부진정입법부작위의 경우 구체적 사건에 적용할 법률이 존재하게 되므로, 심판의 대상이 된다.[4]

III. 違憲法律審判 提請의 要件과 節次

1. 제청의 요건

우선 위헌법률심판절차에서 제청권자는 법원이다(헌법 제107조 제 1 항). 법원에는 사건의 관할에 있어서 구체적으로 당해 사건을 담당하는 합의부나 단독판사 모두 이에 해당한다. 제청권자는 법원에 한정되기 때문에 개인은 어떠한 경우에도 제청권을 가질 수 없다.

그리고 위헌법률심판에서 법원이 헌법재판소에 재판의 전제가 된 법률의 위헌여부심판을 제청할 수 있기 위해서는 먼저 당해 법원에 구체적인 소송사건이 계속중이어야 한다. 즉 재판이 진행중인 소송사건이 존재해야만 위헌법

---

3) 헌재 1996. 6. 13. 94헌바20; 헌재 2001. 2. 22. 2000헌바38.
4) 헌재 1996. 3. 28. 93헌바27.

률심판을 제청할 수 있는 것이다. 위헌심사의 전제성의 요소로서의 재판은 판결뿐만 아니라 결정·명령 등 그 형식여하를 불문하며, 본안 판단에 관한 재판이나 소송절차에 대한 재판을 모두 포함한다. 종국재판은 물론, 중간재판도 이에 포함된다. 판사의 영장발부여부에 대한 재판, 소송비용 또는 가집행에 관한 재판에서도 위헌제청은 가능하다.

위헌법률심판의 제청요건 중 무엇보다 중요한 것은 바로 재판의 전제성이다. '재판의 전제성'은 구체적 규범통제만을 허용하는 우리나라의 위헌법률심사에서 가장 필수적인 요건이다. 이 경우의 재판의 전제성이라고 함은 구체적 사건이 법원에 계속되어 있었거나 계속중이어야 하고, 위헌여부가 문제되는 법률이 당해 소송사건의 재판에 적용되는 것이어야 한다. 또한 그 법률이 헌법에 위반되는지의 여부에 따라 당해 사건을 담당하는 법원이 다른 내용의 재판을 하게 되는 것을 말한다.

'다른 내용의 재판을 하는 경우'란 법원이 심리중인 당해 사건의 재판의 결론이나 주문에 영향을 주는 것과 주문에는 영향을 미치지 않는다 하더라도 결론을 이끌어 내는 이유를 달리하는 데 관련되거나 판결의 내용과 효력에 관한 법률적 의미가 전혀 달라지는 경우도 포함한다.5)

2. 제청의 절차

헌법재판소에 대한 위헌법률심판의 제청은 결정으로 한다(법 제41조 제1항). 이러한 법원의 제청권은 법원만이 보유·행사하며 법원 이외에 다른 기관이 행사할 수 없다는 의미에서 직무상의 권리인 동시에 제청의 요건이 갖추어지면 법원은 제청을 하여야 한다는 의미에서 직무상의 의무이다.6)

법원이 법률의 위헌여부심판을 헌법재판소에 제청하는 경우 재판의 전제가 된 법률이나 법률조항이 위헌여부를 직접 살피거나 제청신청인의 주장을 살펴본 후 위헌의 의심이 있으면 제청을 하게 되어 있다. 이 경우 말하는 위헌의 의심은 법원의 직무수행상의 의심이므로 합리적인 의심을 말한다.7)

---

5) 재판의 전제성 요건은 위헌법률심판에 있어서 실로 관건이 되는 요건이다. 따라서 복잡한 해석론과 판례가 나오고 있다. 이에 대한 자세한 내용은 정종섭, 헌법소송법, 2004, 268쪽 이하 참조.
6) 정종섭, 헌법소송법, 2004, 245쪽.
7) 헌재 1993. 12. 23. 93헌가2.

반면 당사자의 신청에 의한 제청의 경우이든 직권제청의 경우이든 법관이 제청을 하지 않으려면 해당 법률이나 법률조항에 대해 합헌이라는 확신이 있어야 한다. 이러한 법관의 판단에 대한 일반적인 불복절차는 규정되어 있지 않다. 이러한 규정이 국민의 기본권 보장에 미흡한 위헌의 규정이 아닌지에 대하여 논란이 있는데, 헌법재판소는 현행법상 과거 인정되었던 소위 합헌 판단권은 인정되지 않는다는 전제하에 법원의 기각결정을 정하고 있는 규정이 헌법에 위반되는 것은 아니라고 하였다.[8]

Ⅳ. 違憲法律審判의 決定類型

위헌법률심판이 적법하게 제청되면 헌법재판소는 당해 법률이 헌법에 위반되는지 여부를 판단하여 결정하게 된다. 이때 판단의 기준으로 사용되는 규범은 단지 헌법의 개별조문에만 해당하는 것이 아니다. 헌법규정을 비롯하여 헌법의 기본원리, 헌법판례와 법원칙, 국제법규의 일부, 나아가 조리나 자연법 원칙 등이 구성하는 이른바 관습헌법도 판단의 기준이 될 수 있다.[9] 이하에서는 이러한 판단을 통해 행하게 되는 결정의 유형에 대하여 살펴본다.

1. 합헌결정과 위헌결정

법률의 위헌여부를 심리한 결과 헌법위반을 확인할 수 없는 경우의 결정유형이 바로 합헌결정이다. 그런데 합헌결정에 대하여 헌법재판소법상 명시적인 규정은 없다. 다만 "법률은 헌법에 위반되지 않는다"는 주문형식으로 헌법재판소는 합헌결정을 하고 있다.

5인의 다수의견이 위헌을 주장하지만 위헌결정의 정족수인 6인에 미달하는 경우, 과거에는 "헌법에 위반된다고 선언할 수 없다"라고 표시하여 이를 위헌불선언의 결정유형으로 이해하였다.[10] 그러나 1996년 이래로 위헌불선언을 선언하지 않고, 단순히 합헌결정을 하는 경향을 보이고 있다.[11]

헌법재판소는 위헌법률심판절차에서 심판의 대상이 된 법률이나 법률조

---

8) 헌재 1993. 7. 29. 90헌바35.
9) 이에 대한 자세한 내용은 박인수, 위헌법률심판의 기준, 1998, 287쪽 이하 참조.
10) 헌재 1989. 12. 22. 88헌가13.
11) 헌재 1996. 2. 16. 96헌가2등.

항이 헌법에 위반된다고 인정한 경우에 위헌결정을 한다. 위헌결정에는 재판
관 6인 이상의 찬성이 요구된다. 위헌결정은 다시 그 결정의 범위에 따라 부
분위헌결정과 법률전부위헌결정 등으로 나뉘게 된다. 부분위헌결정은 위헌법
률심판절차에서 당해 소송사건의 재판의 전제가 된 법률이나 법률조항 가운
데 일부는 위헌이고 일부는 합헌일 경우, 합헌인 부분에 대해서는 합헌결정
을 하고 위헌인 부분에 대해서는 위헌결정을 하게 된다. 여기서 말하는 부분
위헌결정은 법률의 일부분에 대한 단순위헌결정이므로 변형결정에 해당하지
않는 것이다.12)

　　이렇게 헌법재판소는 법원의 제청 등에 대한 심판에서 원칙적으로 헌법
재판소에 심판을 구한 법률조항만 한정하여 판단하는 것이 원칙이지만, 일부
법률조항의 위헌결정으로 당해 법률 전부를 시행할 수 없다고 인정할 때에는
그 전부에 대하여 위헌의 결정을 할 수 있다(법 제45조 단서). 이를 법률전부
위헌결정이라고 부를 수 있을 것이다.13) 뿐만 아니라 위헌법률심판제도의 특
성상 헌법재판소는 그 직권에 따라 심판의 대상을 축소하거나 확장할 수 있
으므로, 관련되는 법률 전부뿐만 아니라 그와 밀접한 관계가 있는 다른 조항
도 위헌판단의 대상으로 삼을 수 있을 것이라고 판단된다.

2. 변형결정

(1) 의의와 문제점

　　변형결정이란 헌법재판소에 제기된 헌법문제에 관한 사안에 대하여 헌법
재판소가 결정을 할 때 그 결정문의 형식을 헌법재판소법 제45조에서 명문으
로 규정하고 있는 바에 따라 단순위헌결정의 형식을 취하거나 단순 합헌결정
의 형식을 취하지 않고 그 밖의 형식으로 주문을 작성하여 내린 결정을 말한
다. 이것은 헌법재판소가 법률의 위헌여부를 심사함에 있어서 법률의 위헌성
이 인정됨에도 헌법합치적 해석의 필요14) 또는 입법자의 입법형성권에 대한
존중, 법적 공백으로 인한 혼란의 방지 등을 이유로 법률의 단순위헌결정을

---

12) 반면 과거에는 부분위헌 또는 부분적 위헌이 변형결정을 의미하는 용어로 사용된 예가
　　있다(장영철, "헌법재판소의 법률에 대한 '부분적 위헌'결정," 공법연구 제26집 제 2 호,
　　1998, 205쪽 참조).

13) 헌재 1989. 11. 20. 89헌가102; 헌재 2002. 8. 29. 2001헌바82등.

14) 변형결정과 헌법합치적 해석은 매우 유사한 취지와 내용을 가진 개념들이다. 따라서 양
　　자의 관계를 밝히는 것이 문제되어 왔다.

피하는 것을 의미한다.

그런데 헌법재판소법은 제45조에서 단순위헌결정의 근거만을 규정하고 있어서 도대체 변형결정이라는 결정유형을 인정할 수 있는 것인지부터 문제가 되고 있다. 법 제45조의 '위헌여부'라는 문언에는 한정위헌이나 한정합헌과 같은 변형결정의 유형이 포함되어 있다고 보아 변형결정이 우리 법상 인정된다고 보는 것이 일반적인 견해이다. 헌법재판소도 특별한 규정이 없는 한 재판의 주문을 어떻게 표시할 것인지는 헌법재판소의 재량이라는 입장을 보인 바 있다.15) 그러나 여전히 그 효력, 특히 기속력과 관련하여 많은 문제를 야기하고 있는 것이 바로 변형결정이다.

(2) 변형결정의 유형

헌법재판소가 변형결정을 행사하기 시작한 때부터 각양각색의 유형으로 분류되고 제시되어 왔다. 그러나 이러한 복잡하고 일관적이지 못한 분류방법이 많은 이해의 혼란을 야기한 것도 사실이다. 여기서는 변형결정을 크게 한정합헌, 한정위헌, 헌법불합치로 나누어 간단히 그 의미를 고찰하겠다.

먼저 한정합헌결정은 해석 여하에 따라 위헌이 되는 부분을 포함하고 있는 법률의 의미를 헌법의 정신에 합치하도록 한정적으로 해석하여 위헌을 회피하는 결정유형이다. 즉 다의적인 해석의 가능성이 있는 법률에 대하여, "…으로 해석하는 한 헌법에 위반되지 아니한다"는 형식으로 한정·축소함으로써, 즉 소극적인 배제를 함으로써 합헌으로 만드는 방식이다. 한정합헌결정에 의할 때 해당 법률이나 조문은 그대로 유지되지만, 합헌적 의미를 벗어난 확대해석은 허용될 수 없게 된다.

반면 한정위헌결정은 불확정개념이나 다의적인 해석가능성이 있는 조문에 대하여 그것의 일부분에 있어서는 합헌으로 해석할 여지도 부분적으로 있고 또 분명하게 위헌이라고 단정할 수도 없는 부분이 있는 경우, 그 법률의 해석·적용에 있어서 위헌으로 해석되는 의미부분만을 해당 법률의 의미에서 제거하는 것을 의미한다. 이 결정유형은 "…라고 해석하는 한 헌법에 위반된다" 또는 "…라는 범위 내에서 헌법에 위반된다"16)라는 주문표시방식을 취하게 된다.

---

15) 헌재 1989. 9. 8. 88헌가6.

16) 과거 질적일부위헌이라고 분류되던 결정유형도 한정위헌과 다르지 않다고 보는 것이다.

헌법불합치결정이란 법률의 위헌성은 인정하면서도 입법권의 존중하고 법적 공백으로 야기되는 장애를 피하기 위하여 해당 법률이 일정기간 잠정적으로 유지되는 것을 인정하는 결정형식이다. 이 결정유형의 주문은 "…는 헌법에 합치하지 않는다"라는 형식을 취하게 되고, 시한을 정하는 표시는 주문에 "위 법률 조항은 …까지 그 효력을 가진다"라고 추가하여 표시한다. 따라서 헌법불합치결정은 법률의 위헌성을 일단 인정하는 것이므로, 언제나 입법자에 대한 입법개선촉구를 수반하게 되고 이에 따라 입법자는 법률개선의무를 부담하게 된다.[17] 만약 정해진 기한 내에 입법자가 입법개선의무를 이행하지 않는 경우 그 법률의 효력이 어떻게 될 것인지 문제된다. 기한이 경과하면 그 법은 효력을 상실하는 것으로 보아야 하고, 그로 인해 발생하는 법적 공백은 이후 제정될 신법의 소급효에 의하여 해결될 것이라고 본다.

V. 違憲法律審判의 決定의 效力

1. 위헌결정과 합헌결정의 효력

먼저 헌법재판소법은 "법률이나 법률조항에 대해 헌법재판소가 한 위헌결정은 법원 기타 국가기관 및 지방자치단체를 기속한다"라고 하고 있다(법 제47조 제1항). 이 기속력에 따라 행정기관, 법원 등은 헌법재판소의 위헌결정에 반하는 행위를 하지 못하게 되고, 헌법재판소 결정에 대한 헌법소원도 불가능하게 된다.

위헌결정의 주문이 이러한 기속력을 갖는 것에는 의문이 없지만, 결정의 이유에도 기속력이 인정되는지에 대하여는 이견이 존재한다. 사실상 이유의 기속력을 인정하지 않는 경우 헌법재판의 취지가 충분히 발휘되지 못하는 경우가 있지만 그렇다고 이유 일반의 기속력을 인정하는 것도 바람직하지는 못하다. 독일 연방헌법재판소의 경우와 같이[18] 중요한 이유에 기속력을 인정하는 방향으로 제도적 개선을 모색하는 것이 타당하다고 본다.[19]

반면 합헌결정의 경우에는 이러한 기속력이 인정되지 않는다. 일단 헌법

---

17) 홍완식, "입법자의 법률개선의무에 관한 연구," 공법연구 제31집 제2호, 2002, 284쪽 이하.
18) BVerfGE 1, 14; 19, 377.
19) 자세한 내용은 남복현, "헌법재판소결정의 효력과 법원의 기속," 공법연구 24집 제1호, 1996, 228쪽 참조.

재판소법이 위헌결정의 경우에만 기속력이 인정됨을 정하고 있을 뿐만 아니라, 헌법재판소가 판시한 법률의 해석적용에 관한 의견을 변경할 수 있음을 정하고 있는 점, 합헌인 법률이 상황의 변화에 따라 위헌으로 변경될 수 있는 점, 헌법재판소 재판부의 구성에 변경이 있거나 재판관이 의견을 변경할 가능성이 상존하고 있는 점 등을 고려할 때 합헌결정이 있은 법률이나 법률조항에 대해서는 언제나 위헌여부를 다툴 수 있다고 보는 것이 타당하다.[20]

위헌결정에는 이러한 기속력 외에도 일반적 효력을 갖게 된다. "위헌으로 결정된 법률은 효력을 상실한다"는 규정에 따라 위헌으로 결정된 법률이 심판의 당사자 외에도 일반적으로 그 효력이 상실된다는 것이다. 따라서 위헌으로 결정된 법률을 유효한 것으로 전제하고 이루어진 법률관계는 모두 효력을 가지지 못하게 된다.

이외에도 헌법재판소 결정에 일반적으로 수반되는 효력인 확정력, 기판력 등은 위헌결정, 합헌결정을 불문하고 당연히 인정된다. 따라서 합헌결정이라고 하더라도 당해 소송사건의 재판절차에서 제청법원이 다시 제청하는 것은 부인된다. 이것은 일반적인 일사부재리에 저촉되기 때문이다.

2. 위헌결정의 효력 발생시기

한편 위헌결정에 따른 법률의 효력상실이 언제부터 일어나는가와 관련하여 복잡한 문제가 있다. 헌법재판소법 제47조 제2항은 "… 그 결정이 있은 날로부터" 효력이 상실된다고 규정하면서 단서에서 "형벌에 관한 법률 또는 법률조항은 소급하여 그 효력이 상실된다"고 하고 있다. 즉 형벌에 관한 법률 등이 아닌 한 위헌결정의 효력은 소급효가 없는 것이다.[21]

다만 이러한 비소급효 원칙이 불합리한 결과를 야기하는 경우가 있을 수 있다. 헌법재판소는 당사자의 권리구제를 위한 구체적 타당성의 요청은 현저한 반면에 소급효를 인정하여도 법적 안정성의 침해 우려는 없으며, 구법에 의하여 형성된 그 밖의 기득권자의 이익이 해쳐질 사안이 아닌 경우로, 소급

---

20) 헌재 1993. 3. 11. 90헌가70.
21) 이러한 입법태도는 위헌결정의 효력발생에 대한 폐지무효설의 입장을 취한 것으로서, 결정의 창설적 효력을 인정하고 법적 안정성을 보다 중시하는 것이다. 반면 소급무효설에 의하게 되면, 결정의 확인적 효력을 인정하고 정의를 법적 안정성보다 중시하는 입장이 될 것이다.

효를 부인할 경우 오히려 정의와 형평 등 헌법의 이념에 심히 배치되는 때에는 소급효가 인정된다는 견해를 보이고 있다 .

특히 비소급효 원칙에 따라 구체적 규범통제에서 당해 사건을 해결하기 위하여 헌법재판소에 재판의 전제가 된 법률 또는 법률조항의 위헌여부 심판을 구했음에도 당해 사건에는 적용되지 않는 모순이 발생하게 된다. 따라서 이 경우에는 예외적으로 소급효가 인정된다고 하겠다.22) 또 이러한 예외적 소급효 인정으로 인하여 당해 사건 당사자와 다른 국민들간의 형평성 문제가 야기될 수 있다. 따라서 대법원은 위헌결정이 있기 전에 이와 동종의 위헌여부에 관하여 헌법재판소에 위헌여부심판제청을 하였거나 법원에 위헌여부심판제청신청을 한 경우 당해 사건, 따로 위헌제청신청은 아니하였지만 당해 법률 또는 법률의 조항이 재판의 전제가 되어 법원에 계속중인 사건, 위헌결정 이후에 위와 같은 이유로 제소된 일반사건에 위헌결정의 효력이 미친다고 하여 광범위한 소급효를 인정하고 있다.23)

한편 법상 예외적으로 소급효가 인정되는 형벌에 관한 법률의 경우에도 '불처벌 특례조항'에 대한 위헌결정에 관하여는 소급효 발생을 부정하게 된다. 이 경우는 결정의 소급효를 인정하면 처벌이 소급적으로 가능해지기 때문에 헌법재판소법의 규정의 취지에 반하게 되기 때문이다. 위헌결정시점 이전에 확정판결을 받은 사건에 관하여는 위헌결정의 효력이 소급되지 않지만, 이 경우는 재심을 청구하여 구제받을 수 있다.

3. 변형결정의 기속력 문제

변형결정은 대부분 그것이 합헌결정에 해당하는 것인지, 위헌결정에 해당하는 것인지 불분명한 경우가 많다. 그런데 위헌결정이라고 하면 법 제47조에 따라 기속력과 일반적 효력이 발생하지만 합헌결정이라고 하면 이러한 효력이 발생하지 않는 문제점이 발생한다. 이것은 특히 헌법재판소의 변형결정을 법원이 어떻게 받아들일 것인가와 관련하여 매우 민감하고 복잡한 문제를 야기하고 있다.

먼저 헌법재판소는 한정합헌결정이 위헌결정에 해당한다고 보고, 기속력

---

22) 헌재 1993. 5. 13. 92헌가10등.
23) 대판 1993. 1. 15, 92다12377 등 다수 판례.

이 발생한다고 판단한다.24) 이에 의하면 헌법재판소가 한정합헌결정을 했을 때 심판의 대상이 된 법률 또는 법률의 조항을 헌법재판소가 합헌적이라고 해석한 의미 이외의 내용으로 해석 적용하는 것은 헌법에 위반되게 된다.

한정위헌결정도 법률조항의 전체 내용 또는 의미에서 위헌으로 해석되는 내용 또는 의미를 제거하여 해당부분의 법적 효력을 상실시킨다는 점에서 넓은 의미의 위헌결정에 속하는 것으로 보아야 할 것이다. 따라서 위헌이라고 해석하여 적용을 배제한 범위 내에서 국가기관 및 지방자치단체를 기속하게 된다.25) 그러나 대법원은 한정위헌결정은 법원을 기속하는 효력이 없다는 취지로 판결을 하고 있어서 분쟁이 야기되고 있다.26)

헌법불합치결정의 경우에는 헌법에 합치하지 않는다고 한 부분은 역시 일종의 위헌결정이기 때문에 기속력을 갖게 된다. 그러나 법률개선을 촉구하는 부분은 헌법재판소의 의견에 지나지 않는 것이므로 국회가 이에 기속되지 않는다고 본다.27)

VI. 憲法裁判所法 第68條 第 2 項의 違憲訴願

헌법재판소법 제68조는 헌법소원에 관한 규정을 두면서 동시에 제 2 항에서 위헌법률심판의 제청신청이 법원에 의하여 기각된 경우에 제청신청을 한 당사자가 헌법소원을 제기할 수 있도록 하고 있다. 헌법재판소는 심판절차의 보조참가인도 이러한 헌법소원을 제기할 수 있다고 하고 있다.28) 이것은 과거 우리 법원이 위헌법률심판 제청에 극도로 소극적이었기 때문에 위헌법률심판을 활성화하기 위한 취지로 만들어진 규정이다.

그런데 제68조는 헌법소원을 규정하고 있음에도 제68조 제 2 항의 내용은 구체적 규범통제를 정하고 있는 것이 되어 그 이해의 혼란이 야기된 바 있다. 그 본질에 대하여는 헌법소원설과 위헌법률심판설이 대립하고 있었으며, 이를 '위헌심사형 헌법소원', '위헌소원' 등으로 다양하게 지칭하였다. 그런데 법원

---

24) 헌재 1997. 12. 24. 96헌마172.
25) 헌재 1997. 12. 24. 96헌마172.
26) 대판 1996. 4. 9, 95누11405.
27) 헌재 1997. 3. 27. 95헌가14등.
28) 헌재 2003. 5. 15. 2001헌바98.

의 위헌법률심판제청이 기각된 경우에는 헌법소원의 전제요건인 기본권의 침해가 없으므로 위헌법률심사로 봄이 타당하다는 것이 일반적인 견해이다. 특히 제68조 제 2 항의 헌법소원은 재판절차의 전체적인 구조에서 볼 때 위헌법률심판의 일부이고, 심판청구서의 기재사항, 심판의 대상, 인용결정 및 인용결정의 효력, 주문의 표시, 심판의 절차 등이 위헌법률심판과 동일하다.29)

위헌심사형 헌법소원은 위헌법률심판제청 기각 또는 각하통지 후 14일 이내에 제기할 수 있다. 법원에 제청 신청하였다가 기각 또는 각하된 법 조항만이 그 대상이 된다. 한편 심판을 할 때에는 변호사강제주의, 지정재판부의 사전심사가 존재한다는 점에서 헌법소원의 성격이 일부 존재한다. 또 제41조의 위헌법률심사와는 달리 재판의 정지가 없다는 차이가 있다.

제 2 절   彈劾審判制度

Ⅰ. 彈劾의 意味

의회에 의한 탄핵제도는 의회제도가 가장 먼저 발달된 영국에서 14세기에 시작되었다. 왕의 측근에 있는 대신들에게 형사소송의 수단으로 이용된 것이다. 이후 탄핵제도는 의회가 정치인을 통제하는 수단으로 활용되었지만, 민주주의가 발전되고 의회의 권한이 확대되면서 오히려 탄핵이 실제 사용되는 예가 점차 사라지게 된 것도 사실이다.

이러한 탄핵제도가 의회제도의 보급과 더불어 각국으로 전파되었으며, 고위 공직자에 대한 강력한 통제수단으로 자리잡게 되었다. 영국처럼 형사재판적 성질의 탄핵제도를 두는 경우도 있지만 대체로 공직에서의 파면여부를 결정하는 징계적 성질의 탄핵제도가 각국에 도입되어 있다.

우리 헌법도 1948년의 헌법제정 이래로 탄핵제도를 존치시키고 있다. 하지만 실제 탄핵소추안이 발의되어 국회를 통과한 적은 없었으며, 2004년 최초로 대통령에 대한 탄핵소추 및 심판 사건이 발생하게 된 것이다.

---

29) 향후 제68조 제 2 항, 제71조 제 2 항의 조문배치를 제41조로 옮겨 규정하는 것이 타당하다는 주장이 있다(정종섭, 헌법소송법, 2004, 253쪽).

Ⅱ. 彈劾의 訴追

1. 탄핵의 대상과 사유

헌법은 제65조 제1항에서 탄핵소추의 대상자로서 대통령·국무총리·국무위원·행정각부의 장, 헌법재판소재판관과 사법부의 법관, 중앙선거관리위원회 위원·감사원장·감사위원, 기타 법률이 정한 공무원을 규정하고 있다. 기타 법률이 정하는 공무원이 과연 누구인가 문제되는데, 검찰청법은 검찰총장을 비롯한 검사를 탄핵대상에 포함시키고 있다(검찰청법 제37조).

그리고 탄핵의 사유로서 직무집행에 있어서 헌법이나 법률을 위배한 경우 탄핵소추할 수 있다고 하고 있다. 즉 탄핵의 사유는 직무집행관련성과 헌법과 법률에의 위배라는 두 가지 요건이 갖추어져야 충족될 수 있는 것이다. 먼저 직무집행관련성 요건과 관련하여 탄핵소추의 사유는 직무집행과 관련되고 현직중의 행위이어야 하며, 직무집행과 무관한 사생활은 물론 재직기간 범위 외의 행위는 탄핵소추의 사유가 되지 않는다. 다만 탄핵소추절차 개시 이후에 소추를 면탈할 목적으로 임명권자가 그를 전직시킨 경우는 현직중의 행위로 보아 탄핵의 대상으로 삼아야 할 것이다. 두 번째 헌법과 법률에의 위배의 요건과 관련하여, 이때의 법률은 국회에서 제정한 법률뿐만 아니라 법률과 동등의 효력이 인정되는 국제조약·일반적으로 승인된 국제법규 그리고 긴급명령을 포함한다. 정치적 무능, 정책결정상의 과오, 부도덕은 탄핵사유에서 제외된다는 점에서 헌법 제63조의 해임건의와 차이가 있다. 탄핵사유로서의 위법행위는 고의나 과실에 의한 경우, 그리고 단순한 법의 무지로 인한 경우를 포함한다고 할 것이다.

2. 탄핵소추의 절차와 효과

대통령의 경우는 재적의원 과반수의 발의와 재적의원 3분의 2 이상의 찬성이 필요하고, 기타의 경우는 재적 3분의 1 이상의 발의와 재적 과반수의 찬성으로 의결한다. 탄핵소추발의가 있을 때에는 의장은 즉시 본회의에 보고하고, 본회의는 의결로 법제사법위원회에 회부하여 조사하게 할 수 있다.

탄핵소추는 국회의 전속적 권한이며, 탄핵소추의 의결을 받은 자는 탄핵심판이 있을 때까지 그 권한의 행사가 정지된다. 이 기간중의 직무행위는 위헌·무효가 되며, 소추의결서가 피소추자에게 송달되면 임명권자는 피소추자의 사직원을 접수하거나 해임할 수 없다(국회법 제134조 제 2 항). 한편 파면은 탄핵의 목적을 달성하였다고 보기 때문에 탄핵소추를 받은 자가 결정선고 이전에 파면되면 탄핵심판청구를 기각하여야 한다(법 제53조 제 2 항).

Ⅲ. 彈劾審判

1. 기　　관

탄핵심판기관의 유형으로는 상원형(영국, 미국 등), 탄핵법원형(일본), 헌법법원형(독일) 등이 있다. 현재 우리나라의 경우는 헌법재판소에서 이를 관할하므로 헌법법원형에 해당한다고 볼 수 있다. 탄핵심판은 실질적으로 사법작용에 해당하고 또한 헌법수호의 기능까지 있으므로, 중립적 입장에서 공정한 심판을 할 수 있는 헌법재판소에서 이를 관할하는 것은 바람직하다고 하겠다.

우리 헌법사에서 탄핵심판은 건국헌법에서는 탄핵재판소, 제 2 공화국에서는 헌법재판소, 제 3 공화국에서는 탄핵심판위원회, 제 4·5 공화국에서는 헌법위원회가 각각 탄핵심판을 담당한 바 있다.

2. 절　　차

탄핵심판에서는 국회법제사법위원회의 위원장이 소추위원이 된다(법 제49조). 먼저 소추위원이 소추의결서의 정본을 헌법재판소에 제출하면 탄핵심판청구의 효력이 발생한다. 헌법재판소가 소추의결서를 접수한 때에는 지체 없이 그 등본을 피청구인에게 송달하여야 한다(법 제27조 제 1 항). 재판장은 심판청구가 부적법하나 보정할 수 있다고 인정하는 경우에는 상당한 기간을 정하여 보정을 요구할 수 있다. 소추의결서 또는 보정서면의 송달을 받은 피청구인은 헌법재판소에 답변서를 제출할 수 있다(법 제29조 제 1 항). 피청구인은 본인 스스로 답변서를 제출하거나 탄핵심판을 수행할 수 없고, 변호사를 대리인으로 선임하여 이를 수행해야 한다. 단 피청구인이 변호사의 자격을 가지고 있는 때에는 본인이 스스로 답변서를 제출하거나 심판을 수행할 수 있다(법 제25조 제 3 항).

탄핵심판의 심리는 공개주의(법 제34조 제 1 항)와 구두변론주의(법 제30조 제 1 항)의 원칙이 적용된다. 따라서 헌법재판소는 변론절차에서 현출된 것만 근거로 하여 심판하여야 한다. 만약 당사자가 변론기일에 출석하지 아니한 때에는 다시 기일을 정하여야 한다(법 제52조 제 1 항). 다시 정한 기일에도 당 사자가 출석하지 않은 때에는 그 출석 없이 심리할 수 있다(동조 제 2 항). 소추위원은 심판의 변론에서 피청구인을 신문할 수 있다(법 제49조 제 2 항).

또한 동일한 사유에 대하여 형사소송이 진행되는 동안에는 심판절차를 정지할 수 있다(법 제51조). 재판부는 사건의 심리를 위하여 필요하다고 인정 하는 경우에는 당사자의 신청 또는 직권에 의하여 일정한 증거조사를 할 수 있다.[30] 재판부는 결정으로 다른 국가기관 또는 공공단체의 기관에 대하여 심판에 필요한 사실을 조회하거나 기록의 송부나 자료의 제출을 요구할 수 있다. 단 재판·소추 또는 범죄수사가 진행중인 사건의 기록에 대하여는 송 부를 요구할 수 없게 되어 있다(법 제32조).

탄핵심판은 재판관 전원으로 구성되는 전원재판부에서 관장하며, 재판관 7인 이상의 출석으로 사건을 심리하고, 재판관 9인 중 6인의 찬성이 있어야 탄핵결정을 할 수 있다(헌법 제113조).

3. 심판의 효과

탄핵소추심판의 종국결정에는 각하결정·탄핵결정·기각결정이 있다. 먼 저 재판부가 탄핵심판의 청구가 부적법하다고 인정한 때에는 청구를 각하하 는 결정을 한다.

탄핵소추를 인용하는 탄핵결정의 효력은 피청구인이 된 공무원을 공직으 로부터 파면함에 그친다. 그러나 민·형사상의 책임은 면제되지 아니하고, 탄

---

30) 헌법재판소법 제31조 제 1 항
    ① 재판부는 사건의 심리를 위하여 필요하다고 인정하는 경우에는 당사자의 신청 또는 직권에 의하여 다음의 증거조사를 할 수 있다.
    1. 당사자 본인 또는 증인을 신문하는 일
    2. 당사자 또는 관계인이 소지하는 문서·장부·물건 기타 증거자료의 제출을 요구하 고 이를 영치하는 일
    3. 특별한 학식과 경험을 가진 자에게 감정을 명하는 일
    4. 필요한 물건·사람·장소 기타 사물의 성장 또는 상황을 검증하는 일.

핵결정에 대하여 사면을 할 수도 없다. 따라서 탄핵과 민·형사상 책임을 병과하는 것은 일사부재리의 원칙에 위배되지 않는다. 탄핵결정에 의하여 파면된 자는 결정선고가 있은 날부터 5년이 경과하지 아니하면 공무원이 될 수 없다(법 제54조 제 2 항). 이는 탄핵결정의 실효성을 보장하기 위한 것이다.

또 재판부가 탄핵심판의 청구가 이유가 없다고 인정한 때에는 청구를 기각하는 결정을 한다. 또 피청구인이 결정선고 전에 당해 공직에서 파면된 때에는 헌법재판소는 심판청구를 기각하도록 하고 있다(법 제53조 제 2 항).

Ⅳ. "2004헌나1 대통령(노무현) 탄핵"사건

1. 사건의 경과와 탄핵소추의 사유

2004년 3월 9일, 다음 총선을 불과 1달여 앞둔 막바지의 16대 국회는 헌정사상 처음으로 현직 대통령인 노무현에 대한 탄핵소추안을 가결하였다. 대통령과 국회 다수당인 야당간의 힘겨루기가 지속돼 오던 끝에 끝내는 탄핵이라는 헌법적 통제수단이 사용된 것이다. 이에 대하여 국민들은 탄핵에 찬성·반대 여부를 떠나 정쟁으로 얼룩진 정치권에 대하여 극한적인 불신과 혐오를 나타내었다.

야당의 대통령에 대한 탄핵소추의 사유는 선거중립의무의 위반, 대통령 측근비리, 경제파탄 및 국정혼란에 대한 책임의 3가지로 요약된다. 먼저 대통령이 방송기자회견에서 특정 정당에 유리한 언행 등을 하여 공직선거및선거부정방지법 제 9 조 제 1 항(공무원의 정치적 중립의무)과 제86조 제 1 항 제 2 호(공무원 등의 선거에 영향을 미치는 행위금지) 등을 위반하였다는 것이다. 그리고 대통령은 자신과 측근들, 그리고 참모들의 권력형 부정부패로 인해 국정을 정상적으로 수행할 수 있는 최소한의 도덕적·법적 정당성을 상실하였다고 주장하였다. 세 번째로 대통령은 국민경제와 국정을 파탄시켜 민생을 도탄에 빠뜨림으로써 국민에게 IMF위기 때보다 더 극심한 고통과 불행을 안겨 주었다는 것을 탄핵소추의 사유로 열거하고 있다.[31]

---

31) 유용태·홍사덕 의원 외 157인의 국회의원이 2004. 3. 9. 발의한 대통령(노무현)에 대한 탄핵소추안.

2. 헌법재판소의 결정

이러한 탄핵사태는 우여곡절 끝에 2004년 5월 4일에 헌법재판소의 최종 결정으로 일단락되었다. 헌법재판소는 먼저 국회가 탄핵소추를 하기 전의 의결절차에 제기되었던 문제점들, 예컨대 소추사유에 관하여 충분한 조사를 하지 않은 점, 의견제출 기회를 부여하지 않은 점, 의결시 국회법 위반의 문제점 등에 대하여는 문제가 없다고 보아 각하결정을 하지 않은 이유를 밝혔다.

또 측근들의 권력형 부정부패 문제에 대하여는 대통령의 직무집행과의 관련성을 인정할 수 없다는 이유로, 경제파탄 등에 대한 책임에 대하여는 정치적 무능력이나 정책결정상의 잘못 등 직책수행의 성실성여부는 그 자체로서 소추사유가 될 수 없다는 이유로 탄핵결정의 사유가 되지 않음을 밝혔다.

다만 대통령의 2004. 2. 18. 경인지역 6개 언론사와의 기자회견에서의 발언, 2004. 2. 24. 한국방송기자클럽 초청 대통령 기자회견에서의 발언은 공직선거법 제9조의 공무원의 중립의무에 위반하였고, 2004. 3. 4. 중앙선거관리위원회의 선거법 위반결정에 대한 대통령의 행위는 법치국가이념에 위반되어 대통령의 헌법수호의무에 위반하였고, 2003. 10. 13. 대통령의 재신임 국민투표 제안행위는 헌법 제72조에 반하는 것으로 헌법수호의무에 위반하였다는 점을 밝혔다.

그러나 헌법재판소는 "대통령에 대한 파면결정은, 국민이 선거를 통하여 대통령에게 부여한 '민주적 정당성'을 임기중 다시 박탈하는 효과를 가지며, 직무수행의 단절로 인한 국가적 손실과 국정 공백은 물론이고, 국론의 분열현상 즉, 대통령을 지지하는 국민과 그렇지 않은 국민간의 분열과 반목으로 인한 정치적 혼란을 가져올 수 있다. 따라서 대통령에 대한 파면효과가 이와 같이 중대하다면, 파면결정을 정당화하는 사유도 이에 상응하는 중대성을 가져야 한다"고 말하면서, 대통령의 탄핵사유가 단순한 위헌·위법이 아닌 중대한 위헌·위법일 것으로 해석해야 함을 밝혔다. 이에 따를 때 대통령의 일련의 위헌·위법행위는 헌법질서에 역행하고자 하는 적극적인 의사를 인정할 수 없고, 자유민주적 기본질서에 대한 위협으로 평가될 수 없기 때문에 탄핵에 요구되는 중대한 위헌·위법에 해당하지 않고 따라서 이 사건을 기각함을 선고하였다.

3. 이 사건이 주는 교훈

이번 사태는 '사법절차에 의한 통제가 어려운 고위공직자의 독주, 그리고 그에 대한 의회의 최후 통제수단'이라는 탄핵의 일반적 상황과는 매우 상이한 것이었다. 국회는 국민 대다수의 의사가 탄핵을 반대하는 상황에서 이를 강행하였다는 것이 이를 보여준다.

이번 사태의 가장 근본적인 원인은 국회의원들이 국민의 의사를 충실히 반영하려 하지 않았다는 데에서 찾을 수 있다. 대의제 민주주의하에서 국회의원과 국민의 뜻이 일정부분 일치하지 않는 것은 불가피한 것이긴 하지만 국회의원이 고의적으로 국민의 의사와 이익에 반하려고 한다면 이것은 국민주권 사상에 비추어 절대로 용납될 수 없는 것이다. 이번 사태에서 국회의원들이 국민의 의사와 이익을 얼마나 고려했는지 의문이다. 혹시 국민들이 아직은 아니지만 언젠가는 공감할 것이라고 생각하고 반드시 탄핵을 관철시켜야 한다고 믿었다면, 그 뜻의 진지성을 얼마나 성실하게 국민에게 설득시키려 했는지 의아한 것이다. 이에 따라 탄핵을 주도했던 정당들은 국민들의 엄청난 역풍에 시달리게 된 것이다. 이러한 문제를 해결하기 위해 국민소환제나 국민투표제의 확대 등이 제시되고 있기는 하지만, 이러한 제도들은 장점과 함께 만만찮은 단점도 가지고 있으므로 도입에 신중을 기해야 한다.

오히려 우리가 생각해야 하는 것은 우리 헌법이 채택하고 있는 대통령제 정부형태는 대통령과 국회가 각각 국민의 민주적 정당성을 부여받고 있어서 양자는 갈등할 가능성이 존재한다는 것이다. 이른바 여소·야대 정국에서 견제의 수준이 아닌 극심한 정국혼란을 야기하거나 한 세력이 다른 세력을 완전히 붕괴시키는 상황은 적어도 대통령제가 정상적인 범위에서 예정하고 있는 결과는 아닐 것이다. 따라서 이러한 권력갈등 상황을 효과적으로 제거할 수 있는 법제도적·정치적 해결방안이 무엇인가 끊임없이 고민할 과제가 우리에게 주어지게 되었다.32)

한편 민주주의는 국가의 안정성을 위협할 만한, 심지어 민주주의 자체를

---

32) 이러한 문제점은 우리 헌법이 대통령의 임기와 국회의원의 임기를 달리 규정하여 양자간 민주적 정당성의 시차가 발생함으로써 가중되는 면이 있다. 따라서 대선과 총선의 시점을 적절히 조절하거나 국회의원 선거를 일정부분씩 개선·개임하는 제도를 채택하여 대통령과 국회사이의 불필요한 갈등이 최소화될 수 있는 방안을 장기적으로 모색하여야 한다.

파괴할 수도 있는 위험요인을 늘 수반하고 있다. 다만 헌법을 비롯한 여러 가지 법적·제도적 장치가 이러한 위험요인을 적절하게 제어하고 있는 것이다. 그러나 이번 사태를 통해 우리의 제도적 준비상태가 매우 미비했다는 것을 발견하게 되었다. 탄핵과 관련된 절차 하나하나가 논쟁의 대상이 되었으며, 관련절차가 문제를 해결하는 데 도움이 되기는커녕 문제해결의 장애가 된 경우도 적지 않았다. 이렇게 산적한 제도적 문제점들을 새삼 고민하게 되는 기회가 되었다고 본다.[33]

V. 現行 彈劾制度의 問題點과 改革事項

1. 탄핵소추과정에서의 문제점

미국의 경우 하원에 상세한 예비절차를 두고 있다. 하원은 공소에 대한 조사를 행하고 보고하기 위하여 하원은 탄핵소추를 행할 위원회(Committee of Manager)를 구성한다. 이 위원회의 위원은 하원의원 중에서 임명되며, 동시에 그들은 법조인일 것이 관례상 요구되고 있다. 피고는 하원의 탄핵소추위원회에 청문을 요구할 권리를 가진다. 미국에서의 탄핵은 이러한 제도를 통하여 비교적 장기간의 철저한 조사를 거쳐 탄핵소추를 의결하게 된다.[34] 그러나 우리의 탄핵제도는 이러한 조사절차에 관하여 별다른 배려를 하고 있지 않다. 향후 법개정을 통하여 국정조사나 특별검사제도와 탄핵을 연계하여 충실한 조사를 바탕으로 헌법재판소의 심판을 받도록 해야 할 것이다. 그리고 이러한 과정에서 국민들은 탄핵에 대한 공감대를 형성할 수 있게 해야 한다.

한편 이번 대통령의 탄핵소추 사건과 관련하여 탄핵소추 의결의 정족수를 높이자는 견해가 있다. 그러나 이번 사태는 탄핵에 관한 헌법규정이 예정하고 있던 상황과 전혀 일치하지 않는 것이었다. 대통령의 독재와 그에 대한 통제불가능성이라는 상황이 전제된다면 국회의 재적 과반수 발의 3분의 2 이상 찬성이라는 요건이 그렇게 낮은 숫자는 아니다. 따라서 지금의 상황에 비추어 정족수를 높이자는 견해는 타당하지 못하다고 생각한다.

---

33) 이에 따라 헌법재판소는 2004년 5월 15일 이른바 '탄핵심판 규칙'의 제정작업을 착수하였다고 한다(연합뉴스 2004년 5월 15일).

34) 헌법재판소, 탄핵심판제도에 관한 연구, 2001, 54쪽.

2. 탄핵심판에 있어서의 문제점

이번 사태에서 가장 먼저 제기된 것은 탄핵을 철회할 수 있느냐의 문제였다. 독일의 경우 탄핵재판절차가 개시된 이후에 연방의회나 연방참사원은 자신의 의결로 탄핵의 소추를 철회할 수 있다. 연방헌법재판소법 제52조는 이에 관하여 명문규정을 두고 있는데, "① 판결의 선고가 있을 때까지 소추기관의 의결로 그 탄핵의 소추를 철회할 수 있다. 이러한 의결은 연방의회재적의원 과반수의 찬성 또는 연방참사원의 투표의 과반수를 요한다. ② 소추기관의 의장은 소추기관의 의결의 정본을 연방헌법재판소에 발송함으로써 탄핵소추를 철회할 수 있다. ③ 탄핵소추의 철회는 연방대통령이 1월 이내에 이의를 제기하면 효력을 상실한다"고 하고 있다. 탄핵소추의 철회를 위해서는 연방의회재적의원 과반수의 찬성 또는 연방참사원 투표의 과반수를 요하고 있다. 이는 탄핵소추의결을 좌절시키는 데 필요한 연방의회 재적의원 및 연방참사원 표수의 3분의 1보다는 가중된 수치이다. 그 이유는 이미 탄핵재판절차가 개시된 이상 이 절차가 연방헌법재판소에 의하여 주관되고 있기 때문이다.

그러나 우리 헌법재판소법은 이에 관한 명문규정을 두고 있지 않으며, 형사소송법을 준용하고는 있지만, 과연 형사소송과 같은 공소철회가 가능한가에는 많은 의문이 제기된다. 일단 탄핵심판은 형사소송과는 달리 객관소송의 성격이 강하고, 직권주의가 지배하는 영역이 매우 넓다. 따라서 소추권자가 마치 검사처럼 마음대로 탄핵을 철회할 수 있는지 의문이 제기된다. 또 소추를 철회하기 위한 요건, 예컨대 시기와 그에 필요한 결정정족수에 관한 규정 등이 없는 상황에서 이를 인정하기는 매우 곤란하다고 본다. 따라서 탄핵철회에 관한 문제는 독일연방헌법재판소법처럼 입법을 통해 해결해야 할 과제라고 하겠다.

다만 일반적인 탄핵절차는 고위공직자가 탄핵을 소추하는 의회와 헌법재판소를 직·간접적으로 압박할 가능성이 높다. 따라서 탄핵절차가 명시되어 있는 경우 고위공직자는 이를 구실로 더 강력한 압박을 가해올 가능성도 높다. 따라서 탄핵철회의 절차를 규정하는 경우 이러한 상황에 대한 충분한 대비가 요구된다고 본다.

한편 문제가 된 것은 헌법재판소의 탄핵심판의 결정에 헌법재판소 재판관의 개별의견을 표시할 것인가이다. 우리 헌법재판소법 제36조 제 3 항은 "법률의 위헌 심판, 권한쟁의 심판, 헌법소원 심판에 관여한 재판관은 결정서에 의견을 표시해야 한다"고 규정했을 뿐 탄핵심판에 관해서는 언급이 없다. 이 조항을 개정해 탄핵심판도 개별의견 개진 대상에 포함시키거나, 아니면 명시적 금지조항을 신설하는 등 보완이 필요하다.

개별의견을 표시하는 것이 좋은지 그렇지 않은지는 그 자체로 많은 논란의 대상이 된다. 개별의견을 표시하여 재판관들의 다양한 목소리를 고루 담는 것이 결정 이후 국민의 통합에 바람직할 것이라고 보는 견해가 있는가 하면, 기왕에 헌법재판소의 의견은 하나밖에 없는데 그에 최종적으로 반영되지 못한 부수적 의견을 구태여 표시하여 이해의 혼란만 야기하게 될 것이라는 견해도 있다. 생각건대 이번 사건에서처럼 표시할지 여부는 심판을 담당한 재판관들의 합의에 의하도록 하는 것이 좋다고 본다. 다만 재판관들의 주문의 취지와 다른 개별적 의견이 언제까지나 감추어질 수 있는지는 사실상 의심이 된다.

한편 이번 탄핵과정에서는 피청구인의 출석, 다른 국가기관에 대한 자료제출 요구 등의 문제가 제기되기도 하였다. 그러나 이러한 것은 이미 헌법재판소에 규정되어 있는 것이었으므로 큰 문제가 되지는 않았다.

3. 탄핵제도의 남용금지와 민주적 정당성과의 연계방안

헌법사상 최초의 대통령에 대한 탄핵사건을 지켜보면서, 대통령의 독재를 막기 위해 만들어진 탄핵제도가 마치 정당간의 정치적 교착을 타개하기 위한 제도인 양 사용되는 것을 지켜보게 되었다. 법적 제도가 사용되는 상황과 주체에 따라 얼마나 다양한 효과를 가져올 수 있는지를 새삼 느끼게 되었다.

원래 헌법제정자가 예정했던 탄핵제도에 비추어 이러한 탄핵제도 운영은 분명 제도의 남용에 가까운 것이라고 하겠다. 그리고 이러한 제도 남용은 때로는 엄청나게 큰 파장을 가져오고 국민들에게 많은 손해를 끼치게 된다. 따라서 제도남용을 완벽하게는 아니어도 최대한 방지할 수 있는 방법이 무엇인지 고민해야 한다.

헌법재판소의 결정이 말하는 바와 같이 파면의 효과가 큰 탄핵은 그에 걸맞는 중대한 위헌·위법사유로만 가능하다. 헌법재판소가 이미 헌법의 해석에서 '중대성'요건이 내재되어 있음을 밝혀 앞으로 큰 문제는 되지 않겠지만, 향후 헌법개정 또는 헌법재판소법 개정에 강조의 의미로 중대성 요건을 추가하는 방법을 생각해 보아야 하겠다.

아울러 대통령과 같은 선출직의 고위 공무원은 그 임명이 국민의 민주적 정당성 부여와 연결되어 있다는 것을 염두에 두지 않을 수 없다. 따라서 그를 탄핵으로 파면하기 위해서는 어느 정도 국민적 합의와 연계되어야 할 필요가 있다. 물론 대중적 인기가 높은 독재자를 파면시키려는 경우라면 이러한 국민의 의사반영제도는 오히려 제도적 취지가 반감될 수밖에 없다. 따라서 국민투표와 같은 절차를 규정하는 것이 언제나 올바른 것인지는 의문이 된다. 그럼에도 현행제도상 탄핵소추에서 심판까지 국민의 의사가 반영될 수 있는 어떠한 길도 마련되어 있지 않다는 것은 문제이고 국민적 정당성을 확보할 수 있는 방안을 끊임없이 모색해야 할 것이다.

제3절 政黨解散審判·權限爭議審判

I. 政黨解散審判

1. 의의 및 연혁

정부는 정당의 목적이나 활동이 민주적 기본질서에 위배되는 경우에 헌법재판소에 정당의 해산을 제소할 수 있다. 이는 민주주의의 적으로부터 민주주의를 보호하고자 하는 방어적 민주주의의 한 구현형태라고 볼 수 있으며, 다른 한편으로는 정당해산의 요건을 까다롭게 규정하여 일반 결사보다 고도의 보장을 뒷받침하는 이른바 정당특권조항으로도 볼 수 있을 것이다.

1948년 건국헌법 당시에는 정당해산제도를 두지 않았는데, 1960년 제2공화국 헌법을 제정하면서 규정된 것이다. 이 조항을 두게 된 계기는 우리 사회에서 공산주의자들과 사회주의자들의 활동이 정치에 영향을 미치게 되고, 구체적으로 진보당사건이 사회에서 문제가 되면서 정당해산심판제도를

두게 된 것이라고 한다.35)

그러나 위헌정당해산제도가 실제로 운영된 예는 아직까지 없다. 앞서 본 진보당사건에서는 위헌정당이 문제가 되긴 했으나, 헌법상 위헌정당해산에 의하여 해산된 것이 아니라 정부의 공보실에 의해 등록 취소되어 해체된 것이다.

2. 요건 및 절차

우리 헌법은 제8조에서 정당의 자유를 보장하고 정당의 운영에 필요한 자금을 보조할 수 있게 규정하여 우리나라에 건전한 정치활동과 생산적인 정당활동을 보장하고 있다. 그러나 이렇게 강력하게 보장되는 정당은 경우에 따라서는 매우 효과적인 민주주의 파괴수단으로 악용될 여지도 있다. 따라서 동조 제4항에서는 정당이 그 목적이나 활동에서 민주적 기본질서에 위배될 때에는 정부로 하여금 헌법재판소에 그 해산을 제소할 수 있게 하고, 헌법재판소의 심판에 의하여 해산할 수 있도록 하고 있다.

이러한 조항에 따라 정당해산의 제소권자는 정부가 되고 따라서 정당에 대한 위헌여부의 제1차적 판단권은 정부가 갖게 된다. 즉 정부는 정당해산 심판에 있어서 원고의 지위에 서며, 정당의 목적 또는 활동이 민주적 기본질서에 위배되는가를 심사하여야 한다. 정부는 정당해산제소 전에 국무회의를 반드시 거쳐야 하며, 청구서에는 정당과 청구이유를 명시하여야 한다.

정부의 이러한 권한이 기속적 권한인지 재량적 권한인지에 대하여 의견이 나뉜다. 자유민주적 기본질서를 파괴하는 정당이 있는 경우 정부는 헌법을 보호하기 위하여 이를 제소해야 할 의무가 생긴다고 해석할 수도 있다. 그러나 이러한 판단은 사실상 힘들뿐만 아니라 심각한 저항을 불러일으킬 여지도 있다. 오히려 국민들에 의하여 반민주적 정당이 자연 소멸되게 만드는 것이 가장 적합한 해결방식이라고 말할 수도 있다. 따라서 일단 제소 여부는 정부의 재량에 달려 있다고 볼 것이다.

헌법재판소는 청구인의 신청 또는 직권으로 종국결정선고시까지 피청구인의 활동을 정지하는 가처분결정을 할 수 있다(법 제57조). 헌법재판소장은 심판의 청구시, 가처분시, 심판종료시에 그 사실을 국회와 중앙선거관리위원

---

35) 정종섭, 헌법소송법, 2004, 411쪽.

회에 통지하여야 한다(법 제58조). 일사부재리원칙에 따라 위헌이 아니라고 결정된 경우, 정부는 동일정당에 대하여 동일사유로 다시 제소할 수 없다.

정당해산심판은 헌법재판소장을 재판장으로 하고 7인 이상의 재판관이 출석한 재판부에서 심판한다. 구두변론주의와 공개주의를 심판절차의 원칙으로 한다. 헌법재판소는 6인 이상의 찬성으로서 정당의 해산을 명하는 결정을 할 수 있다. 정당해산의 경우 결정서를 피청구인·국회·정부·중앙선거관리위원회에 송달하여야 한다.

3. 정당해산결정의 효과

헌법재판소가 정당의 해산을 명하는 결정을 선고한 때에는 그 정당은 해산된다(법 제59조). 중앙선거관리위원회는 해산결정이 통지를 받으면 그 정당을 말소하고 지체 없이 그 뜻을 공고하여야 한다(정당법 제40조). 해산 선고된 정당은 그 때부터 불법결사가 되며 행정청이 행정처분으로 그 존립과 활동을 금지할 수 있다.

정당의 대표자와 간부는 해산된 정당의 강령 또는 기본정책과 동일하거나 유사한 대체정당을 창설하지 못한다(정당법 제42조). 또 헌법재판소의 결정에 의하여 해산된 정당의 명칭과 동일한 명칭은 정당의 명칭으로 다시 사용하지 못한다(정당법 제43조). 해산된 정당의 잔여재산은 국고에 귀속된다(정당법 제41조 제3항). 이것은 정당법 제38조상의 등록취소의 경우 잔여재산을 당헌에 따라 처분하도록 정하고 있는 것과는 상이한 것이다.

해산되는 정당의 소속 국회의원이 국회의원 자격을 상실하는지 논란이 있다. 이에 대하여는 현행법상 특별한 규정이 존재하지 않으며, 해석론에 맡겨져 있는 상황이다. 만약 정당은 해산되는데 소속의원은 국회의원으로서 계속 활동한다면 자유민주적 기본질서를 수호하기 위한 마지막 수단인 위헌정당해산제도의 제도적 의의는 반감될 수밖에 없을 것이다. 따라서 의원의 자격도 상실한다고 보아야 할 것이다. 독일의 연방헌법재판소판례도 같은 견해를 취하고 있다.[36]

---

36) BVerfGE 2, 1(74ff.); 5, 85(392).

4. 녹슬었지만 위험할 수 있는 칼 ─ 정당해산

우리 헌법상 규정되어 있는 헌법재판중에 지금까지 한 번도 사용되지 않았던 제도는 위헌정당해산제도뿐이다. 사실 위헌정당으로 정부가 지목하고 이것을 헌법재판소가 해산선고하는 과정은 그렇게 간단한 과정이 아니다. 위헌적인 정당인지 아닌지 판단하기가 곤란할 뿐만 아니라, 이미 다수 국민의 지지를 받고 있는 정당인 경우 해산 자체가 쉽지 않게 된다. 때로는 대통령이나 그 밖의 정치세력이 자신의 정적이 되는 정파를 제거하기 위한 효과적인 수단으로 악용될 위험도 크다. 이러한 이유로 위헌정당해산을 실제 감행하는 경우는 매우 드물고 따라서 이를 녹슨 칼에 비유하는 견해가 있는 것이다.37)

그러나 녹슨 칼이라고 하여 절대로 사용되지 않을 것이라고 믿을 수는 없으며, 잘못 사용되는 경우 더 위험한 칼이 될 수 있다는 것을 염두에 두어야 할 것이다. 얼마 전까지 사용된 예도 없었고, 사용될 것이라고 생각도 하지 못했던 대통령에 대한 탄핵심판제도가 보여준 파장은 이러한 점을 잘 보여준다. 특히 제도적 준비도, 연구도 미리 되어 있지 않은 상황에서 제도는 그 순기능보다는 역기능을 보여줄 위험이 더 크다는 것을 주의해야 할 것이다. 따라서 이에 대한 지속적인 연구와 고민이 일정부분 있어야 할 것이다.

Ⅱ. 權限爭議審判權

1. 의의와 성격

국가기관 상호간, 국가기관과 지방자치단체간 및 지방자치단체 상호간에 권한의 존부 또는 범위에 관하여 다툼이 있을 때에는 당해 국가기관 또는 지방자치단체는 헌법재판소에 권한쟁의심판을 청구할 수 있다. 심판청구는 피청구인의 처분 또는 부작위가 헌법 또는 법률에 의하여 부여받은 청구인의 권한을 침해하였거나 침해할 현저한 위험이 있는 때에 한하여 이를 할 수 있다.38)

---

37) 장영수, 헌법총론, 2004, 392쪽 참조.
38) "헌법 제111조 제 1 항에 의한 권한쟁의심판은 공권력을 행사하는 국가기관이나 지방자치

권한쟁의심판은 국가기능의 원활한 수행과 권력 상호간의 견제와 균형을 통한 헌법의 규범력 확보를 위해서 인정되는 제도이지, 국가구성원의 주관적 권리를 보호하는 제도는 아니다.

2. 종   류

권한쟁의심판의 종류는 다음과 같다(법 제62조). 먼저 국가기관 상호간의 권한쟁의심판이 있다. 이것은 제 3 차 개헌부터 규정되어 오던 유형이다. 이 권한쟁의심판은 국회, 정부, 법원 및 중앙선거관리위원회 상호간의 권한쟁의심판이며, 헌법재판소는 권한쟁의심판의 당사자가 되지 않는다. 헌법재판소는 헌법재판소법 제62조 제 1 항 제 1 호를 예시규정으로 파악하여 국회의장과 국회의원 청구인이 될 수 있다고 보았다.[39] 한편 정당의 권한쟁의의 주체성에 대하여는 독일에서는 긍정하지만, 현행헌법규정상 정당이 포섭될 여지는 없으므로 권한쟁의의 당사자로 보기 어렵다.

한편 국가기관과 지방자치단체간의 권한쟁의심판이 있다. 이것은 제 9 차 개헌에서 신설된 것이다. 정부와 특별시·광역시 또는 도 간의 권한쟁의심판, 정부와 시·군 또는 지방자치단체인 구 간의 권한쟁의심판 등이 이에 해당하겠다.

또 지방자치단체 상호간의 권한쟁의심판이 있다. 이것도 현행헌법에서 신설된 것이다. 특별시·광역시 또는 도 상호간의 권한쟁의심판, 시·군 또는

단체와 다른 국가기관 또는 지방자치단체 사이에 권한의 존부 또는 범위에 관하여 다툼이 있는 경우 독립한 국가기관인 헌법재판소가 이를 심판하여 그 권한과 의무의 한계를 명확히 함으로써 국가기능의 원활한 수행을 도모하고 권력 상호간의 견제와 균형을 유지시켜 헌법질서를 보호하려는 데 그 제도의 목적이 있으므로, 위와 같은 권한쟁의제도의 목적에 비추어 볼 때 헌법 제111조 제 1 항 제 4 호 소정의 '국가기관 상호간의 권한쟁의'는 우리 헌법이 국민주권주의와 권력분립의 원칙에 따라 주권자인 국민으로부터 나온 국가권력을 나누어 상호 견제와 균형을 유지하도록 권한을 분배한 대등한 권력행사기관 사이의 권한에 관한 다툼을 의미한다고 할 것이다"(1995. 2. 23. 90헌라1).

39) "헌법재판소법 제62조 제 1 항 제 1 호가 국가기관 상호간의 권한쟁의심판을 '국회, 정부, 법원 및 중앙선거관리위원회 상호간의 권한쟁의심판'이라고 규정하고 있더라도 이는 한정적·열거적인 조항이 아니라 예시적인 조항이라고 해석하는 것이 헌법에 합치되므로 이들 기관 외에는 권한쟁의심판의 당사자가 될 수 없다고 단정할 수 없다." "헌법 제111조 제 1 항 제 4 호 소정의 '국가기관'에 해당하는지 여부는 그 국가기관이 헌법에 의하여 설치되고 헌법과 법률에 의하여 독자적인 권한을 부여받고 있는지, 헌법에 의하여 설치된 국가기관 상호간의 권한쟁의를 해결할 수 있는 적당한 기관이나 방법이 있는지 등을 종합적으로 고려하여야 할 것인바, 이러한 의미에서 국회의원과 국회의장은 위 헌법조항 소정의 '국가기관'에 해당하므로 권한쟁의심판의 당사자가 될 수 있다"(헌재 1997. 7. 16. 96헌라2).

자치구 상호간의 권한쟁의심판, 특별시·광역시 또는 도와 시·군 또는 자치
구간의 권한쟁의심판, 권한쟁의가 지방교육자치에관한법률 제 2 조의 규정에
의한 교육·학예에 관한 지방자치단체의 사무에 관한 것일 때에는 교육감이
제 1 항 제 2 호 및 제 3 호의 당사자가 된다.40)

3. 청구사유 및 절차

권한쟁의심판청구는 구체적인 권리보호의 이익이 있는 경우에 청구할 수
있다. 즉 피청구인의 처분 또는 부작위로 인하여 헌법 또는 법률에 의하여
부여받은 청구인의 권한을 침해한 경우에 청구할 수 있으며, 침해할 현저한
위험이 있는 경우에도 가능하다(법 제61조 제 2 항).

권한쟁의의 심판은 그 사유가 있음을 안 날로부터 60일 이내에, 그 사유
가 있은 날로부터 180일 이내에 청구하여야 한다. 이 기간은 불변기간으로
한다(법 제63조).

권한쟁의심판은 탄핵, 정당해산심판과 마찬가지로 구두변론에 의한다. 권
한쟁의심판이 청구된 때 헌법재판소는 종국결정의 선고시까지 피청구기관의
처분의 효력을 정지하는 가처분결정을 할 수 있다(법 제65조). 권한쟁의심판에
는 민사소송법과 더불어 행정소송법이 준용된다.

4. 결정의 효력

헌법재판소는 심판대상인 피청구기관(국가기관, 지방자치단체)의 권한의 존
부 또는 권한의 범위에 관하여 판단한다. 피청구기관의 처분 또는 부작위가
청구인의 권한을 이미 침해한 경우에는 이를 취소하거나 그 무효를 확인할
수 있다. 권한쟁의심판의 결정은 재판관 7인 이상이 참석하고 참석재판관 중
과반수 이상의 찬성으로 결정하지만, 해석에 관한 종전의 견해를 변경하는
경우에는 역시 6인 이상의 의결정족수가 필요하다.41)

헌법재판소의 권한쟁의심판의 결정은 모든 국가기관과 지방자치단체를
기속한다. 국가기관 또는 지방자치단체의 처분을 취소하는 결정은 그 처분의
상대방에 대하여 이미 생긴 효력에 영향을 미치지 아니한다(법 제67조).

---

40) 이러한 권한쟁의심판이 당사자능력에 대한 문제는 박승호, "권한쟁의심판," 공법연구 제
　　26집 제 1 호, 1998, 358쪽 이하 참조.
41) 헌재 1997. 7. 16. 96헌라2.

제 4 절   憲法訴願審判權

I. 憲法訴願의 意義와 種類

헌법소원이라고 함은 공권력의 행사 또는 불행사로 인하여 헌법상 보장된 기본권을 침해당한 경우에 그 구제를 헌법재판소에 청구하는 것을 말한다. 공권력의 행사 또는 불행사로 인하여 헌법상 보장된 기본권을 침해받은 자는 법원의 재판을 제외하고는 헌법재판소에 헌법소원심판을 청구할 수 있다. 다만 다른 법률에 구제절차가 있는 경우에는 그 절차를 모두 거친 후가 아니면 청구할 수 없다(헌법 제111조 제 1 항 제 5 호; 헌법재판소법 제68조 제 1 항 참조). 이것을 아래에서 볼 위헌소원과 구별하여 권리구제형 헌법소원이라고 부르기도 한다.

한편 법률의 위헌여부심판의 제청신청이 기각된 때에는 그 신청을 한 당사자는 헌법재판소에 헌법소원심판을 청구할 수 있다. 이 경우 그 당사자는 당해 사건의 소송절차에서 동일한 사유를 이유로 다시 위헌여부심판의 제청을 신청할 수 없다. 이것은 이른바 위헌소원이라는 이름으로 위헌법률심판과 함께 설명한 바 있다(헌법재판소법 제68조 제 2 항).

헌법소원은 국민의 주관적 기본권을 보장하는 기본권보장기능과 위헌적인 공권력의 행사를 통제함으로써 객관적 가치질서를 수호하는 헌법질서보장기능을 수행한다. 특히 다른 헌법재판제도 유형과는 달리 주관적 소송으로서의 성격이 강하게 드러나는 제도이다. 이것을 헌법소원제도의 이중적 기능이라고 지칭하기도 한다.42)

II. 憲法訴願의 對象

헌법소원은 헌법에 위반하는 모든 공권력의 행사 또는 불행사에 대하여 청구할 수 있다. 공권력의 행사 또는 불행사란 입법권·집행권·사법권을 행

---

42) 정종섭, 헌법소송법, 2004, 521쪽.

사하는 모든 국가기관의 작위·부작위로서 대외적으로 규범적 효력이 있는 작용을 의미한다. 단 법원의 재판은 그 대상에서 제외된다.

1. 입법작용에 대한 헌법소원

일반적으로 법률인 경우에는 법률의 위헌여부가 법원에서 기각된 경우 위헌법률심사청구가 가능하다. 한편 법률 또는 법률규정 자체가 구체적인 집행행위를 매개로 하지 아니하고 국민의 기본권을 직접·현재적으로 침해할 경우에는, 그 역시 헌법소원의 대상이 될 수 있다. 이를 법규헌법소원이라고 부른다. 이 경우 법률은 일의적 성격을 가지며 재량이 없는 처분적 법률의 성격을 가진 경우가 대부분이다.

폐지된 법률인 경우에도 그 법률로 인한 직접적인 법익침해가 있는 경우에는 헌법소원심판청구가 가능하다. 명령·규칙의 경우에도 구체적 집행행위의 매개 없이 직접 국민의 기본권을 침해할 경우에는 법규헌법소원의 대상이 된다.

한편 입법자가 입법의무가 있음에도 입법하지 않는 경우인 진정입법부작위는 헌법소원제기의 대상이 된다. 즉 헌법에서 기본권보장을 위한 명시적인 입법위임을 하였거나 헌법해석상 특정인에게 구체적인 기본권이 생겨 이를 보장하기 위한 국가의 행위의무 내지 보호의무가 발생하였음이 명백함에도 입법자가 아무런 입법조치를 위하지 아니한 경우에는 이에 대하여 헌법소원을 제기할 수 있다.[43] 그러나 입법자가 입법의무가 없음으로 단순히 입법을 하지 않은 단순입법부작위와 입법자가 입법을 했으나 그 내용이 불완전한 경우인 부진정입법부작위는 그에 대한 위헌법률심판은 별론으로 하고, 원칙적으로 인정하지 않는다.[44]

그리고 헌법에 의하여 설치·구성된 기관이 그 존립의 기초가 되는 헌법규정을 심사하여 무효화하는 것은 국민주권의 원리와 모순되며, 헌법재판은 헌법을 위헌판단의 기준으로 하는 것이므로 헌법규정으로써 헌법규정을 심사하는 것은 논리적으로 모순이다. 헌법재판소도 헌법의 개별규정에 대한 헌법

---

43) 조선철도(주) 주식의 보상금청구에 관한 헌법소원(헌재 1994. 12. 29. 89헌마2).
44) 부진정입법부작위를 대상으로 헌법소원을 제기할 경우에는 당해 헌법규정 자체를 대상으로 하여 그것이 평등원칙에 위배된다는 등의 헌법위반을 내세워 적극적인 헌법소원을 제기하여야 한다(헌재 1996. 11. 28. 95헌마161).

소원을 인정하지 않고 있다.45)

2. 행정작용에 대한 헌법소원

국민의 기본권을 침해할 여지가 가장 넓은 것은 집행권의 행사, 즉 행정처분이라고 할 수 있다. 그러나 헌법소원이 요구하는 보충성의 원칙 때문에 행정소송을 통한 권리구제절차를 경유하지 아니하고는 집행권에 대한 헌법소원을 제기할 수 없으며, 행정소송을 거치게 되면 헌법소원의 대상에서 배제되는 법원의 재판으로 끝나게 된다. 따라서 사실상 우리 헌법소원제도하에서는 행정처분에 대한 헌법소원이 불가능하다고 볼 수 있으며, 행정처분에 대한 헌법소원의 허용대상은 대부분 검사의 불기소처분이었으나 형소법 개정에 의한 재정신청 확대로 거의 대상이 될 수 없게 되었다.

또 권력적 사실행위(업무지침·지시·통첩 등)나 행정청의 부작위도 헌법소원의 대상이 된다. 부작위의 경우에는 공권력의 주체에게 헌법에서 유래하는 작위의무가 특별히 구체적으로 규정되어 이에 의거하여 기본권의 주체가 행정행위를 청구할 수 있음에도 공권력이 그 의무를 해태하는 경우에 이에 대한 헌법소원이 인정된다.

3. 사법작용에 대한 헌법소원

현행법상 법원의 재판은 헌법소원심판청구의 대상에서 제외되기 때문에 법원의 재판 자체에 대한 헌법소원심판은 허용되지 아니한다. 헌법소원의 제기를 위해서는 다른 법률상의 구제절차를 모두 거쳐야 한다는 보충성의 원칙을 준수하여야 하고 현행헌법상 다른 법률에 그 구제절차가 규정되어 있는 사항은 대법원을 최종심으로 하고 있기 때문에, 법원의 재판을 헌법소원의 대상에서 제외하고 있는 것은 헌법소원의 기능을 지나치게 감소시켰다는 비판이 있다.

한편 헌법재판소는 "헌법재판소법 제68조 제 1 항 본문의 '법원의 재판'에 헌법재판소가 위헌으로 결정한 법령을 적용함으로써 국민의 기본권을 침해한 재판도 포함되는 것으로 해석하는 한도 내에서, 헌법재판소법 제68조 제 1 항은 헌법에 위반된다"는 한정위헌결정을 내림으로써 일정한 경우

---

45) 헌재 1996. 6. 13. 94헌마118, 95헌바39.

법원의 재판에 대한 헌법재판소의 규범통제가 가능하다는 입장을 취하고 있다.46)

Ⅲ. 憲法訴願의 提起要件

1. 청구의 주체(=기본권의 주체)

원칙적으로 공권력의 행사 또는 불행사로 인하여 기본권의 침해를 받은 기본권주체가 헌법소원을 청구할 수 있다. 청구의 주체는 자연인뿐만 아니라 법인도 해당되며, 법인격을 반드시 요하는 것도 아니다. 공법인의 경우도 이를 인정한 바 있으며, 독립된 사회단체로서 대표자를 갖춘 경우에는 심판의 주체성을 인정한다. 헌법재판소는 한국영화인협회, 한국신문편집인협회, 정당, 학교법인의 헌법소원심판청구를 인정한 바 있다. 한편 영화인협회의 감독위원회, 학교, 국회노동위원회, 영화감독인 협회 등에 대하여는 심판청구의 주체성을 부정한 바 있다.

2. 소송요건

(1) 직접성·현재성·자기관련성

먼저 헌법소원의 제기요건으로 침해의 직접성이 요구된다. 헌법소원의 청구는 청구인의 기본권이 직접 침해된 경우에 제기할 수 있다는 것이다. 공권력의 행사 또는 불행사가 간접적인 의미에서 청구인의 기본권에 영향을 미치는 데 지나지 아니한 경우에는 헌법소원을 제기할 수 없다.

다음으로 침해의 현재성이 요구된다. 즉 청구인의 기본권이 현재 침해되고 있어야 헌법소원심판을 청구할 수 있다. 따라서 단순한 기본권의 침해의 우려는 장래 잠재적으로 나타날 수도 있는 것에 불과하므로 그에 대한 심판청구는 부적법각하의 대상이다. 다만 장래에 일어날 것이 확실한 기본권침해에 대하여는 헌법소원을 인정할 수 있다. 그러나 헌법재판이 헌법질서의 수호·유지를 위하여 긴요한 사항이어서 그 헌법적인 해명이 중요한 의미를 지니고 있는 경우에는 이미 종료된 기본권침해행위가 위헌이었음을 선언적 의미에서 확인할 필요가 있으며, 따라서 이 경우 헌법소원의 청구는 적법하다.

---

46) 헌재 1997. 12. 24. 96헌마172등.

세 번째 침해의 자기관련성이 요구된다. 헌법소원심판청구에서 요구하는 기본권의 침해는 심판청구의 주체 자신의 기본권이 침해당하는 경우를 의미한다. 따라서 제 3 자의 기본권침해에 대하여는 원칙적으로 헌법소원심판을 청구할 수 없다. 자기관련성이 인정되기 위해서는 자신의 직접적·법적 이익이 침해되어야 하며, 간접적 이익이라든가 경제적·반사적 이익이 침해된 것에 지나지 않는 경우에는 자기관련성이 부정된다. 헌법재판소는 위증으로 인해 불이익을 받은 자의 고발에 대한 불기소처분에 대하여 그 대상성을 인정한 바 있으며, 공정거래위원회의 고발권불행사에 대하여도 자기관련성을 긍정한 바 있다. 범죄피해자의 부모나 지구당위원장의 고발에 대하여도 자기관련성을 긍정한 바 있다. 그러나 선거인이 아닌 자, 자동차세 납세의무자가 아닌 자, 접견교통권을 침해받았다고 주장하는 변호인, 주식회사의 주주 아닌 대표이사, 고등검사장 등에 대하여는 자기관련성을 부정하였다.

(2) 보 충 성

헌법재판소법 제68조 제 1 항 단서는 "다른 법률에 구제절차가 있는 경우에는 그 절차를 마친 경우"가 아니면 헌법소원심판을 청구할 수 없다고 규정하고 있다. 즉 헌법소원은 기본권침해를 제거할 수 있는 다른 수단이 없거나 헌법재판소에 제소하지 아니하고서도 동일한 결과를 얻을 수 있는 법적 절차나 방법이 없을 때에 한하여 제기할 수 있다. 이러한 헌법소원의 최후적 보장수단성을 보충성의 원칙이라고 한다.

다른 법률에의 구제절차란 공권력의 행사 또는 불행사를 직접 대상으로 하여 그 효력을 다툴 수 있는 적법한 권리구제절차를 말하며, 공권력의 행사·불행사의 결과 발생한 효과를 원상복귀시키거나 사후적·보충적 구제수단인 손해배상청구나 손실보상청구를 의미하는 것은 아니다.

다만 이러한 보충성의 요건에는 일정한 예외가 인정된다. 먼저 법률 자체에 의한 헌법소원의 경우 법원에 법령 자체의 효력을 직접 다투는 것을 소송물로 하여 제소하는 방법이 없으므로 예외로 인정된다. 둘째 헌법소원의 청구인이 그의 불이익으로 돌릴 수 없는 정당한 이유가 있는 착오로 전심절차를 밟지 않은 경우에도 예외가 인정되며, 세 번째 전심절차로써 권리가 구제될 가능성이 거의 없거나 권리구제절차가 허용되는지의 여부가 객관적으로 불확실하여 전심절차이행의 기대가능성이 없는 경우, 네 번째 당사자가 권리구제절차를 밟으리라고 기대되기 어려운 권력적 사실행위인 경우에 그 예외가 인정되어 전심절차를 거치지 않아도 된다.47)

(3) 소의 이익(권리보호이익)

헌법소원은 국민의 침해된 기본권을 구제하는 제도이므로, 당연히 소의 이익 즉 권리보호이익이 있는 경우에 제기할 수 있다. 따라서 소의 이익이 없는 경우에 그 청구는 각하되며, 청구 당시 소의 이익이 인정되어도 심판계속중에 발생한 사정변경으로 인하여 소의 이익이 소멸 또는 제거된 경우에는 원칙적으로 부적법각하의 대상이 된다. 검사의 불기소처분의 취소를 구하는 헌법소원에서 대상범죄의 공소시효가 이미 완성된 경우에는 그에 대한 헌법소원심판청구는 권리보호이익이 없어 각하되어야 한다.

그러나 청구인의 구체적 권리보호이익이 없다 하더라도 그러한 기본권침해행위가 반복될 위험이 있거나 그러한 분쟁의 해결이 헌법질서의 수호유지를 위하여 긴요한 사항이어서 헌법적으로 그 해명이 중대한 의미를 지니고 있는 경우에는 예외적으로 심판청구의 이익이 있다고 볼 수 있다.48)

Ⅳ. 憲法訴願請求의 節次的 要件

1. 청구의 형식 · 변호사 강제주의 · 청구기간

헌법소원심판의 청구는 서면으로 하여야 하며, 청구서에는 청구인 및 대리인, 침해된 권리, 침해의 원인이 되는 공권력의 행사 또는 불행사, 청구이유, 기타 필요한 사항 등을 기재하여야 한다(법 제71조).

헌법소원심사에 있어서 당사자인 사인은 변호사를 대리인으로 선임하지 아니하면 심판청구를 할 수 없다(법 제25조 제3 항). 헌법소원을 청구하려는 자가 변호사를 대리인으로 선임할 자력이 없는 경우에는 헌법재판소에 국선대리인 선임을 신청할 수 있다.

헌법재판소법 제68조 제1 항의 규정에 의한 헌법소원의 심판은 그 사유

---

47) 보충성에 대한 자세한 내용은 박종보, "헌법소원심판에 있어서 보충성의 원칙," 공법연구 제24집 제3 호, 1996, 251쪽 이하.
48) 헌재 1994. 8. 31. 92헌바126.

가 있음을 안 날로부터 60일 이내에, 그 사유가 있은 날로부터 180일 이내에 청구하여야 한다. 다만 다른 법률에 의한 구제절차를 거친 헌법소원의 심판은 그 최종결정을 통지받은 날로부터 30일 이내에 청구하여야 한다.

2. 사전심사(지정재판부)

헌법재판소장은 헌법재판소에 재판관 3인으로 구성되는 지정재판부를 두어 헌법소원심판의 사전심사를 담당하게 할 수 있다. 사전심사에서의 본안전 판단은 헌법소원의 남소로 인한 헌법재판소의 업무량과다를 조절하기 위한 장치로서 헌법소원에 특유한 절차이다.

지정재판부는 다음의 경우에 해당하는 경우에는 지정재판부 재판관 전원의 일치된 의견에 의한 결정으로 헌법소원의 심판청구를 각하하여야 한다. 먼저 다른 법률에 의한 구제절차가 있는 경우 그 절차를 모두 거치지 않거나 또는 법원의 재판에 대하여 헌법소원의 심판이 청구된 경우에 각하한다. 즉 보충성 요건을 준수했는지를 심사하는 것이다. 두 번째 헌법재판소법 제69조의 규정에 의하여 청구기간이 경과된 후 헌법소원심판이 청구된 경우 각하를 한다. 세 번째 헌법재판소법 제25조의 규정에 의한 대리인의 선임 없이 청구된 경우에 각하한다. 마지막으로 기타 헌법소원심판의 청구가 부적법하고, 즉 청구능력, 자기관련성, 직접성, 현재성, 소의 이익 등에 문제가 있고, 그 흠결을 보정할 수 없는 경우에 각하를 한다.

지정재판부는 사전심사를 함에 있어서 심판청구서에 기재된 청구요지와 청구인의 주장에 한정된 판단만을 할 것이 아니라 가능한 한 모든 측면에서 헌법상 보장된 기본권의 침해유무를 직권으로 심사하여야 한다.

지정재판부는 전원의 일치된 의견으로 각하결정을 한다. 지정재판부는 전원의 일치된 의견으로 법 제72조 제3항의 각하결정을 하지 아니하는 경우에는 결정으로 헌법소원을 재판부의 심판에 회부하여야 한다. 헌법소원심판의 청구 후 30일이 경과할 때까지 각하결정이 없는 때에는 심판에 회부하는 결정이 있는 것으로 본다.

V. 憲法訴願審判의 決定類型과 效力

1. 전원재판부의 심판과 결정유형

지정재판부가 헌법소원을 재판부의 심판에 회부하는 결정을 한 때에는 전원재판부가 이를 심판한다. 헌법소원에 있어서 심사의 기준은 헌법이며, 이에는 형식적 의미의 헌법뿐만 아니라 헌법관습 등의 실질적 의미의 헌법까지 포함한다.

심판의 내용은 본안판단의 대상으로서의 기본권의 침해여부, 기본권의 의미여하뿐만 아니라 기본권침해의 직접성과 현재성 구비여부도 포함된다. 즉 전원재판부에서도 본안전 판단이 가능하다. 즉 지정재판부의 재판관 전원의 일치된 의견에 의한 결정으로, 다른 구제절차를 경유하지 않은 경우, 청구기간이 도과한 경우, 대리인의 선임이 없는 경우, 기타 심판청구가 부적법하다고 인정되는 경우 심판청구를 전원재판부에서 각하할 수 있다. 전원재판부에서도 일반정족수에 따라 각하결정을 한다.

본안판단으로서는 기각결정과 인용결정이 가능하다. 먼저 기각결정은 헌법소원청구가 이유 없다고 인정되는 경우, 즉 공권력의 행사 또는 불행사로 말미암아 헌법상 보장된 자신의 기본권이 직접 그리고 현재 침해되었음이 인정되지 않으므로 청구인의 주장을 배척하는 경우에 행해지는 것이다.

인용결정은 헌법소원청구가 이유 있다고 인정되는 경우, 즉 공권력의 행사 또는 불행사로 말미암아 헌법이 보장하는 기본권이 침해되었음을 인정하는 결정형식이다. 헌법소원의 인용결정을 위해서는 재판관 6인 이상의 찬성을 필요로 한다. 헌법재판소는 공권력의 행사·불행사가 위헌인 법률 또는 법률조항에 기인한 것이라고 인정할 때에는 인용결정에서 당해 법률 또는 법률조항이 위헌임을 선고할 수도 있다(법 제75조). 다만 행정처분 또는 명령이 위헌이라 하여 그 모법이 반드시 위헌이 되는 것은 아니다. 마찬가지로 법률에 대한 위헌결정에 따라 이에 근거한 행정처분이 당연무효가 되는 것도 아니다. 처분의 무효여부는 법원에서 판단할 사항이기 때문이다.

한편 법률에 대한 헌법소원심판의 경우에는 이것이 규범통제로서의 성격도 함께 갖기 때문에 위헌법률심판과 같이 위헌결정이나 변형결정을 할 수도 있다.

2. 효   력

헌법소원의 인용결정은 모든 국가기관과 지방자치단체를 기속한다. 즉 기속력을 가진다(법 제75조 제1항). 헌법재판소는 기본권침해의 원인이 된 공권력의 행사를 취소하거나 그 불행사가 위헌임을 확인할 수 있다. 헌법재판소가 공권력의 불행사에 대한 헌법소원을 인용하는 결정을 한 때에는 피청구인은 결정의 취지에 따라 새로운 처분을 하여야 하고, 당해 헌법소원과 관련된 소송사건이 이미 확정된 때에는 당사자는 재심을 청구할 수 있다.

법률에 대한 헌법소원의 경우에는 위헌결정을 한 때에 결정된 법률 또는 법률조항은 일반적으로 무효가 되는 효력을 갖게 된다.

한편 헌법재판소 결정에 대한 재심의 허용여부에 대하여 명문의 규정은 없으나, 헌법재판소는 원칙적으로 재심을 허용하지 않는다는 견해를 취하고 있다.49) 다만 행정작용에 속하는 공권력작용을 대상으로 하는 헌법소원, 즉 권리구제형 절차에 있어서는 사안의 성질상 헌법재판소에 의한 재심은 재판부의 구성이 위법한 경우 등 절차상 중대하고도 명백한 위법이 있어서 재심을 허용하지 아니하면 현저히 정의에 반하는 경우에 한하여 제한적으로 허용될 수 있다.50)

---

49) 헌재 1992. 6. 26. 90헌아1.
50) 헌재 1995. 1. 20. 93헌아1.

제 3 장   憲法裁判의 改革方向

제 1 절   憲法裁判所의 適合한 憲法的 地位

I. 憲法裁判所와 國會(政治)와의 關係

1. 헌법재판의 한계 — 기능법적 한계

헌법재판과 입법자의 관계는 헌법재판의 규범통제에 있어서 국회의 입법형성권은 어디까지 미치고 헌법재판소의 통제권한은 또 어디까지 가능한가의 문제에서 나타난다. 이러한 헌법재판소의 통제밀도와 통제범위를 조종하는 요인으로는 다음 두 가지가 제시되고 있다.[1]

첫번째 전통적인 것은 실체법적 관점이다. 이 견해는 헌법재판의 과제와 그 한계는 개별사건에 해당하는 실체헌법규범의 해석적용을 통해 밝혀진다고 한다. 각 국가기능을 구속하고 또 그렇기 때문에 통제의 규준이 되어야 하는 헌법이 헌법재판소의 기능영역·권한영역의 근거인 동시에 한계가 된다는 것이다.

두 번째 입장은 기능법적 관점이다. 이 이론은 각 기관이 상이한 구조를 갖고 있는 것에 상응하여 각기 그 구조에 적합한 과제를 수행하도록 권한을 부여받고 있으며, 역으로 기관구조도 부여된 국가과제에 맞게 형성되는 것이라고 본다. 결국 헌법재판소도 정해져 있는 조직, 인적 구성, 기능, 소송절차 등의 요소에 상응한 기능이 배정되는 것이고 그 이외의 것은 배제된다고 본다.[2]

실체법적 관점에 의한다면 전체 헌법의 전문적 해석권한을 가진 헌법재판소는 결국 국가조직의 최고기관이 될 수밖에 없다. 그러나 민주주의 국가

---

1) 정태호, "헌법재판의 한계에 관한 고찰," 공법연구 제30집 제 1 호, 2001, 225쪽.
2) K. Hesse, "Funktionelle Grenzen der Verfassungsgerichtsbarkeit," *Ausgewählte Schriften*, 1984, 311ff.

의 모든 조직은 국민을 위해 헌법을 해석하고 구체화하는 과정에 속해 있다. 따라서 헌법재판소가 본질적으로 헌법해석권한에 있어서 우위에 있다고 말할 수는 없다. 오히려 태생적으로 민주적 정당성이 상대적으로 적을 수밖에 없고, 정치적 사안을 판단하기엔 곤란한 사법절차라는 운영원칙을 가지고 있는 헌법재판소는 나름의 한계가 있는 국가조직의 일부일 뿐이다. 따라서 기능법적 관점의 설명이 보다 타당한 것으로 보인다.

이에 의할 경우 헌법재판소는 그의 심사기준, 즉 과잉금지나 자의금지 원칙 등을 사용하여 논증할 때 입법자의 입법형성권을 충분히 존중하는 태도를 가져야 한다. 사법적 엄격성만으로 헌법재판을 운영할 경우 국민의 대표기관이라고 할 수 있는 입법기관은 무력화되거나 아니면 헌법재판소 스스로가 정치에 휘말려 제 역할을 수행할 수 없게 될 것이다.

2. 헌법재판의 존중

헌법재판소는 이러한 헌법재판의 기능법적 한계를 언제나 염두에 두고 활동해야 하겠지만, 정치권이나 기타의 국가기관도 헌법재판소의 권위와 그 결정을 존중하는 태도가 필요하다. 요컨대 헌법재판의 절대적 옹호도 극단적 무시도 바람직하지 않다.

그런데 우리의 현실은 비교적 최근에 출범한 헌법재판소의 위상에 대하여 적절한 정립을 하지 못하고, 그 기능을 충실하게 존중하지 못하는 현상을 보이고 있어서 문제가 제기되고 있다. 심지어 국회가 헌법불합치 결정에서 명시되어 있던 법률개선 기한을 준수하지 않았던 사건도 있었다. 국민의 대표기관이면서 최고의 법정립기관인 국회부터 보다 충실하게 헌법재판소의 기능을 존중하는 모습을 보여야 할 것이다. 그런데 헌법재판소와의 관계설정에서 가장 많은 마찰을 일으키고 있는 것은 다음에 보게 될 대법원이다.

Ⅱ. 憲法裁判所와 大法院의 關係

1. 헌법재판소와 대법원의 갈등

우리 헌법은 제 5 장에서 최고법원으로서의 대법원을 규정하며 제 6 장에서는 별도로 헌법재판소를 규정하고 있다. 대법원은 명령·규칙·처분에 대한 위헌심사권을 가지고 있을 뿐만 아니라 사법부의 명실상부한 최고법원으로서 헌법재판소와 함께 헌법보장기관으로서의 기능을 수행한다. 우리 헌법은 양 기관의 관계를 독립적이고 동등한 관계로 규정하고 있다고 보인다.

그런데 법의 의미가 최종적으로는 하나의 내용으로 확인·선언될 수 있음을 전제로 하는 것이 법치주의원칙의 내용이고, 우리 헌법은 대법원과 헌법재판소를 양립하여 설치함으로써, 사법권을 이원화하여, 사법권의 최고행사기관 사이에 있을 수 있는 견해차이로 인하여 법의 의미가 통일적으로 선언되기 어렵다는 난제를 발생시킨다.[3] 그리고 이러한 우려는 실제로 현실화되고 있다.

헌법규정의 해석을 둘러싸고 논의가 일어날 때에는 당연히 국민의 기본권 보장이라는 헌법이념에 충실한 해석을 하여야 할 것이다. 또 최종적인 헌법 해석권은 헌법재판소의 고유하고 전속적인 권한이다.[4] 일단 현재의 대법원이 헌법재판소에 대한 경직적 태도는 다소 수정될 필요성이 있는 것으로 보인다. 무엇보다 두 기관은 서로 파워게임을 벌일 것이 아니라 모두 같은 국민의 기본권보장기관으로 상호교류를 통하여 서로 조화를 이루어 나가는 것이 바람직하다.[5]

아래에서는 그동안 헌법재판소와 대법원간의 관계에서 나타났던 주요 쟁점을 간단히 정리해 보기로 하겠다.

2. 대법원 규칙에 관한 헌법소원

1990년 법무사법 시행규칙 제 3 조 제 1 항에 대한 헌법소원 결정에서 헌법재판소와 대법원 각각의 권한행사로 충돌의 위기에 직면한 일이 있다. 즉 헌법재판소가 대법원 규칙을 위헌이라고 선언한 것이다. 그러나 대법원은 헌법 제107조 제 2 항에 의거하여 명령·규칙에 대한 위헌결정은 최종적으로

---

3) 황도수, "헌법재판소와 대법원의 관계," 고시계 1997년 3월, 81쪽.

4) 이렇게 볼 때 법원행정처에서 1990년 11월 9일 헌법재판소의 결정을 반박하는 "명령 규칙의 위헌심사권에 관한 연구보고서"는 법이론적 근거와 헌법감각을 결여한 문서이며, 대법원이 입헌주의의 기본원리를 정면에서 부인하는 근시안적 처사라는 비난을 면할 수 없을 것이다.

5) 독일의 경우에는 연방헌법재판소가 최고의 헌법해석기관이기 때문에 연방법원은 헌법재판소의 결정에 따르게 되어 있다. 프랑스의 경우도 우리와 비슷하나 헌법평의회가 창설된 이후 초기에는 국참사원이나 파기원간에 판례의 차이를 보였으나 점차 접근되어 조화를 이루고 있다.

대법원만이 할 수 있다고 주장한다. 이에 대하여 헌법재판소는 기본권에 관한 한 심판할 수 있다고 하여 헌법재판소와 대법원간의 권한쟁의의 문제가 제기될 수도 있었다.

　　이 사건에 대하여 헌법재판소는 "헌법 제107조 제 2 항이 규정한 명령·규칙에 대한 대법원의 최종심사권이란 구체적인 소송사건에서 명령·규칙의 위헌여부가 재판의 전제가 되었을 경우 법률의 경우와는 달리 헌법재판소에 제청할 것 없이 대법원이 최종적으로 심사할 수 있다는 의미이며, 명령·규칙 그 자체에 의하여 직접 기본권이 침해되었음을 이유로 하여 헌법소원심판을 청구하는 것은 위 헌법규정과는 아무런 상관이 없는 문제이다"라고 하면서, "따라서 입법부·행정부·사법부에서 제정한 규칙이 별도의 집행행위를 기다리지 않고 직접 기본권을 침해하는 것일 때에는 모두 헌법소원심판의 대상이 될 수 있는 것이다"라고 판단하면서 사태가 일단락되었다.

3. 변형결정의 기속력 문제

　　변형결정의 기속력 문제는 이미 위헌법률심판제도와 관련하여 말한 바 있다. 원칙적으로 변형결정도 국가기관 등에 대한 기속력을 갖는다고 말할 수 있다. 그런데 대법원은 한정위헌 결정의 경우 "헌법재판소의 결정이 … 위헌결정을 선고함으로써 그 효력을 상실시켜 법률이나 법률조항이 폐지되는 것과 같은 결과를 가져온 것이 아니라 그에 대하여 특정의 해석기준을 제시하면서 그러한 해석에 한하여 위헌임을 선언하는, 이른바 한정위헌 결정의 경우에는 헌법재판소의 결정에 불구하고 법률이나 법률조항은 그 문언이 전혀 달라지지 않은 채 그냥 존속하고 있는 것이므로 이와 같이 법률이나 법률조항의 문언이 변경되지 아니한 이상 이러한 한정위헌 결정은 법률 또는 법률조항의 의미, 내용과 그 적용범위를 정하는 법률해석이라고 이해하지 않을 수 없다"고 하면서 "한정위헌 결정에 표현되어 있는 헌법재판소의 법률해석에 관한 견해는 법률의 의미·내용과 그 적용범위에 관한 헌법재판소의 견해를 일응 표명한 데 불과하여 이와 같이 법원에 전속되어 있는 법령의 해석·적용 권한에 대하여 어떠한 영향을 미치거나 기속력도 가질 수 없다"고 한 바 있다.6)

　　이러한 대법원의 태도는 헌법재판소가 입법자를 존중하기 위하여 행하

─────────────
6) 대판 1996. 4. 9, 95누11405.

는 변형결정의 취지를 저버리고 헌법재판의 기능능력을 심각하게 저해시키는 태도가 아니라고 할 수 없다. 따라서 변형결정의 실효성 확보를 위해 헌법재판소법을 개정하여 변형결정의 기속력을 명시하는 방안을 생각해 볼 수 있다. 그리고 변형결정의 실효성 확보를 위해 헌법재판소의 한정해석을 존중하지 않은 법원의 재판에 대한 헌법재판소의 제재수단을 강구할 필요성이 제기된다.

4. 재판에 대한 헌법소원 문제

주지하다시피 우리 헌법재판소법 제68조 제1항은 "공권력의 행사 또는 불행사로 인하여 헌법상 보장된 기본권을 침해받은 자는 법원의 재판을 제외하고는 헌법재판소에 헌법소원심판을 청구할 수 있다"고 규정하여 법원의 재판을 헌법소원의 대상에서 제외하고 있다. 이것은 입법 당시 헌법재판소와 대법원의 미묘한 관계를 조정하기 위한 고민의 흔적이라고 할 수 있다. 그런데 이 재판소원의 배제규정은 지금까지 해결하기 어려운 많은 문제점을 야기하고 있다.[7]

가장 먼저 법원의 재판을 헌법소원의 대상에서 제외하고 있는 동시에 헌법소원 제기요건으로 보충성을 요구하고 있기 때문에, 법원의 재판대상이 되는 예컨대 일반적인 행정처분 같은 것이 헌법재판소의 심사를 받아볼 기회가 존재할 수 없게 된다. 특히 기본권의 대사인적 효력이라는 측면에서 법원이 민사재판에 있어서 기본권적 고려를 하지 않는 경우 기본권이 사인간의 관계에서 전혀 관철되지 못하는 불합리를 야기하게 된다.

무엇보다 변형결정의 기속력 문제처럼 대법원이 헌법재판소의 기능을 무시하거나 고려하지 않는 경우 이를 해결할 제도적 수단이 없다는 것이다. 만약 법원의 재판에 대한 헌법소원이 인정된다면 이러한 문제는 발생하지 않을 것이다.

이러한 여러 가지 현실적인 문제점 때문에 불가피하게 재판소원을 인정하게 되는 예외적인 경우가 발생하고 있다. 먼저 헌법재판소는 1997년 헌법재판소가 이미 위헌(이에는 단순위헌뿐만 아니라 한정합헌, 한정위헌, 헌법불합치

---

7) 김일환, "헌법소원의 대상에 '법원의 재판'을 포함시킬지에 관한 시론적 연구," 공법연구 제30집 제5호, 2002, 154쪽 이하 참조.

등 변형결정 등도 포함된다)으로 결정한 법령을 적용함으로써 국민의 기본권을 침해한 재판에 한하여 헌법소원심판을 청구할 수 있다고 하고, 헌법재판소법 제68조 제 1 항의 재판에 헌법재판소가 위헌으로 결정한 법률을 적용한 재판도 포함되는 것으로 해석하는 한도 내에서 동 조항은 위헌이라고 판시하였다.8)

향후 이러한 미봉책이 아닌 근본적인 법개정을 통하여 국민의 기본권 보장에 만전을 기할 수 있도록 법원의 재판을 헌법소원의 대상으로 삼을 수 있도록 명시해야 할 것이다.

제 2 절   憲法裁判所 組織과 構成에 있어서 改革點

I. 憲法裁判官 任命에 있어서 改革事項

1. 헌법재판관의 증원과 자격요건 완화

먼저 현재 헌법재판소 재판관의 수가 9명으로 정해져 있는 것이 적절한지 생각해 보아야 한다. 우리나라의 인구수나 여러 가지 여건에 비추어 지나치게 많은 수의 헌법재판관을 두는 것은 바람직하지 않을 것이다. 그러나 최종적인 헌법해석 권한을 갖게 되고, 종종 정치적으로 민감한 판단을 하게 되는 헌법재판소로서는 9명의 재판관으로 다원적인 국민의 가치관을 충실히 반영하기에 곤란한 점이 있는 것도 사실이다. 또 9명 중 한두 명이 결정에 참여하지 못하는 경우 등에는 재판의 결과에 심각한 영향을 미칠 수 있다는 것도 결코 바람직하지 않다. 따라서 현재의 9인보다는 다소 증원해 보는 방향의 고려가 필요하다고 생각한다.

헌법재판관의 자격에 관하여 헌법 제111조 제 2 항은 법관의 자격을 가진 자 만을 규정하고 있다. 그러나 헌법재판은 일반 민사나 형사재판과는 달리 다양한 정치적·사회적 문제를 다루기 때문에 고도의 헌법지식을 요하는 국가기관의 구성에는 헌법학이나 행정법학에 조예가 깊은 학자들의 참여가 요망된다. 헌법재판소제도를 두고 있는 국가 중 우리처럼 법관의 자격을 가

---

8) 헌재 1997. 12. 24. 96헌마172등.

진 자만으로 구성하는 나라는 극히 일부이며 대부분은 학자나 고급공무원 출신의 인사까지 자격을 확대하고 있다. 또 여성의 사회참여의 폭이 넓어지면서 헌법재판관에로의 진출이 요망된다.9) 현재 1인이 여성 재판관으로 재직하고 있으나 헌법재판소 재판관의 증원과 함께 여성의 인원수도 더 늘려 나아가야 할 것이다.

2. 헌법재판관의 선임방식

헌법재판관 9인은 대통령이 임명하되 3인은 국회에서 선출하며 3인은 대법원장이 지명하여 입법부 행정부 그리고 사법부간의 조화와 균형을 도모하고 있다. 그러나 이러한 선임방식은 실제에 있어서 정치적인 조화와 균형성을 담보하기 어려운 점이 있다. 왜냐하면 대통령과 국회가 여당을 통해 긴밀한 관계를 유지하고 있고, 대법원장도 대통령이 임명한 사람인 경우 재판관 9인 중 8인 정도를 정부 여당과 대통령에 유리한 인사로 채울 수 있는 염려가 있을 수 있기 때문이다. 향후 헌법개정을 할 기회가 생긴다면 독일의 경우처럼 국회에서 재적 2/3 이상의 찬성을 얻은 사람을 대통령이 임명하는 것이 가장 합리적이라 할 것이다.10) 그래야만 헌법재판소의 민주적 정당성도 커지고 여·야가 함께 찬성할 수 있는 균형감각 있는 인물이 선임될 수 있을 것이다.

현재와 같은 재판관의 3원적인 선임방법은 재판부 구성원의 신분적 동일성의 요청에서 볼 때 매우 심각한 문제점을 갖고 있다. 우선 대통령이 선임하는 3인의 경우 국무회의 인사심의사항(제89조 제16호)에 포함되지도 않은 점으로 미루어 대통령의 임의적인 선임에 맡기고 있다고 할 것이다. 그리고 대법원장 선임케이스도 아무런 내부적인 견제장치나 특별한 검증절차 없이 3인의 재판관을 임의로 지명하고 있다. 대법원장에게 재판관 3인의 지명권을 준 것은 유신시대부터의 잘못된 제도를 무비판적으로 그대로 답습한 결과로서 어떠한 합리적 이유도 찾을 수 없다. 대법원장 선임 대신 헌법재판소장의

---

9) 독일의 연방헌법재판소에서는 1975년 Rupp von Brünneck이 최초의 여성판사로 임명되고 1996년에는 Jutta Limbach가 최초의 여성 소장으로 임명되었다. 미국에서는 1981년 Sandra D. O'Connor가 최초의 여성대법관이 되었다.

10) 이에 더하여 재판관의 임기를 9년으로 하고 3년을 주기로 순차적 개선이 이루어지도록 하면서, 그 중 1/3은 대법관회의에서 선출된 자를, 2/3 이상을 법관의 자격을 갖춘 자로 한다. 김종철, "헌법재판소 구성방법의 개혁론," 헌법학연구(제11권 제 2 호, 2005. 6), 39쪽.

제청으로 국회의 동의를 받아 대통령이 임명하도록 하는 것이 보다 합리적일 것이다. 그래야 대법원의 구성에서 대법관은 대법원장의 제청으로 국회의 동의를 얻어 대통령이 임명하는 것(제104조 제2항)과도 균형을 유지할 수 있다. 나아가 대통령의 선임 케이스도 국회의 인사청문뿐 아니라 임명동의를 얻어서 임명하도록 하는 것이 대법원의 구성방법과 균형을 이룰 수 있다.

그리고 국회에서 선출하는 3인의 재판관은 국회인사청문특별위원회의 인사청문을 거치지만(국회법 제46조의3), 대통령이 임명하거나 대법원장이 지명하는 각 3인의 재판관은 국회소관상임위원회(법제사법위원회)의 인사청문을 거치도록 해서(국회법 제65조의 2; 헌법재판소법 제6조, 2005. 7. 29. 개정)인사청문기관이 같지 않고 다르게 2원화된 것은 여전히 문제로 남는다.

3. 헌법재판소장의 임명

헌법재판소의 장은 국회의 동의를 얻어 재판관 중에서 대통령이 임명한다(제111조 제4항 및 법 제12조 제2항). 이 규정은 먼저 재판관으로 임명하고 그 다음에 헌법재판소장의 임명절차를 밟아야 하는 것을 의미하지는 않는다. 처음부터 헌법재판소장인 재판관으로 선임해서 국회의 임명동의를 얻을 수도 있다. 지금까지도 그러한 관례로 재판소장(제2기 김용준, 제3기 윤영철)이 임명되어 왔다. 이렇게 볼 때에 재판관 중에서 헌법재판소장을 임명한다는 규정은 재판관이 소장의 '자격'임을 말하는 것이 아니라 소장은 당연히 재판관이 된다는 의미로 해석해야 옳다.[11] 그리고 대통령이 재임중인 재판관 중에서 국회의 동의를 얻어 헌법재판소의 장을 임명하는 경우에는 재판관의 잔여 임기 동안만 헌법재판소의 장으로 재임한다고 보아야 한다. 헌법에 헌법재판소의 장의 임기를 따로 6년으로 정하지 않고 있기 때문이다.[12]

---

11) 동지: 이봉한, "헌법재판소장 임명방법," 법률신문 법조광장(2006. 10. 23). 위 조항을 헌법재판이 고난도의 업무이므로 소장은 재판관경험자 중에서 선임하라는 의미라고 해석하는 설도 있으나 그렇게 되면 기존 재판관들 사이에 대통령의 뜻에 비위를 맞추려는 부작용이 있을 수 있고 선택의 폭이 좁아져 찬성할 수 없다. 이와 유사한 예로 행정각부의 장은 국무위원 중에서 국무총리의 제청으로 대통령이 임명한다(제94조)는 규정이 있다. 국무위원 중에 행정각부의 장의 적임자를 언제나 준비해 놓는 것은 쉬운 일이 아닐텐데 이 조문대로라면 행정각부의 장을 국무위원 중에서만 임명해야 한다.

12) 헌법 제105조 제1항에 대법원장 임기를 6년으로 정한 것과 다른 점이다.

4. 전효숙 사태

윤영철 제 3 기 헌법재판소장은 2006년 9월 14일로 임기가 종료되었다. 노무현 대통령은 후임 헌법재판소장으로 당시 헌법재판소 재판관이던 전효숙을 헌법재판소장 후임자로 지명하였고, 이에 따라 그 해 9. 6.부터 국회인사청문특별위원회 절차가 개시되었다. 그런데 이 인사청문회에서 대통령의 후보자지명에 관한 적법성 논란이 일어나며 야당의 격렬한 반대와 함께 그 임명동의안 처리절차가 파행을 면하지 못하고 정국전체의 큰 부담으로 작용하던 중 결국 대통령은 그 해 11. 27. 국회에 대한 전효숙의 헌법재판소장 임명동의안을 처리하였다. 이러한 일련의 과정을 포괄하여 '전효숙 사태'라고 일컫는다. 전효숙 사태가 일어난 가장 직접적인 원인은 그 해 8. 16. 전효숙이 재판관 사표를 제출하여 그 달 25. 수리된 사실이다.

이 사태에서 노 대통령이 무리해서 위헌적 행위가 된 것은 전효숙의 임기를 새롭게 6년을 보장하려 했던 점이다. 이는 명백히 후임 대통령의 소장 임명권을 침해하는 행위이기 때문이다.[13]

한편 절차 면에서 야당 측의 주장은, 전효숙 후보자는 법제사법위원회에서의 인사청문회를 거쳐 대통령이 재판관으로 임명한 후 다시 인사청문특별위원회의 인사청문절차를 거쳐 대통령이 헌법재판소장으로 임명해야 한다는 것이었다. 이 문제는 그 해 12. 22. 국회법 제65조의2 제 3 항으로 "헌법재판소 재판관 후보자가 헌법재판소장 후보자를 겸하는 경우에는 제 2 항의 규정에 불구하고 제 1 항의 규정에 따른 인사청문특별위원회의 인사청문회를 연다. 이 경우 제 2 항의 규정에 따른 소관상임위원회의 인사청문회를 겸한 것으로 본다"라는 내용이 신설되어 입법적으로 해결되었다. 이 조항에 따라 새롭게 내세운 이강국 후보자에 대한 임명동의안이 무난히 처리되어 2007. 1. 22. 제 4 대 헌법재판소장에 임명되었다.

---

13) 동지: 이봉한, 앞의 논문 참조. "전 후보자의 자진사임과 재임명은 헌법상 재판관의 임기 침해, 재판기관인 헌법재판소의 안정성훼손, 예정되지 않았던 노 대통령의 전후보자에 대한 임명권행사로서 이는 향후 재판관 임기 말에 재판관을 위해 또는 대통령 임기 말에 자신의 임명권확대와 재판관을 위해 미리 사퇴시키고 재임명하면 연임이 가능한 직위인 헌재소장, 재판관 등의 임기가 무의미하게 될 가능성이 있다. 나아가 후임대통령의 재판관임명권 침해 등의 위헌소지가 있다."

Ⅱ. 憲法裁判所 研究組織의 改善方向

　　헌법재판소에 있어서 연구조직의 의미는 다른 어떤 국가기관보다 크다고 할 수 있다. 특히 헌법재판제도 자체가 시작된 지 얼마 되지 않았다는 점은 연구조직의 중요성을 배가시키는 원인이 되고 있다. 우리 스스로의 운영경험 이 전무한 것은 물론이고, 참고할 수 있는 국가의 수도 그리 많지 않기 때문 이다. 따라서 시행착오 없는 헌법재판제도 운영을 위해서는 연구조직의 활발 한 활동이 반드시 요구된다.

　　아울러 헌법재판은 개인적 권리구제를 위한 절차라고 하기보다는 우리 헌법질서의 근간을 밝히고 준수해 나아가는 객관적 소송절차라고 파악할 수 있다. 따라서 기계적·기술적인 업무처리보다는 신중하고 이론적이며, 국가기 관을 비롯한 모든 국민이 참고할 수 있는 질 높은 결정을 내 놓아야 한다. 이를 위해서는 연구조직의 뒷받침이 매우 중요하다.

　　헌법재판소에는 헌법연구관 또는 헌법연구관보 그리고 연구원을 두고 있 다. 초기에는 법무부, 법원 또는 법제처 등에서 파견 나온 인원이 대다수였으 나 이를 대폭 축소하고 있다. 여기에 헌법을 전공하는 전임연구원을 확충해 야 한다는 주장이 제기되고 있다.14) 그럼으로써 헌법재판관의 업무량을 경감 하고 판결문의 충실과 정치(精緻)함을 기할 수 있게 될 것이다. 또 헌법학의 발전에도 큰 기여를 하게 될 것이다.

제 3 절　具體的인 運營과 關聯된 改善事項

Ⅰ. 不起訴處分 憲法訴願 裁定申請으로 代替

　　헌법재판소는 초창기부터 일관되게, 검사의 불기소처분이 잘못 행해진 경우에는 형사피해자가 헌법 제27조 제 5 항의 공판절차에서의 진술권과 헌법 제11조의 평등권을 침해당한 것으로 불기소처분이 헌법소원의 대상으로 됨을 판시해 왔다.

---

14) 김효전, "헌법재판소제도의 문제점과 그 개선책," 공법연구 제27집 제 1 호, 1998, 79쪽.

헌법재판소가 심리절차상에 가해지는 막대한 부담을 무릅쓰고 검사의 불
기소처분에 대한 헌법소원을 허용한 이유는, 기소독점주의와 기소편의주의를
검찰에게 인정하면서 재정신청의 범위를 극도로 제한한 우리 법제에서 검찰
의 권한에 대한 유효한 견제수단이 필요하다고 함에 있었다.[15] 다만 불기소
처분에 대한 헌법소원심판에서 인용결정이 날 경우 헌법재판소가 불기소처분
을 취소하면서 동시에 재수사를 명할 수 있는가 하는 점에 관해서 이론상 다
툼이 있으나, 헌법재판소는 불기소처분을 취소함에 그쳤다. 그러므로 헌법재
판소의 인용결정이 있더라도 검사는 다른 사유를 이유로 하여 재차 불기소처
분을 할 수 있었다.

그런데 최근 형사소송법 개정이 이루어져(2008. 1. 1. 시행) 재정신청의 대
상범죄가 모든 범죄로 확대되었다.[16] 그러므로 범죄에 대한 고소권을 가진
사람은 검사의 불기소처분 전반에 대하여 개정법에 따라 검찰청법 제10조에
따른 항고를 거쳐 법원에 재정신청을 할 수 있다. 고소권자는 보충성의 원칙
에 따라 재정신청을 반드시 하여야 할 것이고, 또 원행정처분에 대한 헌법소
원금지의 원칙에 따라 재정신청을 거친 검사의 불기소처분에 대하여는 이에
대한 별도의 헌법소원이 허용되지 않을 것이다. 이에 따라 앞으로 검사의 불
기소처분에 대한 헌법소원은 거의 사라질 것으로 보여진다.[17]

Ⅱ. 辯護士 强制의 問題點

현행 헌법소송절차에서는 변호사강제주의를 채택하고 있다. 이에 대해서
헌법재판소는 "변호사강제주의가 무자력자의 헌법재판을 받을 권리를 크게
제한하는 것이라 하여도 국선대리인제도라는 대상조치가 별도로 마련되어
있는 이상 … 재판을 받을 권리의 본질적 내용의 침해라고 볼 수는 없다"[18]
고 하였다. 또 "변호사강제주의를 채택하고 있는 것은 재판을 통한 기본권
의 실질적 보장, 사법의 원활한 운영과 헌법재판의 질적 개선, 재판심리의

---

15) 헌재 1999. 1. 28. 98헌마85 고소사건 진정종결처분 위헌확인에서의 5인의 재판관 의견
   참조.
16) 개정형소법 제260조(재정신청), 제261조(지방검찰청검사장 등의 처리), 제262조(심리와 결
   정) 참조.
17) 신평, 헌법재판법(법문사, 2007), 518쪽.
18) 헌재 1990. 9. 3. 89헌마120등.

부담경감 및 효율화, 그리고 사법운영의 민주화를 도모하기 위한 것이다"[19]
라고 한다.

이에 대하여는 종래 변호사 강제주의는 헌법소송의 무료원칙에 위반되며
독일에서는 민사사건은 변호사강제주의를 채택하고 있으나 헌법재판소의 헌
법소원에는 적용하지 않는 것을 보더라도 부당하다고 하는 비판이 있다. 헌
법재판소가 국선대리인신청을 받아들이는 경우가 적은 것을 감안할 때 이와
같은 판례는 타당성이 떨어지는 것이 사실이다.

Ⅲ. 假處分의 擴大論議

헌법재판소법은 헌법재판의 각종 심판에서 모두 가처분을 정하고 있지는
않다. 각종 심판 중 정당해산 심판과 권한쟁의심판에서만 가처분을 허용하는
명시적인 규정을 두고 있고, 나머지 심판에서는 별도의 규정을 두고 있지 않다.

따라서 헌법재판소법이 명시적으로 정하고 있지 않은 헌법소원·탄핵심
판·위헌법률심판에서 가처분이 인정되는가 하는 논의가 있다. 가처분은 소
송이 진행되는 과정중 청구인의 권리 보장이 곤란해지게 되는 사태를 방지하
기 위해 사용되는 제도이다. 반면 헌법소원과 같이 피청구인이 국가기관 등
이 되는 사안에서 가처분이 인정될 경우 가처분에 의해 국가의 업무수행이
심각하게 저해될 우려도 존재하는 것이 사실이다.

그럼에도 헌법소원 등의 사건에서 획일적으로 가처분을 금지하려는 태도
는 바람직하지 않다. 무엇보다 국민의 기본권 보장에 만전을 기해야 할 것이
기 때문이다. 또 가처분을 신청한다고 하여 무조건 인용되는 것이 아니라 일
정 부분 심사를 거치게 되므로, 이러한 심사과정에서 국가적 업무수행의 저
해여부를 판단하면 될 것이기 때문이다. 이러한 경우에도 절차규정의 흠결로
보아 헌법재판소가 가지고 있는 헌법재판의 절차를 창설할 수 있는 힘에 의
해 가처분을 선고할 수 있다고 보는 것이 타당하다는 견해는 설득력이 있
다.[20] 헌법재판소도 일정한 경우 가처분이 인정됨을 판시하고 있다.[21]

---

19) 헌재 1996. 10. 4. 95헌마70.
20) 정종섭, 헌법소송법, 2004, 202쪽.
21) 헌재 2000. 12. 8. 2000헌사471.

Ⅳ. 主文作成等의 問題點

헌법재판소의 판결문에는 국내외의 많은 학설과 판례가 인용되고 있음에도 불구하고 이에 대해서 아무런 출처나 인용도 없는 판결문을 작성하고 있는 것이 문제로 지적된다.22) 종래의 대법원 판결과 비교할 때에는 그 질과 양에서 괄목할 만한 발전을 보이고 있으나 아직도 모자이크식의 판결을 면치 못하고 있다. 판결의 신뢰성과 학문적 연구에 도움을 주기 위해서도 출전을 명확하게 밝혀야 한다.

참고로 독일 연방헌법재판소의 경우 판결문은 장대한 한 편의 논문처럼 정치한 이론전개와 함께 상세한 각주까지 있어 헌법재판관의 깊은 사고와 연구의 결과를 한 눈에 알 수가 있을 정도이다. 미국 연방대법원의 판결문도 중요한 사안에 대해서는 수십 페이지에 걸친 장문의 판결문을 싣고 있다.

Ⅴ. 司法府, 그 保守의 城砦(성채)를 깨뜨려라

미 연방 대법원은 "테러 용의자로 미국에 의해 억류된 미국인과 외국인은 모두 미국의 법정에서 억류조치의 합법성 여부를 다툴 수 있다"고 판결했다(2004. 6. 28). 이에 따라 9·11 이후 아프가니스탄 등지에서 체포한 테러 용의자들을 재판 없이 쿠바 관타나모 해군기지 등에 구금해 온 부시 대통령의 테러정책은 또 한번 도덕적으로 큰 타격을 입었다.

뉴욕 타임스의 보도에 따르면 Sandra D. O'Connor 대법관(여)은, 관타나모 기지에 2년이 넘도록 재판 없이 수용되어 있는 야세르 에삼 함디가 낸 소송에서 "우리는 국가의 시민권에 관한 한, 전시 상황이라도 대통령에게 백지 수표를 보장하는 것은 아니라는 점을 분명히 해 왔다"고 지적했다. 존 폴 스티븐스 대법관도 다수 의견을 대표해 "이 국가가, 국기에 의해 상징되는 이상(理想)에 부합하게 남으려면 독재 세력의 공격에 맞설 때조차도 독재자의 도구를 휘둘러서는 안 된다"고 말했다.

9·11을 겪은 나라에서 이런 판결이 나오고, 그것을 그 나라 대표 언론이 높이 평가하고 또 국민이 그것을 묵묵히 수용하는 시점에 동맹국이라는

---

22) 김효전, "헌법재판소제도의 문제점과 그 개선책," 공법연구 제27집 제 1 호, 1998, 79쪽.

한국에서 어떤 일이 벌어졌나. 미국 연방 대법원의 판결과는 정반대의 주장이 판을 쳤다. 의문사 진상 규명위원회가 강제전향을 거부하다 고문으로 숨진 좌익활동 관련자들의 민주화 운동 관련성을 인정하자 보수 거대 언론들은 "간첩이 민주인사냐"며 들고 일어나 사회를 또 한번 두 동강 내버렸다. 보수 언론들은 그들의 좌익활동 전력에만 주목했지 양심의 자유를 지키려다 불법적인 고문으로 목숨을 빼앗겼다는 더 본질적이고 심각한 사실은 외면했다.

우리 사회의 가장 큰 불행은 거대 언론이 그 영향력으로 사회의 진보를 견인하고 정의를 옹호하기는커녕 보수와 기득권을 대변하고 있다는 사실이다. 미국의 NYT, 영국의 BBC, 프랑스의 르몽드, 일본의 아사히 등 각국 대표 언론들의 성격과 그 나라에서의 역할과는 너무도 딴판이다.

언론도 언론이지만 우리 사법부는 어떤가. 어느덧 회갑을 바라보게 된 사법부의 역사에 미국 연방 대법원의 이런 판결에 비길 만한 소신 있는 명판결이 단 한번이라도 있었던가. 적어도 우리들의 기억에는 없다. 사법부는 도리어 권력의 비위를 맞추고 때로는 불법과 불의에 법적 정당성마저 부여해 국민을 더욱 절망에 빠뜨리곤 했다.

미국 연방 대법원은 판결을 하면서 대법관 개개인의 찬반 의견을 낱낱이 밝힌다. 찬성과 반대 의견을 사회에 구체적으로, 널리 공개하는 것이 민주주의 발전과 사회 정의의 학습에 도움이 된다는 판단에서이다. 지난 번 대통령 탄핵 심판 때 무엇이 그리 두려운지 재판관 개개인의 의견은 물론이고 그 찬반 표수조차 공개 못하고 비밀을 안고 가기로 한 우리 헌법재판소와는 얼마나 대조적인가.

정권은 숱하게 바뀌었고 입법부도 지난 선거로 천지개벽을 했다. 어두운 과거 때문에 많은 정치인들이 법적 심판을 받았다. 정부 수립 이후 한번도 본질적인 변화를 겪지 않았던 건 오직 사법부뿐이다. 부끄러운 과거와 관련해 법적 심판은커녕 자체적인 인적 청산마저 한 적이 없다.

사법부도 달라져야 한다. 스스로 변화하지 못하는 조직은 바꿔 주어야한다. 대법원과 헌법재판소의 인적 구성부터 과감히 바꿔 대법원과 헌재를 출세와 보수의 성채가 아니라 사회 변화의 등대로 만들어야 한다.23)

───────────

23) 미국도 그렇지만 우리도 대법관과 헌재재판관 임명권은 어디까지나 대통령에게 있다. 다

변화를 수용 못하는 사법부는 죽은 사법부다. 민주주의의 산 교육으로 사회 내의 다양한 가치관이 잘 표현될 수 있도록 대법원과 헌법재판소의 조직과 구성이 이루어져야 하고, 구체적 인사도 그에 걸맞는 인물들이 발탁되어야 할 것이다.

만, 대법관의 임기가 미국은 종신이고 우리의 경우 대법원장은 6년 단임, 대법관은 6년에 연임할 수 있다는 점이 다르다. 대통령에게 의지가 있다면 사법부 개혁은 가능하다. 인사에서부터 사법개혁의 의지와 방향을 분명히 보여 주어야 한다.

大韓民國憲法

前　文

悠久한 歷史와 傳統에 빛나는 우리 大韓國民은 3·1運動으로 建立된 大韓民國臨時政府의 法統과 不義에 抗拒한 4·19民主理念을 계승하고, 祖國의 民主改革과 平和的 統一의 使命에 입각하여 正義·人道와 同胞愛로써 民族의 團結을 공고히 하고, 모든 社會的 弊習과 不義를 타파하며, 自律과 調和를 바탕으로 自由民主的 基本秩序를 더욱 확고히 하여 政治·經濟·社會·文化의 모든 領域에 있어서 各人의 機會를 균등히 하고, 能力을 最高度로 발휘하게 하며, 自由와 權利에 따르는 責任과 義務를 완수하게 하여, 안으로는 國民生活의 균등한 향상을 기하고 밖으로는 항구적인 世界平和와 人類共榮에 이바지함으로써 우리들과 우리들의 子孫의 安全과 自由와 幸福을 영원히 확보할 것을 다짐하면서 1948年 7月 12日에 制定되고 8次에 걸쳐 改正된 憲法을 이제 國會의 議決을 거쳐 國民投票에 의하여 改正한다.

1987年 10月 29日

第1章 總　綱

第1條 ① 大韓民國은 民主共和國이다.

② 大韓民國의 主權은 國民에게 있고, 모든 權力은 國民으로부터 나온다.

第2條 ① 大韓民國의 國民이 되는 요건은 法律로 정한다.

② 國家는 法律이 정하는 바에 의하여 在外國民을 보호할 義務를 진다.

第3條 大韓民國의 領土는 韓半島와 그 附屬島嶼로 한다.

第4條 大韓民國은 統一을 指向하며, 自由民主的 基本秩序에 입각한 平和的 統一 政策을 수립하고 이를 추진한다.

第5條 ① 大韓民國은 國際平和의 유지에 노력하고 侵略的 戰爭을 否認한다.

② 國軍은 國家의 安全保障과 國土防衛의 神聖한 義務를 수행함을 使命으로 하며, 그 政治的 中立性은 준수된다.

第6條 ① 憲法에 의하여 체결·公布된 條約과 一般的으로 승인된 國際法規는 國內法과 같은 效力을 가진다.

② 外國人은 國際法과 條約이 정하는

바에 의하여 그 地位가 보장된다.

第7條 ① 公務員은 國民全體에 대한 奉仕者이며, 國民에 대하여 責任을 진다.

② 公務員의 身分과 政治的 中立性은 法律이 정하는 바에 의하여 보장된다.

第8條 ① 政黨의 設立은 自由이며, 複數政黨制는 보장된다.

② 政黨은 그 目的·組織과 活動이 民主的이어야 하며, 國民의 政治的 意思形成에 참여하는데 필요한 組織을 가져야 한다.

③ 政黨은 法律이 정하는 바에 의하여 國家의 보호를 받으며, 國家는 法律이 정하는 바에 의하여 政黨運營에 필요한 資金을 補助할 수 있다.

④ 政黨의 目的이나 活動이 民主的 基本秩序에 違背될 때에는 政府는 憲法裁判所에 그 解散을 提訴할 수 있고, 政黨은 憲法裁判所의 審判에 의하여 解散된다.

第9條 國家는 傳統文化의 계승·발전과 民族文化의 暢達에 노력하여야 한다.

第2章 國民의 權利와 義務

第10條 모든 國民은 人間으로서의 尊嚴과 價値를 가지며, 幸福을 追求할 權利를 가진다. 國家는 개인이 가지는 不可侵의 基本的 人權을 확인하고 이를 보장할 義務를 진다.

第11條 ① 모든 國民은 法 앞에 平等하다. 누구든지 性別·宗敎 또는 社會的 身分에 의하여 政治的·經濟的·社會

的·文化的 生活의 모든 領域에 있어서 차별을 받지 아니한다.

② 社會的 特殊階級의 制度는 인정되지 아니하며, 어떠한 形態로도 이를 創設할 수 없다.

③ 勳章등의 榮典은 이를 받은 者에게만 效力이 있고, 어떠한 特權도 이에 따르지 아니한다.

第12條 ① 모든 國民은 身體의 自由를 가진다. 누구든지 法律에 의하지 아니하고는 逮捕·拘束·押收·搜索 또는 審問을 받지 아니하며, 法律과 適法한 節次에 의하지 아니하고는 處罰·保安處分 또는 强制勞役을 받지 아니한다.

② 모든 國民은 拷問을 받지 아니하며, 刑事上 자기에게 不利한 陳述을 强要당하지 아니한다.

③ 逮捕·拘束·押收 또는 搜索을 할 때에는 適法한 節次에 따라 檢事의 申請에 의하여 法官이 발부한 令狀을 제시하여야 한다. 다만, 現行犯人인 경우와 長期 3年 이상의 刑에 해당하는 罪를 범하고 逃避 또는 證據湮滅의 염려가 있을 때에는 事後에 令狀을 請求할 수 있다.

④ 누구든지 逮捕 또는 拘束을 당한 때에는 즉시 辯護人의 助力을 받을 權利를 가진다. 다만, 刑事被告人이 스스로 辯護人을 구할 수 없을 때에는 法律이 정하는 바에 의하여 國家가 辯護人을 붙인다.

⑤ 누구든지 逮捕 또는 拘束의 이유와 辯護人의 助力을 받을 權利가 있

음을 告知받지 아니하고는 逮捕 또는 拘束을 당하지 아니한다. 逮捕 또는 拘束을 당한 者의 家族등 法律이 정하는 者에게는 그 이유와 日時·場所가 지체없이 통지되어야 한다.

⑥ 누구든지 逮捕 또는 拘束을 당한 때에는 適否의 審査를 法院에 請求할 權利를 가진다.

⑦ 被告人의 自白이 拷問·暴行·脅迫·拘束의 부당한 長期化 또는 欺罔 기타의 방법에 의하여 自意로 陳述된 것이 아니라고 인정될 때 또는 正式 裁判에 있어서 被告人의 自白이 그에게 不利한 유일한 증거일 때에는 이를 有罪의 증거로 삼거나 이를 이유로 處罰할 수 없다.

第13條 ① 모든 國民은 行爲時의 法律에 의하여 犯罪를 구성하지 아니하는 행위로 訴追되지 아니하며, 동일한 犯罪에 대하여 거듭 處罰받지 아니한다.

② 모든 國民은 遡及立法에 의하여 參政權의 제한을 받거나 財産權을 剝奪당하지 아니한다.

③ 모든 國民은 자기의 행위가 아닌 親族의 행위로 인하여 불이익한 處遇를 받지 아니한다.

第14條 모든 國民은 居住·移轉의 自由를 가진다.

第15條 모든 國民은 職業選擇의 自由를 가진다.

第16條 모든 國民은 住居의 自由를 침해받지 아니한다. 住居에 대한 押收나 搜索을 할 때에는 檢事의 申請에 의하여 法官이 발부한 令狀을 제시하여

야 한다.

第17條 모든 國民은 私生活의 秘密과 自由를 침해받지 아니한다.

第18條 모든 國民은 通信의 秘密을 침해받지 아니한다.

第19條 모든 國民은 良心의 自由를 가진다.

第20條 ① 모든 國民은 宗敎의 自由를 가진다.

② 國敎는 인정되지 아니하며, 宗敎와 政治는 分離된다.

第21條 ① 모든 國民은 言論·出版의 自由와 集會·結社의 自由를 가진다.

② 言論·出版에 대한 許可나 檢閱과 集會·結社에 대한 許可는 인정되지 아니한다.

③ 通信·放送의 施設基準과 新聞의 機能을 보장하기 위하여 필요한 사항은 法律로 정한다.

④ 言論·出版은 他人의 名譽나 權利 또는 公衆道德이나 社會倫理를 침해하여서는 아니된다. 言論·出版이 他人의 名譽나 權利를 침해한 때에는 被害者는 이에 대한 被害의 賠償을 請求할 수 있다.

第22條 ① 모든 國民은 學問과 藝術의 自由를 가진다.

② 著作者·發明家·科學技術者와 藝術家의 權利는 法律로써 보호한다.

第23條 ① 모든 國民의 財産權은 보장된다. 그 내용과 限界는 法律로 정한다.

② 財産權의 행사는 公共福利에 적합하도록 하여야 한다.

③ 公共必要에 의한 財産權의 收用・사용 또는 제한 및 그에 대한 補償은 法律로써 하되, 정당한 補償을 支給하여야 한다.

第24條 모든 國民은 法律이 정하는 바에 의하여 選擧權을 가진다.

第25條 모든 國民은 法律이 정하는 바에 의하여 公務擔任權을 가진다.

第26條 ① 모든 國民은 法律이 정하는 바에 의하여 國家機關에 文書로 請願할 權利를 가진다.

② 國家는 請願에 대하여 審査할 義務를 진다.

第27條 ① 모든 國民은 憲法과 法律이 정한 法官에 의하여 法律에 의한 裁判을 받을 權利를 가진다.

② 軍人 또는 軍務員이 아닌 國民은 大韓民國의 領域안에서는 중대한 軍事上 機密・哨兵・哨所・有毒飲食物 供給・捕虜・軍用物에 관한 罪중 法律이 정한 경우와 非常戒嚴이 宣布된 경우를 제외하고는 軍事法院의 裁判을 받지 아니한다.

③ 모든 國民은 신속한 裁判을 받을 權利를 가진다. 刑事被告人은 상당한 이유가 없는 한 지체없이 公開裁判을 받을 權利를 가진다.

④ 刑事被告人은 有罪의 判決이 확정될 때까지는 無罪로 推定된다.

⑤ 刑事被害者는 法律이 정하는 바에 의하여 당해 事件의 裁判節次에서 陳述할 수 있다.

第28條 刑事被疑者 또는 刑事被告人으로서 拘禁되었던 者가 法律이 정하는 不起訴處分을 받거나 無罪判決을 받은 때에는 法律이 정하는 바에 의하여 國家에 정당한 補償을 請求할 수 있다.

第29條 ① 公務員의 職務上 不法行爲로 損害를 받은 國民은 法律이 정하는 바에 의하여 國家 또는 公共團體에 정당한 賠償을 請求할 수 있다. 이 경우 公務員 자신의 責任은 免除되지 아니한다.

② 軍人・軍務員・警察公務員 기타 法律이 정하는 者가 戰鬪・訓練등 職務執行과 관련하여 받은 損害에 대하여는 法律이 정하는 報償외에 國家 또는 公共團體에 公務員의 職務上 不法行爲로 인한 賠償은 請求할 수 없다.

第30條 他人의 犯罪行爲로 인하여 生命・身體에 대한 被害를 받은 國民은 法律이 정하는 바에 의하여 國家로부터 救助를 받을 수 있다.

第31條 ① 모든 國民은 能力에 따라 균등하게 敎育을 받을 權利를 가진다.

② 모든 國民은 그 보호하는 子女에게 적어도 初等敎育과 法律이 정하는 敎育을 받게 할 義務를 진다.

③ 義務敎育은 無償으로 한다.

④ 敎育의 自主性・專門性・政治的 中立性 및 大學의 自律性은 法律이 정하는 바에 의하여 보장된다.

⑤ 國家는 平生敎育을 振興하여야 한다.

⑥ 學校敎育 및 平生敎育을 포함한 敎育制度와 그 운영, 敎育財政 및 敎

員의 地位에 관한 基本的인 사항은 法律로 정한다.

第32條 ① 모든 國民은 勤勞의 權利를 가진다. 國家는 社會的·經濟的 방법으로 勤勞者의 雇傭의 增進과 適正賃金의 보장에 노력하여야 하며, 法律이 정하는 바에 의하여 最低賃金制를 施行하여야 한다.

② 모든 國民은 勤勞의 義務를 진다. 國家는 勤勞의 義務의 내용과 조건을 民主主義原則에 따라 法律로 정한다.

③ 勤勞條件의 基準은 人間의 尊嚴性을 보장하도록 法律로 정한다.

④ 女子의 勤勞는 특별한 보호를 받으며, 雇傭·賃金 및 勤勞條件에 있어서 부당한 차별을 받지 아니한다.

⑤ 年少者의 勤勞는 특별한 보호를 받는다.

⑥ 國家有功者·傷痍軍警 및 戰歿軍警의 遺家族은 法律이 정하는 바에 의하여 優先的으로 勤勞의 機會를 부여받는다.

第33條 ① 勤勞者는 勤勞條件의 향상을 위하여 自主的인 團結權·團體交涉權 및 團體行動權을 가진다.

② 公務員인 勤勞者는 法律이 정하는 者에 한하여 團結權·團體交涉權 및 團體行動權을 가진다.

③ 法律이 정하는 主要防衛産業體에 종사하는 勤勞者의 團體行動權은 法律이 정하는 바에 의하여 이를 제한하거나 인정하지 아니할 수 있다.

第34條 ① 모든 國民은 人間다운 生活을 할 權利를 가진다.

② 國家는 社會保障·社會福祉의 增進에 노력할 義務를 진다.

③ 國家는 女子의 福祉와 權益의 향상을 위하여 노력하여야 한다.

④ 國家는 老人과 靑少年의 福祉向上을 위한 政策을 실시할 義務를 진다.

⑤ 身體障碍者 및 疾病·老齡 기타의 사유로 生活能力이 없는 國民은 法律이 정하는 바에 의하여 國家의 보호를 받는다.

⑥ 國家는 災害를 豫防하고 그 위험으로부터 國民을 보호하기 위하여 노력하여야 한다.

第35條 ① 모든 國民은 건강하고 快適한 環境에서 生活할 權利를 가지며, 國家와 國民은 環境保全을 위하여 노력하여야 한다.

② 環境權의 내용과 행사에 관하여는 法律로 정한다.

③ 國家는 住宅開發政策등을 통하여 모든 國民이 快適한 住居生活을 할 수 있도록 노력하여야 한다.

第36條 ① 婚姻과 家族生活은 개인의 尊嚴과 兩性의 平等을 기초로 成立되고 유지되어야 하며, 國家는 이를 보장한다.

② 國家는 母性의 보호를 위하여 노력하여야 한다.

③ 모든 國民은 保健에 관하여 國家의 보호를 받는다.

第37條 ① 國民의 自由와 權利는 憲法에 열거되지 아니한 이유로 輕視되지 아니한다.

② 國民의 모든 自由와 權利는 國家

安全保障·秩序維持 또는 公共福利를
위하여 필요한 경우에 한하여 法律로
써 제한할 수 있으며, 제한하는 경우
에도 自由와 權利의 本質的인 내용을
침해할 수 없다.

第38條 모든 國民은 法律이 정하는 바
에 의하여 納稅의 義務를 진다.

第39條 ① 모든 國民은 法律이 정하는
바에 의하여 國防의 義務를 진다.

② 누구든지 兵役義務의 이행으로 인
하여 불이익한 處遇를 받지 아니한다.

第3章 國　　會

第40條 立法權은 國會에 속한다.

第41條 ① 國會는 國民의 普通·平等·
直接·秘密選擧에 의하여 選出된 國
會議員으로 구성한다.

② 國會議員의 數는 法律로 정하되,
200人 이상으로 한다.

③ 國會議員의 選擧區와 比例代表制
기타 選擧에 관한 사항은 法律로 정
한다.

第42條 國會議員의 任期는 4年으로 한
다.

第43條 國會議員은 法律이 정하는 職을
겸할 수 없다.

第44條 ① 國會議員은 現行犯人인 경우
를 제외하고는 會期中 國會의 同意없
이 逮捕 또는 拘禁되지 아니한다.

② 國會議員이 會期前에 逮捕 또는
拘禁된 때에는 現行犯人이 아닌 한
國會의 요구가 있으면 會期中 釋放된
다.

第45條 國會議員은 國會에서 職務上 행
한 發言과 表決에 관하여 國會외에서
責任을 지지 아니한다.

第46條 ① 國會議員은 淸廉의 義務가
있다.

② 國會議員은 國家利益을 우선하여
良心에 따라 職務를 행한다.

③ 國會議員은 그 地位를 濫用하여
國家·公共團體 또는 企業體와의 契
約이나 그 處分에 의하여 財産上의
權利·이익 또는 職位를 취득하거나
他人을 위하여 그 취득을 알선할 수
없다.

第47條 ① 國會의 定期會는 法律이 정
하는 바에 의하여 매년 1回 集會되며,
國會의 臨時會는 大統領 또는 國會在
籍議員 4分의 1 이상의 요구에 의하
여 集會된다.

② 定期會의 會期는 100日을, 臨時會
의 會期는 30日을 초과할 수 없다.

③ 大統領이 臨時會의 集會를 요구할
때에는 期間과 集會要求의 이유를 명
시하여야 한다.

第48條 國會는 議長 1人과 副議長 2人
을 選出한다.

第49條 國會는 憲法 또는 法律에 특별
한 規定이 없는 한 在籍議員 過半數
의 출석과 出席議員 過半數의 贊成으
로 議決한다. 可否同數인 때에는 否決
된 것으로 본다.

第50條 ① 國會의 會議는 公開한다. 다
만, 出席議員 過半數의 贊成이 있거나
議長이 國家의 安全保障을 위하여 필
요하다고 인정할 때에는 公開하지 아
니할 수 있다.

② 公開하지 아니한 會議內容의 公表에 관하여는 法律이 정하는 바에 의한다.

第51條 國會에 제출된 法律案 기타의 議案은 會期중에 議決되지 못한 이유로 폐기되지 아니한다. 다만, 國會議員의 任期가 만료된 때에는 그러하지 아니하다.

第52條 國會議員과 政府는 法律案을 제출할 수 있다.

第53條 ① 國會에서 議決된 法律案은 政府에 移送되어 15日 이내에 大統領이 公布한다.

② 法律案에 異議가 있을 때에는 大統領은 第1項의 期間內에 異議書를 붙여 國會로 還付하고, 그 再議를 요구할 수 있다. 國會의 閉會중에도 또한 같다.

③ 大統領은 法律案의 일부에 대하여 또는 法律案을 修正하여 再議를 요구할 수 없다.

④ 再議의 요구가 있을 때에는 國會는 再議에 붙이고, 在籍議員過半數의 출석과 出席議員 3分의 2 이상의 贊成으로 前과 같은 議決을 하면 그 法律案은 法律로서 확정된다.

⑤ 大統領이 第1項의 期間內에 公布나 再議의 요구를 하지 아니한 때에도 그 法律案은 법률로서 확정된다.

⑥ 大統領은 第4項과 第5項의 規定에 의하여 확정된 法律을 지체없이 公布하여야 한다. 第5項에 의하여 法律이 확정된 후 또는 第4項에 의한 確定法律이 政府에 移送된 후 5日 이내에 大統領이 公布하지 아니할 때에는 國會議長이 이를 公布한다.

⑦ 法律은 특별한 規定이 없는 한 公布한 날로부터 20日을 경과함으로써 效力을 발생한다.

第54條 ① 國會는 國家의 豫算案을 審議·확정한다.

② 政府는 會計年度마다 豫算案을 編成하여 會計年度 開始 90日전까지 國會에 제출하고, 國會는 會計年度 開始 30日전까지 이를 議決하여야 한다.

③ 새로운 會計年度가 開始될 때까지 豫算案이 議決되지 못한 때에는 政府는 國會에서 豫算案이 議決될 때까지 다음의 目的을 위한 經費는 前年度 豫算에 準하여 執行할 수 있다.

1. 憲法이나 法律에 의하여 設置된 機關 또는 施設의 유지·운영
2. 法律上 支出義務의 이행
3. 이미 豫算으로 승인된 事業의 계속

第55條 ① 한 會計年度를 넘어 계속하여 支出할 필요가 있을 때에는 政府는 年限을 정하여 繼續費로서 國會의 議決을 얻어야 한다.

② 豫備費는 總額으로 國會의 議決을 얻어야 한다. 豫備費의 支出은 次期國會의 승인을 얻어야 한다.

第56條 政府는 豫算에 變更을 加할 필요가 있을 때에는 追加更正豫算案을 編成하여 國會에 제출할 수 있다.

第57條 國會는 政府의 同意없이 政府가 제출한 支出豫算 各項의 金額을 增加하거나 새 費目을 設置할 수 없다.

第58條 國債를 모집하거나 豫算외에 國家의 부담이 될 契約을 체결하려 할 때에는 政府는 미리 國會의 議決을 얻어야 한다.

第59條 租稅의 種目과 稅率은 法律로 정한다.

第60條 ① 國會는 相互援助 또는 安全保障에 관한 條約, 중요한 國際組織에 관한 條約, 友好通商航海條約, 主權의 制約에 관한 條約, 講和條約, 國家나 國民에게 중대한 財政的 부담을 지우는. 條約 또는 立法事項에 관한 條約의 체결·批准에 대한 同意權을 가진다.

② 國會는 宣戰布告, 國軍의 外國에의 派遣 또는 外國軍隊의 大韓民國 領域안에서의 駐留에 대한 同意權을 가진다.

第61條 ① 國會는 國政을 監査하거나 특정한 國政事案에 대하여 調査할 수 있으며, 이에 필요한 書類의 提出 또는 證人의 출석과 證言이나 의견의 陳述을 요구할 수 있다.

② 國政監査 및 調査에 관한 節次 기타 필요한 사항은 法律로 정한다.

第62條 ① 國務總理·國務委員 또는 政府委員은 國會나 그 委員會에 출석하여 國政處理狀況을 보고하거나 의견을 陳述하고 質問에 응답할 수 있다.

② 國會나 그 委員會의 요구가 있을 때에는 國務總理·國務委員 또는 政府委員은 출석·답변하여야 하며, 國務總理 또는 國務委員이 出席要求를 받은 때에는 國務委員 또는 政府委員

으로 하여금 출석·답변하게 할 수 있다.

第63條 ① 國會는 國務總理 또는 國務委員의 解任을 大統領에게 建議할 수 있다.

② 第1項의 解任建議는 國會在籍議員 3分의 1 이상의 發議에 의하여 國會在籍議員 過半數의 贊成이 있어야 한다.

第64條 ① 國會는 法律에 저촉되지 아니하는 범위 안에서 議事와 內部規律에 관한 規則을 制定할 수 있다.

② 國會는 議員의 資格을 審査하며, 議員을 懲戒할 수 있다.

③ 議員을 除名하려면 國會在籍議員 3分의 2 이상의 贊成이 있어야 한다.

④ 第2項과 第3項의 處分에 대하여는 法院에 提訴할 수 없다.

第65條 ① 大統領·國務總理·國務委員·行政各部의 長·憲法裁判所 裁判官·法官·中央選擧管理委員會 委員·監査院長·監査委員 기타 法律이 정한 公務員이 그 職務執行에 있어서 憲法이나 法律을 違背한 때에는 國會는 彈劾의 訴追를 議決할 수 있다.

② 第1項의 彈劾訴追는 國會在籍議員 3分의 1 이상의 發議가 있어야 하며, 그 議決은 國會在籍議員 過半數의 贊成이 있어야 한다. 다만, 大統領에 대한 彈劾訴追는 國會在籍議員 過半數의 發議와 國會在籍議員 3分의 2 이상의 贊成이 있어야 한다.

③ 彈劾訴追의 議決을 받은 者는 彈劾審判이 있을 때까지 그 權限行使가

정지된다.

④ 彈劾決定은 公職으로부터 罷免함
에 그친다. 그러나, 이에 의하여 民事
上이나 刑事上의 責任이 免除되지는
아니한다.

第4章 政 府

第1節 大 統 領

第66條 ① 大統領은 國家의 元首이며,
外國에 대하여 國家를 代表한다.

② 大統領은 國家의 獨立・領土의 保
全・國家의 繼續性과 憲法을 守護할
責務를 진다.

③ 大統領은 祖國의 平和的 統一을
위한 성실한 義務를 진다.

④ 行政權은 大統領을 首班으로 하는
政府에 속한다.

第67條 ① 大統領은 國民의 普通・平
等・直接・秘密選擧에 의하여 選出한
다.

② 第1項의 選擧에 있어서 最高得票
者가 2人 이상인 때에는 國會의 在籍
議員 過半數가 출석한 公開會議에서
多數票를 얻은 者를 當選者로 한다.

③ 大統領候補者가 1人일 때에는 그
得票數가 選擧權者 總數의 3分의 1
이상이 아니면 大統領으로 當選될 수
없다.

④ 大統領으로 選擧될 수 있는 者는
國會議員의 被選擧權이 있고 選擧日
현재 40歲에 達하여야 한다.

⑤ 大統領의 選擧에 관한 사항은 法
律로 정한다.

第68條 ① 大統領의 任期가 만료되는

때에는 任期滿了 70日 내지 40日전에
後任者를 選擧한다.

② 大統領이 闕位된 때 또는 大統領
當選者가 死亡하거나 判決 기타의 사
유로 그 資格을 喪失한 때에는 60日
이내에 後任者를 選擧한다.

第69條 大統領은 就任에 즈음하여 다음
의 宣誓를 한다.

"나는 憲法을 준수하고 國家를 保衛
하며 祖國의 平和的 統一과 國民의
自由와 福利의 增進 및 民族文化의
暢達에 노력하여 大統領으로서의 職
責을 성실히 수행할 것을 國民 앞에
엄숙히 宣誓합니다."

第70條 大統領의 任期는 5年으로 하며,
重任할 수 없다.

第71條 大統領이 闕位되거나 事故로 인
하여 職務를 수행할 수 없을 때에는
國務總理, 法律이 정한 國務委員의 順
序로 그 權限을 代行한다.

第72條 大統領은 필요하다고 인정할 때
에는 外交・國防・統一 기타 國家安
危에 관한 重要政策을 國民投票에 붙
일 수 있다.

第73條 大統領은 條約을 체결・批准하
고, 外交使節을 信任・접수 또는 派遣
하며, 宣戰布告와 講和를 한다.

第74條 ① 大統領은 憲法과 法律이 정
하는 바에 의하여 國軍을 統帥한다.

② 國軍의 組織과 編成은 法律로 정
한다.

第75條 大統領은 法律에서 구체적으로
범위를 정하여 委任받은 사항과 法律
을 執行하기 위하여 필요한 사항에

관하여 大統領令을 발할 수 있다.

第76條　①　大統領은 內憂·外患·天災·地變 또는 중대한 財政·經濟上의 危機에 있어서 國家의 安全保障 또는 公共의 安寧秩序를 유지하기 위하여 긴급한 措置가 필요하고 國會의 集會를 기다릴 여유가 없을 때에 한하여 최소한으로 필요한 財政·經濟上의 處分을 하거나 이에 관하여 法律의 效力을 가지는 命令을 발할 수 있다.

②　大統領은 國家의 安危에 관계되는 중대한 交戰狀態에 있어서 國家를 保衛하기 위하여 긴급한 措置가 필요하고 國會의 集會가 불가능한 때에 한하여 法律의 效力을 가지는 命令을 발할 수 있다.

③　大統領은 第1項과 第2項의 處分 또는 命令을 한 때에는 지체없이 國會에 보고하고 그 승인을 얻어야 한다.

④　第3項의 승인을 얻지 못한 때에는 그 處分 또는 命令은 그때부터 效力을 喪失한다. 이 경우 그 命令에 의하여 改正 또는 廢止되었던 法律은 그 命令이 승인을 얻지 못한 때부터 당연히 效力을 회복한다.

⑤　大統領은 第3項과 第4項의 사유를 지체없이 公布하여야 한다.

第77條　①　大統領은 戰時·事變 또는 이에 準하는 國家非常事態에 있어서 兵力으로써 軍事上의 필요에 응하거나 公共의 安寧秩序를 유지할 필요가 있을 때에는 法律이 정하는 바에 의

하여 戒嚴을 宣布할 수 있다.

②　戒嚴은 非常戒嚴과 警備戒嚴으로 한다.

③　非常戒嚴이 宣布된 때에는 法律이 정하는 바에 의하여 令狀制度, 言論·出版·集會·結社의 自由, 政府나 法院의 權限에 관하여 특별한 措置를 할 수 있다.

④　戒嚴을 宣布한 때에는 大統領은 지체없이 國會에 통고하여야 한다.

⑤　國會가 在籍議員 過半數의 贊成으로 戒嚴의 解除를 요구한 때에는 大統領은 이를 解除하여야 한다.

第78條　大統領은 憲法과 法律이 정하는 바에 의하여 公務員을 任免한다.

第79條　①　大統領은 法律이 정하는 바에 의하여 赦免·減刑 또는 復權을 命할 수 있다.

②　一般赦免을 命하려면 國會의 同意를 얻어야 한다.

③　赦免·減刑 및 復權에 관한 사항은 法律로 정한다.

第80條　大統領은 法律이 정하는 바에 의하여 勳章 기타의 榮典을 수여한다.

第81條　大統領은 國會에 출석하여 發言하거나 書翰으로 의견을 표시할 수 있다.

第82條　大統領의 國法上 행위는 文書로써 하며, 이 文書에는 國務總理와 관계 國務委員이 副署한다. 軍事에 관한 것도 또한 같다.

第83條　大統領은 國務總理·國務委員·行政各部의 長 기타 法律이 정하는 公私의 職을 겸할 수 없다.

第84條 大統領은 內亂 또는 外患의 罪를 범한 경우를 제외하고는 在職중 刑事上의 訴追를 받지 아니한다.

第85條 前職大統領의 身分과 禮遇에 관하여는 法律로 정한다.

第2節 行政府
第1款 國務總理와 國務委員

第86條 ① 國務總理는 國會의 同意를 얻어 大統領이 任命한다.

② 國務總理는 大統領을 補佐하며, 行政에 관하여 大統領의 命을 받아 行政各部를 統轄한다.

③ 軍人은 現役을 免한 후가 아니면 國務總理로 任命될 수 없다.

第87條 ① 國務委員은 國務總理의 提請으로 大統領이 任命한다.

② 國務委員은 國政에 관하여 大統領을 補佐하며, 國務會議의 構成員으로서 國政을 審議한다.

③ 國務總理는 國務委員의 解任을 大統領에게 建議할 수 있다.

④ 軍人은 現役을 免한 후가 아니면 國務委員으로 任命될 수 없다.

第2款 國務會議

第88條 ① 國務會議는 政府의 權限에 속하는 중요한 政策을 審議한다.

② 國務會議는 大統領・國務總理와 15人 이상 30人 이하의 國務委員으로 구성한다.

③ 大統領은 國務會議의 議長이 되고, 國務總理는 副議長이 된다.

第89條 다음 사항은 國務會議의 審議를 거쳐야 한다.

1. 國政의 基本計劃과 政府의 一般政策

2. 宣戰・講和 기타 중요한 對外政策

3. 憲法改正案・國民投票案・條約案・法律案 및 大統領令案

4. 豫算案・決算・國有財産處分의 基本計劃・國家의 부담이 될 契約 기타 財政에 관한 중요사항

5. 大統領의 緊急命令・緊急財政經濟處分 및 命令 또는 戒嚴과 그 解除

6. 軍事에 관한 중요사항

7. 國會의 臨時會 集會의 요구

8. 榮典授與

9. 赦免・減刑과 復權

10. 行政各部間의 權限의 劃定

11. 政府안의 權限의 委任 또는 配定에 관한 基本計劃

12. 國政處理狀況의 評價・分析

13. 行政各部의 중요한 政策의 수립과 調整

14. 政黨解散의 提訴

15. 政府에 제출 또는 회부된 政府의 政策에 관계되는 請願의 審査

16. 檢察總長・合同參謀議長・各軍參謀總長・國立大學校總長・大使 기타 法律이 정한 公務員과 國營企業體管理者의 任命

17. 기타 大統領・國務總理 또는 國務委員이 제출한 사항

第90條 ① 國政의 중요한 사항에 관한 大統領의 諮問에 응하기 위하여 國家元老로 구성되는 國家元老諮問會議를 둘 수 있다.

② 國家元老諮問會議의 議長은 直前

大統領이 된다. 다만, 直前大統領이 없을 때에는 大統領이 指名한다.

③ 國家元老諮問會議의 組織·職務範圍 기타 필요한 사항은 法律로 정한다.

第91條 ① 國家安全保障에 관련되는 對外政策·軍事政策과 國內政策의 수립에 관하여 國務會議의 審議에 앞서 大統領의 諮問에 응하기 위하여 國家安全保障會議를 둔다.

② 國家安全保障會議는 大統領이 主宰한다.

③ 國家安全保障會議의 組織·職務範圍 기타 필요한 사항은 法律로 정한다.

第92條 ① 平和統一政策의 수립에 관한 大統領의 諮問에 응하기 위하여 民主平和統一諮問會議를 둘 수 있다.

② 民主平和統一諮問會議의 組織·職務範圍 기타 필요한 사항은 法律로 정한다.

第93條 ① 國民經濟의 발전을 위한 重要政策의 수립에 관하여 大統領의 諮問에 응하기 위하여 國民經濟諮問會議를 둘 수 있다.

② 國民經濟諮問會議의 組織·職務範圍 기타 필요한 사항은 法律로 정한다.

第 3 款 行政各部

第94條 行政各部의 長은 國務委員 중에서 國務總理의 提請으로 大統領이 任命한다.

第95條 國務總理 또는 行政各部의 長은 所管事務에 관하여 法律이나 大統領令의 委任 또는 職權으로 總理令 또는 部令을 발할 수 있다.

第96條 行政各部의 設置·組織과 職務範圍는 法律로 정한다.

第 4 款 監 査 院

第97條 國家의 歲入·歲出의 決算, 國家 및 法律이 정한 團體의 會計檢査와 行政機關 및 公務員의 職務에 관한 監察을 하기 위하여 大統領 所屬下에 監査院을 둔다.

第98條 ① 監査院은 院長을 포함한 5人 이상 11人 이하의 監査委員으로 구성한다.

② 院長은 國會의 同意를 얻어 大統領이 任命하고, 그 任期는 4年으로 하며, 1次에 한하여 重任할 수 있다.

③ 監査委員은 院長의 提請으로 大統領이 任命하고, 그 任期는 4年으로 하며, 1次에 한하여 重任할 수 있다.

第99條 監査院은 歲入·歲出의 決算을 매년 檢査하여 大統領과 次年度國會에 그 결과를 보고하여야 한다.

第100條 監査院의 組織·職務範圍·監査委員의 資格·監査對象公務員의 범위 기타 필요한 사항은 法律로 정한다.

第 5 章 法 院

第101條 ① 司法權은 法官으로 구성된 法院에 속한다.

② 法院은 最高法院인 大法院과 各級法院으로 組織된다.

③ 法官의 資格은 法律로 정한다.

第102條 ① 大法院에 部를 둘 수 있다.

② 大法院에 大法官을 둔다. 다만, 法律이 정하는 바에 의하여 大法官이 아닌 法官을 둘 수 있다.

③ 大法院과 各級法院의 組織은 法律로 정한다.

第103條 法官은 憲法과 法律에 의하여 그 良心에 따라 獨立하여 審判한다.

第104條 ① 大法院長은 國會의 同意를 얻어 大統領이 任命한다.

② 大法官은 大法院長의 提請으로 國會의 同意를 얻어 大統領이 任命한다.

③ 大法院長과 大法官이 아닌 法官은 大法官會議의 同意를 얻어 大法院長이 任命한다.

第105條 ① 大法院長의 任期는 6年으로 하며, 重任할 수 없다.

② 大法官의 任期는 6年으로 하며, 法律이 정하는 바에 의하여 連任할 수 있다.

③ 大法院長과 大法官이 아닌 法官의 任期는 10年으로 하며, 法律이 정하는 바에 의하여 連任할 수 있다.

④ 法官의 停年은 法律로 정한다.

第106條 ① 法官은 彈劾 또는 禁錮 이상의 刑의 宣告에 의하지 아니하고는 罷免되지 아니하며, 懲戒處分에 의하지 아니하고는 停職·減俸 기타 不利한 處分을 받지 아니한다.

② 法官이 중대한 心身上의 障害로 職務를 수행할 수 없을 때에는 法律이 정하는 바에 의하여 退職하게 할 수 있다.

第107條 ① 法律이 憲法에 위반되는 여부가 裁判의 前提가 된 경우에는 法院은 憲法裁判所에 提請하여 그 審判에 의하여 裁判한다.

② 命令·規則 또는 處分이 憲法이나 法律에 위반되는 여부가 裁判의 前提가 된 경우에는 大法院은 이를 最終的으로 審查할 權限을 가진다.

③ 裁判의 前審節次로서 行政審判을 할 수 있다. 行政審判의 節次는 法律로 정하되, 司法節次가 準用되어야 한다.

第108條 大法院은 法律에서 저촉되지 아니하는 범위 안에서 訴訟에 관한 節次, 法院의 內部規律과 事務處理에 관한 規則을 制定할 수 있다.

第109條 裁判의 審理와 判決은 公開한다. 다만, 審理는 國家의 安全保障 또는 安寧秩序를 방해하거나 善良한 風俗을 해할 염려가 있을 때에는 法院의 決定으로 公開하지 아니할 수 있다.

第110條 ① 軍事裁判을 관할하기 위하여 特別法院으로서 軍事法院을 둘 수 있다.

② 軍事法院의 上告審은 大法院에서 관할한다.

③ 軍事法院의 組織·權限 및 裁判官의 資格은 法律로 정한다.

④ 非常戒嚴下의 軍事裁判은 軍人·軍務員의 犯罪나 軍事에 관한 間諜罪의 경우와 哨兵·哨所·有毒飲食物供給·捕虜에 관한 罪中 法律이 정한 경우에 한하여 單審으로 할 수 있다. 다만, 死刑을 宣告한 경우에는 그러하지 아니하다.

第6章　憲法裁判所

第111條　① 憲法裁判所는 다음 사항을 管掌한다.

1. 法院의 提請에 의한 法律의 違憲 與否 審判
2. 彈劾의 審判
3. 政黨의 解散 審判
4. 國家機關 相互間, 國家機關과 地方自治團體間 및 地方自治團體 相互間의 權限爭議에 관한 審判
5. 法律이 정하는 憲法訴願에 관한 審判

② 憲法裁判所는 法官의 資格을 가진 9人의 裁判官으로 구성하며, 裁判官은 大統領이 任命한다.

③ 第2項의 裁判官中 3人은 國會에서 選出하는 者를, 3人은 大法院長이 指名하는 者를 任命한다.

④ 憲法裁判所의 長은 國會의 同意를 얻어 裁判官中에서 大統領이 任命한다.

第112條　① 憲法裁判所 裁判官의 任期는 6年으로 하며, 法律이 정하는 바에 의하여 連任할 수 있다.

② 憲法裁判所 裁判官은 政黨에 加入하거나 政治에 관여할 수 없다.

③ 憲法裁判所 裁判官은 彈劾 또는 禁錮 이상의 刑의 宣告에 의하지 아니하고는 罷免되지 아니한다.

第113條　① 憲法裁判所에서 法律의 違憲決定, 彈劾의 決定, 政黨解散의 決定 또는 憲法訴願에 관한 認容決定을 할 때에는 裁判官 6人 이상의 贊成이 있어야 한다.

② 憲法裁判所는 法律에 저촉되지 아니하는 범위안에서 審判에 관한 節次, 內部規律과 事務處理에 관한 規則을 制定할 수 있다.

③ 憲法裁判所의 組織과 운영 기타 필요한 사항은 法律로 정한다.

第7章　選擧管理

第114條　① 選擧와 國民投票의 공정한 管理 및 政黨에 관한 事務를 처리하기 위하여 選擧管理委員會를 둔다.

② 中央選擧管理委員會는 大統領이 任命하는 3人, 國會에서 選出하는 3人과 大法院長이 指名하는 3人의 委員으로 구성한다. 委員長은 委員中에서 互選한다.

③ 委員의 任期는 6年으로 한다.

④ 委員은 政黨에 加入하거나 政治에 관여할 수 없다.

⑤ 委員은 彈劾 또는 禁錮 이상의 刑의 宣告에 의하지 아니하고는 罷免되지 아니한다.

⑥ 中央選擧管理委員會는 法令의 범위 안에서 選擧管理·國民投票管理 또는 政黨事務에 관한 規則을 制定할 수 있으며, 法律에 저촉되지 아니하는 범위 안에서 內部規律에 관한 規則을 制定할 수 있다.

⑦ 各級 選擧管理委員會의 組織·職務範圍 기타 필요한 사항은 法律로 정한다.

第115條　① 各級 選擧管理委員會는 選擧人名簿의 작성등 選擧事務와 國民

投票事務에 관하여 관계 行政機關에 필요한 指示를 할 수 있다.

② 第1項의 指示를 받은 당해 行政機關은 이에 응하여야 한다.

第116條 ① 選擧運動은 各級 選擧管理委員會의 管理下에 法律이 정하는 범위안에서 하되, 균등한 機會가 보장되어야 한다.

② 選擧에 관한 經費는 法律이 정하는 경우를 제외하고는 政黨 또는 候補者에게 부담시킬 수 없다.

第8章 地方自治

第117條 ① 地方自治團體는 住民의 福利에 관한 事務를 처리하고 財産을 관리하며, 法令의 범위 안에서 自治에 관한 規定을 制定할 수 있다.

② 地方自治團體의 종류는 法律로 정한다.

第118條 ① 地方自治團體에 議會를 둔다.

② 地方議會의 組織・權限・議員選擧와 地方自治團體의 長의 選任方法 기타 地方自治團體의 組織과 운영에 관한 사항은 法律로 정한다.

第9章 經　濟

第119條 ① 大韓民國의 經濟秩序는 개인과 企業의 經濟上의 自由와 創意를 존중함을 基本으로 한다.

② 國家는 균형있는 國民經濟의 成長 및 安定과 적정한 所得의 分配를 유지하고, 市場의 支配와 經濟力의 濫用을 방지하며, 經濟主體間의 調和를 통

한 經濟의 民主化를 위하여 經濟에 관한 規制와 調整을 할 수 있다.

第120條 ① 鑛物 기타 중요한 地下資源・水産資源・水力과 經濟上 이용할 수 있는 自然力은 法律이 정하는 바에 의하여 일정한 期間 그 採取・開發 또는 이용을 特許할 수 있다.

② 國土와 資源은 國家의 보호를 받으며, 國家는 그 균형있는 開發과 이용을 위하여 필요한 計劃을 수립한다.

第121條 ① 國家는 農地에 관하여 耕者有田의 원칙이 達成될 수 있도록 노력하여야 하며, 農地의 小作制度는 금지된다.

② 農業生産性의 提高와 農地의 合理的인 이용을 위하거나 불가피한 事情으로 발생하는 農地의 賃貸借와 委託經營은 法律이 정하는 바에 의하여 인정된다.

第122條 國家는 國民 모두의 生産 및 生活의 基盤이 되는 國土의 효율적이고 균형있는 이용・開發과 보전을 위하여 法律이 정하는 바에 의하여 그에 관한 필요한 제한과 義務를 課할 수 있다.

第123條 ① 國家는 農業 및 漁業을 보호・육성하기 위하여 農・漁村綜合開發과 그 지원등 필요한 計劃을 수립・施行하여야 한다.

② 國家는 地域間의 균형있는 발전을 위하여 地域經濟를 육성할 義務를 진다.

③ 國家는 中小企業을 보호・육성하여야 한다.

④ 國家는 農水産物의 需給均衡과 流通構造의 개선에 노력하여 價格安定을 도모함으로써 農·漁民의 이익을 보호한다.

⑤ 國家는 農·漁民과 中小企業의 自助組織을 육성하여야 하며, 그 自律的 活動과 발전을 보장한다.

第124條 國家는 건전한 消費行爲를 啓導하고 生産品의 品質向上을 촉구하기 위한 消費者保護運動을 法律이 정하는 바에 의하여 보장한다.

第125條 國家는 對外貿易을 육성하며, 이를 規制·調整할 수 있다.

第126條 國防上 또는 國民經濟上 緊切한 필요로 인하여 法律이 정하는 경우를 제외하고는, 私營企業을 國有 또는 公有로 移轉하거나 그 경영을 統制 또는 관리할 수 없다.

第127條 ① 國家는 科學技術의 革新과 情報 및 人力의 開發을 통하여 國民經濟의 발전에 노력하여야 한다.

② 國家는 國家標準制度를 확립한다.

③ 大統領은 第1項의 目的을 達成하기 위하여 필요한 諮問機構를 둘 수 있다.

第10章 憲法改正

第128條 ① 憲法改正은 國會在籍議員 過半數 또는 大統領의 發議로 提案된다.

② 大統領의 任期延長 또는 重任變更을 위한 憲法改正은 그 憲法改正 提案 당시의 大統領에 대하여는 效力이 없다.

第129條 提案된 憲法改正案은 大統領이 20日 이상의 期間 이를 公告하여야 한다.

第130條 ① 國會는 憲法改正案이 公告된 날로부터 60日 이내에 議決하여야 하며, 國會의 議決은 在籍議員 3分의 2 이상의 贊成을 얻어야 한다.

② 憲法改正案은 國會가 議決한 후 30日 이내에 國民投票에 붙여 國會議員選擧權者 過半數의 投票와 投票者 過半數의 贊成을 얻어야 한다.

③ 憲法改正案이 第2項의 贊成을 얻은 때에는 憲法改正은 확정되며, 大統領은 즉시 이를 公布하여야 한다.

附 則

第1條 이 憲法은 1988年 2月 25日부터 施行한다. 다만, 이 憲法을 施行하기 위하여 필요한 法律의 制定·改正과 이 憲法에 의한 大統領 및 國會議員의 選擧 기타 이 憲法施行에 관한 準備는 이 憲法施行 前에 할 수 있다.

第2條 ① 이 憲法에 의한 최초의 大統領選擧는 이 憲法施行日 40日 전까지 실시한다.

② 이 憲法에 의한 최초의 大統領의 任期는 이 憲法施行日로부터 開始한다.

第3條 ① 이 憲法에 의한 최초의 國會議員選擧는 이 憲法公布日로부터 6月 이내에 실시하며, 이 憲法에 의하여 選出된 최초의 國會議員의 任期는 國會議員選擧후 이 憲法에 의한 國會의 최초의 集會日로부터 開始한다.

② 이 憲法公布 당시의 國會議員의 任期는 第1項에 의한 國會의 최초의 集會日 前日까지로 한다.

第4條 ① 이 憲法施行 당시의 公務員과 政府가 任命한 企業體의 任員은 이 憲法에 의하여 任命된 것으로 본다. 다만, 이 憲法에 의하여 選任方法이나 任命權者가 변경된 公務員과 大法院長 및 監査院長은 이 憲法에 의하여 後任者가 選任될 때까지 그 職務를 행하며, 이 경우 前任者인 公務員의 任期는 後任者가 選任되는 前日까지로 한다.

② 이 憲法施行 당시의 大法院長과 大法院判事가 아닌 法官은 第1項 但書의 規定에 불구하고 이 憲法에 의하여 任命된 것으로 본다.

③ 이 憲法중 公務員의 任期 또는 重任制限에 관한 規定은 이 憲法에 의하여 그 公務員이 최초로 選出 또는 任命된 때로부터 適用한다.

第5條 이 憲法施行 당시의 法令과 條約은 이 憲法에 違背되지 아니하는 한 그 效力을 지속한다.

第6條 이 憲法施行 당시에 이 憲法에 의하여 새로 設置될 機關의 權限에 속하는 職務를 행하고 있는 機關은 이 憲法에 의하여 새로운 機關이 設置될 때까지 存續하며 그 職務를 행한다.

索　引

저자약력

1981년 이후 경찰대학 교수
(2015년 3월 이후 명예교수)

용산고등학교, 고려대학교 법과대학 졸업
고려대학교 대학원 법학석사·박사
해군중위 제대, 법제처 전문위원
일본 一橋大學 객원연구원(Japan Foundation 초청)
미 국무성 초청 미국경찰교육제도 연구
독일 아데나워재단 초청 동서독경찰통합연구
한국헌법학회장, 한국인터넷법학회장
한국법학교수회 로스쿨대책공동위원장, 부회장
대한법학교수회장
안암법학회장, 한국경찰학회 부회장
한국공법학회 재무·기획·총무 이사, 부회장
한국정치학회 명예이사, 법률소비자연맹 사무총장
한국인터넷광고자율심의위원회 위원장
여의도연구소 정치·행정분과 정책자문위원장
경찰개혁위원, 한국법제연구원 자문위원

저서 및 논문

한국민주헌법론 Ⅰ(박영사, 2008 개정판)
경찰관련 공법판례연구(수사연구사, 2011 개정판)

한국법학교육의 정상화방안
정치개혁의 입법적 과제
정치자금법의 문제점과 개혁방향
현행 집시법의 문제점과 개정방향
국가인권위원회의 문제점과 발전방향
국정감사폐지론
독일의회의 국정조사권에 관한 연구
신체의 자유의 절차적 보장
국민을 위한 경찰수사권독립의 이유와 방안
한국경찰의 자치경찰제 도입방안
외 다수

第2改訂版
韓國民主憲法論 Ⅱ ― 統治構造大改革論 ―

초판발행	2004년 8월 30일
개정판발행	2008년 9월 5일
제2개정판인쇄	2015년 3월 10일
제2개정판발행	2015년 3월 20일

지은이	이관희
펴낸이	안종만

편 집	김선민·마찬옥
기획/마케팅	강상희
표지디자인	최은정
제 작	우인도·고철민

펴낸곳	(주) 박영사
	서울특별시 종로구 새문안로3길 36, 1601
	등록 1959. 3. 11. 제300-1959-1호(倫)
전 화	02)733-6771
f a x	02)736-4818
e-mail	pys@pybook.co.kr
homepage	www.pybook.co.kr
ISBN	979-11-303-2716-7 94360
	979-11-303-2715-0 (세트)

copyright©이관희, 2015, Printed in Korea

정 가 40,000원